W0338489

Jan van Helsing & Co.

POLITISCH UNKORREKT

Unbequeme Tatsachen und gefährliche Wahrheiten,
die man nicht mehr aussprechen darf!

amadeus-verlag.com

Copyright © 2012 by
Amadeus Verlag GmbH & Co. KG
Birkenweg 4
74576 Fichtenau
Fax: 07962-710263
www.amadeus-verlag.com
Email: amadeus@amadeus-verlag.com

Druck:
CPI – Ebner & Spiegel, Ulm
Satz und Layout:
Jan Udo Holey
Umschlaggestaltung:
Jan Udo Holey

ISBN 978-3-938656-60-0

INHALTSVERZEICHNIS

Denken Sie noch politisch unkorrekt, oder sind Sie schon umerzogen?

„Die Zensur ist die schändlichere von zwei Schwestern, die ältere heißt Inquisition. Die Zensur ist das lebendige Eingeständnis der Herrschenden, dass sie nur verdummte Sklaven treten, aber keine freien Völker regieren können."

Johann Nepomuk Nestroy (1801-1862)

Meine lieben Leserinnen und Leser,
wir leben in einer spannenden Zeit. Als ich dieses Buchprojekt anging, war es Anfang 2012 – ein Jahr von großer Bedeutung. Nach den Prophezeiungen der Maya und ihrem Kalender stehen wir am Anfang einer großen Wende-Zeit. Das Jahr 2012 soll das Ende des Materialismus einläuten und große Umbrüche in der Welt auf allen Ebenen initiieren. Hollywood hat das Thema auch aufgegriffen und auch die Mainstream-Medien, die es jedoch aufgrund des fehlenden Horizontes oder aus auflagentechnischen Gründen oder im Auftrag mächtiger Männerclubs im Hintergrund des Weltgeschehens nur als „Weltuntergang" bezeichnen und diejenigen, die sich damit auseinandersetzen, als Weltuntergangspropheten, Verschwörungstheoretiker oder Sekten-Hörige hinstellen. Sogar Wissenschaftler werden lächerlich gemacht. Viele Menschen weltweit sprechen vom großen Aufbruch in eine neue Zeit, von Freiheit, Unabhängigkeit und spiritueller Entfaltung.

Was die Meinungsfreiheit in unserem Land beziehungsweise in Europa angeht, so rutschen wir wieder mehr und mehr ins Mittelalter zurück – in eine Zeit, in der Meinungen von oben diktiert wurden und Menschen, die Gegensätzliches behaupteten, ins Gefängnis oder gar zu Tode kamen. In meinen inzwischen 44 Jahren auf diesem Planeten habe ich über 80 Länder bereist und aufgrund meiner Recherche in den jeweiligen Ländern auch regen Kontakt zu den jeweiligen einheimischen Bevölkerungen aufgebaut. Wenn ich dann auf meine Tätigkeit als Verleger und Sachbuchautor zu sprechen komme und erwähne, dass zwei meiner Bücher aufgrund politischer Äußerungen beschlagnahmt wurden, so sagen die meisten: *„Aber das ist doch nur in Diktaturen so, dass man Bücher verbietet."* Dann korrigiere ich und erkläre, dass auch in Deutschland jedes Jahr Bücher verboten und Menschen aufgrund von Meinungsdelikten, also *politisch unkorrekten* beziehungsweise *politisch nicht erwünschten* Äußerungen, ins Gefängnis kommen – zum Teil für mehrere Jahre. Andere verlieren ihren Arbeitsplatz oder ihr politisches Amt, nur aufgrund einer politischen Äußerung – sie alle sind Opfer einer „Meinungspolizei". Kopfschütteln ist meist die Reaktion.

Aus der deutschen Vergangenheit kennen wir Bilder brennender Bücher, und auch aus der DDR ist bekannt, dass man nicht frei publizieren konnte. Aber ist es heute wirklich besser? Die Themen beziehungsweise die Inhalte der Bücher und Zeitschriften, die indiziert werden, sind möglicherweise anders, aber es gibt dennoch Verbote! Deswegen meine ich, dass man von einer wirklich „freien" Meinungsäußerung nicht sprechen kann. Manche sprechen deswegen von einer „Zensur", und die Schweizer nennen ihr Anti-Rassismus-Gesetz das „Maulkorbgesetz". In Deutschland will man heute sogar unliebsame Parteien verbieten. Menschen mit *unkorrekter politischer* Ansicht verlieren ihren Arbeitsplatz, oder ihr Konto wird gesperrt, weil sie Mitglied in der „falschen" Partei sind. Aber ist das demokratisch? Macht eine Demokratie nicht die Vielfalt an Meinungen aus, die durchaus gegensätzlich sein dürfen?

De facto sieht es doch so aus, dass wir zwar viele verschiedene Parteien zur Wahl haben, sollte es aber ein Bürger wagen, eine Partei rechts der CDU zu wählen, so ist es vorbei mit der Toleranz. Wer gegen die unsichtbaren Gesetze der *Politischen Korrektheit* verstößt, wird verstoßen!

Ja, meine lieben Leserinnen und Leser, so sieht das aus – im Jahre 2012. Wenn Sie bislang der etwas wohlmeinenden Ansicht gewesen sein sollten, dass *„man in Deutschland doch alles sagen darf, da wir doch eine durch das Grundgesetz garantierte Meinungsfreiheit"* haben, dann liegen Sie falsch. Wir dürfen sicherlich mehr sagen als in China oder im Iran oder in Nordkorea, aber bei uns darf man viele, viele Themen nicht ansprechen oder gar publizieren. Ansonsten folgt eine gesellschaftliche – meist durch die Medien angezettelte – Hetze und im Regelfall dann auch eine Bestrafung. Eine Bestrafung für eine politisch unbequeme Meinung, die vielen aus dem Herzen spricht, die auch nachweisbar wahr ist, aber unerwünscht...

Das bekannteste Beispiel hierfür ist Thilo Sarrazin, dessen Buch 2011 in Deutschland für einen Riesenwirbel sorgte, weil er eine Thematik ansprach – die Integrationsunwilligkeit vieler Muslime in Deutschland –, die jeder Mensch jeden Tag aufs Neue feststellt, wenn er mit offenen Augen durch eine Großstadt läuft, die aber keiner aussprechen „darf".

Geht es nach einer bestimmten Personengruppe, die auch das vorgibt, was in den Massenmedien gebracht beziehungsweise *nicht* gebracht werden darf, so dürfte es eigentlich nur noch *eine bestimmte* Meinung geben, andere sind nicht erwünscht. Vor allem uns Autoren, Journalisten und Verleger prägt eine Angst, durch einen unbedachten oder emotional geschriebenen Satz eine Straftat zu begehen und dadurch unseren Lebensunterhalt nicht mehr bestreiten zu können. Aber „Meinung" ist unser Leben. Und die Menschen da draußen, unsere Mitbürger, haben ein Recht darauf, auch andere Meinungen zu erfahren, um sich ihr eigenes Weltbild aufbauen und selbst entscheiden zu können, was „gut" und was „schlecht" für sie ist, was „wahr" und was „unwahr" ist in der Medienberichterstattung – und vor allem ist es wichtig zu erfahren, was in unserem Lande und auch da draußen in der Welt WIRKLICH abläuft. Arbeiten wir Autoren schon alle mit einer Schere im Kopf? Zensieren wir uns selbst? Ist das „normal"?

Wie entstand der Begriff der „Politischen Korrektheit"?

Das Internet-Lexikon Wikipedia erklärt: *„Der aus dem Englischen stammende Begriff* ***politically correct*** *gilt als eine Anpassung an die Idee, dass Ausdrücke und Handlungen, die politische Sensibilitäten – etwa bezogen auf Geschlecht oder Rasse – verletzen könnten, eliminiert werden sollten. Es ging um einen Sprachgebrauch, der durch eine besondere Sensibilisierung gegenüber Minderheiten gekennzeichnet sein sollte und sich der Anti-Diskriminierung verpflichtet fühlt."*[(1)] Anstatt „Zigeuner" soll man „Sinti" oder „Roma" oder neuerdings „Rotationseuropäer" sagen. Begriffe wie „Neger", „Schwuler", „Behinderter", „Eskimo" oder Ähnliche sollten durch neutralere Begriffe ersetzt werden. Deswegen gibt es für die Schüler beim Bäcker keinen „Mohrenkopf" oder „Negerkuss" mehr auf die Semmel, und das Kinderlied „Zehn kleine Negerlein" ist auch verschwunden. Die Bücher der britischen Bestsellerautorin Enid Blyton wurden alle umgeschrieben. Die Lehrerin namens „Slap" wurde beispielsweise in „Snap" umbenannt, weil „Slap" im heutigen englischen Sprachgebrauch „Nutte" bedeutet. Die Lehrerin verteilt in den Neuauflagen der Bücher auch keine Ohrfeigen mehr, sondern maßregelt die Schüler nur noch. In der beliebten Jugend-Reihe „Fünf Freunde" kümmern sich jetzt nicht mehr die Mädchen um die Hausarbeiten, sondern jetzt teilen sie sich beide – Jungs und Mädchen –, denn man möchte vermeiden, dass hier eine sexistische Abwertung der Frau unterstellt wird. So wurden beispielsweise in einer einzigen „Fünf-Freunde"-Folge 100 Veränderungen vorgenommen. Und Agatha Christies Roman „Ten little Niggers" (1939) wurde zuerst umgetauft in „Ten Little Indians" und heißt heute „And Then There Were None".(2)

Die Ursprungsidee ist inzwischen völlig aus dem Ruder gelaufen. Wer sich negativ gegenüber Abtreibungen äußert, wird angefeindet. Und sollte es jemand nicht für gut heißen, dass ein Mensch homosexuell ist oder sich gar ins andere Geschlecht „umändern" lässt, so ist man „homophob". Das klingt wie eine schwere Krankheit... Es ist politisch unkorrekt, wenn ein Deutscher anstatt der amerikanischen oder englischen Flagge oder dem Kommunistenstern die deutsche Flagge oder gar eine germanische Rune auf seinem T-Shirt trägt – ein Symbol, das unserer Kultur entstammt. Das heißt, es ist „korrekt", die Flaggen der Nationen auf dem Hemd zu zeigen, gegen die wir die letzten beiden Weltkriege verloren haben. Das muss man sich einmal durch den Kopf gehen lassen... Aber so weit müssen wir ja gar nicht gehen. Begriffe wie *Volk*, *Heimat*, *Nation* oder *Familie* sind ja schon verpönt. Und bis vor der letzten Fußball-WM war man ja schon politisch unkorrekt, wenn man seine Nationalität durch einen deutschen Wimpel am Auto oder das Hissen der Deutschlandfahne vor dem Haus kundtat. In jedem anderen Land auf der Welt ist das völlig normal, ja unnormal, wenn man das *nicht* tut, doch bei uns „macht man das nicht"...

Mein Freund Wolfgang Sipinski schrieb mir unter der Überschrift „*Political Correctness – Der Dolchstoß für die Meinungsfreiheit*":

„‚Natürlich leben wir in einem freien Land, in dem die Menschenrechte selbstverständlich eingehalten werden.' So mögen die meisten von uns gutgläubig denken. Meinungsfreiheit, Pressefreiheit, Religionsfreiheit, Versammlungsfreiheit und dann noch die sogenannte ‚Freiheitlich Demokratische Grundordnung'. Bei so viel Freiheit gibt es doch wirklich keinen Grund zur Klage. Oder etwa doch?

Seit den 1980er Jahren gibt es den Begriff der ‚Political Correctness', der aus der amerikanischen Bürgerrechtsbewegung zum Schutz vor Diskriminierung von Minderheiten stammt. Was damals in gutem Geist erdacht wurde, wurde jedoch im Laufe der Jahre in Deutschland zum Maulkorb für Journalisten und Politiker. Dinge beim Namen zu nennen und Fakten auszusprechen, wie sie nun mal sind, kann unter Umständen das Ende der persönlichen Karriere bedeuten.
Schon lange ist in Insiderkreisen bekannt, dass Journalisten sich in ihren Beiträgen an eine streng geregelte Wortwahl zu halten haben, sobald es um bestimmte sensible Themen geht. Begriffe wie ‚Gastarbeiter', ‚Fremdarbeiter' oder gar ‚Ausländer' sind verpönt, obwohl sie jahrelang auch von Politikern benutzt wurden. Stattdessen sind Begriffe wie ‚Zuwanderer' oder ‚Migranten' zu verwenden. Und um es wirklich allen recht zu machen, schreibt man am besten ‚Zuwander/Innen' und ‚Migrant/Innen'. Wer sich an diesen Codex nicht hält, läuft Gefahr als ausländerfeindlicher ‚Rechter' oder gar als ‚Nazi' abgestempelt zu werden. Dabei spielt es keine Rolle, welche Ansichten jemand dann wirklich vertritt. Diese Form der Repressalien, die jemand in so einem Fall zu befürchten hat, rechtfertigt sich aus der Nichteinhaltung der sogenannten ‚Political Correctness'. So was nennt man auch – was es in unserem ‚freien' Deutschland eigentlich nicht geben darf – schlicht und einfach ‚Zensur'.
Selbst der höchste Amts- und Würdenträger unseres Landes, unser Ex-Bundespräsident Christian Wulff, hatte offensichtlich mit der Meinungsfreiheit nicht viel am Hut, wenn es um die Offenlegung seiner persönlichen Machenschaften ging. Trotz seines hohen Amtes, das ihm gebot, in seinem Handeln uns allen ein Vorbild zu sein, war er sich nicht zu schade, persönlich bei der BILD-Zeitung anzurufen, um mit massivem Druck die Veröffentlichung eines Artikels zu verhindern. Diese Geschichte kennen wir ja nun zur Genüge aus dem Fernsehen, wo das rauf und runter diskutiert wurde. Hier war man über die ‚Zensur' beziehungsweise den ‚Zensurversuch' von Wulff empört. Es ist sicherlich auch alles andere als glücklich, wenn der Bundespräsident durch ein Telefonat mit der BILD-Zeitung zu verhindern versucht, dass diese sehr unangenehme Pressemitteilung hinausgeht. Aber ich persönlich würde wohl auch – wenn ich mal ganz ehrlich bin – versuchen, das zu verhindern...

Doch ist das auch wirklich der Grund, wieso die Mainstream-Presse über den Bundespräsidenten herfiel? Ist es nicht eher so, dass man politisch korrekt über etwas NICHT gesprochen hat, was die Person Wulff betraf? Folgendes geht mir hierzu durch den Kopf: Warum gerade Wulff? Ich meine, jeder Mensch nimmt doch lieber einen Kredit entgegen, bei dem er weniger Zinsen zahlt, oder? Und bei den Bundespräsidenten Rau und Köhler hätte es – im Gegensatz zu Wulff – nun wirklich etwas zu ‚enthüllen' gegeben, aber da hatte man geschwiegen (z.B. die Vorwürfe über als Stewardessen getarnte Prostituierte auf mehreren Flügen). Wieso also gerade Wulff? Und vor allem wegen eines Kredits? War das vielleicht nur ein Vorwand? Hatte es eventuell mit seiner Rede beim Deutschen Bankentag Ende März 2011 zu tun, in der er die Bankiers ordentlich abgewatscht hatte? Oder ist etwas an dem Gerücht dran, dass Wulff sich geweigert habe, den ESM-Vertrag zu unterzeichnen? Auch in einer weiteren Rede zur Eröffnung der 4. Tagung der Wirtschaftsnobelpreisträger in Lindau hielt Wulff mit seiner offenen Meinung nicht hinter dem Berg: ‚Wir haben weder die Ursachen der Krise beseitigt, noch können wir heute sagen: Gefahr erkannt – Gefahr gebannt… Erst haben einzelne Banken andere Banken gerettet, dann haben Staaten vor allem ihre Banken gerettet, jetzt rettet die Staatengemeinschaft einzelne Staaten. Da ist die Frage nicht unbillig: Wer rettet aber am Ende die Retter? Wann werden aufgelaufene Defizite auf wen verteilt?'
Und an anderer Stelle appellierte Wulff an die Verantwortung der Handelnden: ‚Die Versündigung an der jungen Generation muss ein Ende haben. Wir brauchen stattdessen ein Bündnis mit der jungen Generation. Ich verstehe die Empörung vieler Menschen. Es sind ihre Zukunftschancen, die hier auf dem Spiel stehen. Politik muss ihre Handlungsfähigkeit zurückgewinnen. Sie muss sich davon lösen, hektisch auf jeden Kursrutsch an den Börsen zu reagieren. Sie darf sich nicht abhängig fühlen und sich am Nasenring durch die Manege führen lassen, von Banken, von Rating-Agenturen oder sprunghaften Medien.'
Was offenbar auch nur wenige mitbekommen haben ist die Tatsache, dass Wulff in den Monaten vor seiner ‚Affäre' drei neue Bundesrichter berufen hatte – darunter den früheren saarländischen Ministerpräsidenten Peter Müller und die bisherige Vorsitzende Richterin am Bundesgerichtshof, Sibylle Kessal-Wulf. Und es wurde gleichzeitig bekanntgegeben: ‚Beide Rich-

ter werden dem Zweiten Senat angehören, der über ein mögliches NPD-Verbot entscheiden würde.'
Nun stelle man sich vor, die NPD würde mit der neuen Besetzung der Bundesrichter tatsächlich verboten werden. Wäre das wirklich für ALLE ein Segen? War die NPD nicht immer eine Art Werkzeug für verschiedenste Gruppierungen, Geld einzusammeln – seien es irgendwelche ‚Bündnisse gegen rechts' oder welche aus dem Ausland, die dadurch immer einen Grund hatten, auf Deutschland mit dem Finger zu zeigen und zu mahnen, bevor sie mit dem Klingelbeutel ankamen?
Wurde Wulff angegriffen, weil er diversen ‚Mächtigen' und deren Plänen in die Quere kam? Wir wissen es nicht. Aber wir wissen, dass diese eben genannten Themen bei all den TV-Debatten NICHT angesprochen wurden. War das wieder ‚politisch unkorrekt'?"

Wolfgang Sipinski beschreibt es richtig: Aus der ursprünglich äußerst sinnvollen Idee, Diskriminierungen von Minderheiten entgegenzuwirken, wurde inzwischen eine Meinungsdiktatur, da nämlich all jene, die sich nicht an diese Formulierungen halten, niedergemacht werden. Sigmar Westerhagen, der 2011 im christlichen Magazin *Komma*[(3)] unter dem Titel „Wie lange hält ein Maulkorb" einen scharf formulierten Artikel zu dieser Thematik veröffentlicht hat, meint: *„In der Verkleidung des Wohltäters ist der Staat zum Gesinnungserzieher geworden. Was im Anfang nur Verhaltensnormierung schien, ist zu perfider Gesinnungsmanipulation geworden."*

Er vertritt die Meinung, dass wir in Deutschland kaum mehr unterschiedliche Meinungen haben dürfen. Wichtige Bürger wie Politiker kennen diese Verbote und wissen, was einem geschieht, wenn sie nicht beachtet werden. Man wird dann nicht mehr in Talkshows eingeladen, oder die Werbung für die Partei wird dann nicht mehr ausgestrahlt. Man darf in bestimmten Magazinen nicht mehr werben oder als Verleger seine Zeitung nicht mehr am Kiosk auslegen. Sigmar Westerhagen ist der Ansicht, dass unsere Meinung so zu sein hat, wie der Staat es wünscht – das gilt auch für historische Ausstellungen und für Schulbücher, die gefälschte Geschichte vermitteln. Er erklärt:

„Einst legten die 68er fest, was wir sagen, schreiben und denken dürfen, daran hat sich bis heute nichts geändert. Man nennt es Politische Korrektheit. Der deutsche Bürger gehorcht und schweigt. Dass er sich beugt, hat

seinen Grund. Er ist in einem Schuldbewusstsein aufgewachsen, das man ihm lange genug eingeimpft hat. Dieses Gefühl, am Krieg und seinen Verbrechen schuldig zu sein, wurde so auffällig, dass es sogar das britische Oberhaus beunruhigte und der englische Politiker Lord Marsh 1995 sagte: ‚Es ist eine Tatsache, dass die deutsche geistige Verstörtheit und das Schuldgefühl über die zwölf fürchterlichen Jahre übertrieben sind und einen unheilvollen Einfluss auf die nächste Generation gehabt haben. Die Art und Weise, wie manche Deutsche diese Bürde tragen, ist nicht gut für Deutschland und auch nicht gut für Europa.'
Dieses Schuldgefühl nahm dem Deutschen das Selbstbewusstsein und auch die Souveränität. Die von Generation zu Generation übertragene sogenannte Kriegsschuld wird weiter wachgehalten, nicht zuletzt mit dem Ruf aus der Partei der Grünen: ‚Nie wieder Deutschland!' Doch die Schuldzuweisung rückt in ein anderes Licht, wenn bisher geheim gehaltene Akten öffentlich werden. Als Winston Churchill Deutschland den Krieg erklärte, rief er: ‚Dieser Krieg ist Englands Krieg. Sein Ziel ist die Vernichtung Deutschlands. Vorwärts, Soldaten Christi!' (Rundfunkansprache am 3.9.1939) Einige Zeit später sagte er in einem Gespräch mit Stalin im Oktober 1944: ‚Das Problem ist, wie man Deutschland daran hindern kann, zu Lebzeiten unserer Enkel wieder auf die Füße zu kommen.' Und vor Vertretern des deutschen Widerstandes hatte er betont: ‚Sie müssen sich darüber klar sein, dass dieser Krieg nicht gegen Hitler oder den Nationalsozialismus geht, sondern gegen die Kraft des deutschen Volkes, die man für immer zerschlagen muss, gleichgültig, ob sie in den Händen eines Hitlers oder eines Jesuitenpaters liegt.' (Peter Kleist: ‚Auch Du warst dabei', Heidelberg 1952, S. 370 und Emrys Hughes: ‚Winston Churchill – His Career in War and Peace', S. 145) Dass wir noch immer keinen Friedensvertrag haben, sondern nur eine bedingungslose Kapitulation, und nach fast 100 Jahren noch immer Reparationszahlungen aus dem Versailler Diktat leisten, entspricht diesen Worten eindeutig."[(3)]

Das sind deutliche Worte, derer sich auch Konrad Adenauer schon bewusst war, der erklärte: „*Wir sind keine Mandanten des deutschen Volkes, wir haben Auftrag von den Alliierten.*" Aber liegt Sigmar Westerhagen auch mit seiner anderen Einschätzung richtig? Nun, er hat sicherlich recht, wenn er meint, dass es unter solchen Voraussetzungen für einen Deutschen sehr schwer ist, wieder das Aufrechtgehen zu lernen, vor allem unter der *„Diktatur der Politischen Korrektheit"*, wie er sie nennt. Der Bürger wird durch in den Zeitungen und im Fernsehen bewusst verwendete Begriffe verunsichert, getäuscht und auch zum Schweigen gebracht. Das ist gewissermaßen das Ende der Meinungsfreiheit!

Betrachten wir uns hier in Kürze ein paar Beispiele an Artikeln beziehungsweise Zeitungsmeldungen, die nicht „politisch korrekt" sind und daher in den großen Medien nicht gebracht werden, damit Sie einen ersten Eindruck gewinnen, wovon hier überhaupt die Rede ist und womit wir Sie im Buch auch weiter konfrontieren werden. Ich zeige Ihnen hier aber auch Meldungen, wie sie im Original in der Nachrichtenagentur oder im Polizeibericht formuliert waren und wie sie später von Redakteuren „politisch korrekt" umformuliert wurden, um beim Leser – dem Dummchen – bloß keine Wutgefühle aufkommen zu lassen, zum Beispiel gegen bestimmte gewaltbereite Minderheiten:

- Haben Sie beispielsweise von folgendem Gesetzeserlass durch Präsident Obama erfahren, der die ganze Welt verändern wird? In der Silvesternacht 2011/2012 hat US-Präsident Obama den sehr umstrittenen NDAA-Beschluss (National Defense Authorization Act) unterschrieben, der die USA quasi in einen Polizeistaat verwandelt. Der NDAA gibt dem Militär die Macht, im „Krieg gegen den Terror" US-Bürger auf der ganzen Welt festzunehmen und gefangen zu halten, ohne dass deren Schuld in einem fairen Gerichtsverfahren beurteilt wurde. Es genügt der Verdacht, dass Verbindungen zu Terrororganisationen oder damit verbundenen Kräften bestehen. Wer diese „Kräfte" sind, wird nicht näher ausformuliert. Präsidentschaftskandidat Ron Paul nannte den NDAA *„einen gefährlichen und alarmierenden Versuch, das Kriegsrecht in den USA für immer zu installieren"*.(4)
- „Politisch unkorrekt" ist es beispielsweise, über die Sozialhilfeleistungen für Migranten zu sprechen. Unser Sozialsystem ist ohnehin schon angeschlagen, das ist bekannt. Aber in diesem Zusammenhang über die Migranten und Asylanten zu sprechen, ist nicht erwünscht. Sigmar Westerhagen erklärt im christlichen Magazin *Komma*, welches bereits seit 10 Jahren existiert, kein Blatt vor den Mund nimmt und sich für die Freiheit in einer immer unfreieren Gesellschaft, für

Kirche und Glauben einsetzt: *„Der tief verschuldete deutsche Staat, dem bereits die Entwertung des Geldes droht, zahlt für die gesamte Migranten- und Asylantenbetreuung mit den jahrelangen Gerichtsprozessen eine Summe, die nicht preisgegeben wird und streng unter Verschluss steht. Wirtschaftsexperten schätzen sie auf 70 bis 100 Milliarden Euro im Jahr. Die vom Staat tausendfach eingerichteten Überwachungsstellen gegen islamischen Terror sind darin nicht enthalten. Wir wissen, was der Staat den deutschen Familien und Notleidenden damit entzieht. Es ist bekannt, dass auf dem deutschen Arbeitsmarkt schon längst kein Bedarf mehr für ausländische Arbeitskräfte besteht. Die Kriminalitätsquote unter türkisch-arabischen Jugendlichen mit 70 Prozent darf nicht erwähnt werden, ihr Herkunftsland wird in der Presse verschwiegen. Dass sich deutsche Polizisten in türkische Stadtviertel nicht mehr hineinwagen, sprechen die Medien nicht offen aus. Unsere Steuergelder sind aber gut genug für die Antidiskriminierungsstelle des Bundes, die mit einer Plakatkampagne auf deutschen Bahnhöfen und in Schulen für den Islam wirbt.“*[3]

- Am 26.11.2009 meldete die Nachrichtenagentur ZENIT (Rom, Vatikanstaat), dass sich der Erzbischof von Sarajewo, Bosnien-Herzegowina, Kardinal Vinko Puljic, beklagte, dass die Katholiken in Bosnien-Herzegowina durch *„die politische Radikalisierung... unter den muslimischen Bosniern“* leiden. Er berichtete auch, dass ein Buch, das gegen Jesus Christus hetze, mit einer Auflage von 100.000 Kopien gratis unter der muslimischen Bevölkerung verteilt worden sei. *„Als ich mich bei einer islamischen Autorität beschwert habe, dass dies nicht das Zusammenleben erleichtere, sagte der, ich solle es einfach ignorieren, und das war es dann.“*[5]
- In saudischen Islamschulen wird anhand von Schulbüchern erklärt und mit dem Koran begründet: Hand ab für Diebe, Steinigung für Homosexuelle und Ehebrecher, Enthauptung mit dem Schwert für Mörder! Auch Judenhass wird dort gepredigt!
  Die britische BBC, welche die Thematik recherchierte, sandte einen Arabisch sprechenden Mitarbeiter in eine der Wochenendschulen der Organisation namens „Saudi-arabische Studentenclubs und Schulen in Großbritannien und Irland“. *„Der Bibliothekar zieht für den Rechercheur staatliche saudi-arabische Schulbücher aus dem Regal.*

Der BBC-Mitarbeiter liest daraus judenfeindliche Passagen vor: Von Schülern werde verlangt, ‚verwerfliche' Charaktereigenschaften von Juden aufzulisten. Zudem werde vor einer ‚Verschwörung' der Juden gewarnt, die nach der ‚Kontrolle über die Welt und ihre Ressourcen' strebten. Und Kinder würden darauf hingewiesen, dass Homosexualität mit dem Tod geahndet werde. Laut BBC weist ein Schulbuchtext auf Meinungsverschiedenheiten hin, ob Schwule als Bestrafung gesteinigt, verbrannt oder von einer Klippe gestürzt werden sollen." (6)

Bereits 2008 hatte die BBC aufgedeckt, dass an der *King Fahad Academy* in London saudische Textbücher verwendet wurden, in denen Christen als Schweine und Juden als Affen bezeichnet wurden. Nach massiven Protesten hatte die *King Fahad Academy* im Jahre 2007 die saudischen Schulbücher aus ihren Schränken entfernt. Die Bücher sind zwar weg, aber das „Wissen" wird dennoch gelehrt und ist in den Köpfen der Kinder. Das sind dann richtige „Kulturbereicherer"!

Und nun kommt's: Lediglich als *„absolut unangemessen"* bezeichnet der britische Bildungsminister Gove die Darstellung und Anleitung zum Abhacken von Gliedmaßen in britischen Islamschulen. Gleichzeitig betont er aber auch in einem Atemzug, dass Saudi-Arabien ein souveränes Land ist (was ja auch bisher wohl niemand angezweifelt hat) und er sich nicht in die Bildungspolitik des Landes einmischen will. Dies ist nicht nur ein schönes Beispiel für „Political Correctness", sondern auch dafür, wie sehr Europa vor den Ölmultis buckelt.(7)

- Die Internet-Zeitung *Die Presse.com* titelte: *„Türkei: Luftangriff reißt 35 Menschen in den Tod."* Nun ist zunächst an dieser Schlagzeile nichts Ungewöhnliches. Offensichtlich wird die Meinungsmanipulation, die sich subtil darin versteckt, erst, wenn man dagegen die Schlagzeile der *BBC NEWS* im Vergleich sieht: *„Turkey air strike kills 35 near Kurdish village."*

  Während hier ganz klar und ohne Beschönigung gesagt wird, dass 35 Menschen durch einen Luftangriff der türkischen Armee getötet wurden, kommt in der deutschen Version das Wort „töten" noch nicht einmal vor. Dort werden *„Menschen in den Tod gerissen"*, eine Formulierung, die man normalerweise bei Naturkatastrophen verwendet. Dadurch entsteht unterschwellig das Gefühl, dass da wohl

niemand was dafür konnte. Es war vielleicht so eine Art „Unfall". Auch wird in der deutschen Version durch einen Trick vermieden, die Türkei für diese Todesopfer verantwortlich zu machen. Man schreibt einfach das Wort „Türkei" mit einem Doppelpunkt dahinter. Damit ist zwar klar, dass es wohl irgendwo in der Türkei passiert ist, aber es könnte nach dieser Formulierung auch ein Luftangriff eines ganz anderen Landes gewesen sein.
Dies ist noch eine weitere Steigerung der „Politischen Korrektheit", nämlich die „Deutsche Politische Korrektheit", denn wir Menschen in Deutschland müssen ja auf Grund unserer Vergangenheit, die wir bei jeder Gelegenheit um die Ohren bekommen, besonders korrekt sein.(8)

- Unter den klassischen Deckmantel der Politischen Korrektheit fällt auch das Verheimlichen des Täterprofils, falls der oder die Täter einen „Migrationshintergrund" haben. Nehmen wir hier ein Beispiel aus den *Lübecker Nachrichten* zur Hand. Am 25.8.2011 wurde dort die Meldung gebracht, dass ein 25-jähriger Deutscher aus Geesthacht bewusstlos geschlagen und ausgeraubt worden ist. Vier Männer waren ihm nach dem Geldabheben an einem Automaten gefolgt. Sie hatten ihn nahe dem S-Bahnhof angesprochen und ihn um eine Zigarette gebeten. Noch bevor der junge Mann antworten konnte, habe einer der Täter mit einem Schlagstock auf seinen Kopf eingeschlagen. Der 25-Jährige hat als Folge das Bewusstsein verloren, und als er wieder zu sich kam, hatte er den Verlust seines Handys und eines dreistelligen Bargeldbetrags bemerkt.(9)
  Einen Hinweis auf das Aussehen der Täter sucht man in den *Lübecker Nachrichten* vergebens, obwohl dieses bekannt war und auf jeden Fall zum Auffinden der zu diesem Zeitpunkt noch flüchtigen Täter beigetragen hätte. Dem Polizeibericht konnte man hingegen Folgendes entnehmen: „*Die vier Täter werden von dem Geschädigten wie folgt beschrieben: Täter mit Schlagstock ca. 25-35 Jahre alt, südländisches Erscheinungsbild, ca. 1,90 m groß, Vollbart, Glatze (mit minimalen Stoppeln), dunkel gekleidet mit Jeanshose. Die anderen Täter: südländisches Erscheinungsbild, 25-35 Jahre alt, 1,70-1,80 m groß, Vollbart, schwarze, kurze Haare, dunkel gekleidet. Die Polizei bittet um Mithilfe.*"(10)

Warum das Aussehen und die Abstammung nicht mehr genannt werden beziehungsweise genannt werden dürfen, wird später ausführlich in einem separaten Kapitel behandelt...

- Haben Sie sich nicht auch schon immer gefragt, wie die Umfragen vor Wahlen ziemlich genau das wiedergeben können, was dann am Ende des Wahlabends auch herauskommt? Könnte es sein, dass das Ergebnis bereits vorher festgelegt ist und die Stimmen auf dieses Ergebnis hin „korrigiert" werden? Sie glauben, das wäre Fantasie? Stalin glaubte es nicht, denn er sagte: *„Die Wähler entscheiden gar nichts. Diejenigen, die die Stimmen zählen, entscheiden alles."* Viel aktueller ist jedoch die Aussage des US-amerikanischen Programmierers für das Verkehrsministerium, Clinton Eugene Curtis, der vor einer Anhörung des Wahlforums am 13. Dezember 2004 sagte: *„Im Oktober 2000 programmierte ich einen Prototyp für den Kongressabgeordneten Tom Feeney... Das Programm kann das Wahlergebnis auf 51 zu 49 Prozent zugunsten des gewünschten Kandidaten verändern. Die Präsidentschaftswahlergebnisse von Ohio wurden gefälscht."*
  Haben Sie davon etwas in unseren Medien vernommen? Und glauben Sie, dass das einzig auf die USA oder Russland beschränkt bleibt? Guten Morgen!!!
- Lesen wir nun aufmerksam folgende Meldung:
  Am 10.1.2012 kam es in der McDonald's-Filiale am Stachus in München zu einer heftigen Schlägerei. Der Auslöser für die Handgreiflichkeiten war eine Szene in der Warteschlange vor dem Verkaufstresen: Ein dunkelhäutiger, etwa 19 Jahre alter Mann drängelte sich gegen 22.30 Uhr nach vorne, um seine Bestellung aufzugeben. All das wurde von Videokameras aufgezeichnet. Ein 18-jähriger Deutscher wies den Drängler zurecht, woraufhin dieser antwortete: *„Scheiß-Nazi! Wir sehen uns an der Tür wieder."*
  Dort wurde der junge Deutsche von dem Drängler und zwei seiner Freunde zusammengeschlagen. Sie traten zu dritt auf ihn ein. Ein 20-jähriger Münchner kam dem Schüler zu Hilfe, und auch er bekam Schläge ab, bis die Täter dann schließlich flüchteten.[11]
  Was fällt Ihnen bei dieser Meldung auf? Der beziehungsweise die Täter sind „dunkelhäutig" (also vermutlich afrikanisch), das Opfer hingegen ist ein weißer Deutscher. Ist das eine bundesweite Mel-

dung wert? Eine Schlagzeile in einer der großen Zeitschriften? Nein, denn das wäre ja politisch unkorrekt. Das deutsche Opfer wird als „Nazi" bezeichnet, weil es ein Fehlverhalten (vor den versammelten McDonald's-Kunden) eines dunkelhäutigen Migranten gerügt hatte.
Um eine Schlagzeile zu bekommen – wie sechs Tage später in *BILD* und *Spiegel* geschehen –, muss sie so lauten: *„Prügel für jüdischen Studenten bei Nazi-Trinkspiel"*. Studenten der renommierten britischen *London School of Economics* hatten sich bei einem Ski-Trip in Val D'Isère mit einem Nazi-Trinkspiel die Zeit vertrieben. Einer der Studenten, ein Jude, protestierte – sicherlich zurecht – bei der eigenwilligen Variante des Trinkspiels „Ring of Fire", bei der Spielkarten in Hakenkreuzform ausgelegt und nationalsozialistische Äußerungen getätigt wurden. Dafür wurde ihm die Nase gebrochen.
Die Reaktion der Medien: Es gab einen Aufschrei in der Presse, die Leitung der Hochschule hat harte Konsequenzen angedroht, und der Präsident der Vereinigung jüdischer Studenten gab auch noch einen Kommentar dazu ab. Bei unserem weißen, jungen Münchner und dem anderen Deutschen, der ihm helfen wollte und ebenfalls Prügel bezog, blieb das vollkommen aus. Wieso?

- Eine weitere Form von „politisch unkorrekt" ist das NICHT-Befürworten „linker" beziehungsweise sozialistischer Ansichten (als wenn diese selbstverständlich wären...). Dies durfte ein deutscher Polizist am eigenen Leibe erfahren. Mitte Dezember 2011 hatte der Solinger Polizei-Hauptkommissar Markus Preuß seinen Posten verloren, weil er bei einem zufälligen Zusammentreffen mit Grünen-Mitgliedern geäußert hatte, dass es in Vohwinkel, seinem Einsatzgebiet, kein Problem mit Rechtsextremen gäbe, dafür aber ein erhebliches mit Linksextremen. Da diese Ansicht den vier „Grünen" wohl nicht passte, denunzierten sie Herrn Preuß in einem offenen Brief mit der Überschrift: *„Auf dem rechten Auge blind?"* Dieser Brief wurde direkt an die Wuppertaler Polizeipräsidentin Birgitta Radermacher gerichtet und schlug in den Lokalmedien hohe Wellen. Aufgrund des medialen Drucks wurde Markus Preuß schließlich am 14.12.2011 in den Innendienst versetzt.(12)
- Was Sie nun lesen werden, ist eine Sensation – also, das sollte es eigentlich für unsere Mainstream-Medien sein, da ein Insider über die

dunklen Seiten der Weltbank und des IWF auspackt – ein Wirtschaftskiller! Es geht um John Perkins (geb. 1945), dessen Buch *„Bekenntnisse eines Economic Hit Man"* sieben Wochen lang auf Platz 1 der Bestsellerliste der *New York Times* war. Bei uns wurde es nicht einmal erwähnt! In diesem Buch beschreibt er seinen Werdegang als Wirtschaftskiller und dass er als früherer Chefökonom der Strategie-Beraterfirma *Chas. T. Main* ein Agent der US-amerikanischen *National Security Agency* (NSA) gewesen ist. Er erklärt, dass seine Tätigkeit als Wirtschaftskiller darin bestand, armen Staaten, die jedoch über Ressourcen (z.B. Erdöl) verfügten, von der Weltbank und der *U.S. Agency for International Development* (USAID) sowie anderen Hilfsorganisationen größere US-amerikanische Kredite zu verschaffen als sie ökonomisch verkraften konnten. Durch die dadurch entstehende Zahlungsunfähigkeit waren diese Länder erpressbar. Aufgabe von Perkins und seinen Wirtschaftskiller-Kollegen war es dann, die Regierungen dieser Länder dazu zu drängen, die Schulden entweder in Naturalien zurückzuzahlen – zum Beispiel, indem sie den US-amerikanischen Ölfirmen ihr Erdöl sehr billig verkauften – oder bei der nächsten kritischen UNO-Abstimmung mit den USA zu stimmen. Eine weitere Variante war, mit ihren Truppen das US-Militär zu unterstützen, welches ständig irgendwo in der Welt Krieg führt – zum Beispiel im Irak.

Man sollte meinen, dass so etwas unmöglich sein sollte, ist es aber nicht. *„Denn Tatsache ist"*, führt John Perkins aus, *„wir schreiben die Gesetze. Wir kontrollieren die Weltbank. Wir kontrollieren den IWF. Wir kontrollieren sogar die UNO in hohem Maße. Wir schreiben die Gesetze. Insofern tun Wirtschaftskiller nichts Ungesetzliches. Ländern große Schuldenberge aufzubürden, um dann eine Gegenleistung zu verlangen, ist nicht verboten. Es sollte verboten sein, ist es aber nicht."*(13)

Da die USA dieses Prozedere seit Jahrzehnten praktizieren, haben die Familien, denen diese Ölfirmen und anderen Konzerne gehören, riesige Imperien aufgebaut. Perkins erklärt, dass diese Familien inzwischen die natürlichen Ressourcen der Erde kontrollieren.

„Eines der Kennzeichen eines Imperiums ist, dass es dem Rest der Welt seine Währung aufzwingt. Wir haben das tatsächlich mit dem Dollar getan. 1971 hatten die USA riesige Schulden, hauptsächlich wegen dem

Vietnamkrieg. Wir hatten die Goldbindung. Eines der Länder beschloss, sein Geld in Gold zurückzuverlangen, weil es dem Dollar nicht traute. Nixon weigerte sich, in Gold zu zahlen, weil er wusste, dass er es nicht hatte. Wir hatten nicht den Gegenwert in Gold. Daher wechselten wir schnell zur Bindung an das Erdöl über. Ich spielte eine wichtige Rolle bei dem Pakt mit Saudi Arabien. Wir bestanden darauf, dass die OPEC Erdöl nur gegen Dollar verkaufen sollte. Plötzlich war der Dollar nicht mehr an Gold gebunden, sondern an Erdöl, was eine viel wichtigere Bindung ist, weil Öl heute viel wertvoller ist als Gold. Plötzlich konnte die Welt Erdöl nur noch in Dollars kaufen, und der Dollar wurde zu einer äußerst wichtigen Währung. Auch heute sind die USA wieder ein bankrottes Land. Wir haben riesige Schulden, mehr Schulden als jemals ein anderes Land in der Weltgeschichte hatte. Und wenn irgendeines der Länder sein Geld in einer anderen Währung forderte als dem Dollar, dann wären wir in großen Schwierigkeiten. Aber im Moment wollen alle ihr Geld in Dollar, weil Erdöl ein so wichtiges Produkt ist, und weil man Erdöl nur gegen Dollar kaufen kann. Saddam Hussein drohte, Erdöl auch gegen eine andere Währung zu verkaufen, kurz bevor er gestürzt wurde.“(13)

Haben Sie je etwas davon gehört? Nein? Klar, unsere Medien werden einen Teufel tun...

Aber hier werden Sie es erfahren! Der preisgekrönte österreichische Dokumentarfilm-Produzent Erwin Wagenhofer hat John Perkins für seinen erschütternden und Augen öffnenden Film „*Let's make money*“ interviewt. Mit diesem Film versuchte Wagenhofer, die Perversionen globaler Geldströme bloß zu stellen, was ihm meiner Ansicht nach auch sehr gut gelungen ist. John Perkins erklärt in diesem Film, dass die Regierenden jedoch nicht immer erpressbar sind und sich gegen die Erpressungsversuche durch die USA wehren.

„*Manchmal schaffen wir Wirtschaftskiller es nicht, die Regierungen eines Landes zu korrumpieren. So wie es mir nicht gelang, Torrijos in Panama und Roldós in Ecuador zu korrumpieren. Oft passiert das nicht. Aber wenn es passiert, werden die Schakale losgeschickt. Das sind Menschen, die Regierungen stürzen oder deren Führer ermorden. Als ich an Jaime Roldós in Ecuador und Omar Torrijos in Panama scheiterte, traten die Schakale auf den Plan und ermordeten diese. In den wenigen Fällen, in denen weder die Wirtschaftskiller, noch die Schakale zum Ziel kommen – aber auch nur dann –, wird das Militär ausgeschickt. Genau das passierte im Irak. Die Wirtschaftskiller konnten Saddam Hussein nicht korrumpieren. Die Schakale erwischten ihn nicht. Daher wurde das Militär entsandt. Als wir 1991 das erste Mal unser Militär entsandten, wurde seine Armee zerstört. Wir dachten, er wäre so am Boden, dass er nachgeben würde. So wurden in den 1990er Jahren wieder Wirtschaftskiller entsandt, die versuchten, Saddam Hussein weichzuklopfen. Aber er gab nicht nach. Hätte er nachgegeben, würde er heute noch regieren. Wir würden ihm Flugzeuge, Panzer und sonst alles Mögliche verkaufen. Aber er gab nicht nach. Auch die Schakale konnten ihn nicht ermorden. Seine Wächter waren sehr gut. Und er hatte viele Doppelgänger, sodass selbst seine Wächter nicht wussten, ob sie ihn bewachten oder seinen Doppelgänger. Als weder die Wirtschaftskiller, noch die Schakale beim zweiten Mal Erfolg bei Saddam Hussein hatten, war der Augenblick da, dass wir das Militär erneut geschickt haben. Und dieses Mal haben wir ihn gestürzt. Der Rest ist Geschichte.*“[13]

Wenn das alles so stimmt, wie John Perkins es erzählt, heißt das, dass all die Geschichten über den brutalen Saddam mit seinen Massenvernichtungswaffen mit der Realität demzufolge recht wenig zu tun haben. Alle haben mitgespielt, die westlichen Regierungen wie auch die Massenmedien, und haben uns ein Bild über ein Land und seine Politik präsentiert, das reine Kriegspropaganda war.

- Mit dieser Vorkenntnis ist es selbstverständlich auch vollkommen „politisch unkorrekt“, für einen Staat wie Libyen Partei zu ergreifen oder gar Syrien, da dort laut Medienberichten die Menschenrechte mit Füßen getreten wurden. Nehmen wir aber gerade einmal Libyen als Beispiel: Wussten Sie, dass der „brutale Diktator“ Gaddafi Libyen in wenigen Jahrzehnten von einem der ärmsten Länder der Welt zum wohlhabendsten Land Afrikas verwandelt hatte? Sogar wohlhabender als Länder wie Saudi-Arabien oder manche Länder der EU? In Libyen gab es beispielsweise keine Stromrechnungen, Elektrizität war kostenlos; Benzin kostete 14 Cent pro Liter; es gab nur zinsfreie Kredite; Bildung und medizinische Behandlungen waren kostenlos, über 80 Prozent der Libyer können lesen – das ist fast gleich mit der

BRD. Wollte ein Libyer Landwirtschaft betreiben, dann bekam er kostenlos Ackerland, ein Bauernhaus, Geräte, Vieh und Saatgut vom Staat gestellt; wenn ein Libyer ein Auto kaufen wollte, so wurde dies vom Staat zu 50 Prozent subventioniert. Am spannendsten war aber wohl Gaddafis gigantisches Wasserprojekt, denn Libyen besitzt das größte afrikanische Wasserreservoir, das mehr wert ist als seine Ölquellen. Man schätzt es auf ein Volumen, das ganz Deutschland einhundert Meter hoch bedecken würde. Durch dieses Projekt hätte Libyen, das selbst schuldenfrei war, seine Nachbarstaaten aus deren Abhängigkeit vom *Internationalen Währungsfond* (IWF) und den Industrienationen befreien können. Und das hatte er vor – und noch viel schlimmer: Gaddafi wollte 150 Milliarden Dollar, die er im Ausland (überwiegend in Frankreich) angeleget hatte, zurückholen, was ein Bankenchaos ausgelöst hätte – und vermutlich das Ende des Euros. Zudem wollte er zusätzlich eine goldgedeckte afrikanische Handelswährung einführen – den *Golddinar* –, die den US-Dollar als Öl-Leitwährung ablösen sollte.(14) Und das konnte man auf keinen Fall tolerieren. Deswegen gibt es heute keinen Gaddafi mehr...

Zusammengetragen hat zu diesem Thema sehr viel der Blogger *Indexexpurgatorius*, der zudem ausführt: *„Doch so etwas zu sagen, ist nicht gut für die berufliche Laufbahn, denn schließlich darf man einen Tyrannen für seine Untaten weder loben noch als ‚normalen' Menschen bezeichnen. Dies durfte das ‚Alice'-Model Vanessa Hessler erfahren, als sie nach dem Tod ihres Ex-Freundes Mutassim al-Gaddafi in einem Interview mit einer italienischen Zeitung ihre Liebe zu dem Sohn des getöteten Diktators Muammar al-Gaddafi offenbarte. Die gebürtige Italienerin hatte dabei den Clan des libyschen Herrschers als ‚normale Leute' bezeichnet. Darüber hinaus verteidigte das Model das Gaddafi-Regime. Die libyschen Rebellen ‚wüssten nicht, was sie tun'.*

‚Sie wird ab sofort nicht mehr unsere Werbefigur sein', sagte Unternehmenssprecher Albert Fetsch in München. Weiter sagte Fetsch: ‚Wir werden sämtliches Material aus unseren Shops zurückziehen, auf welchem Frau Hessler abgebildet ist', noch im Laufe des Tages solle ihr Gesicht auch von der Website des Unternehmens verschwinden.“(14)

Ja, Frau Hessler, das war „politisch unkorrekt“, das hätten Sie nicht sagen dürfen! Und ist es zu alledem nicht absurd zu erfahren, dass

Gaddafi, dem „brutalen Diktator", im Jahre 2011, kurz vor den Luftangriffen der NATO auf Libyen, der Menschenrechtspreis der Vereinten Nationen verliehen werden sollte? Davon haben Sie aber sicher nichts in den Medien erfahren, nicht wahr?[15]

- „Politisch unkorrekt" war es ebenso von Bundeskanzlerin Merkel, dass sie es gut fand, dass Osama Bin Laden erschossen wurde. Ja, was bitteschön ist denn daran unkorrekt? Deutschland – also WIR – sind der drittgrößte Waffenexporteur der Welt. Wir alle profitieren vom Töten, vom Krieg, und die Waffen bringen eine Menge Steuergelder in die Staatskasse. Ja, was glauben denn manche Menschen, was denn mit den Waffen passiert, die aus unserem Land in die Welt verkauft werden? Dass nur Jäger kranke Rehe im Wald erschießen? Nein, es wird getötet damit – Männer, Frauen, Kinder, alte Menschen, Tiere. Und wir hängen da alle mit drin, weil wir von diesen Exporten als Bürger profitieren. So sieht das aus! Also ist doch logisch, dass irgendwann aus Sicht der Kanzlerin ein „Böser" damit erschossen wird und das auch in Ordnung ist. Dazu werden die Waffen ja verkauft. Aus Sicht der „Meinungsbildenden" war es jedoch „unkorrekt", dass sie die Erschießung eines Terroristen gut fand. Ich persönlich denke hingegen, dass es noch wesentlich schlimmer für die Kanzlerin gewesen wäre, und *politisch völlig daneben*, wenn sie gesagt hätte, dass Bin Laden möglicherweise gar nichts mit den Anschlägen des 11. September 2001 zu tun hatte...
- Auch folgende Informationen möchte man den deutschen Bürgern vorenthalten: Mike Philbin beschreibt auf seinem Free-Planet-Blog, dass es im Jahre 2000 noch sieben Länder weltweit ohne eine durch die Rothschild-Banken gesteuerte Zentralbank gab: Afghanistan, Irak, Sudan, Libyen, Kuba, Nordkorea und Iran. Nach dem zweckdienlichen 11. September 2001 waren es plötzlich nur noch fünf Staaten: Sudan, Libyen, Kuba, Nordkorea und Iran. Jetzt, im Jahre 2012, bleiben noch drei übrig: Kuba, Nordkorea und Iran. Mal schauen, wie lange sie noch „frei" bleiben...[16]
- Äußerst bemerkenswert finde ich auch folgendes Faktum: Durch den Antrag „Die Menschenrechtssituation in Tibet verbessern" vom 23.4.1996, der auch von den „Grünen" mitgetragen wurde, forderte man, dass die Tibeter ein Recht auf kulturelle, politische, ethnische

und religiöse Selbstbestimmung haben, und es wird die „Überfremdung" Tibets durch Chinesen angeprangert. Würde ein Deutscher das in unserem Lande fordern – also eine Begrenzung der Zuwanderung durch Ausländer –, wäre er ein Rassist oder Volkstümler oder irgend etwas anderes aus der politisch korrekten Wunderkiste.

- Wussten Sie auch, dass es bereits 1996 ein hervorragend funktionierendes Elektroauto von General Motors in den USA gab? Das konnte man aber gar nicht kaufen, sondern nur mieten. Es war das *EV1*. Und das taten immerhin 800 Menschen! Und plötzlich wurden alle diese Elektroautos eingezogen und vernichtet! Ja, vernichtet! Man konnte sie nicht gebraucht kaufen, obwohl das viele der Testfahrer wollten. Ähnlich geschah es mit dem *Hypermini* von Nissan. Und bei uns tun sie so, als ob ein vernünftiges Elektroauto erst noch entwickelt werden müsste. So ein Unsinn! Dass die deutschen Auto-Konzerne das genauso wenig dürfen, weil die Ölindustrie an einem Elektroauto kein großes Interesse hat, ist verständlich. Dass aber die Massenmedien, Zeitungen wie Fernsehen, hier ganz bewusst mitspielen, das ist das wirklich Schlimme! Das nennt man dann eine „Verschwörung"!
- Es begann in den 1970er Jahren, dass plötzlich in vielen Hollywood-Filmen – obwohl im ursprünglichen Drehbuch oder in dem Roman, der verfilmt wurde, gar nicht vorhanden – ein „Schwarzer" eine Rolle bekam. Böse Zungen nennen das den „Quoten-Neger", weil diese Person in den Filmen meist zuerst stirbt beziehungsweise getötet wird und nur aus Gründen der Gleichberechtigung beziehungsweise der Politischen Korrektheit im Film auftaucht. (Ein recht markantes Beispiel ist die Neuverfilmung des Klassikers *„Die Zeitmaschine"* von H. G. Wells. In der ersten Verfilmung aus dem Jahre 1960 mit Rod Taylor in der Hauptrolle besteht das Menschenvolk der Zukunft ausschließlich aus blond-blauäugigen Menschen, den Eloi. In der 2002 umgesetzten Neuverfilmung ist das Volk der Eloi plötzlich komplett dunkelhäutig und der Ober-Morlock, der Bösewicht, ist jetzt blond.)

  Aber nicht alle halten sich daran – sogar im Jahre 2011 nicht! Und zwar geht es um die beliebteste britische Fernsehserie bei uns – *„Inspector Barnaby"*. Die Zuschauer werden sich vielleicht schon einmal gefragt haben, wieso in der beliebten Krimiserie ausschließlich hellhäutige Protagonisten zu sehen sind. *„Wir sind die letzte Bastion des Englischen"*, sagte der britische TV-Produzent und Miterfinder der Serie Brian True-May in einem Interview mit der *Radio Times*. Er wolle in seiner Erfolgsserie keine ethnischen Minderheiten sehen, *„weil es sonst kein englisches Dorf wäre. Es würde nicht funktionieren"*. True-May räumte ein, dass die britische Gesellschaft heute *„kosmopolitisch"* und seine Aussagen möglicherweise nicht *„politisch korrekt"* seien. Er meinte aber, dass er *„etwas zu produzieren versuche, das ein bestimmtes Publikum anspricht, was offenbar erfolgreich ist."* Die Aussagen des Produzenten haben zu zahlreichen Protesten geführt – nicht zuletzt wegen des Zusammenhangs, den er zwischen *Englishness* und einer Rassen-Zugehörigkeit herstellt. Die Produktionsfirma *All3Media* hat True-May daraufhin suspendiert, und der Fernsehsender *ITV*, auf dem die Serie in Großbritannien läuft, zeigte sich in einer ersten Stellungnahme *„erschüttert und entsetzt"* von den Äußerungen. Interessant ist doch dabei, dass das 14 Jahre lang in 13 Serienstaffeln keinem aufgefallen war...

- Extrem „politisch unkorrekt" ist auch die Frage, ob Deutschland aufgrund der Zuwanderung von Menschen mit einem niedrigen IQ langsam aber sicher verblödet. Das behauptet der Journalist Udo Ulfkotte in seinem Buch *„Albtraum Zuwanderung"* und meint, dass Deutschland dadurch wirtschaftlich immer tiefer rutsche. Das Thema hatte auch Thilo Sarrazin angesprochen, doch Ulfkotte geht noch einen Schritt weiter. Er erklärt, dass die Zeitung *Times* die Deutschen mit einem Durchschnitts-IQ von 107 einst für eines der intelligentesten Völker des Planeten hielt (Südkorea 108, Japan 105), nun aber aufgrund der Zuwanderung von Menschen aus Ländern mit einem niedrigeren Durchschnitts-IQ (Türkei 90, serbische Roma 70, Nigeria 67, Guinea 59) auf Rang 100 abgerutscht sei.[17]

  Heute darf man das nicht mehr sagen, auch wenn es wahr sein sollte. Dieter E. Zimmer konnte aber vor einigen Jahren noch solches in der Zeitung *Die Welt* schreiben, ohne dass es ein Mediengeschrei gab. Seine Aussage: Der Mensch wird maßgeblich durch seine Gene bestimmt, und Intelligenz wird zu großen Teilen vererbt.

  Sehr unbequem sind Udo Ulfkottes Ausführungen auf jeden Fall, wenn es um wirtschaftlichen Erfolg geht, da er den Wohlstand in direktem Zusammenhang mit dem IQ der Bevölkerung eines Landes sieht. Ulfkotte zieht in seinem Buch viele Studien heran, um aufzuzeigen, dass Länder wie Kanada oder Australien solche sind, die Menschen mit einem hohen IQ anziehen und auch wirtschaftlich davon profitieren, Länder wie Deutschland hingegen Menschen mit einem niedrigen IQ anziehen, was sich seiner Meinung nach auch in der Tatsache zeigt, dass wir in Deutschland momentan 3 Millionen Analphabeten haben. Problematisch ist aus seiner Sicht auch die Tatsache, dass Kinder, die aus Ländern mit einem niedrigen IQ zugewandert sind, nun in Deutschland neben Kindern in einer Klasse sitzen, die einen zum Teil fast doppelt so hohen IQ haben – nämlich die einheimischen Kinder. Und er kommt demnach zu dem Schluss, dass wir in Deutschland nicht mehr das geistige Potential besitzen – so wie Kanada oder Japan beispielsweise –, uns aus einer Wirtschaftskrise wieder selbst herauszuarbeiten.(17)

- Ebenso politisch unkorrekt ist es, darauf hinzuweisen, dass unser Sozialsystem die Menschen verweichlicht. *Wir* dürfen das nicht sagen, die Chinesen hingegen schon. So geschehen am 26.10.2011, wie die Deutschen Mittelstands-Nachrichten berichten: „*China: Europäer sind ‚zu faul und zu träge', um die Krise zu meistern – China attackiert das europäische Sozialsystem. Ein Fondsmanager sagte, die Europäer werden die Krise nur in den Griff bekommen, wenn sie härter und länger arbeiten. Der Investor Marc Faber sorgte neulich mit seinen Aussagen über das US-Schuldenproblem für Aufsehen. Er hatte Amerikaner als faul bezeichnet und forderte sie auf, härter zu arbeiten. So könnten sie ihre finanziellen Probleme lösen, meinte Faber. Mit einer ähnlichen Botschaft für Europa meldete sich jetzt Jin Liqun, Vorstandsvorsitzender der Chinesischen Investment Gesellschaft CIC: ‚Europa fehlt nicht wirklich das Geld. Es muss sich seiner Situation bewusst werden und erkennen, dass seine Probleme gelöst werden können. Die Wurzel des Problems ist das überforderte Sozialsystem, das seit dem Zweiten Weltkrieg in Europa aufgebaut wurde. Das Arbeitsrecht begünstigt Faulheit und Trägheit. Die Menschen müssen etwas härter und länger arbeiten, und sie sollten innovativer sein. Wir* (die Chinesen) *arbeiten wie verrückt.*'“(18)

Ja, solche Aussagen sind hart. Das Problem ist hier nur, dass es deutsche Bürger gibt, die nicht nur einen, sondern zwei oder mehrere „Jobs" annehmen, um ihre Familien durchbringen zu können, und auf der anderen Seite gibt es Bürger, die auf der faulen Haut liegen und sich vom Staat durchfinanzieren lassen. Das ist es wohl, was der chinesische Investor meint.

Ich erinnere mich in diesem Zusammenhang auch an eine Zeitungsmeldung aus dem Sommer 2011, als man bekanntgab, dass man in den neuen Bundesländern ein jahrelanges Projekt ausgewertet habe, bei dem jungen Menschen auch ohne Hauptschulabschluss eine Lehrstelle vermittelt wurde. Es stellte sich heraus, dass nur 50 Prozent der Lehrlinge ihre Ausbildung auch abschlossen. Die andere Hälfte kam eines Tages einfach nicht mehr zur Arbeit mit der Begründung, man wolle nicht so früh aufstehen und man lebe von Hartz 4 eigentlich auch ganz gut.

- Oder wussten Sie von der Zensur durch die US-amerikanische Internetsuchmaschine *Google*? Im aktuellen Bericht der amerikanischen Nichtregierungsorganisation „Freedom House" heißt es: *„Deutsche Behörden machen intensiv von der Möglichkeit Gebrauch, Inhalte nachträglich durch Google entfernen zu lassen."* Insgesamt hatten deutsche Behörden 188 Mal um eine nachträgliche Zensur gebeten. Im weltweiten Vergleich belegt die Bundesrepublik damit den zweiten Platz unter den insgesamt 37 untersuchten Staaten. Nur Brasilien zensiert noch eifriger. Andere EU-Staaten zeigten sich in diesem Bereich deutlich weniger aktiv. England (59), Italien (57) und Spanien (32) folgen mit deutlichem Abstand. Grundlage des Berichts sind Daten, die Google 2010 selbst veröffentlichte. Doch diese nachträglichen Zensurmaßnahmen sind nicht der einzige Kritikpunkt, den „Freedom House" vorbringt. Weiterhin prangert „Freedom House" Deutschland an, weil immer wieder Fälle bekannt wurden, in denen Rechte von Journalisten verletzt wurden, so durch den *Bundesnachrichtendienst* (BND), der deren E-Postverkehr mitlas. Zudem sammelten die deutschen Behörden in großen Mengen Daten und hörten Telefone ab. Insgesamt seien 38 verschiedene staatliche Einrichtungen mit der Überwachung der Bürger beschäftigt.(19)

- Noch so ein absoluter Knaller von Politischer Korrektheit ist die Tatsache, dass die Bundeswehr in ihrem Lager *Camp Marmal* in Afghanistan an der Feldkapelle das Kreuz entfernen musste. Es begann zunächst damit, dass die Bundeswehr von ihren Sanitätsfahrzeugen die roten Kreuze entfernen beziehungsweise überkleben musste, um keine Muslime zu beleidigen. Jetzt wurde auch noch das Kreuz von der Kapelle entfernt. Und im gleichen Atemzug hat man zwei kleine Feldmoscheen errichtet. Man will ja nicht, dass hier jemand übervorteilt wird... Das heißt, für Afghanistan kämpfen und sterben dürfen die Deutschen schon, aber zu ihrem Glauben stehen und diesen praktizieren dürfen sie nicht.
  Hier erinnere ich mich auch an das Massaker an christlichen US-Ärzten – dabei auch eine Frau – im August 2010, die in Afghanistan von Islamisten niedergemetzelt wurden. Aber wenn dann eine Naturkatastrophe über das Land hereinbricht, dann sind die „Schweinefleischfresser" wieder recht, um massenhaft Spenden abzuliefern...
- Wenn wir schon gerade beim „Spenden" sind: Wussten Sie, dass der körperliche Wert eines „wertlosen" Massenmenschen auf zwischen 300.000 und 3 Millionen Euro geschätzt wird? Das heißt: Die Tatsache, dass bei Herzverpflanzungen das Herz des Spenders entnommen werden muss, während es noch schlägt, lässt berechtigte Zweifel daran aufkommen, was Mediziner dabei als *zivilisiert* ansehen. Bei solchen ‚Umsätzen' ist auch die Kriminalität weit verbreitet. Fest steht: Den kriminellen Organhandel gibt es weltweit!
  Wie sieht das in Deutschland aus? Dr. jur. Georg Meinecke, Nestor der deutschen Patienten-Anwälte, erklärt dazu: *„Da der von Schulmedizinern diagnostizierte Bedarf an notwendiger Transplantation von Organen das Angebot der Organspender bei weitem übersteigt, wird in unserem Land ständig für Organspenden von Toten – quasi als einem Akt der Nächstenliebe – geworben. Für diese Werbung sind sich neben den daran verdienenden Medizinern selbst Kirchen, Politiker und Medien nicht zu schade... Im Interesse der Organtransplantation hat sich die Definition des ‚Hirntodes' als Todeszeitpunkt des Menschen nahezu weltweit durchgesetzt. Behilflich wurde auch die Bundesärztekammer. Sie konstatierte, dass mit dem ‚Hirntod' angeblich naturwissenschaftlich-medizinisch der Tod des Menschen festgestellt sei. Das ändert*

nichts an der Tatsache, dass es sich bei dem Patienten zu diesem Zeitpunkt um einen ‚lebenden Leichnam' handelt, dessen Herz noch schlägt, den gesamten Kreislauf noch aufrechterhält, der voll durchblutete Körper seine normale warme Temperatur hat, der Stoffwechsel noch stattfindet... Kein Wunder, dass zum Beispiel Prof. Franco Rest äußerte: Den Hirntod gibt es überhaupt nicht; er ist eine Erfindung der Transplantationsmedizin."(20)

Jeder, der sich zur Organspende bereit erklärt hat oder dessen Angehörige nach seinem Tode dem zustimmen, und jeder, der in einem Land stirbt, in dem die sog. Widerspruchsregelung gilt, ohne dass er seinen Widerspruch dort hat registrieren lassen, muss wissen, dass nach seinem „Tode" nur lebend-frische Organe entnommen und transplantiert werden können – keine leblosen Organe einer Leiche. Als transplantierbare Organe gelten: Lunge, Herz, Nieren, Leber, Bauchspeicheldrüse und Dünndarm. In Einzelfällen wurden Körperteile wie Gesicht, Hände, Arme, Luftröhre, Kehlkopf, Zunge und Penis entnommen. Ein anschauliches Beispiel dazu: Gebhard Focke äußerte sich in der Schrift der *KAO „Organspende – Die verschwiegene Seite"* über seinen Sohn wie folgt: „*Ich werfe mir vor, dass ich ihn habe sterben lassen, während er aufgesägt und aufgeschnitten wurde, während er mit kalter Perfusionslösung durchspült wurde – und das alles ohne Narkose. Keiner weiß aber genau, was ein sogenannter ‚Hirntoter' noch empfinden kann. Ich werfe mir vor, dass ich tatsächlich meinen Sohn für tot hielt, als die Ärzte mir das verkündeten, obwohl er sich durch die Hirntod-Feststellung in keiner Weise verändert hatte... So aber fühle ich mich über den Tisch gezogen, meine Unwissenheit wurde ausgenutzt. Ich habe mir oft überlegt, was ich denn hätte wissen müssen, um eine begründete Entscheidung treffen zu können. Vielleicht hätte schon folgende Frage ausgereicht: ‚Ihr Sohn liegt im Sterben. Sind Sie damit einverstanden, dass er auf dem OP-Tisch zu Ende stirbt, während ihm die Organe entnommen werden?' Ich hoffe, dass ich dann die Ärzte vom Hof gejagt hätte. Wer möchte sein Kind schon auf solch schreckliche Weise sterben lassen?... Wenn ich gewusst hätte, dass es begründete Zweifel am Hirntod-Konzept gibt, hätte ich meine Zustimmung zur Organentnahme nie gegeben.*"(21)

Wie sieht nun die Kehrseite aus? Rund 12.000 Menschen warten in Deutschland auf ein Spendenorgan (*Focus-Online*, 2.3.2012). Im Jahre 2011 wurden dagegen nur 1.200 Menschen (nach ihrem angeblichen Tod) 3.917 Organe entnommen. Doch das soll sich in Zukunft ändern: Nach jahrelanger Diskussion hatte sich nun eine Spitzenrunde aus Opposition, Koalition und Bundesregierung in Berlin auf eine *Reform der Organspende* geeinigt. Ab dem Sommer 2012 soll jeder Erwachsene regelmäßig per Post von seiner Krankenkasse gefragt werden, ob er zur Organspende bereit ist. Dem Brief liegt auch gleich ein Organspendeausweis bei. Das Ergebnis soll dann wohl später in unsere geplanten neuen elektronischen Ausweise eingetragen werden – für un- oder falsch aufgeklärte Mitbürger eigentlich kriminell. Und ein weiteres Hauptproblem kann diese Krankenkassenaktion nach Kritikermeinung auch nicht lösen: Immerhin 45 Prozent der Deutschen fürchten laut einer Umfrage der *Bertelsmann Stiftung* und *Barmer*, dass die Ärzte nicht mehr mit vollem Einsatz um ihr Leben kämpfen, wenn der Patient sich zu einer Spende bereit erklärt hat. (Mehr dazu unter[22])
So verwundert es auch nicht, dass Seine Heiligkeit, Papst Benedikt XVI., forderte, dass Organe nur *ex cadavere* (vom Leichnam) entnommen werden dürfen. Er selbst zog seine Bereitschaftserklärung zur persönlichen Organspende zurück. Wussten Sie davon?

- Wie schaut es mit dieser Pressemitteilung aus? War Ihnen diese irgendwo unter die Augen gekommen? Der UNO-Verwalter des Kosovo, Sergio Vieira de Mello, erklärte laut dem Nachrichtensender *PBS* am 4. August 1999 ganz unverblümt: *„Ich wiederhole, unvermischte Völker sind eigentlich ein Nazikonzept. Genau das haben die alliierten Mächte im Zweiten Weltkrieg bekämpft. Die Vereinten Nationen wurden gegründet, um diese Konzeption zu bekämpfen, was seit Dekaden auch geschieht. Genau das war der Grund, warum die NATO im Kosovo kämpfte. Und das war auch der Grund, warum der Sicherheitsrat der Vereinten Nationen eine solch starke Militärpräsenz im Kosovo verlangte – nämlich um das System ethnischer Reinheit zu verhindern...“*[23]
- Und wussten Sie, dass US-Präsident Obama bei seinem Besuch in Ramstein im Juni 2009 folgende Worte zu den US-Soldaten sagte:

„Germany is an occupied country and it will stay that way...“ *(„Deutschland ist ein besetztes Land. Und es wird auch so bleiben...“)* Ich wusste das, viele Deutsche wissen das, wussten Sie es? Wolfgang Schäuble, unser derzeitiger Bundesfinanzminister weiß es jedenfalls, denn bei seiner Rede beim *21. Europäischen Bankenkongress* am 18.11.2011 in Frankfurt ließ er seine Zuhörer wissen, dass er an einen weiteren Verlust deutscher Souveränität innerhalb von 24 Monaten glaube, denn bis dahin stehe die „Fiskalunion“. *„Die Kritiker, die meinen, man müsse eine Konkurrenz zwischen allen Politikbereichen haben, die gehen ja in Wahrheit von dem Regelungsmonopol des Nationalstaates aus. Das war die alte Ordnung, die dem Völkerrecht noch zu Grunde liegt, mit dem Begriff der Souveränität, die in Europa längst ad absurdum geführt worden ist – spätestens in den zwei Weltkriegen der ersten Hälfte des vergangenen Jahrhunderts. Und wir in Deutschland sind seit dem 8. Mai 1945 zu keinem Zeitpunkt mehr voll souverän gewesen. Das wusste übrigens das Grundgesetz, das steht schon in der Präambel 1949 – das Ziel, als gleichberechtigtes Glied in einem vereinten Europa dem Frieden der Welt zu dienen.“*(24)

An dieser Stelle soll es nun vorerst genug sein. Sollten Sie ein politisch unkorrekter Mensch sein – so wie ich –, kann es sein, dass in Ihrer Magengegend jetzt so richtig Stimmung aufgekommen ist. Dem ersten Ärger folgt dann die Wut und die Frage: Wie lange glauben die da oben eigentlich, dass sie damit durchkommen? Denken die wirklich, wir – das Volk – sind alle Idioten? Gehen wir aber noch einen Schritt weiter und fragen uns: Warum erfahren wir denn solche Ereignisse nicht aus der Presse? Wieso hält man das bewusst von den Bürgern fern? Oder wieso nimmt man bewusst Täter-Informationen aus einer Meldung heraus und verändert sie dadurch? Aus fehlendem Interesse der Bevölkerung ganz bestimmt nicht! Fakt ist, es werden dem Bürger entweder Teile einer Nachricht vorenthalten, weil sie „politisch unkorrekt“ sind, oder die komplette Nachricht an sich taucht erst gar nicht auf! Aber wir haben ein Recht darauf, dass wir die volle Wahrheit erfahren, was sich in unserem Land und in der Welt abspielt, und benötigen niemanden, der uns eine Nachricht vorzensiert!

Als normal denkender Mensch kann man eigentlich nur zu der Ansicht gelangen, dass dieses politisch korrekte Verhalten diverser Gutmenschen an und für sich schon pathogene Züge aufweist, also krankhaft ist. Als *Xenophilie* bezeichnet man die persönliche oder kollektive Vorliebe für fremde, unbekannte Dinge und Menschen. Das klingt auf den ersten Blick nicht nach etwas Besonderem. Aber das ist es! Dass man neugierig und AUFGESCHLOSSEN dem Fremden gegenüber ist, ist etwas Gutes. Deswegen reise ich selbst ja auch quer durch die Welt. Aber eine VORLIEBE allem Fremden gegenüber ist nicht normal und auch nicht angemessen – vor allem nicht in Deutschland, einem der besten Länder auf der Welt.

Es ist meiner Ansicht nach nicht normal, wie es manche „Gutmenschen" praktizieren, dass sie sich mehr für Menschen aus einem anderen Land, einer anderen – uns sogar feindlich gesinnten – Religion einsetzen, anstatt sich um das Wohl des eigenen Volkes, der eigenen Kultur und Religion zu interessieren. So etwas gibt es in keinem anderen Land der Welt, nur in Deutschland!

Unser ehemaliger Reichskanzler Otto von Bismarck (1815-1898) war der Meinung, dass die Xenophilie eine „politische Krankheit" ist:

„Die Neigung, sich für fremde Nationalitäten und Nationalbestrebungen zu begeistern, auch dann, wenn dieselben nur auf Kosten des eigenen Vaterlandes verwirklicht werden können, ist eine politische Krankheitsform, deren geographische Verbreitung sich leider nur auf Deutschland beschränkt."

Da das schon vor über 100 Jahren deutsch-typisch war, fällt dieser pathologische Zustand vielen Menschen gar nicht auf. Wir sind wohl tatsächlich langsam aber sicher hirngewaschen mit Ideen, die wir selber gar nicht vertreten, die wir gar nicht gutheißen, sie aber dennoch leben – nur um nicht anzuecken und unangenehm aufzufallen. *„Das Fremde ist das Bessere, das Eigene das Schlechtere"*, so sieht es doch aus, oder nicht? Das Gespenst des hässlichen Deutschen wird immer wieder gerne an die Wand gemalt oder unterschwellig in Diskussionen eingebracht, und keiner muckt auf.

Auf der Internetplattform *„politically incorrect"* (www.pi-news.net) fand ich unter dem Titel „Alles Hitler oder was?" folgenden Aufsatz vom 30.11.2011:

„Warum beschmieren Antifanten Denkmäler? Warum ist rechts, rechtsextrem und rechtsradikal dasselbe? Warum heißt das Berliner Gröben-Ufer

May-Ayim-Ufer? Warum müssen wir unsere Souveränität in Brüssel abliefern? Warum ist ein Einwanderer ein ‚Mensch mit Migrationshintergrund'? Warum ist das Hinschmieren von Hammer und Sichel keine Straftat? Warum haben wir keine nennenswerte konservative Partei? Warum sind unsere Medien links? Warum glaubt man, arme, arbeitslose Asylbetrüger würden uns ‚bereichern'? Warum wird die Staatsangehörigkeit von Intensivtätern ungern genannt? Warum soll der Hindenburgdamm nicht mehr Hindenburgdamm heißen? Warum steht in Berlin ein Schwulen- und Lesbendenkmal? Warum ist ein Türke mehr wert als ein Deutscher? Warum sind wir das Weltsozialamt? Warum heißen Zigeuner ‚Rotationseuropäer'? Warum haben wir keine Grenzen mehr? Warum sind Moscheen wichtiger als Kirchen? Warum gibt es Gender Mainstreaming? Warum haben wir den Euro eingeführt? Warum brauchen wir Integrations- und Frauenbeauftragte? Warum wird Pippi Langstrumpf umgeschrieben? Warum pinkeln Grüne und Linke auf die deutsche Flagge? Warum hört die unkontrollierte Einwanderung nie auf? Und so weiter...
Es gäbe noch Dutzende solcher Fragen. Versucht man, all diesen Phänomenen auf den Grund zu gehen, landet man mit einiger Logik bei Hitler und dem Dritten Reich. Dass Deutschland abgeschafft wird, verdanken wir wohl den Nazis. Dagegen spricht nur, dass auch in anderen westlichen Ländern die politische Korrektheit ihr Unwesen treibt. Aber selbst in den USA dienen die Nazis oft als warnendes Beispiel, um etwas Politkorrektes durchzusetzen...«[25]

Der ehemalige Unternehmer, Experte für Finanzsysteme und Makroökonomie sowie Gründer und Betreiber der „Wissensmanufaktur – Institut für Wirtschaftsforschung und Gesellschaftspolitik", Andreas Popp, hat in seinem Artikel *„Militär gegen das eigene Volk?"* seine persönliche Ansicht dazu in folgenden Worten an seine Leser weitergegeben:

„Die derzeitigen Nachrichten gleichen eher einem verwirrten Gestammel, und die Journalisten tun mir oft sehr leid. Auch von ihnen ist mittlerweile nicht selten die Realität erkannt worden, aber was soll man tun, wenn die Hypothekenraten drücken und die Familie in diesem leidvollen System schließlich überleben muss. Es sagt sich leicht, dass wir alle mehr Zivilcourage zeigen müssten, aber wenn es dann darauf ankommt?

Ich kenne das Gefühl, wenn man es wagt, seine ehrliche Meinung zu sagen, denn dafür wurde ich regelmäßig von allen Seiten diffamiert. Mut macht aber auch die Tatsache, dass immer mehr Menschen erwachen und ebenfalls für eine vernünftige Welt eintreten. Ich kenne niemanden, der als aufgeweckter Mensch wieder in die Matrix von Tagesschau, Spiegel, Bild und Co. zurück möchte. Der Fluss geht also nur in eine Richtung... hoffentlich exponentiell verlaufend. Da sich fast alle frei denkenden Menschen aktiv informieren, treffen sie sich zum Beispiel auf denselben Internetseiten. Dabei besteht aber auch das Risiko, dass man ein verfälschtes Bild über die Dimension der Kritiker bekommt. Nehmen wir an, 400.000 Menschen tummeln sich regelmäßig auf den Seminaren oder in den Chatrooms der sogenannten ‚Verschwörer-Szene', dann sind das gerade einmal 0,5 Prozent der deutschen Bevölkerung, während über 90 Prozent der Bürger nicht einmal die einfachsten Fragen stellen. Die Masse glaubt immer noch, dass die Bundeswehr in Afghanistan für Demokratie sorgt oder dass der Euro wichtig für die europäische Bevölkerung ist. Selbst Ursula von der Leyen, die offen in den Medien die ‚Vereinigten Staaten von Europa (USE)' fordert, wird nicht einmal nach den jüngsten ‚vereinigten' Erfahrungen zum sofortigen Rücktritt aufgefordert... Das Niveau der Untertanen ist also nur noch als dramatisch zu bezeichnen, und mit dieser trägen Masse kann das eigentliche Machtsystem hinter den Politmarionetten alle Manipulationen bis zum Exzess durchziehen.

In der Sozialpsychologie kennen wir den Begriff der pluralistischen Ignoranz, der den Zustand der zu beobachtenden Passivität der Masse erläutert. Wenn Menschen erleben, dass eine schwer einzuschätzende Situation aufgetreten ist, diese aber nicht analysieren können, gehen sie in eine Beobachtungsposition über, um zu ermitteln, wie ihre Mitmenschen reagieren. Diese aber haben ebenfalls diese Haltung eingenommen und achten darauf, ob etwas geschieht. So entsteht eine pluralistische Ignoranz. Selbst bei dramatischen Verwerfungen oder Notfällen ergreifen dann die Menschen keine Initiative, obwohl es deutlich angezeigt wäre. Die Machtsysteme können durch gezielte Überinformationen und sich widersprechende Nachrichten diesen passiven Zustand der Menschen aufrechterhalten.

Wir werden in dieser Zeit gerade in Deutschland mit Nachdruck an unsere Historie erinnert. Ich habe das Gefühl, diese ‚TV-Berichte' über die sogenannten ‚dunklen Kapitel unserer Geschichte' nehmen immer mehr zu,

nachdem man nahezu sicher sein kann, dass echte Zeitzeugen keinen Einspruch mehr bei konkreten Themen einlegen können, da sie schlicht verstorben sind. Wer diese Dinge sagt, gilt nicht als investigativer Denker oder gar als zivilcouragiert, nein, er verstößt gegen die Political Correctness, und das darf man nicht, obwohl eine eingeschränkte Korrektheit ja eine klare Lüge beschreibt, wie es schon der Begriff zweifelsfrei belegt.
Haben die Menschen vor rund 70 Jahren eigentlich die sogenannte ‚Nachrichtenlage' wirklich als Propaganda empfunden? Was empfinden die Bürger heute, wenn sie die Zeitung lesen? Könnte es sein, dass die Generation in 70 Jahren über unsere heutige Zeit ähnliche dramatische Berichte verfasst, wie wir aktuell über unsere Väter und Großväter?"[26]

Die Thematik weiter ausführend, kommt er dann auf das Thema „Aufhebung der Wehrpflicht" zu sprechen, die sich unter der hier aufgezeigten Betrachtungsweise plötzlich ganz anders darstellt:

„*Die Wehrpflicht wurde abgeschafft, und eine neue, europäische Armee wird installiert. Wer erkennt eigentlich die gigantische Gefahr, dass man deutsche Soldaten zum Beispiel in Frankreich einsetzen könnte, während Franzosen oder Italiener in Deutschland stationiert werden? Kann sich niemand vorstellen, was im Falle der Aufruhr verschiedener europäischer Völker passieren könnte? Eine einfache Prognose dieses Systems muss zu einer Verelendung großer Bevölkerungsschichten führen, wenn nicht das verzinste Geldsystem und die Eigentumsökonomie komplett überarbeitet werden. Geht das Volk auf die Straße, haben wir eine hochkritische Situation. Würden die Soldaten gegen das eigene Volk notfalls mit Waffengewalt vorgehen? Ist die Wahrscheinlichkeit nicht größer, wenn man unsere Soldaten im Ausland einsetzt und ausländische bei uns? Die deutsche Polizei soll ebenfalls ‚international' besetzt werden und wirbt dafür gezielt Immigranten an. Denken Sie einmal darüber nach. Die Einführungsmöglichkeit einer Todesstrafe in Deutschland will ich nur am Rande erwähnen, aber letztlich sehen die Lissabonner Verträge auch diese ‚Option' vor.*"[26]

Wer verbietet uns die Freie Meinungsäußerung?

Es ist offensichtlich, dass es keine christlichen Konservativen sind, die uns diesen Maulkorb angelegt haben und die uns vorschreiben, wer und was „gut" ist und was „schlecht". Nun mag man auf den ersten Blick die Ansicht vertreten, dass es die 68er sind, die heute Machtpositionen innehaben, also Linke, Sozialisten und Marxisten, und die heute auch in den Redaktionen sitzen – was sicherlich auch nicht unwahr ist. Es ist auch korrekt, dass größere Teile der Medienlandschaft Deutschlands einigen wenigen Besitzern gehören, von denen wiederum viele der SPD nahestehen. Über ihre Medienholding *Deutsche Druck- und Verlagsgesellschaft* (DDVG) hält die SPD Anteile an über 70 Zeitungen – unter anderem an über 30 Tageszeitungen, zirka 40 Anzeigenblättern und mehreren Magazinen – mit einer Gesamtauflage von über sechs Millionen Exemplaren und etwa 12 Millionen Lesern. Zudem hat die SPD Beteiligungen an zwei Fernsehsendern mit rund einer Million Zuschauern, an knapp 30 Radiosendern mit weit über zehn Millionen Hörern und an einem Kinderbuchverlag. Das ist also „nicht von schlechten Eltern"...

Das erklärt aber nicht, wieso die CDU-nahe *BILD*-Zeitung die Themen ähnlich wie der „linke" *Spiegel* behandelt. Gerade diese beiden Magazine hatten das Buch von Thilo Sarrazin vorab mit Buchauszügen beworben! Ein Widerspruch? Nein, aber verstehen kann man das erst, wenn man weiß, dass die Chefredakteure der diversen – nach außen hin konträr gegenüberstehenden – großen Zeitungen in denselben internationalen Herrenclubs verkehren. Wenn man die Liste der *Bilderberger*, der *Deutschen Gesellschaft für auswärtige Politik* (DGAP) oder der *Atlantik-Brücke* ansieht, stellt man fest, dass hier Grüne neben CDUlern, SPDlern und den Chefredakteuren der größten deutschen Zeitungen sitzen. Bei der Atlantik-Brücke sitzt beispielsweise ein Cem Özdemir neben Kai Diekmann und Herrn zu Guttenberg; Felix Merz bei Helmut Schmidt, Otty Schily oder Philipp Rösler – und alle zusammen in illustrer Runde mit Alan Greenspan oder Top-Illuminat Zbigniew Brzeziński.(27)

Hier liegt der Hund begraben. Das ist ähnlich wie bei den US-Präsidentschaftswahlen, wo immer alle zur Wahl stehenden Kandidaten Mitglied des *Council on Foreign Relations* (CFR) sind, das von der *Rockefeller-Foundation* ins Leben gerufen wurde. Egal, wen man wählt, man wählt immer einen der „ihren".

Sie wissen nicht, wen ich meine? Dann lassen Sie mich das am Beispiel der Atlantik-Brücke so ausdrücken: Dr. Arend Oetker, der auch der Präsident der DGAP ist, sagte über die Atlantik-Brücke im Jahre 2002: *„Die USA werden von 200 Familien regiert, und zu denen wollen wir gute Kon-*

takte haben.“ Aus Europa kommen noch etwa 100 Familien mit hinzu. Das sind dann die *Illuminati* – die Crème de la Crème der westlichen Welt. Das sind diejenigen, die das Geld haben und dadurch Wirtschaft, Industrie und Medien in der Hand halten.

Einer, der diese „guten Beziehungen“ pflegte, war unser ehemaliger Bundeskanzler Helmut Schmidt, der wie alle seine Nachfolger nach seinem Amtsantritt nach New York reiste, um beim CFR in der Park Avenue seine Instruktionen abzuholen. Die ARD berichtete über seinen Besuch im Pratt-House, dem Sitz des CFR, am 26.11.1975: *„Ein Mann nach dem Geschmack der New Yorker, ein Mann, der begriffen hat, dass die Politik nur mehr als Hilfsorgan der alles beherrschenden Ökonomie fungiert und dass die Nationalstaaten im Grunde nur noch regionale Verwaltungseinheiten des Weltmarktes sind.*“

Sein angestrebtes Ziel hält der CFR auch gar nicht geheim und erklärt unverblümt: *„Die Neue Weltordnung wird aufgebaut... Es kommt das Ende der nationalen Souveränität. Stück für Stück wird die nationale Souveränität ausgehöhlt. Mit dieser Methode erreicht man viel mehr als mit dem altmodischen frontalen Angriff.*“ (Journal des CFR 1947, S. 558)

Verstehen Sie nun die aktuelle Weltpolitik – aber auch die deutsche und österreichische – besser? Und die Medien müssen da mitspielen, ob sie wollen oder nicht. Einer aus der Medienwelt hatte einmal Klartext gesprochen, einer derjenigen, die mit „im Boot“ saßen. Auch wenn das folgende Zitat des ehemaligen Redaktionschefs der *New York Times*, John Swinton, aus dem Jahre 1880 stammt, so gilt es immer noch für die Gegenwart:

„Es gibt hier und heute in Amerika nichts, was man als unabhängige Presse bezeichnen könnte. Sie wissen das, und ich weiß das. Es gibt keinen unter Ihnen, der es wagt, seine ehrliche Meinung zu schreiben, und wenn Sie sie schrieben, wüssten Sie im Voraus, dass sie niemals gedruckt würde. Ich werde wöchentlich dafür bezahlt, meine ehrliche Überzeugung aus der Zeitung, der ich verbunden bin, herauszuhalten. Anderen von Ihnen werden ähnliche Gehälter für Ähnliches gezahlt, und jeder von Ihnen, der so dumm wäre, seine ehrliche Meinung zu schreiben, stünde auf der Straße und müsste sich nach einer anderen Arbeit umsehen. Würde ich mir erlauben, meine ehrliche Meinung in einer Ausgabe meiner Zeitung erscheinen zu lassen, würden keine vierundzwanzig Stunden vergehen und ich wäre mei-

ne Stelle los. Das Geschäft von uns Journalisten ist es, die Wahrheit zu zerstören, freiheraus zu lügen, zu verfälschen, zu Füßen des Mammons zu kriechen und unser Land und seine Menschen fürs tägliche Brot zu verkaufen. Sie wissen es, ich weiß es. Was soll also der törichte Trinkspruch auf die unabhängige Presse? Wir sind die Werkzeuge und Vasallen reicher Menschen hinter der Szene. Wir sind die Marionetten, sie ziehen die Schnüre und wir tanzen. Unsere Talente, unsere Fähigkeiten und unsere Leben sind alle das Eigentum anderer. Wir sind intellektuelle Prostituierte.“

Der inzwischen 94-jährige David Rockefeller ist einer dieser *„reichen Menschen hinter der Szene“*, wie sich John Swinton ausdrückt, und hatte bei der Eröffnung der Bilderberger-Konferenz, einem jährlichen geheimen Treffen der wichtigsten und einflussreichsten Personen der westlichen Welt, im Jahre 1991 in Baden-Baden die „wirkliche“ Aufgabe der Presse auch unverhohlen ausgesprochen:

„Wir sind der Washington Post, der New York Times, dem Time Magazine und anderen großen Medien dankbar, deren Direktoren unseren Treffen beiwohnten und sich an ihr Versprechen, Diskretion zu wahren, beinahe vierzig Jahre lang gehalten haben. Es wäre uns unmöglich gewesen, unseren Plan für die Welt zu entwickeln, hätten wir all diese Jahre im hellen Scheinwerferlicht der Öffentlichkeit gestanden. Aber die Welt ist jetzt entwickelter und vorbereitet, sich in Richtung auf eine Weltregierung zu bewegen, die niemals wieder Krieg kennen wird, sondern nichts als Frieden und Wohlstand für die ganze Menschheit. Die supranationale Souveränität einer intellektuellen Elite und der Bankiers der Welt ist der in den vergangenen Jahrhunderten praktizierten nationalen Selbstbestimmung sicherlich vorzuziehen.“

Auch die Freimaurerei, die sozusagen ein Bindeglied zwischen diesen internationalen Herrenclubs ist, spielt hier eine Rolle. Zwei Zitate aus einer internen Freimaurer-Schrift sprechen für sich:

„Die Freimaurerei muss die Macht haben und sie hat sie: die öffentliche Meinung zu erzeugen und zu lenken.“ („Rivista massonica“, Jahrgang 1892, S. 2)

„Entweder sind wir die Erzeuger und Lenker der öffentlichen Meinung oder wir haben überhaupt keine ernsthafte Existenzberechtigung.“ („Rivista massonica“, Jahrgang 1889, S. 19)

Die großen Medien der Welt werden zensiert und schweigen über die wahren Weltherrscher und deren Ziele. Sie präsentieren oder verschweigen Ereignisse jeweils so, wie es ihnen und ihrem Ziel am besten dienlich ist. Und der gleiche David Rockefeller erklärte vor wenigen Jahren: *„Wir befinden uns am Anfang einer globalen Umwälzung. Alles, was uns noch fehlt, ist eine weltweite Krise, bevor die Nationen die Neue Weltordnung akzeptieren.“* Und diese Krise hat jetzt begonnen – die weltweite Finanzkrise!

Präsidenten haben nichts zu melden, das ist die traurige Wahrheit. Darüber war auch John F. Kennedy entsetzt, als er das erkannte. Als er 1960 für die Präsidentschaft kandidierte, war er bei einigen reichen Unternehmern in New York zum Abendessen eingeladen worden. Abraham Feinberg, der Vorsitzende der *American Bank and Trust Company* in New York, sagte an diesem Abend Folgendes zu ihm: *„Wir sind uns nicht im Unklaren darüber, dass Ihre Präsidentschaftskampagne durch gewisse finanzielle Probleme erschwert wird. Doch ist unsere Gruppe bereit, Ihnen zu helfen, wenn Sie uns während der nächsten vier Jahre die Führung der amerikanischen Nahostpolitik überlassen. Dies bleibt natürlich absolut unter uns.“*

Über diesen offensichtlichen Bestechungsversuch war Kennedy damals sehr empört, antwortete jedoch – sich der Situation wohl bewusst –, dass er darüber nachdenken werde. Seinem Freund, dem Journalisten Charles Bartlett, erzählte er von diesem Ereignis und meinte ihm gegenüber: *„Wenn ich je Präsident werde, sorge ich dafür, dass künftig kein Präsidentschaftskandidat mehr so schamlos erpresst werden kann. Damit werde ich dem Land eine Menge Ärger und Komplikationen ersparen.“* Auf welche Weise er für seine Agitation bezahlen musste – auch dafür, dass er den USA einen FED-unabhängigen Dollar bescheren wollte – wissen wir ja...

Diese Leute, die „Eliten“, die ich in meinen bisherigen Büchern *Illuminati* nenne, haben ein Ziel: die *Neue Weltordnung*. Das ist eine Weltregierung mit einer einzigen globalen Währung, einer Weltreligion und einem Weltvolk. Dieses Weltvolk soll eine Mischung sein aus den bestehenden Völkern. Nun frage ich mich: Ist es der Auftrag dieser Weltherrscher an die Chefredakteure, die Idee eines multikulturellen Weltvolkes weiter zu propagieren? Und ist es auch der Auftrag an unsere Politiker? Wird es somit vielleicht verständlicher, dass die Politiker des Westens die Zuwanderung von kulturfremden Menschen nach Europa oder in die USA nicht stoppen, obwohl nicht nur das Volk, sondern auch sie selbst merken, dass es unüberwindliche Disharmonien zwischen den diversen Gruppen gibt?

Frage: Ist es so gewollt und geplant, um die einst weltbestimmende europäische Kultur systematisch zu schwächen?

Buchverbote in Deutschland

Gehen wir nun noch einen Schritt weiter, denn die Grenze zwischen „politisch unkorrekt" und einem „Meinungsdelikt", also einer politischen Straftat *„aufgrund einer Äußerung in Wort, Schrift oder Bild"*, ist nur sehr, sehr dünn!

Bei einem Großteil der im 21. Jahrhundert ‚verbotenen' Bücher handelt es sich, neben pornographischen Schriften (zum Beispiel Kinderpornographie), um Bücher mit politischem Inhalt. Da wären Werke, welche:

- die Demokratie und ihre Vertreter kritisieren;
- dann nationalsozialistische Schriften (zum Beispiel Eckart, von Sebottendorff, Gorsleben, Hitler) und solche, die den Nationalsozialismus entweder verherrlichen oder verharmlosen;
- und wir finden solche wie meine, die aufklären über eine Verschwörung einiger weniger Mächtiger, die das große Geschehen auf der Erde nach ihren privaten Plänen lenken.

Wir haben also Bücherverbote im Deutschland des 21. Jahrhunderts. Dabei ist es an und für sich irrelevant, welchen Inhalt ein kritisches Buch hat und ob man mit dem Inhalt einverstanden ist – es stellt sich die Frage, ob es tatsächlich eine Meinungs-FREIHEIT gibt?

Der französische Lyriker Voltaire (1694-1778) sagte einst: *„Ich mag manches verdammen, was du sagst, aber ich werde mein Leben dafür einsetzen, dass du es sagen darfst."* Und der Europäische Gerichtshof für Menschenrechte hat in seinem Handyside-Urteil vom 7.12.1976 zu Art. 10 Abs. 1 EMRK (Artikel 10 Absatz 1 – Meinungsfreiheit – der Europäischen

Menschenrechtskommission) zum Thema „Meinungsfreiheit in einer Demokratie" Folgendes ausgeführt:

„Seine Kontrollfunktion gebietet dem Gerichtshof, den Grundsätzen, die einer ‚demokratischen Gesellschaft' eigen sind, größte Aufmerksamkeit zu schenken. Das Recht der freien Meinungsäußerung stellt einen Grundpfeiler einer solchen Gesellschaft dar, eine der Grundvoraussetzungen für ihren Fortschritt und für die Entfaltung eines jeden einzelnen. Vorbehaltlich der Bestimmung des Art. 10 Abs. 2 gilt dieses Recht nicht nur für die günstig aufgenommenen oder als unschädlich oder unwichtig angesehenen ‚Informationen' oder ‚Gedanken', sondern auch für die, welche ***den Staat oder irgendeinen Bevölkerungsteil verletzen, schockieren oder beunruhigen.*** *So wollen es Pluralismus, Toleranz und Aufgeschlossenheit, ohne die es eine ‚demokratische Gesellschaft' nicht gibt. Daraus folgt insbesondere, dass jede ‚Formvorschrift', ‚Bedingung', ‚Einschränkung' oder ‚Strafandrohung' in angemessenem Verhältnis zum verfolgten berechtigten Ziel stehen muss."* (Hervorhebung d. d. Verf.)

In dieser Form, wie er in diesem Artikel festgelegt ist und wie auch Voltaire es formulierte, hatte ich den Demokratie-Gedanken auch immer aufgefasst, aber bei der Umsetzung in die Praxis scheint es doch die eine oder andere Schwierigkeit zu geben... Natürlich darf man, wie bereits gesagt, in Deutschland eine ganze Menge tun und lassen, was die „Schmerzgrenze" vieler bei weitem übersteigt, ohne dafür belangt zu werden. Zum Beispiel durften unser ehemaliger Bundeskanzler Schröder und sieben seiner Minister die Vereidigungsformel *„so wahr mir Gott helfe"* verweigern; man darf zum Beispiel über Jesus, den Gott der Christen, schimpfen, seine Mutter Maria beleidigen; man darf Pornofilme und -magazine frei verkaufen, Sado Maso und Telefonsex öffentlich anbieten, Horror- und brutalste Gewaltfilme im TV senden oder als Computerspiele anbieten, Tiere quälen und für Versuche hernehmen... Das ist alles kein Problem!

Doch es gibt Themen, über die man in Deutschland nicht kritisch nachdenken darf, geschweige denn, dass man sich darüber öffentlich äußert. Und warum? Weil sie nach Paragraph 130 StGb (Volksverhetzung) angeblich *„den öffentlichen Frieden stören"*.

Ich frage mich, wie es bei dieser Rechtslage sein kann, dass Muslime über den Christengott spotten können, ohne dafür juristisch geahndet zu werden, ein Christ hingegen für das Spotten über Mohammed oder Allah bestraft wird. So geschehen mit der Österreicherin Elisabeth Sabaditsch-Wolff, die am 15.2.2011 wegen „Anstachelung zum Hass" zu einer Geldstrafe verurteilt worden war, weil sie auf Seminaren über den politischen Islam und die Herausforderungen, denen wir gegenüberstehen, die Frage diskutiert hatte, ob Mohammed ein Pädophiler war, weil er eine 9-Jährige geheiratet und sexuellen Verkehr mit ihr hatte.

Wegen dieser Aussage wurde eine Christin in Europa verurteilt! Und wegen Karikaturen über Mohammed hat sich die gesamte Welt erzürnt, Zeitungen mussten sich entschuldigen, Karikaturisten und Verleger wurden bedroht oder Mordanschläge auf sie verübt. Aber auf der anderen Seite haben wir zum Beispiel in Sarajewo ein Buch, das 100.000 Mal gratis verteilt wurde, in dem gegen Jesus gehetzt wird. Der zuständige Imam meinte dem Erzbischof Vinko Puljic gegenüber nur, er solle es ignorieren! Haben Sie das gelesen? IGNORIEREN? Ignorieren es die Muslime, wenn ein dänischer Karikaturist Mohammed aufs Korn nimmt? Das heißt doch, wenn über Jesus gehetzt wird, dann wird das von der islamischen Welt lapidar vom Tisch gewischt. Wagt es hingegen ein Christ, so etwas mit Mohammed zu tun, bebt die Welt. Hier wird nicht mit gleichem Maß gemessen – und darüber sollten wir uns SEHR bewusst sein!

Nun gibt es ja ganz kritische Menschen, die meinen, dass das mit dem Heiraten und dem Sex mit Minderjährigen ja gar nicht so sei im Islam. Nun, was sagen diese dann zu folgender Passage aus dem Buch von Ayatollah Khomeini, „*Tahrir-ol-vasyleh*", aus dem Jahre 1990, in dem es heißt:

„*Ein Mann kann ein Mädchen heiraten, das jünger als 9 Jahre ist, sogar wenn es immer noch ein Baby ist und gestillt wird. Aber ein Mann darf keinen Geschlechtsverkehr mit einem Mädchen haben, das jünger als neun Jahre ist, andere sexuelle Handlungen, wie Vorspiel, reiben, küssen und Sodomie sind erlaubt. Ein Mann, der Geschlechtsverkehr mit einem Mädchen hat, das jünger ist als neun Jahre, hat kein Verbrechen begangen, sondern nur einen Verstoß, wenn das Mädchen nicht dauerhaft geschädigt wurde. Wenn das Mädchen aber dauerhaft geschädigt wurde, dann muss der Mann für den Rest ihres Lebens für sie sorgen. Aber dieses Mädchen würde nicht zu seinen vier permanenten Ehefrauen zählen. Auch darf der Mann nicht die Schwester des Mädchens heiraten.*" (Band 4, S. 221)

Ja, Sie haben richtig gelesen! DAS ist es, was für viele Muslime als Recht gilt! DAS wird vielen muslimischen Jungs von zu Hause oder aus der Moschee mitgegeben und sitzt in ihren Köpfen! Und da soll ich mir keine Sorgen machen, wenn meine Kinder abends alleine ausgehen?

Nein, Sie sehen das nicht so? Das würde nur einen kleinen Teil der Muslime betreffen? Dann möchte ich hier abschließend noch ein Beispiel anführen, welches dem widerspricht: Wir alle erinnern uns an das Massaker in Norwegen, das von Anders Breivik 2011 verübt worden war. Bei uns war das Thema Nummer 1 in Deutschland. In Norwegen selbst haben hingegen noch ganz andere Meldungen hohe Wellen geschlagen: die Vergewaltigungen von norwegischen Frauen durch Migranten. Laut der norwegischen Polizeistatistik vom Mai 2011 sind ALLE in Oslo in den vergangenen fünf Jahren begangenen Vergewaltigungen durch Einwanderer „nicht-westlicher" Herkunft verübt worden. Die Polizei selbst spricht hier von „muslimischen Tätern", denn diese stammen fast ausschließlich aus dem arabischen oder nord-afrikanischen Raum. Insgesamt 86 sexuelle Übergriffe und Vergewaltigungen wurden zwischen den Jahren 2006 und 2010 der Polizei in Oslo gemeldet, wobei in 83 dieser Fälle die Täter als „nicht westlich" beschrieben wurden. Bei den vollzogenen Vergewaltigungen waren dem Polizeibericht zufolge sogar alle Täter „nicht westlich". Bei den Opfern handelte es sich fast immer um norwegische Frauen.

Nun fragt man sich, wie das denn sein kann? Hat das mit der religiösen Einstellung der Täter zu tun? Die Antwort gab einer der Täter – ein Pakistani – seinem Opfer selbst, das er dann vergewaltigt hatte. Er sagte, „*er hätte das Recht, exakt so mit Frauen umzugehen, wie er wolle.*" Auf die Frage, wie er zu dieser Ansicht käme, antwortete er laut Polizeibericht: „*Weil das in seiner Religion so sei. Frauen hätten keine Rechte oder Meinungen, er bestimme.*"(28)

Haben Sie hierüber etwas in unseren deutschen Zeitungen gelesen? Nein, selbstverständlich nicht, es ist ja nicht politisch korrekt!

Jaja, in Deutschland ist vieles möglich. Man kann auch hier – nicht nur in Sarajewo – den Gott der Christen beleidigen oder gar als „Hurensohn" verfluchen (das tut eine in Deutschland anerkannte Religion mehrmals wöchentlich). Es wurde 1988 ein Hollywood-Film in den Kinos vorgestellt, in dem Jesus träumt, er würde mit Maria Magdalena Geschlechtsverkehr vollziehen – *„Die letzte Versuchung Christi"*. Doch dies empfanden unsere Justiz oder andere Stellen nicht als *„verunglimpfend, verhetzend oder beleidigend"*. Wenn es in unserem „christlichen Staat" also sogar erlaubt ist, den eigenen christlichen Gott zu beleidigen und sogar Bücher unterstützt werden, die das ganze deutsche Volk verunglimpfen, beleidigen und verletzen (zum Beispiel Daniel Goldhagen), kann ich mir kaum vorstellen, was in einem ethisch und moralisch so degenerierten Land noch irgend jemanden „verunglimpfen" kann.

„Politische Straftaten" in einem demokratischen Rechtsstaat – Wie ist so etwas in einer Demokratie nur möglich?

Der Normalbürger schüttelt den Kopf und meint, das könnten doch nur seltene Einzelfälle sein, in denen erklärte Staatsfeinde mit Terror und Gewalt Verbrechen und Straftaten begehen und diese Straftaten dann mit politisch-ideologischen Zielen begründen. Die Mörder und Terroristen der RAF („Rote Armee Fraktion"), die der Rechtsanwalt Schily, der ehemalige Bundesinnenminister, so engagiert verteidigte, waren solche Straftäter, die sich als „Politische Gefangene" bezeichneten, obwohl sie ja nicht wegen ihrer politischen Äußerungen und Forderungen, sondern für tatsächliche Verbrechen verurteilt wurden.

Dass man aber für ein falsches Wort, für einen falschen Satz, für eine unbedachte Meinungsäußerung, für die Benutzung eines falschen Zeichens oder Symbols, für die Bestellung oder Weitergabe eines falschen Buches an seinen Nachbarn wegen eines „Meinungsdeliktes" bestraft werden kann, ist in der Öffentlichkeit kaum bekannt. Kaum jemand weiß, dass die Anzahl der Bürger, die der Staat wegen „politischer Straftaten" verfolgt und verurteilen lässt, in der Bundesrepublik heute größer ist als in der untergegangenen DDR. Es werden jedes Jahr um die 10.000 Meinungsdelikte begangen! Dies kann man den jährlichen Ausgaben der „Inneren Sicherheit" entnehmen, die das *Bundesministerium des Innern* herausgibt.

Gegen die Gefahr, arglos und unwissend „andere Straftaten, insbesondere Volksverhetzung“ zu begehen, ist kein Normalbürger gefeit. Auch hier genügt ein falsches Wort, ein falscher Witz, eine falsche Karikatur, um wegen Volksverhetzung, Verächtlichmachung, Verunglimpfung und Beleidigung der Verstorbenen, der Bundesrepublik, der Verfassungsorgane, der Ausländer oder bestimmter Bevölkerungsgruppen verurteilt zu werden. Aber auch eine ernsthafte Auseinandersetzung mit Problemen der Zeitgeschichte und des Zeitgeschehens kann zu Bücherverboten, Strafprozessen und Existenzvernichtung führen.

Das heißt, man muss als Autor und Verleger sehr vorsichtig sein bei dem, was man zu Papier bringt. Trotz des sehr schwammigen und zugleich gefährlichen Terrains wagen wir Autoren dieses Buches – vierzehn an der Zahl – uns an Themen heran, die möglicherweise von diversen Gruppen oder Einzelpersonen als „politisch unkorrekt“ eingestuft werden, die aber unserer Meinung nach eine echte Demokratie verkraften muss. Das sieht der *Deutsche Autorenrat* übrigens genauso:

„Politische Korrektheit ist die Diktatur von Tabus und Meinungen, deren Urheber oft nicht festgestellt werden können. Denn die ‚politisch korrekt' Denkenden glauben zu wissen, was moralisch ist, und erheben ihre Ansicht zum Dogma der Rechtgläubigen. Sie schließen andere Meinungen als unkorrekt aus, schränken damit die freie Diskussion ein und errichten Tabus, wo ihre Argumente schwach sind. Dass man diese Tabus verletzt hat, merkt man daran, dass nicht mit vernünftigen Argumenten geantwortet, sondern dass moralisch Verdächtige ins Abseits gestellt werden...

Die Welt braucht frei und selbständig denkende Menschen, die gegen den Strom von Vorurteilen schwimmen und die mutig für ihre Überzeugung eintreten, auch wenn sie damit gegen weithin anerkannte ‚politisch korrekte' Gebote verstoßen.“ (Aus der Erklärung des *Deutschen Autorenrates*, 1997)

Genauso sehen wir Autoren dieses Buches das auch. Wir sind freie und selbständig denkende Menschen, die sich nicht den Mund verbieten lassen wollen. Und wir stellen Ihnen in diesem Buch Themen und Artikel vor, die womöglich von diversen Kreisen und Medienorganen als „politisch unkorrekt“ beurteilt werden mögen, die wir aber unserer Ansicht nach als „lesens- und wissenswert“ empfinden. Es hilft keinem von uns, wenn man

Tatsachen verschweigt, nur weil sie unangenehm sind. In einer Ehe/Familie muss man es auch ansprechen, wenn etwas im Argen liegt. In einem Unternehmen ebenso...

Der Grund, wieso alle Autoren an diesem Buch – und möglicherweise auch an Fortsetzungen – mitarbeiten, ist es nicht, Revolution oder Groll schüren zu wollen, sondern wir wollen uns zusammen ansehen, wo Probleme vorherrschen und wie die mögliche Wahrheit aussieht, damit wir nach friedlichen Lösungen suchen können, um diese irgendwie umzusetzen.

In diesem Sinne wünsche ich Ihnen nun spannende Stunden und erwarte Sie dann am Ende wieder zu meinem Schlusswort.

Herzlichst, Ihr *Jan van Helsing*

Jan van Helsing (1967) ist Autor zahlreicher Sachbücher und Inhaber des Amadeus Verlages. Seit 1985 bereist er kreuz und quer unseren Planeten und machte vor allem bei Expeditionen in den USA, Ägypten, Südamerika, Afrika und in Asien Entdeckungen, die unsere „aufgeklärte" Sicht der Welt sehr in Frage stellen. Seine Bücher sind bislang in 12 Sprachen übersetzt worden. Zwei seiner Titel über Geheimgesellschaften wurden 1996 wegen angeblicher „Volksverhetzung" bundesweit beschlagnahmt, nachdem bereits über 100.000 Exemplare davon verkauft waren. Das Verfahren wurde 2001 eingestellt. In seinen (bislang vierzehn) Büchern hat er nicht nur viele Jahre im Voraus die politische wie auch wirtschaftliche Entwicklung prognostiziert, sondern auch schlüssig erklärt, wie die Welt über den (gezielt herbeigeführten) globalen Terrorismus und die dadurch gerechtfertigte Überwachung der Bürger in eine „Neue Weltordnung" geführt werden soll.

Website: www.amadeus-verlag.com
Email: amadeus@amadeus-verlag.com

Freie Meinungsäußerung oder Propaganda? Über die große Gefahr der Radikalität!

von Andreas Popp

Es gibt eine Pressefreiheit, so heißt es zumindest. Ehrlich gesagt, kenne ich niemanden, der wirklich daran glaubt, wobei mein Umfeld aber auch eher nicht zu den „normaldenkenden“ Mainstreamern gehört, sondern zu den autarken Denkern. Insofern ist mein Eindruck wohl nicht als repräsentativ zu sehen.

Die Entscheidung der Schweizer Bürger, sich gegen moslemische Religionsbauten auszusprechen, ließ sich die Presse überschlagen, da dieses „nationalistische“ Verhalten der Bürger unerträglich sei. Alle Zeitungen, Fernsehsender und Radiostationen berichteten über aufgebrachte, „moderne“ europäische Bewohner, die sich für diese „unwürdige“ Schweizer Abstimmung schämten. Komisch, ich kenne nur Menschen der verschiedensten „Bildungsschichten“, die (wenn auch teilweise hinter vorgehaltener Hand) diese Schweizer Entscheidung als sehr positiv begrüßen, woraus sich ableiten lässt, wie sehr die Mediendarstellungen von der von mir vermuteten Realität abweichen. Diese Erfahrung war für mich Anlass genug, dieses heikle Thema aufzugreifen, speziell weil ich in Deutschland lebe.

Investigativer Journalismus (also eine kritische beziehungsweise enthüllende Recherche) findet aus meiner Sicht im Rahmen der vorgegebenen Propaganda nicht mehr statt, und ich bin mir sicher, dass sehr viele Journalisten darunter leiden. Eine Pressefreiheit macht leider keinen Sinn, wenn die Presseorgane selbst nicht frei sind!

Die großen Medienanstalten befinden sich im Eigentum einer Handvoll Leute, die weltweit zumindest massiven Einfluss auf die Nachrichten ausüben, und die Reporter haben zu „spuren“, sonst sind sie ganz schnell arbeitslos. Für denjenigen, der es doch wagt, kritische Fragen zu stellen, gibt es dann noch ein letztes Diffamierungsinstrument: *„Er ist ein Extremist bzw. ein Neonazi!“*

Diese oft von mir beschriebene Todschlagkeule verursacht bei jedem Bürger Angst, denn mit diesem „Stempel“ ist eine berufliche Karriere nicht mehr möglich. Man ist eher bereit, einen Kapitalverbrecher im Rahmen einer „humanitären Maßnahme“ wieder in „die Gesellschaft“ zu integrieren, egal wie schwer seine Opfer oder deren Angehörige unter dem Verbrechen zu leiden haben. Wer in der heutigen Zeit bestimmte Fragen auch nur aufwirft, die nicht in die Propaganda-Vorgabe passen, hat es aus meiner Sicht schwer. Gegenargumente werden gar nicht in Erwägung gezogen (vielleicht gibt es ja oft keine...?), stattdessen kommt ein vernichtendes Pauschalurteil: *„Der ist ein Rechtsradikaler!“* In „milder“ Form heißt es: *„Das ist ein Verschwörungstheoretiker!“*

Ich möchte ein paar Fragen nennen, die grundsätzlich zu diesen Diffamierungen führen:

- **Zerstört diese gelebte Multikulti-Gesellschaft gesunde ethnische Strukturen?**

Klarer Fall, so etwas kann nur ein „Rechter“ fragen. Dass sich z.B. die schon erwähnten Schweizer Bürger von der unkontrollierten Zuwanderung „bedroht“ fühlen, da sie eine Auflösung ihrer traditionellen Werte befürchten, ist natürlich „dumpfes Gedankengut“. Dass deutsche Bürger sich Sorgen machen, wenn ihr Nachwuchs in einem heimatlichen Kinderhort zu einer Minderheit gehört und die anderen, ausländischen Kinder nur schlecht, wenn überhaupt die deutsche Sprache sprechen, kann man natürlich nur als „radikal“ bezeichnen. Man darf nicht einmal hinterfragen, wie sich ein kurdischer Großvater in Deutschland fühlt, wenn er sieht, dass die 17-jährige Enkelin mit Minirock und Lippenstift durch die Stadt läuft und zu Hause ihre Freizeit damit verbringt, „Deutschland sucht den Superstar“ im Fernsehen zu konsumieren. Aus meiner Sicht zerstört „Multikulti“ die „Multikultur“ auf unserer Erde.

Dass es in jeder Stadt ausländische Viertel gibt, wo dann sauber getrennt voneinander entweder Italiener, Albaner, Russen oder Türken wohnen, wie es auch heute noch in den USA der Fall ist, steht wohl außer Frage. Wenn ich in ein fremdes Land ziehen will (oder muss?!?), würde ich doch auch eine Gegend wählen, in der ich viele meiner Landsleute finde, oder? Sogenannte „Integrations-Experten“ sind offenbar nicht in der Lage, diese natürliche Eigenschaft der Menschen zu zerstören. Könnte es nicht sein, dass alle Kulturkreise durch eine solche Politik vermischt werden sollen? Doch wozu führt diese Zerstörung?

Auch wenn ich mich hier wiederhole, aber es ist wichtig: Werden viele verschiedene Farben in einem Topf verrührt, ist das Ergebnis immer „braun". Auf diese Weise kann ich die einzelne Farbe niemals in ganzer Pracht genießen. Dieses Thema in einer solchen Form zu diskutieren, wird klar der „rechten Ecke" zugeordnet, obwohl hier deutlich die Angst vor radikalen Entwicklungen hinterfragt wird. Schiebt man dann noch hinterher, dass eine ethnische Zerstörung dazu dienen kann, Menschen systempolitisch besser führen zu können, weil „entwurzelte" Menschen ihre Kultur und Traditionen verlieren, kommt das zweite große Urteil für den Beobachter solcher Sätze: *„Das ist ein Verschwörungstheoretiker!"*

- **Sollte man nicht den Schutz der nationalen Wirtschaft fördern?**

War da das Wort „national"? Da braucht man nicht lange nachzudenken. Wenn dann noch das „böse" Wort „Protektionismus" kommt, ist es mehr als klar. Dieser „radikale" Begriff heißt schließlich „Schützen der einheimischen Wirtschaft"! Wo kämen wir denn hin, wenn man in Deutschland nicht mehr die preiswerten „Klamotten" aus Indien kaufen kann, die dort von geschickten Kinderhänden hergestellt werden?
„Sinnvoll" ist es ja auch, wenn wir die Nordseekrabben zum „Puhlen" nach Afrika fliegen lassen, damit sie am nächsten Tag im Brötchen wieder an deutsche Watt-Ausflügler verkauft werden können. Ist es nicht ebenfalls effizient, wenn die ostdeutschen Bürger nach Österreich auswandern, um als Kellner in diesem wunderbaren Alpenland die westdeutschen Touristen zu bedienen, während dadurch Österreicher ihre Jobs verlieren? Vielleicht sollte man einmal bestimmte Begrifflichkeiten untersuchen, zum Beispiel, dass „inter" übersetzt „zwischen" bedeutet und „national" ein „regionales Volk" beschreibt, also der Begriff „international" *„zwischen den einzelnen autarken Staaten und Wirtschaftsordnungen"* bedeutet.

- **Könnten die EU und der Globalisierungswahn eher nachteilig für die Menschen sein?**

Oh oh, da hört man ja schon überdeutlich einen „Europagegner" heraus. Wer gegen die EU-Administration ist, verschwört sich gegen die Europäer, so einfach ist das schlichte Weltbild. Schließlich fühlen wir ja

alle die große Solidarität unter uns, weshalb ja sofort die Hamburger Hafenarbeiter bei Bedarf für die entlassenen Kollegen in Athen auf die Straße gehen. Ganz böse Verschwörungstheoretiker behaupten sogar, dass die EU-Konstruktion ein großer Steuer-Käse ist, von dem sich die Lobbyisten bedienen.
Wie heißt eigentlich die Gegenvokabel von „Globalisierung"? Fällt Ihnen nicht gleich ein? Dann ist es wohl auch unwichtig, wenn man eine Alternative nicht benennen kann, schließlich hat sich diese jetzige „glücksbringende" Weltordnung für ALLE(!) gelohnt. Wer etwas anderes behauptet ist..., na, Sie wissen schon...

- **Werden die Geschichtsbücher oft „manipuliert"?**

Ui, ui, jetzt wird's richtig radikal, und das Messer in den Hosen der Mainstreamer klappt auf. Da gibt es doch allen Ernstes Personen, die behaupten, die Geschichtsbücher werden immer so gefälscht, dass die Machtinhaber ihre derzeitigen Positionen daraus ableiten können. Das ist natürlich ein radikales Gedankengut.
Es steht ja wohl außer Frage, dass der böse Bin Laden 9/11 inszeniert hat und dass die Iraker kurz davor waren, mit ihren Massenvernichtungswaffen die Welt in Schutt und Asche zu legen, wenn uns Herr Bush nicht davor bewahrt hätte. Herr Obama als Friedensnobelpreisträger zeigt doch ebenfalls deutlich, dass diese Welt unter einem guten Stern regiert wird... Da habe ich mich doch in Anbetracht des letztjährigen Jubiläums gefragt, wieso die Sowjets im Rahmen der Berliner Luftbrücke 1948 nicht einfach die amerikanischen Flieger haben abschießen lassen. Stattdessen drängte sich mir der Eindruck auf, die Sowjets haben mit den Amis diesen „Luftbrückendeal" vereinbart, um neue Feindbilder aufzubauen, um damit eine neue hochrentable Rüstungsspirale im Sinne des Geldmonopols zu starten, was man dann „Kalter Krieg" nannte.
Natürlich habe ich diese „absurden" Gedanken abgetan, aber man sieht, dass man schnell in radikale Gedankenwelten abdriften kann und dabei die ehrlichen Friedensabsichten unserer transatlantischen Partner diffamiert. An den Geschichtsbüchern gibt es natürlich nichts auszusetzen, und wenn die Germanen schon als felltragende Brutalos beschrieben wurden, deren Hauptaufgabe darin bestand, „gute Römer" zu er-

schlagen, dann ist das so! Schließlich sind ja die Geschichtsdokumente grundsätzlich von der katholischen Kirche auf Richtigkeit überprüft worden, und wer will daran zweifeln!?!
Somit ergibt sich auch eindeutig eine Androhung schwerer Strafen für diejenigen, die sich mit der Geschichte beschäftigen und unkontrollierte Fragen stellen. Da können wir auch auf unsere Justiz vertrauen, die im Rahmen des Rechtsstaates extra einen § 130 des Strafgesetzbuches geschaffen hat, um den radikalen Elementen den Wind aus den braunen Segeln zu nehmen. Ein Hoch der deutschen Gewaltenteilung *Legislative*, *Judikative* und *Exekutive*, die den politischen Einfluss schließlich stark einschränkt...!?!

An dieser Stelle höre ich nun auf mit weiteren Beispielen. Offenbar erkennen die offiziellen „Volksvertreter" nicht, welch gefährliches Gewaltpotential unter der Decke der „multikulturellen" Bürger des „vereinten" Europas lauert, oder weiß man es vielleicht doch? Ist die „Beschäftigungstherapie" der Medienlandschaft etwa gewollt, damit nur wenige Menschen systematische Fragen stellen, um daraus tatsächliche positive Veränderungsmöglichkeiten abzuleiten?

Denken Sie doch bitte einmal darüber nach, wem es nützt, propagierte Pandemien, angeblich drohende Klimakatastrophen, Ozonlöcher, Deklarationen von Terrorstaaten usw. in gigantischem propagandistischem Aufwand zu kolportieren... oder tun Sie es besser nicht, denn dann werden Sie schneller zu einem Verschwörungstheoretiker, als Ihnen lieb ist. Sollten Sie selbst dann noch weiterdenken, ist der Weg zum „Radikalen" nicht mehr weit.

Übrigens unterscheidet man beim „linken" politischen Lager deutlich zwischen *Links* und *Linksradikal* (auch Autonome genannt). Beim rechten Spektrum unterscheidet man da nicht. *Rechts* bedeutet immer *radikal*, wobei auch viele sehr aufgeweckte linke Aktivisten bei entsprechenden Fragen ebenso als „rechtsradikal" diffamiert werden.

Das Verhalten der offiziellen Politik lässt die wirklich radikalen Elemente (ob von links oder rechts), die niemand will, der bei Verstand ist, weiter anschwellen. Vielleicht sollte man im Rahmen der so hoch gelobten Demokratie auch anders Denkende nicht aus den Diskussionsrunden ausschließen, sondern sie stattdessen durch Argumentationsaustausch mundtot machen, wenn es seriös möglich ist. Wenn wir nicht langsam aufwachen, könnten sich dramatische Tragödien wiederholen!

Ich wünsche mir eine Demokratie, wo das Volk der Souverän ist! In diesem Sinne: Ihnen eine gute Zeit mit vielen friedlichen Gedanken.

Andreas Popp
Als Ziel des international bekannten Forschers könnte man *„eine ganzheitliche sozialökonomische Ordnung“* nennen. Seit vielen Jahren arbeitet er an dieser Aufgabe, die letztlich die bestehenden Paradigmen aufweicht. In seinen Publikationen und Vorträgen vermittelt er allgemeinverständlich seine Ergebnisse und Wege aus der Sackgasse des globalisierten Wachstumswahns.

Aktuell zu empfehlende Publikationen:

- Das Buch „Der Währungs-Countdown“ von Andreas Popp
- Die DVD „Plan B“ von der Wissensmanufaktur
- Das Hörbuch „Steuerboykott“ von Rico Albrecht

Website: www.wissensmanufaktur.net

Meinungsmanipulation in Deutschland

von Michael Vogt

Es ist eine schwierige und vor allem niemals endende Aufgabe, über Meinungsmanipulation und Alternativen zu schreiben. Ich möchte aber dennoch gezwungenermaßen einen kleinen Blick auf die unübersehbare Breite der Probleme wagen, die uns in den Mainstream-Medien begegnen, und auf das Ausmaß der – um es einmal höflich auszudrücken – Unwahrheiten, denen man dort begegnet.

Ich möchte mit einem alten Zitat beginnen, das uns hier weiterführt und deutlich macht, worum es an sich bei der ganzen Thematik geht: *„Die herrschende Geschichtsschreibung ist die Geschichtsschreibung der Herrschenden."* Dies ist ein Satz, der über 150 Jahre alt ist, von Karl Marx stammt und an seiner Richtigkeit bis zum heutigen Tag nichts verloren hat. Sieger schrieben schon immer die Geschichte der Besiegten. War es in den vergangenen Jahrhunderten insbesondere die katholische Kirche, die den Stab z.B. über „Barbaren" und „Wandalen" brach, deren vermeintliches Verhalten sich bis heute quasi sprichwörtlich in unserem Sprachgebrauch gehalten hat, so sind es heute Ereignisse der jüngeren und jüngsten Zeitgeschichte, bei denen mit der parteilichen Geschichtsschreibung Politik gemacht wird. Man müsste allerdings heute Karl Marx dahingehend modifizieren: *„Die herrschende Berichterstattung ist die Berichterstattung der Herrschenden."* Und damit wird auch deutlich, worum es bei diesem ganzen Spiel geht: Es geht um die Deutungshoheit, es geht um unsere Köpfe und um unser Denken. Es geht darum, dass wir das, was uns ein System vorlebt und an Inhalten vorexerziert und vorpredigt, gedankenlos akzeptieren.

Und dafür gibt es – und darauf werde ich nun im Detail eingehen – eine interessante Koalition zwischen Politik und Medien, aber auch Wirtschaft und Justiz. Diese vier Spieler sorgen dafür, dass das, was wir zu denken haben, auch in die richtigen Bahnen läuft. Es geht letztendlich um Macht, also um die Frage, wer unsere Köpfe, unsere Gedanken, unsere Wertvorstellungen beeinflusst und „besitzt" und um das, was wir für richtig und falsch halten. Und es geht schließlich darum, dass wir dann auch entsprechend der Vorgaben die Dinge, die dort nicht hineinpassen, verurteilen.

Dazu gibt es unterschiedliche Mechanismen – wir kennen das alle – und bestimmte Stufen der Diffamierung und Verleumdung, wenn es darum geht, Andersdenkende und Querköpfe irgendwie mundtot zu machen. Und insofern ist hier das Zusammenspiel von Medien und Politik ein ganz entschiedenes.

Die Marx'sche Erkenntnis erlebt man heute in ganz besonderer Deutlichkeit und Härte – nicht nur in der Geschichtsschreibung: Offizielle, quasi amtlich vorgegebene Sprachregelungen und die angesprochene Deutungshoheit spielen auch bei zahlreichen aktuellen Themenfeldern eine überragende Rolle, wobei die Liste der Themen, in denen offizielle Versionen nicht hinterfragt werden dürfen, endlos ist:

- Hintergründe des 11. Septembers 2001
- „Krieg gegen den Terror" und Diskreditierung des Islam
- Krieg gegen und Besetzung von Afghanistan
- die Rolle der Erdöl- und der Rauschgiftmafia dabei
- Krieg im Kosovo
- Irakkrieg
- drohender Krieg gegen den Iran
- Euroeinführung
- EU-Verfassung/Vertrag von Lissabon
- Militarisierung der EU
- Osterweiterung der EU
- geplanter Beitritt der Türkei
- Wirtschafts- und Finanzkrise
- Dollarimperialismus und Rolle der FED
- New World Order – NWO/Weltregierung
- Globalisierung/Abschaffen der Nationalstaaten
- Zerstörung der Nationen/„Migration"/Überfremdung
- Gefahren der Gentechnik und die Lobby von Monsanto & Co.
- Klimalüge und CO_2-Märchen
- der gierige Griff nach der Weltwasserwirtschaft
- Atomkraft und ihre Unterstützer von Grün bis Schwarz
- alternative (oder gar freie) Energien
- Impfen oder AIDS
- Gesundheitspolitik und Pharmalobby

- Westintegration/NATO
- Steuerung der RAF
- deutsche Zeitgeschichte u.v.m...

Wie es um unseren Journalismus steht, haben wir aus dem Vorwort von Jan van Helsing erfahren, der dort John Swinton zitierte, den ehemaligen Chefredakteur der *New York Times*. Wie Swinton sagte, weiß *jeder*, dass die Journalisten nur Marionetten sind und das sagen und schreiben, was die *„reichen Männer hinter der Szene"* diktieren. Die Wahrheit sagen können diese dann frühestens nach der Pensionierung, denn im Umgang mit ihren geistigen Gegnern unterschieden und unterscheiden sich Diktaturen (faschistische oder kommunistische) und „westliche Demokratien" nur in einem: Der Unterschied im Umgang mit Kritikern und Querdenkern, den Ketzern unserer Zeit, die nicht mehr auf die Scheiterhäufen oder in den KZs oder Gulags landen, ist nur der zwischen Mord und Rufmord.

Dies beschrieb – geradezu gespenstisch aktuell – schon Alexis de Tocqueville nach einer USA-Reise im Jahre 1835:

„In den demokratischen Republiken geht die Tyrannei anders zu Werk; sie geht unmittelbar auf den Geist los. Der Machthaber sagt hier nicht: ‚Du denkst wie ich, oder Du stirbst.' Er sagt: ‚Du hast die Freiheit, nicht zu denken wie ich, aber von dem Tag an bist Du ein Fremder unter uns. Du wirst Deine Bürgerrechte behalten, aber es wird Dir nichts mehr nützen. Du wirst unter Menschen wohnen, aber Deine Rechte auf menschlichen Umgang verlieren. Wenn Du Dich einem unter Deinesgleichen nähern willst, so wird er Dich fliehen wie einen Aussätzigen; sogar wer an Deine Unschuld glaubt, wird Dich verlassen, sonst meidet man auch ihn. Gehe hin in Frieden, ich lasse Dir das Leben, aber es ist schlimmer als der Tod.'"[29]

Der Bereich der Medien, in dem wir abweichend von den Dingen, die Wissenschaft und Forschung, die uns die Fakten an sich liefern, hinters Licht geführt werden, ist wie angesprochen schier grenzenlos. Ich kann im Folgenden nur eine Reihe einzelner Beispiele herausgreifen und möchte beginnen mit einer Zäsur, die wir alle auch als Zäsur erlebt haben, nämlich den 11. September 2001. 9/11 markiert für die moderne Informationsgesellschaft den Wendpunkt schlechthin. In der Tat ist die Welt nach dem 11.

September 2001 nicht mehr die, die sie vorher war – allerdings nicht wegen den aus Washington vorgetragenen Gründen. Seit diesem Tag spielt das Internet die entscheidende Rolle in Sachen Information und Aufklärung. Sofort nach den Ereignissen des 11. Septembers 2001 war den Menschen klar, dass sie respektive der Hintergründe, der Täter, ja sämtlicher Fakten des Ablaufes dieses Tages belogen wurden und die offizielle Version der Bush-Administration mit den tatsächlichen Ereignissen nur sehr wenig bzw. gar nichts zu tun hatte.

Zuerst entstand in den USA in der Folge des 11. Septembers 2011 eine Wahrheits-, eine „Truther"-Bewegung, welche die Ungereimtheiten und Lügen der Herrschenden zusammentrug und über das Internet weltweit verbreitete. Einfache Menschen, die Beobachtungen z.B. von den Sprengungen gemacht bzw. diese gehört hatten, stellten ihre Erkenntnisse ins Netz. Oft ohne Geld, ohne Einfluss, ohne Macht legte sich die Truther-Bewegung mit der Weltmacht Nr. 1 an und überführte eine Lüge nach der anderen – ohne das Internet ein völlig undenkbarer Vorgang. Hier begann mit www.reopen911.org oder in Deutschland www.gerhard-wisnewski.de auf der Suche nach der Wahrheit und angesichts der dreisten Lügen der Regierung die Stunde des Internetzeitalters, die Stunde der alternativen Information. Und mit ihr einher ging das Versagen der kompletten offiziellen Medien, das Versagen des Mainstreams. Der 11. September 2001, der die Welt so fundamental verändert hat, stellt also die entscheidende Wende in dem Denken der Menschen dar. Er löste gewissermaßen einen Erweckungsprozess aus. Und es entstand bei dem Thema 11. September ganz schnell – auch ohne große Geldsummen – ein Dokumentarfilm, der einfach eine Reihe von Fragen und Fakten zusammengetragen hat, die mit der offiziellen Lesart nicht übereinstimmen – ein Film, der nicht über die Kinos vertrieben wurde, weil er natürlich keinen Filmverlag fand. Auch wurde er nicht über die offiziellen Medien- und TV-Anstalten verbreitet. Er wurde auch nicht über die Sender ausgestrahlt, sondern er wurde ins Internet gestellt. Dieser Film ist über 100 Millionen mal aus dem Internet heruntergeladen worden und gehört damit zu den Top 10 der am meisten gesehenen Filme der Weltgeschichte: ‚Loose Change'.

Insofern hat mit dem 11. September 2001 und diesem unermesslichen Lügengebäude gleichzeitig eine Wahrheitsbewegung, eine intellektuelle, aufgeweckte Bewegung begonnen, die gesagt hat: *„Wir schauen jetzt mal* *hinter die Kulissen, und wir schauen uns jetzt mal an, was da in Wirklichkeit passiert ist.*" Und auf diese Art und Weise liefern wir Informationen, die sich unterscheiden von dem, was ein Bush und ein Blair und im Gefolge dann unsere Marionetten und Politikdarsteller auf den Kanzlerstühlen formuliert haben. Hier wurde dann deutlich, dass das mit der Realität relativ wenig zu tun hat. ‚Loose Change' ist einfach wirklich der Schlüssel gewesen zu einer neuen Wahrheitsbewegung, einer neuen Aufklärungsbewegung im 21. Jahrhundert.

Hier ein kurzes Zitat aus diesem Film:

„Wenn die Einzelheiten des 11. Septembers bewiesenermaßen erlogen waren, dann ist die Glaubwürdigkeit der gesamten Amtszeit der Bush-Regierung fraglich."

Condoleezza Rice: *„Ich denke nicht, dass irgend jemand vorhersagen konnte, dass diese Leute ein Flugzeug nehmen und dieses ins World Trade Center knallt."*

George W. Bush: *„Zumindest niemand in unserer Regierung – und ich glaube auch nicht in der vorigen Regierung – konnte sich vorstellen, Flugzeuge in Gebäude dieser Größe zu fliegen."*

„Das stellt sich als falsch heraus. US-Militärplaner haben sich genau nicht nur diese Szenarien vorgestellt, sondern auch geprobt. Der American Airlines Flug Nummer 757 stürzt in das Pentagon. Wenn die mit der Geschwindigkeit über 800 km/h in ein Gebäude krachen, wo sind die Einschlagsspuren, wo sind die Motoren selbst? Die 757 ist offenbar selbst komplett im Gebäude verschwunden. Der Südturm des World Trade Centers stürzt innerhalb von sieben Sekunden ein. 29 Minuten später folgt dasselbe mit dem Nordturm, auch innerhalb von zehn Sekunden. Die offizielle Erklärung ist, dass herabfallende Trümmerteile vom Nordturm eine Reihe von schlimmen Feuern im Inneren des Gebäudes ausgelöst haben. Wenn das stimmt, wäre es der dritte Stahlträgerwolkenkratzer der Geschichte, der wegen Feuer und Beschädigungen einstürzt. Die ersten beiden wären die Zwillingstürme.
Wie lange wird die amerikanische Öffentlichkeit, wird die Welt auf die Wahrheit über 9/11 warten? Es war ein amerikanischer Staatsstreich, eine gewaltsame, aggressive Machtergreifung. Und eine Umformung sowohl der Außen- als auch der Innenpolitik."[30]

Wenn man dieses Beispiel, diesen kurzen Ausschnitt sieht und weiß, dass dann aus dieser Information, die über das Internet gelaufen ist, inzwischen zirka drei Viertel der US-Bevölkerung erfahren hat, dass an dem, was man ihnen über 9/11 erzählt hat, nicht viel Wahres dran ist, dann wird klar, welche Macht das Internet hat.

Keiner außer den eigentlichen Tätern weiß, wie es gelaufen ist, was wirklich passiert ist. Das ist richtig, und daher kann man darüber nur spekulieren. Aber wir wissen, dass wir nicht die Wahrheit gesagt bekommen haben. Und dieser Weg, Wissen, Meinungen, Analysen aber auch Unmut via Internet zu artikulieren, machte auch in anderen Ländern Schule. Denn bei vielen elementaren Fragen, die das Volk betreffen, agieren Politik und Medien auch hierzulande nicht wahrheitsgemäß bzw. treffen Entscheidungen, die in der Regel entgegengesetzt zum Willen des Volkes liegen: Weder die Euroeinführung noch die diversen bundesdeutschen Kriegsbeteiligungen oder Multikulti und Überfremdung oder Gentechnik oder Impfhysterie wären bei einem Bezug auf den basisdemokratischen Willen des deutschen Volkes mehrheitsfähig gewesen.

Im Gegenteil: Wer die Deutschen fragt, ob wir in Afghanistan weiter zur Sicherung der mit deutlich über 90 Prozent liegenden weltgrößten Heroinproduktion (neben den Ölpipelines der eigentliche Kriegs- und Besatzungsgrund der USA) mit der Bundeswehr beitragen sollen, bekommt das umgekehrt proportionale Votum des Bundestages bei der Verlängerung des Afghanistanmandats: Das Volk ist zu weit über 90 Prozent **gegen** den Bundeswehreinsatz, die „Volksvertreter“ sind zu weit über 90 Prozent **dafür**. Wir müssen daher eine gespenstische Diskrepanz zwischen öffentlicher und veröffentlichter Meinung konstatieren. Und bei all diesen Punkten findet die eigentliche Debatte, die freie Rede, im Internet statt.

Wir leben in einem unfreien Land, in dem eine regelrechte Meinungsdiktatur via Political Correctness ausgeübt wird, und zwar mit einer sich zunehmend verschärfenden Tendenz. Als ich 1983 die bislang einzige Dokumentation über alliierte Kriegsverbrechen *an* Deutschen während des Zweiten Weltkrieges produzierte, war das im Auftrag des WDR (!) für das Abendprogramm um 20:15 Uhr der ARD (!) möglich. Heute wäre das komplett undenkbar, und in der Tat zählt dieser ARD-Zweiteiler mit zur Begründung politisch besonders korrekter Kreise, meine Tätigkeit als Hochschullehrer als „untragbar“ einzustufen.

Und auf die immer wieder gestellte Frage, was man denn beispielsweise als Einzelner tun kann gegen die Übermacht solcher Medien: Man kann solche Filme produzieren. Man kann solche Filme verbreiten. Man kann solche Informationen ins Netz stellen. Das ist etwas, was funktioniert und was plötzlich Mehrheiten schafft – völlig neue Koalitionen und völlig neue Mehrheiten.

Aber was passiert, wenn hier bei einem solchen Thema von der offiziellen, der gleichgeschalteten Lehr- und Denkmeinung abgewichen wird? Auch darüber muss man sich im Klaren sein. Gerhard Wisnewski ist ein solcher Journalist, ein bekannter deutscher Filmemacher, der für den WDR sehr viele Filme produzierte. Er hat sich mit diesem Thema befasst, hat recherchiert und zusammen mit seinem Kollegen Willy Brunner einen Film mit dem Titel *„Aktenzeichen 11.9. ungelöst“* produziert, hat diesen Film vom Sender abgenommen bekommen, und der Film wurde auch ausgestrahlt. Dieser Film stellt eine andere Version dar als die offizielle Bush-Meinung. Und dann muss irgend jemand nach der Ausstrahlung beim WDR in dessen Chefetage angerufen haben. Auf jeden Fall verschwand dieser Film über Nacht beispielsweise aus dem Shop des Senders, wo man eine Kopie des Films bestellen konnte. Es musste sofort ein Gegenfilm mit dem Titel *„Täuschung oder Wahrheit“* erstellt werden, der nicht einmal vor groben Verfälschungen zurückschreckte. Hauptziel war es, den Film von Gerhard Wisnewski als unglaubwürdig und „verschwörungstheoretisch“ darzustellen. Gerhard Wisnewski hat seitdem Hausverbot im WDR und bekommt natürlich auch keinerlei Aufträge mehr.

Und als ich mich als Universitätsprofessor an den WDR gewandt hatte, um beide Filme im Rahmen eines kommunikationswissenschaftlichen Seminars an der Uni zeigen zu dürfen, bekam ich in der Tat im 21. Jahrhundert in der BRD von der Sendeleitung offiziell den Bescheid, der eigene WDR-Film *„Aktenzeichen 11.9. ungelöst“* dürfe nicht einmal zu wissenschaftlichen Zwecken ausgeliehen werden, da – so wörtlich – *„der Film auf Weisung des WDR-Fernsehprogrammdirektors einen Sperrvermerk“* trüge. Das ist BRD-Pressefreiheit live! Wir haben ein System, ein politisches System – deshalb die Verbindung zwischen Politik und Medien –, bei dem man über Nacht „weg vom Fenster“ sein kann, wenn man hier die „falschen“ Aussagen, die „falschen“ Informationen transportiert. Gerhard Wisnewski musste miterleben, wie ein Gegenfilm, der seinen Film mit gezielten Verdrehungen und Diffamierungen madig gemacht hat, ausgestrahlt wurde, bei dem klar erkennbar war, dass hier auf Weisung – von wem auch immer – die offizielle Linie und Lesart wiederhergestellt werden musste.

Ein weiterer Journalist, dem Ähnliches widerfuhr, ist Oliver Janich, ein Journalist, der in *Focus Money* sogar zwei Beiträge über den 11. September veröffentlicht hat. Er hat hier ganz einfach Informationen zusammengetragen, die er zum Teil sogar aus dem Mainstream bekam, und dann viele Fragen, viele Ungereimtheiten, viele Widersprüche aufgezeigt, mit dem Ergebnis, dass dies eine Geschichte ist, die so nicht stimmen kann.

Auch hier mit demselben Ergebnis: Oliver Janich bekommt keinen Auftrag mehr von *Focus Money*, das Thema und seine Person sind durch. Hier wird einfach die Möglichkeit der beruflichen Einschränkung und das damit verbundene Erpressungspotential genutzt, um Menschen auf Linie zu bringen oder eben ganz zu entfernen. Das ist die moderne Form der Scheiterhäufen, dass man versucht, diese Leute in das berufliche Aus und das ökonomische Abseits zu drängen. Das ist ein weiteres Beispiel für einen Journalisten, der seine Arbeit gut gemacht und tiefer recherchiert hat. Oliver Janich erklärt das in einem kurzen Statement und schildert, wie es ihm ergangen ist:

„Was habe ich gemacht? Ich habe im Gegensatz zu meinen anderen Kollegen zwei Artikel im Focus Money geschrieben über den 11. September. In dem ersten Artikel habe ich mir einige Wissenschaftler von mehreren Tausend herausgegriffen: Physiker, Ingenieure, Architekten und Piloten, die alle sagen, dass das nicht so gewesen sein kann; die Naturgesetze sagen etwas anderes. Mehr habe ich nicht getan. Ich habe keine Verschwörungstheorie aufgestellt; einfach nur Experten zitiert.

In meiner zweiten Geschichte im Oktober 2010 habe ich mir nur Artikel aus der Mainstream-Presse rausgesucht, in denen Indizien enthalten sind, die der offiziellen Theorie widersprechen, z.B. der Afghanistan-Krieg war eindeutig vorher geplant, vor dem 11. September 2001, und auch der Irak-Krieg war eindeutig vorher geplant. Mehr habe ich nicht gemacht. Das steht so in der Mainstream-Presse.

Da muss ich mich natürlich fragen: Warum planten die einen Afghanistan-Krieg, bevor sie wissen konnten, dass der 11. September passiert, mit dem das begründet wurde? Ich habe also meinen Job wahrgenommen als Journalist, und da kommt immer die Gegenfrage: ‚Ja, wenn das so ist, wie Du sagst, warum schreibt da niemand etwas drüber?' Jetzt hatte ich etwas drüber geschrieben, und jetzt sagen Menschen, die unsere Wirtschaftsphilosophie für gut halten, wir können aber nicht in die Partei eintreten, weil der Vorsitzende seinen Job gemacht hat und auf Widersprüche hinweist. Ich hab ja keine Verschwörungstheorie aufgestellt, sondern einfach nur Fakten aufgezählt."(31)

Das ist das Schicksal eines Journalisten, der, wie er sagt, nur ganz normal seine journalistische Arbeit getan hat, so wie sich das gehört, und der nun über Nacht jobmäßig bei seinem bisherigen Arbeitgeber auf der Straße steht.

Der 11. September 2001 ist eines der Themenbeispiele einer Mainstreamtretmine, auf die man ganz schnell kommen kann und dann in die Luft fliegt und in einer politisch korrekt gleichgeschalteten Presse keinen Fuß mehr auf den Boden bekommt. Aber, so wird man einwerfen, wir Deutschen haben aus zwei Diktaturen die Lektionen gelernt, halten Zivilcourage und Meinungsfreiheit hoch. Tun wir das wirklich? Erleben wir Deutschen nicht tagtäglich, dass es kein probateres Instrument zum Diffamieren eines politisch Unliebsamen gibt als – 70 Jahre nach dem Ende des Krieges – die deutsche Zeitgeschichte! Es gibt keine sicherere Tretmine als die Zeit von 1933 bis 1945. Die Liste der Opfer ist ellenlang und wird immer länger: Lübke, Oberländer, Filbinger, Nolte, Jenninger, Walser, Hohmann, Günzel, Williamson, Mixa, Herman,... Das Totschlagsargument der Faschismus- und der Auschwitzkeule zieht und wirkt immer. Und eine Drohung mit § 130 Strafgesetzbuch der BRD tut sogar im Forschungsbereich ein Übriges, um „Linientreue" zu garantieren, Unliebsame und Querdenker auszusondern und die politisch korrekte Staatsräson des Landes sicherzustellen. Zugleich sind alle zur „Wachsamkeit" gegenüber Falschdenkern oder „Revisionisten" aufgefordert, feiert die deutsche Blockwartmentalität fröhliche Urständ, während wir eigentlich den Anfängen neuer Denk-, Rede-, Meinungs- und sogar Forschungsverboten wehren wollten.

„*Krieg war Anlass, nicht Ursache der Vertreibung*", ist der Titel einer fundierten und gründlichen Untersuchung des US-amerikanischen Historikers und Völkerrechtlers Prof. Dr. Dr. Alfred de Zayas zur Vertreibung von Deutschen nach dem Zweiten Weltkrieg. Allerdings werde „*in der Bro-*

schüre deren Zwangsumsiedlung aus Osteuropa mehrfach mit den ‚ethnischen Säuberungen' der Nationalsozialisten in besetzten Gebieten und dem Ziel verglichen, ‚Volksboden' zu gewinnen... Der tschechoslowakische Staatschef Edvard Beneš habe ‚durchaus in Analogie zur Ideologie des deutschen Nationalsozialismus' das Ziel verfolgt, einen national homogenen, ‚rein slawischen' Nationalstaat zu erreichen", moniert die politisch korrekte FAZ. Was werfen die pseudokritischen journalistischen Verfasser dem international anerkannten Fachmann zum Thema Vertreibung vor? Dass „*dessen Ansichten aber auch immer wieder Kritik hervorgerufen haben, weil sie unwissenschaftlich seien und die Opferperspektive der Deutschen zu sehr in den Vordergrund rückten.*"(32)

Die „*Opferperspektive der Deutschen zu sehr in den Vordergrund*" zu rücken – ja, das ist politisch unkorrekt. Und dann ist – und das ist wichtig im Mainstream – auch eine inhaltliche Auseinandersetzung mit der Publikation gar nicht mehr nötig.

Schauen wir einmal nach Russland und zu einer weiteren Mainstream-Tretmine. Es gab im Zusammenhang mit der Verurteilung von Michail Chodorkowski, einem der Magnaten und Oligarchen Russlands, eine große, tränenrührige Presseberichterstattung in den bundesdeutschen Medien, dass die Pressefreiheit in Russland unterdrückt werde, und Wladimir Putin wurde in den schwärzesten Farben dargestellt. Soweit der Mainstream und dessen Ziel, Russland und deren politische Führung möglichst schlecht darzustellen.

Es ist dann wichtig, sich den Prozess und die Anklage anzusehen und der Frage nachzugehen, worum es in diesem Verfahren wirklich ging – nämlich um Geheimnisverrat und dass Chodorkowski im Prinzip einen Umsturz in Russland im Auftrag des amerikanischen Geheimdienstes und amerikanischer Drahtzieher versucht hat – und dass er mit dem Urteil, mit dem er hier davon gekommen ist, so gesehen noch Glück hatte. Und bezeichnenderweise verschweigen westliche Medien genau diesen wahren Grund dafür, warum Putin den ehemaligen Chef des größten russischen Ölkonzerns *Yukos* verurteilen ließ. Das Verbrechen des Michail Chodorkowski bestand in der maßgeblichen Beteiligung an einer Operation westlicher Geheimdienste, die Russland von innen heraus zerschlagen sollte. Wenn man sich einmal das eigentliche Thema ansieht, dann bekommt man diese Information eben in keiner Weise in den Mainstream-Nachrichten vorgestellt, sondern man muss dann in alternative Medien hineinschauen, um solche Fakten zu erfahren.

Gehen wir nach Malaysia – auch diese Meldung kam im Mainstream nicht zum Tragen: „*Bush und Blair als Kriegsverbrecher schuldig gesprochen!*" Das dortige (und bislang erste) Strafverfahren gegen den ehemaligen US-Präsidenten George W. Bush und den ehemaligen britischen Premierminister Tony Blair vor der *Kuala Lumpur War Crimes Commission* (KLWCC) wegen der Kriegsverbrechen im Irak endete mit einem Schuldspruch gegen die Angeklagten. Bush und Blair werden nun auf die offizielle Liste der weltweit gesuchten Kriegsverbrecher gesetzt. Schlussendlich entschieden die Richter, dass Bush und Blair als verantwortliche Staatsoberhäupter schuldig sind, durch Betrug sowie missbräuchliche und selektive Manipulation internationalen Rechts einen völkerrechtswidrigen Akt der Aggression begangen zu haben, der letztlich zu einem Massenmord an der irakischen Bevölkerung führte. Wo liest man das in der Mainstream-Presse?

Oder gehen wir zu den Vereinten Nationen: Die Vereinten Nationen bereiteten Ende März 2011 die Verleihung eines Preises an Oberst Muammar al-Gaddafi und die libysche Volks-Dschamahiriyya („*Herrschaft der Massen*") für ihre Erfolge im Bereich der Menschenrechte vor. Derselbe Mann, Oberst Muammar al-Gaddafi, den die NATO und die Vereinigten Staaten wenige Monate später als „brutalen Diktator" brandmarkten und mit Krieg überzogen, sollte für seine Verdienste um die Menschenrechte in Libyen geehrt werden. Die folgenden Auszüge aus dem Bericht der Vollversammlung sind es wert, genau gelesen zu werden und waren im Mainstream natürlich nicht zu finden: „*Verschiedene Delegationen haben mit Anerkennung die Entschlossenheit des Landes zur Kenntnis genommen, die Menschenrechte vor Ort zu gewährleisten.*"

Die BRD-Medien hatten Gaddafi längst zum Schurken und Libyen längst zum Schurkenstaat erklärt und sich gleichgeschaltet zum Sprachrohr des US-Imperialismus gemacht. Und genau das geht jetzt in die nächste Runde: Ende November hatte das ZDF einen Beitrag über Syrien ausgestrahlt, in dem man brutale Szenen sieht, wie Uniformierte rücksichtslos auf Zivilisten einprügeln. Wo genau diese Aufnahmen gemacht wurden, musste der Reporter einräumen, wisse man nicht. Aufmerksamen Zuschauern kamen die Videoaufnahmen seltsam bekannt vor und tatsächlich: Nachforschungen ergaben, dass die Bilder aus dem Irak stammen und schon 2007 von einem arabischen Sender ausgestrahlt wurden.

Man bedenke: 2007 stand der Irak längst unter amerikanischer Besatzung – diese Gewaltexzesse können auch nicht Saddam Hussein in die Schuhe geschoben werden. Es waren also nicht die „aktuellen Schurken" in Syrien, sondern die irakischen Statthalter der USA, die hier brutal gegen Zivilisten vorgingen. Ein ZDF, das sich zum Sprachrohr und in diesem Fall auch noch zum Lügenmaul der USA macht, das ist Mainstream-Journalismus in der BRD!

Oder gehen wir zum Bundeswehreinsatz in Afghanistan: Das *Deutsche Institut für Wirtschaftsforschung* (DIW) schätzt, dass die Kosten für Deutschland und die Bundeswehr auf 47 Milliarden Euro hochschnellen könnten – maximal sogar auf 92 Mrd. Euro. Und das sind:

- zwölf Mrd. Euro mehr als die rund 80 Mrd. Euro, die mit dem Sparpaket bis 2014 eingespart werden sollen;
- fast dreimal so viel wie der für 2011 geplante Etat des Verteidigungsministeriums in Höhe von 31,5 Mrd. Euro;
- fast dreimal so viel wie die 33,8 Milliarden Euro, die 2011 für die Hartz-IV-Grundsicherung zur Verfügung gestellt werden sollen;
- und fast achtmal so viel wie der Etat der Bundesregierung für Bildung und Forschung in Höhe von 11,65 Mrd. Euro (2011).

Wo werden im Mainstream diese eigenwilligen Prioritäten diskutiert? Und: Politik und Mainstream-Medien befürworten zu über 95 Prozent den Kriegseinsatz der Bundeswehr in Afghanistan, während zum selben Prozentsatz das Volk *gegen* den Kriegseinsatz ist. Politik/Mainstream umgekehrt proportional zum Wählerwillen, zur Mehrheit in Deutschland: Demokratie wird hier auf den Kopf gestellt!

Dann stellte sich jemand wie Christoph Hörstel, der seitens der Bundeswehr zum Training engagiert wurde, eben weil er die Taliban-Szene aus persönlichen und privaten Kenntnissen seit vielen Jahrzehnten so gut kennt wie kaum ein anderer in Deutschland, bei Briefings hin. Er sollte die Soldaten vorbereiten, die nach Afghanistan geschickt werden. Und dabei wurde er dann gefragt, worum es eigentlich bei dem Krieg in Afghanistan geht. *„Um die Sicherung des legalen Heroinhandels.“*(33) Die USA wollen verhindern, dass ein illegaler Heroinhandel stattfindet, und Afghanistan liegt, nachdem die Taliban Anbau und Produktion von Mohn fast auf Null gebracht hatten, nach Jahren der USA-Herrschaft inzwischen bei 98 Prozent der Weltproduktion. Damit ist dieser Handel in „gesicherten“ und „guten“ Händen der USA, und deswegen müssen wir unsere Jungs und unsere Mädels dort hinschicken. Wegen Heroin müssen Bundeswehrsoldaten sterben!

Als Christoph Hörstel diese politisch unkorrekte Wahrheit aussprach, war er natürlich seinen Job los. Eine solche Äußerung vereinbart sich natürlich nicht mit einer Tätigkeit bei der Bundeswehr.

Bleiben wir bei Afghanistan und dem Irak: Wenn man nämlich darauf hinweist, wie das der linke und erfolgreiche Filmemacher Frieder Wagner, ein langjähriger Liebling der Medien, getan hat, dass (auch) in Afghanistan Uranmunition verschossen wird und diese Munition bei Freund und Feind schwerste Schäden anrichtet, dann ist eben auch das ein ungewolltes Thema. Und wenn man dann die Frage stellt, ob die von den US-Amerikanern, Briten und Israelis verschossene Uranmunition und vor allem der dabei entstehende Uranstaub quasi einen Bogen um diese Munition nicht verschießende Bundeswehrsoldaten macht, dann will das auch keiner diskutieren, weil natürlich der radioaktive Staub durch die allgemeine Kontamination, die dabei stattfindet, selbstverständlich auch Zivilisten und diejenigen, die es nicht verschießen, betrifft.

Offiziell verschießen ja „nur“ die USA, die Israelis und die Engländer Uranmunition. In dem Moment, wo der Uranstaub aber dorthin weht, wo unsere Soldaten sind, trifft es die Bundeswehr natürlich genauso. Frieder Wagner hat zu diesem Thema den Film *„Todesstaub“* produziert. Er ist in das Kinderkrankenhaus von Basra im Irak gegangen, wo inzwischen 33 Prozent aller Neugeborenen schwerst missgebildet sind. Wenn man sich die Bilder anschaut, die er dort gemacht hat, ist man geschockt. Er selber sagt das immer wieder: *„Ich habe ein Blick in die Hölle geworfen.“* Wenn man sieht, was dort mit Neugeborenen passiert, die dieser Uranmunition über ihre schwangeren Mütter ausgesetzt waren, dann weiß man, dass hier ein Kriegsverbrechen ganz großen Stils stattfindet. Und wenn man das in

Deutschland anspricht, ist man weg vom Fenster. Das ist schlicht politisch nicht gewollt, nicht korrekt. Hier muss ein Thema schlicht totgeschwiegen werden. Und Frieder Wagner gilt, das hat ihm einer seiner ehemaligen Kollegen erklärt: *„Du giltst jetzt als schwierig"*, und für die Mainstream-Sender als nicht mehr tragbar, weil er dieses Thema aufgegriffen hat. Auch er bekommt selbstverständlich keine weiteren Jobs mehr...

Verlassen wir die Außenpolitik und wechseln zur Wirtschafts- und Finanzpolitik. Es ist der 23. April 1998 im Deutschen Bundestag:

„Meine Damen und Herren, nach der vertraglichen Regelung gibt es keine Haftung der Gemeinschaft für Verbindlichkeiten der Mitgliedstaaten und keine zusätzlichen Finanztransfers. Wenn Sie quer durch alle Parteien mit den Kollegen im Europäischen Parlament reden, wissen Sie, dass dieser Satz einen Moment des Innehaltens verdient: Nach den vertraglichen Regelungen gibt es keine Haftung der Gemeinschaft für Verbindlichkeiten der Mitgliedstaaten und keine zusätzlichen Finanztransfers."[34]

Mit diesem Satz hat uns am 23. April 1998 Helmut Kohl den Euro verkauft, und es stimmt nicht ein Jota an diesem Satz – bis zum heutigen Tag. Es wäre für die Journalisten, da dies ja frei zugängliche Bundestagsreden sind, ein Leichtes, herzugehen und den Altkanzler zu fragen, was für einen Unsinn er eigentlich damals geredet hat, ob er damals wirklich daran geglaubt hat, oder ihm damals schon klar war, dass alles anders kommen musste. Aber dazu müsste man recherchieren, in die Vergangenheit gehen und vor allem eine unabhängige Presse haben, die sich eines solchen Themas annimmt.

Kohl liegt hier in seiner fulminanten Fehleinschätzung der seitens wirklicher Experten schon damals prognostizierten Entwicklungen auf demselben Niveau wie seine nicht minder fehleinschätzende Nachfolgerin. Bundeskanzlerin Merkel am 11. März 2011(!): *„Deutschland war und ist bereit, den Schwächeren zu helfen, wie wir das jedes Jahr mit unseren Beiträgen zum EU-Haushalt zeigen. Aber eine Transferunion wird es mit mir nicht geben. Jedes Land ist für seine Schulden selbst verantwortlich. Deutschland hat aber, wie alle anderen Länder, ein ureigenes Interesse an der Stabilität des Euro insgesamt. Deshalb wird der Krisenfonds selbst nur in Notfällen und unter strengen Auflagen Kredite gewähren – Kredite, die natürlich zurückzuzahlen sind."*[35]

„Jedes Land ist für seine Schulden selbst verantwortlich." Die Haltbarkeit und die Verfallsdauer der Merkel'schen Versprechungen wurde gerade in 2011 immer kürzer, ohne dass dies einen kritischen Journalismus provoziert hätte – vor allem angesichts dessen, was dieselbe Merkel mit dem ESM-Vertrag (Europäischer Stabilitätsmechanismus) auf den Weg gebracht hat, in dessen Artikel 9 zu lesen ist: *„Die ESM-Mitglieder sagen hiermit bedingungslos und unwiderruflich zu, bei Anforderungen jeglichen Kapitalbedarfs binnen sieben Tage nach Erhalt dieser Forderung nachzukommen."*

Das ist es, wohin der Hase läuft. Hier gibt es keine Obergrenzen, keinen Deckel und natürlich kein Parlament, keine irgendwie geartete nationale Entscheidung, schon gar nicht eine, die an den Willen des Bürgers gekoppelt ist, sondern ein sogenannter Gouverneursrat wird diese Dinge entscheiden. Der Gouverneursrat ist die Summe der Finanzminister. Und wir in der BRD wissen zumindest, dass, wenn da unser Finanzminister hinrollt, Milliarden in eine andere Richtung hinausrollen...

Zu was für einen Unsinn sich selbst hochrangige „Experten" des Systems ungestraft hinreißen lassen, macht Klaus Regling deutlich, der Chef des Euro-Rettungsschirms. Regling war im Jahr 2001 als Generaldirektor der Wirtschafts- und Finanzabteilung der Europäischen Kommission der Komplize von Mario Draghi. In dieser Funktion hätte er die von Griechenland eingereichten und von Goldman Sachs vorher frisierten Kennziffern über die Verschuldung des Landes prüfen müssen. Auf die Frage von BILD im Frühjahr 2011: *„Erst Griechenland pleite, jetzt Irland in Not. Zerreißt es den Euro?"*, erklärte Regling allen Ernstes: *„Die Gefahr liegt bei Null. Dass der Euro scheitert, ist unvorstellbar. Kein Land wird freiwillig den Euro abgeben: Für schwächere Länder wäre das wirtschaftlich Selbstmord, ähnlich für die stärkeren Länder. Und politisch wäre Europa ohne Euro nur die Hälfte wert."*[(36)]

Doch es kommt noch besser: *„Wird Deutschland zum Zahlmeister der Euro-Krise?"* Seine Antwort: *„Zahlmeister ist falsch. Es geht um Bürgschaften, nicht um wirklich abfließende Gelder. Niemand nimmt dem deutschen Steuerzahler etwas weg. Im Gegenteil! Deutschland wird mit seinem Beitrag zum Rettungsschirm höchst wahrscheinlich Gewinn machen. Allein bei Griechenland wären das bis zu 600 Mio. Euro pro Jahr, weil die Griechen eine Art Zinsgebühr für die Hilfskredite zahlen müssen."*[(36)] Es war nicht einmal ein

Jahr, und wir haben einen Schuldenschnitt, bei dem der deutsche Steuerzahler sein komplettes Geld im Fall Griechenland verloren hat – und Regling ist wieder ungefragt ob seiner unsinnigen Prognosen der Chef des Rettungsschirms...

Nach solchen Beispielen mainstream-medialer Ignoranz präsentiere ich Ihnen jetzt ein Beispiel von Medienmanipulation: Es geht um eine Umfrage, die auf *Welt-Online* zu finden war. In dieser wurde angesichts dieser wirtschaftlichen Problemsituation, in der wir uns befinden, gefragt, auf welche Währung ein weltweites Finanzsystem setzen könnte. Man hat dann zwei Stunden die Menschen abstimmen lassen, wobei Folgendes resultierte:

- 2 % sprachen sich für den Dollar aus,
- 7 % für den Euro,
- 0 % für den Yen,
- 0 % für das Britische Pfund,
- 8 % für eine vom IWF geschaffene Währung,
- 78 % für Gold
- und 4 % für sonstige.

Was nun folgt, ist spannend: Jetzt hat man eine Befragung, die völlig eindeutig ist: Es ist ein Votum der Menschen, der *Welt*-Leser, die sagen: *„Wir vertrauen einer einzigen Währung, nämlich dem Gold, und all den Rest kann man vergessen – inklusive des Euro mit gerade mal 7 %.“* Eine solche Denkweise ist politisch nicht korrekt. Nach zwei Stunden wurden die Parameter geändert, und Gold flog raus.

Dann hat man eine neue Berechnung ohne Gold erstellt und das einfach mathematisch umgerechnet, mit dem Resultat:

- Jetzt waren es 9 % Dollar,
- 49 % Euro,
- 4 % Yen,
- 1 % britisches Pfund,
- immerhin noch 29 % für eine neue vom IWF geschaffene Währung
- und 8 % sonstiges.

Das heißt, hier wird ganz eindeutig und ganz klar eine Befragung, die ein „politisch unkorrektes“ Votum der Mehrheit der Befragten zugunsten von Gold zum Ausdruck gebracht hat, so lange manipuliert, bis das Ergebnis „politisch korrekt" ist und in diesem Fall Gold als Votum eliminiert ist.

Das Gleiche erlebten wir bei den Iren oder in der Slowakei. Und das Ergebnis bei der *Welt-Online*-Umfrage stimmte politisch so lange nicht, so lange Gold auf Platz 1 war. Und vor diesem Hintergrund hat man dann einfach die Parameter geändert. Der Nachteil für diese Manipulatoren im Internet ist, dass diese Dinge archiviert werden und dass man eben heute sowohl die alte Internet-Seite mit dem von mir zuerst zitierten Ergebnis unverändert vorliegen hat als auch die zweite Version, bei der die Manipulation deutlich sichtbar ist, abrufen kann.

Bleiben wir beim Euro-Thema. In einer weiteren Umfrage auf *Welt-Online* wurde die Frage gestellt: *„Halten Sie es für richtig, dass Griechenland pleitegeht?"* Die Antwort der *Welt-Online*-Leser lautete dann wie folgt:

- 93 % sagten „JA",
- 7 % sagten „Nein".

Wenn man dann die Bundestagsabgeordneten, die sogenannten Volksvertreter fragt, haben wir ein genau umgekehrtes Ergebnis von zirka 90 Prozent, die für „Nein" stimmen und maximal 10 Prozent mit „Ja". Das, was im Parlament passiert ist, verhält sich genau umgekehrt proportional zu dem, was die Bevölkerung möchte!

Oder: *„Sind Sie der Meinung, dass die Euro-Schuldenkrise mit immer größer werdenden Rettungsschirmen dauerhaft gelöst werden kann?"* – so der Wortlaut einer EMNID-Umfrage im Jahre 2011. Das Ergebnis:

- 7 % sagten „Ja",
- 4 % sagten „Weiß ich nicht/Keine Angaben"
- und 89 % sagen „Nein".

Oder eine Umfrage von der *FAZ-Online* (Ende 2011): *„Sind Sie für einen dauerhaften Euro-Rettungsmechanismus (ESM = Europäischer Stabilitätsmechanismus)?"* Die Antwort war:

- 9 % sagen „Ja"
- und 91 % „Nein".

Dann gab es – von der Bürgerinitiative „Zivile Koalition" initiiert – den Versuch einer Diskussion zwischen Bürgern und ihren Bundestagsabgeordneten, also den „Volksvertretern". Hunderttausende von Petitionen an MdBs wurden gemailt und diese befragt, ob sie für den sogenannten ESM sind. Wie Politik mit politisch ungewollten Fragen umgeht, zeigte die SPD: Es folgte eine offizielle Warnung der SPD-Bundestagsfraktion an die eigenen Bundestagsabgeordneten, NICHT in Kommunikation mit dem Bürger zu treten. Die Fraktionsspitze kam zu dem Schluss: *„Wir raten euch, weder an dieser Umfrage teilzunehmen noch auf das Schreiben zu reagieren."*[37] Das empfiehlt eine vermeintlich demokratische Partei von der Spitze her den Abgeordneten zum Umgang mit dem Bürger! Die Parole: Keine Kommunikation, keine Reaktion. Diese Leute sind inzwischen unendlich weit weg von dem, was die Basis, was das Volk eigentlich möchte. Und die Medien schweigen...

Natürlich kann man ab und an auch im Mainstream die Wahrheit lesen – es sind vereinzelte Lichtblicke, die aber nie zu einer vertiefenden Diskussion führen –, so wie bei Dieter Spethmanns Beitrag am 9. Mai 2001 im Magazin *Focus*: *„Es gibt auch ein Euroshima: Die europäische Gemeinschaftswährung hat Deutschland bislang mehr als 2.500 Milliarden, also 2,5 Billionen gekostet."*[38] Das heißt, dass das, was wir mit der Einführung dieser Währung von Anfang an an Schaden erlebt haben, eine Größenordnung erreicht hat, welche die Staatsschulden der BRD weit übersteigt – und da sind die Rettungsschirme alle noch nicht mit hineingerechnet, sondern nur das, was allein an Schaden durch die Währung entstanden ist. Eine klare Aussage und im Weiteren detailliert begründet – jedoch ohne weitere Diskussionen.

Und wenn dann die Diskussionen doch einmal die Herrschenden erreichen, werden die Nerven dünner und liegen schließlich blank. Als es um die sogenannte ESFS-Debatte im Bundestag ging, also einem der unsinnigen und schon beim Aufspannen zu kleinen Rettungsschirme, gab es innerhalb der CDU-Fraktion eine heftige Diskussion zwischen einem Spitzenfunktionär der CDU, Ronald Pofalla, dem Chef des Bundeskanzleramts, und dem Vorsitzenden des Innenausschusses des Deutschen Bundestages, Wolfgang Bosbach von der CDU – also jemandem, der sich nicht durch besondere Widerstands- und Aufmüpfigkeitstätigkeit gegen die herrschende Politik hervorgetan hat –, ein Mittäter in diesem System sozusagen. Bosbach hatte sich kritisch zu dem erwähnten Rettungsschirm geäußert. Folgender Streit wurde am Rande der Debatte im Bundestag zitiert:

Pofalla zu Bosbach: „*Ich kann deine Fresse nicht mehr sehen. Du redest ja doch nur Scheiße.*" Und: „*Du machst mit deiner Scheiße alle Leute verrückt.*"

Bosbach: „*Ronald, guck bitte mal ins Grundgesetz, das ist für mich eine Gewissensfrage.*"

Pofalla: „*Lass mich mit so einer Scheiße in Ruhe.*"(39)

Das ist der Original-Ton eines CDU-Spitzenfunktionärs und Merkelministers. Das heißt, für Pofalla sind sowohl der Bezug auf das Grundgesetz als auch der Bezug auf das Gewissen des Abgeordneten, das Herr Bosbach so plötzlich für sich entdeckt hat, etwas, was für ersteren nur Müll ist, was er ablehnt, von dem er nichts hält, mit dem er nicht behelligt werden möchte. Das ist das, was man eigentlich bezeichnen könnte als „Faschismus im bürgerlichen Gewande". Was wir hier sehen (und was von den Medien jenseits der spießigen Aufgeregtheit über die Wortwahl unkommentiert blieb), ist eine CDU-Junta, die ihre Leute autoritär auf Vordermann bringen möchte. Das gilt für die anderen Parteien natürlich gleichermaßen, die ihre Abgeordneten auf Linie bringen wollen und sie auch bringen. Und das erklären sie dann dem Bürger auch ganz offen, nämlich dass der Bürger nichts zu erwarten hat, dass er von diesen Parteien weder mit seiner Meinung respektiert wird, noch die Wahrheit über die wirklichen Verhältnisse erfahren kann.

Dass uns der Euro nur Schaden bringt, das haben Experten von Anfang an vorhergesagt und mit der Kritik an unserem Finanzsystem nie gespart – und leider haben sie recht behalten:

„*Wir brauchen keine Banken, die ihre Geschäfte an der Realwirtschaft, am Sparer vorbei machen. Sondern wir brauchen Banken, die das edle Geld des Sparers vernünftig und produktiv anlegen und damit der eigenen Wirtschaft helfen. Das ist ihr Auftrag, zu dem sie zurückgebracht werden müssen. Dieser Auftrag kann national erfüllt werden, er muss national erfüllt werden. Und das schwächste Glied in dieser Kette ist eine intereuropäische Gemeinschaftswährung wie der Euro. Denn der Euro verleitet alle Eurostaaten dazu, zu Lasten anderer Geschäfte mit der Inflation zu betreiben. Deswegen, so leid es mir tut, führt kein Weg aus der Auflösung des Eurosy-*

stems zurück. Wir brauchen wieder nationales Geld. Als der frühere Bundeskanzler Kohl und einige andere mit ihm von einer sogenannten Sachzwangtheorie sprachen, der Sachzwang der monetären Zusammenarbeit, würde gewissermaßen den politischen Zwang zur Einigung auslösen, da hat er eigentlich die Wahrheit auf den Kopf gestellt. Jetzt sehen wir, dass der umgekehrte Sachzwang gilt, dass nämlich der Sachzwang der monetären Probleme zu politischen Konflikten führt.
Wir haben politische Konflikte, weil einzelne Staaten jetzt zu Lasten anderer subventioniert werden müssen. Wie will man denn die Riesenschulden von Irland bis Griechenland, wie will man die denn abtragen? Deutschland kann die nicht übernehmen. Wenn Deutschland die übernehmen würde, dann wären wir selber bankrott."(40)

Das war Prof. Dr. Wilhelm Hankel, mit dem ich dieses Interview schon 2009 geführt hatte. Er wies auf die Probleme hin, die an Aktualität bis zum heutigen Tage nichts verloren haben. Er ist einer der Warner der ersten Stunde. Das heißt, niemand kann sich heute hinstellen und sagen: „*Ich habe es nicht gewusst*", sondern es ist etwas, das von Anfang an deutlich war. Prof. Dr. Hankel gehört zu denen, die gegen die EU-Verfassung, gegen die Euro-Einführung, gegen den Vertrag von Lissabon und gegen den Bailout – also die allererste Griechenland-Hilfe, die auch schon verfassungswidrig war – geklagt haben; letztendlich jedoch ohne juristischen Erfolg. Es kann sich also niemand hinstellen und überrascht sein von den Entwicklungen, die wir heute haben.

Bleiben wir beim Geld und kommen zum Gold: In den Medien war zu lesen, dass sich die Bundesbank (noch) vehement gegen Vorschläge aus Reihen der G20 wehrt, wonach die europäischen Notenbanken ihre Währungsreserven teilweise für die Euro-Rettung verpfänden sollen. Eiligst ließ die Bundesregierung dementieren, dass in Cannes Goldreserven zur Euro-Rettung einzusetzen seien. Offiziell will man nur über Sonderziehungsrechte (SZR) gesprochen haben. Aber erstens ist es von den Sonderziehungsrechten bis zu den Goldreserven nur ein kleiner Schritt, und zweitens hat die Bundesbank damit die Planung indirekt bestätigt: „*Wir kennen diesen Plan – und wir lehnen ihn ab*", sagte ein Sprecher der Bundesbank.

Um was geht es konkret? Deutschland verfügt über Goldreserven von über 3.400 Tonnen (= 139 Mrd. Euro). Die meisten Barren werden nicht in der Bundesrepublik, sondern in New York, London und Paris gelagert. Und diese letzte Währungsreserve, die im Unterschied zu den Euros wirklich etwas wert ist, will man uns nehmen.

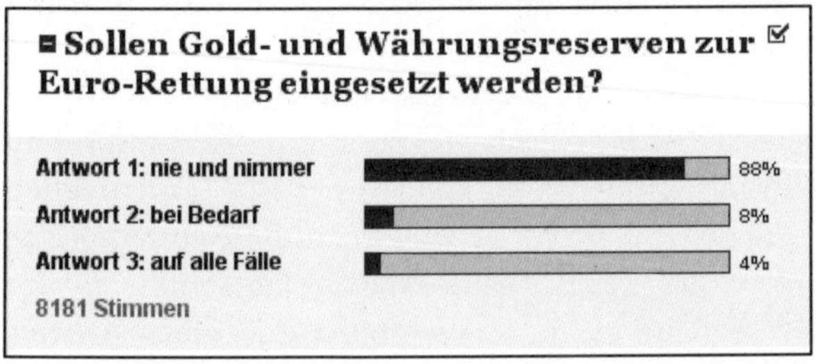

Abb. 1: Umfrage der *Financial Times Deutschland* im November 2011.

Auch hier ist das Votum der Bevölkerung eindeutig! Und man darf wieder einmal gespannt sein, ob sich auch hier die umgekehrt proportionale Entscheidung der Politik einstellen wird... Dabei ist die Frage, ob das deutsche Gold noch vorhanden ist und wo es sich inzwischen befindet, ob also das Fort Knox, wo es angeblich lagert, eher ein „Fort nix" ist, eine, die politisch höchst ungewollt und unkorrekt ist und zum Beispiel zu den Fragen zählt, die dem CDU-Bundestagsabgeordneten Hohmann letztlich das Genick gebrochen haben, als der diese Frage im Bundestag stellte.

Doch schon der damalige Reichsbankpräsident Hjalmar Schacht machte so seine Erfahrungen mit dem deutschen Gold in New York, wie er in seinem Buch über seine Erinnerungen berichtete:

Ein anderes heiteres Erlebnis ergab sich aus der Tatsache, daß die Reichsbank ein nicht unbeträchtliches Golddepot bei der Federal Reserve Bank in New York unterhielt. Strong war stolz darauf, uns im tiefsten Keller des Gebäudes die Tresore zeigen zu können, und erwähnte dabei:

„Dr. Schacht, jetzt sollen Sie auch mal sehen, wo das Gold der Reichsbank aufbewahrt wird."

Wir durchschritten die Tresore, während die Beamten den Aufbewahrungsplatz des Reichsbank-Goldes suchten. Wir warteten viele Minuten lang, bis schließlich die Auskunft kam:

„Mr. Strong, wir können das Gold der Reichsbank nicht finden."

Strong war sehr bestürzt, aber ich tröstete ihn:

„Lassen Sie's gut sein, ich glaube Ihnen, daß das Gold da ist. Selbst wenn es nicht da sein sollte, sind Sie mir gut für den Ersatz."

Abb. 2: Das Zitat von Hjalmar Schacht aus seinem Buch *„76 Jahre meines Lebens"*

Schauen wir uns jetzt das Thema Bildungs- und Schulpolitik an. Wo kann man schon im Mainstream die in einer Studie ermittelten Probleme mit der politisch gewollten und somit korrekten Einheitsschule nachlesen, die dem dreigliedrigen Schulsystem ach so überlegen sein soll? In Wirklichkeit sind die großen Leistungsunterschiede in einer Klasse ein bis heute ungelöstes Problem. 1980 ergaben 200 Lehrerinterviews und 700 Interviews mit Unterrichtshospitanten, dass der Unterricht in Stoff, Tempo und Medien ständig variiert und die Schüler völlig überfordert. 17 Jahre blieben diese Ergebnisse geheim, die Hospitanteninterviews sind bis heute geheim. Eine weitere Studie von 1991 bis 2001 ergab, dass Gesamtschüler in der Oberstufe den Gymnasiasten deutlich hinterherhinken und dieser Unterschied schon in der 10. Klasse festzustellen ist. Bei den Fächern Physik, Biologie und Englisch beträgt der Rückstand zwei Jahre. Und der Rückstand konnte sogar im Vergleich zu Realschülern festgestellt werden. Es geht weiter: 42 % der 3.307 Gesamtschüler aus dem 10. Jahrgang (zirka 1.300) kommen in die Oberstufe, und nur 626 machen Abitur. Studienberechtigte aus Abend- und Fachgymnasien sowie Gesamtschulen brechen schließlich überdurchschnittlich häufig ab, wie eine weitere Studie 1993/94 zeigte. Und selbst die Kernideologie der Gesamtschule, der soziale Aufstieg, ist ein Truggebilde. 1.527 untersuchte Lebensläufe zeigen, dass weder verlängerte Grundschule noch Gesamtschule den Einfluss der Herkunft bei der späteren Karriere verringert haben. Das Fazit, wenn man ehrlich wäre: Die Gesamtschule ist ein komplett gescheitertes Modell!

Gehen wir zurück ins Ausland: Unkommentiert durchgehen lassen hat die Medienlandschaft auch das, was mit der Verabschiedung des Vertrages von Lissabon passiert ist. Auch hier ist ja schon das Verfahren an sich skurril genug. Wir werden, wenn wir irgendeinen Vertrag unterschreiben, darauf festgenagelt, das Kleingedruckte zu lesen und zu beachten. Die Juristen erklären uns, dass das Kleingedruckte in allen Verträgen Bestandteil des Vertrages ist und mit dem Akzeptieren des Vertrages miteingeschlossen ist. Als der Vertag von Lissabon im Bundestag verabschiedet wurde, lag er in der letzten Fassung noch gar nicht vor, das heißt die Abgeordneten haben über einen Vertrag abgestimmt, den es noch gar nicht in der letzten Fassung gab! Es entzog sich nicht nur ihrer Kenntnis, was im „Kleingedruckten“ drin stand, sondern auch, was die letzte, verbindliche Fassung war, ja, sie konnten es gar nicht wissen! Dennoch haben sie mit „Ja“ gestimmt. Vor allem haben sie auch einer Formulierung zugestimmt – und da wird es dann gar nicht mehr lustig –, dass zum Beispiel der Vertrag von Lissabon die Grundrechtscharta der EU übernimmt und diese zum Bestandteil macht. Und dort heißt es im Artikel 2 dieser Grundrechtscharta unter Abschnitt 2: „*Niemand darf zur Todesstrafe verurteilt oder hingerichtet werden.*“ Aber in der Erläuterung heißt es dann: „*Eine Tötung wird nicht als Verletzung des Artikels betrachtet. Eine Tötung ist dann erlaubt, wenn es erforderlich ist, einen Aufruhr oder Aufstand rechtmäßig niederzuschlagen.*“(41)

Das heißt, wir haben im Vertrag von Lissabon durch die Hintertüre die Todesstrafe und Liquidation nämlich dann wieder eingeführt, wenn die Herrschenden meinen, dass ihnen ihre Macht weggenommen werden soll. Wir werden sehen, wann es in Griechenland zum Beispiel das erste Mal der Fall sein wird, wenn unter Berufung auf diesen Vertrag die sogenannte EUROGENDFOR – das ist die Miliz der EU, die dann die Schmutzarbeit machen wird, wie beispielsweise die Delta-Force bei den USA – losschlägt und die „Ordnung“ wiederherstellt. Wir werden dann sehen, wer auf die Menschen schießt, die dort demonstrieren, weil sie mit den Regelungen nicht einverstanden sind. Und wir werden sehen, wer die Befehle dazu in Brüssel geben wird.

Was ist das, was wir in Griechenland oder Spanien erleben, anderes als Aufruhr oder ein möglicher Aufstand? Und wenn man sich dann überlegt, dass eine solche Formulierung von einer Kanzlerin verabschiedet wird, die deswegen Kanzlerin sein kann – sonst wäre sie jetzt sicherlich eine SED-Funktionärin –, weil die Menschen in Leipzig und Ost-Berlin und anderen Städten der DDR in Montagsdemonstrationen dieses SED-Regime aus dem Amt gejagt haben... Diese SED hatte die NVA damals nicht zum Schießen auf die Menschen losgelassen. Und die Kanzlerin, die deswegen heute Kanzlerin sein kann, weil das SED-Regime von einem Schießbefehl nicht Gebrauch gemacht hat, verabschiedet heute einen Vertrag, der einen solchen Schussbefehl legalisiert und legitimiert. Das ist schon in der Tat eine bemerkenswerte Geschichte. Und auch hier: Komplettes Schweigen bei den Medien!

Aber, so könnte man jetzt zur „Ehrenrettung“ des Mainstreams einwerfen, die politisch korrekten Medien haben doch sehr mutig die kritische Berichterstattung von *WikiLeaks* aufgegriffen. Hier würde schließlich Aufklärungsarbeit über zum Beispiel amerikanische Kriegsverbrechen stattfinden. WikiLeaks hat in der Öffentlichkeit sowohl den kommunikativen als auch den Ritterschlag in puncto Glaubwürdigkeit bekommen mit der Veröffentlichung des berühmt gewordenen Videos, das zeigt, wie ein Reuters-Journalist aus einem US-Hubschrauber heraus zusammengeschossen wird und wie anschließend auch noch ein LKW, in dem Kinder sitzen, ebenfalls mit Maschinengewehrgarben durchsiebt wird. Diese Bilder, diese Filmaufnahmen haben natürlich die Welt erschüttert. Seitdem gilt WikiLeaks als eine sehr glaubwürdige und großartige Institution, die den US-Amerikanern auf die Finger sieht.

Wichtig bei diesem ganzen Thema ist, dass man sich darüber im Klaren sein muss, welche Bedeutung im Internet insbesondere solche Institutionen und Seiten von sogenannten „Social Networks“ haben, wie beispielsweise *Google*, *Facebook* oder *Twitter*. Wenn man das weiß, verwundert es nicht mehr, dass hier bestimmte Interessengruppen ihre Finger im Spiel haben, ja mitmischen. Und dann bekommen diese Seiten eine ganz andere Bewertung und einen ganz anderen Stellenwert, weswegen man sich dann wiederum gar nicht mehr wundert, warum beispielsweise die Informationen von WikiLeaks ganz begierig von *Spiegel* und *Welt* als tolle Enthüllung eines vermeintlich kritischen Journalismus aufgegriffen werden. Und wenn man einmal ganz ehrlich ist: Es gab ja auch Enthüllungen und Dokumente in den Geheimdienstunterlagen, die Frau Merkel als *langweilig* und Herrn Westerwelle als *einfallslos* bezeichnet haben. Brauchen wir wirklich einen Blick in den Geheimschrank der CIA, um uns darüber zu informieren, dass Frau Merkel langweilig und Herr Westerwelle einfallslos seien?

Der Enthüllungsjournalist Webster Tarpley aus Washington hat sich intensiv mit den US-Geheimdiensten befasst und macht in einem langen Interview, das ich mit ihm führen durfte, deutlich, was von diesen sozialen Netzwerken und was von WikiLeaks zu halten ist und dass wir es in allen diesen Fällen sehr wohl mit politisch korrektem Mainstream zu tun haben. Webster G. Tarpley über Google:

„Google befindet sich hauptamtlich in einem besonderen Verhältnis, praktisch in einer Einheitsfront mit der National Security Agency, NSA – vor allem gegen China. Das Verhältnis entstand vor ungefähr einem Jahr. Ich las in der Washington Post: ‚Google and NSA worked together.‘“

Webster G. Tarpley zu WikiLeaks:
„Die Washington Post veröffentlicht einen Artikel ‚Brave New Wiki-World'. Brave New Wiki-World, das bezieht sich natürlich auf Huxley. Der Verfasser ist Cass Sunstine, damals ein einflussreicher Professor, jetzt hoher Beamter im Weißen Haus und zuständig für die geistige Unterwanderung von Protestbewegungen und natürlich von Paranoikern, die an Verschwörungstheorien glauben – ‚Geisteskranke', natürlich. Das ist der Cass Sunstine. Was schreibt der? Er sagt, es gibt eine tolle neue Organisation, und die wird China jetzt angreifen.
Ich gehe davon aus, es ist eine begrenzte Selbstentlarvung der CIA. Assange braucht das selbst gar nicht zu wissen, vielleicht weiß er das, vielleicht weiß er das nicht. Das können wir nicht beurteilen. Aber die begrenzte Selbstentlarvung bzw. begrenzte Selbstentschleierung, das ist ein Striptease der Geheimdienste: Die Sachen werde ich zeigen, die anderen Sachen, die wichtiger sind, werde ich nicht zeigen."(42)

Webster Tarpley, ein Spezialist für die US-amerikanischen Geheimdienste und für Außenpolitik, betont: Wenn man sich die „Enthüllungs"-Dokumente mal genau ansieht, die WikiLeaks herausgebracht hat, dann sind die zum einen von einer Geheimhaltungsstufe der untersten Stufe, also vergleichsweise „gerade schon geheim". Und zum anderen sind sämtliche Themen, die wirklich interessant sind, bei denen es um die großen Verbrechen und strategischen Pläne, Kriegsüberlegungen der US-amerikanischen Regierung, der englischen Regierung und der israelischen Regierung und deren Führungen geht, außen vor. All diese Themen sind *nicht* Gegenstand einer WikiLeaks-Enthüllung. Die „Enthüllungen" behandeln völlig uninteressante Nebenkriegsschauplätze, und selbst der berühmte Film über den Reuters-Journalisten – das hab ich von Webster Tarpley im Gespräch gelernt – war nichts Neues: Der Film selber war unbekannt, der Sachverhalt der Morde hingegen war seit Jahren geläufig. Insofern hat man etwas, was ohnehin nichts Neues gewesen ist, durch unveröffentlichtes Filmmaterial unterfüttert und insofern etwas nachgelegt.

Hier ist also extreme Vorsicht geboten. Und ganz deutlich wurde das – darauf weist Webster Tarpley im Gespräch ebenfalls hin –, als Julian Assange, der Sprecher von WikiLeaks, auf die Frage, wie es denn mit dem 11. September 2001 aussieht, gesagt hat, das seien alles Spinner, die da an der offiziellen Version zweifeln, *„das seien Verrückte, da müsse man nichts drauf geben, das sei alles Unsinn"*. Webster Tarpley betont, dass das der späteste Punkt sei, an dem man hätte hellhörig werden müssen. Wenn jemand als vermeintlich kritischer Enthüllungsjournalist, der die Politik der USA unter die Lupe nimmt, so kategorisch schon selbst die Diskussion um 9/11 nicht willig ist zu führen, dann stimmt etwas nicht. Dafür gibt es nur zwei Erklärungsmöglichkeiten: Dummheit oder Auftragsarbeit!

Dass sich diese Social Networks natürlich bei der CIA größter Begeisterung erfreuen, ist etwas, was dort auch ganz unumwunden zugegeben wird. Mehr noch: Facebook läuft laut US-Fernsehen unter *„© 2010 A Programm Of The Central Intelligence Agency"*. Christopher Sartinsky, der stellvertretende CIA-Direktor, schildert in einer Anhörung vor dem Kongress, dass er und die CIA festgestellt haben, dass die Menschen insbesondere bei Facebook bereit sind, über sich persönlich unendlich viel an Informationen, Hunderte von Fotos und Daten, private und berufliche Kontakte und persönliche Fakten ohne Ende bereitwillig zur Verfügung zu stellen. Sartinsky resümiert, dass hiermit für die CIA ein Traum wahr geworden sei: *„A dream comes true."* Finden wir das in unseren Mainstream-Medien?

Ich habe anfangs darauf hingewiesen, dass es neben Politik und Medien beim Aufrechterhalten der politisch korrekten Mainstream-„Wirklichkeit" den Verbund mit Wissenschaft, Wirtschaft und Justiz gibt. Ein kleines Beispiel hierzu: Mit großem Bohei wurde uns die sogenannte „EU-Sparlampe" als neuste (und natürliche teure) Errungenschaft der EU (natürlich unterstützt von den BRD-Grünen und Ökobewegten) verkauft. Dass zum Zeitpunkt der Entscheidung keine verlässlichen Zahlen über die vermeintliche Haltbarkeit vorlagen, ist nur das Harmloseste. Dass die Lampe ein gesundheitlich ungünstiges Lichtspektrum aufweist und es sich dabei vor allem um eine extrem gefährliche Giftlampe mit Quecksilber handelt, die wir uns da in die Wohnungen und Büros holen, zeigt die Verantwortungslosigkeit der EU-Bürokraten und ihrer Vasallen zum Beispiel in Berlin. Auch hier herrscht großes Schweigen im Mainstream, während alternative Internet-TV-Sender wie *secret.TV* schon Anfang 2009 darauf hinwiesen.

Zwei Jahre später und nach der Einführung der Giftlampe wurde in einer staatlichen Untersuchung festgestellt, dass Energiesparlampen, die gängige Alternative zu Glühlampen, unter Umständen eine Gefahr für die Gesundheit darstellen, denn sie enthalten Quecksilber, und das kann austreten, wenn die Lampe zerbricht. Diese Erkenntnis sei nicht neu, heißt es bei den Lampenherstellern. Diese raten dazu, bei Lampenbruch den Raum sofort zu lüften, die Scherben wegzuräumen und dann gründlich zu reinigen. Geht eine Energiesparlampe zu Bruch, so kann laut Erkenntnissen der Experten eine Quecksilberkonzentration im Raum freigesetzt werden, die den Richtwert von 0,35 Mikrogramm pro Kubikmeter um das Zwanzigfache überschreitet. Darum sollten sich insbesondere Kinder und Schwangere von Energiesparlampen fernhalten, empfiehlt die Bundesbehörde.

Hier offenbart sich ein erstaunlicher Expertenstatus: Für die Erkenntnis, dass Lampen, die Quecksilber enthalten, im Falle eines Zerbrechens Quecksilber austreten lassen, braucht die Bundesbehörde zwei Jahre – und publiziert diese Erkenntnis NACH der Einführung der Lampe. Das konnte man alles schon bei der bloßen Absicht, die Giftlampe verpflichtend zu machen, wissen und im Internet nachlesen.

Auch hier: Schweigen bei den Medien, als die Attacke auf unsere Gesundheit noch zu verhindern gewesen wäre!

Ein weiteres Beispiel des Wahrheitsunterdrückungsfilz von Wissenschaft und Wirtschaft ist zum Beispiel die Diskussion um das Thema Impfen. Wir haben das alles erlebt. Zunächst kam die Infektionskrankheit SARS, womit wir in Panik versetzt wurden. Nach SARS kam die Vogelgrippe, und nach der Vogelgrippe kam dann die Schweinegrippe, bei der dann allerdings der Bogen überspannt wurde.

Und die Impfkritik, die in den offiziellen Medien überhaupt gar keinen Stellenwert hat und nicht zur Kenntnis genommen wird, hat es bei der Schweinegrippe erstmals geschafft, sich Gehör zu verschaffen. Dies geschah aufgrund des Herüberschwappens der im Internet geführten Diskussion um den Unsinn und die Gefahren der Schweinegrippe-Impfung in die breite Öffentlichkeit. Hier gelang es erstmals, die Mehrheit zu erreichen und zu überzeugen. Dies gelang in den drei deutschsprachigen Ländern, also sowohl in der Schweiz als auch in Österreich und in Deutschland. In der Schweiz war es so, dass pro Kopf schon zwei Dosen des Impfstoffs *Tamiflu* geordert wurden. In Österreich lautete das Ziel, die komplette Bevölkerung einmal durchzuimpfen, und in der BRD waren es zirka 80 % der Bevölkerung, die geimpft werden sollten. Es ist der Verdienst der alternativen Medien, der Verdienst der Internetkommunikation, dass diese Ziele nie verwirklicht werden konnten. In der BRD waren es schließlich 7 % die sich das Serum haben impfen lassen – von den zirka 80 %, die es hätten sein sollen. Das heißt, hier war die alternative Information so erfolgreich, dass als Ergebnis eine Impfverweigerung eintrat. Hier haben die Menschen plötzlich einfach „Nein" gesagt, und das war gut so!

„Nein" gesagt haben die Menschen auch zu einem Thema, mit dem man sich gar nicht ausführlich genug befassen kann, nämlich dem Thema „Gentechnik". Ich will ganz kurz ein Beispiel dafür geben, wie es Wissenschaftlern geht, die sich mit dieser Thematik wirklich befassen und dann zu ungewollten Ergebnissen kommen und diese auch publizieren. Árpád Pusztai ist ein solcher. Er ist ein ungarisch-britischer Biochemiker, der drei Jahrzehnte an einer Universität in Schottland gearbeitet hat. Er war ein Anhänger der Gentechnik und hat dieses Thema wissenschaftlich untersucht. In Tierversuchen kam er dann zu ebenso eindeutigen, wie politisch (und vor allem wirtschaftlich) nicht gewollten Ergebnissen. Und auf Grundlage dieser Ergebnisse hat er dann in einem TV-Interview die „falsche" Wahrheit veröffentlicht. Árpád Pusztai ist dann unmittelbar aus seiner Universität in Schottland, an der er seit 35 Jahren arbeitete, gejagt worden. Er hat seine Anstellung verloren und durfte das Labor nicht mehr betreten. Auch ist er bis heute nicht wirklich rehabilitiert. Und das alles nach einem 90-Sekunden-Auftritt in der BBC, in dem er auf die Frage, was denn seine persönliche Einschätzung sei, nachdem er die Ergebnisse seiner Tierversuche erläutert hat, und ob er denn eine gentechnisch veränderte Kartoffel essen würde, mit „Nein" geantwortet hat. Und dieses kurze Statement war etwas, was ihm dann zum Verhängnis geworden ist.

Árpád Pusztai hat in einen großen Fettnapf getreten, von dem er gar nicht wusste, dass er existiert. Er berichtet, dass ihm später aus der Universität zugetragen wurde, dass der Rektor seiner Universität nach dem BBC-Interview einen direkten Anruf von der Downingstreet, also von Premierminister Tony Blair bekommen hat, der ihn darauf hinwies, dass er selbst gerade von US-Präsident Bill Clinton informiert wurde, *„dass eine solche Attacke gegen die Gentechnik nicht geht"*. Das klingt jetzt wie eine wilde Verschwörungstheorie, ist aber offensichtlich stabil.

Betrachten wir uns in diesem Zusammenhang die Situation im Erdbeben-gebeutelten Haiti: Clinton, der offensichtlich eine bezahlte Figur und Marionette der entsprechenden Gentechnikindustrie ist, kam in Haiti als „Hilfe" für die Bauern mit gentechnisch verändertem Saatgut an. Doch er verschätzte sich dann allerdings bezüglich der Intelligenz der Bauern. Diese fackelten das Saatgut sofort ab.

In dem Enthüllungsfilm *„Gekaufte Wahrheit"* von Bertram Verhaag kommt die Wahrheit über Gentechnik ans Licht. Und obwohl dieser Film sogar im TV und den Kinos lief, blieb das politisch und in der medialen Diskussion folgenlos, da es sich letztlich wieder um eine politisch ungewollte Erkenntnis handelt. Prof. Dr. Árpád Pusztai führt aus:

„Bei unserem ersten Experiment, was wir 1995 starteten, gab es noch keine einzige Veröffentlichung über potentielle oder reale Auswirkungen von gentechnisch verändertem Material auf irgendeine Spezies: Ratten, Mäuse oder Menschen, obwohl die Menschen es bereits aßen. Nachdem die Tiere getötet und seziert waren, fanden wir heraus, dass sich deren innere Organe im Vergleich zu denen mit nicht genmanipulierten Kartoffeln gefütterten unterschiedlich entwickelt haben. Schlussendlich fanden wir, und das ist wichtig, in diesen Daten 36 höchst signifikante Unterschiede zwischen den Tieren, die mit genverändertem oder nicht genverändertem Futter gefüttert worden waren."(43)

Jeffrey Smith, Publizist und Enthüllungsjournalist:
„So, das waren gute Neuigkeiten. Er sagt, er sei bereit zu reden. Das erste, was er sagte, war: ‚Wird mein Name in dem Artikel erscheinen?' Ich musste ihn also beruhigen – wenn er nicht wolle, natürlich nicht. Das ist der Grund, warum wir nicht so viele Informanten haben. Die Pharmaunternehmen haben Vorbehalte, und viele Wissenschaftler haben Angst. Und nach neuesten Recherchen sind nahezu alle auf Gentechnik spezialisierten Wissenschaftler direkt oder indirekt von der Industrie finanziert worden. Das ist eine sehr gefährliche Situation, weil es keine wirklich unabhängige Wissenschaft mehr gibt."(43)

Andrew Kimbrell, Verbraucherschutzanwalt:
„So, was wir hier haben, sind 60.000 Seiten interne Dokumente der Arzneimittelzulassungsbehörde der USA, die belegen, wie sie ihre wissenschaftlichen Ergebnisse über gentechnisch veränderte Organismen vertuscht ha-

ben. Wenn wir diese Dokumente durchsehen, finden wir die zentralen Papiere, die dieses Vertuschen aufzeigen.“(43)

Das Entscheidende bei diesem ganzen Thema ist, dass all das, was wir hier von einzelnen Filmemachern, von einzelnen Aktivisten, einzelnen alternativen Journalisten bekommen, etwas ist, was natürlich die großen Apparate unserer Medien jederzeit und viel breiter und umfangreicher würden recherchieren und publizieren können, wenn sie es denn wollten. Doch das ist auch bei der Gentechnik nicht der Fall.

Ein Thema, das wissenschaftlich ein ganz heißes Eisen ist, ist das Thema HIV/AIDS. Hier gibt es so viele offene Fragen, dass man auch hier sagen muss, dass das, was man erzählt bekommt, mit der Wahrheit nur wenig zu tun hat.

Und auch in diesem Fall war es wieder ein Filmemacher, Brent Leung, ein junger Kanadier, der den Film *„House of Numbers“* zum Thema HIV und AIDS und die Hintergründe produzierte. Das gesamte Gebäude, das wir in den Schulen lernen, von der Presse vermittelt bekommen und von riesigen AIDS-Galas transportiert wird, bricht plötzlich wie ein „Kartenhaus“ („House of Numbers“) zusammen. Im Film heißt es unter anderem:

> *„Im März 2008 stellt die Washington Post fest: ‚Eine Reihe von überraschenden Ergebnissen haben die Forscher daran erinnert, wie wenig sie über die Biologie von HIV wissen.'“*
>
> Harry Haverkos, Epidemiologe des CDC (*Centers for Disease Control and Prevention*): *„Wie es wissenschaftlich definiert wird, hat sich recht oft geändert. Das macht es für Laien schwer zu verstehen. Es ist auch schwierig für mich, die Zahlen zu interpretieren.“*
>
> Brent Leung, der Filmemacher von „House of Numbers“, am Grenzpfosten zwischen den USA und Kanada: *„Theoretisch könnte ich in den USA die Diagnose AIDS bekommen, aber wenn ich drei Schritte nach rechts mache, würde ich diese AIDS-Diagnose nicht bekommen oder ich würde die Diagnose verlieren.“*
>
> Prof. Robert C. Gallo, Nobelpreisträger in Sachen HIV-Entdeckung antwortet auf die Frage *„Sind das HIV-Viren?“*: *„Was soll ich Ihnen sagen? Wissen Sie, ich bin sicher, es existiert.“* (lacht)

Martin Delancy, Project Inform: „*Ich glaube nicht, dass die pharmazeutische Industrie ein großes Interesse daran hat oder sich für eine Heilung engagiert. Ich glaube, na ja, ich möchte nicht zu zynisch klingen, aber meiner Meinung nach ist denen die jetzige Situation – lebenslange Behandlung mit teuren Medikamenten – eigentlich ganz recht.*"

Prof. Dr. Peter Duesberg, Universität Berkeley: „*Sie sind alle Prostituierte, jedenfalls die meisten meiner Kollegen – und bis zu einem gewissen Grad auch ich selbst. Sie müssen sich prostituieren, um Geld für ihre Forschung zu bekommen.*"

Prof. Dr. Luc Montagnier, Entdecker des HIV-Virus: „*Wir können sehr oft mit HIV in Kontakt kommen, ohne uns anzustecken. Unser Immunsystem wird das Virus innerhalb weniger Wochen los, wenn wir ein gutes Immunsystem haben.*"

Cecilia Farber, investigative Journalistin: „*AIDS ist das beste Beispiel, was an unserer heutigen Kultur wirklich erschreckend und alarmierend ist: Nämlich, dass es eine PR-Kultur ist. Es ist ein Phänomen der Public Relations. Die Wahrheit ist nicht wichtig. Worauf es ankommt, ist die Berichterstattung in den Medien.*"(44)

Das vorletzte Zitat ist an sich die Granate: Wir haben hier die zentrale Aussage des ganzen Filmes von Luc Montagnier, dem Nobelpreisträger für die Entdeckung des HI-Virus. Er hat für seine Entdeckung den Nobelpreis bekommen und stellt sich heute allen Ernstes hin (und das tut er immer noch und insofern ist er Gott sei Dank auch bei dieser, seiner Position und bei dieser Stellungnahme geblieben) und konstatiert, dass man im Verlauf seines Lebens mehrfach mit HIV in Berührung kommen kann, man kann „HIV-positiv" sein und wieder negativ werden, wenn das Immunsystem in Ordnung ist – wenn man sich beispielsweise gesund ernährt. Das heißt, all das, was einem im Zusammenhang mit der Todesurteilsdiagnose AIDS bislang tagtäglich erzählt wird, ist Unsinn, oder etwa nicht? Montagniers Fazit ist, womit die bisherige AIDS-Welt auf den Kopf gestellt wird: Ein gutes Immunsystem und Du verlierst Deine HIV-Positiv-Diagnose wieder und wirst negativ, und das Ganze geht auch noch mehrfach im Leben. Und auch hier findet aus den bekannten Gründen eine Diskussion, ja nur ein Eingehen auf diese Position in den Medien natürlich nicht statt...

Die politisch korrekte Lesart ist die, die in den großen AIDS-Galas und in der Propaganda der BZgA, der Bundeszentrale für gesundheitliche Aufklärung („*Kondome schützen vor AIDS*“) betrieben wird – ein Milliardengeschäft, das seitens keines, ach so „kritischen“ Journalismus hinterfragt wird.

Und damit gehe ich zum nächsten Block des angesprochenen Meinungsfilz über. Wir kommen damit innerhalb dieser Quadriga von Politik, Medien, Wirtschaft/Wissenschaft und Justiz zum Bereich der Justiz. Dass wir keine unabhängige Justiz haben und dass diese Dinge auch in den Medien nicht diskutiert werden, ist hinlänglich bekannt. Das Grundproblem ist, dass weder Staatsanwälte noch Richter wirklich unabhängig sind. Im Fall der Staatsanwälte haben wir in der BRD an der Spitze eines jeden Bundeslandes den Generalstaatsanwalt, und der ist ein politischer Beamter und abhängig und weisungsgebunden gegenüber der Politik und – leider – weisungsfähig gegenüber seinen Untergebenen. Damit ist faktisch jederzeit und in jeder Phase ein Einfluss der Politik auf die Justiz möglich und können politisch unliebsame Verfahren verhindert oder politisch erwünschte eröffnet werden. Die ermittelnde Staatsanwaltschaft in der BRD ist damit in den kritischen Fragen eine Prostituierte der Politik.

Bei der Richterschaft ist es nicht wirklich besser. Auch hier ist der Einfluss der Politik beim Ernennen so groß, dass in den Ländern, die wie NRW oder Bayern jahrzehntelang in den Klauen einer Partei waren, sich diese auf die Rechtsprechung in dem jeweiligen Bundesland niederschlägt. In NRW haben wir eine rote, in Bayern eine schwarze Rechtsprechung. Und besonders widerlich ist es beim höchsten Gericht in der BRD. Die Richter am Bundesverfassungsgericht werden nach Parteiproporz besetzt, was sogar für die Präsidenten zutrifft – ob Ernst Benda (CDU-Bundesinnenminister), Roman Herzog (CDU-Innenminister in Baden Württemberg) oder Jutta Limbach (SPD-Senatorin für Justiz in Berlin). Und die jüngste „Ernennung“ des ehemaligen CDU-Ministerpräsidenten Peter Müller, der seit 1990, also seit 22 Jahren als Richter beurlaubt ist, zeigt, dass es bei solchen Besetzungen nicht im mindesten um die fachliche Qualität, sondern um politische Linientreue geht. Schließlich muss Karlsruhe auch künftig alle juristischen Zweifel an der EU-Machtergreifung, an Euro, Bailout und Souveränitätsverzichten abbügeln.

Aber auch in ganz konkreten Fällen wird in diesem Land Recht aus politischen Gründen gebeugt, wie das zum Beispiel bei dem Fall „Barschel" ist, der insofern signifikant ist, weil hier ein Oberstaatsanwalt beziehungsweise zwei Oberstaatsanwälte (der eine hat nach der Pensionierung des anderen das Thema noch mal aufgreifen wollen und erst 2011 endlich sein Buch veröffentlichen dürfen), die während ihrer gesamten Berufslaufbahn versucht haben, im Fall Barschel wegen Mordes zu ermitteln, das vom Generalstaatsanwalt des Landes Schleswig-Holstein untersagt bekamen, der ihnen gegenüber weisungsbefugt ist. Hier wurde von der politischen Seite über die Instrumentalisierung des jeweiligen Generalstaatsanwalts von ganz oben verhindert, dass dieses Thema aufgegriffen wird. Und das geschah ganz offen als Rechtsbeugung trotz zahlreicher absolut eindeutiger Fakten, die nur das Ergebnis „Mord" zuließen, wie die Obduktion eines der bekanntesten Schweizer Toxikologen Hans Brandenberger, der erklärt, die chemischen Hinweise deuten auf professionelle Täter hin, trotz der undurchsichtigen Rolle des Magazins *Stern* beim Auffinden der Leiche und trotz des jedermann zugänglichen Sachbuchs des MOSSAD-Agenten Viktor Ostrowski, der den kompletten Hergang der Ermordung durch seine Kollegen in Genf im Detail beschreibt. Es waren die alternativen Medien oder Außenseiterpublizisten wie Wolfram Baentsch, die immer wieder auf den berechtigten Anfangsverdacht hinwiesen, der hier nun in jedem Fall vorlag. Die Justiz weigert sich bis heute, diesen Fall aufzugreifen. Die Medien schweigen.

Ähnlich wie der Fall Barschel ist auch der Fall der Ermordung des Generalbundesanwalts Siegfried Buback ein absoluter Justizskandal: Nach drei Jahrzehnten und ausschließlich durch das Engagement von Michael Buback, dem Sohn Siegfried Bubacks, kommt langsam Licht ins Dunkle. Michael Buback, der Chemieprofessor und kein Jurist ist und dessen Aufgabe es auch gar nicht ist, diesen Fall zu recherchieren, haben wir es zu verdanken, dass die Ermordung seines Vaters noch einmal aufgearbeitet wird. Und jetzt stellt sich heraus, dass das BKA gelogen hat, dass die Bundesanwaltschaft gelogen hat, dass drei Jahrzehnte lang ein Popanz mit falschen Tätern aufgebaut wurde, Täter verurteilt wurden, die nachweislich zur Tatzeit überhaupt nicht in Karlsruhe waren, und den Mord also gar nicht haben begehen können.

Michael Buback hat eine interessante, ganz kurze Information in den Nachrichtensendungen in der ARD unmittelbar am Tag der Ermordung gefunden, in der davon berichtet wurde, dass der Generalbundesanwalt getötet wurde und dass auf dem Motorrad, von dem aus geschossen wurde, auf dem Beifahrersitz wahrscheinlich eine Frau gesessen und geschossen hat. Diese Meldung, und das ist eben hochinteressant, wie und dass so etwas in einem vermeintlichen Rechtsstaat passiert, ist nur ganz kurz durch die Medien gegangen. Ein, zwei Stunden später ist aus dieser *„kleinen, zierlichen Person"* aus der Tagesschau der ARD ein *„großer Mann"* geworden. Das heißt, irgend jemand hat hier das Telefon ergriffen und dafür gesorgt, dass die Berichterstattung der ARD auf Linie gebracht wurde und dass aus dieser jungen Frau, die heute nach drei Jahrzehnten und nur Dank der Hartnäckigkeit des Sohnes des Ermordeten endlich vor Gericht steht, ein 1,80 m großer Mann wurde, der dann auch später vor Gericht kam. Dummerweise ist dieser zur Tatzeitpunkt in Amsterdam gewesen. Aber das hat niemanden gestört, sodass sich jetzt plötzlich herausstellt, dass es eine mögliche Täterin gab, die Zuträgerin für das Bundesamt für Verfassungsschutz gewesen ist und nie verurteilt wurde.

Um so weit zu kommen, bedurfte es der Recherche eines Chemieprofessors. Aber die „Enthüllungs-Medien" wie *Spiegel* oder *Stern*, die dieses Thema ebenso hätten aufgreifen und genauso hätten recherchieren können, die viel mehr Zeit und viel mehr Geld und viel mehr Personal dafür hätten ausgeben und zur Verfügung stellen können. Sie haben natürlich zu diesem Thema nie etwas Kritisches geschrieben. Und sie haben zum Beispiel auch nicht die Frage gestellt, wer mit welchem Täterwissen die Macht hat, eine Nachrichtensendung aus der ARD verschwinden zu lassen...

Und wenn dann doch einmal in den Mainstream-Medien völlig überraschend die Wahrheit aufblitzt, dann verpufft das völlig, ohne irgendeine Resonanz auszulösen. So wie dies in der Sendung von Maybrit Illner geschah, die Josef Ackermann am 13.5.2010 zu der Frage interviewt hat, wie es denn mit einem Schuldenschnitt für die wirklich armen Länder aussähe und warum man ihnen nicht die Schulden erlässt. Dort rutschte Ackermann eine Antwort raus, die in der Tat ganz spannend ist:

Maybrit Illner: *„Herr Ackermann, Sie sind auch Chef des internationalen Bankenverbandes, hätten Sie eine solche Forderung nicht einfach stellen können an all ihre Kollegen, die richtig sauber aus dieser Krise herausgekommen sind?"*

Josef Ackermann: *„Ich glaube, mir wäre es dann genauso ergangen wie Herrn Herrhausen."*(45)

Wenn mir das als Journalist passiert wäre, dass eine solche Antwort kommt, hätte ich sofort nachgehakt. Nach offizieller Lesart ist Alfred Herrhausen von der dritten Generation der RAF erschossen worden. Daher stellt sich die berechtigte Frage, wie Herr Ackermann auf die Idee kommt, dass ein geplanter Schuldenschnitt für die ärmsten der armen Länder dazu geführt haben soll, dass die RAF Alfred Herrhausen ermordet hat? Welches Interesse soll eine wirkliche linksterroristische Gruppierung daran haben, einen Menschen, der sich in besonderer Weise für die Länder der Dritten Welt stark gemacht hat und mit diesem Vorschlag gerade aus Washington zurückkam, zu ermorden? Oder waren die Täter gar nicht von der RAF? War es jemand ganz anderes, und man hatte es der RAF nur in die Schuhe geschoben? Und was weiß Herr Ackermann über solche möglichen Hintergründe? Anstatt solche Fragen zu stellen, geht es bei Maybrit Illner mit komplett belanglosem Smalltalk weiter. Nur im Internet wurde die Brisanz dieses Interviews verstanden.

Eine ähnliche Situation haben wir bei der Aufklärung der Hintergründe der Steuerung der RAF. Es ist wiederum das Verdienst des Enthüllungs-Journalisten Gerhard Wisnewski, auf einen der größten Skandale der BRD-Justizgeschichte hingewiesen zu haben. Skrupellos, so die offizielle Lesart, mordete die 3. Generation der RAF Politiker, Industrielle und Wirtschaftsbosse. Doch sind die Täter wirklich bei der linken Terrorgruppe zu suchen? Welche Rolle spielen Geheimdienste und Ermittlungsbehörden? Und warum gab es nach dem Mord an Detlev Karsten Rohwedder, dem Vorsitzenden der Treuhandanstalt, keine weiteren RAF-Morde mehr? Weshalb können Polizei und Justiz bis heute den letzten Anschlägen keine konkreten Täter zuordnen? Nach wie vor sind die offiziellen Ermittlungsergebnisse voller Widersprüche. Ist die 3. Generation der RAF vielleicht nur ein Phantom, dessen Existenz lediglich auf unbewiesenen Behauptungen der Sicherheitsbehörden beruht – ein Phantom, das von den wahren Tätern ablenken soll? Verbirgt sich hinter diesem Phantom ein Skandal eines kriminell gewordenen Staates bzw. seiner Politiker?

Und die Medien? Wieder ein Schweigen auf ganzer Linie und je nach politischer Couleur entweder ein bisschen RAF-Nostalgie oder 68er-Animosität. Beides ist politisch korrekt – nur das Fragen nach den eigentlichen Hintergründen nicht...

Die journalistische Unfähigkeit bzw. politische Willfährigkeit zieht sich als roter Faden durch sämtliche Themenbereiche. So auch, als der bayrische Ministerpräsident Seehofer in einer ähnlich belanglosen Unterhaltungssendung wie der von Maybrit Illner ein interessantes Statement abgegeben hat. Er lässt in einer Weise die Katze aus dem Sack, dass man sich nur noch wundert. Seehofer zu seinem Gesprächspartner Pelzig: *„Diejenigen, die entscheiden, sind nicht gewählt, und diejenigen, die gewählt wurden, haben nichts zu entscheiden."* Ja, das war dann in der Sendung von Erwin Pelzig nur ein Gag am Rande.(46)

Das, was Seehofer da rausrutschte, ist die Bankrotterklärung des politischen Systems, in dem er eine der tragenden Figuren ist. Und die Antwort des Gesprächspartners, die dann kam, war: *„Das ist ja komplett deprimierend."* Deprimierend ist eigentlich nur der Gastgeber Pelzig, der hier nicht nachfragte und Seehofer löcherte, was er denn damit nun genau meinte. Wir haben hier gerade gehört, dass die Leute, die in diesem Land entscheiden, nicht gewählt sind und die, die gewählt sind, nichts zu entscheiden haben. Klarer kann man eine solche Bankrotterklärung eines solchen Systems nicht mehr formulieren. *„Wer, Herr Seehofer, sind denn die, die entscheiden und zum Beispiel Ihnen die Weisung geben, was Sie zu tun haben?"* Das wäre so eine Frage, die – wenn schon nicht der Comedian Pelzig – dann am nächsten Tag die „kritische Presse" hätte stellen müssen. Natürlich wieder Fehlanzeige.

Die Menschen erleben also – insbesondere in der BRD – das Medien- und Politikkartell mit seiner Meinungsmanipulation in den wesentlichen Schicksalsfragen als quasi gleichgeschaltet. Nachrichten- oder Politiksendungen auf sämtlichen TV-Sendern unterscheiden sich in der Bewertung politischer Ereignisse nicht um ein Jota und erwecken den Eindruck eines totalitären Landes. Der Bedarf an Korrektivinformation zum Mainstream ergibt sich aus dem Fehlen eben jeglicher Nicht-Mainstream-Darstellungen. Und dafür gibt es nur eine wirkliche Möglichkeit: Die Paulskirche von heute findet im Internet statt – zwar deutlich chaotischer und komplett unorganisiert, aber dort findet Gedanken- und Freiheit des Geistes statt, ohne dass es ein wirkungsvolles Instrument der Zensur gäbe und – und das ist die Hoffnung – je geben wird. Und genau da resultiert die Angst der Herrschenden, weil sie das Internet nicht kontrollieren können und Alternativinformationen in einer offenen Konkurrenz zu den herrschenden Halb- und Unwahrheiten treten und diese entlarven.

Ein kleines Beispiel dazu: Als es nach schwersten Versäumnissen der politisch und organisatorisch Verantwortlichen der *Loveparade* zu 21 Toten kam, wollte es natürlich niemand gewesen sein. Dass eine politisch überaus korrekte und unbedingt gewollte Veranstaltung, die alles andere als ein friedliches „Happening" liebevoller Menschen, sondern die größte Drogenparty der Welt ist, die an Ort und Stelle eine Schneise von Verwüstung und Zerstörung hinterlässt und von Alkohol-, Drogen- und Gewaltexzessen begleitet ist, so unverantwortlich geplant wurde, dass es zum besagten Unglück kam, wollte niemand hören.

Die kritischen Worte zur Loveparade von Eva Herman auf *Kopp-Online* führten nicht zu einer Kritik an den „Verantwortlichen", sondern zu einer erneuten medialen Jagd auf Eva Herman. Und als dann – und jetzt wird es richtig spannend – im Internet die Dokumente eingestellt wurden, die die krasse Verantwortungslosigkeit der Politik, die die Warnungen der Polizei nicht nur ignorierte, sondern die Kritiker kaltstellte und mundtot machte und teure Gefälligkeitsgutachten in Auftrag gegeben hatte, belegten, hatte Duisburg nichts besseres zu tun, als dem Betreiber dieser Internetseite die Veröffentlichung der Dokumente gerichtlich zu untersagen – zunächst erfolgreich, denn Gerichte hierzulande machen bei solchen Zensurspielen oft mit, und schließlich doch komplett erfolglos, da einen Tag später dieselben Dokumente auf einer ausländischen Seite im Internet und damit unerreichbar für Duisburger Zensoren eingestellt wurden.

Das Internet verschafft der Wahrheit eine Gasse. Und da stören auch die vielen Seiten nicht wirklich, die natürlich auf der Linie des politisch korrekten Systems liegen und über *Wikipedia*, *Esowatch*, *Blick nach rechts* usw. weiter auf Diffamierungs- und Diskreditierungskurs liegen. Diese oft mit viel Geld ausgestatteten Internet-Seiten, die schon auch mal nachrichtendienstliche Hintergründe und/oder Verbindungen haben oder im Auftrag des „militärisch-industriellen Komplexes“ agieren, müssen eben mit allen anderen konkurrieren. Und wer glaubt in strittigen Fragen heute noch Wikipedia oder gar Esowatch? Das Leben der Wanderameise, ja, darüber kann ich mir notfalls eine Erstinfo bei Wikipedia holen, aber doch nicht über die Hintergründe des 11. Septembers 2001...

Aber gibt es nicht auch im Internet Zensur oder Zensurversuche? Natürlich hat man den Eindruck, Schäuble und jetzt Frau von der Leyen hätten hier am liebsten chinesische Zustände eines vom Staat kontrollierten Internets. Und natürlich werden mit Rechtsradikalismus und Kinderpornographie die Keulen hervorgeholt, bei denen kein anständiger Bürger etwas gegen schärfste Kontrolle und rigide Gegenmaßnahmen sagen kann. Dabei geht es natürlich nicht um die Sache, sondern um den Versuch, die unkontrollierte und – den Göttern sei Dank – auch unkontrollierbare Internetcommunity doch noch in den Griff zu bekommen.

Bei all den Problemen – ich habe Facebook, Google und Twitter angesprochen – ist das Internet *die* Alternative, vor der das System in der Tat gewaltig Angst hat. Und diese Angst kanalisiert sich in dem Versuch, immer stärker zu zensieren. Die Bundesrepublik, also der Staat, der den anderen Ländern und Menschen Zensur vorhält und mit dem Finger zum Beispiel auf Russland und China zeigt, steht an der Spitze der Zensur. „Freedom House“, eine amerikanische NGO (Nichtregierungs-Organisation) weist darauf hin, dass deutsche Behörden intensiv davon Gebrauch machen, Inhalte nachträglich von Google entfernen zu lassen. Weltweit rangiert Deutschland nach Brasilen auf dem zweiten Platz. Wir sind bei dem untersuchten Beispiel der Google- oder YouTube-Zensur (Bei YouTube: *„Dieses Video ist in Deinem Land nicht verfügbar. Das tut uns leid.“* Oder bei Google: *„Aus Rechtsgründen hat Google vier Ergebnisse von der Seite entfernt.“*) von 37 Staaten zensurfreudig auf Platz zwei. Wir haben also dort die Silbermedaille in „Meinungsfeindlichkeit“ gewonnen. Nach Deutschland, und das ist auch noch ganz interessant, kommen dann England, Italien und Spanien auf den Plätzen 3, 4 und 5. Also die EU ist in Sachen Zensur ganz vorne mit dabei. Willkommen in der Freiheit!

Nun kann man diese dreiste Ländersperre bei YouTube und Google mit einem Proxy-Server schnell umgehen. Das geht beispielsweise über die Seite http://hidemyass.com

Aber was bedeutet das für das Internet? Schon heute ist es extrem einfach, nach einer Zensur in einem Land auf einen Server in einem anderen Land auszuweichen. Und mit der bislang erfolgreichen Abwehr der NWO (Neuen Weltordnung) gelingt es nicht, die Freiheit im Internet zu unterbinden. Und so sind es heute vor allem russische, argentinische, venezolanische, australische, iranische, quatarische, britische aber auch viele nonkonforme US-amerikanische aber auch Schweizerische und deutsche Websites, auf denen gegen den Strom des Mainstreams geschwommen und Alternatives und Nonkonformes angeboten wird.

Das Internet ist zur Speerspitze geistiger Freiheit geworden, die Freiheit wurde losgelassen. Die Freiheit im Internet wäre erst bei einer totalitär durchglobalisierten Welt mit einer Weltregierung gefährdet, weswegen die New-World-Order-, die NWO-Protagonisten einer One World à la Zbigniew Brzeziński immer offener und unverhohlener die Weltregierung fordern. Aber in Wirklichkeit sind wir durch die Diskreditierung alles Islamischen, durch Russland und die Volksrepublik China und Querköpfe wie Fidel Castro, Hugo Chávez oder Mahmud Ahmadinedschad weiter denn je davon entfernt, auf die Eine-Welt-Regierung zuzusteuern. Nach dem Kommunismus kollabiert gerade der Kapitalismus, scheitert die Globalisierung und endet der Dollar-Imperialismus. Alternativen sind also gefragt und werden gelebt.

Und eine solche Alternative in einer politischen, tatsächlichen Neuordnung nach dem Crash des jetzigen Systems wäre ein „Medienlastenausgleich“ in Anlehnung an GG Art. 14 Absatz 2: *„Eigentum verpflichtet. Sein Gebrauch soll zugleich dem Wohle der Allgemeinheit dienen.“* Dieser Idee entsprechend, könnte man eine Verpflichtung der meinungsbildenden Medien (TV, Print, Hörfunk) festlegen, einen bestimmten Anteil ihrer Frequenzen und bedruckten Flächen regelmäßig für alternative Medien zu öffnen, die heute an der Eintrittsbarriere „Kapital“ scheitern. Auf diese Weise würde erstmals in der Geschichte bewirkt, dass auch andere Meinungen als die der Kapitalinhaber über die Presse sowie über die großen Fernseh- und Radiosender verbreitet werden können. Und ein solches Verfahren schlösse auch im Gegensatz zu einer zentralen Medienaufsicht Parteinahme und Machtmissbrauch vollständig aus.

Der Fisch stinkt vom Kopf her, und natürlich bekommt Kanzlerin Merkel die Quittung – nicht in den geschönten Umfragen, die der Mainstream abdruckt und sendet, sondern in Internetumfragen, in denen zum Beispiel nach ihrer Glaubwürdigkeit gefragt wird. Da gibt es dann – wenn auch oft nur kurzfristig – von Mainstream-Medien Infos, die dann schnell gesichert werden müssen, da sie meist nicht lange im Netz stehen. Der Nachrichtensender *n-tv* machte Ende 2011 eine Umfrage: *„Ist Kanzlerin Merkel noch glaubwürdig?"* Nach gut 48.000 abgegebenen Voten waren 5 % der Auffassung, Merkel sei glaubwürdig und 95 % meinten, sie sei es nicht!

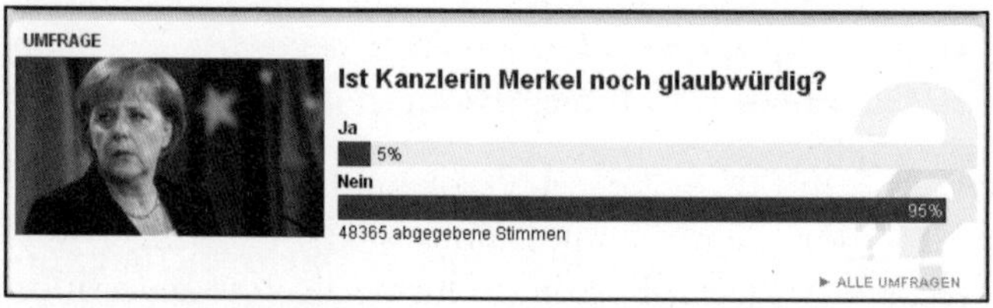

Abb. 3: Umfrage bei *n-tv* zur Glaubwürdigkeit von Angela Merkel als Kanzlerin.

Trotz eines so vernichtenden Ergebnisses findet die Debatte um die Politik der Bundesregierung aus der Sicht der Mehrheit der Deutschen nicht statt. Es wird hier sehr deutlich, dass es dieser Politikdarstellerin völlig egal ist, was wir denken, was wir meinen, was der Souverän, der sie gewählt hat, will und möchte, und dass diese Politik ohne Bezug zum Souverän von dieser Politikerin einfach so weitergemacht wird.

Das Ergebnis der Abstimmung selbst ist kein Wunder, wenn man sich eine weitere Aussage der Kanzlerdarstellerin anhört:

> *„Man kann sich nicht darauf verlassen, dass das, was vor den Wahlen gesagt wird, auch wirklich nach den Wahlen gilt. Und wir müssen dann damit rechnen, dass das in verschiedenen Weisen sich wiederholen kann."*

Klartext! Das kriegen wir offiziell im Fernsehen mitgeteilt, dass man sich nicht darauf verlassen kann, dass das, was einem erzählt wird, nach den Wahlen eintritt. Offener und ehrlicher kann es eigentlich gar nicht mehr gesagt werden, dass wir alle belogen werden und dass das auch künftig so sein wird.

Das Interessante an der Geschichte ist nicht, dass man mit einer solchen Offenheit ein solches Thema angesprochen hat, sondern das Bemerkenswerte ist, dass es keinen Aufschrei der Medien gibt. Hier wird also die Lüge zum Programm der Politik – wieder komplett ohne kritische Nachfrage der „freien" Presse in unserem Lande. Und wenn man dann in der CDU nachfragt, wie das zu verstehen sei, bekommt man folgende bemerkenswerte Antwort:

„Es war dies das aufrichtige Eingeständnis der Bundeskanzlerin, dass es keinem Menschen möglich ist, in die Zukunft zu blicken oder alle auch noch so denkfernen Möglichkeiten bei seiner Planung zu berücksichtigen. Im Zweifel muss man sich also – auch wider einstige Versprechungen – notgedrungen den neuen Verhältnissen anpassen. Im Ergebnis ist diese Aussage von Frau Dr. Angela Merkel nicht der Beweis ihrer politischen Unaufrichtigkeit, sondern im Gegenteil Ausdruck ihrer politischen Aufrichtigkeit wie auch ihrer persönlichen Integrität."

Wenn also ein Politiker in immer kürzeren Abständen seine Aussagen revidiert (keine Transferunion, keine Schuldenübernahme, einmaliger Rettungsschirm, keine weiteren Schirme, Rettungsschirme als gute Investition und schließlich Schuldenschnitt), dann handelt es sich um *„denkferne Möglichkeiten"*, und die Aussage ist ein Zeichen *„persönlicher Integrität"*. Entweder wusste Merkel von Anfang an (wie seitens wirklicher Experten immer vorhergesagt), dass ihre Prognosen eine nur kurze Haltbarkeit haben würden – dann hat sie uns Bürger bewusst getäuscht – oder sie hat wirklich an all den Unsinn geglaubt, den sie gesagt hat, dann fehlt es ihr und ihrer Mannschaft aber an jeglicher Kompetenz. Das ist zumindest meine Meinung...

Noch ein weiteres Zitat unserer Kanzlerin aus einer PR-Show mit Günter Jauch im September 2011 in der ARD, das für sich spricht:

Günter Jauch: *„Würden Sie Europa aufgeben, wenn Sie merken, dass Sie die Menschen nicht von diesem europäischen Gedanken in einem gemeinsamen europäischen Haus überzeugen können?"*
Merkel: *„Nein."*
Günter Jauch: *„Die Menschen in Deutschland."*
Merkel: *„Nein, auf gar keinen Fall..."*[(47)]

Das ist etwas, was mit Demokratie oder dem Volkswillen nicht mehr das Geringste zu tun hat. Hier betreibt jemand seine persönliche Privatpolitik, seine persönliche Ideologie oder folgt seinem Auftrag.

Der Papst hat in einer Rede im Bundestag die Situation, in der wir uns aktuell befinden, mit dem Zitat von Augustinus sehr schön und deutlich beschrieben: *„Nimm das Recht weg, was ist ein Staat dann noch anderes als eine große Räuberbande?"* Das war als Merksatz für Bundestagsabgeordnete und die BRD-Regierung im Bundestag bemerkenswert und sicherlich nicht ohne Hintergedanken und Anlass gesprochen.

Prof. Mag. Dr. phil. Michael Friedrich Vogt (1953) ist Historiker, Politik- und Kommunikationswissenschaftler und Professor für Kommunikationsmanagement/Public Relations. Er studierte Geschichte, Politikwissenschaft und Germanistik und ist seit Anfang der 1980er Jahre als Redakteur und Produzent von Dokumentarfilmen und Hörbüchern zur Zeitgeschichte tätig. Neben seinem Film zum Englandflug von Rudolf Heß behandelte er auch Themen wie 9/11, die russischen Kriegsverbrechen in Nemmersdorf im Jahre 1944, die Macht der CIA, den Tod von Uwe Barschel oder die Nürnberger Prozesse. Seit 2007 ist er als Moderator für verschiedene alternative und nonkonforme Internet-TV-Sender tätig.

Website: www.schild-verlag.de
Email: M_Vogt@web.de

Die Wachstumslüge

von Wolfgang Sipinski

Ständig wird uns in die Köpfe gehämmert, wenn wir nur mehr Wachstum hätten, würde alles gut werden. Meine sehr verehrten Damen und Herren, liebe Wähler, glauben Sie diesen Unsinn einfach nicht, denn es ist eine Lüge, die auch dadurch nicht wahr wird, wenn man sie täglich durch die Verblödungsmedien um die Ohren bekommt. Leider muss ich dies so pauschalisieren, denn die Pressefreiheit ist schon längst nur noch in Museen und alten Zeitungsarchiven zu finden. Wer heute noch ungefilterte Information sucht, der muss sich im Internet auf die Suche machen. Und weil unsere Ausbeuter und Sklaventreiber, vertreten durch die von ihnen kontrollierten Regierungen, dies inzwischen auch mitbekommen haben, wird seit einiger Zeit mit aller Gewalt versucht, auch dort die Keule der Zensur zu schwingen.

Interessant, interessant! Während ich das hier gerade tippe, stelle ich fest, dass die Wörter „Ausbeuter" und „ungefilterte" von meiner Software als Fehler angesehen werden. Offensichtlich sind sie für den normalen Sprachgebrauch nicht mehr vorgesehen...

Aber zurück zum eigentlichen Thema. Das Wohlergehen des Planeten, so wollen uns Frau Merkel und Konsorten glauben machen, steht und fällt mit dem Wachstum. Und um das hier mal klarzustellen: Gemeint ist im Grunde genommen das *Wachstum des Wachstums*! Klingt das in Ihren Ohren nicht irgendwie eigenartig? Das ist es auch! Aber nach diesen Regeln funktioniert die Börse, die längst nicht mehr als Handelsplatz realer Werte funktioniert, sondern die mit ihren Äußerungen und Bewertungen über die Existenz von Konzernen und Staaten entscheidet. Früher war es eine Plattform für den Handel von „Wert"-Papieren, die tatsächlich den Wert eines Unternehmens darstellen sollten. Das ist schon längst nicht mehr der Fall. Wenn heute jemand an der Börse ein Gerücht verbreitet, dass es einem Unternehmen nicht so gut gehe, ist dieses innerhalb von Sekunden weniger wert. Wenn es ganz übel kommt, ist es sogar pleite, weil plötzlich alle ihre Anteile verkaufen. Wie Sie sehen, hat das Ganze nichts mehr mit der Realität zu tun.

Real ist aber, dass Wachstum künstlich erzeugt wird. Zum Beispiel wird in der Lebensmittelindustrie seit vielen Jahren einfach deutlich mehr produziert als man braucht. Vieles davon wandert vom Erzeuger über den Supermarkt direkt in die Tonne. Sie glauben das nicht? In dem Buch „Die Essensvernichter" schreiben Stefan Kreuzberger und Valentin Thurn: „*Wir werfen in etwa genau so viel weg, wie wir essen! Mit anderen Worten: 50 Prozent der Nahrungsmittelproduktion wird auf dem Weg vom Acker zum Teller vernichtet!*" Ich will Sie nicht mit Zahlen langweilen, aber diese halte ich doch für erwähnenswert, wenn die Autoren weiter darstellen, dass allein in Deutschland jedes Jahr 20 Millionen Tonnen Nahrungsmittel auf dem Müll landen, davon 500.000 Tonnen Brot. Rechnen Sie sich das mal in Kilogramm um und schreiben Sie diese Zahl auf ein großes Blatt Papier, dann erhalten Sie noch einen besseren Eindruck von dieser Größenordnung.

Warum das so gewollt ist, liegt klar auf der Hand, denn alles, was auf dem Müll landet, wurde von irgend jemandem bezahlt. Und DAS ist die Wahrheit über unser hochgelobtes Wachstum, das die meisten Finanz- und Politdeppen anbeten wie das Goldene Kalb!

In der Zeitschrift „Cola, Reis und Heuschrecken" findet man einen bemerkenswerten Artikel von Jean Ziegler, in dem er schreibt: „*Alle fünf Sekunden verhungert ein Kind unter zehn Jahren. 37.000 Menschen verhungern jeden Tag*", und er zitiert damit den „World-Food-Report" der FAO (*Food and Agriculture Organization* of the United Nations). Nach deren Aussage „*könnte die Weltlandwirtschaft in der heutigen Phase ihrer Entwicklung problemlos das Doppelte der Weltbevölkerung normal ernähren*".

Sie sehen also, dass ständiges Wachstum vor allen Dingen eins ist: es ist krank! Denn übertragen wir diese Wachstumsidee auf einen lebenden Organismus, so wird jedem schnell klar, dass dies nicht gut sein kann. Wir kennen dies als die gefürchtete Krankheit mit dem Namen „Krebs".

Und jetzt glauben Sie bitte nicht, dass die Nahrungsmittelindustrie da eine Ausnahme darstellt. Nein, dies ist die Regel, denn viele unserer Gebrauchsgegenstände werden von vorneherein so produziert, dass sie wesentlich früher ihren Dienst versagen als nötig. Vieles könnte man heute deutlich langlebiger produzieren!

„Aber was wäre denn die Lösung?", werden Sie nun fragen. Keine Angst, die Antwort ist verblüffend einfach: Weg von einer alles bestimmenden Politik des Wachstums und hin zu einer bedarfsorientierten Umverteilung aller Güter! Und keine Sorge, denn selbst bei diesem Lebensstandard sind noch ein Zweitwagen und der zweite Fernseher für die Kinder drin...

Wolfgang Sipinski (1957) war bis 1996 als Autor und Telekommunikationsspezialist in der IT-Branche und als selbständiger Unternehmer tätig. Seit 1996 weiterhin selbständig als Kaufmann im Medien-Groß- und Einzelhandel.

Email: sipinski@buchversand-aldebaran.de

Mein Erlebnis mit der 99er-Loge

von Hans Altmann

Liebe Leser, es gibt Dinge in unserem normalen Leben, die wir kaum erfassen, weil sie uns nicht direkt berühren – aber dennoch sind sie da! Bevor ich nach Paraguay auswanderte, lebte ich in Deutschland und verdiente eine Zeitlang als Matratzenhändler meinen Unterhalt. Das war in Moers. Es war im Jahre 1998, als ich einen Anruf von einer Kundin entgegennahm, die vom Rheinland nach Berlin umgezogen war! Nennen wir diese Dame Rita Schneider. Sie bestellte eine besonders dicke Latexmatratze, die über 1000,- DM kostete! Da ich mehrfach von Berliner Freunden eingeladen worden war, konnte ich diese Lieferung mit dem Besuch bei meinen Freunden verbinden.

An einem Freitag fuhr ich mitten in der Nacht mit einem Stadtplan von Großberlin auf der Ablage in meinem Opel Astra Kombi los, um unterwegs nicht lange nach dem Weg fragen zu müssen. Wie abgemacht stand ich morgens früh gegen 6:30 Uhr bei der Kundin vor der Tür. Ich schleppte die Matratze in ihre Wohnung und lud sie, nachdem sie gezahlt hatte, zum Frühstück ein. Neugierig fragte ich sie, was sie denn von Düsseldorf nach Berlin brachte. Ihre Antwort: *„Meine Kunden!“* Sie plauderte los, dass sie in Düsseldorf ein Domina-Studio besessen hatte und dort viele Politiker aus der damaligen Bundeshauptstadt Bonn ein- und ausgegangen waren. Auch hohe Richter, Polizeipräsidenten und Staatsanwälte gehörten zu ihren Kunden! Etwas verwundert sah ich sie dabei an, da es sich doch um Persönlichkeiten aus dem öffentlichen Leben handelte, die in ihrer Position schließlich häufig oft über Schicksale von Menschen entscheiden mussten, aber sich abends von ihr auspeitschen ließen und dabei um Gnade bettelten; oder Hündchen spielen mussten, indem sie vor ihrer Herrin Männchen machten!

Es kamen aber auch Menschen zu ihr, die sich in irgendeiner Weise schuldig fühlten oder sich zumindest bei ihr ausheulen wollten, weil sie vor irgend etwas Angst hatten und diese Angst nicht in den Griff bekamen! So kam eines Tages ein ehemaliger Bundestagsabgeordneter zu ihr ins Studio, der ihr heulend gestand, dass er einer mächtigen Freimaurerloge angehöre

– der 99er-Loge –, die ihn als Opfer für den Logendämon „ausgekugelt" hatte!

„Ich gestehe", sagte sie, *„dass ich nicht gerne über diese Thematik rede. Zum einen soll man über das Böse nicht lange reden, weil man ihm damit zu viel Ehre antut und es zudem unnötigerweise heraufbeschwört, zum anderen denke ich aber auch, dass man über seine potentiellen Gegner und Intimfeinde so viel wie möglich wissen sollte."*

Was ist die 99er-Loge?

Das vorhandene Wissen über die 99er-Logen ist im wahrsten Sinne des Wortes mehr als dürftig. Die 99er-Logen sind das diametrale Gegenstück zur *Weißen Bruderschaft* oder auch den *Brüdern des Lichtes*. Über beide Institutionen weiß man so gut wie nichts. Sie gehören zu den bestgehütetsten Geheimnissen dieses Weltenplanes. Und wie das bei Geheimnissen dann immer so ist, gibt es viele Spekulationen, Hypothesen, Legenden und bewusste Falschinformationen – letzteres insbesondere in Bezug auf die 99er-Logen, die sie vermutlich selbst in Umlauf gebracht haben.

Um bei den 99er-Logen zu bleiben, so gibt es über diese brauchbaren Direktinformationen ausschließlich aus dem okkulten Bereich. In den Standardwerken über Geheimbünde und Orden über den Zeitraum der nachvollziehbaren Menschheitsgeschichte sind die 99er-Logen nicht einmal erwähnt oder nur fragmentarisch angesprochen. Die für meine Begriffe beste Quelle ist der okkulte Roman „Frabato" von Franz Bardon, in dem der Autor autobiografisch seine wichtigsten Lebensabschnitte und den Kampf zwischen Weiß- und Schwarzmagiern schildert.

Für mein Verständnis gehören die 99er-Logen zum gefährlichsten und bedrohlichsten Element in dieser schicksalsträchtigen Zeit. Wer die Zeitschrift „Code" (die es heute nicht mehr gibt), die „Vertraulichen Mitteilungen" oder Bücher wie „Wer regiert die Welt" oder „Die Brüder des Schattens" über einen längeren Zeitraum aufmerksam gelesen und studiert hat, für den gewinnen die okkulten Informationen über die 99er-Logen auf unheimliche Weise an Glaubwürdigkeit. Die 99er-Logen sind nicht nur die Eckpfeiler und die Plattform des pyramidalen Baus der Weltfreimaurerei, sondern gehören auch zu deren Spitzengruppe. Sie sind eine durch und durch elitär aufgebaute Sturmtruppe. In ihrer inneren Struktur entsprechen sie weitgehendst den bekannten Strukturen der profanen oder speziellen Logen und Orden, mit Großmeistern, Schriftführern, Gerneralversammlungen, einem Großrat, einer eigenen Gerichtsbarkeit, geheimen Unterkunftsräumen und Tempeln, einer Geheimschrift und so weiter. Aber während die profanen oder speziellen Logen und Orden in einer Vielzahl auch harmlose, ja sogar gutgesinnte Mitglieder und Mitläufer führen, sind die Mitglieder der 99er-Logen ausnahmslos elitäre, hochentwickelte Schwarzmagier – perfektioniert in telepathischer Kampftechnik und allen Möglichkeiten der Evokation. Und es gibt 99 dieser Logen zu je 99 Mitgliedern auf dieser Erde. Das sind 9801 höchstentwickelte Schwarzmagier; menschliche Bestien ohne Skrupel und Gewissen, einzig und allein ihrem Gott hörig.

Ich lasse einige Auszüge aus einer Ansprache des Großmeisters der 99er-Loge zu Dresden folgen – der in okkulten Kreisen der Vorkriegszeit gefürchteten FOGC-Loge (Freimaurerischer Orden der Goldenen Centurie) –, die dieser an einem 23. Juni gehalten hatte, dem für die 99er-Logen höchste Festtag des Jahres – wenn auch mit anderen Vorzeichen als in anderen okkulten Kreisen und Zirkeln, wie wir noch hören werden:

„Unser Orden besteht schon seit Jahrhunderten und ist mit denselben Gesetzen in der ganzen Welt vertreten. Die Zahl 99 ist uns heilig und hat ihre besondere Bedeutung; denn es gibt insgesamt 99 Logen in der ganzen Welt, und jede dieser Logen hat wieder genau 99 Mitglieder. Alle diese Logen verfahren nach denselben Gesetzen wie wir. Der Herr der Finsternis, unser Gott, den wir verehren und anbeten, hat jeder Loge ein hohes dämonisches Wesen zur Verfügung gestellt, das wiederum verpflichtet ist, jedem Logenbruder einen Dämonendiener zu überlassen. Da der Großmeister einer jeden Loge die größte Verantwortung zu tragen hat, ist ihm jeweils jenes hohe Wesen zugeteilt, welches von unserem höchsten Gott als Oberhaupt einer jeden Loge bestimmt wurde. An diesem historischen Tag möchte ich jeden von euch daran erinnern, welche ungeheuren Vorteile er aus der Zugehörigkeit zu unserer Loge gezogen hat. Sicher kann mir niemand von euch einen Orden nennen, durch den man schneller zu Reichtum und Macht kommen kann. Wer kann seine Feinde schneller vernichten als wir? Welcher Mensch wird besser geschützt vor allen Gefahren des Lebens als die Brüder unserer Loge? Niemand!

Diese Vorteile sind nur mit Unterstützung jener geistigen Mächte zu erlangen, von denen ich vorher gesprochen habe. Wir alle haben diese Vorteile für unser Leben gewählt und uns dafür verpflichtet, das Böse zu fördern und das Gute zu bekämpfen, wo immer sich uns eine Gelegenheit ergibt. Dies hat sicherlich niemand von euch ernstlich als Schwierigkeit empfunden."[48]

Man muss diesen Redeauszug vielleicht mehrfach lesen, um sich der Tragweite des darin zum Ausdruck kommenden bewusst zu werden. Und die Mitglieder dieser Loge sind nicht etwa verschrobene, mystizistische Schwärmer, Träumer oder Gaukler, sondern hochkarätige Mitglieder der menschlichen Gesellschaft aus Wirtschaft, Politik und Wissenschaft. Die Mitgliedschaft ist absolut geheim. Auf Bekennen der Mitgliedschaft gegenüber einem außenstehenden Dritten oder auf Bekanntgabe des Namens des persönlichen Dämonendieners steht die Todesstrafe. Untereinander kennen sich die Mitglieder nur mit ihrem internen Logennamen. Das einzelne Mitglied wiederum kann durchaus Mitglied in anderen Logen und Zirkeln sein, und ich bin der festen Überzeugung, dass Einrichtungen wie die der *Illuminaten*, den *„Kindern Luzifers"*, wie sie sich selber nennen, der *Bilderberger*, der *Trilateralen Kommission* oder der *B'nai-B'rith*-Loge, um nur einige zu nennen, wahre Tummelplätze der 99er-Mitglieder sind, ohne dass der eine vom anderen wissen muss.

In der Öffentlichkeit treten die einzelnen Logen, allerdings ohne Preisgabe ihrer Identität, gerne mit Vorträgen über Okkultismus auf, mit dem Versuch zu beweisen, dass dies alles ja nur auf Lug und Trug und Trick aufgebaut sei. Sie wissen sehr genau, dass eine Ausbreitung der okkulten Weltanschauung eine neue Gesellschaftsordnung hervorrufen würde, die ihren eigenen Umtrieben sehr hinderlich sein dürfte. Außerdem bestünde ja die Gefahr, von positiv arbeitenden Okkultisten erkannt und der Öffentlichkeit preisgegeben zu werden.

Zu den streng gehüteten Geheimnissen der 99er-Logen gehört die Fähigkeit, jeden Menschen nach Belieben in den Schlaf zu versetzen und wieder aufzuwecken (z.B. für telepathische Beeinflussung oder Suggestionen), ihn krank oder gesund zu machen, zu beleben oder auch zu töten. Diese Fähigkeiten haben die führenden Mitglieder allerdings nur durch einen

Pakt mit einem Dämonenfürsten erworben. Mit ihren schwarzmagischen Methoden können sie jeden ungeschulten Menschen nach ihrem Willen beeinflussen, ohne dass dieser die Möglichkeit hätte, die Ursache einer vielleicht spürbaren Einwirkung zu entdecken.

Und der Preis für diesen Pakt? Kommen wir zurück auf das Datum des 23. Juni eines jeden Jahres. Für die 99er-Logen ist dies, wie schon gesagt, ein besonderer Festtag, aber keineswegs ein Glückstag. Im Gegenteil, dieser Tag ist für sie der Unglückstag eines jeden Jahres, weil an diesem Tag ein Logenbruder dem der Loge dienenden Dämon geopfert werden muss. Sämtliche Mitglieder, ohne Rücksicht auf Rang und Namen, unterstehen diesem Gesetz. Wie in grauer Vorzeit werden hier, wie auch in den Satanskulten vergangener Zeit, Menschen zum Opfer gebracht. Die Auswahl des Unglücklichen erfolgt durch Losentscheid, was in den Logen als „Kugeln" bezeichnet wird. Da das Todes-Los nicht an die Dauer der Zugehörigkeit zur Loge gebunden ist, kann es jeden Bruder treffen, ohne Rücksicht darauf, ob er gerade erst eingetreten oder schon seit vielen Jahren Mitglied ist. Für das geopferte Mitglied wird am gleichen Tage ein neues Mitglied aufgenommen. Die Opferung des Todeskandidaten erfolgt bei den 99er-Logen allerdings nicht im Rahmen eines Blutrituals, sondern der Todeskandidat scheidet entweder durch Selbstmord aus dem Leben oder, falls ihm dazu der Mut fehlt, machen die Richter der Loge nach Ablauf einer bestimmten Frist von ihren Möglichkeiten Gebrauch, damit in jedem Fall die Vereinbarungen mit dem Dämon strikt eingehalten werden. Dem gleichen Zweck dient auch die Berichtspflicht.

Ich zitiere hier nochmals den Großmeister gemäß Franz Bardon:
„Wie euch bekannt ist, seid ihr heute zur Abgabe eurer in Geheimschrift abgefassten Berichte verpflichtet. Sie sollen jene Arbeiten betreffen, die ihr im Laufe des vergangenen Jahres mit Hilfe eures Dämonendieners durchführen konntet und uns eine gewisse Kontrolle ermöglichen, damit wir prüfen können, ob die Bedingungen unseres Vertrages mit den dämonischen Mächten auch eingehalten werden."[48]

Kernstück dieser Vertragsbedingungen ist, wie zuvor schon teilweise erwähnt, die Förderung von allem Bösen in jeder Hinsicht durch die Logenmitglieder. Sie bekämpfen alles Gute mit allen Mitteln und gehen eine unauflösbare Verbindung mit dem der Loge vorstehenden Dämon ein – während und nach diesem Leben, wobei es sich hier wohl um eine Art geistige Sklavenhaltung handelt.

Dafür verpflichten sich der Dämon und seine Dämonendiener, den Logenmitgliedern für die Zeit ihrer irdischen Existenz in allem zur Seite zu stehen, ihnen Reichtum, Ansehen und Erfolg zu verschaffen. Allerdings, und diese Einschränkung machen die Dämonen selbst, nur in dem Ausmaß, als die Göttliche Vorsehung nicht Einhalt gebietet.

Aber die Duldsamkeit der Göttlichen Vorsehung richtet sich, so unfassbar uns dies erscheinen mag, nach dem Freien Willen des Individuums. Und auch die karmischen Gesetze spielen hier eine große Rolle. Doch diesen Punkt wollen wir hier nicht weiter vertiefen; es würde im Rahmen dieser Abhandlung zu weit führen. Es sei hier nur noch an Goethes Faust erinnert. Gutes wie Böses haben in diesem Weltenplan ihren notwendigen Platz. Wenn die Kräfte des Guten von jedem Individuum im gleichen Maße, mit dem gleichen Einsatz, mit der gleichen Aufopferung gefördert und eingesetzt werden, wie dies auf der Seite des Bösen zur Zeit und auch in der Vergangenheit ist und war, dann ist es um die Entwicklung der Geistwesen besser bestellt. Unser größter Feind ist die Gleichgültigkeit, die Bequemlichkeit, die Feigheit. Und von diesen dreien gibt es zu viel auf der Welt.

Und dennoch haben wir keinen Grund zur Mutlosigkeit oder Resignation, die uns angesichts der oben angedeuteten Perspektiven anwandeln könnten. Machen wir doch einmal ein kleines Experiment. Stellen sie sich in einen vollständig abgedunkelten Raum, im Keller oder bei heruntergelassenen Rolläden in einem Zimmer. Lassen Sie die Dunkelheit ein paar Minuten auf sich wirken, spüren Sie die aufkommende Unsicherheit, die wachsende Angst, die absolute Einsamkeit, die hier erahnbar wird. Und dann zünden Sie ein einziges Streichholz an und beobachten Sie, was geschieht, wie schier unzählbare Schatten hin- und herhuschen und springen, wie eine wild aufgescheuchte Horde, die nicht weiß, wohin sie zuerst fliehen soll. Ist dies nicht eine trostreiche Analogie? Ein einziger Lichtfunke zerstört die tiefste Finsternis nachhaltig und endgültig.

All das wusste ich noch nicht, als ich der Domina damals gegenübersaß. Ich hatte mich nach dem Gespräch schlau gemacht und verstand nun, was dieser Kunde vor sich hatte, als ihm mitgeteilt worden war, dass er am 23. Juni dem Logendämon geopfert werden sollte. *„In meinem Beruf“*, sagte die Domina, *„komme ich an die unglaublichsten Dinge heran, die sich Otto Normalverbraucher nie vorstellen könnte. Aber ich habe eine Schweigepflicht, die ich peinlichst einhalte, sonst würde ich hier nicht mehr lebend vor Ihnen sitzen! Diese Schweigepflicht ist mir so heilig wie dem katholischen Pastor das Beichtgeheimnis oder auch dem Arzt seine Schweigepflicht! Ohne dieses Schweigen könnte ich mein Gewerbe aufgeben und hätte außerdem um mein Leben zu fürchten!“*

Auf meine Frage, wie die Geschichte mit diesem „Kunden“ ausgegangen sei, erklärte sie: *„Er ist nicht wiedergekommen…“*

Hans Altmann (1940) stammt aus Jena, Thüringen, wuchs in Duisburg auf und arbeitete bis zur Rente im Einzelhandel. Seit Juni 2006 lebt er in Paraguay und ist dort als freier Autor tätig.

Email: hansaltmann@hotmail.de

Von der grünen Umweltdiktatur

von Udo Schultheis

13. Januar 1980 in Karlsruhe. Eiskalter Wind zieht durch die Stadt im Badischen, die in den Sommermonaten stets mit die höchsten Temperaturen der Republik erreicht. Doch an diesem Wintertag ziehen die Menschen die Köpfe ein und schlagen die Mantelkragen hoch. Die Feiertage sind vorüber, das neue Jahr ist nicht einmal zwei Wochen alt. Was soll in den kommenden 50 Wochen geschehen, was wird sich in Deutschland verändern? Werden politische Weichen gestellt, die weit, weit in die Zukunft weisen? Sie werden gestellt, denn an diesem Tag haben sich einige hundert, zumeist junge Leute in Karlsruhe versammelt, um eine neue Partei zu gründen. Ihre Ziele: Umweltschutz, Gewaltfreiheit und die Rückbesinnung auf längst vergessene Prinzipien wie ein Leben im Einklang mit der Natur. Die Partei wird sich später „Die Grünen" nennen und nach der Wende eine Fusion mit der Gruppe „Bündnis 90" aus der ehemaligen DDR eingehen. Im Jahr 1998 soll sie sogar unter dem sozialdemokratischen Bundeskanzler Gerhard Schröder mit Joschka Fischer den Bundesaußenminister stellen. Zu diesem Zeitpunkt hat sich die Umweltschutz-Diktatur in Deutschland schon lange breitgemacht. Denn was die Grünen im Laufe von drei Jahrzehnten ihrer Existenz geschaffen haben, ist das genaue Gegenteil dessen, wofür sie einst angetreten sind.

Doch bleiben wir noch in der Anfangsphase dieser höchst dubiosen Partei, die zunächst aus offenen Wahllisten, Vereinen und Initiativen bestand (so die bunten und grün-alternativen Listen in Hamburg und Berlin), die den etablierten Parteien den Kampf angesagt hatten. Hervorgegangen aus den sozialen und politischen Bewegungen der 1970er Jahre, galten die Grünen zunächst als Sammelbecken der Unzufriedenen sowohl von der linken als auch von der rechten Seite des politischen Spektrums, denn sie vertraten nicht nur die Positionen der „K-Gruppen", sondern auch einen gewissen neuen Konservatismus. („K-Gruppen" ist eine Sammelbezeichnung für eine Vielzahl kommunistischer Gruppen – KBW, KPD/ML, MLPD usw. –, die sich seit Ende der 1960er Jahre am chinesischen Marxismus-Leninismus orientierten und zum Ziel hatten, die bürgerliche Gesellschaft in Deutschland und anderen europäischen Ländern – auch mit Waffengewalt – zu beseitigen.) Dieser Konservatismus zeigte sich in einer Art „Eigene-Scholle-Ideologie“ und wendete sich gegen technischen Fortschritt zurück zum bäuerlichen Leben ökologischer Selbstversorger. Plötzlich waren keine Großstädte mehr, sondern das einfache Landleben gefragt. Nur noch Naturdünger sollte auf die Felder, Maschinen so wenig wie möglich – am besten überhaupt nicht – eingesetzt werden. Diese Einstellung entwickelte sich schnell zu einer Art Religion, die fanatisch vorangetrieben wurde. Wer dagegen war, wurde ausgegrenzt, beschimpft und sogar physisch bekämpft.

Heute gelten *nicht grün* denkende Menschen sogar als politisch unkorrekt. Bereits früh zeigte sich deutlich: Die Grünen hatten und haben noch immer einen Hang zur Intoleranz, zur Diktatur, die eben nur grüne Positionen kennt. In dieser Phase, in der sogar der ehemalige CDU-Bundestagsabgeordnete Walter Gruhl und der bundesweit bekannte Öko-Bauer Baldur Springmann bei den Grünen mitarbeiteten (und kurz darauf die Partei verließen, weil sie ihnen keine politische Heimat mehr bot), dienten so manche Funktionäre offenbar einem zweiten, unsichtbaren Herrn – den Geheimdiensten. Aufgeschreckt durch die grüne Anti-NATO-Haltung, rekrutierten Geheimdienste unterschiedlicher Couleur Dutzende von grünen Politikern für sich.

Dieter Haase, ehemaliger Doppelagent (Stasi und BND) und Mitbegründer der Grünen in Niedersachsen, schreibt in seinem Buch „Mein Name ist Haase, ich weiß... zu viel?!“:

„Mitte der 80er Jahre, als sich die GRÜNEN nach der Gründung in Karlsruhe langsam vermehrten und in die Parlamente in Baden-Württemberg und Niedersachsen einrückten, wusste ich nach eingehenden Recherchen, dass von den ca. 3.000 Abgeordneten und Funktionsträgern dieser Partei – bei ungefähr insgesamt 10.000 Mitgliedern – über 800 bestimmt nachrichtendienstlich einzuordnen waren: etwa 300 bei deutschen Diensten, circa 200 beim CIA und an die 300 bei östlichen Diensten.“

Der im Januar 2005 unter noch immer nicht ganz geklärten Umständen verstorbene Ex-Agent geht noch weiter, wenn er schreibt:

„Die Durchdringung der GRÜNEN mit nachrichtendienstlichen Kräften der verschiedenen Couleur ist ein Kapitel für sich. In den wesentlichen

Jahren der Abrüstungs- und Umweltpolitik Mitte der 80er Jahre hatte die CIA allein für die deutschen GRÜNEN ca. 400 Leute vorbereitet, ausgebildet und geführt. Für die gesamteuropäischen Grünen waren es etwa 600. Der KGB hatte etwa die Hälfte davon, nämlich 300 Leute in Europa und 200 in der BRD. Das alternative Spektrum war durchaus interessant und wurde von allen Seiten beäugt und durchforscht. Der BND und der Verfassungsschutz führten anfangs ca. 400 Informanten auf diesem Feld."

Zu den Agenten innerhalb der Grünen zählte auch deren Europa-Abgeordnete Brigitte Heinrich, die Ex-Freundin des ehemaligen RAF-Anwalts Klaus Croissant, die für die Stasi spionierte. Gerüchte besagen, sie sei von einem Killer-Kommando der Stasi umgebracht worden, weil sie aus dem Geheimdienst-Geschäft aussteigen wollte. Andere blieben dabei, bekleideten Spitzenämter bei den Grünen und arbeiteten mit an einer Umweltschutz-Diktatur, wie wir sie heute in Deutschland haben.

Umweltschutz hat sich inzwischen jede Partei, jede Organisation – ob sozial oder wirtschaftlich – jeder Kindergarten, jede Schule und fast jeder Hausbesitzer in Deutschland auf die Fahnen geschrieben. Daraus ist eine gigantische Öko-Industrie entstanden, die mehr kostet als sie nützt. Und selbst vermehrte Kriminalität haben die Grünen in der Bundesrepublik möglich gemacht. Doch der Reihe nach...

Die Milchmädchenrechnung mit der Mülltrennung: Schon ganz zu Beginn ihrer Existenz setzten die Grünen auf Ressourcenschonung und predigten die Wiederverwertung von Rohstoffen wie Metall, Kunststoff und Glas. Diese Forderungen haben dazu geführt, dass jeder Haushalt heutzutage über mindestens drei Mülltonnen statt – wie früher – einer verfügt: für Papier, Biomüll, Kunststoffe und teilweise auch für Glas. Das erfordert mindestens auch den dreifachen Aufwand an Abtransport, also dreimal mehr Lastwagen auf unseren Straßen, den dreifachen Verbrauch an Diesel wie früher, ein Dreifaches an Reifen, Öl und Fahrzeugen an sich. Das alles muss irgendwann einmal auch entsorgt werden. Auch die Mülltonnen, Altglas- und Papierbehälter, die in den allermeisten Fällen aus Kunststoff bestehen, müssen a) nicht nur mit enormem Rohstoff- und Energieaufwand hergestellt, sondern b) auch wieder abtransportiert und weiterverarbeitet werden. Tausende von Pfandautomaten für Getränkedosen und PET-Flaschen in den deutschen Supermärkten stecken voller Kunststoff und Halbleiter. Ihre Hüllen bestehen aus Metall, ihre automatische Funktion frisst massenhaft Strom, sie müssen zu den Geschäften transportiert werden. Das kostet wieder mehr Diesel, belastet die Umwelt und die Straßen. Zudem landen die zerknautschten Dosen und Flaschen in riesigen Müllsäcken aus Plastik. Was soll daran ökologisch sinnvoll sein?

Die Katalysator- und Feinstaublüge: Katalysatoren in Autos sind bereits seit Jahren Vorschrift, schützen angeblich die Umwelt und senken das Krankheitsrisiko in den Großstädten unseres Landes. Doch kein Umweltschützer, kein politisch Korrekter in Deutschland verliert ein Wort darüber, dass die Katalysatoren hergestellt und vor allem nach einigen Jahren voller Dreck sitzend wieder entsorgt werden müssen. Geschieht das etwa im Ausland, in Ländern der Dritten und Vierten Welt, die zu befreien die Grünen ja einst angetreten waren? Ähnlich schizophren verhält es sich mit den Umweltplaketten, die jeder Autofahrer für fünf Euro kaufen und an die Windschutzscheibe pappen muss. Bei mehreren Millionen Fahrzeugen in Deutschland sind das eine ganze Menge Kunststoffaufkleber. Die Folge: siehe oben! Davon abgesehen, erfüllen diese Feinstaubplaketten im Moment überhaupt keine Funktion. Übrigens: Wer einen gelben Diesel-Aufkleber erhalten hat, gilt als ganz besondere Umwelt-Sau, weil er mit seiner Giftschleuder derart viel Feinstaub in die Gegend pumpt, dass Mensch, Tier, Baum und Strauch in Kürze verrecken werden. Das steht in krassem Widerspruch zu dem, was die Grünen Mitte bis Ende der 1990er Jahre landauf, landab propagierten. Zu dieser Zeit galt Diesel als saubester aller Kraftstoffe. Die Abgase wurden geradezu als goldener Odem der Umweltengel gepriesen. Am liebsten hätten die – damals – politisch Korrekten den Diesel gleich vom Auspuff weggeschnüffelt. Heute gilt jeder, der auch nur über ein Dieselfahrzeug nachdenkt, als Totengräber der Umwelt. Dieser Wandel ist eigentlich nur pathologisch erklärbar. Zu solchen Feinheiten der Umweltpolitik zählt auch die Gründung des Unternehmens „Grüner Punkt", der seit Jahren auf alle wiederverwertbaren Verpackungen aufgedruckt wird. Das kostet jeden Deutschen erst einmal 92 Cent im Jahr, ein hübsches Geschäft ganz nebenbei. Aber auch ohne Grüne-Punkt-Mülltrennung durch die Haushalte, so zahlreiche Kritiker der Aktion, würden die gleichen Wiederverwertungsquoten wie mit Trennung erreicht. Einziger Unterschied: Millionen von deutschen Haushalten werden mit dem Trennungszwang seit Jahren einem privatwirtschaftlichen Diktat unterworfen, das nur einem zum Vorteil gereicht – dem Unternehmen, das ganz offensichtlich knallhart vorgeht. So soll es in den 1990er Jahren in Nordrhein-Westfalen vorgekommen sein, dass ein TV-Team von Mitarbeitern des „Grünen Punktes" verfolgt wurde, weil die Fernsehleute heimlich gedreht hatten, wie zuvor getrennter Müll wieder zusammengewürfelt worden war. Zudem wurde in den Anfangsjahren des „Grünen Punktes" nicht sortierter Müll nachweislich als sortiert deklariert und auch so abgerechnet, womit wir beim Stichwort...

...Müllmafia wären. Mit Hilfe des Rohstoffs „Müll", den die Grünen und ihre Anhänger zum modernen Gold gemacht haben, sind im Laufe der vergangenen dreißig Jahre immer mehr Entsorgungsunternehmen wie Pilze aus dem Boden geschossen. Und nicht alle diese Unternehmen waren sauber, was nicht am Umgang mit dem Müll an sich lag, sondern schon eher mit mancherlei Geschäftsgebaren wie in der Rotlichtszene, Betrügereien, im wahrsten Sinne des Wortes mörderischer Konkurrenz und anderen kriminellen Energien zu tun hatte. So kann durchaus davon gesprochen werden, dass die Grünen die Müllmafia erst möglich gemacht haben. Seitdem zahlreiche Kommunen in Deutschland ihre Müllentsorgung in die Hände privater Gesellschaften gegeben haben, weil die aufwendigen Trennungen finanziell nicht mehr tragbar waren, hat sich ein Sumpf herausgebildet, den vor dem Umweltschutz-Wahn niemand für möglich gehalten hätte. Am Beispiel eines Brandenburgers wird deutlich, was hier gemeint ist. Bernd R. (56) wurde der „Pate der Müll-Mafia" genannt und stand kürzlich vor Gericht. Der Vorwurf: Laut Staatsanwaltschaft soll der Ex-Polizist 144.000 Tonnen Müll, darunter auch Problem-Abfälle, statt auf dafür vorgesehenen Deponien in längst stillgelegten, alten Müllhalden und Kiesgruben vergraben haben. Offiziell gab er die ordnungsgemäße Entsorgung des Mülls an, was ihm, so die Anklage, immerhin einen Gewinn von weit über vier Millionen Euro eingebracht haben soll. Mitgeholfen haben nach Darstellung der Justizbehörden des „Paten" Frau Ingrid (50), von Beruf Polizistin, und Tochter Doreen (34), die zusammen mit Muttern aus dem Müll-Erlös 152 Grundstücke gekauft haben soll. Bei der Mafia bleibt's halt in der Familie, zu der auch ein Anwalt und die ehemalige Amtsdirektorin Gudrun L. (58) gehört haben sollen.

Aber auch in Nordrhein-Westfalen haben schlaue Geschäftemacher schnell erkannt, dass die grüne Umwelthysterie dem Müll-Business in der rechtlichen Grauzone zum Anschub verhalf. Einer von ihnen: Helmut Trienekens vom Niederrhein. Der Chef des Viersener Entsorgungsunternehmens Trienekens AG, der seine Firma im Jahr 2002 an die Rheinisch-Westfälischen Elektrizitätswerke (RWE) verkaufte, musste sich mit dem Fiskus auseinandersetzen, denn seine AG hatte nachweislich elf Millionen Euro an Bestechungsgeldern gezahlt, um die Müllverbrennungsanlage in Köln-Niehl bauen zu können. Ein Strafverfahren gegen Helmut Trienekens persönlich wurde deswegen allerdings nicht eingeleitet – der Mann ist doch so herzkrank! Stattdessen wurde er im Jahr 2004 wegen Steuerhinterziehung zu zwei Jahren auf Bewährung und Zahlung von zehn Millionen Euro Strafe verurteilt. Zudem wurde dem Müll-König ein flächendeckendes Netz der Einflussnahme auf politische Entscheidungsträger in NRW bescheinigt, was bedeutet, Trienekens hat nach Gutsherrenart Politiker antanzen lassen, damit sie in seinem Sinne handelten. Rein „zufällig" natürlich wurde der Mann im Steuerverfahren davor bewahrt, sein angegriffenes Herz weiter zu belasten. Prozessbeobachter wunderten sich darüber, dass es weder Zeugenvernehmungen noch peinliche Fragen seitens des Gerichts gab. Es handelte sich im wahrsten Sinne des Wortes um einen kurzen Prozess mit abgesprochenem Urteil.

Trienekens und die anderen Müll-Barone zählen mit ihren feinen Anzügen und Krawatten übrigens zu jener Klientel, die von den Grünen in ihrer Anfangsphase bekämpft wurde. Inzwischen sorgen sie indirekt für deren Vermehrung.

Udo Schultheis (1958) ist Journalist und war über Jahre hinweg für verschiedene Zeitungen und TV-Sender tätig. Seine Spezialgebiete sind Geheimpolitik und Geheimdienste, über die er auch weiterhin berichten wird.

Kontakt über den Verlag:
amadeus@amadeus-verlag.com

Hat die Bundeswehr „Fliegende Untertassen“?

von Jan van Helsing

Dass in Deutschland vor und während des Zweiten Weltkriegs mit Flugkörpern experimentiert wurde, die eine runde Bauweise aufwiesen – sogenannte „Fliegende Untertassen“ – ist den Lesern meiner Bücher geläufig. Und dass die Amerikaner unter der Operation „Paperclip“ Wissenschaftler, Dokumente und Prototypen deutscher Geheimwaffen außer Landes brachten, ist inzwischen ebenso kein Geheimnis mehr. Dennoch – so behaupten Forscher wie auch Kritiker – müssen ja auch einzelne Exemplare dieser Flugscheiben in Deutschland verblieben und auch gefunden worden sein, wenn es sie denn wirklich gab. (Abb. 4 bis 7)

Einen Hinweis darauf, dass dies auch so geschehen ist, bekam ich im Herbst 2008 während eines Gespräches mit einem Mitarbeiter der Firma Siemens in Nürnberg, der behauptete, dass in einem bestimmten Gebäude der Siemens-Werke ein solcher Flugkörper stehen soll, der nach dem letzten Weltkrieg geborgen, untersucht und angeblich auch nachgebaut worden sein soll. Doch kann man solchen Informationen Glauben schenken?

Nachfolgend möchte ich Ihnen ein Gespräch mit einem Bundeswehroffizier präsentieren, das ich im Februar 2012 mit ihm führte. M. K. (geb. 1958) ist Berufsoffizier und war sieben Jahre im westlichen Münsterland stationiert. Er ist Vater von zwei Kindern und lebt in Kiel. Bei der Bundeswehr war er im betreffenden Zeitraum in der Flugabwehr eingesetzt.

Jan van Helsing: ***„Sehr geehrter M. K., wir hatten im Herbst 2011 einen interessanten Email-Verkehr, wobei Sie mir – eher so nebenbei – eine spannende Episode erzählt haben, die mit einer Fliegenden Untertasse zu tun hat. Können Sie mir das bitte nochmals schildern, denn Sie haben mich damit sehr neugierig gemacht?“***

M. K.: *„Zunächst, Herr van Helsing, möchte ich bemerken, dass die folgenden Beobachtungen ab 1995 in unregelmäßigen, zum Teil auch längeren zeitlichen Abständen begannen, ungefähr bis zum Ende der 1990er Jahre. Durch meine Ausbildung und Erfahrung im Bereich der Luftfahrzeugerkennung sind mir Aussehen, Nationalität und Verhalten vieler ziviler oder militärischer Luftfahrzeuge während des Fluges wohl bekannt.*

Hierzu gehört auch die Einschätzung der Flughöhe in Bezug auf die Geschwindigkeit eines Flugzeuges. Das, was ich Ihnen schildern kann, basiert auf Eigen- oder Fremdbeobachtungen. Ich hatte zu keinem Zeitpunkt dienstlich mit dem Folgenden zu tun, und all meine Beobachtungen fanden ausschließlich als Privatperson in meiner Freizeit statt."

„Gut. Bitte berichten Sie mir, was genau sich zugetragen hat."

„Nun, es begann erstmalig im Spätherbst 1995 so gegen 20 Uhr mit einem plötzlichen, ungewöhnlich lauten und zudem relativ lang anhaltenden Fluggeräusch von etwa einer Minute über meinem Wohnort.
Das Fluggeräusch war vergleichbar mit dem eines militärischen Strahlenflugzeugs, das mit eingeschaltetem Nachbrenner flog, nur mit der Besonderheit, dass es sich scheinbar um ein relativ langsames und sehr tief fliegendes Flugzeug handeln musste. Der Krach war selbst in der Wohnung bei geschlossenem Fenster unüberhörbar und die akustische Nähe ließ befürchten, dass eventuell ein Absturz in unmittelbarer Nähe bevorstand. Tiefstflüge bei Dunkelheit in Bodennähe waren seit dem Fall der Mauer eher ungewöhnlich. Diese ganze Szenerie beunruhigte mich. So ging ich der Sache nach, konnte aber draußen auf meinem Grundstück nichts erkennen.
Eines Abends, nach einigen erfolglosen Beobachtungsversuchen, entdeckte ich endlich Folgendes zwischen den Dächern unserer Straße am nächtlichen Himmel: Eine helle, grünlich strahlende, nahezu kreisrunde Fläche, etwa Fingerkuppengroß (ausgestreckter Arm), zog in westlicher Richtung mit dem entsprechenden Lärm vorbei. Das Objekt flog relativ langsam in einem Höhenwinkel von zirka 20 bis 25 Grad von meinem Standort aus betrachtet am Himmel entlang. Man konnte weder Form noch Positionslichter erkennen. Diese helle Fläche mit unscharfen, teilweise kleinen, sprühenden Rändern, habe ich vorher noch nie gesehen. Die Größe passte im Verhältnis zur Geschwindigkeit und dem Geräusch des Nachbrenners nicht zusammen."

„Wie muss ich das verstehen?"

„Nun, wenn ich ein leuchtendes Strahlentriebwerk beobachtet hätte, dann wäre meine Position aufgrund der fast kreisrunden Fläche nahezu hinter dem Flugzeug gewesen. Es flog aber eindeutig quer zur Beobachtungsrichtung. Wenn Sie weiter berücksichtigen, wie groß diese Fläche war, dann

wäre der Jet nicht weit entfernt gewesen. Machen Sie bei Gelegenheit mal den Test, wie weit Sie von einem Düsenflugzeug entfernt stehen müssen, bis die Triebwerksaustrittsöffnung wie beschrieben optisch gleich groß Ihrer Fingerkuppe ist. Sie werden von dem Flugzeug nicht sehr weit weg stehen.

Und wie ist das dann mit den Nachbrennergeräuschen?

Das ist schwer zu erklären, aber ein Nachbrenner in 3 km Höhe hört sich nun mal anders an, als einer in 200 m Entfernung – nur, dass für diese Entfernung der vermeintliche Düsenjet zu langsam flog und ein Landeanflug mit Nachbrenner mangels Flughafen auszuschließen war. Mein Gefühl sagte mir, dass hier etwas anderes im Spiel war.
Trotzdem suchte ich am nächsten Tag erfolglos in den Medien nach einer Meldung über einen Flugzeugabsturz im deutsch-holländischen Bereich. Dieses Vorkommnis machte ich auch kurz zum Thema eines Pausengesprächs in der Kaserne. Keiner hatte dergleichen bemerkt. Damit schien die Sache erledigt zu sein. Und wenn nicht ab und an ein ähnliches Fluggeräusch, meist in größerer Entfernung, zu hören gewesen wäre, hätte ich den Vorfall schnell vergessen."

„Aber dazu kam es offenbar nicht… Was passierte dann?"

„Es vergingen Wochen, als mir eine unwahrscheinliche Geschichte zugetragen wurde: Im ländlichen Münsterland gibt es kleine Bauernhöfe und Einfamilienhäuser, die verstreut, weit abgesetzt von einem Ort liegen. In so einem Haus, nahe Dülmen, wohnte die Schwester des Erzählers, die am helllichten Tage hinter ihrem Haus einen ‚Höllenlärm' hörte. Sie lief durch den Flur und öffnete die Haustüre. Dort soll sie ein silbriges Objekt gesehen haben, das in geringer Höhe vor ihr schwebte. Dann verschwanden das Objekt und der Lärm vor ihren Augen ganz plötzlich – einfach so, als würde jemand das Licht ausschalten.
Die Geschichte war so abgedreht, dass ich der festen Überzeugung war, dass mich hier jemand richtig auf den Arm nehmen wollte. Andererseits, was hatte er davon, und warum erzählte er gerade mir diese Story?
Auch nach einer halben Stunde Diskussion und kritischer Fragen meinerseits wich der Erzähler keinen Millimeter von der Geschichte ab. Selbstverständlich hatte ich vor, die Schwester persönlich zu befragen, doch letztlich kam es nicht dazu, auch weil sich weitere ‚Dinge' ereigneten."

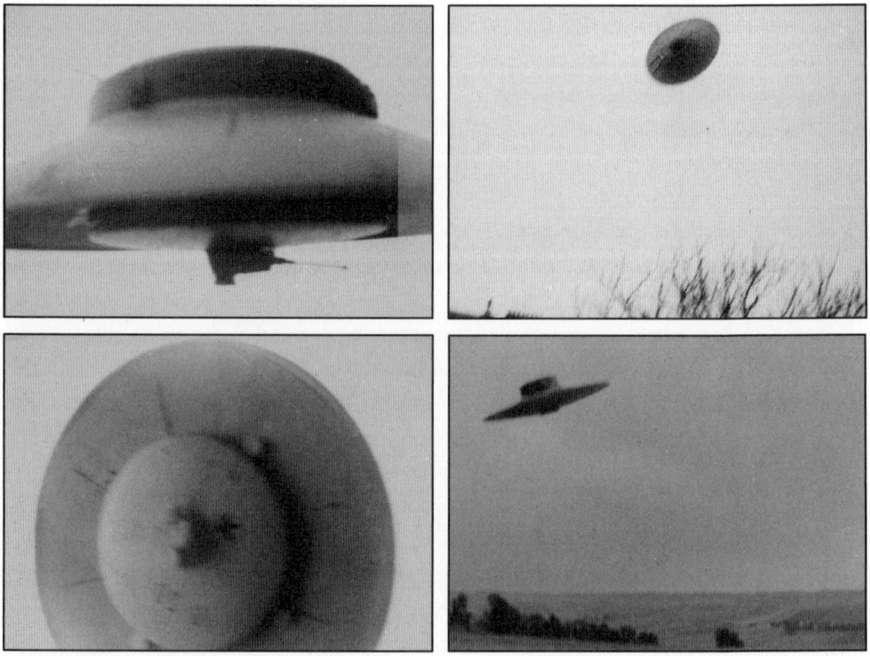

Abb. 4 bis 7: Deutsche diskusförmige Flugzeuge aus der Zeit zwischen 1933 und 45. Links ist eine Haunebu-II-Vorversion mit Balkenkreuz abgebildet, rechts ein VRIL 7.

„Diese ‚Geschichte' erinnerte Sie wohl an Ihr eigenes Erlebnis?"

„Ja, und ich fand, dass meine Beobachtung nun irgendwie im Zusammenhang mit dem gerade Gehörten stand. Ich fragte mich insgeheim, ob die ganzen Fernsehserien wie zum Beispiel ‚Akte X' letztlich nichts anderes als Schutzbehauptungen für bestimmte Vorkommnisse sind, nach dem Motto: ‚...das hast Du aus dem Fernsehen...'. Diese Geschichte hätte beispielsweise aus so einer Sendung entliehen sein können."

„Sie meinen damit, dass man Projekte oder geheime Versuche thematisch in Abenteuer- oder Science-Fiction-Filmen verarbeitet, damit man später einmal, wenn jemand hinter solch ein Geheimnis – zum Beispiel ein geheimes Militärprojekt – kommen sollte, sagen kann, diese Person habe zu viele Hollywood-Filme gesehen? Ich verstehe..."

„Unabhängig davon, ob die unwahrscheinliche Geschichte mit dem plötzlich verschwindenden Objekt stimmte oder nicht, war mein Interesse wieder geweckt, und ich suchte von nun an nach weiteren Indizien. Das war gar nicht so schwer, wenn man weiß, worauf man achten muss, oder um es mit Goethe zu sagen: ‚Der Mensch sieht nur, was er auch versteht...'
Inzwischen wusste zwar mein engster privater Freundeskreis von diesen Sachen, aber sie waren anfänglich mehr skeptisch als überzeugt.
Irgendwann in dieser Zeit fiel uns auf, dass vielfach seltsam rotierende ‚Diskothekenlichter' – wie wir sie nannten – am Himmel zwischen dem nördlichen Ruhrgebiet und dem Münsterland gleichzeitig auftauchten. Im Grunde genommen war es ein einzelner Scheinwerfer, der tatsächlich manchmal auf dem Dach einer Diskothek oder auf dem Dach eines großen, weiß angestrichenen Sattelaufliegers montiert war. Eine eingebaute Optik erzeugte mehrere kleine Lichtkreise, die zu einem größeren Lichtkreis zusammengefasst waren. Sie leuchteten rotierend, fast senkrecht in den nächtlichen Himmel. Dabei schwenkten sie wie Flakscheinwerfer hin und her. Bei Bewölkung war der Effekt noch einigermaßen interessant anzusehen, aber bei klarem Nachthimmel sah man quasi nicht viel, was die Betreiber trotzdem nicht daran hinderte, an mehreren Orten gleichzeitig die Lichter ‚spielen' zu lassen. Auffällig war, dass diese ‚Diskothekenlichter' häufig auf einer Linie, nämlich vom nördlichen Ruhgebiet (Autobahn A 31) in Richtung Emden, ihre sogenannte Lightshow aufführten.
Zunächst fielen uns diese Lichtspiele verstärkt am Wochenende, dann aber auch unter der Woche auf. Ich habe in der Innenstadt von Münster diesen weißen Auflieger ohne Zugmaschine mit zivilem Kennzeichen während eines abendlichen Stadtfestes gesehen. Der Strahler war auf dessen Dach montiert, relativ klein, vielleicht 1,5 m lang mit geschätzten 80 cm Durchmesser. Das Merkwürdige daran war, dass es keinerlei Aufschrift oder Werbeadresse an dem Auflieger zu sehen gab. Auch waren keine dazugehörigen Personen erkennbar.
Es wären wahrscheinlich für uns weiterhin sinnlose Lichtspiele geblieben, wenn nicht mein Bekannter (ein ortskundiger Fahrlehrer) eines Abends nach seinen Nachtfahrstunden mich zu einer interessanten Fahrt mitgenommen hätte. Mitten auf dem Acker, kilometerweit weg von jeder Ortschaft oder Gebäuden, stand ein weißer Auflieger unbewacht, ohne Stromanschluss oder Aggregat, und malte seine Lichtkreise für eine nicht vorhan-

dene Zuschauergruppe in den Himmel. Wir wagten es nicht, anzuklopfen oder die Tür des Aufliegers zu öffnen und fuhren mit gemischten Gefühlen nach Hause.“

„Was dachten Sie und Ihr Bekannter, was das sollte?“

„Naja, jetzt hatten wir aus unserer Sicht eine neue Lage. Da kein Mensch nachts einen Auflieger mal so in die Gegend stellt und für ein nicht vorhandenes Publikum stundenlange Lichtspiele scheinbar umsonst vorführt, musste etwas anderes der Grund dafür sein. Die wildesten Theorien wurden aufgestellt, bis einer meiner Freunde auf das Naheliegendste kam: Ablenkung und Tarnung.“

„Was meinen Sie damit?“

„Mein Freund begründete das einfach so: Scheinbar läuft im nächtlichen Luftraum etwas Besonderes ab. Deshalb die ‚Diskothekenlichter'. Diese stehen meistens, aber nicht immer, wie wir gesehen haben, in der Nähe oder sogar in Ortschaften und suggerieren den Leuten irgendeine Veranstaltung mit Lightshow-Programm. Das ist die Ablenkung. Da diese Lightshow andererseits nicht besonders attraktiv ist und sich auf die Dauer deswegen keiner in kalten Nächten eine Erkältung oder zumindest einen steifen Nacken holen will, wird das bald als normal hingenommen, und keiner schaut hin.“

„Ich verstehe – also wie mit dem vorher genannten Hollywood-Film-Effekt. Man lässt etwas am Himmel fliegen – etwas Ungewöhnliches – und richtet gleichzeitig die Diskostrahler in den Himmel. Wenn dann nachher einer sagt, er hätte eine leuchtende Scheibe am Himmel gesehen, werden alle sagen: ‚Klar, das war der Diskostrahler!'“

„Genau. Da oben im Luftraum war etwas, was man vielleicht sehen kann, es aber nicht sehen soll. Nennen Sie es Tarnung oder Vertuschung. Selbst wenn zufällig ein unvorbereiteter Beobachter nach solch einer Nacht von einem ‚ungewöhnlichen Licht' oder ‚Ding' am Himmel gesprochen hätte, was hätte man ihm geantwortet?“

„Ist klar...“

„Gleichzeitig hätte man ihn scherzhaft nach seinem Alkoholkonsum gefragt, oder? Die Begründung meines Freundes war daher für uns alle die plausibelste, da wir jetzt nicht mehr davon ausgingen, dass es sich um ein kostenloses, nächtliches Unterhaltungsprogramm handelte."

„In welche Richtung gingen denn Ihre Mutmaßungen bezüglich des fliegenden Objektes?"

„Es wurde natürlich in verschiedene Richtungen gedacht. Da diese Aktion mit den Diskothekenlichtern relativ lokal stattfand, schieden Objekte im Weltraum aus. Die hätte man dann an anderer Stelle, vielleicht 200 km entfernt, sichten können. Die Vorbereitung eines großen Angriffs aus dem Weltall konnte es also nicht sein. Entschuldigung, das war jetzt ein Scherz... Aber irgendetwas flog sozusagen vor unserer Nase umher, auf einem festgelegten Kurs, nahe der Diskothekenlichter, da waren wir uns sicher. Es war aber etwas, was nicht jeder sehen sollte, deshalb der riesige Aufwand mit den weit verstreuten Lichtern.
Zu diesem Zeitpunkt wollte es keiner laut sagen, aber für einen derartigen Aufwand kam nur noch ein ganz besonderes Fluggerät in Frage: ein unkonventionelles Flugobjekt."

„Aber was könnte man in Deutschland testen? Etwas von der Bundeswehr oder was von den Amis? Und wäre das nicht etwas riskant, ein geheimes Fluggerät mitten in Deutschland testzufliegen? Was wäre, wenn es abstürzen würde oder notlanden müsste? Das ist doch dicht besiedeltes Gebiet!"

„Zum ersten Teil Ihrer Frage kann ich nicht sehr viel sagen. Zu diesem Zeitpunkt wusste keiner, um was es sich handelte. Genau genommen befanden wir uns immer noch im Reich der Spekulationen. Aber spekuliert wurde natürlich.
Was den zweiten Teil Ihrer Frage bezüglich einer Notlandung angeht, so berichtete der Fahrlehrer von einer bemerkenswerten Begebenheit. Auf einer seiner Nachtausbildungsfahrten führte ihn der Weg an einem bekannten, abgelegenen Waldstück vorbei. Aus dem Inneren dieses Waldstückes, in dem sich außer einer kleinen Lichtung nichts befand, schien in dieser Nacht – aber danach nie mehr – überdurchschnittlich starkes Flutlicht in alle Richtungen. Das war schon sehr ungewöhnlich."

„Sie meinen, es könnte sich um eine Art Blendtarnung nach einer Notlandung gehandelt haben?"

„Möglich wäre es. So eine Flutlichtanlage stellt doch kein ortsansässiger Bauer in den Wald, oder? Weitere Begebenheiten trugen sich in den nächsten Monaten zu. Dieser Fahrlehrer konnte von weiteren ungewöhnlichen Aktivitäten entlang der Autobahn A 31 berichten. Als er eines Nachts, gegen 0:30 Uhr auf der A 31 privat nach Hause fuhr, stellte er fest, dass auf jeder Autobahnbrücke, unter die er fuhr, in einem bestimmten Abschnitt eine Person stand. Sie alle blickten in die gleiche Richtung, als wenn sie auf etwas warten würden.

Eines Abends, es war noch gar nicht so spät, fuhr er mit seiner Frau und einer Verwandten auf der bewaldeten Landstraße Richtung Ahaus, als von hinten kommend quer über ihnen ein sehr schnelles, tief fliegendes lautloses Etwas daherkam, das links und rechts rot leuchtende Raketen versprühte – in einem gewissen Abstand gefolgt von tieffliegenden, eindeutig langsameren Düsenjägern, die auch deutlich zu hören waren. Auch wenn alles sehr schnell ging, so haben es alle deutlich sehen können, und alle waren noch Tage später merklich aufgewühlt. Musste ‚man' sich da eines nicht eingeweihten Verfolgers entledigen?

Die komprimierten Schilderungen erwecken jetzt den Eindruck, als wenn jeden Tag etwas los gewesen wäre. Dem ist aber nicht so. Dazwischen lagen, wie schon gesagt, Wochen oder gar Monate.

Inzwischen war ich zusammen mit einem anderen Freund auf dessen Initiative hin zu einer Gruppe im westlichen Ruhrgebiet gestoßen, die sich privat mit weltweiten UFO-Phänomenen beschäftigte. Diese trafen sich unregelmäßig an Samstagabenden. Obwohl wir von vielfältigem ‚Detailwissen' aus aller Welt hörten, waren zu unserem Erstaunen alle völlig ahnungslos, was unsere Geschichte aus dem Münsterland anging. Letzteres sollte sich später für einige auf signifikante Weise ändern."

„Da bin ich jetzt aber gespannt…"

„Der ‚harte Kern' der Gruppe war natürlich interessiert, und mit der Zeit kamen weitere Hinweise aus vielen Richtungen hinzu, die unseren Verdacht erhärteten, nämlich dass die ‚Area 51' ins Münsterland gekommen sei. Aber wo, das war eben die Frage… Es war wirklich eine spannende Zeit, in der uns viele scheinbar bedeutungslose Puzzelteile von den ver-

schiedensten Personen zugetragen wurden, die zunehmend ein immer klareres Bild ergaben."

„Vielleicht können sie mir ein Beispiel geben?"

„Hm, ok. Eine kleine Information, die für sich alleine nichts Außergewöhnliches darstellte war zum Beispiel, dass ein Bauer in der Nähe der A 31 des Nachts manchmal ein unerklärliches Summen in der Luft hörte. Weiterhin gab es immer mehr Hinweise, dass ein militärisches Übungsgebiet als mögliche Basis diente."

„Wie bitte?"

„Ja, tatsächlich. Aber bitte sehen Sie mir nach, dass ich an dieser Stelle nicht konkreter werde und keine weiteren Details bekannt gebe, die diesen Verdacht erhärten würden. Ich bin ja immer noch im Dienst…
Irgendwann war der harte Kern der UFO-Gruppe bereit, dieses Übungsgebiet – natürlich am Rande – zu beobachten, sobald die ‚Diskolichter' wieder aktiv waren. Irgendwoher konnte auch eine Optik mit Restlichtverstärker organisiert werden. Da die Aktion unplanmäßig mit wenig Vorlauf starten musste, konnte ich just an diesem Tage nicht mitfahren, und somit kann ich die folgende Beobachtung leider nur aus zweiter Hand wiedergeben: Es waren an diesem Abend drei Personen, die sich am Rande unseres favorisierten Gebietes positionierten. Unweit davon stand auch ein ‚Diskostrahler', wie sie dann berichteten.
Am nächsten Morgen klingelte mein Telefon. Es war einer der vorabendlichen Beobachter. Wir sollten uns schnellstmöglich treffen, sagte er. Als ich ankam, platzte es aus ihnen heraus: Sie haben dort lange gewartet und wollten schon wieder nach Hause, als kurz vor 1 Uhr ein schwaches Licht über den vor ihnen liegenden Hügeln auftauchte. Mit bloßem Auge war nichts zu erkennen, doch durch den Restlichtverstärker konnten die Drei dann das Unfassbare sehen: Lautlos schwebte eine Fliegende Untertasse über die Hügelkette. Geschätzte Größe ihrer Meinung nach: zirka 50 m. Diese flog dann langsam weg und verschwand aus dem Sichtkreis. Das war alles."

„Wahnsinn. Glauben Sie, dass das alles der Wahrheit entsprach?"

„Gelogen oder nicht gelogen ist immer schwer zu sagen, das werden Sie ja auch kennen? Wäre ich mitgefahren, dann könnte ich zumindest für mich diese bohrende Frage beantworten. So, wie ich die Drei kennengelernt habe, und wie sie sich nach der Sichtung verhielten, glaube ich der Geschichte. Einer vom ‚harten Kern' wollte schon vorher eine Flugscheibe gesehen haben und war relativ gefasst. Die anderen zwei Begleiter dagegen schienen sichtlich betroffen, wovon einer mit dieser Sichtung offensichtlich gar nicht klarkam. Er gab jetzt offen zu, dass er die Gruppe vorrangig unter dem Aspekt der Unterhaltung besuchte, doch das, was er diese Nacht gesehen hatte, hätte er nie für möglich gehalten.
Ich versuchte natürlich, möglichst viele Details herauszufinden, doch wer schon mal durch einen älteren Restlichtverstärker geschaut hat, weiß, dass die grafische Auflösung nicht dem HD-Standard eines heutigen Fernsehprogramms entspricht."

„Konnten Hoheitsabzeichen an der Scheibe erkannt werden?"

„Diese Frage habe ich auch gestellt, sie wurde aber verneint."

„Wie sind nun alle damit umgegangen?"

„Es hört sich unlogisch an, aber das war das Ende der Geschichte. Ich hatte jetzt meine Antwort auf die Frage, was ich vor Jahren in meinem Garten gehört und gesehen hatte, erhalten. Ich hatte, wenn Sie so wollen, (indirekt) meinen ‚Erlkönig' gefunden. Zudem traten andere persönliche Ereignisse in mein Leben, die nun Priorität hatten. Der Kontakt zur Gruppe brach danach ab, bis heute."

Soweit das Interview mit M. K..

Ich hatte ihn im Interview bewusst nach den Hoheitszeichen gefragt, da es da bei mir auch eine Hintergrundgeschichte gibt: Es war im Jahre 1997, als ich ein Dokument des Britischen Geheimdienstes zugespielt bekam mit dem Titel: „*German UFO-crafts 1976 to 1989 – Secret development of strange air- and space-weapons in Federal Republic of Germany*". In diesem Dokument, das ich erstmals im Buch „*Unternehmen Aldebaran*" veröffentlichte, werden bedeutende Persönlichkeiten der BRD beschuldigt – unter diesen sogar Willy Brandt –, in aller Heimlichkeit die Entwicklung und den

Bau unkonventioneller strategischer Waffen betrieben zu haben. Es geht konkret um „*UFO-Crafts, going back to hidden technologies called flying disks, as basically known from WW II*". Dazu finden sich zwei Aufnahmen alter deutscher Versuchsfluggeräte aus dem Jahre 1944 sowie ein knapper Hinweis auf entsprechendes Material in britischen Archiven mit genauen Stellungnahmen.

Es folgt in diesem Dokument ein kurzer Bericht über seinerzeitige Verhöre deutscher Wissenschaftler, insbesondere auch Dr. Wernher von Brauns, bis in die späten Fünfzigerjahre hinein, und der Kommentar, das Gefühl sei sehr stark gewesen, dass die Verhörten ihr Wissen zu diesem Themenkreis nicht preisgaben. Danach wird erklärt, dass es von Anfang 1945 an eine Geheimtechnologie der Deutschen gegeben habe, die den Alliierten mutwillig vorenthalten wurde. Man geht in dem Dossier sogar so weit zu vermuten, den Alliierten sei bewusst bloß die zweitbeste Technik ausgeliefert worden, um die in Wahrheit besten Möglichkeiten einem womöglich wiederaufsteigenden Deutschland vorzubehalten.

Angeblich sollen alle informiert gewesenen Deutschen einen ganz besonderen Eid in dieser Angelegenheit haben schwören müssen, der nicht auf den „Führer" Adolf Hitler und ein bestimmtes Reich abgelegt werden musste, sondern auf das deutsche Volk als geschichtliche Sendungsgemeinschaft für alle Arier („*...in predestination for all arian people*"). Des Weiteren wird beschrieben, dass die BRD sich heimlich in die Lage versetzt habe, die NATO-Strategie im Ernstfall unwirksam zu machen – und zwar im Wesentlichen durch die Fähigkeit, Nachrichtensatelliten abzuschießen oder zu manipulieren; von jedem Radar unbemerkt überall operieren zu können und Flugzeuge und auch Raketen abfangen zu können.

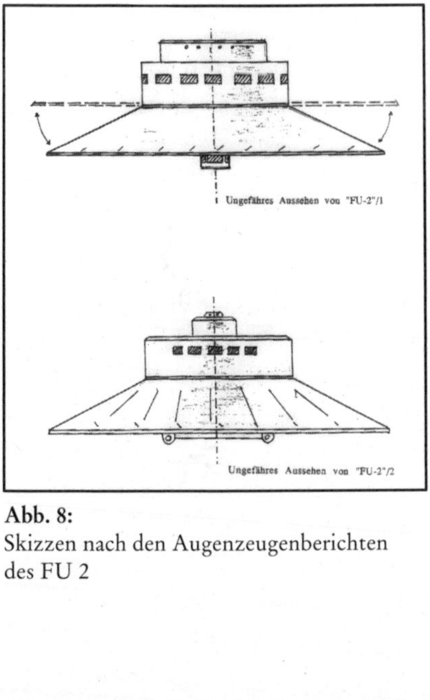

Abb. 8:
Skizzen nach den Augenzeugenberichten des FU 2

Um diese Ziele zu erreichen, habe die Bundesrepublik, so heißt es, zunächst einmal Marschflugkörper entwickelt, die im Prinzip auf die alte

„V1“ zurückreichten. Dieses Projekt sei zunächst in Bayern angegangen worden, die Erprobungen haben dann jedoch in Zaire, Zentralafrika, stattgefunden. Dieses Projekt, das den Decknamen „Notung“ getragen haben soll, sei dann aber aufgeflogen, die Konstruktionen seien den Alliierten übergeben und von den Amerikanern als „cruise missiles“ nachgebaut worden. Der nächste Versuch der Bundesrepublik sei die Entwicklung der Rakete „Modul“ gewesen. Auch ihre Erprobung fand in Zaire statt, flog auf und wurde beendet, obgleich die dann offiziell gegründete Firma OTRAK noch weitere Versuche, namentlich in Libyen, unternommen habe. Die „Modul“-Rakete hätte das Potential einer Weltraum- und Interkontinentalrakete gehabt, heißt es, deren Leistungen denen der NASA zwar nicht überlegen gewesen wären, jedoch günstigere Herstellungskosten aufgewiesen hätten und insofern die kommerzielle Seite des Satellitengeschäfts hätte beeinträchtigen können – dies nicht bloß für die USA, sondern auch für die „Ariane“-Rakete, die unter Leitung des deutschen Peenemünde-Ingenieurs Rolf Engel entstanden war und vorwiegend von Frankreich mit Beschlag belegt worden sei.

Nach allen diesen vereitelten Versuchen, so heißt es in dem Dokument, seien die Deutschen auf den Gedanken verfallen, etwas grundlegend anderes zu machen. Nachdem die Deutschen darauf gekommen waren, dass sie nicht so einfach hinter dem Rücken der Alliierten drauflosarbeiten konnten, ernannten sie einen Herrn XY von der Partei CDU/CSU, darüber nachzudenken. Dieser Mann legte eine Sammlung aller technischen Möglichkeiten an, darunter auch solche, die „silly“ (albern) wirkten. Er konzentrierte sich auf solch eine Angelegenheit aus der Zeit des Zweiten Weltkriegs, die dann zu dem „UFO-Craft“ führte.

Es hatte nach Kriegsende eine Entwicklung durch einen Prof. Heim in Göttingen, Westdeutschland, gegeben, die von Anfang an geheimgehalten worden war. Dabei ging es um eine Technik zur „Gravitationsabschirmung“. Mit dieser Technik, in Kombination mit Restinformationen aus der ähnlichen Geheimwaffenentwicklung aus der Zeit zwischen 1934 und 1945 in Deutschland, begann das Projekt „FU“ – „Fliegende Untertasse“. Dazu wurde ein geheimes Versuchsgelände in der Lüneburger Heide bereitgestellt. Und es wurde ein rundes Gerät von 18 Metern Durchmesser gebaut, mit einer Pilotenkuppel obendrauf. Dieses Gerät besaß drei Antriebe:

1. Den „Gravitationsabschirmer“,
2. ein Rückstoßprinziptriebwerk, das über eine ringsum gelagerte, große Anzahl von kleinen Düsen wirkte, und
3. eine kleine Luftschraube, die nach oben wirkte und eingezogen werden konnte.

Der sogenannte „Gravitationsabschirmer“ bewirkte demnach, dass der Apparat in einen Fastschwebezustand versetzt wurde. Er wurde dadurch praktisch gewichtslos, ähnlich einem Ballon. Um sich erheben zu können, bedurfte es aber der Luftschraube. Wenn das „FU“ dann in eine verhältnismäßig große Höhe gestiegen war, etwa bis auf 8.000 Meter, konnten die Düsen in Funktion treten. Diese besorgten dann sowohl den Vorwärtstrieb als auch die Steuerung. Das „FU“-Gerät benötigte mehrere Stunden, um eine für seine Fähigkeiten geeignete Höhe zu erklimmen. Es wäre vielleicht schneller gegangen, hätte es statt der kleinen Luftschraube einen großen Rotor besessen. Dann aber wäre es zu laut gewesen, um heimlich zu starten. Das „FU“ besaß zudem einen dunklen Nachttarnanstrich und wurde immer nur nachts gestartet, weil es nicht bemerkt werden sollte. Dabei bewirkte der „Gravitationsabschirmer“ offenbar, das FU für Radars unsichtbar zu machen. Es war nur ein Versuchsapparat, aber doch ein gefährliches Ding. Denn wenn es eine Höhe von 8.000 Metern oder mehr erreicht hatte, konnte es erschreckend schnell fliegen. Wenn es in großen Höhen flog, etwa über 12.000 Meter, schaffte es Geschwindigkeiten von mehr als 6.500 km/h. Das „FU-1-Gerät“ war also eine ernstzunehmende Sache. Im November 1976 wurde es definitiv ausgemacht. Aber die Deutschen vernichteten es vollständig, bevor es von den Alliierten übernommen werden konnte. Die Konstrukteure behaupteten, es sei bei einer Bruchlandung verbrannt. Die westdeutsche Regierung distanzierte sich von der Angelegenheit. Das war nicht glaubwürdig, konnte aber nicht widerlegt werden. Wertvolle Informationen über das „FU“ waren unauffindbar. Alle maßgeblichen Techniker, die daran gearbeitet hatten, blieben ebenfalls unauffindbar. Es kam deshalb zu Verstimmungen...

Wenn die Recherchen in dem Dokument stimmen, wurde spätestens 1982 in derselben Richtung weitergemacht – diesmal vermutlich ohne direkte Beteiligung der Regierung in Bonn, sondern durch private Firmen. Es hatte sich, wie festgestellt werden konnte, ein Konsortium von elf Firmen unter dem Decknamen „TROJA“ gegründet. Es waren neun westdeutsche, eine österreichische und eine italienische Firma beteiligt. Außerdem gab es diesmal Versuchsgelände in Ägypten und sogar in Taiwan. Das neue Fluggerät, das diesmal entwickelt und gebaut wurde, war wesentlich fortgeschrittener. Wir nennen es jetzt einmal „FU-2“, obwohl es sicher einen anderen Namen trug. Das „FU-2“ erinnerte äußerlich viel mehr als das „FU-1“ an die aus der NS-Zeit bekannten Entwürfe. Es war wieder scheibenförmig und etwa vom selben Durchmesser, aber höher, eher wie ein sehr stumpfer Kegel. Es hatte wieder den bewussten „Gravitationsabschirmer“. Statt einer kleinen Luftschraube oben, besaß es einen großen, breitflügeligen Rotor, der über dem Kegelkörper lag und sich bei Betrieb bis in die Waagerechte anhob. Damit konnte das „FU-2“ viel schneller seine ideale Flughöhe erreichen. Statt vieler kleiner Düsen, besaß das „FU-2“ nur zwei, schwenkbar an der Unterseite.

Konnte das Gerät „FU-1“ noch als reines Versuchsgerät angesehen werden, so war „FU-2“ schon ein regelrechtes Fluggerät für die praktische Verwendung. Es war auch schon bewaffnet, wahrscheinlich mit zwei „Oerlikon-Kanonen“ wie sie auch im deutschen „Gepard“-Panzer verwendet werden. In der Aufsteigephase und in geringen Höhen war es sicher leicht verwundbar. Mit einem Maschinengewehr hätte man es bestimmt leicht abschießen können, mit Lenkwaffen jedoch vermutlich nicht. In großen Höhen allerdings haben wir es mit einem fast unangreifbaren Fluggerät zu tun.

Die Geschwindigkeitsleistung des „FU-2“ war beängstigend. Im Jahre 1988, als es sicher erst ein einziges Exemplar gab, konnte aufgrund des Wissens um die Startzeit in Taiwan und die erspähte Landung in Ägypten klar errechnet werden, dass das „FU-2“ auf dieser Strecke eine durchschnittliche Fluggeschwindigkeit von 13.200 km/h erreichte.

Damit wurde klar, dass das „FU-2“ sicherlich auch in die Erdumlaufbahn, also in den Weltraum, fliegen konnte. Es war damit in der Lage, die Nachrichtensatelliten der Alliierten nach Belieben zu zerstören!

Auch dieser Stützpunkt konnte von den Alliierten enttarnt werden, und die Versuche wurden eingestellt und der Stützpunkt aufgelöst. Die Anlagen wurden jetzt in den Iran verlagert. Von dort aus bezog das „Troja“-Konsortium dann ein neues Versuchsgelände nordwestlich von Bagdad im Irak.

Das erste „FU-2"-Gerät dürfte dann bei einem Orbitversuch verlorengegangen sein. Entweder ist es rettungslos in den Weltraum entschwebt oder beim Wiedereintritt in die Erdatmosphäre verglüht. Die Nachrichten über den Verlust des Geräts können auf alle Fälle als zuverlässig gelten. Es waren aber zu dieser Zeit schon zwei weitere „FU-2" fertig und ein drittes, also insgesamt vier, im Bau gewesen. Anfang 1989 wurde dann eines der ganz neuen „FU-2" in Westdeutschland gesehen. Die Geschwindigkeitsleistung dürfte inzwischen noch weiter erhöht worden sein, zumindest theoretisch haben die Erbauer die Möglichkeit, in ein paar Stunden zum Mond und in ein paar Tagen zum Mars zu fliegen, wenn sie das wollten.

Im Dokument folgten dann 4 Augenzeugenberichte, von denen ich hier drei aufführen möchte. Zusätzlich bekam ich vier Farbfotos ausgehändigt, die das FU auf dem Boden und im Flug zeigen. (Abb. 9)

Berichte über unmittelbare Beobachtungen:

1. 1976 – Beobachtung des Apparats „FU-1" in Norddeutschland; angeblich ein britischer Agentenbericht, wörtlich übersetzt: *„Die Beobachtung betrifft ein Areal der deutschen Bundeswehr. Ich musste bis zum Einbruch der Dämmerung warten, um ungesehen auf rund 250 Meter herankommen zu können, aber es sind mir gute Tele-Fotografien gelungen.*
   Der FU-Apparat ist schätzungsweise 18 Meter groß im Durchmesser und mit einem dunklen Nachttarnanstrich versehen. Aber auf einer Kabinenwand befindet sich das übliche Zeichen der deutschen Luftwaffe, wenn auch Klein, außerdem die Beschriftung: D – FU H1.
   In der Kabine sind drei sehr große, runde Fenster. Unten ragt ein stummelartiges Stück vor, das sich dann als Luftansaugöffnung für ein Düsentriebwerk erweist.
   Das ganze UFO-CRAFT steht auf einem Gestell, einer Metallkonstruktion, die fest mit dem Apparat verbunden und vielleicht nicht einziehfähig ist. Es sind mehrere Fahrzeuge am Boden, unter diesen zwei Lastwagen der deutschen Armee. Das bedienende Personal besteht aus, soweit ich zählen konnte, 22 Mann. Vier Mann davon steigen in das UFO-CRAFT.

Um 21:20 Uhr wird der Apparat gestartet. Es ist schon fast dunkel zu dieser Jahreszeit. Ganz kurz ist ein Geräusch wie von einem kleinen Rasenmähermotor zu hören. Das hört gleich wieder auf. Aber es ist jetzt ein leises, singendes Geräusch zu hören. Oben auf dem Aufbau wird ein nicht sehr großer Propeller ausgefahren und mit einem Gasturbinengeräusch angelassen. Der Propeller zieht das UFO-CRAFT dann langsam in die Höhe.
Auf etwa 1.000 Meter Höhe hört das Propellergeräusch auf (wahrscheinlich wird er wieder eingezogen). Dafür kommen Plötzlich rings herum am UFO-Rand kleine Stichflammen hervor, wie aus vielen kleinen Düsen. Nur ganz kurz. Dann bleiben nur an der hinteren Scheibenkante die Düsenantriebe. Diese stoßen plötzlich einen Kometenschweif aus, und das UFO-CRAFT schießt schnell davon. Nach wenigen Momenten ist es nicht mehr zu sehen."

2. 1988 – Angebliche Beobachtung eines britischen Aufklärungsflugzeugs:
   „Das vermeintliche extraterrestrische Raumschiff konnte genau erkannt werden. Es wurden deutsche Hoheitszeichen gesehen, und zwar wie bei Zivilflugzeugen. Eine sehr gute Fotografie gelang. In einer Höhe von 7.500 Metern näherten wir uns dem UFO-CRAFT bis auf ungefähr 400 Meter. Da spurtete es aber mit uneinholbarer Geschwindigkeit weg. Die Größe ist nicht ganz einfach zu schätzen. Aber man kann sagen, es war mindestens 15 Meter im Durchmesser und höchstens 25 Meter. Waffenanlagen konnten nicht erkannt werden."

3. 1989 – Eine Beobachtung des Apparats „FU-2" im Tschad, Afrika; angeblich französische Informationszulieferung. Wörtliche Übersetzung des angeblichen Berichts: *„Die Meldung über ein furchterregendes Gebilde, das vom Himmel gekommen sei, war erst ca. 45 Minuten alt, als sie von unserer Stelle in Empfang genommen wurde. Die Leute (Eingeborene) hatten große Angst. Als wir uns der Stelle näherten, war es auch für uns zuerst ein Schock. Noch nie habe ich etwas so fremdartig Wirkendes gesehen. Mein erster Gedanke war, dass jetzt wirklich die Außerirdischen gelandet waren. Da stand eine ‚Flying Saucer', ein UFO, genau so, wie man es sich vorstellt. Es hatte auf den ersten Blick*

überhaupt nichts Menschliches. Die Beschriftung und das kleine deutsche Abzeichen (die Fahne, die auf allen Flugzeugen als Nationalitätsabzeichen üblich ist), sind keinem von uns bewusst geworden.
Wir blieben zunächst in Deckung hinter den Sträuchern ungefähr 150 Meter von dem Raumschiff entfernt. Das UFO schien notgelandet zu sein. Es stand etwas schief auf seinen fünf ausgefahrenen Metallbeinen. Die Größe war vielleicht knapp 20 Meter im Durchmesser. Es hatte einen hohen, zylindrischen Aufbau, auf dem noch ein kleinerer runder Aufbau war. Die Scheibe war wie ein sehr stumpfer Kegel geformt. Unten in der Mitte gab es ein kleines, verglastes Gebilde, das wahrscheinlich ein- und ausfahrbar war. Oben in den großen Aufbauten waren rechteckige Fenster. Das UFO hatte einen grauen Anstrich, ungefähr so, wie die Amerikaner ihre Kampfflugzeuge neuerdings lackieren. Dann erschien ein Mann ganz oben auf dem Dach der Aufbauten. Es musste da eine Luke geben. Wir bekamen erst einen großen Schreck, weil wir wirklich meinten, ein außerirdisches Wesen käme da raus. Aber es war ein ganz normaler Mensch, der wie ein Europäer aussah. (Abb. 9)
Jetzt fielen uns auch die Markierungen auf: schwarz-rot-gelbes Fahnenabzeichen und die Lettern: D – FU H2W. Es wurde uns bewusst, dass das ein deutsches Versuchsflugzeug sein musste, ein uns völlig unbekanntes, dass sie vielleicht mit den Amerikanern zusammen entwickelt hatten, dachte ich, wegen der grauen Lackierung. Trotzdem waren wir noch von dem fremdartigen UFO-Eindruck wie gelähmt. Der Mann, der mit einem Fernglas Ausschau gehalten hatte, uns aber nicht entdeckte, kletterte wieder hinein in das UFO, und gleich ertönte ein kurzes, leises Knattern, und dann war ein summendes Geräusch zu hören. Das UFO hob sich ein ganz klein wenig. Es war dadurch jetzt nicht mehr schief. Die Metallbeine wurden eingezogen, wobei eines nicht ganz hineinging. Das UFO schwebte dicht über dem Boden, nicht mehr als vielleicht zwei Meter. Wir wollten jetzt näher gehen. Aber da gab es ein anderes Geräusch, das uns verunsicherte, eine Art Heulen. Und dann drehten sich so etwas wie Lamellenflügel. Diese hoben sich von dem niedrigen Kegel, bis in die Waagerechte und umkreisten sausend das Ganze. Es gab ein Brummen wie von einer Riesenwespe. Dadurch hob das UFO sich dann langsam senkrecht nach oben.

Jetzt sah ich, dass unten zwei Düsen- oder Raketenantriebe waren, wenn auch keine sehr großen. Als das UFO sich mit seinen Lamellen einige hundert Meter hochgeschraubt hatte, wurden unten die Triebwerke gezündet. Das Brummen des Lamellenrotors hörte auf, und das UFO flog jetzt schneller, aber nicht sehr schnell, weiter. Aber wie es dann weiter in die Höhe gekommen war, wurde es auf einmal sehr schnell und konnte bald nicht mehr beobachtet werden."

Bericht Nr. 4 ähnelt inhaltlich Bericht Nr. 1 mit dem Unterschied, dass zusätzlich von einer Pilotin berichtet wurde.

Soweit zu dem Dokument des britischen Geheimdienstes. Nun werden Sie sich vielleicht fragen, wieso ich diesem Thema so viel Platz einräume. Nun, das hat nicht nur mit dem gerade – während ich dies schreibe – erschienenen Film „Iron Sky" zu tun, der das Thema „Deutsches Reich und Fliegende Untertassen" wieder einmal veräppelt, sondern eben mit dem Erfahrungsbericht des Herrn M. K., den ich am 17.2.2012 in Kiel aufgesucht hatte. Er ist ein Bundeswehr-Mann und ganz bodenständig und seriös. Und seine Aussagen ähneln doch sehr den eben gelesenen Berichten des britischen Geheimdienstes.

Man kann also davon ausgehen, dass auf deutschem Boden solche Flugkörper testgeflogen oder sogar schon ganz regulär im Einsatz sind. Spannend ist auch – da mir das Dokument schon 1997 vorlag und als Stützpunkte Libyen, der Irak und der Iran genannt wurden –, dass man Libyen und den Irak inzwischen entmachtet und den Iran gerade ins Visier genommen hat.

Es besteht natürlich auch die Möglichkeit, dass dieses Flugscheiben-Projekt auf deutschem Boden zum größten Teil in privater Hand ist, wie im Bericht bereits vermutet wurde. Und wie im Interview auch erwähnt, hatte ich mehrere Gespräche mit einem Siemens-Ingenieur, der mir Namen und Daten zu der Flugscheibe lieferte, die nach dem Krieg erst auf dem ehemaligen amerikanischen Truppenübungsplatz in der Nähe von Lauf und später dann bei Siemens in Moorenbrunn gestanden haben soll.

Lassen wir uns überraschen, was die nächsten Jahre in dieser Hinsicht noch alles ans Tageslicht bringen.

Abb. 9 links oben:
Eine der vier Aufnahmen des FU 1, aufgenommen im Tschad. Man sieht einen Bundeswehr-Piloten, der aus der Scheibe geklettert ist.
Abb. 10 bis 12: Das FU 2 in verschiedenen Varianten.

Umweltschützer als „Handlanger" der Finanzindustrie?

von Andreas Popp

Oh oh, jetzt stellt Popp auch noch „die Guten" in Frage. Dieser Artikel soll auf keinen Fall den Umweltschutz diffamieren, der eine der wichtigsten Aufgaben der Zukunft sein muss! Die Regenwaldabholzung (wodurch übrigens schon viele Tiere ihre Heimat verloren haben und verenden, mit steigender Tendenz...), aber auch die Giftverklappungen in die Meere oder der Atom-Müll, den man einfach vergräbt ohne Rücksicht auf Verluste usw. sind dramatische Realität. Dies alles sind drängende Themen, um die Missstände zu eliminieren, aber offenbar haben die profitierenden Verursacher dieser Probleme nun auch noch den „Pseudo-Umweltschutz" als Einnahmequelle für sich entdeckt...

Eines vorweg: Auch ich habe jahrelang die Maßnahmen von bestimmten Umweltschutzvereinen unterstützt und das aus tiefster Überzeugung, doch mittlerweile kann ich nicht mehr ausschließen, dass zum Beispiel viele engagierte Greenpeace-Aktivisten, die nicht selten aus voller Überzeugung ihr Leben für eine „bessere" Welt riskieren, gnadenlos manipuliert werden. Ich möchte mit diesem Artikel auf keinen Fall die vielen ehrlichen Vereine schädigen, die mit ehrenamtlichen Mitarbeitern häufig Unglaubliches leisten! Allerdings müssen auch bestimmte Dinge gesagt werden, die fragwürdig erscheinen. Zum Beispiel kursiert seit dem Sommer 2009 in der Presse die unglaubliche Idee einer Solarstromerzeugung in der nordafrikanischen Wüste per „Parabolrinnen-Kraftwerkstechnik". Dieser monströse Begriff beschreibt ein spezielles solarthermisches Kraftwerk, welches (stark vereinfacht) durch Sonnenwärme Wasserdampf erzeugt, dessen elektrische Energie über gigantische Kabelsysteme nach Europa transportiert werden soll.

Was auf den ersten Blick ganz spannend klingen mag, zerfällt nach kurzer Zeit zu einer „netten Idee", wenn man in Ruhe diese von Bankvertretern und anderen Nicht-Sachverständigen kreierte Story untersucht. Prof. Dr. Ing. Helmut Alt (FH-Aachen) stellte sich dieser Thematik und brachte aus meiner Sicht die technische Umsetzbarkeit im Kosten-Nutzenverhältnis zum Einsturz, abgesehen von den ethischen Fakten, wenn man Eingeborene verjagen müsste. Der Untergrund der Sahara ist nämlich längst nicht überall geeignet, um darauf bauen zu können, und die in Frage kommenden Gebiete werden von Nordafrikanern zum Beispiel als Weidefläche genutzt. Die 400(!) Milliarden Euro Projektkosten laut einer „Hochrechnung" (und wir wissen alle, dass diese Zahlen eher nicht großzügig kalkuliert werden) sind im Übrigen absurd hoch, und die Stromkosten für die europäischen Endverbraucher müssten sich um mindestens 50 Prozent erhöhen. Die Solar- und Windkraft ist ebenfalls nur durch massive Subventionen der Verbraucher umsetzbar (natürlich „zugunsten" der CO_2-Reduktion, aber darauf komme ich noch).

Dass sich für den neuen Wüsten-Markt der Hochfinanz wieder genügend abhängige Wissenschaftler finden lassen, die alle gewünschten Gutachten erstellen, liegt auf der Hand. Das kennen wir ja zum Beispiel von der „Klimaverschiebung" oder den „Pandemien". Die Tore sollen also wieder einmal geöffnet werden, um erstens gigantische Forschungsgelder zu versenken und dann zweitens die konstruierten Scheinprobleme mit hohen Steuergeldsummen zu „lösen", die allesamt bestimmten Unternehmen zufließen und natürlich den Banken, die den Staaten dafür Kredite vergeben „müssen". Es handelt sich also um das typische Spiel der Umverteilung.

Interessanterweise passt die neue „Sahara-Energie-Nummer" so gar nicht zu der großen anti-islamischen Politik der westlichen Welt, sich ausgerechnet jetzt von den „Mullahs" abhängig machen zu wollen, aber diese inszenierten Paradoxien haben ja genau den Grund, die Menschen zu verwirren, weshalb kaum jemand diesen Widerspruch hinterfragt. Ich habe schon seit langem die Vermutung, dass man den afrikanischen Kontinent in die US-zentrischen „Gewaltaktivitäten" tiefer einbinden will, da man mit den nahöstlichen „Schurkenstaaten" fast „durch" ist und man täglich lesen kann, dass im afrikanischen Erdteil neue Rohstoffe entdeckt werden. Diese Aktivitäten zur „Erschließung neuer Krisenherde" sind aus meiner Sicht recht nachfragewürdig, doch der „Club of Rome" und Greenpeace befürworten die „Desert-Tec-Idee" offenbar kritiklos…

Auch bei anderen Themen ist mir das Engagement einiger Umweltverbände aufgefallen. Dass sich speziell Greenpeace für eine massive CO_2-Reduktion im Rahmen der sogenannten „Klimaerwärmung" einsetzt, habe ich bisher einfach nur auf schlechte Recherchen des Vereins zurückgeführt, auch wenn ich hier noch einmal deutlich hinzufügen möchte, die vielen redlichen Aktivisten nicht angreifen zu wollen, die von ihren „Managern" offenbar falsch informiert werden.

Am 9.10.2009 veröffentlichte die BBC auf ihrer Website: „*What happened to global warming?*" In dem Artikel bemerkte der Redakteur Paul Hudson, dass man bereits seit 11 Jahren keinen Temperaturanstieg mehr feststellen kann, selbst wenn die CO_2-Anteile in der Luft gestiegen sind. Übrigens gibt es Wissenschaftler, die beweisen können, dass das CO_2 grundsätzlich einer Klimaerwärmung *folgt*, aber nicht die Ursache sein kann. Leider passt diese Erkenntnis nicht zu den Profitwünschen der großen Emissionsmanager hinter Al Gore und seinen Schergen. Es geht also wie immer um Geld. Sogar der deutsche „Klima-Katastrophen-Prophet" Prof. Mojib Latif, der selbst Mitglied der internationalen-Klima-Kommission IPPC ist, sagt für die nächsten 10 bis 20 Jahre sinkende Temperaturen voraus.

Ich frage mich hin und wieder, warum die großen Versicherungsgesellschaften die Palmeninsel und Ähnliches in Dubai versichern, obwohl die ganze Stadt doch bald absaufen müsste, wenn der Meeresspiegel steigt? Wieder so ein Paradoxon... Dummerweise hat man für viel Geld die Story der Klimakatastrophe „aufgebaut" und will nun Profite einfahren, weshalb man mit allen Mitteln die Gegner-Argumente unterbindet. Ich kann nur annehmen, dass bestimmte Umweltvereine oder die Partei der „Grünen" wissentlich die Unwahrheit im Interesse des Geldmonopols kolportieren. Das gilt übrigens für nahezu alle Parteien unserer „Demokratur".

Ein weiteres Beispiel sind die Energiesparlampen, deren besonderes Licht die Gesundheit negativ beeinträchtigen kann, deren Effizienz nachgewiesenermaßen aus ganzheitlicher Sicht nicht stimmt und deren Herstellung und Entsorgung durch Quecksilber hochgradig gefährlich und umweltbelastend ist, weshalb man den Giftstoff in Europa nicht fördern darf. Die Produktion der Lampen ist offenbar noch im Rahmen einer Ausnahmeregelung in Europa erlaubt. Egal, dann produziert man halt die neuen Leuchtstoffe in den Ländern wie China oder Indien, um sie dann nach Europa zu exportieren, nach dem Motto: „*Sollen die doch draufgehen!*"

Wenn man diese EU-Politik dann als „rassistisch" einstuft, wie ich das hiermit tue, kommt schnell die von mir oft beschriebene Keule. Auch bei diesem Thema hat Greenpeace eindeutig Position zugunsten der „umweltfreundlichen Energiesparlampen“ bezogen, obwohl man beweisen kann, dass es nur um ein großes Geschäft geht, welches die Welt lediglich zusätzlich vergiftet und die Menschen krank machen kann.

Ich stelle immer wieder fest, dass sehr viele Organisationen einmal mit besten Absichten gegründet wurden, aber irgendwann der Punkt kommt, an dem man ein Umschwenken in den Mainstream wahrnimmt. Es macht schon stutzig, dass die „quasi monopolisierte“ Medienlandschaft nun gerade Greenpeace so viel Sendeplatz widmet... Mal sehen, wann man an mich herantritt, um mir „deutlich“ zu machen, meine Artikel und Aufsätze „umzugestalten“ beziehungsweise dem System anzupassen. Bleiben Sie also meinen Aussagen gegenüber weiterhin sehr kritisch, denn ich kann nicht sagen, wie ich auf einen „massiven Einfluss“ reagieren würde (und damit meine ich bei mir keine „Käuflichkeit“).

Als „Die Grünen“ gegründet wurden, habe ich an eine Jutta Ditfurth oder einen Thomas Ebermann tatsächlich geglaubt und dass tatsächlich eine neue Ära der Umweltpolitik eingeleitet werden könnte. Aber diese aus meiner Sicht authentischen Köpfe (auch wenn ich mit bestimmten linken Ansätzen nicht klarkomme) entfernten sich schnell, als sie merkten, dass ihre Ziele offenbar verraten und verkauft wurden. Die heutigen „Latte-Macchiato-Grünen“ (wie sie Jürgen Elsässer von der *Volksinitiative gegen das Finanzkapital* bezeichnet) sind mittlerweile Mainstreamer par excellence und unterscheiden sich gar nicht mehr von der anderen abhängigen „Politprominenz“. Die grüne, mitgetragene Klimaschutz-Propaganda kann ich bei einer selbst ernannten Umweltpartei oder einer Umwelt-Organisation nicht tolerieren, denn da muss man einfach eine gewisse Mindestqualität an Recherchen erwarten. Mir tun nur die vielen lokalen und regionalen Politiker aber auch Umweltaktivisten leid, die sich nach bestem Wissen und Gewissen für eine bessere Welt einsetzen, während ihre Bosse oft längst die Interessen der Kapital-Lobby vertreten. Warum aber werden diese ganzen Probleme überhaupt erfunden?

Da sind wir wieder beim Geldsystem. Damit die Umverteilung der realen Werte dieser Welt von arm auf reich weiterhin weitergehen kann, muss die Finanzlobby das Thema „Wirtschaftswachstum“ hochhalten, das durch das Bruttoinlandsprodukt (BIP) ausgewiesen wird. Diese Zahl des BIP wird oft mit dem Wohlstand der Bevölkerung in Zusammenhang gebracht, was natürlich absurd ist. Da alle ökonomischen Aktivitäten ins BIP einfließen, kann es theoretisch zu 100 % aus Rüstungsproduktion bestehen, wodurch aber allerdings nur ein paar wenige Bürger eine Verbesserung ihres Wohlstandes erfahren würden. Um diese für die meisten Menschen unverständliche (Un-)Ordnung zu erhalten, brauchen wir Wachstum – egal wie!

Um das BIP steigen zu lassen, kann man zum Beispiel die Atmosphäre der Welt in Kubikmeter aufschlüsseln, um diese Einheiten als Emissionszertifikat zu verkaufen. All diese sinnfreien Aktivitäten – ob man sie nun als CO_2-Zertifikate, Schweine-Grippen-Impfstoff oder Waffenproduktion usw. bezeichnet – dienen der Erhöhung des Bruttoinlandsproduktes, damit sich dann eine Regierung hinstellen kann und ein Wirtschaftswachstum verkündet, während die Einkommen der Bevölkerung weiterhin gedrückt werden und immer mehr Kinder in sozialen Einrichtungen gespeist werden müssen. Würden mehr Menschen erkennen, dass dieser Irrsinn bewusst gesteuert wird, gäbe es die wohl größte Revolution, die je auf Erden stattfand!

Immer öfter kommen die Lügen der neoliberalen „Führer“ heraus und ich bin hoch erfreut, dass sich die Schweinegrippen-Impfstoff-Propaganda zum Rohrkrepierer entwickelte. Wir haben eine gute Chance, dass die Klima-Lüge ebenfalls auffliegt. Es erreicht uns immer mehr Zuspruch von Menschen (auch der sogenannten führenden „Liga“ verschiedener Konzerne und Staaten), die sich mit den konkreten Lösungen aus meinem Buch *„Der Währungs-Countdown“* beschäftigen. Speziell die Bodenrechtsfrage wirft noch immer einige Verständnisprobleme auf, weshalb ich das Grundsatzthema des „Eigentums“ immer wieder aufgreife. Offenbar erkennen immer mehr Menschen aus allen Ebenen der sozialen Schichten, dass hier ein gigantisches Spiel läuft.

Der SPD-Politiker Karl Weinhofer sagte einmal:
„Die Menschen sind grob in drei Kategorien einzuteilen:

1. *Die Wenigen, die dafür sorgen, dass etwas geschieht;*
2. *die Vielen, die zuschauen, wie etwas geschieht und*
3. *die überwältigende Mehrheit, die keine Ahnung hat, was überhaupt geschieht.“*

Russische Kriegspläne? Das ist politisch unkorrekt!

von Hans Altmann

Die allgemeine Geschichtsschreibung sieht in Deutschland für den Ersten und besonders für den Zweiten Weltkrieg den Aggressor. So wird es den deutschen Kindern in den Schulen gelehrt, und so wird es auch in der Systempresse geschrieben. Erstaunlich ist es, wenn es dann Ausländer – also Nichtdeutsche – gibt, die diesen Thesen widersprechen.

Es war im Herbst 2009, als ich in der Stadt Kamp-Lintfort am Niederrhein im Kaufhaus REAL einkaufen war. Was mir dort besonders auffiel war, dass sich die Toilettenanlagen in einem besonders sauberen Zustand befanden. Als ich eine 50-Eurocent-Münze auf den weißen Teller legte, bedankte sich eine freundliche ältere Dame in einem guten Deutsch, aber mit einem leichten russischen Akzent. Auf meine Frage, woher sie komme, erzählte sie mir, dass sie aus Sankt Petersburg stammt. Auf meine zweite Frage, wie es komme, dass eine so gebildete Frau mit so einem guten Deutsch hier als Toilettenfrau arbeitet, erzählte sie mir, dass sie in ihrem Beruf als Lehrerin für Geschichte und Mathematik in Deutschland keine Chance auf eine Anstellung bekomme. Sie müsse die Geschichte, wie sie den deutschen Kindern in der Schule gelehrt wird, eigentlich ganz anders erzählen – besonders, wenn es um die Geschichte des Zweiten Weltkrieges geht. Dann berichtete die Lehrerin, dass die deutsche Wehrmacht, als sie im Juni 1941 in Russland einmarschierte, von einem großen Teil der russischen Bevölkerung freundlich empfangen wurde. In den baltischen Staaten und in der Ukraine wurden die deutschen Panzer teilweise mit Blumenkränzen geschmückt. Etwa 70 Prozent des russischen Volkes war gegen Stalin, und sie hofften jetzt, dass sie von der deutschen Armee endlich befreit würden.

Das hörte ich nicht zum ersten Mal, da der ehemalige Leiter der Abteilung Fremde Heere Ost (FHO) und erster Präsident des BND, Reinhard Gehlen, dies in seinem Buch *„Der Dienst“* ebenfalls berichtet hatte. Gemäß dessen Schilderung hatte die deutsche Führung diese Chance leider nicht genutzt, und es wäre möglich gewesen, mit der Hilfe des russischen Volkes den Ostfeldzug zu gewinnen.

Ich kann mich an eine wahre Geschichte erinnern, die mir mein Vater vom Russlandfeldzug erzählt hatte. Er wurde 1940 zur Wehrmacht eingezogen. Mit dem Gedanken, dem deutschen Volk zu dienen, machte er die Grundausbildung, und er kam im Anschluss nach Allenstein in Ostpreußen zu seiner Einheit. Am 22. Juni 1941 erfolgte der Angriff auf die Sowjetunion. Die deutsche Wehrmacht stieß in einen gewaltigen Aufmarsch der Roten Armee hinein und war den Worten meines Vaters zufolge einem Angriff der Roten Armee Stalins nur um Wochen zuvorgekommen. Er erklärte: *„Obwohl die Rote Armee zahlenmäßig der Deutschen um ein Mehrfaches überlegen war, stürmte die deutsche Wehrmacht von Sieg zu Sieg."*

Die offizielle Geschichtsschreibung berichtet hingegen von einem größenwahnsinnig gewordenen Hitler, der seine Soldaten bewusst in den Tod schickte. Aber entsprach das wirklich immer den Tatsachen? Da gibt es den russischen Historiker Viktor Suworow, der behauptet, dass die deutsche Wehrmacht in den Aufmarsch der Roten Armee hineingestoßen ist. Er belegt es sogar anhand von Dokumenten aus russischen Archiven. Sein Buch darüber, *„Der Eisbrecher"*, ist in Russland sogar zu einem Bestseller geworden. Stalin stand Suworows Recherchen zufolge mit der Roten Armee mit einem Aufgebot von 24.000 Panzern modernster Bauart zu einem Angriff auf Deutschland bereit. Stalin glaubte, dass er losschlagen kann, wenn die Wehrmacht im Westen gebunden ist. Der Angriff war für den Juli 1941 geplant. Die deutsche Wehrmacht stand mit einem Aufgebot von nur 3.410 Panzern dem gegenüber. Der Erfolg der Wehrmacht lag nicht nur in der Motivation und guten Ausbildung des deutschen Landsers, sondern auch in der neuen Strategie der Kesselschlachten. Während die Gegner ihre Soldaten in der Deckung ihrer Panzer angreifen ließen, stießen die deutschen Panzer immer an den schwächsten Stellen des Gegners durch, drehten dann und standen dem Gegner plötzlich im Rücken – erklärt Suworow.

Und auch der polnische Historiker Bogdan Musial nahm anhand neuester Dokumente eine Neubewertung des Russlandfeldzuges von 1941 vor. Bogdan Musial zählte zu den wenigen westlichen Historikern, die breiten Zugang zu den Moskauer Archiven hatten. Als erster hatte er systematisch die einschlägigen Protokolle und Sonderakten der sowjetischen Führung, vor allem des Politbüros und des streng geheimen Verteidigungskomitees, ausgewertet, und kam zu dem Ergebnis, dass es schon seit den 1920er Jahren klare Angriffsabsichten der Partei- und Militärführung unter Stalin gab.

Mein Vater berichtete mir darüber mehr im Detail: *„Hitler, der von den Angriffsplänen der Roten Armee erfuhr, ließ die englische Armee, die bei Dünkirchen von der Wehrmacht eingekesselt war, entkommen. Er gab seinen Soldaten den Befehl, das Feuer einzustellen. Gleichzeitig hoffte er, dass England daraufhin zu einem Frieden mit dem Deutschen Reich bereit war. Leider hatte er sich darin getäuscht. Auch sein Stellvertreter Rudolf Heß wurde bei seiner Friedensmission – als er mit dem Fallschirm über England absprang – von den Engländern verhaftet und bis zu seiner Ermordung 1987 in Spandau im Gefängnis festgehalten. Auch wenn die deutsche Wehrmacht mittlerweile in einem Drei-Frontenkrieg gebunden war, kämpften die deutschen Soldaten an allen Fronten noch siegreich. Das verbündete Italien griff auf dem Balkan Griechenland an, aber kam mit diesem Land militärisch nicht zurecht. So musste auch dort die deutsche Wehrmacht eingreifen, da das Deutsche Reich mit Italien verbündet war."*

Mein Vater erklärte weiter, dass Stalin am 17. November 1941 den Befehl Nr. 0428 erließ, heute bekannt als „Fackelmänner-Befehl". Dieser Fackelmänner-Befehl bedeutete, dass hinter den deutschen Linien sowjetische Partisanen abgesetzt wurden, die getarnt in Uniformen der Wehrmacht und der SS auf einer Breite von 40 Kilometern und einer Tiefe von 60 Kilometern ganze Dörfer abfackelten und einen großen Teil der Menschen darin umbrachten – einige davon aber am Leben ließen, damit diese dann erzählen konnten, dass es *„deutsche Mörder"* waren. Dadurch kam erst das Partisanenunwesen auf. Aber die deutsche Führung verstand auch nicht, die anfängliche Sympathie des russischen Volkes zur deutschen Wehrmacht zu nutzen, meinte mein Vater. Man sprach vom „sowjetischen Untermenschen", so als wüsste man nicht, dass ein großer Teil des russischen Volkes ebenso germanischer Abstammung war wie das deutsche Volk. Durch die russischen Partisanen sind während des Russlandfeldzuges 500.000 deutsche Soldaten aus dem Hinterhalt getötet worden.

Mein Vater hatte damals die Aufgabe, 30 russische Gefangene mit seinem LKW von der Front zurück in ein Gefangenenlager zu fahren. Es ging dabei durch Wälder, wo man keinen Menschen antraf, wobei er noch im Sand stecken blieb. Die russischen Gefangenen sprangen ab und schoben den LKW mit vereinten Kräften aus dem Sand heraus. Mein Vater teilte mit ihnen noch seine Rationen an Zigaretten und Schokolade, und die russischen Gefangenen stiegen im Vertrauen auf die Anständigkeit der deutschen Soldaten wieder auf den LKW. Leider täuschten sie sich, wie auch mein Vater. Im Gefangenenlager kam ein sogenannter Politoffizier, die man damals als „Goldfasane“ betitelte, und er befahl, dass keine Gefangenen gemacht werden, sondern alle erschossen werden müssten. Entsetzt stellte sich mein Vater vor die Gefangenen, um zu verhindern, dass hier ein Verbrechen gegen die Menschlichkeit begangen und internationales Gesetz gebrochen wurde. Es kam dann soweit, dass er mit erschossen werden sollte. Nur durch das Eingreifen anderer deutscher Offiziere wurden die Erschießungen verhindert. Aber solche Fanatiker in den eigenen Reihen haben der Wehrmacht mehr geschadet als ganze feindliche Bataillone. Viele der deutschen Soldaten an der Ostfront berichteten, dass die Soldaten der Roten Armee, bevor sie zu einem Angriff gegen die deutschen Stellungen stürmen mussten, betrunken gemacht wurden. Wenn am Abend Gesang aus den russischen Stellungen herüberschallte, wussten die Soldaten der Wehrmacht, dass es am nächsten Morgen zum Angriff kam. Die russische Infanterie stürmte in mehreren Wellen vor. Mit einem lauten *„Hurra“* kamen sie angestürmt, und die deutschen Soldaten mussten Welle um Welle niedermähen, bevor sie dann über Berge von toten Rotarmisten selbst nach vorne stürmten. Das deutsche MG 42, welches bis in die 1960er Jahre noch das beste Maschinengewehr der Welt war, war unter dem Namen „Hitlersäge“ bei den Soldaten der Roten Armee sehr gefürchtet.

Die Lebensbedingungen eines sowjetischen Soldaten des Zweiten Weltkrieges waren grausam. Die sowjetische Führung setzte nicht auf den Idealismus seiner Soldaten, sondern die einfachen Soldaten bekamen beim geringsten Vergehen Schläge von ihren Vorgesetzten, und das Einzige, was es noch für sie gab, war Wodka. Bei einem Angriff standen die sowjetischen Politoffiziere hinter den vorstürmenden Rotarmisten und erschossen oft diese von hinten, wenn diese nur zögerlich nach vorne stürmten. Es kam vor, dass bei einem Angriff auf die deutschen Stellungen aus dem Hinterhalt fast genauso viele Rotarmisten von den Sowjets erschossen wurden, wie von den deutschen Soldaten aus ihren Verteidigungsstellungen heraus. Menschenleben galten im Stalinismus nicht viel. So war der Zweite Weltkrieg auch ein Vernichtungskrieg Stalins gegen das eigene Volk. Durch diese furchtbare Behandlung der eigenen Soldaten wurden bei den Rotarmisten animalische Gefühle hervorgerufen. Die ständige Angst vor Bestrafung, vor dem Tod und die ständige Erniedrigung von Seiten der Vorgesetzten ließen in den jungen Rotarmisten Aggressionen aufkommen, zu denen sie unter normalen Umständen niemals fähig gewesen wären. Es ist wie bei Hunden, die in einem Zwinger mit einem Stachelhalsband leben müssen und schon als Welpen ständig Schläge bekommen. Damit macht man aus eigentlich verspielten Tieren aggressive Bestien. So ist es auch zu erklären, dass man, wenn man russische Menschen kennenlernt, dabei oft feststellt, dass es sich hier um sehr hilfsbereite und liebenswerte Menschen handelt, und man wundert sich, wie es dann kommen kann, dass von der Roten Armee bei ihrem Einfall in Deutschland schwerste Verbrechen gegen die Menschlichkeit begangen wurden. Erschwerend kam noch die sowjetische Propaganda dazu: „*Tötet. Tötet. Tötet. Tapfere Rotarmisten, tötet. Schont nicht das Kind im Mutterleib und nicht die Alten. Schuldig sind sie alle. Brecht mit Gewalt den Rassestolz der deutschen Frauen. Nehmt sie als eure rechtmäßige Beute. Tötet. Tötet. Tötet. Tapfere Rotarmisten, tötet.*" Dieser Aufruf an die Rote Armee stammt von dem Schriftsteller Ilja Ehrenburg.

Mein Vater erzählte mir immer wieder: „*Nie war ein deutscher Soldat aufgefordert worden zu rauben und zu vergewaltigen. Einer Vergewaltigung überführt, hatte er mit schwerster Bestrafung zu rechnen: Todesstrafe oder Strafbataillon, was dem Tod auf Umwegen gleichkam.*"

Dennoch kam es auch hier dazu... In den späteren Jahren, zu Zeiten der DDR, verhielten sich die russischen Soldaten dann sehr diszipliniert und es kamen in der DDR keine Übergriffe mehr auf Deutsche vor.

Aber kommen wir noch einmal auf die Berichte meines Vaters zurück. Er erzählte, dass er die Aufgabe hatte, mit seinem LKW auch Munition und Verpflegung zur Front zu fahren. Es war im Winter 1941/1942. Er war mit seinem LKW unterwegs, es herrschte eine Kälte von 35 Grad minus. Plötzlich tauchte vor ihm ein russischer Tiefflieger auf. Es gelang ihm gerade noch, aus dem LKW in den Straßengraben zu springen, da ging sein LKW, der auch Munition geladen hatte, in Flammen auf. Seinen warmen Mantel und auch sein Gewehr konnte er nicht mehr mitnehmen, da dazu die Zeit gefehlt hatte. Das Einzige, was ihn jetzt bewegte, war durchzuhalten und sich auf keinen Fall hinzusetzen. Wie oft war es schon vorgekommen, dass Soldaten dem Bedürfnis nachkamen, sich für einen Moment auszuruhen. Das war dann der sichere Tod. Aber gerade das Laufen durch den hohen Schnee, und dabei die eiskalte Luft einzuatmen, überstieg oft die Kräfte eines normalen Menschen. Wenn dabei die Zehen gefühllos wurden, weil der

Frost durch die dicken Lederstiefel und die Socken drang, war oft die Leistungsfähigkeit eines Menschen erreicht. Mit eisernem Willen hielt mein Vater sich noch aufrecht, denn er steuerte gerade auf ein kleines russisches Dorf zu, welches er kurze Zeit vorher mit seinem LKW noch passiert hatte. Aber das Zeitgefühl war ihm schon verloren gegangen. Er schleppte sich mit letzten Kräften auf das Dorf zu, doch auf den letzten hundert Metern verließen sie ihn, und er kippte einfach um. Alle seine Sinne riefen ihm zu: *„Jetzt nur noch ausruhen."* Da verließ ihn die Besinnung. Aber langsam machte er seine Augen wieder auf. Wo war er? Eine wohlige Wärme umgab ihn. Er lag oben auf einem Kachelofen, der in den russischen Holzhäusern den Menschen Wärme und Gemütlichkeit gab. Man hatte ihn auf einen Strohsack gebettet, aber seine Zudecke und das Kopfkissen waren Federbetten. Seine deutsche Wehrmachtsuniform sah er zum Trocknen auf einer Leine hängen, und auch seine Stiefel standen ebenfalls zum Trocknen in der Nähe des Kachelofens. Ein älteres russisches Ehepaar schaute zu ihm und freute sich offenbar, dass er wieder bei Sinnen war. Die beiden älteren Leute hatten ihn im Schnee gefunden, und es war ihnen egal, von welcher Nation er war. Er war in ihren Augen ein hilfloser Mensch, der ihre Unterstützung brauchte. Die alten Russen sprachen deutsch, denn der Mann war Deutschlehrer von Beruf. Und sie erzählten ihm, dass sie ihn zunächst mit Schnee eingerieben hatten, damit seine Glieder wiederbelebt wurden. Die Frau brachte ihm eine heiße Rote-Beete-Suppe – *Borschtsch* nennt man diese in Russland. Sie erzählten ihm, dass sie einen Sohn bei der Roten Armee hätten, und sie auch um sein Leben bangen. Und sollte dieser in deutsche Gefangenschaft geraten, dann hoffen sie, dass er dort auch anständig behandelt würde. So pflegte das ältere Ehepaar meinen Vater wieder gesund. Und als der nächste LKW der deutschen Wehrmacht wieder durch das Dorf kam, konnte er mitfahren. Durch die Erfrierungen war er nicht mehr wintertauglich und wurde deshalb nach einem mehrwöchigen Lazarettaufenthalt in der Heimat an die Front nach Italien verlegt, wo der Kampf gegen die Engländer und Amerikaner ausgefochten wurde.

Aber verfolgen wir die weiteren Ereignisse an der Ostfront: Die Rote Armee wurde seit Kriegsbeginn von den USA aus über das nördliche Eismeer versorgt – ob mit Fahrzeugen, Verpflegung oder Benzin für die Fahrzeuge. Dadurch konnte sich die Rote Armee gegen die deutsche Wehrmacht halten. Mit der Schlacht um Stalingrad, was seit 1961 Wolgograd heißt, wendete sich das Kriegsglück der Wehrmacht. Nach der Einkesselung von über 230.000 deutschen Soldaten, stellten Anfang Februar 1943 die meisten Soldaten der Wehrmacht die Kampfhandlungen ein und gingen in die Gefangenschaft. Aber 10.000 deutsche Soldaten kämpften weiter bis Anfang März 1943. Von den 110.000 deutschen Soldaten, die in die Gefangenschaft gingen, überlebten nur 5.000 den Krieg. Es sind auf beiden Seiten insgesamt 700.000 Mann gefallen. Als im Jahr 1943 der russische Generalleutnant Andrei Andrejewitsch Wlassow in deutsche Kriegsgefangenschaft geriet, machte er den deutschen Heerführern das Angebot, auf deutscher Seite gegen Stalin eine unabhängige russische Nationalarmee aufzustellen. Er war der Verteidiger Moskaus und wurde von den Russen als Held gefeiert.

Der Chef der SS, Heinrich Himmler, konnte dann 1944, als die Situation für die deutsche Wehrmacht an den Fronten immer kritischer wurde, endlich Adolf Hitler davon überzeugen. Die russische Befreiungsarmee bestand aus zehn Grenadier-Divisionen, einem Panzerverband und eigenen Luftstreitkräften. Aber es war alles schon zu spät. General Wlassow kam in sowjetische Gefangenschaft und wurde 1946 in Moskau zum Tode durch Erhängen verurteilt. Am 30. April 1945 ergaben sich 450.000 Ukrainer und Kosaken, die auf deutscher Seite mitgekämpft hatten, bei Traunstein den Amerikanern. Es wurde ihnen zunächst zugesichert, dass sie nicht an Stalin ausgeliefert werden, aber nachdem sie entwaffnet waren, haben die amerikanischen Offiziere ihr Wort gebrochen und sie trotzdem an die Rote Armee ausgeliefert. Es ist von diesen Männern keiner mehr lebend nach Hause gekommen. Teilweise sollen sie sich in Sibirien ihr Grab selbst geschaufelt haben und bekamen danach einen Genickschuss.

Fazit: Es gilt auch heute noch, dass die Geschichte von den Siegern geschrieben wird! **Aber wir sollten uns stets vor Augen halten, dass die Politik eines Landes nicht dem dort lebenden Volke angekreidet werden darf!** In der Zeit der gleichgeschalteten Massenmedien ist es für weite Teile eines Volkes schwer zu erkennen, wo die Wahrheit zu finden ist! Aber es ist ein altes Naturgesetz, dass sich am Ende die Wahrheit durchsetzt!

Der Codex Alimentarius

von Niki Vogt

Leise und schleichend finden viele grundlegende Umwälzungen statt, die unser Leben, unsere Gesundheit, unsere Freiheit, unsere Entscheidungsmöglichkeiten und unser Vermögen immer ein bisschen weiter beschneiden – Tag für Tag. Wie der Frosch im Wassertopf auf dem Herd merken wir kaum, wie die Temperatur langsam steigt, bis irgendwann der Punkt überschritten ist, an dem der Frosch noch in der Lage wäre, sich mit einem entschlossenen Sprung in die Freiheit zu retten. Das hört sich nach Verschwörungstheorie an?

> *„Wir beschließen etwas, stellen das dann in den Raum und warten einige Zeit ab, ob was passiert. Wenn es dann kein großes Geschrei gibt und keine Aufstände, weil die meisten gar nicht begreifen, was da beschlossen wurde, dann machen wir weiter – Schritt für Schritt, bis es kein Zurück mehr gibt."*
>
> Luxemburgs Premierminister und EU-Politiker
> Jean-Claude Juncker

Ein solches „Etwas", ein Regelwerk, das unter der unverdächtigen Flagge der Lebensmittelsicherheit daherkommt, aber wie noch nie zuvor in die körperliche Unversehrtheit des Menschen eingreift, wird seit Jahren schrittweise und unauffällig umgesetzt, der ***Codex Alimentarius***. Viele nennen es schlicht ein Menschheitsverbrechen.(49)

Zuerst einmal, so muss man einräumen, ist es ja nicht falsch, eine gewisse Sicherheit von Lebensmitteln zu garantieren. Wer sich in Drittweltländern schon einmal das Gedärm gründlich verbogen oder eine Hepatitis eingefangen hat, lobt plötzlich beispielsweise unsere deutsche Lebensmittelaufsicht. Doch was seit dem 31.12.2009 in der EU und natürlich zuvorderst in Deutschland als erste Bestimmungen zu den Nahrungsergänzungsmitteln des oben erwähnten „Codex Alimentarius" umgesetzt wurde, ist alarmierend. Obwohl hier die Weichen eindeutig in Richtung der Abschaffung und Verunmöglichung von Naturheilmethoden, Hausmitteln und wertvollen Nahrungsergänzungen gestellt werden, bemerken es viele

Menschen erst, wenn sie nach einem bestimmten Naturheilmittel suchen und dabei ständig auf rechtliche Hindernisse stoßen. Wer im Internet bei der Recherche nach solchen alternativen Heilmethoden sucht, der wird zum Beispiel auf Schweizer Internetseiten gefragt, aus welchem Land er denn komme. Klickt er dann wahrheitsgemäß „Deutschland" an, erscheint der Hinweis, dass er dann leider aus rechtlichen Gründen keinen Zugang zu den Informationen erhalte. Klickt er „Schweiz" an, darf er die Informationen über die gesundheitlichen Wirkungen des Produktes ansehen.

Gesundheit und Ernährung sind ein gigantischer, globaler Markt. Wohlbefinden, Vitalität und langes Leben gehören zu den größten Wünschen der Menschheit. Damit sind die besten Voraussetzungen für ein Zig-Milliarden-Geschäft gegeben. Hier kann nicht nur ungeheuer viel Geld verdient werden: Wie in kaum einem anderen Bereich kann über ein engmaschig kontrollierendes Gesundheitswesen massiv Einfluss auf die Leistungsfähigkeit, die Lebensdauer, das Fortpflanzungsverhalten und auch die seelische Verfassung der Menschen genommen werden. Im Zuge der Etablierung einer beabsichtigten Weltregierung wäre es ja auch geradezu sträflich, dieses riesige und lebenswichtige Feld so einfach sich selbst zu überlassen. Es ist ein ideales Instrument der Massenkontrolle und ein Dukatenesel zugleich. Das muss natürlich geschickt eingefädelt werden, um Unruhe zu vermeiden. Am besten, man präsentiert es als eine menschenfreundliche Errungenschaft.

Liest man daher die offiziellen Informationen des *Bundesministeriums für Ernährung, Landwirtschaft und Verbraucherschutz* (BMELV) zu den neuen Regelungen, lehnt man sich beruhigt aufatmend zurück. Es geht ja nur um unsere Lebensmittelsicherheit. Viel vom Verbraucherschutz ist die Rede, von Lebensmittelsicherheit und von der Arbeit der Kommission. Hier ein Originaltext:

„Der Codex Alimentarius ist eine Sammlung in einheitlicher Form dargebotener internationaler Lebensmittelstandards. Er beruht auf den Annahmen und Beschlüssen der sogenannten Codex-Alimentarius-Kommission, eines gemeinsamen Gremiums der Ernährungs- und Landwirtschaftsorganisation (FAO) und der Weltgesundheitsorganisation (WHO) der Vereinten Nationen."[(50)]

Diese fünf vordringlichen strategischen Ziele der Codex-Kommission sollen bis 2013 umgesetzt werden:

- Ziel 1: Förderung eines gesicherten Regulierungsrahmens.
- Ziel 2: Förderung einer möglichst weitgehenden, einheitlichen Anwendung wissenschaftlicher Grundsätze der Risikoanalyse.
- Ziel 3: Straffung der Codex-Internen Arbeitsabläufe.
- Ziel 4: Förderung der Kooperation zwischen dem Codex Alimentarius und entsprechenden internationalen Organisationen.
- Ziel 5: Förderung der größtmöglichen und effektiven Beteiligung der Mitglieder.

Die Ziele heißen also: Regulierung, Kontrolle, Abläufe, Kooperation internationaler Organisationen, effektive Beteiligung. Der Codex Alimentarius ist allerdings in erster Linie profitorientiert, das zeigt sich sehr schnell, wenn man weiter in den Originaltexten liest. Was aber viel gravierender ist: In der beschlussfassenden Kommission sitzen keine Ärzte, keine Lebensmittelchemiker, keine Ökotrophologen und Ernährungsfachleute, sondern Beamte und Politiker. Und mehr als die Hälfte davon stehen direkt auf der Gehaltsliste der Lebensmittel- und Pharma-Industrie. Dreiviertel haben enge Verflechtungen in diese global agierenden Konzerne. Auch manche der dort einbezogenen, mit schmückenden Namen versehenen Verbraucherschutz-Vereinigungen sind von der Industrie gegründete Organisationen.

Wie schon in der ersten weltweiten Verlautbarung der selbsternannten „Weltregierung" der G-20 (September 2009) in Pittsburgh verkündet, werden internationale Organisationen für das Wohl der Menschheit von jetzt an zunehmend überall das Ruder übernehmen – so auch hier. Auch wenn es weiterhin im Text heißt, dass die Richtlinien (vorerst) keine rechtliche Verbindlichkeit haben, so muss ein Land, das davon abweichen will, dies wissenschaftlich vor der WTO begründen. Alleingänge und nationale Sonderregelungen werden damit sehr schwierig. Letztendlich sollen sie natürlich nicht mehr möglich sein.

Der Codex Alimentarius birgt nicht nur die Gefahr, dass der bekannten Regulierungswut der EU gute und sinnvolle Dinge zum Opfer fallen und stattdessen schädliche und unsinnige Vorschriften fröhliche Urständ feiern. Nein, dieses Regelwerk zielt direkt auf den Lebensnerv der Menschen, die Gesundheit und körperliche Unversehrtheit. So ganz unbemerkt geht dieser Plan jedoch nicht durch. Viele Menschen leben heute sehr gesundheitsbewusst, kennen sich mit den Möglichkeiten der alternativen Medizin und Naturmedizin gut aus und haben die Schattenseiten der „Schulmedizin" schon kennengelernt. Daher steht der Beschwichtigungspolitik der Regierungen, WTO und anderen staatlichen Organisationen mit ihren euphemistischen Wischiwaschi-Parolen mittlerweile eine aufgebrachte Phalanx von Bürgern, Heilpraktikern und Bürgerrechtlern gegenüber. Der Codex Alimentarius sei der Plan zur systematischen Vergiftung der Menschheit, Abschaffung aller Naturheilmethoden und Einführung gentechnisch veränderter Nahrung, ohne dass dies noch zu erkennen wäre, behaupten diese.(51)

So berechtigt und richtig der Widerstand gegen diese Pläne ist, so genau muss man hinschauen, was behauptet wird und was Tatsache ist. So gut der Einsatz gemeint ist, wenn die Gegenseite zu Recht die Argumentation als Lügen demaskieren kann, wird der berechtigte Widerstand unglaubwürdig, und die große Masse, die ja gerade aufgeklärt werden soll, wendet sich ab.

Eine der engagiertesten Wortführerinnen gegen den Codex Alimentarius ist die Psychiaterin Frau Rima Laibow, unterstützt von ihrem Mann, Generalmajor Stubblebine. Beide sollen gut informierten Quellen nach aus dem schwer einsehbaren Bereich des militärisch-industriellen Komplexes kommen. Es heißt, sie arbeiteten damals eng mit Geheimdiensten zusammen an Mindcontrol-Projekten und setzten diese Technologien auch in der Praxis gegen Menschen ein. Sie treten äußerst überzeugend auf und verstehen es, ihre Zuhörerschaft durchaus in Wut und Panik zu versetzen.(52)

Frau Dr. Laibow wird auch eine Verbindung zu Scientologen unterstellt. Was das mit der Richtigkeit ihrer Bewertung des Codex Alimentarius zu tun hat, ist unklar, es dient aber ganz sicherlich hervorragend dazu, sie unglaubwürdig zu machen.(53) Das ruft natürlich wiederum Kritiker auf den Plan, die den beiden und ihren Organisationen leider tatsächlich auch Übertreibungen und Unterstellungen nachweisen können, was dem berechtigten Widerstand gegen den Codex Alimentarius sehr schadet.

Bei dem weltweiten und riesigen Markt Gesundheit, Nahrung und Nahrungsmittelergänzung geht es um so unglaublich hohe Summen und Profite, dass man hier von Seiten der globalen Konzerne ganz sicher nichts dem

Zufall überlassen wird – möglicherweise auch nicht die Steuerung der Protestbewegung. Ob das bei den beiden Aktivisten Laibow/Stubblebine der Fall ist, ist unklar. Möglich ist es durchaus. Ob Deutscher Verfassungsschutz oder CIA, sehr oft stehen die kämpferischsten und radikalsten Anführer von Neonazi-Gruppen oder Revolutionsbewegungen auf ihren Gehaltslisten.

Wer sich zuletzt die Facebook-Revolutionen in Nordafrika von Tunesien bis Ägypten genau angeschaut hat, davor die „grüne Revolution" im Iran, die „orange Revolution", die Rosen-Revolution, den Kampf der Kurden, den Widerstand der tibetischen Mönche gegen China – und dabei überall die langen Finger der CIA im Hintergrund findet, der weiß, warum plötzlich versierte Anführer mit bester finanzieller und personeller Ausstattung sich geradezu aus dem Nichts materialisieren. Wenn man auf diese Weise an vorderster Front des Protestes der aufgebrachten Menschen seine eigenen Führungsfiguren installieren kann, hat das unbestreitbare Vorteile.

In jedem Fall schaden überzogene und übertriebene Behauptungen dem berechtigten Widerstand gegen den „Codex Alimentarius". Die heftigen Vorwürfe, die Frau Dr. Laibow gegen den Codex Alimentarius erhebt, heißen:

1. Die Codex-Kommission wird Nahrungsergänzungsmittel und Vitaminpräparate als Giftstoffe deklarieren und somit illegal machen.
   Die Codex-Kommission wird die Bestrahlung von Obst und Gemüse, inklusive aller Sorten aus biologischem Anbau, künftig verpflichtend machen.[54]
2. Die Codex-Kommission wird eine weltweite Behandlung aller Milchkühe mit Monsantos rekombinantem Rinderwachstumshormon (rBST) verpflichtend machen.
3. Die Codex-Kommission wird die Behandlung eines jeden für die Fleischproduktion gezüchteten Tieres auf diesem Planeten mit Wachstumshormonen und Antibiotika verpflichtend machen.
4. Die Codex-Kommission wird die Kennzeichnung von genmodifizierten Lebensmitteln verbieten.
5. Die Codex-Kommission wird Heilkräuter und -pflanzen gänzlich verbieten.[55]

Diese Vorwürfe sind allerdings nur teilweise wirklich zutreffend. Mit den Übertreibungen und Halbwahrheiten kann man nicht nur den gesamten Protest desavouieren, sondern auch von Seiten der Codex-Kommission die sowieso nicht stichhaltigen Punkte entrüstet von sich weisen und erreicht dann erleichterte Akzeptanz bei den Punkten, die übrig bleiben. Und die haben es gewaltig in sich...[(56)]

Hier die erschreckenden Tatsachen, die real umgesetzt werden:

1. Die Kommission diskutiert tatsächlich, ob die Kennzeichnungspflicht genetisch veränderter Lebensmittel verbindlich aufgehoben werden soll. Das heißt: Es darf gar nicht mehr auf der Packung angegeben werden, ob das Lebensmittel genetisch verändertes Material enthält. Mittlerweile ist in Tierversuchen zweifelsohne und einwandfrei nachgewiesen worden, dass der Verzehr genetisch veränderter Nahrungsmittel schwerste Schäden bewirkt, insbesondere bei der Nachkommenschaft, und sogar zum Tode führen kann.
2. Mit den 1991 überarbeiteten „General Guidelines on Claims" wurde bereits beschlossen, dass ein Nahrungsmittel nur dann auf seinen gesundheitlichen Nutzen verweisen darf, wenn dieser nach Punkt 3.4 dieser Guidelines durch die Standards des Codex Alimentarius erwiesen ist, und *nur* durch diese.
   Weitere Nachweise und Quellen außerhalb des Codex **dürfen nicht hinzugezogen** werden. Das bedeutet mittelfristig das Aus für viele alternative Heilmethoden.
3. Ab 31.12.2009 wurde bereits für alle EU-Mitgliedsstaaten verpflichtend eingeführt, dass die Inhaltsstoffe für Nahrungsergänzungsmittel sich auf eine Positivliste beschränken müssen, die von der *European Food Safety Agency* zusammengestellt wurde. Genau diese Agency hat übrigens den genmanipulierten Mais von *Monsanto* als zugelassenes Futtermittel in Europa durch den Rat gedrückt. Im Klartext: Die Kommission beschließt aus eigener Machtvollkommenheit eine Liste von Stoffen, die sie als Nahrungsergänzungsmittel erlaubt, alles andere ist und bleibt verboten. Kräuter, Mineralien, Vitamine, Spurenelemente usw. sollen illegal werden oder müssen vom Arzt als Medikament und nur unter bestimmten Umständen und in vorgeschriebener Dosierung verordnet werden. Sie selbst dürfen sich das dann nicht mehr einfach so besorgen.

4. Höchstgrenzen für Vitamine und andere Nährstoffe sind nämlich schon in der Planung. Vor dem Hintergrund, dass die immer mehr erkannte Bedeutung von Vitaminen und sekundären Pflanzenstoffen in der Nahrung zu einer ernsthaften Bedrohung für die Pharmaindustrie wird, gewinnt dieser Schachzug besonders an Bedeutung. Es ist sehr erhellend, in die Internet-Suchmaschine einmal die Suchbegriffe „Krebs, Vitamin B, sekundäre Pflanzenstoffe“ einzugeben. Interessant sind Kampagnen in den Medien, die behaupten, dass Vitamintabletten generell schädlich seien und sogar zum vorzeitigen Tode führen könnten. Wer diese Untersuchung, auf die sich in den Medien bezogen wird, genauer betrachtet, findet heraus, dass die Methoden äußerst unsauber sind und sehr viele „Korrekturen“ und „Anpassungen“ vorgenommen wurden, die das Ergebnis wissenschaftlich vollkommen entwerten.

Diese vier Punkte sind real in der Planung bzw. bereits in der Umsetzung und sind ein nie dagewesener, massiver Eingriff in die Selbstbestimmung der Menschen und ihre Möglichkeit, sich gesund zu erhalten. Unsere Lebens- und Heilmittel werden uns systematisch genommen, Nahrungsmittel versteckt mit gentechnisch veränderten Organismen vergiftet. Der Codex Alimentarius müsste nach seiner eigenen Zielsetzung aber auch unnachgiebig die Gifte verbieten, die heute vollkommen legal in unseren Lebensmitteln enthalten sind. Das ist aber leider nicht der Fall.

Nachfolgend finden Sie nur eine kleine Aufzählung der meistvertretenen giftigen Substanzen, die nach wie vor, trotz erwiesener Gesundheitsschädigung, weiterhin erlaubt sind:

Aluminium: Aluminiumsalze oder andere Abkömmlinge des Metalls finden wir in Fertiggerichten und in bemerkenswerter Konzentration in Antitranspirantien und Deo-Rollern. Die Haut unter den Achseln mit den zahlreichen Schweißporen nimmt das Gift hervorragend auf. Aluminiumsulfat ist für die Aufbereitung von Trinkwasser zugelassen. In Großbritannien gelangte ein zu hoher Anteil ins Trinkwasser und vergiftete zahlreiche Bürger, die unter massiven Gedächtnisverlusten litten. In den Gehirnen von Alzheimer-Kranken fanden sich enorm hohe Konzentrationen von Aluminium.[57]

Aspartam: Dieses Süßungsmittel ist eines der tückischsten Gifte überhaupt. Viele greifen gerade darum zu mit Aspartam gesüßten Erfrischungsgetränken, weil sie nicht zu viel Zucker konsumieren wollen. Auch Süßtabletten für Tee oder Kaffee werden aus diätetischen Gründen gerade auch von Zuckerkranken verwendet. Was das Aspartam so süß schmecken lässt ist Chymotrypsin-Methanol. Mediziner erachten eine Dosis von unter 10 Milligramm am Tag für gerade noch vertretbar. Ein Liter Cola Light enthält über 50 Milligramm. Gerade im Golfkrieg werden Unmengen gekühlter Cola Light von den dort stationierten Streitkräften der US-Army konsumiert. Die Auswirkungen sind beträchtlich: von Kopfschmerzen, Schwindel, Mattigkeit, Neurodermitis und Gedächtnislücken geht es bis hin zu schweren Gesundheitsschäden wie Multiple Sklerose und Gehirntumoren.[(58)]
Fluor: Das ist einer der giftigsten Stoffe der Welt. Nachdem man feststellte, dass Fluorgaben den Zahnschmelz härten, wurde vielerorts das Trinkwasser fluoridiert. In Zahncremes soll es der Bildung von Karies entgegenwirken. Es härtet nicht nur den Zahnschmelz, sondern führt auch zu senilem Schwachsinn, Hyperaktivität, Osteoporose, Lernunfähigkeit und Intelligenzabfall. Heute noch wird in manchen Regionen dem Trinkwasser Fluor zugesetzt. In Australien, wo das Trinkwasser fluoridiert wird, zeigt sich, dass zu hohe Fluoriddosen die Zähne der Kinder sogar massiv schädigen. Wenige wissen, dass dieselbe Fluorverbindung, wie sie den Zahnpasten zugesetzt wird (Natriumfluorid), auch als Rattengift und Insektizid Verwendung findet.[(59)]
Glutamat: Dieser besonders in China-Restaurants gern eingesetzte Geschmacksverstärker ist ein Nervengift und mindert dauerhaft die Gehirnleistung. Da es das Sättigungsgefühl unterdrückt, isst der Konsument mehr. Ganz nebenbei wird damit auch die Fettleibigkeit gefördert. Schweißausbrüche, Magenschmerzen, Bluthochdruck und Herzklopfen sind Nebenwirkungen, die auffällig oft im Zusammenhang mit dem Besuch von Asien-Restaurants beobachtet worden sind, und das hat diesem Symptombild den Namen „China-Restaurant-Syndrom" eingebracht. Bei empfindlichen Menschen kann Glutamat zu Migräne führen. Die Sinneswahrnehmung wird bisweilen spürbar vermindert, Lernfähigkeit und Konzentrationsvermögen werden bis zu mehreren Stunden

nach Verzehr eingeschränkt. Dennoch gibt es keinerlei Bedenken der Codex-Alimentarius-Kommission gegenüber Glutamat.[60]

Jod: So desaströs Jodmangel sein kann (in Bayern war der Kropf lange Zeit eine wahre Volkskrankheit, und in Nordkorea verfallen heute noch viele unterernährte Kinder wegen vollkommenen Jodmangels in Schwachsinn) – eine zu hohe Jodkonzentration ist genauso schädlich. Die Schilddrüse nimmt zu viel Jod genauso übel wie zu wenig und reagiert mit lebensbedrohlicher Überfunktion oder Schilddrüsenkrebs. Allergien, Asthma, Herzstörungen, Depressionen, Schlafstörungen, Sehstörungen, Haarausfall, Impotenz, Nierenprobleme bis hin zum Nierenversagen stellen sich als Folge zu hoher Jodzufuhr ein. Dennoch werden viele Lebensmittel per Gesetz mit Jod angereichert, wie zum Beispiel in manchen Ländern Brot.[61]

Was die beigefügten Giftstoffe in den Nahrungsmitteln angeht, kann ein Blick auf die Zutatenliste schützen. Natürlich muss man sich genau informieren, was die dort aufgeführten Stoffe eigentlich sind. Was gentechnisch veränderte Lebensmittel anbetrifft, ist der Verbraucher natürlich hilflos, wenn das nicht auf der Packung angegeben werden darf. Hier kann man nur versuchen, sich Kontakte zu Erzeugern aufzubauen, die vertrauenswürdig sind, und sich gleich beim Bauern mit frischen Lebensmitteln zu versorgen. Am besten legt man sich einen eigenen Obst- und Gemüsegarten zu, in dem man sich das frischeste, vitaminreichste und gesündeste Essen selbst heranziehen kann und auch noch den gesundheitsfördernden Bonus der Bewegung an frischer Luft und Sonne hat.

Die Kontrolle über die Lebens- und Heilmittel und damit über Körper und Geist der Menschen ist aber erst perfekt, wenn sie nicht mehr die Möglichkeit haben, sich die gesunden Mittel zum Leben und Gesundbleiben selbst zu beschaffen und anzuwenden und das Wissen darüber verlorengegangen ist.

Diese Erkenntnis ist nicht neu. Die katholische Kirche hat diese Strategie schon sehr früh angewendet. Die alten, weisen Frauen kannten nicht nur sehr wirksame Naturheilmittel, sie kannten auch die Möglichkeiten zur Verhütung, aber auch die Möglichkeiten, eine Schwangerschaft abzubrechen. Der Kirche war das ein Dorn im Auge. Die Menschen sollten nicht selbst entscheiden, wie viele Kinder sie haben wollten, schon gar nicht die minderwertigen Frauen. „*Gott allein entscheidet das*", lehrte die Kirche.

„*Mulier in ecclesiam tacet*" (die Frau schweigt in der Kirche), hieß es, und das Konzil von Nicäa stellte im frühen 4. Jahrhundert fest, dass die Frau keine Seele habe. Schon allein damit verbot es sich, dass dieses Wesen zwischen Tier und Mensch eine Entscheidung fällen darf, wie viele beseelte Menschen sie gebären will. Die weisen Frauen und Heilerinnen mutierten schnell zu dämonischen Hexen, ihnen wurde Unzucht mit dem Teufel angedichtet, und ihr Wirken war plötzlich nicht mehr segensreich, sondern satanisch. Jede, die denunziert wurde und verdächtigt, eine Hexe zu sein, war verloren. Auch die Methoden, die die Inquisition anwendete, um die Hexe von der unschuldigen Frau zu unterscheiden, töteten die Unschuldige. So zum Beispiel die Wasserprobe: Schwamm die gefesselte Frau auf dem Wasser, war sie eine Hexe, ertrank sie, war sie unschuldig.

In einer Atmosphäre von Überwachung und Kontrolle, Verdächtigungen und Verfolgung, Denunziation und Isolation – am Ende noch Folter und Tod – reagieren die Menschen immer gleich. Sie ignorieren, verdrängen und schweigen aus Angst, selbst Opfer zu werden – selbst dann, wenn sie wissen, dass Unrecht geschieht und die Verfolgten recht haben, werden sie Steine auf die Beklagenswerten werfen, weil sie hoffen, dadurch nicht selbst in den Fokus der erbarmungslosen Verfolgung zu geraten. Vernünftige Geister, die ihre Stimme erhoben und diese Bestialität anprangerten, wurden zu Hexern, Zauberern und Häretikern erklärt und fanden ebenfalls zuhauf den Tod. Friedrich von Spee, der Verfasser der „cautio criminalis", der Gegenschrift zum „Hexenhammer", erhob als erster wortgewaltig die Stimme der Vernunft gegen die wahnsinnige Hetzschrift „Der Hexenhammer", der möglicherweise Millionen Menschen in Europa auf den Scheiterhaufen brachte. Aber auch von Spee musste unter Pseudonym schreiben und sich verstecken, um nicht selbst den Feuertod zu sterben.(62)

Die Strategie ist heute dieselbe, nur etwas zivilisierter. Der Mord wird durch Rufmord ersetzt. Wer das herrschende System kritisiert, wird als *Scharlatan*, *Verschwörungstheoretiker*, *Spinner*, *Rechter*, *Esoteriker* usw. niedergemacht, die materielle Existenz vernichtet. Die Medien übernehmen die Rolle der Inquisition. Homöopathen sind Scharlatane; Ärzte, die Krebs mit alternativen Methoden heilen, werden erbarmungslos gejagt und verfolgt, unter dem Trommelwirbel der Presse. Ein Todesfall unter ihren Patienten ist das Ende ihrer bürgerlichen Menschenrechte und ihrer Existenz. Wie viele Patienten in der schulmedizinischen Behandlung sterben, ist dagegen unerheblich, denn Krebs ist ja eine ganz grausame Krankheit. Erfolge der Naturheilkunde werden ignoriert und totgeschwiegen.

Die Strategie wird aber noch weiter angewendet als in der Gruppe der Alternativmediziner und Naturheilkundler. Man geht nur subtiler und indirekter vor. Die nächste Zielgruppe, die man langfristig ausschalten will, sind die Heilpraktiker und die freien, niedergelassenen Hausärzte. Im Krankheitsfall und bei Gesundheitsstörungen aller Art zu unseren uns persönlich gut bekannten Hausärzten oder Heilpraktikern gehen zu können, wird in Zukunft wahrscheinlich kaum noch möglich sein. Den Heilpraktikern machen die Vorschriften des Codex Alimentarius das Leben immer schwerer. Und der Hausarzt ist ein aussterbendes Modell.

Dass dem so ist, ist eine langfristige Strategie und eine durchaus gewollte Entwicklung. Das Gesundheitssystem wird ganz zielgerichtet umgebaut, so dass die Hausärzte verschwinden. Warum? Hausärzte und Heilpraktiker sind ihren Patienten meistens persönlich verbunden. Sie kennen die Eigenheiten und die Lebensumstände, und sind oft bodenständige Praktiker, die gerne mal ein Hausmittel oder einen Tee empfehlen oder einfach den Patienten mahnen, etwas kürzer zu treten, wenn sie wissen, dass der Bluthochdruck und die Schlafstörungen wegen allzu großer beruflicher Belastung entstanden sind. Sie sind bereit, auf Wünsche des Patienten einzugehen. Heilpraktiker sind in noch tiefergehender Weise darauf ausgerichtet, den Menschen als ganzes Wesen zu verstehen und zu heilen. Das erfordert natürlich Zeit und ein persönliches Verhältnis zum Patienten. Schon ein gutes Gespräch mit dem Kranken über seine Probleme und Lebensgewohnheiten kann enorm zur Besserung und Heilung beitragen.

In Anbetracht der Tatsache, dass jede ordentliche Krankheit mit Diagnose, teurer Apparatebehandlung und Medikation einen beachtlichen Beitrag zum Bruttosozialprodukt leistet, sind Gespräche, billige Naturheilmittel oder Homöopathische Mittel und Lebensberatung geradezu asozial kontraproduktiv. Da verdient ja nur noch der Hausarzt oder der Heilpraktiker, die Industrie geht leer aus. Und der Patient tut und lässt, was er für richtig hält. So kann das nicht funktionieren...

Der erste Schritt, diesen Missstand abzuschaffen, wurde schon 1997 mit der Gesundheitsreform von Minister Seehofer getan. Diese Reform wurde damit begründet, dass die deutsche Bevölkerung überaltere, die Gesundheitskosten explodierten und das Gesundheitssystem erodiere. Einsparungen wurden vorgenommen, Leistungen gekürzt. Die niedergelassenen Ärzte mussten Einbußen hinnehmen, und die Zeit, die sie pro Patient aufbringen dürfen, wurde brutal zusammengekürzt. Viele kommunale Krankenhäuser gerieten in finanzielle Engpässe. Die Kommunen verkaufen seitdem langsam ein Krankenhaus nach dem anderen an große Klinikkonzerne und können so ihre Haushalte deutlich entlasten.(63)

Es gibt dieser großen Klinikketten vier: *Asklepios*, *Fresenius*, *Rhön-Kliniken* und *Sana*. Um einmal einen Eindruck zu vermitteln, um welche Beträge es hier im Klinikbereich geht: Im Jahr 2010 erzielte allein der Krankenhauskonzern *Asklepios* über 2 Milliarden Euro Umsatz, die Großkonzerne zusammen über elf Milliarden Euro. Im Jahre 2006 waren es zirka 7 Milliarden. Dabei haben sich die vier Konzerne erst den kleineren Teil der deutschen Krankenhäuser einverleibt.

In einer Zeit, in der die meisten Kommunen vor desaströsen Haushalten – wenn nicht vor dem Bankrott – stehen und gezwungen sind, alle Ausgaben zu streichen, die sich irgendwie kürzen oder abschaffen lassen, bedeuten Krankenhäuser einen bleischweren Ballast. Welch ein Segen, hier noch durch den Verkauf der Groschengräber vielleicht über das nächste Krisenjahr kommen zu können!(64)

Natürlich wird die Rentabilität der Kliniken hauptsächlich über die Reduzierung der Personalkosten hergestellt. Haustarife ersetzen die Bundesangestelltentarife, und für das übernommene Personal gilt: *„Friss, Vogel, oder stirb!“* Junge Ärzte haben aber kaum noch eine Wahl. Das Führen einer eigenen Praxis wird ihnen immer schwerer gemacht. Ambulante Behandlung wird immer schlechter bezahlt, die Investition in die notwendigen Geräte für eine moderne Praxis ist übertrieben hoch. Das Risiko der Selbständigkeit für einen jungen Arzt ist kaum noch zumutbar. Mehrere Gesundheitsreformen haben die Bedingungen für Ärzte mit eigener Praxis systematisch verschlechtert. Die Möglichkeit, sich als „Einzelunternehmen Arztpraxis“ eine Existenz aufbauen zu können, sind immer weiter geschrumpft. Gleichzeitig wird in der Öffentlichkeit immer noch das Bild des Großverdieners gepflegt. Als sich 2008 von 8.000 Hausärzten in Deutschland 7.000 zu einer Protestveranstaltung in Nürnberg zusammentaten, war das den Medien keine Meldung wert. Viele deutsche Ärzte wandern nach Skandinavien oder Großbritannien ab, sie werden nur notdürftig durch Ärzte aus Osteuropa ersetzt. Dort verschärft die Abwerbepraxis den dortigen Ärztemangel dann so, dass das Gesundheitssystem zusammenzubrechen droht.

Die Gründung der sogenannten „Medizinischen Versorgungszentren" dagegen wird in Deutschland mit allen Mitteln gefördert. Es senke die Kosten, heißt es, und bedeute kürzere Wege für die Patienten. Synergie-Effekte werden angepriesen, Vernetzung und Qualitätssteigerung durch zuverlässige Normen, Sicherheit für den Patienten – eigentlich das ganze Vokabular, das auch schon in den Texten des Codex Alimentarius auftaucht.

Ein schönes Beispiel für Synergien wäre, dass der Krankenhausgroßkonzern *Fresenius* gleichzeitig auch der weltweit führende Hersteller für Dialyseprodukte ist.

Die Krankenhauskonzerne erobern nach und nach eine Monopolstellung in ihrer Region, über die sie die Preise der Gesundheitsversorgung diktieren können, und der Patient/Bürger ist bei seiner Versorgung bald alternativlos auf das „Angebot" des jeweiligen Konzerns angewiesen. Er kann auch nicht so ohne weiteres eine zweite, unabhängige Meinung einholen. Er kann keine unterschiedlichen Behandlungsmethoden abwägen oder aussuchen. Das Recht auf freie Arztwahl ist damit de facto komplett abgeschafft. Das Recht des Bürgers, sich über die verschiedenen Behandlungsmethoden zu informieren und diejenigen auszuwählen, und mit dem Arzt seines Vertrauens zu besprechen, die man zusammen für die richtige hält, ist schon lange durch die Krankenkassen stark eingeschränkt, dann aber vollkommen unmöglich.(65)

Die Kommunalpolitiker sind froh, solche Kostenberge im Haushalt los zu sein. Es klingt ja auch alles ganz wunderbar, was die Krankenhauskonzerne so verlautbaren, und wirklich das Kleingedruckte lesen will ja von den Entscheidern aus der Politikerriege sowieso keiner. Das hat sich in der Wirtschaftskrise bereits mehrfach herausgestellt. In Cross-Border-Geschäften haben deutsche Kommunalpolitiker beispielsweise die Wassernetze einer ganzen Region an US-Unternehmen verkauft und zurückgemietet…, wobei ihnen die Vertragsbedingungen und Konsequenzen überhaupt nicht klar waren. Immer wieder stellen die Bürger nach dem gelungenen Finanzcoup fest, dass die amerikanischen Unternehmen anschließend die Verbraucher gnadenlos zur Kasse bitten und die Preise deutlich nach oben schießen.

Wer also steckt hinter diesem umfassenden strategischen Umbau unseres Gesundheitssystems in profitable Medizin-Großfabriken, in denen der Patient keine Persönlichkeit, kein freier Mensch mehr ist, sondern ein industrieller Wertschöpfungsfaktor? Wer plant denn die Übernahme des Kernbereiches einer staatlichen Solidargemeinschaft für Gesundheit und Leben?

Es sind hauptsächlich nur einige wenige Personen. Sie heißen Liz Mohn, Ehefrau des verstorbenen Bertelsmann-Bosses Reinhard Mohn, und Friede Springer. Es sind sehr sympathische und sozial engagierte Menschen. Die Familie Mohn besitzt die *Bertelsmann AG* und die *Bertelsmann-Stiftung*. Letztere ist gemeinnützig, erstere macht bei einem Konzernumsatz von über 17 Milliarden Euro Gewinne von etwa zehn Milliarden Euro pro Jahr. Die *Bertelsmann AG* besitzt die *RTL-Gruppe*, den *Gruner+Jahr-Verlag*, die Verlagsgruppe *Random House* und die international agierende *Arvato AG*. Und alle die gehören letztendlich der Familie Mohn.(66)

Frau Mohn sitzt beispielsweise im Aufsichtsrat der *Rhön-Kliniken*, ihre Tochter Brigitte Mohn ist zum Beispiel Vorstandsvorsitzende der Stiftung *Deutsche Schlaganfall-Hilfe* und seit 2005 innerhalb der Bertelsmann-Stiftung Vorstandsmitglied und seit 2008 im Aufsichtsrat der Bertelsmann AG, nachdem sie vorher als Leiterin „Gesundheit" tätig war. Sie selbst ist seit 2006 Eigentümerin eines Aktienpaketes der Rhön-Kliniken und seit 2002 Mitglied im Aufsichtsrat der Rhön-Kliniken.

Ihre Freundin, Friede Springer, ist nicht nur stellvertretende Aufsichtsratsvorsitzende der Bertelsmann AG, sie besitzt überdies 90 Prozent der Gesellschaftsanteile der Axel Springer Gesellschaft für Publizistik GmbH & Co., zu der die größten meinungsmachenden Medien in Deutschland gehören. Auch sie ist um das Wohl der Menschen besorgt und sorgt als Alleinvorstand in der *Friede Springer Herz Stiftung* für die Gesundheit der deutschen Herzen. Und Frau Merkel ist eine Freundin von beiden...

„*Die (Bertelsmann-) Stiftung ist eine politische Organisation, die 2002 zur Beeinflussung der Gesellschaft rund 63 Mio. Euro ausgab. So organisiert die Stiftung ‚Transatlantische Strategiegruppen', an deren Beratungen hochrangige Leute teilnehmen, u.a. der (damalige) Präsident der Europäischen Zentralbank, Jean-Claude Trichet, der (damalige) Hohe Repräsentant für die Gemeinsame Außen- und Sicherheitspolitik der EU, Javier Solana, und der Vorstand der Allianz AG, Dr. Paul Achleitner. Im Ergebnis empfehlen diese ‚Strategiegruppen' die Aufrüstung der EU, damit die EU mit den USA als Weltpolizei gleichziehen kann*", schreibt die Internetseite www.ungesundleben.org zur Bertelsmann-Stiftung.

Interessant ist auch die Tatsache, dass im Kuratorium der Stiftung Führungskräfte von *Nestlé*, *E.ON*, der *Aventis Foundation* und der *Deutschen Telekom* sitzen. Ehrlos, wer da denkt, dass man – derart gut vernetzt – im Zweifelsfall gegen die Interessen zum Beispiel von Nestlé mit seinen vielen Süßwaren eine Gesundheitskampagne initiiert, die auf die gesundheitlichen Gefahren von zuckerreicher Ernährung und Weißmehlprodukten hinweist. Auf der Seite der Initiative „Lobby Control" werden die Zusammenhänge zwischen Bertelsmann und der Bundeszentrale für gesundheitliche Aufklärung erläutert:

„*Gemeinsam mit dem Bundesgesundheitsministerium und der Bundeszentrale für gesundheitliche Aufklärung (BZgA) verleiht die Bertelsmann-Stiftung den Deutschen Präventionspreis. Dieser richtet sich an alle Akteure aus dem Sozial- und Gesundheitswesen, die Maßnahmen im Bereich Gesundheitsförderung und Prävention initiieren, finanzieren oder durchführen. Schirmherrin ist Ex-Gesundheitsministerin Schmidt. Die Direktorin der BZgA, Elisabeth Pott, sitzt gleichzeitig im Kuratorium der Bertelsmann-Stiftung.*"(67)

Die Bertelsmann-Stiftung hat sich zur Aufgabe gemacht, die heutige Gesellschaft zu modernisieren, zu reformieren, zu perfektionieren, um Wohlstand, Toleranz, eine bessere Welt usw. zu fördern. Wer so viele Mittel für so gute Zwecke einsetzen kann, ist natürlich der beste Berater unserer Bundesregierung. Man richtet Kongresse aus, gründet Organisationen und Diskussionsforen, betreibt breit angelegte Untersuchungen, kann aufgrund der Expertise in allen Gebieten der Kommunikation auch umfassende Statistiken, demographische Erhebungen und Unmengen von Fakten bieten. So erhebt der „Gesundheitsmonitor" ständig neue Befragungsdaten unter Patienten und Ärzten und dient so auch als „Frühwarnsystem" für die Stimmungslage im Gesundheitssektor. Die werden dann von ausgewählten und namhaften Referenten, die den guten Zielen von Bertelsmann zustimmen und verpflichtet sind, ausgewertet und vermittelt. Das gibt den Politikern das schöne Gefühl, umfassend informiert zu werden, ja, sogar das gute Gewissen, den von Bertelsmann ermittelten Bedürfnissen der Bevölkerung zu entsprechen. Und dann liegt es ja nahe, dass die Lösungen auch gleich mitgeliefert werden...

Dafür gibt es unter anderem, und nur als Beispiel, das *Centrum für Krankenhausmanagement*, dessen Leiter, Herr Professor von Eiff, die Landesregierungen in Gesundheitsfragen berät. Das Ziel der Arbeit des CKM ist *„Wege aufzuzeigen, wie praxisbewährte Management-Methoden aus Industrie, Handel und Dienstleistungsbranche in Krankenhäusern und anderen Institutionen des Gesundheitswesens genutzt werden können"*.

Unter „Concept" teilt man auf der Webseite der CKM auch gerne mit, dass das Bewertungssystem der CKM für Krankenhäuser, das „Hospital Benchmarking Project", im Jahr 1998 von der Bertelsmann-Stiftung auf den Weg gebracht worden sei, um die Leistungsfähigkeit von Kliniken untereinander vergleichen und die „hospital performance" bewerten zu können. Das Ziel für das „CKM/Bertelsmann international benchmarking project" ist natürlich, einen internationalen Kreis von Organisationen zu diesem Zweck zu etablieren.[(68)]

Frank Knieps, noch 2003 AOK-Geschäftsführer und ein Gegner der Privatisierung des Gesundheitssystems, betätigt sich mittlerweile als einer der herausragenden Referenten auf Bertelsmann-Stiftungs-Veranstaltungen und dazu noch im Bundesgesundheitsministerium an verantwortlicher Stelle für die Umsetzung der Reformen.

Wenn also die Krankenhauskonzerne endlich das leisten können, was ein Haufen ineffizienter, unübersichtlicher, eigenbrötlerischer, fehleranfälliger Hausärzte nicht zuwege bringt, nämlich eine umfassende Gesundheitsversorgung zu einem geringeren Preis bei garantierten Qualitätsstandards, und das alles aus einer Hand, optimal kontrolliert, organisiert und perfektioniert, was liegt dann näher, als die schöne, neue Welt der industriellen Gesundheitsversorgung?[69]

Und weil der Weg in die schöne *Neue Weltordnung* auch erfordert, als gläserner Patient bis in alle Einzelheiten erfasst und verwaltet zu werden, steht auch die E-Card, die elektronische Gesundheitskarte, auf der Wunschliste der Klinikketten. Damit würde die ärztliche Schweigepflicht dann auch noch endgültig zu einem verschrobenen Relikt der Vergangenheit. Der Zugriff Dritter darauf ist möglich und praktisch programmiert. Wer an solchen Informationen Interesse hat, braucht nicht erläutert zu werden...[70]

Und wer bereitet die Einführung dieses Überwachungsinstrumentes emsig wie ein Eichhörnchen vor? Die Bundesregierung hat mit der Entwicklung und Durchführung der elektronischen Gesundheitskarte die Firma *Arvato* für 1,9 Milliarden Euro betraut. Jenem bereits erwähnten Arvato/Bertelsmann-Konglomerat gehört in trauter Eintracht zusammen mit dem *Springer-Konzern* und *Gruner+Jahr* das modernste Druckzentrum Europas: *Prinovis*. DAS, meine Damen und Herren, sind Synergien![71]

Im Oktober 2011 begann bereits die Ausgabe dieser elektronischen Gesundheitskarte in Deutschland bei den gesetzlich Krankenversicherten in Nordrhein-Westfalen. Sie gilt jetzt als Versicherungsnachweis. Jeder Kartenempfänger bekommt eine lebenslange Versicherungsnummer. Die Karte zeigt ein Foto des Versicherten und enthält einen Mikroprozessor, auf dem die gesamten Patienteninformationen gespeichert werden, die in jedem Computer eines Arztes, einer Klinik oder der Krankenkassen gelesen werden können. Natürlich können die besagten Institutionen fortan auch die Daten untereinander austauschen. Fast sieben Millionen Versicherte haben 2011 diese Karte erhalten, fast siebzig Millionen sollen es am Ende sein. Die Kassen müssen diese Karten ausgeben, ansonsten drohen ihnen Strafzahlungen in dreistelliger Millionenhöhe. Die Ärzte sind nicht begeistert, die Patienten auch nicht. Mehr Bürokratie und schlechterer Datenschutz machen Zugriffe von außen möglich.

Welche Versicherung hätte nicht ein Interesse an den gesammelten Patientendaten? Welcher Arbeitgeber würde nicht gerne wissen, wie krank der Angestellte wirklich ist, ob er tatsächlich wahrheitsgemäße Angaben macht und ob nicht in den zentral gespeicherten Daten ein saftiger Kündigungsgrund zu finden sein könnte? Auch Lebensversicherungen hätten ein lebhaftes Interesse an den Patientendaten, befürchtet Martin Grauduszus, der Präsident der freien Ärzteschaft. Bundesdatenschützer Peter Schaar sieht noch einen ganz anderen Aspekt, der wahrscheinlich in Zukunft zunehmend wichtiger wird: *„Die Offenlegung von Erbkrankheiten würde nicht nur unsere Generation, sondern auch die unserer Kinder schwer treffen. HIV-positiv Infizierte, psychisch Erkrankte oder sonst wie gesundheitlich nicht der Norm entsprechende Menschen setzen sich der Gefahr einer Stigmatisierung aus.“*(72)

Die medizinische Versorgung unserer Bürger wandert ganz offenkundig beabsichtigt und gewollt aus den Händen der Ärzte in die Hände von Großkonzernen. Die dadurch entstehenden industriellen Medizin-Monopolisten werden in naher Zukunft die Behandlungsmethoden und Therapien sowie deren Kosten vorgeben. Eine unabhängige Kontrollinstanz gibt es nicht mehr. Die Patienten haben auch keine Möglichkeit mehr, zu einem anderen Arzt zu gehen oder die Art der Behandlung zu wählen, die sie wünschen. Gesundheitsversorgung wird ein Industriezweig, in dem das Einzelschicksal und persönliche Bedürfnisse, menschliche Anteilnahme und persönliche Kenntnis der individuellen Gegebenheiten des Patienten keine Rolle mehr spielen – und spielen sollen. Profit und Kontrolle stehen im Vordergrund.

Ein fiktiver Blick in die Zukunft:
Bei einer Gesellschaft, die überaltert ist, und – noch wichtiger – durch die zwingenden Vorschriften des Codex Alimentarius krank gefüttert worden ist, lassen sich utopische Summen verdienen. Die fehlernährten Kinder kommen schon im jungen Alter wegen Allergien, Fettleibigkeit und Vitaminmangelerscheinungen sowie schweren Schäden durch gentechnisch veränderte Lebensmittel in Scharen in die medizinischen Versorgungszentren. Dort werden sie dann als junge Erwachsene auch ihre Unfruchtbarkeitsbehandlungen über sich ergehen lassen müssen, da Genfood nachweis-

lich steril macht. Wer die Chance bekommt, sich fortzupflanzen und wer nicht, entscheidet das Medizinische Versorgungszentrum. So geht es denn dahin, bis im fortgeschrittenen Alter die schlechten Lebensmittel multimorbide Frühgreise geschaffen haben, die dann reif für die Behandlung der multiplen Tumore sind, die sich bei der ungesunden Lebensweise bilden werden. Sollte jemand das ihm vom alleswissenden Staat zugedachte Kontingent an Gesundheitskosten verbraucht haben, stünde ja vielleicht auch bald die Option des sozialverträglichen Frühablebens im Raum.

Was in einem überalterten Kontinent wie Europa den Rentenkassen nutzt, ist auch weltweit in größerem Rahmen geeignet, um das von den philantropen Eliten erkannte Problem der Überbevölkerung in den Griff zu bekommen. Dass man in den höheren Kreisen der erleuchteten Weltenlenker der Meinung ist, es täte der Natur und dem Planeten gut, etwa 70 Prozent der Menschheit auszumerzen, hat sich mittlerweile herumgesprochen.

Nun macht es immer eine schlechte Publicity, das Ganze mit offensichtlichem Mord und Totschlag, Kriegen und beabsichtigten Hungersnöten und Seuchen vor aller Augen durchzuziehen. Man denke an die Schweinegrippe, für die schon global die Bühne bereitet wurde. Der Verdacht, dass man mit der Impfungs-Tsunamiwelle eine Seuche erst richtig in Gang bringen wollte, ist so abwegig nicht.

Insbesondere der seltsame Kriminalfall um die Verunreinigung des Impfserums mit Vogelgrippenviren, die unter normalen Laborbedingungen und Sicherheitsvorkehrungen niemals in das Serum hätten gelangen dürfen; weiterhin die stark gesundheitsschädlichen Bestandteile des Serums und der mehr als verdächtige Transport von Virenserum in einem vollbesetzten Zug durch Österreich, bei dem auch noch das Behältnis zerbrach, waren Grund genug, sehr misstrauisch zu werden. Den Recherchen und Veröffentlichungen und dem Mut der Medizinjournalistin Jane Bürgermeister ist es zu verdanken, dass diese seltsamen Verwicklungen und Umstände öffentlich und die Menschen aufmerksam wurden und sich nicht, wie erwartet, zu Tausenden an den Impfstationen anstellten, um sich das Giftzeugs in den Körper jagen zu lassen. (Anmerkung: Man mag den sehr weit – vielleicht zu weit – gehenden Schlussfolgerungen und Warnungen von Frau Bürgermeister mit gutem Grund nicht folgen wollen. Sie ist mit Ihrer Vermutung eines Genozids durch Impfungen wohl über das Ziel hinausgeschossen. Die anderen von ihr berichteten Fakten sind aber unwiderlegt und unbestritten. Sie hat einen ungeheuren Skandal aufgedeckt und die Menschen aufmerksam gemacht. Sogar die Medien konnten am Ende nicht anders, und mussten von den Gesundheitsgefährdungen des Schweinegrippen-Vakzins berichten. Daraufhin erst wagten viele Mediziner ebenfalls, ihre Bedenken und Warnungen zu veröffentlichen, und auch Hausärzte setzten sich jetzt mit dem Thema auseinander. Mit großer Wahrscheinlichkeit sind durch ihre Arbeit sehr viele Menschen von schwerwiegenden Impfschäden verschont geblieben. Nur, weil ihr im Anschluss, und unter tatkräftiger Mitwirkung der Pharmaindustrie, das Attribut „umstritten" angehängt wurde, sollte man die handfesten Fakten nicht vergessen.)

War es eine übereilte und schlampige Kampagne der Pharmaindustrie oder ein Versuch, tatsächlich eine Dezimierung insbesondere der älteren Generation zu bewirken? Wir wissen es nicht. Seltsamerweise stand aber in dem Geschäftsbericht des Tamiflu-Herstellers *Chugai* (ein Anti-Grippe-Mittel) aus dem Vorjahr unter der Rubrik „Zukunftsausblick" zu lesen, man rechne im kommenden Jahr bei dem Grippemittel „Tamiflu" mit einem Zuwachs von über 400 %, was sich tatsächlich wegen der Schweinegrippenpanik bewahrheitete.

Der Imageschaden für die Pharmaindustrie war beträchtlich, die Wut und das Misstrauen in der Bevölkerung geweckt. Man musste nun Gras über den Flurschaden wachsen lassen...

Viel eleganter ist es doch, die Körper und Hirne der Milliarden Menschen unter Kontrolle zu bekommen und die Menschen dazu zu bringen, das auch noch freiwillig und vertrauensvoll mit sich geschehen zu lassen. Sie kommen ganz von selber in die medizinischen Zentren. Die Ärzte dort kennen und können gar nichts anderes als das, was man ihnen eingebläut hat. Apparatemedizin wirkt ungemein effizient, respekteinflößend und vermittelt den Eindruck, es werde alles für einen getan. Erprobte und zertifizierte Behandlungsmethoden sind über jeden Zweifel erhaben. Es gibt keine Vergleiche mehr mit anderen Behandlungsmethoden, weil niemand mehr Vergleiche anstellen kann.

Wie soll der durch minderwertige Ernährung und viele Medikamente kränkliche Mensch noch erkennen, warum er kränkelt? Das muss Schicksal sein. Wie gut, dass die moderne Medizin ihm die Verantwortung für sich selbst abnimmt. Der Spezialist für den Rücken lässt ihm die normierte Behandlung für seine Rückenschmerzen angedeihen, der Neurologe gibt ihm wirklich effektive Schmerzmittel gegen seine Migräne, und der Internist bekämpft die schlechten Blutwerte und Verdauungsstörungen nach Schema F. Es gibt keinen persönlich verbundenen Arzt mehr, der ihn kennt und ihm sagt, dass seine Migräne eine Folge seines emotionalen und beruflichen Drucks ist, von dem er weiß, weil er den Patienten gut kennt, weshalb er ihm raten würde, sich aus seinen Zwängen zu befreien. Ein guter Hausarzt käme sehr schnell zu der Vermutung, dass die Schmerzmittel die Leber und Nieren belasten, was zu Rückenschmerzen und schlechten Blutwerten führt... Hauptsache, der Patient sorgt für ordentlichen Umsatz in der Klinik und funktioniert so lange in seinem Job, bis er alt genug ist, um schonend entsorgt zu werden.

Gleichzeitig entwirft man an anderen Fronten neue Regelwerke, die man der Menschheit zwecks ihrer Massenüberwachung und Führung aufzwingen will. Ein Dokument aus dem Jahr 2010 wirft ein Schlaglicht auf diese Pläne der globalen Führungselite. Die Papiere wurden aus dem Hotel geschmuggelt, in dem sich die Weltenlenker trafen, um über die weitere Behandlung der Menschheit und der von ihr leichtsinnigerweise herbeigeführten Überbevölkerung zu entscheiden. Das Dokument wurde vom amerikanischen Sender *Foxnews* veröffentlicht. Im Internet ist eine PDF-Version des Originaltextes mit dem schönen Namen *„The Secretary-General's Retreat – Alpbach, 5.-6. September 2010"* eingestellt, in der jeder nachlesen kann, was die Vereinten Nationen für einen entzückenden Plan ausgeheckt haben. Im schönen Österreich haben sich Herr Ban-Ki-Moon und sechzig Globalisten der obersten Riege in dem romantischen, abgelegenen Örtchen Alpbach in Österreich getroffen, um nicht nur die CO_2-Legende wieder in anderem Gewand, sondern gleich die nächste Stufe der Repressionen gegen die Menschheit in eine schöne Form zu gießen.(73)

Diese neue Strategie stellt erst einmal aus der ihr ganz eigenen Sicht schon auf den ersten Seiten fest, dass die Welt sich gewandelt habe. Die schöne Welt, die man geplant habe, sei durch die grassierende Arbeitslosigkeit als Folge der Weltwirtschaftskrise immer noch nicht, wie geplant, eingerichtet, und nun müsse man dringend handeln.

Die Gesellschaften des Nordens seien überaltert, so heißt es auf Seite 3, und die Migration von Süden nach Norden „modifiziere die ethnische Komposition" (eine elegante Umschreibung für „Überfremdung") der Gast-Gesellschaften. Eine schwerwiegende Auswirkung auf die kulturellen Identitäten der Gast-Gesellschaften konstatieren die hohen Herren ebenfalls als bereits eingetretene Ausgangslage. Und gleich im nächsten Satz wird bemängelt, dass *„starker Widerstand gegen eine wirksame Verwaltung der internationalen Migration bestehe"*, dass aber nichtsdestotrotz die Migration weiter fortbestehen werde.

„Wir kennen ja schon die Elemente der Antwort: Nicht weniger als eine fundamentale Transformation der globalen Wirtschaft ist notwendig, gründend auf den Quellen für saubere Energie, im Rahmen der geeigneten Politik und Marktanreizen, das zu unterstützen." Das steht auf Seite 5. Und sie stellen sich die bange Frage, ob es denn möglich sein werde, die Machtstrukturen, die immer noch von solchen Relikten wie „souveränen Nationen" gekennzeichnet seien, in der nötigen Schnelligkeit umzubauen.

Auf Seite 5 unten wird Klartext gesprochen: *„Oder müssen wir den Reset-Knopf drücken und die Weltregierung neu überdenken, um der 50-50-50-Herausforderung gerecht zu werden?"*

Sieh an, ein neues Schlagwort! Was ist die 50-50-50-Herausforderung? Die neue UN-Klimakampagne soll diesen Namen als Beschreibung für das Programm einführen, die CO_2-Emissionen vor dem Jahr 2050, dann, wenn die Weltbevölkerung angeblich um 50 Prozent zugenommen haben wird, um 50 Prozent zu senken.

Das Papier stellt weiterhin fest: *„Die UN-Anführer beabsichtigen dies (die Vorherrschaft der souveränen Nationen) zu ändern, und das besonders in Bezug auf die Klimaagenda. Die nächsten 40 Jahre werden entscheidend sein."* Schon auf dem Klimagipfel in Kopenhagen kam die Idee zum Vorschein, mittels CO_2-Steuer das Geld aus den reichen Nationen abzuziehen und umzuverteilen. Der sogenannte „Dänische Text" wurde der englischen Zeitung *The Guardian* zugespielt. Der üble Plan wurde publik: **Das Geld soll laut der Arbeitspapiere nicht den Armen zugute kommen, sondern zur Errichtung der Weltregierung verwendet werden.**(74)

Nach diesem Text soll das den reicheren Ländern über CO_2-Steuern abgenommene Geld nämlich nicht ärmeren Ländern zugute kommen und einen Aufbau ermöglichen, sondern die Schwellen- und Drittweltländer würden gezwungen, Öko-Kredite zu nehmen und sich strengen Vorschriften zu beugen, um dem Klimawandel entgegenzuwirken. Damit würden die ohnehin armen Drittweltländer noch unentrinnbarer in Schulden gefangen. Diese Schulden müssten dann Weltregierungsinstitutionen wie dem IWF und der Weltbank abbezahlt werden. Ein genialer Schachzug, der mit einem Streich sowohl die (noch) reichen Industrieländer ausbeutet und versklavt als auch die ärmeren Länder und die Dritte Welt auf ewig in Ketten legt – und die Weltregierung an die Hebel der globalen Macht bringt. Die Delegationen der Drittweltländer protestierten damals in Kopenhagen vehement gegen das Ausbeutungs- und Genozidprogramm.

All die schönen Sätze über Sicherheit und Frieden allen auf Erden und der fürsorglichen harten Hand der Weltregierung zu unser aller Wohl können nicht darüber hinwegtäuschen, dass dies eine Blaupause zur restlosen Ausplünderung und Versklavung der Menschheit und Zerstörung aller nationalen und kulturellen Identitäten ist. Ganz besonders soll die eigenständige und wohlhabende Mittelschicht der Industrienationen und Schwellenländer vollständig eliminiert werden. Das wird in dem Alpbacher Papier hinter der schönfärbenden Formulierung versteckt: „*...das Streben nach einem besseren Leben der Klasse der anwachsenden Mittelschicht auf der Welt zu beschränken und umzulenken.*"

So heißt es in dem Dokument auch:
„*Die echte Herausforderung rührt vom exponentiellen Wachstum der globalen Konsumgesellschaft her. Sie wird angetrieben durch ein anwachsendes Verlangen der höheren Schichten und der Mittelschicht der vermögenden Länder sowie der entstehenden Mittelschicht der Entwicklungsländer. Unser tatsächliches Ziel muss daher sein, die Einstellungen und das Konsumverhalten von Grund auf zu transformieren und entsprechende Anreize zu schaffen*".

Auf gut Deutsch: Man will eine weltweite Umverteilung des Reichtums, den der Mittelstand in den „überalterten Nationen" erwirtschaftet hat, um damit die Errichtung der Weltregierungsstrukturen zu bezahlen, mit denen dann auch noch der arme Rest der Menschheit kontrolliert und versklavt werden kann.

Der nächste Schritt dazu ist eine Um-Etikettierung der „Globalen Erwärmung“ durch CO_2-Emissionen, die sich mittlerweile durch Enthüllungen als komplett unhaltbar diskreditiert hat, in *„Bedrohung des Überlebens der Menschheit durch weltweite Überbevölkerung“*. Eine riesige PR-Welle rollt auf uns zu.

Das ist allerdings keine neue Idee, sondern ein Plan, der schon lange und sorgfältig vorbereitet wurde. Die Utopie einer CO_2-regulierten Planwirtschaft ist bereits im Koalitionsvertrag Merkel-Westerwelle fixiert. Schon 1994 legte Frau Merkel als Umweltministerin den Grundstein hierfür. Sie war an führender Stelle tätig, um die EU auf das Klimaschutzprogramm zu trimmen, und CO_2 war schon damals ihr Schwerpunktthema. Die Physikerin Merkel weiß sehr wohl, dass die ganze CO_2-Legende wissenschaftlich kompletter Unsinn ist.(75)

Der Feldzug der Globalisten gegen die Menschen, deren Freiheit, Wohlstand, kulturelle Identität, Gesundheit, Selbstbestimmung und Unabhängigkeit geht verstärkt weiter – zur Not auch mit Überwachung, Entmündigung, Betrug und Gewalt.

Zitat aus dem Papier: *„Der Aufbau einer stehenden Justiz und von strafenden Institutionen muss vorangetrieben und von der Einrichtung einer semipermanenten Polizeitruppe begleitet werden – einer dauernden Einsatztruppe, die in den Ländern, in denen Friedenstruppen stationiert werden, Gerichte und Gefängnisse errichten.“*

Schöne, neue Welt...

Niki Vogt (1957), Autorin, Online-Journalistin, Graphikerin, Kalligraphin und Filmemacherin. Studium der Rechtswissenschaften und Nordistik in Aachen, Köln und München. Verheiratet, Mutter von drei Kindern.

Email: niki@online.ms

Ein Tag im September

von David Christensen

Es war einer dieser herrlichen Spätsommertage. Schon früh am Vormittag hatte die Sonne die Luft von der Morgenfrische befreit, und in München freuten sich die Menschen auf noch ein paar Stunden mehr an der Isar oder im Englischen Garten. Es war einer dieser Tage, an denen alles wie von selbst läuft. Ich hatte frei, und es gab keine Aufgaben zu erledigen. Sogar mein Handy ließ ich bewusst ausgeschaltet. So radelte ich vollkommen entspannt schon seit dem späten Vormittag durch die Stadt und die Parks, gönnte mir eine Brotzeit am Chinesischen Turm, genoss ein Eis auf dem Monopterus und beobachtete die vielen Menschen in der Stadt. Alles sah so friedlich aus, und ich war zur richtigen Zeit am richtigen Ort. Es war einfach ein perfekter Tag.

Später am Nachmittag stand ich in einem Laden an der Kasse und hörte, wie die Kassiererin ganz aufgeregt zu ihrer Kollegin sagte: *„Du, der zweite Turm ist gerade eben auch eingestürzt!“* Ich fragte kurz nach, und die Antwort ergab einfach keinen Sinn. Es kam mir vor, als redete die Frau wirres Zeug. Vor der Tür stand ein Taxi, und auf meine Frage, ob etwas Besonderes passiert sei, antwortete der Taxifahrer: *„In New York gab es zwei Anschläge mit Verkehrsflugzeugen auf das World Trade Center. Beide Türme haben eine Zeitlang gebrannt und sind jetzt eingestürzt.“*

Nach diesem Satz war mein Verstand wie gelähmt. Selbst heute, über zehn Jahre danach, fällt es mir schwer, für diesen Moment die richtigen Worte zu finden. Mein Traum einer Welt des friedlichen Miteinanders wurde in diesem Moment weggespült von einem Tsunami der fürchterlichsten Gefühle. Schock, Entsetzen, Wut und Angst kämpften fortweg abwechselnd um die Vorherrschaft in meinem Kopf. Wie betäubt stieg ich auf mein Fahrrad und radelte los. Ständig hatte ich die Zahl der 50.000 Menschen im Kopf, die an einem normalen Tag das WTC bevölkerten. Nach endlosen Minuten sah ich den ersten Fernseher, vor dem sich eine Traube Menschen versammelt hatte. Nie werde ich diese ersten Bilder und Eindrücke vergessen. Die Einschläge der Flugzeuge und die kollabierenden Türme wirkten so surreal, als hätte Hollywood tief in die Trickkiste gegriffen. Alleine der Gedanke, dass jemand ein Verkehrsflugzeug als Waffe einsetzen könnte, schien unser aller Vorstellungskraft bei weitem zu übersteigen. Welch blinder Fanatismus musste dahinterstecken, welch verdrehte Ideologie? Zu den brennenden und einstürzenden Türmen kamen noch die Nachrichten vom Angriff auf das Pentagon und der Absturz eines weiteren Flugzeuges in Pennsylvania hinzu. Wie ein nicht enden wollender Albtraum zog sich der ganze restliche Tag dahin. Die Wucht dieser ganzen Eindrücke hat alles tief in meinen Erinnerungen gespeichert, und selbst wenn ich hundert Jahre alt werden sollte, diesen Tag kann ich nie mehr vergessen. Und so ging es wohl den meisten Menschen auf dieser Welt.

Am nächsten Tag saß ich mit einem Freund zusammen, und natürlich gab es nur dieses eine Thema. Er hörte mir eine Weile zu und sagte dann in einem Ton der vollen Überzeugung, dass die US-Regierung dies wahrscheinlich selbst inszeniert hatte. Ein Amerikaner namens Bill Cooper hätte sogar vor wenigen Wochen genau davon gesprochen, als er in seiner Radioshow einen großen Anschlag innerhalb der USA ankündigte. In diesem Moment hätte ich ihn vor Wut am liebsten erwürgt, so sauer war ich über so eine infame Behauptung. Da er schon immer etwas seltsam war, sah ich generös über diesen Blödsinn hinweg, um ihn aber gleichzeitig endgültig als Spinner anzusehen. Was ich vor zehn Jahren aber noch nicht verstanden hatte war, dass er mir damals schon zehn Jahre und hundert Bücher voraus war. Heute lebt er als veganer Yoga-Lehrer in Südfrankreich und ist wahrscheinlich mehr mit sich und dem Universum im Einklang als irgendjemand sonst auf dieser Welt. Doch seine Worte haben mich nicht mehr losgelassen, und schon sehr bald musste ich feststellen, dass nicht er, sondern ich im Unrecht war. Innerhalb von wenigen Wochen zirkulierten verschiedene Emails im Internet, die wirklich Unglaubliches ans Tageslicht brachten. Je mehr ich recherchierte, desto mehr musste ich feststellen, wie groß die Menge an Unstimmigkeiten und Widersprüchen in der offiziellen Darstellung war und bis zum heutigen Tag ist.

Bei so vielen Fakten, die ein ganz anderes Licht auf die Ereignisse werfen, müsste die mediale Bombe doch jeden Tag hochgehen. So dachte ich naiverweise damals noch. Doch nichts geschah. Vom ersten Tag an predigten uns Experten und Analysten, dass die Brände in den Türmen diesen beispiellosen Kollaps verursacht hätten. Fehlender Brandschutz, Materialermüdung durch die Hitze der Brände und die Wucht der Einschläge hätten zusammen für die Katastrophe gesorgt. Die offizielle 9/11-Untersuchungskommision kam in tausenden Seiten genau zu dieser Schlussfolgerung. Alle Medien griffen dieses Szenarium auf, und wenn nur genügend Experten eine Meinung vertreten, dann wird es auch bald zum Allgemeinwissen. So ist es bis zum heutigen Tag. Wer daran immer noch zweifelt, gilt nicht nur als unamerikanisch, sondern zuweilen auch als Schwachsinniger oder – als höchstes Totschlagargument – als „Verschwörungstheoretiker". Es geht sogar so weit, dass Zweifel an der offiziellen Darstellung mit dem Makel des „Leugnens" versehen werden. „*Unerhört aber auch, steinigt sie!*"

Millionen Menschen auf der ganzen Welt waren zum ersten Mal in der Geschichte live bei einem Terroranschlag dabei, und die unglaubliche Wucht dieser Bilder hat ihre Wirkung nicht verfehlt. Das Entsetzen und die Wut in uns haben unseren gesunden Menschenverstand außer Kraft gesetzt, und anstatt uns die Frage zu stellen, warum die Naturgesetze an diesem Tag Urlaub hatten und 400 Meter hohe Gebäude in Fallgeschwindigkeit in sich zusammenstürzen konnten, haben wir das Denken den Militärs und den Politmarionetten überlassen. Die Bilder haben uns blind gemacht, und vor allem haben sie uns abgelenkt von der größten Täuschung in der jüngeren Geschichte.

„*Es gelingt wohl, alle Menschen einige Zeit und einige Menschen allezeit, aber niemals alle Menschen allezeit zum Narren zu halten.*"

Abraham Lincoln (1809-1865)

Es war aber nicht das erste Mal, dass das amerikanische Volk mit Hilfe von Terror und Propagandalügen in einen Krieg geführt wurde. Als am 7. Dezember 1941 der Angriff auf den Marinestützpunkt in Pearl Harbor durch japanische Flugzeuge mehr als 3.300 US-Bürger das Leben kostete, kippte die Stimmung in der Bevölkerung der Vereinigten Staaten schlagartig. Eine bis dahin kriegsunwillige Nation, die mit den Wirren des europäischen Krieges nichts zu tun haben wollte, verwandelte sich in eine nach Rache schreiende Furie. In ihrem Zorn und ihrer Wut strömten Millionen US-Bürger in die Rekrutierungsbüros der Streitkräfte, um sich freiwillig in den Krieg zu stürzen und Rache zu üben. Welch „Zufall", dass nur wenige Wochen vor dem 11. September, im Juni 2001, ein Hollywood-Blockbuster seine Premiere feierte, der in einem dreistündigen Fliegerhelden-Liebes-Epos die schrecklichen Ereignisse von 1941 noch einmal in nie gesehener

Deutlichkeit und voller Pathos präsentierte. Ob es nun die brennenden Schlachtschiffe oder die brennenden Türme waren, die Macht dieser Bilder war in beiden Fällen gleich. Die Menschen wurden geblendet vom Schmerz über den Verlust so vieler Landsleute und vom Schrecken der Ereignisse. Fragen zu stellen über offensichtliche Ungereimtheiten, wurde und wird als unpatriotisch bezeichnet. Dabei ist die Liste der Widersprüche schier endlos.

Ein paar Beispiele hierzu:
Zu Beginn der Bergungsarbeiten sagte Dr. Michael Baden, Pathologe und damals der oberste Gerichtsmediziner von New York, dass die meisten Opfer im WTC identifizierbar sein müssten, da die Feuer 1.760° Celsius nicht für 30 Minuten erreichten, was notwendig wäre, um einen Körper zu kremieren. Doch von den insgesamt 2.749 Opfern wurden nur 300 Körper ganz gefunden. Insgesamt wurden zirka 20.000 Körperteile verteilt im Trümmerfeld entdeckt, wovon 6.000 klein genug waren, um in ein Teströhrchen zu passen. Einer einzigen Person konnten 200 Teile zugeordnet werden, was wiederum heißt: Diese Person wurde regelrecht zerfetzt. Und von insgesamt 1.151 Opfern wurde überhaupt nichts gefunden. Der Leiter der medizinischen Untersuchung, Dr. Charles Hirsch, erklärte auf einer Pressekonferenz, dass eine Menge der Körper schlichtweg verdampft sind.

Im Jahr 2006 machten Bauarbeiter auf dem Dach der Deutschen Bank in New York einen grausigen Fund. Auf dem Gebäude, welches zirka 100 Meter vom Südturm entfernt stand, wurden über 300 Knochenfragmente von Opfern des WTC gefunden. Sofort wurde heftig darüber diskutiert, wie diese Splitter dorthin gelangen konnten. Offiziell wurde es so erklärt, dass beim Einschlag von American Airlines 11 der Nordturm wie ein Schredder gewirkt hat, der sowohl das Flugzeug als auch die Insassen regelrecht zerhackstückt hat, und dann die Knochenstücke durch den Turm auf das Dach der Deutschen Bank gefallen sind. Eine etwas seltsame Erklärung, wenn man bedenkt, dass der zu dieser Zeit noch zwischen Deutscher Bank und Nordturm stehende Südturm dies verhindert hätte. Oder waren es vielleicht Knochenteile von den Passagieren aus dem Flug von United Airlines 175, die nach dem Einschlag in den Südturm in der Luft eine mysteriöse Drehung von 180° machten, um dann um den Turm herumzufliegen und auf der Deutschen Bank zu landen? Da keine DNA-Angaben gemacht wurden, lässt sich auch nicht nachvollziehen, ob es sich bei den Fundstücken um Passagiere oder Angestellte aus den Türmen handelte.

Die Einschläge der beiden Flugzeuge geschahen etwa auf gleicher Höhe in den Türmen (AA-11 trifft den Nordturm zwischen dem 93. und 99. Stockwerk, UA-175 trifft den Südturm zwischen dem 77. und 85. Stockwerk), aber die Beschädigungen waren doch sehr unterschiedlich. Während der erste Einschlag in den Nordturm genau mittig in der Gebäudefront geschah, war der Einschlag in den Südturm mehr zur Gebäudeseite hin, wobei der größte Teil des Treibstoffs in einem gigantischen Feuerball außerhalb des Turms verbrannte. Man sollte meinen, dass die Art der strukturellen Zerstörungen im Inneren der Türme logischerweise auch unterschiedlich sein musste, was zu Beginn des Kollapses hätte sichtbar werden sollen. Doch bei beiden Türmen zeigte sich das gleiche rätselhafte Verhalten beim Zusammenbruch. Offiziell hat das Gewicht der Stockwerke über den Einschlaglöchern den Rest des Turmes wie ein gewaltiger Hammer von oben zerstört. Doch auf den unzähligen Filmaufnahmen sieht man, wie die oberen Gebäudeteile zuerst in sich selbst zusammenstürzen, und zwar von unten nach oben! Und als ob das noch nicht seltsam genug wäre, entschlossen sich die restlichen Stockwerke, nun vom darüber liegenden Gewicht befreit, sich ebenfalls aufzulösen und unter enormer Staub- und Rauchentwicklung in nahezu Fallgeschwindigkeit zu Boden zu stürzen. Die anschließende Verteilung der Trümmer war bei beiden Türmen gleich, und um jeden Turm breitete sich ein Trümmerfeld mit zirka 400 Metern Durchmesser aus. Wie können asymmetrische Beschädigungen einen symmetrischen Kollaps und gleichmäßige Trümmerverteilung verursachen?

United Airlines Flug 93 soll um zirka 10:03 Uhr in Pennsylvania in der Nähe der Stadt Shanksville abgestürzt sein. Kurz davor sollen Passagiere versucht haben, die Gewalt über das Flugzeug zurückzugewinnen, in dem sie die Entführer angegriffen haben. Doch bei dem anschließenden Kampf wurde die Kontrolle über das Flugzeug verloren, und es kam zum Absturz. Soweit die offizielle Version.

Wenn man sich aber die Bilder der Absturzstelle etwas genauer ansieht, kann man außer einem Krater im Boden wenig von einem Flugzeug erkennen. Normalerweise, wenn ein Verkehrsflugzeug über Land abstürzt, ist die Absturzstelle übersät mit Trümmerteilen aller Art. Triebwerke, Sitze,

Reifen, Koffer, Aluminiumfetzen, Fahrwerke, Kabinenverkleidungen – und vor allem die Passagiere. Jeder, der sich die Bilder vom Absturz in Überlingen am Bodensee im Jahr 2002 vor Augen führt, bekommt eine Vorstellung davon, wie so eine Trümmerlandschaft aussehen sollte. In Shanksville soll sich Flug 93 aber komplett in das Erdreich gebohrt haben, ohne all diese Spuren zu hinterlassen.

Am 10. September 2001 gab der damalige Verteidigungsminister Donald Rumsfeld eine Pressekonferenz im Pentagon, in der er das rätselhafte Verschwinden von 2,3 Billionen Dollar Rüstungsgelder bekannt gab. Und bei Billionen handelt es sich nicht etwa um einen Übersetzungsfehler, da die amerikanische Milliarde als „one billion" gezählt wird, sondern es sind tatsächlich 2.300 Milliarden Dollar, über deren Verbleib keine Angaben gemacht werden konnten. Eine ganze Abteilung im Verteidigungsministerium war damit beschäftigt herauszufinden, wo das ganze Geld geblieben ist. Leider konnten sie ihre Arbeit nicht lange durchführen, denn am nächsten Tag um 9:37 Uhr soll Hani Hanjour, einer der Entführer von American Airlines Flug 77, ein Flugzeug vom Typ Boeing 757 in einem atemberaubenden Flugmanöver genau in diesen Teil des Pentagons geflogen haben. Mit den Buchprüfern zusammen sind in diesem Moment auch alle Unterlagen zu diesem unglaublichen Vorgang verschwunden, und seitdem hat es dieses Thema nicht wieder auf die Nachrichtenticker geschafft.

Für viele Berufspiloten in Amerika (www.pilotsfortruth.org) ist es außerdem nicht nachvollziehbar, warum Kapitän Burlingame, ein ehemaliger Offizier der US-Streitkräfte mit Anti-Terrorausbildung, widerstandslos einem schmächtigen 1,70 Meter großen Mann, bewaffnet nur mit einem Teppichmesser, die Kontrolle über das Flugzeug überlassen hat. Außerdem stellt sich die Frage, wie eine Boeing 757 beim Einschlag in das Gebäude nur ein drei Meter großes Loch hinterlassen konnte, dafür aber hintereinander durch sechs Stahlbetonwände mit jeweils 60 cm Stärke brechen konnte? Sämtliche Überwachungsvideos vom Ereignis wurden umgehend zensiert und mit dem Hinweis auf die „Nationale Sicherheit" bisher nicht freigegeben. Die einzigen veröffentlichten Aufnahmen sind vier Standbilder einer Videoaufzeichnung, auf denen selbst mit der größten Fantasie kein Verkehrsflugzeug zu erkennen ist. Und so weiter, und so weiter...

1.000 Seiten wären nicht genug, um aufzuzählen, was der offiziellen Version widerspricht. Doch regelmäßig, gerade an den Jahrestagen, überziehen uns die Massenmedien mit Dokumentationen und Berichten, in denen mit modernster Computertechnik und den tollsten Animationen der Ablauf genau rekonstruiert wird, nach dem Motto: *„Alle Zweifel sind schon lange beseitigt, zurück zum Tagesgeschehen: Was macht eigentlich der böse Iran mit seinen Raketen?"*

Doch seit einigen Jahren wendet sich das Blatt! Mithilfe einer vollkommen neuen Informationskultur durch das Internet, ist es heute viel leichter geworden, über offensichtliche Lügen aufzuklären. Hunderte Bücher wurden mittlerweile veröffentlicht, und die Zahl der 9/11-Skeptiker steigt unaufhörlich an. Unzählige Internetseiten und Aktionsgruppen wurden gegründet, und eines der besten Beispiele ist die Gruppe um den amerikanischen Architekten Richard Gage. Im Jahre 2006 hörte er auf dem Weg zur Arbeit zufällig ein Radio-Interview mit David Griffin, einem emeritierten US-amerikanischen Professor für Religionsphilosophie und Theologie und eine bedeutende Stimme in der 9/11-Wahrheitsbewegung. Die Informationen in diesem Interview waren so schockierend für Richard Gage, dass er seitdem seine gesamte Zeit und Energie in die Aufklärung über 9/11 steckt. Er selbst ist langjähriger Spezialist für den Bau von Stahlrahmengebäuden, und mittlerweile sind zusammen mit ihm über 1.600 Ingenieure, Architekten, Abrissexperten, Chemiker, Physiker, Piloten, Polizisten und viele weitere Akademiker und Aktivisten bemüht, ihr geballtes Expertenwissen einzusetzen, um die Ereignisse zu rekonstruieren. Eine ihrer Hauptschlussfolgerungen in einem Satz formuliert lautet: ***„Nicht die Brände waren schuld an dem Einsturz, sondern die DREI Türme des WTC wurden kontrolliert gesprengt."*** (Nein, das ist kein Schreibfehler! Es waren nicht zwei, sondern DREI Gebäude, denn WTC-7 wurde nicht von einem Flugzeug getroffen und stürzte trotzdem am gleichen Tag um 17:20 Uhr in sich zusammen, obwohl es nur vereinzelte Feuer in einigen Stockwerken gab.)

Nachdem die Untersuchungskommission der US-Regierung vor allem durch konsequentes Wegsehen und durch die Vernichtung von Beweismitteln glänzte, haben sich die Jungs von Richard Gage den Staub von Ground Zero mal etwas genauer angeschaut. Und siehe da: Mit Hilfe der chemischen Analysen von Prof. Nils Harrit von der Universität aus Kopenhagen konnten sie Partikel eines hochexplosiven und hypermodernen Sprengstoffes namens *Nano-Thermit* nachweisen. Thermit ist eine Mischung aus Eisen-III-Oxid und granuliertem Aluminiumpulver, das nach Zündung in einer extremen exothermen Reaktion abbrennt. Die Reaktionsprodukte sind Aluminiumoxid in Form von weißem Rauch und weißglühendes, flüssiges Eisen. Es wird seit über 100 Jahren zum Schweißen, unter anderem von Bahnschienen verwendet, aber auch für Schneidladungen bei Gebäudeabrissen.

Prof. Harrit hat mit den modernsten Methoden Analysen durchgeführt und konnte dabei nicht reagierte Teile dieses Materials entdecken. Die bloße Existenz von Thermit ist schon erstaunlich genug, doch die Partikelgröße lässt die ganze Angelegenheit noch mysteriöser werden. Das gefundene Material wird als *Ultra-Fine-Grain* bezeichnet, also Pulver auf Nano-Größe. Kommerziell verfügbares Thermit verhält sich eher wie ein Brandmittel, wenn es angezündet wird. Aber wenn die Bestandteile aus ultrafeinem Pulver bestehen und sich dadurch die Reaktionsfläche um ein Vielfaches erhöht, dann reagiert dieses „Nano-Thermit" sehr schnell, regelrecht explosiv! Prof. Harrit bezeichnet es deshalb als hochenergetisches Explosivmaterial der modernsten Art, welches nur in High-Tech-Laboren hergestellt werden kann, wie beispielsweise durch das *Lawrence Livermore National Laboratory* in den USA. Eine weitere Suche in den Höhlen von Tora Bora am Hindukusch kann man sich deswegen sicher ersparen...

Und nur mit einer Sprengung lässt sich erklären, warum tonnenschwere Stahlträger mit bis zu 100 km/h horizontal weggeschleudert wurden, um dann bis zu 200 Meter entfernt aufzuschlagen oder sogar in anderen Gebäuden steckenzubleiben. Die kinetische Energie, die dazu nötig ist, kann nur durch zusätzlich eingebrachte Energie erklärt werden, und nicht durch die bloße Gravitationswirkung der kollabierenden Türme.

Wenn tatsächlich Spuren von Sprengstoffen im Schutt des WTC vorhanden waren, erklärt dies auch das vollkommene Desinteresse an detaillierten forensischen Untersuchungen seitens der US-Regierung, ganz zu schweigen von dem lächerlich geringen Budget, das der 9/11-Kommission zur Verfügung stand. Für die Aufklärung der Zigarrenspiele von Präsident Clinton in der Sexaffäre um Monika Lewinsky genehmigte der Kongress damals stolze 40 Millionen US-Dollar. Jedoch für die Untersuchung des größten Terroranschlags in der Geschichte der USA mit fast 3.000 Toten waren leider, leider nicht mehr als 15 Millionen US-Dollar verfügbar. Man sieht schnell, wo die Prioritäten liegen im Land der begrenzten Unmöglichkeiten.

In der 9/11-Wahrheitsbewegung gibt es heute nicht mehr den geringsten Zweifel daran, dass die Türme WTC-1 und 2 sowie WTC-7 nach monatelangen als Renovierung getarnten Vorbereitungen gesprengt wurden. Die Faktenlage ist zu offensichtlich. Nur über die genaue Art und Weise und das Sprengmittel selbst ist mittlerweile ein großer Diskurs entstanden. Schon zu Beginn der Aufräumarbeiten äußerten sich Abbruchexperten über die ungewöhnlich geringe Menge an Schutt und Trümmern am Ground Zero. Nach Einschätzung der Experten hätte der Schuttberg am Ground Zero zirka 100 Meter hoch sein müssen. Stattdessen war das Trümmerfeld an seiner größten Erhebung gerade einmal drei Stockwerke hoch. Nur Teile der Außenfassade ragten noch höher hinaus, der Kern war verschwunden. Wie wenig von dem Gebäudekomplex noch vorhanden war, wird deutlich, wenn man sich vor Augen führt, dass die Dachantenne des Südturms nach dem Kollaps auf Bodenniveau lag.

Ein wesentlicher Teil der Türme ist nicht einfach nur kollabiert, sondern ist regelrecht zu Staub zerfallen. Etwa 70 bis 80 Prozent der Gebäude sind einfach verschwunden und haben sich in einer kilometerhohen Staubwolke über Südmanhattan verteilt. Vor allem die 300.000 Tonnen Beton sind in feinstes Pulver verwandelt worden – ein Umstand, der auch zehntausenden Tonnen Stahl passiert ist.

Ist es überhaupt möglich, mit Hilfe von hypermodernen und extrem energiereichen Sprengstoffen ein Stahlrahmengebäude mit einer Höhe von 400 Metern mitsamt seinem Inhalt, wie Büroeinrichtungen, Möbel, Fahrstuhlschächte usw., zum größten Teil zu Staub zu verwandeln? Wie viel dieses Sprengstoffes muss in das Gebäude eingebracht werden, und wie kann es so umfassend verteilt werden, ohne die Aufmerksamkeit der Menschen in den Büros zu erregen? Wenn wir Nano-Thermit als Hauptsprengstoff annehmen, hätten sich völlig neue Möglichkeiten zur Verteilung dieses Sprengstoffs ergeben. Man hätte es unter simple Wandfarbe mischen und so unbemerkt auftragen können. Haben vielleicht Handwerker, ohne es zu ahnen, das Werk der Attentäter vorbereitet? Doch selbst bei solchen

Thesen bleibt es unvorstellbar, auf welche Weise eine so vollständige Verteilung der Sprengstoffe bis in die letzten Winkel der Gebäude möglich gewesen sein soll.

Am 19. Dezember 2001 wurde bekannt gegeben, dass die letzten „Feuer“ am Ground Zero endgültig gelöscht wurden. Aber was kann der Grund dafür gewesen sein, dass bis zu diesem Zeitpunkt noch immer Hitzefelder in den Trümmern vorhanden waren? Wenn Flugzeugbenzin die Ursache des Kollaps gewesen wäre, wie lange hätten die dadurch verursachten Brände wohl angedauert? Täglich hat die Feuerwehr von New York die Schuttberge mit hunderttausenden Litern Wasser besprüht, und im Herbst 2001 gab es mehrmals heftige Gewitter über Manhattan, die zusätzlich große Wassermassen in die Fundamente spülten. Und doch war es erst nach über drei Monaten(!) möglich, die Brände zu löschen. Wenn wir Thermit als Hauptgrund für den Einsturz annehmen, stoßen wir auf das gleiche Problem wie mit dem Flugzeugbenzin. Die extreme Reaktion von Thermit kann nur solange aufrechterhalten werden wie Reaktionsprodukte zur Verfügung stehen. Da hier der größte Teil bei den Explosionen selbst verbraucht worden wäre, müsste die Restmenge an reaktivem Material gering gewesen sein, was die mikroskopisch kleinen Spuren in den Staubproben belegen konnten. Eine fortlaufende Reaktion über Wochen hinweg kann deshalb mit Sicherheit ausgeschlossen werden. Es bleibt die Frage, ob die bei der Zerstörung erzeugte Energiemenge ausreicht, um über so einen langen Zeitraum diese enorme Hitze aufrechtzuerhalten. Sechs Wochen danach analysierte die NASA mit Infrarotaufnahmen das Ausmaß der Zerstörungen und stellte dabei immer noch Hitzefelder bis zu 800°C in den Fundamenten von allen drei Türmen fest. Rettungskräfte berichteten von geschmolzenen Stiefeln, wenn sie zu lange im Einsatz auf den Trümmern waren, und noch im Oktober zog ein Bagger rotglühendes Metall aus dem Schutt. Was war die Quelle dieser enormen Energien?

Zusätzlich zu diesen Hitzequellen gibt es noch eine überdurchschnittlich häufige Erkrankung von Rettungskräften und Arbeitern am Ground Zero. Eine siebenjährige Studie hat einen ungewöhnlichen Anstieg an Krebserkrankungen festgestellt, wobei einige dieser Krebsarten vollkommen rätselhaft bleiben. Krankheitsbilder, die eher bei Strahlenopfern zu finden sind, sind bei diesen Patienten weit verbreitet: Schilddrüsen- und

Prostatakrebs, Non-Hodgkin-Lymphome und am häufigsten AML, akute myeloische Leukämie. (Ursachen und Entstehung laut Wikipedia: *„Bekannte Risikofaktoren für die Entwicklung einer AML sind eine Exposition gegenüber einer hohen Dosis ionisierender Strahlung, zum Beispiel nach den Atombombenexplosionen in Hiroshima und Nagasaki.“*)

„Ohne Strahlung kann es auch keine Strahlenopfer geben!“, lautete ein offizieller Kommentar, und die erhöhten Tritiumwerte auf Ground Zero hat man kurzerhand auf die Notausgangsschilder der Flugzeuge zurückgeführt, die leicht radioaktives Material enthielten, um auch im Dunkeln ohne Stromversorgung leuchten zu können. Aber die Erlebnisse des Kriminalbeamten John Walcott machen einen doch stutzig. Nach fünfmonatigem Einsatz auf Ground Zero hat er AML, Lymphdrüsenkrebs in seiner aggressivsten Form entwickelt, und nur durch eine Knochenmarktransplantation hat er überlebt. Doch sein Schlüsselerlebnis hatte er, als er auf der Mülldeponie „Fresh Kills“ auf Staten Island Dienst tat, denn dorthin wurden die Überreste des WTC verbracht. An einem Tag kamen FBI-Agenten zur Mülldeponie, die Ganzkörperschutzanzüge trugen und diese noch zusätzlich mit Klebeband an Armen und Beinen abgedichtet hatten. Wussten diese Herrschaften mehr als die Kriminalbeamten vor Ort? Warum diese extremen Schutzmaßnahmen, und was suchten die Bundesagenten in den Überresten?

Zusammengenommen ließen diese Fakten die Art der Sprengung in einem völlig neuen Licht erscheinen. Wurde vielleicht die ultimative Sprengung durchgeführt, indem eine Atombombe gezündet wurde? Diese Frage ist zum Reizthema in der 9/11-Wahrheitsbewegung geworden, da sie so abwegig erscheint und Leute eher vom Thema abschreckt, als sie neugierig zu machen. Doch damit würden sich verschiedene Unstimmigkeiten klären lassen. Die monatelangen Hitzefelder, die Desintegration des größten Teils der Türme und die Erkrankungen der Rettungskräfte hätten in diesem Fall eine plausible Ursache.

Doch wie konnten die Türme in fast Fallgeschwindigkeit einstürzen, ohne auf nennenswerten Widerstand der unteren Stockwerke zu stoßen, so als fielen sie einfach durch Luft hindurch? 2009 veröffentlichte ein ehemaliger Offizier einer russischen Spezialeinheit ein langes Interview im Internet und erklärte mit hohem Sachverstand die Plausibilität der Nuklear-These. Dimitri Khalezov war nach eigenen Angaben ehemaliges Mitglied der Spezialeinheit Nr. 46179, auch *Sonderkontrolldienst des 12. Hauptdirektorats des sowjetischen Verteidigungsministeriums* genannt. Seine Einheit war sowohl für das Aufspüren von nicht-russischen Atomwaffentests zuständig sowie für die Einhaltung der verschiedenen internationalen Abkommen für Nuklearwaffen. Während dieser Zeit wurde er zu einem Experten für Kernwaffenexplosionen. Alleine das dreistündige Interview ist schon recht aussagekräftig, aber in seinem 500 Seiten umfassenden Buch erklärt er seine These zu 9/11 mit bestechender Gründlichkeit. Seiner Meinung nach wurden die drei Türme tatsächlich mit Nuklearsprengsätzen dem Erdboden gleichgemacht, und er erklärt es folgendermaßen: Die Detonationen erfolgten 50 Meter unterhalb der Grundmauern, wobei die primären Faktoren einer Atombombenexplosion, Röntgenstrahlung, ionisierende Strahlung, Hitze- und Druckwelle, vom umgebenden Gestein absorbiert wurden. Das Gestein wurde durch die unglaubliche Hitze in Plasma verwandelt und ließ eine Hohlung von 100 Metern Durchmesser zurück. Bei diesem Vorgang wurde das umgebende Gestein unter enormen Druck gesetzt und dabei in seiner molekularen Struktur zerstört. Je nach Entfernung zum Hypozentrum entstanden unterschiedliche Auflösungsformen des Gesteins. Im innersten Bereich, der Bruchzone, blieb nur feinster Staub übrig – vollkommene Desintegration. In der daran anschließenden Auflockerungszone war das Gestein je nach Entfernung vom Hypozentrum unterschiedlich stark zertrümmert. Durch die exakte Positionierung und Dimensionierung des Sprengsatzes konnte dieser mechanische Effekt der Druckwellenausbreitung so ausgenutzt werden, dass die unteren 300 Meter der Türme zu feinstem Staub verwandelt wurden – Stahl, Beton, Innenleben, einfach alles. Die oberen 100 Meter wurden nicht mehr pulverisiert, sondern nur noch zertrümmert. Alles klar soweit?

Was sich im ersten Moment wie paranoider Schwachsinn anhört, wirkt nach genauerer Recherche seiner Ausführungen auf eine bizarre Art und Weise logisch. Kritiker dieser These bringen als Hauptgegenargument den fast unbeschädigten Grundwasserschild vor, in dem das WTC stand. Diese Mauer, auch „bathtub“ (Badewanne) genannt, wurde vor Baubeginn errichtet, um das Grundwasser beim Aushub der Baugrube zurückhalten zu können. Wäre ein atomarer Sprengsatz im Fundament gezündet worden, hätte das Grundwasser die Grube sicherlich geflutet. Auch der Kollaps selbst fand von oben nach unten statt, was einer Sprengung vom Fundament aus widerspricht. Es gibt noch weitere Unstimmigkeiten in dieser Argumentation, doch das muss nicht heißen, dass alles falsch ist, was Dimitri Khalezov aufgedeckt hat. Wie eingangs erwähnt, ist die Argumentation von ihm eine These, die in ihrer Stichhaltigkeit entweder widerlegt oder aber bewiesen werden muss. Zumindest beantwortet sie mehr Fragen als sie neue aufwirft.

In seinem Buch *„9/11thology: The ‚third' truth about 9/11"* geht Dimitri Khalezov aber noch in epischer Breite auf einen anderen Aspekt ein, der hier unbedingt noch erwähnt werden muss: **Die No-Plane-Theorie!**

Wenn Sie, lieber Wahrheitssuchender, bis hierhin diesen Ausführungen noch gefolgt sind, wird spätestens ab hier Ihr Vorstellungsvermögen auf das Äußerste strapaziert werden. Es gibt doch tatsächlich Menschen auf der Welt, die voller Überzeugung behaupten, dass es gar keine Flugzeuge waren, die in das WTC eingeschlagen haben, sondern wir Zeuge wurden der größten Live-Verarschung in der Geschichte der Menschheit.

An dieser Stelle ist es angebracht einmal Goethe zu zitieren:
„Wenn der Wahnsinn groß genug wird, wird er unsichtbar."

Wer so etwas behauptet, macht sich selbst in der 9/11-Wahrheitsbewegung nicht viele neue Freunde. Bei so einer Behauptung werden reflexartig programmierte Muster im Kopf aktiviert: *„Wie soll das denn gehen? Die ganzen Augenzeugen haben es doch gesehen und außerdem war es live im Fernsehen. Was ist dann mit den Flugzeugen und den Passagieren passiert? Wie soll so etwas denn geheim bleiben können? Man hat doch die Flugzeugteile in den Trümmern gefunden usw..."* Die bloße Vorstellung eines solchen Vorgangs ist dermaßen bizarr und abwegig, dass dieser Gedanke erst gar nicht einer weiteren Überprüfung unterzogen wird. Wir sehen nachlässig über so eine infantile Behauptung hinweg und glauben, es besser zu wissen. Doch auch hier können wir Erstaunliches entdecken, wenn wir nur etwas genauer hinschauen. Und die Wenigsten haben das überhaupt gemacht, denn zu sehr haben uns der Schock und das Trauma abgelenkt. Den Großteil der Informationen, die wir tagtäglich aufnehmen, erhalten wir über die Augen. Das, was wir sehen, glauben wir. Unser Intellekt und der rationelle Verstand sind dem nachgeordnet – leider, denn sonst wäre diese gigantische Lüge schon längst geplatzt.

Hier in Kürze ein paar der wichtigsten Fakten:

- Die Flugzeuge sollen mit zirka 900 km/h eingeschlagen sein. Ein Verkehrsflugzeug kann aber in 300 Meter über dem Meersspiegel aufgrund der hohen Luftdichte nicht so schnell fliegen. Piloten und Luftfahrtexperten, selbst der Hersteller Boeing, halten es für ausgeschlossen, dass dies physikalisch möglich ist.
- Die offiziellen Rekonstruktionen tragen den wahren physikalischen Eigenschaften von Flugzeugen und den Türmen keine Rechnung. Flugzeuge sind sinngemäß Leichtbaukonstruktionen, mit einer dünnen Außenhaut aus Aluminium. Stahlgebäude dagegen sind massive Konstruktionen die zehntausende Tonnen Gewicht tragen müssen. Nach dem dritten newtonschen Axiom, auch *Wechselwirkungsprinzip* genannt, verursacht jede Aktion gleichzeitig eine gleich große Gegenreaktion, die auf den Verursacher der Aktion zurückwirkt. Wenn also das Flugzeug das Gebäude getroffen hätte, hätte eine Unmenge an Splittern entstehen müssen. Man hätte sehen müssen, dass das Flugzeug der Länge nach zusammengedrückt wurde. Man hätte die zersplitternden Flügel sehen müssen, viel zurückspringendes und herabfallendes Material. Zu beobachten war jedoch, dass die Flugzeuge einfach in der Wand verschwanden und es dann erst zu Explosionen kam. Die besten Experten der Unfalluntersuchung haben dafür keine Erklärung gefunden – oder finden wollen....
- Die Stahlträger des WTC waren mit die massivsten Bauelemente, die je in einem Gebäude verbaut wurden. Im oberen Bereich der Türme waren die Wände der Träger noch immer sechs Zentimeter dick, was der Panzerung eines Panzers aus dem Zweiten Weltkrieg entspricht. Um solch eine Stahldicke zu durchdringen, braucht es ein Geschoß, das mit mindestens zwei- bis dreifacher Schallgeschwindigkeit aufschlägt. Panzerbrechende Munition ist auch nicht aus Aluminium, sondern aus harten Metallen wie Wolfram oder Tantal. Beim Einschlag eines echten Flugzeugs hätte der Rumpf mit der gesamten Masse seines Inhalts in diesem Bereich der Türme die Stahlträgerstruktur sicherlich schwer beschädigt. Auch die massiven Triebwerke hätten die Träger zerstört. Wie konnte aber die Flügelspitze oder das Höhenleitwerk einen dieser Träger durchtrennen? Auf den Bildern sehen wir aber die Silhouette eines Flugzeugs, die uns einen

echten Einschlag eines Verkehrsflugzeugs dieser Größe suggerieren sollte. (Beim Pentagon war die Erklärung für das zu kleine Loch, dass die Flügel beim Einschlag weggeknickt sind!)

- Die Fernsehbilder strotzen nur so von Widersprüchen. Bei einem Bild-für-Bild-Vergleich aller vier Live-Aufzeichnungen sieht man gravierende Abweichungen untereinander. Eine der Aufzeichnungen zeigt gar kein Flugzeug, bei zwei Fernsehanstalten wird das Bild im selben Moment des Einschlags für einen kurzen Moment schwarz. Die Anflugwege sind unterschiedlich, einmal horizontal, dann wieder in einem Sinkflug. Bei Vergrößerungen einzelner Standbilder sieht man unterschiedlich große Bildpunkte, was auf eine nachträgliche Bildbearbeitung schließen lässt.
- Die Live-Fernsehbilder waren gar nicht live, sondern wurden mit einer Zeitverzögerung von 17 Sekunden ausgestrahlt. Ein Seismogramm einer Erdbebenmessstation im Norden von New York hat die Explosionen registriert, und zum Zeitsignal der TV-Sender ergibt es diese Differenz. Das ist Zeit genug, um vorgefertigte Flugzeugschablonen einzufügen.
- Ein Bildtechniker hat die falschen Referenzlinien für die Phantomflugzeuge benutzt, was zur Folge hatte, dass die intakte Flugzeugnase auf der anderen Seite des Turms wieder zu sehen war. Nur 0,2 Sekunden später hat jemand den Fehler bemerkt und das Bild auf schwarz gezogen. (Abb. 18)
- Wenn irgendwo auf der Welt ein Verkehrsflugzeug verunglückt, kommt es regelmäßig an den Zielflughäfen zu dramatischen Szenen. Die Angehörigen und Freunde der Passagiere kommen in Verzweiflung und mit letzter Hoffnung zum Flughafen, um irgendetwas in Erfahrung zu bringen – ob jemand den Flug verpasst hat, es nur eine Falschmeldung war, das Flugzeug woanders sicher gelandet ist usw.. Hätten sich am 11.9.2001 nicht auch solche Szenen an den Zielflughäfen der angeblich entführten Flugzeuge abspielen müssen? Diese Sorge hatte auch der damalige Bürgermeister von San Francisco, Willie Brown, der sich mit einer Gruppe von Priestern zum Flughafen begeben hatte, um dort seelischen Beistand zu leisten. Zu seiner Verwunderung aber gab es niemanden, den man hätte trösten können. United Airlines gab daraufhin die seltsame Erklärung ab, dass

alle Angehörigen der Opfer über das Unglück telefonisch informiert wurden und deswegen niemand zum Flughafen komme. In San Francisco sollte nur eines der Flugzeuge landen. Doch was ist mit den drei anderen Maschinen mit dem Ziel Los Angeles passiert, die angeblich insgesamt 220 Passagiere an Bord hatten? Wurden auch deren Angehörige zuhause angerufen? Oder wie sonst lässt sich erklären, dass CNN um 12:00 Uhr Ortszeit, also volle drei Stunden nach den Ereignissen, vom Flughafen in L.A. meldete, dass bis zu diesem Zeitpunkt noch kein einziger Angehöriger zu sehen war? Kurioserweise begann kurz darauf eine Evakuierungsaktion des gesamten Flughafens. Damit war auch der Ankunftsbereich nicht mehr zugänglich, und niemandem konnte auffallen, dass dort gar keine Angehörigen erschienen sind.

- Bei den Augenzeugen sind nachweislich Schauspieler interviewt worden, die mehrmals in verschiedenen Kostümen und mit unterschiedlichem Aussehen vor die Kamera traten. (Abb. 13 bis 15)
- Es gibt mindestens genauso viele Augenzeugen, die behaupten, sie hätten *kein* Flugzeug gesehen, sondern die Explosionen seien aus dem Inneren der Gebäude gekommen, doch niemand will von ihnen Notiz nehmen.

Der Punkt mit den lügenden Augenzeugen ist für viele, die sich diesem Aspekt nähern wollen, sehr schwer vorstellbar. Kann es möglich sein, dass so viele Menschen bewusst lügen? Die traurige Antwort lautet: *„Ja!“* Aber es müssen gar nicht alle gelogen haben, die von Flugzeugen berichteten. Nehmen wir einmal an, der Einschlag erfolgte nicht durch ein Verkehrsflugzeug, sondern durch einen kleineren Flugkörper, etwa einen Marschflugkörper oder eine militärische Drohne. Wenn es nun Augenzeugen gab, die irgend etwas einfliegen sahen, sich aber nicht genau sicher waren, was es war, dann werden sie spätestens bei den Fernsehbildern ihre eigene Erinnerung mit diesen Bildern verknüpft haben. Aus den Konformitätsexperimenten von Solomon Esch ging hervor, dass aus Angst vor sozialer Isolation viele unbewusst bereit sind, Fakten zu akzeptieren, die offenkundig falsch sind. Das heißt, dass selbst Menschen, die nur die Explosion gesehen haben, sich dem Kollektiv anschlossen und diese Meinung übernahmen, obwohl es das genaue Gegenteil dessen war, was sie selbst gesehen hatten.

Abb. 13 oben: Der „Zeuge" Mark Walsh auf *Fox News* wurde später als der Schauspieler Mark Humphrey entlarvt.

Abb.14: Der Schauspieler Gary Welz war ein Zeuge, trat aber verkleidet mit anderer Brille und Frisur an mindestens zwei weiteren Stellen auf – und zusätzlich als Radiozeuge, wieder mit einem anderen Namen!

Abb. 15: Die „Zeugin" erklärte auf CNN tränenreich, was sie gesehen hatte, und forderte ein paar Tage später mit gefärbten Haaren und Brille, dass Bush alles Nötige tun müsse, um das zu rächen.

Abb. 16:
Dimitri Khalezov erklärt, dass die Zwillingstürme gesprengt wurden.

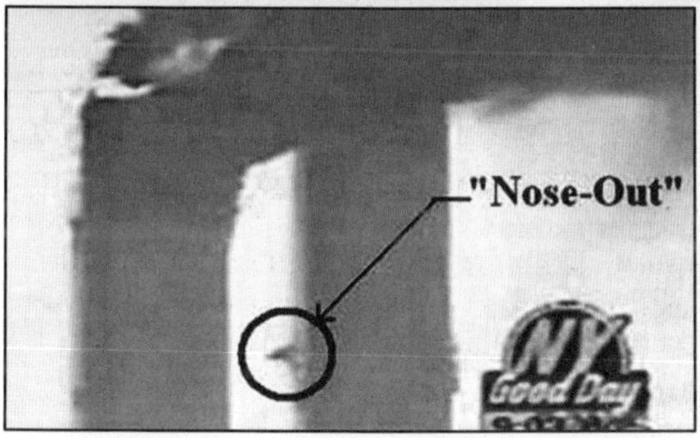

Abb. 17: Das Flugzeug ist wesentlich breiter und höher als das Einschlagloch im Pentagon.

Abb. 18:
Es ist physikalisch unmöglich, dass ein Flugzeug auf ein Stahlträgergebäude aufschlägt und dann die unversehrte Nase des Flugzeugs auf der anderen Seite herauskommt. Dieser „Fehler“ entstand, weil ein digital vorgefertigtes Bild eines Flugzeugs eingefügt wurde.

Jeder, der etwas anderes behauptete, wurde niedergeschrien im Chaos der ersten Stunden. Und wir dürfen dabei auch eines nicht vergessen: Wenn die Menschen genügend traumatisiert werden, sind sie bereit, alles zu glauben. Erinnern Sie sich an ihre eigene Reaktion bei diesen Bildern. Es war schlichtweg ein Schock, der uns da alle erwischt hat – ein Schock, der uns blind gemacht hat für logisches Denken. Anders lassen sich die geradezu primitiven Fälschungen der Bilder auch nicht deuten.

Den wahren Verschwörern dürften die Reaktionen der unbedarften Bürger sehr wohl bekannt gewesen sein, und das Ziel – die Sprengung des WTC am helllichten Tag inmitten einer Millionenstadt – wurde mit dem Märchen der entführten Flugzeuge perfekt versteckt. Durch die Kontrolle der Massenmedien und der Meinungsführer wurde seit diesem Tag jedwede Kritik an der offiziellen Version im Keim erstickt, und die breite Öffentlichkeit glaubt weiter an das Märchen von Osama Bin Laden und seinen neunzehn Räubern.

Viele, die mit diesen Informationen konfrontiert werden, haben zunächst ein starkes Gefühl der Abwehr. Sollten die Lügen wirklich so groß gewesen sein, fällt das ganze Weltbild in sich zusammen wie ein Kartenhaus, denn es sind die logischen Schlussfolgerungen aus diesen Zusammenhängen, die dann massive Probleme bereiten. *„Wie konnte ich nur so blind sein? Was sind das für Menschen, die so etwas planen und ausführen? Warum gibt es so viele Lügen bei 9/11? Welchen Einfluss hat das alles auf mein Leben?"* Das sind alles Fragen, die dann aufkommen, und das empfinden viele als äußerst beunruhigend. Der Verlust des eigenen Wertehorizonts beginnt. Der eigene Kosmos stürzt in sich zusammen, und das ist nicht leicht zu ertragen. Vielleicht liegt hier auch die Ursache, warum so viele mit diesen Gedanken ein Problem haben.

Aber ist es wirklich so schlimm, ein altes und verstaubtes Weltbild aufzugeben, das auf Lügen und Täuschungen basiert? Egal, wie auch immer die Wahrheit hinter 9/11 aussieht: Wer erkennt, dass die offizielle Version eine Ansammlung von Widersprüchlichkeiten und Lügen darstellt, ist schon einen großen Schritt weiter auf dem richtigen Weg.

Winston Churchill sagte einmal:
„Jeder Mensch stolpert irgendwann im Laufe seines Lebens über die Wahrheit. Aber anstatt innezuhalten und nachzusehen, worüber man da eben gestolpert ist, rappeln sich die meisten wieder auf, klopfen sich den Staub von den Kleidern und gehen weiter, als sei nichts geschehen."

Es ist Ihre Entscheidung, lieber Leser, nachdem Sie gerade über diesen Artikel gestolpert sind, wie Ihr Weg weitergehen wird. Es ist IHRE eigene Entscheidung!

Mehr zum Thema siehe [181].

David Christensen (1966) studierte Politwissenschaften in Hamburg und ist seit Jahren aktiv an der Aufklärung der Ereignisse um 9/11 tätig.

Kontakt über den Verlag:
amadeus@amadeus-verlag.com

Verborgene Geheimnisse – oder was die Welt nicht erfahren darf!

von Hans Altmann

Als Jan van Helsing und Stefan Erdmann sich bei ihren Recherchen für ihr Buch „Hitler überlebte in Argentinien" im November 2010 für einige Tage in Asuncion, der Hauptstadt Paraguays, aufhielten, trafen wir uns und tauschten uns über etliche spannende Themen aus. Ich bin Jahrgang 1940 und kann aus eigener Erfahrung schildern, dass die Führung des Dritten Reiches mit der Propaganda in punkto „Wunderwaffen" nicht gelogen hatte. Das hat tatsächlich alles einen realen Hintergrund. Und zwar kann ich von Folgendem berichten: Mein Vater wie auch Großvater betrieben in der thüringischen Kleinstadt B. einen Holzverarbeitungsbetrieb. Da jedoch Polstergestelle, die dort gefertigt wurden, nicht kriegswichtig und ein großer Teil der Arbeiterschaft als Soldaten an den Fronten im Einsatz waren, wurde dieser Betrieb ab Juni 1943 stillgelegt. Aber die Fertigungssäle wurden ab Ende Juni 1943 von der Lilienthalgesellschaft und dem Amt für Luftfahrtforschung genutzt. Ich erinnere mich noch, wie der Leiter dieses Amtes, ein Dr. Gustav Strohmeier, mit seiner Ehefrau und seinem kleinen Jungen im Kinderwagen aus dem Zug am Bahnhof B. ausstiegen.

Was nun in den Räumen der ehemaligen Fabrik gearbeitet und wonach geforscht wurde, entzog sich der Kenntnis aller Außenstehenden. Selbst die Ehefrau des Leiters Dr. Gustav Strohmeier, eine geborene Mangna von Beesten, durfte die Fabrik nicht betreten. Ein Teil der Mitarbeiter und Mitarbeiterinnen wohnte in zwei kleineren Wohnungen im obersten Geschoss der Fabrik. Der Chef dieses Amtes und unmittelbare Vorgesetzte von Dr. Gustav Strohmeier war ein General Bäumker, der seinen Sitz im Schloss Pullach bei Bad Aibling hatte. Dieser General Bäumker besuchte nun des Öfteren diese neu angelegte Forschungsstätte in der Kleinstadt B., und wie gut die Wahl für diesen Standort war, belegt die Tatsache, dass dort keine Bomben fielen.

Die alliierten Bomberflotten konzentrierten sich auf die größeren Städte, wo sie der deutschen Zivilbevölkerung Tod und Verderben brachten. Wie ich Jan van Helsing und Stefan Erdmann weiter berichtete, kam es auch öfter vor, dass der Reichsmarschall Hermann Göring sporadisch zum

Besuch auftauchte, was ebenfalls die Wichtigkeit dieser Einrichtung unterstrich. Dicht an dicht flogen die alliierten Bomberflotten über die Kleinstadt B., ohne dass die Feinde ahnten, was in der stillgelegten Fabrik so vor sich ging. Der direkte Chef des Amtes für Luftfahrtforschung sagte zu meinen Großeltern und zu meiner Mutter, dass Deutschland noch eine reale Chance hätte, diesen Krieg zu gewinnen, denn seine Forschungsgruppe und er selbst würden an einer Entwicklung arbeiten, die bald serienreif sei.

Was war das für eine Waffe, die bald einsatzfähig sein sollte? Den Düsenjäger ME 262 gab es schon. Deshalb fragte meine Mutter, ob es die Atombombe wäre. Er verneinte dies und wies darauf hin, dass das Amt für Luftfahrtforschung sich ausschließlich mit der Flugtechnik befasse. Auch die V1 und die V2 flogen zu diesem Zeitpunkt schon. Dr. Strohmeier sagte später, dass er diese Bemerkung nur geäußert hätte, um den Glauben an ein gutes Ende des Krieges für Deutschland aufrechtzuerhalten. Diese Äußerung wiederholte Dr. Gustav Strohmeier noch einmal im Januar 1945, als die Lage für das Deutsche Reich schon verzweifelt war. Er sagte, es sei wichtig, dass die deutschen Soldaten bis zum letzten Schuss kämpfen würden. Interessant ist in diesem Zusammenhang auch, dass die USA die Eroberung Berlins der Roten Armee unter General Schukow überließen. Wussten diese, dass im Raume Thüringen, Sachsen und Böhmen die Technologiezentren des Dritten Reiches waren?

Bei dem Ansturm der Roten Armee auf Berlin bildete die Truppe der SS-Leibstandarte bei den Seelower Höhen für die Rote Armee das letzte große Hindernis. Es sind bei diesem Ansturm über 20.000 Rotarmisten gefallen. Als der russische General Schukow die gefallenen deutschen SS-Soldaten sah, sagte er mit Bewunderung: *„Mein Gott, dass sind doch noch halbe Kinder von 16 und 17 Jahren. Was hätten wir gemacht, wenn diese erstmal erwachsen gewesen wären?“* Diese jungen deutschen SS-Soldaten, die aus der Hitlerjugend hervorgegangen waren, hatten im wahrsten Sinne des Wortes wirklich bis zum letzten Schuss gekämpft. Die Soldaten der Roten Armee mussten die jungen SS-Soldaten teilweise einzeln aus ihren Löchern herausschießen, weil sie sich nicht ergeben wollten.

Am 14. und 15. Februar 1945 griffen US-amerikanische und britische Bomberverbände die Stadt Dresden an. Diese Stadt hatte keine militärische Bedeutung, sie war aber mit tausenden Flüchtlingen besetzt, die in den Hotels, Pensionen und Schulen untergebracht waren. Diese Menschen hatten bis Dresden ihr Leben vor der anrückenden Roten Armee mit knapper Not retten können. Aber jetzt kamen die US-amerikanischen und britischen Bomber mit ihrer unheilbringenden Fracht. Was keine andere Luftwaffe fertiggebracht hatte, schafften diese, denn die amerikanischen und britischen Bombenflugzeuge warfen Phosphorbomben ab. Phosphor lässt sich selbst mit Wasser nicht löschen. Die meisten Menschen verbrannten und erstickten in dem Feuersturm. Menschen, die es gerade noch schafften, aus ihren brennenden Häusern zu fliehen, wurden von den Begleitjägern der Alliierten mit deren Bordkanonen auf der Flucht in die Elbwiesen niedergemäht. Die Idee für diesen grauenhaften Angriff hat Deutschland dem damaligem Premier Winston Churchill und dessen Kommandeur der britischen Luftwaffe General Harris (Spitzname „Bomber-Harris") zu verdanken.

Wenn unsere Kinder und Enkel in den Schul- und Geschichtsbüchern der BRD von einer Opferzahl von 25.000 deutschen Menschen lesen, handelt es sich nur um die Opfer, die einwandfrei identifiziert werden konnten. Aber die vielen anderen zigtausend Opfer konnten in den Kriegswirren der damaligen Zeit gar nicht erfasst werden. Die Feuerwehren und die Helfer mussten in den Tagen danach ganze Keller mit Flammenwerfern ausbrennen und die Leichen der verstümmelten Opfer übereinanderschichten und verbrennen, damit keine Seuchen entstanden. Allerdings wurde festgestellt, dass in den folgenden Tagen 200.000 Menschen ihre Lebensmittelkarten nicht abgeholt hatten. Man schätzt die ungefähre Zahl der zivilen Opfer deshalb auf 350.000 bis annähernd 500.000, die dabei umgekommen sind. Wenn man aber bedenkt, dass es die englische Führung Anfang der 1990er Jahre fertiggebracht hat, dem Bomber-Harris dafür in London noch ein Denkmal zu setzen, ist das der Gipfel der Geschmacklosigkeit. Aber im Jahre 1953 hatte die damalige Bundesregierung noch eins draufgesetzt: Dem ehemaligen britischen Premier Winston Churchill wurde im Aachener Dom von der Regierung Adenauer der Karlspreis verliehen – einem Mann, der damals den Mordauftrag gegen das Deutsche Volk gegeben hatte. Auch die Stadt Hamburg hatte rund 100.000 Bombenopfer zu beklagen. Auch dort wurden Phosphorbomben von den Alliierten eingesetzt. Menschen, die sich damals während der Angriffe noch auf der Straße befanden, wurden durch die Hitze des brennenden Phosphors mit der Teerdecke der Straße teilweise verschmolzen. Auch in Thüringen neigte sich der Krieg langsam dem Ende zu. Ich erzählte Jan und Stefan, dass ich mit meiner Mutter, meiner Schwester, Tante und Großeltern nachts im Februar vor das Haus gegangen war. Es hatte frisch geschneit, der Himmel leuchtete feuerrot, und man konnte sehen, wie die Stadt Jena brannte. Anfang März 1945 sagte Dr. Gustav Strohmeier zu meiner Mutter und meinen Großeltern, dass der Krieg wohl verloren sei. Auf Anraten seines unmittelbaren Vorgesetzten General Bäumker fuhr Dr. Strohmeier mit seiner Frau und seinem Kind der anrückenden US-Armee entgegen. Er hatte einige Forschungsunterlagen dabei, die er den Amerikanern übergeben wollte, aber die wichtigsten Forschungsunterlagen, in denen es um brisante Objekte ging, hatten er und seine Mitarbeiter von der Forschungsgruppe in Gummisäcke eingeschweißt und diese unter den Bretterstapeln auf dem Holzplatz der Fabrik vergraben. Er sagte, dass es sich hier um Forschungsergebnisse handelte, die dem deutschen Volke erhalten bleiben sollten.

Als ich im Jahre 1990 meine alte Heimat besuchte, stellte ich fest, dass dort, wo sich die Bretterstapel früher befanden, heute LKW-Garagen stehen. Es ist mit großer Wahrscheinlichkeit davon auszugehen, dass sich die Dokumente in den Gummisäcken noch heute unter den Betonfundamenten der Garagen befinden. Dr. Strohmeier ist mit seiner Familie durch die US-Armee in die USA nach Huntsville gekommen, um dort für die USA in der Luftfahrtforschung zu arbeiten. Meine Mutter und meine Großeltern, so erzählte ich Jan und Stefan weiter, haben über den wissenschaftlichen Schatz, der dort mit großer Wahrscheinlichkeit im Boden ruht, geschwiegen, und sie haben das Wissen darüber mit ins Grab genommen. Im März 1945 flogen in Baumwipfelhöhe US-amerikanische *Jabos* (Jagdbomber) die Straßen entlang und schossen in die Fenster der Häuser, wenn sich dort etwas bewegte. Es sind mehrere Zivilpersonen dadurch erschossen worden. Ich selbst wäre dabei fast getroffen worden, hätte mich meine Mutter nicht noch schnell erfasst und runtergerissen, als ich aus dem Küchenfenster der ersten Etage schaute.

Am 13. April 1945 wurde auch die Stadt B. von den US-Truppen eingenommen. Mein Vater hatte zuletzt als Soldat in Italien gegen Engländer und Amerikaner gekämpft. Aber es drangen nun US-Soldaten und Offiziere in unser Wohnhaus ein, weil sie meinen Vater verhaften wollten, der eine Zeit lang in dem Ort für die NSDAP Ortsgruppenleiter war. Meine Mutter zeigte den US-Offizieren das Soldatenfoto meines Vaters, aber erst als einer der Offiziere zum Test die Hacken zusammenschlug und mich als damals 4,5-Jährigen mit *„Heil Hitler"* grüßte, woraufhin ich mit *„Guten Morgen"* antwortete, war der Bann gebrochen, und die US-Offiziere benahmen sich recht anständig und erzählten dann meiner Mutter, dass sie auch Kinder und Frauen in den USA hätten und froh wären, wenn sie diese wiedersehen. Sie warnten meine Mutter aber auch vor der anrückenden sowjetischen Armee, die mit der deutschen Zivilbevölkerung nicht so human umgehen würde wie sie. Wenige Tage später erschien Dr. Gustav Strohmeier mit einem amerikanischen Militärkonvoi, um aus der ehemaligen Fabrik noch Unterlagen und Dokumente zu holen. Aber die versteckten Dokumente unter den Bretterstapeln auf dem Holzplatz wurden dabei nicht erwähnt.

Als ich später mit meinen Eltern ab Juni 1948 in Duisburg-Hamborn lebte, sah ich an einem etwas dunkleren Tag des späten Frühjahres 1952 über dem Stadtteil Hamborn-Bruckhausen in der Mittagszeit, als ich mich alleine im ersten Stock unserer Wohnung aufhielt, am Himmel eine Flugscheibe. Sie pendelte auf der Stelle unter einer geschlossenen Wolkendecke. Zunächst erschreckte ich mich, weil doch die Zeitungen über Fliegende Untertassen in Amerika berichteten, die ja angeblich von außerirdischen Wesen geflogen wurden. Aber dann beruhigte ich mich wieder, als ich deutlich das Balkenkreuz der deutschen Wehrmacht darunter sah. Und plötzlich, ich konnte es mit meinen Augen kaum mitverfolgen, schoss diese Flugscheibe durch die geschlossene Wolkendecke nach oben weg.

Ob das, was ich gesehen hatte, eine der Entwicklungen von Dr. Strohmeiers Gruppe war oder einer anderen, die an dem Flugscheibenprojekt arbeitete, ist reine Spekulation. Fakt ist, dass ich sie gesehen habe und dass sie deutschen Ursprungs war. Was den US-amerikanischen General Patton angeht, der damals die US-Armee befehligte, die Thüringen und Sachsen einnahm, hatte dieser einmal gesagt, dass die US-Armee gegen das anständigste Volk auf dieser Erde gekämpft hatte – er meinte die Deutschen. In den Gefangenenlagern unter seiner Führung wollte er deutsche Kriegsgefangene wieder bewaffnen, um diese mit US-amerikanischer Unterstützung gegen die Sowjetarmee marschieren zu lassen. Er wurde aber abberufen und hatte drei Tage, nachdem er wieder in den USA zurück war, „zufällig" einen tödlichen Autounfall...

Die DDRisierung der Bundesrepublik

von Udo Schultheis

Erinnern Sie sich noch an die Jubelbilder vom Fall der Mauer im Jahr 1989? An die blumigen Versprechungen der Politiker (Helmut Kohl, damaliger Bundeskanzler, redete von blühenden Landschaften), an singende und schunkelnde Menschenmassen? Daran, wie Lothar de Maiziere beim Abspielen der Nationalhymne in Tränen ausbrach? Und erinnern Sie sich daran, wie Angela Merkel die erste Bundeskanzlerin wurde? Das sind Zufälle der Geschichte, geschrieben vom Schicksal einer Nation, mögen Sie sagen. Weit gefehlt: Die ganze Sache war – zumindest zu einem großen Teil – genau eingefädelt, nämlich nach einem perfiden Plan, dem Plan B der DDR!

Bei dem Anblick Angela Merkels kommt dem einen oder anderen Deutschen schon mal der Vergleich mit dem Ex-Staatschef der DDR, Erich Honecker, in den Sinn. Und so abwegig ist dieser Vergleich gar nicht. Ganz ähnlich wie der frühere Diktator tritt auch die Bundeskanzlerin in der Öffentlichkeit auf: mit versteinertem, langweilendem Gesicht, alles Private scheint ihr fremd zu sein, und zu wichtigen politischen Fragen spricht sie im Stil eines kommunistischen Machthabers: ausweichen, abwiegeln, abwälzen. Da muss die CDU-Politikerin schon in jungen Jahren in der DDR gut aufgepasst haben, ein solches Verhalten lernt sich nicht so schnell und leicht, doch es hat seine – späteren – Vorteile. Bei all diesem Talent stellt sich automatisch die Frage, wie Frau Merkel überhaupt an ein solches Spitzenamt kommen konnte, das sie seit Jahren innehat. Steckt da etwa ein Plan hinter, den bislang nur wenige Menschen durchschaut haben? Genau das ist es, meine ich! Ein Plan, den die DDR-Granden vor langer Zeit geschmiedet hatten – zum eigenen Vorteil, versteht sich.

In Anlehnung an die Nazis, die bereits 1943 erkannt hatten, dass der Zweite Weltkrieg nicht zu gewinnen war und deswegen Pläne zur erneuten Machtübernahme nach 1945 ausarbeiteten, hatten sich auch Honecker und Genossen im Politbüro weit vor dem Jahr 1989 Gedanken über ein Leben ohne DDR gemacht. Dabei hatten sie sich natürlich nicht damit abgefunden, eine Welt ohne real existierenden Sozialismus zu hinterlassen, vielmehr war ihnen daran gelegen, den Nachfolge- oder Übernahmestaat (in diesem Fall die Bundesrepublik) derart mitzugestalten, dass am Ende nichts anderes als ein kommunistisch gelenktes Land herauskommen konnte. Dazu mussten von vornherein Schlüsselpositionen des neuen Staates besetzt werden – in Politik, Wirtschaft und Kultur. Und das begann so: Im Jahr 1954 siedelte ein evangelischer Geistlicher samt Familie von Hamburg in die DDR über, was es damals nur selten gab. Doch der Geistliche hatte angeblich einen Auftrag in der Tasche. Er sollte dem Pfarrermangel in der DDR gegenübertreten und dafür sorgen, dass mehr junge Leute sich für den Beruf des Pastors interessierten. Und so trat Horst Kasner, von der Deutschen Demokratischen Republik fest überzeugt, seinen Dienst jenseits der innerdeutschen Grenze in der Gemeinde Quitzow bei Perleberg an. Drei Jahre später – Kasner hatte inzwischen kräftig am Aufbau der „Kirche im real existierenden Sozialismus" mitgewirkt – wurde der Theologe als Leiter eines Pastoralkollegiums nach Templin versetzt. Immer mit dabei seine Frau Herlind Jentzsch und die kleine Angela, gerade mal drei Jahre alt. Stets war auch die Stasi zur Stelle, und weil Kasner nicht gerade als DDR-Kritiker galt, gab es zwischen dem Kirchenmann und der Staatsführung auch bald ein bekömmliches Einvernehmen, das in eine fruchtbringende Zusammenarbeit mündete. Denn am Institut in Templin wurden nicht nur evangelische Geistliche weitergebildet, sondern hier trafen auch Persönlichkeiten aufeinander, die Jahrzehnte später bei der Übernahme der Bundesrepublik durch die ehemalige DDR (Sie haben richtig gelesen!) sowie darüber hinaus wichtige Rollen spielten und noch immer spielen. Schon früh hatte sich der konformistische Teil der Kirche in der DDR zum Regime bekannt und beobachtete im Auftrag der Staatssicherheit kritische Gruppen innerhalb der Gotteshäuser äußerst genau. So auch Horst Kasner, der Vater unserer heutigen Bundeskanzlerin Angela Merkel.

Zusammen mit weiteren Überzeugten traf er sich im Fortbildungsinstitut und diskutierte dort, wie Kirche am besten mit Sozialismus verbunden werden konnte. Seine Gesprächspartner waren unter anderem Manfred Stolpe, später Ministerpräsident von Brandenburg; Klaus Gysi, Vater von Gregor Gysi und Minister in der DDR; Lothar de Maiziere, der in der letzten Phase der DDR und der ersten deutsch-deutschen Bundesregierung von entscheidender Bedeutung sein sollte sowie Rechtsanwalt Wolfgang Schnur und Clemens de Maiziere. Was den Herrschaften gemein war, ist der Verdacht der IM-Tätigkeit für die Stasi. Und es war sicherlich kein „Zufall", dass diese Personen – so wie es Plan B der DDR wollte – später in der politischen Kaste der Bundesrepublik wichtige Schlüsselpositionen übernahmen, um sich a) gegenseitig zu stützen und b) die Geschicke Deutschlands im sozialistischen Sinne zu lenken. Während die PDS, heute *Die Linke*, die Funktion des Sündenbocks übernahm und sämtliche Kritiker der ehemaligen DDR auf sich zog, konnten die wirklich gefährlichen Betonköpfe aus Ostberlin in den bürgerlichen Parteien der Bundesrepublik ungestört ihren Plan erfüllen. Um zu verstehen, wer da am Werk war und ist, bedarf es eines genaueren Blicks auf die einzelnen Personen neben Horst Kasner, der am 2. September 2011 im Alter von 86 Jahren verstarb.

Manfred Stolpe: geboren am 16. Mai 1936 in Stettin, Mitglied der SPD und von 1990 bis 2002 Ministerpräsident des Landes Brandenburg, von 2002 bis 2005 Bundesminister für Verkehr, Bau und Wohnungswesen, ist von Hause aus Jurist und war in der DDR unter anderem der oberste Verwaltungschef der evangelischen Kirche. In den 1960er Jahren war Stolpe, obwohl in der DDR lebend, Gaststudent der Freien Universität im damaligen West-Berlin, was nur absolut linientreuen DDR-Genossen erlaubt war. Während seiner Zeit als oberster Kirchenherr hatte Stolpe engen Kontakt zur Stasi, bearbeitete Ausreiseanträge von DDR-Bürgern und war über die Kirche mit Verhandlungen über Häftlingsfreikäufe durch die BRD befasst. *IM „Sekretär"*, so die Bezeichnung Stolpes in den Akten der Staatssicherheit, bestreitet, wissentlich für die Stasi gearbeitet zu haben. Möglicherweise sei er nur in den Akten geführt worden, war also eine „Karteileiche".

Lothar de Maiziere: geboren am 2. März 1940 in Nordhausen, Mitglied der CDU, vom 12. April 1990 bis 2. Oktober 1990 erster (und letzter) demokratisch gewählter Ministerpräsident der DDR, holte in dieser Funktion Angela Merkel als Regierungssprecherin. Er entspringt einer alten deutschen Offiziersfamilie und war von Oktober bis Dezember 1990 Bundesminister für besondere Aufgaben. Darüber vergaß er offenbar seine Vergangenheit als Stasi-Mann, die aber enttarnt wurde. Kurz nach der Bundestagswahl 1990 trat er deswegen als Minister zurück und gab kurz darauf auch sein Mandat als Bundestagsabgeordneter ab. *IM „Czerny"* war der Boden offenbar zu heiß geworden. Allerdings beteuerte er noch im Jahr 2010, die DDR sei kein Unrechtsstaat gewesen.

Clemens de Maiziere: Vater von Lothar, geboren 1906, verstorben 1980. Er wurde in der Wendezeit als ehemaliger und enger Stasi-Mitarbeiter enttarnt. Clemens war Synodaler der Berlin-Brandenburgischen Kirche und somit vertraut mit Kasner, Stolpe und weiteren Brüdern im Geiste. Darüber hinaus engagierte sich der Mann in der Ost-CDU, leistete dem Honecker-Regime gegenüber stets gute Arbeit. Sein Bruder Ulrich de Maiziere war übrigens einer der ersten Inspekteure der Bundeswehr, der in ständigem Kontakt mit dem Verteidigungsminister stand. In diesem Zeitraum (1964 bis 1966) verdiente sich Clemens als Stasi-Mann seine Lorbeeren. Ulrich war ein alter Militär, der bereits im Zweiten Weltkrieg diente und an Lagebesprechungen mit Hitler in der Berliner Reichskanzlei teilnahm. Einer seiner Söhne, Thomas de Maiziere (Vetter von Lothar) war Bundesinnenminister und ist der aktuelle (Stand März 2012) Verteidigungsminister. Allein an dieser familiären Verquickung lässt sich erahnen, wie Plan B der DDR noch heute funktioniert.

Wolfgang Schnur: geboren am 8. Juni 1944 in Stettin, der Heimat von Stolpe, Mitbegründer des „Demokratischen Aufbaus“, der Partei, in der Merkel ihre ersten Schritte hin zur Wende machte. In der Zeit von 1965 bis 1989 soll er der Stasi verbunden gewesen sein, was in der Wendezeit dann doch auffiel. In seiner Zeit als Zuträger der Staatssicherheit galt Schnur in der DDR als Mittelsmann zwischen Kirche und Staat, eine offenbar höchst interessante Funktion. Am 1. Februar 1990 tat Schnur einen wichtigen Schritt, der offenbar ebenfalls Teil des Plans der zusammenbrechenden DDR war: Er stellte Angela Merkel als hauptamtliche Mitarbeiterin beim „Demokratischen Aufbruch“ ein und sorgte damit praktisch für die Grundlage, auf der sie es bis zur Bundeskanzlerin schaffte. Danach ging es politisch mit *IM „Torsten“* beziehungsweise „Dr. Ralf Schirmer“ steil bergab. Offenbar hatte er seine Aufgabe erfüllt und konnte als Bauernopfer entsorgt werden.

Klaus Gysi: geboren am 3. März 1912, Vater des Linken-Politikers und Rechtsanwalts Gregor Gysi. Er war Minister für Kultur und Staatssekretär für Kirchenfragen Ostberlins, also ebenfalls mit Merkel-Vater Kasner verbunden. Zudem war Gysi Mitglied der Westkommission des Politbüros in der DDR, ein Posten nicht ohne Brisanz. Von 1956 bis 1964 war er auch für die Stasi tätig. Klaus Gysi verstarb 1999 in Berlin.

Allein anhand dieser fünf Personen, die nur die berühmte Spitze eines Eisberges darstellen, ist zu erkennen, dass frühe und zuverlässige DDR-Funktionäre aus der zweiten Reihe nach dem Fall der Mauer in der neuen Bundesrepublik auf Positionen kamen, von wo aus sie die politische und wirtschaftliche Entwicklung ihrer neuen Heimat entscheidend beeinflussen konnten und dieses auch taten. Machen wir uns dieses Vorgehen am Beispiel der bekanntesten Schlüsselfigur, Angela Merkel, einmal deutlich. Merkel galt in der Wendezeit als Newcomer, als politisch unbefleckt und unbedeutend. Alle (westliche) Welt glaubte, eine unbedarfte, nette junge Frau vor sich zu haben, die einfach nur mitgestalten und die Vorzüge der nie gekannten Freiheit genießen wollte. Doch ganz so einfach ist das mit Frau Merkel nicht. Ihre gefühlte Nähe zur Staatssicherheit und ihre bewiesene zur FDJ (Freie Deutsche Jugend) der DDR lassen auch heute noch aufhorchen. So werden unterschiedliche Stimmen nicht müde zu behaupten, Angela Merkel sei in jungen Jahren von der Stasi auf den damaligen Regimekritiker Robert Havemann angesetzt gewesen, der an seinem Wohnort Grünheide bei Berlin 1976 unter Hausarrest gesetzt worden war. Havemann und Familie wurden rund um die Uhr von der Staatssicherheit beobachtet und überwacht. Im Jahr 1980 soll die damalige Angela Kasner mit von der Partie gewesen sein. WDR-Journalisten jedenfalls stießen bei den Recherchen zu einer Sendung über Fotoaufnahmen der Stasi auf das Bild einer jungen Frau, die das Haus Havemanns beobachtete. Diese Frau sieht der jungen Merkel verblüffend ähnlich. Zu diesem Zeitpunkt war Angela bereits Mitglied der Akademie der Wissenschaften in Ostberlin und teilte sich mit einem Sohn der Familie Havemann das Büro. Das sind sicherlich alles nur „Zufälle“, aber warum ließ die Bundeskanzlerin dann die Ausstrahlung des mysteriösen Fotos verbieten? Überhaupt hinterließ Musterschülerin Angela in der DDR eine Spur, die kritische Betrachter dazu veranlassen könnte, in der heutigen Spitzenpolitikerin eine ehemals linientreue Bürgerin Honeckers zu sehen. Oder warum wurde ihre Abitur-Arbeit über den Marxismus-Leninismus als hervorragend bezeichnet und ist heute nicht mehr auffindbar? Was ist der Grund dafür, dass eine angeblich oppositionell eingestellte junge Frau FDJ-Leitungssekretärin wurde? Und wieso konnte Angela studieren, was Kindern von (zumindest kritischen) Geistlichen in der DDR regelmäßig vorenthalten wurde?[(182)]

Ganz so schlimm kann es da mit der Kritik am Staat also nicht gewesen sein. Ist Angela Merkel in Wirklichkeit ein Trojanisches Pferd des DDR Plans-B, das bezüglich der in der neuen Bundesrepublik zu besetzenden Schlüsselpositionen im Politapparat viel weiter galoppierte als man sich in den kühnsten Träumen erhoffte? So abwegig scheint der Gedanke nicht zu sein, betrachtet man einen Leserbrief, der die Zeitung „Freitag“ im Jahr

2005 erreichte und der Erstaunliches bis Unheimliches über Frau Merkel zu berichten weiß. Noch als Regierungssprecherin unter Lothar de Maiziere, der Angela Merkel ja durch ihren Vater Horst Kasner schon früh kennengelernt hatte, fuhr die spätere Bundeskanzlerin 1990 an der Spitze einer Regierungsdelegation nach Moskau. Mit dabei war ihr Bruder, der Physiker Marcus Kasner; Psychologe Carlchristian von Braunmühl, ein naher Verwandter des von angeblichen RAF-Terroristen 1986 erschossenen Gerold von Braunmühl sowie eine Reihe weiterer illusterer Mitreisender. Und da man schon einmal in Moskau war, machte man auch gleich einen Abstecher in die sowjetische Wissenschaftsstadt Dubna, in der es nicht nur eine deutsche Kolonie mit DDR-Bürgern gab, sondern auch eine Kernforschungsanlage. Hier arbeitete auch das Ehepaar Becker aus Leipzig. Ingrid Becker, besser bekannt unter dem Namen Susanne Albrecht und an der Ermordung des Chefs der Dresdner Bank, Jürgen Ponto, durch die RAF beteiligt, gehörte zu den in der DDR beheimateten RAF-Aussteigern. Wie der „Zufall" es wollte, hatten die spätere Bundeskanzlerin und Familie Albrecht sich über den Merkel-Bruder Marcus Kasner kennengelernt, der nicht nur wie Albrechts Mann aus Leipzig kam und wie dieser in derselben Stadt Physik studiert hatte, sondern auch mit ihm zusammen in Dubna arbeitete. Völlig ungeklärt ist im Zusammenhang mit der Delegationsreise ins sowjetische Wissenschaftsparadies die Rolle von Carlchristian von Braunmühl, der schon lange zuvor intensive Kontakte zu RAF-Angehörigen gehabt haben soll und vom damaligen Bundesaußenminister Hans-Dietrich Genscher (FDP, gebürtig aus Halle/Saale) ins letzte Außenministerium der DDR gehievt worden war. Vier Jahre vor der geheimnisvollen Reise in den tiefen Osten hatte der Psychologe den Ex-RAF-Terroristen Klaus Jünschke und dessen Komplizin Angelika Speitel (heute laut ärztlichem Attest an einer Psychose leidend) in der Haft besucht. Dem Terror-Aussteiger Peter-Jürgen Boock hatte von Braunmühl sogar den Anwalt bezahlt.

Eine personell äußerst merkwürdige Zusammensetzung, die sich da in Dubna getroffen hatte. Nach dem Besuch reiste Susanne Albrecht alias Ingrid Becker plötzlich nach Ostberlin und quartierte sich an ihrem angeblichen Wohnsitz Rosenbecker Straße 3 ein, obwohl die Familie nie in Berlin, sondern immer in Leipzig gemeldet war. In Berlin wurde Frau Albrecht schließlich verhaftet. Kurz danach flogen die übrigen von der ehemaligen DDR beherbergten RAF-Terroristen auf.

Doch die DDRisierung der Bundesrepublik hatte bereits viele Jahrzehnte zuvor ihre ersten Schritte unternommen. Die DDR hatte bereits in den 1950er Jahren ein Netz einflussreicher Leute innerhalb der Bundesrepublik aufgebaut. Nach Recherchen des Buchautors und ehemaligen ZDF-Journalisten Hariolf Reitmaier gehörte zu den Leuten, auf die sich Ostberlin in der Bundesrepublik verlassen konnte, kein Geringerer als Johannes Rau (SPD), langjähriger Ministerpräsident von Nordrhein-Westfalen und späterer Bundespräsident. Er war offenbar ebenfalls IM der Stasi mit dem Decknamen „Kardinal“. Unter dieser Firmierung soll er sogar für den KGB der früheren Sowjetunion tätig gewesen sein. Rau stammte aus tief pietistischen Strukturen in Wuppertal, die schon früh Kontakte zur evangelischen Kirche der DDR – und damit zu Vater Kasner, Stolpe und anderen – unterhielt. Mit eingebunden war auch der Geschäftsführer der Diakonie in Stuttgart, da die Kirchen der DDR und der Bundesrepublik ja über die Häftlingsfreikäufe aus DDR-Gefängnissen verhandelten. Dabei war Ludwig Geißel in direktem Kontakt mit Manfred Stolpe, der zusammen mit dem DDR-Juristen Wolfgang Vogel die Verhandlungen führte. Geißel soll es gewesen sein, der nach dem Zusammenbruch des Ostblocks DDR-Devisen-Beschaffer Alexander Schalck-Golodkowski am Flughafen Stuttgart in Empfang genommen hatte und eine erste Frage an den gewichtigen Mann richtete: „*Wo sind die Koffer?*“ Die hatte Schalck zum Glück dabei, enthielten sie doch geheime Unterlagen über eben jene Häftlingsfreikäufe und angeblich geflossene Provisionen. Der Besucher aus Ostberlin wurde erst einmal im Schwabenland konspirativ unter dem Namen „Pfarrer Wunderlich“ untergebracht, bevor es weiterging an den Tegernsee. Unterdessen hatten Juristen, darunter ein enger Vertrauter Johannes Raus, den schwergewichtigen Schalck-Golodkowski für dessen Auftritt als Zeuge im Schalck-Untersuchungsausschuss des Deutschen Bundestages präpariert. Und so ging denn auch alles gut, und der ehemalige Devisenbeschaffer konnte sich im schönen Bayern ausruhen. Wieder war eine in Plan B enthaltene Komponente zur äußersten Zufriedenheit der Beteiligten abgehakt worden.

Zu diesem Plan zählte aber auch die Besetzung von Positionen unterhalb der Ministerebenen oder Vorstandsetagen großer Unternehmen. Schlüsselpositionen sind nun einmal nicht immer an den Spitzen, sondern viel häufiger dahinter beziehungsweise darunter anzutreffen. Sie müssen wichtig und strategisch günstig liegen, abseits des Rampenlichts, erst dann entfalten sie ihre ganze Wirkung. Deswegen reihten sich zahlreiche ehemalige Stasi-Mitarbeiter nach der Wende auch nahtlos in die Reihen von Bundeskriminalamt (BKA) und Landeskriminalämtern ein. Nur 48 frühere Stasi-Leute hatten nach der Wende eine neue Verwendung beim BKA gefunden, darunter auch ein Personenschützer Merkels. Zahlreiche Kollegen des Mannes aus alten Zeiten hatten Unterschlupf bei Landeskriminalämtern, allen voran in jenem von Brandenburg, gesucht und gefunden – natürlich auf Leitungsebene, wie die Rheinische Post zu berichten wusste. Insgesamt waren etwa 17.000 DDR-Geheimdienstler in den öffentlichen Dienst übernommen worden: 2.247 in Mecklenburg-Vorpommern, 2.942 in Brandenburg, 800 in Thüringen, 4.400 in Sachsen-Anhalt, 2.733 in Berlin und 4.101 in Sachsen. Damit war ein weiterer wichtiger Teil von Plan B erfüllt. Schlüsselpositionen im essenziellen Bereich der bundesdeutschen Sicherheitsbehörden waren eingenommen worden. Dort hatte die DDR schon Jahrzehnte zuvor aus dem Westen stammende und dort lebende Spione installiert, die noch zu Lebzeiten des Arbeiter- und Mauernstaates in Westdeutschland die nötigen Vorbereitungen zur Übernahme getroffen hatten. Nicht zuletzt bewegten sich die strategischen Figuren des Planes auch in der Wirtschaft der Bundesrepublik. Dabei gab man sich erst gar nicht mit kleineren oder mittleren Betrieben ab, es mussten schon die ganz Großen sein, bei denen sich EX-DDR-Geheime in bedeutende Stellungen schlichen. Einen kleinen Einblick in diese Praktiken gewährte – ungewollt, versteht sich – der Bespitzelungsskandal bei der Telekom im Jahr 2008. Dort waren Aufsichtsratsmitglieder der Arbeitnehmerseite und Journalisten durch eine Berliner Wirtschaftsdetektei, so der *Spiegel*, ausgeforscht und belauscht worden. Diese Detektive stammten ursprünglich aus der Stasi-Hauptabteilung II, zuständig für Spionageabwehr, und jetzt waren für sie die unsauberen Kapitalismusmethoden zugänglich.

Ähnlich muss es bei jenen gewesen sein, die sich in die Stasi-Unterlagenbehörde einnisteten und selber aus dem Mielke-Ministerium kamen. Bei der *Bundesbehörde für Stasi-Unterlagen* (BStU) konnten und können sie sich nach Herzenslust selber „überprüfen“ und unbequeme Akten vor noch unbequemeren Blicken verbergen. Auch das gehört zum Plan B der DDR, von dem hier nur Bruchstücke präsentiert wurden.

Gewalt gegen Polizisten nimmt weiter zu

von Udo Schultheis

Sie werden bespuckt, verhöhnt, getreten, geschlagen, beleidigt und mit allen nur denkbaren Waffen angegriffen. Von den täglichen Gewaltexzessen bekommt die Öffentlichkeit kaum etwas mit, obwohl Gewerkschaften, Verbände, Vereine und auch die Kirchen immer wieder darauf hinweisen, dass die brutale Gewalt gegen Polizeibeamte auf Deutschlands Straßen in einem erschreckenden Maße zugenommen hat. Die Täter werden immer jünger, immer skrupelloser. Zudem – auch wenn es politisch unkorrekt ist, darüber zu berichten – ist jeder zweite „Tatverdächtige" (Polizeijargon) ein Schläger mit Migrationshintergrund.

Das entspringt nicht etwa einer Laune besonders kritisch eingestellter Zeitgenossen, sondern einer wissenschaftlichen Studie, auf die im Laufe des Textes noch näher eingegangen wird. Fest steht: Alle Bundesländer verzeichnen in ihren Statistiken eine explosionsartige Zunahme offener Gewalt gegenüber Streifenpolizisten. Dabei nehmen – für viele überraschenderweise – Ausbrüche in Fußballstadien oder durch Demonstranten einen nur geringen Stellenwert in der Häufigkeitsskala ein. Es sind die alltäglichen, die Routineeinsätze, bei denen die Beamten immer häufiger Opfer schwerer Angriffe werden. Hier eine Schlägerei, dort ein Streit um einen Parkplatz, an der nächsten Ecke ein Diebstahl: Was im Vergleich zu Mord und Totschlag, Landfriedensbruch oder Attentate vergleichsweise harmlos klingt, hat es in den letzten Jahren negativ in sich. Allein die Schlagzeilen der zurückliegenden Monate dürften dem aufmerksamen Leser vermitteln, wie mit unseren Ordnungshütern umgegangen wird. „*Gefährliche Einsätze, Gewalt gegen Polizei wird immer brutaler*" titelte *Die Welt* am 3. Februar 2012; „*Mainz: Gewalt gegen Polizisten im Land nimmt zu*", wusste der *SWR* am 2. Februar 2012. *Der Spiegel* berichtete am 7. November 2011 unter der Überschrift „*Gewalt gegen Polizisten, je später die Nacht, desto größer der Wahnsinn*", und die *WAZ* erklärte ihren Lesern am 1. Februar 2012: „*Gewalt gegen Duisburger Polizisten nimmt zu.*" Das sind nur Schlaglichter, Ausschnitte aus den zurückliegenden Wochen. Und dennoch zeigen sie deutlich, dass deutsche Polizisten für verschiedene Mitbürger zu Freiwild geworden sind.

Dabei kommen nach den Erfahrungen der Beamten Knüppel, Äxte, Schusswaffen, Messer und sogar Kochtöpfe neben bloßen Fäusten zum Einsatz. Allein in Nordrhein-Westfalen, so das dortige Düsseldorfer Innenministerium, wurden in 2011 rund 2.000 Beamte Opfer solcher Gewalttaten. Doch nicht nur die Menschen, auch die nicht gerade preiswerten Streifenwagen werden zum Angriffsziel und bekommen Steine, Flaschen oder Blumentöpfe als Wurfgeschosse ab. Am stärksten betroffen (zu 85 Prozent) sind normale Streifenbeamte, die immer zuerst – ganz gleich worum es sich handelt – zu einem Einsatzort geschickt werden. Hier einige Meldungen unterschiedlicher deutscher Polizeistellen zum Thema „Gewalt gegen Polizisten":

„Gesuchter Straftäter versuchte Polizeibeamte mit Messer anzugreifen
Verden (jme) – Bei der Festnahme eines gesuchten Straftäters in einer Wohnung im Ortsteil Walle sind Beamte der Polizeiinspektion Verden/Osterholz am Sonntagabend von einem 23-jährigen Mann mit einem Messer angegriffen worden. Der 23-Jährige sollte auf Geheiß der Polizisten ein paar persönliche Sachen zusammensuchen, die er für die Inhaftierung mitnehmen sollte. Dabei passierte es. Der Mann griff nach einem Messer, um die Beamten damit zu bedrohen. Die konnten die Bedrohung jedoch abwenden. Dabei ergab sich ein Gerangel, in dessen Folge der 23-Jährige einem 34-jährigen Polizeikommissar einen Ellenbogenschlag ins Gesicht versetzte. Der 34-Jährige erlitt Verletzungen. Den anderen Beamten gelang es, den Straftäter zu überwältigen, ihn festzunehmen und in die nächste Justizvollzugsanstalt einzuliefern. Gegen den Mann wurde ein Strafverfahren wegen Widerstand gegen Vollstreckungsbeamte und Körperverletzung eingeleitet. Erst am Samstagabend war eine 23-jährige Beamtin der Polizeiinspektion Verden/Osterholz bei einem Einsatz in der Innenstadt von einem 18-jährigen Randalierer verletzt worden."

„POL-ROW: Rotenburger verletzt vier Polizeibeamte
Rotenburg (ots) – Rotenburg. Am Donnerstag begann bei der Polizei Rotenburg kurz nach 17 Uhr ein Polizeieinsatz, bei dem vier Beamtinnen und Beamte verletzt wurden und drei weitere Beamte der Folgeschicht sich mit einem 26-jährigen Rotenburger körperlich auseinandersetzen und von ihm beleidigen lassen mussten.

Die Freundin des jungen Mannes hatte der Polizei gemeldet, dass ihr Freund ausraste und zuhause das Mobiliar zerschlage. Die Polizeiwache Rotenburg entsandte sofort einen Streifenwagen, der schon wenige Minuten nach dem Anruf vor Ort war. Als die Beamten eintrafen, erklärte die 27-Jährige, dass ihr Freund bereits sämtliches Mobiliar zerschlagen habe und nun weggelaufen sei. Bekleidet sei er lediglich mit Boxershorts. An der darauf folgenden Fahndung nahmen mehrere Polizeifahrzeuge teil.
Um 17.20 Uhr wurde der Einsatzleitstelle der Polizei gemeldet, dass sich der 26-Jährige wieder im Treppenhaus des Hauses eingefunden habe. Als vier Beamte vor Ort eintrafen, saß der alkoholisierte Mann dort. Er ging zunächst auf ein Gespräch ein, sprang aber urplötzlich von einem erhöhten Treppenabsatz über mehrere Stufen auf eine 31-jährige Beamtin, die er dabei umriss. Beide stürzten ein Stück die Treppe hinunter. Dabei wurde die Beamtin an der Hand verletzt. Erst nach massivem Polizeieinsatz konnten die vier Ordnungshüter dem Rotenburger Hand- und Fußfesseln anlegen und ihn so fixieren. Dabei wurden alle vier Beamten leicht verletzt. Einer Beamtin spuckte der Mann schließlich noch ins Gesicht. Auf der Polizeiwache musste dem Rotenburger auf gerichtliche Anordnung eine Blutprobe entnommen werden. Auch dabei kam es zu Widerstandshandlungen. Der Rotenburger wurde schließlich in ein Krankenhaus zur Behandlung gebracht, wo er weiter Widerstand leistete und die Polizisten beleidigte.
Die Polizei ermittelt nun gegen ihn wegen Verdachts der Körperverletzung, der Beleidigung und des Widerstands gegen Polizeibeamte. Der Mann, so Polizeiermittlungen, war erst vor einiger Zeit aufgefallen, als er völlig ohne Grund in der Innenstadt Radfahrer angegriffen hatte.“

„Pesch – Diensthunde im Einsatz
Köln (ots) – In der Nacht zu Heute (6. November) ist die Polizei in das Gewerbegebiet Köln-Pesch zu einer Schlägerei während einer Hochzeitsfeier gerufen worden. Als die Beamten gegen 0:30 Uhr an der Örtlichkeit eintrafen, hielten sich einige Veranstaltungsbesucher auf der Straße auf. Um das Vorliegen von Straftaten abzuklären, wurde durch die Polizisten der Veranstalter aufgesucht. Die Uniformierten wurden dabei von Diensthundeführern begleitet. Nach den bisherigen Erkenntnissen wurden die beiden Diensthunde unvermittelt im Eingangsbereich des dortigen Veranstaltungssaales durch zwei Verdächtige (27, 35) mit Faustschlägen und

Tritten angegriffen. Eine Beamtin erlitt ebenfalls einen Schlag in das Gesicht. Daraufhin kam es zu Ausschreitungen. Die angegriffenen Hunde setzten sich mit Bissen zur Wehr. Dabei wurden der 27-Jährige, der 35-Jährige sowie ein 43-Jähriger verletzt. Der 43-Jährige wurde durch Rettungskräfte vor Ort behandelt und danach wieder entlassen. Die beiden anderen mussten mit Krankenwagen in eine Klinik gebracht werden, wo sie stationär aufgenommen wurden. Ein 25-Jähriger wurde vor Ort in Gewahrsam genommen, nachdem er die Behandlung von verletzten Personen am Rettungswagen gestört und die Beamten massiv beschimpft hatte. Dem zuvor ausgesprochenen Platzverweis ist er nicht nachgekommen.
Zwei Polizisten erlitten ebenfalls Verletzungen und mussten ambulant im Krankenhaus behandelt werden. ‚Dexter' und ‚Ice' wurden durch eine Tierärztin untersucht, die ebenfalls Verletzungen bei den Tieren feststellte.“

„Polizeibeamter angegriffen und verletzt
Duisburg (ots) – Er wollte heute gegen 8:10 Uhr das Averdunk-Center trotz eindeutiger Aufforderung durch den Sicherheitsdienst nicht verlassen. Stattdessen griff der 18-Jährige den zur Unterstützung hinzugerufenen Polizeibeamten unvermittelt an und schlug ihn so heftig mit der Faust, dass er mit dem Kopf auf den Marmorfußboden stürzte. Weitere Polizisten und Mitarbeiter des Sonderaußendienstes der Stadt konnten den Mann schließlich bändigen. Der Somalier hat keinen Wohnsitz in Deutschland und kam daher zur weiteren Klärung zunächst in den Polizeigewahrsam. Für den Polizisten war die Dienstschicht erst einmal beendet, er begab sich in ärztliche Behandlung.“

„POL-LIP: Polizist angegriffen
Schlangen (ots) – (MK) Bei einer Personenkontrolle auf dem ‚Schlänger Markt' wurde ein Polizist von einem stark alkoholisierten Jugendlichen tätlich angegriffen. Der beschuldigte 15-jährige Jugendliche sollte am Sonntag gegen 21.00 Uhr im Rahmen einer Jugendschutzkontrolle überprüft werden. Der Jugendliche flüchtete bei Erkennen der Polizisten und griff unvermittelt einen 51-jährigen Polizisten an. Dieser verletzte sich dabei so schwer, dass er mehrere Tage dienstunfähig sein wird. Der Jugendliche wurde zunächst festgenommen und konnte dann aber den Erziehungsberechtigten übergeben werden. Im Bereich des Schlänger Marktes wurden

dieses Jahr vermehrt Gruppen von alkoholisierten Jugendlichen festgestellt." (Alle Meldungen stammen von www.polizeipresse.de)

Und das ist noch lange nicht alles. Am 30. März 2011 wurde im Regionalexpress von Duisburg nach Emmerich in NRW ein in Zivil gekleideter Bundespolizist zuerst im Zug beleidigt (*„Fick die Bullen!"*), dann auf dem Bahnsteig von Jugendlichen angegriffen und zusammengeschlagen. Der Grund: Der Beamte hatte die Jugendlichen auf das Rauchverbot im Zug aufmerksam gemacht, gegen das sie verstoßen hatten. Die Täter: Muhammed A. (16) und Cantekin E. (21), beide einschlägig vorbestraft. Der Beamte erlitt dabei schwere Kopf- und Unterleibsverletzungen. Über den Angriff wollte seine vorgesetzte Dienststelle zunächst öffentlich nicht berichten, schwieg ihn also tot. Nur durch einen Zufall kam die Sache heraus.

Am Neujahrstag 2012 hatte ein 18-Jähriger morgens ordentlich Alkohol im Blut und geriet in Göttingen mit anderen „Feiernden" in eine Schlägerei. Die anrückenden Polizisten wurden von dem jungen Mann gleich aggressiv empfangen. Dann sprang der 18-Jährige einen Beamten von hinten an und würgte ihn. Der Randalierer konnte festgenommen werden.

Der zu Anfang erwähnten Studie des *Kriminologischen Forschungsinstitut Niedersachsen* (KFN) zufolge haben die Gewalttaten gegen Polizisten im Zeitraum von 2005 bis 2009 um rund 60 Prozent zugenommen. Dabei, so die Wissenschaftler, lägen die Motive nach Einschätzung der betroffenen Beamten eindeutig im Bereich „Hass gegen Staat und Polizei". Die Folge sei eine drastisch voranschreitende Verwahrlosung der deutschen Gesellschaft, woran besonders junge Leute mit Migrationshintergrund Teilhabe hätten. Besonders an Wochenenden würden sich in Großstädten ganze Gruppen solcher Mitbürger zum *„Bullen aufmischen"* treffen und Polizisten im Einsatz angreifen. Und die Sprache der Studie wird deutlich, wenn es im 2. Zwischenbericht heißt: *„Der Rückgang des Anteils nichtdeutscher Tatverdächtiger könnte einerseits bedeuten, dass nichtdeutsche Personen tatsächlich seltener Widerstandsdelikte gegen die Staatsgewalt ausführen. Andererseits ist zu beachten, dass nichtdeutsche Tatverdächtige Personen ausländischer Staatsangehörigkeit, staatenlos und Personen mit ungeklärter Staatsangehörigkeit sind. Personen, die neben der deutschen auch eine andere Staatsangehörigkeit besitzen, werden als Deutsche gezählt."* Dabei handelt es sich in der Bundesrepublik immerhin um zig Hunderttausend Jugendliche, deren Eltern oder Großeltern einst aus zumeist muslimischen Ländern nach Deutschland kamen. Sie selber (die Jugendlichen) wurden in Deutschland geboren. Und weiter in der Studie: „*Die seltenere Registrierung nichtdeutscher Tatverdächtiger könnte daher auch bedeuten, dass die Gruppe an Menschen mit Migrationshintergrund und vorhandener deutscher Staatsangehörigkeit zunimmt. Unter den deutschen Tatverdächtigen würden sich dann mehr Personen befinden, die früher als Nichtdeutsche gezählt worden wären. Wie Bevölkerungsstatistiken zeigen, ist der Anteil an Deutschen, die einen Migrationshintergrund aufweisen, zwischen 2005 und 2009 tatsächlich von 9,4 % auf 10,4 % gestiegen.*“ Der Prozentsatz ausländischer Tatverdächtiger – das sei an dieser Stelle besonders erwähnt – ging in der Zeit von 2005 bis 2009 übrigens um nicht einmal vier Prozent von 21,2 % auf 18,6 % zurück.

Ganz besonders besorgt sind die Wissenschaftler über den Anstieg der Gewaltbereiten unter den Jugendlichen. In diesem Bereich habe sich eine Erhöhung um 62,7 % ergeben. Bei den Heranwachsenden (21 bis 25 Jahre) sei die Zahl um ein Drittel gestiegen, während sie bei der Gruppe der zwischen 25 und 30 Jahre alten Bevölkerung um ein Viertel gewachsen sei.

Das Resümee: Die größte Angriffsgefahr ginge für Polizisten von den Altersgruppen 18 bis 21 und 25 bis 30 Jahren aus. Um in bescheidenem Maße gegensteuern zu können, hat sich im September 2011 ein Verein „*Keine Gewalt gegen Polizisten*“ (www.kggp.de) gegründet. Ziele der Gemeinschaft, deren Vorstand aus einer Lehrerin, einer Pfarrerin i. R., einem Polizisten und einem IT-Spezialisten besteht, sind die seelische Unterstützung Betroffener und Aufklärung über Gewalt gegen Polizeibeamte.

Gab es „Politische Korrektheit“ schon im Altertum?

von Johannes Holey

Natürlich gab es das! Alle Machtsysteme basieren auf diesem Prinzip, obwohl die zeitgemäßen Bezeichnungen dabei differieren. Da ich mich schon lange mit der christlichen Kirchengeschichte befasse, kann ich dazu ein Beispiel beitragen, dass das Abstrafen eines mächtigen Kontrahenten dann nicht die Person, sondern dessen System traf. So verlor die christliche Lehre ihre fundamentalste Glaubensregel und wurde danach mit einem geistlosen Droh- und Ängstesystem beherrscht. Betrachten wir dabei zuerst einmal die Sache selbst und danach die Personen.

Einer der Kernpunkte der Lehre des Weltenlehrers Jesus Christus war auch die *Seelenwiederverkörperung*. Die Kurzbezeichnung *Wiedergeburt* heißt genauer *Re-inkarnation*, was aus dem Lateinischen übertragen *zurück-ins-Fleisch* bedeutet und allgemein *Inkarnation* genannt wird. Die Hindus nennen sie *Samsara* (Geburtenkreislauf), und die Altgriechen nannten sie *Palingenesis*, die Lehre von der Wiederkehr der Seele in die Materie und dem wiederholten Erdenleben als Mensch. Sie wurde bereits von den Orphikern gelehrt und eindeutig von Platon vertreten. Typisch war und ist sie auch für religiöse ‚Gnostische Gruppen‘. Pythagoras (570-496 v.Chr.) wird als Vater der abendländischen Wiederverkörperungs-Philosophie angesehen. Im „Bellum Gallicum“ berichtet Caesar von der Überzeugung der Germanen, dass *„die Seelen nicht sterben, sondern nach dem Tode auf einen anderen Menschen übergehen, worin sie einen Hauptantrieb zur Tugend sehen, während die Todesfurcht in den Hintergrund tritt*“. Dies gilt generell für alle Keltenvölker:

> *„Die Botschaft der Druiden besagt: Die Materie dient nur als äußere Hülle, als Stütze für die Seele, die von Inkarnation zu Inkarnation ihr wahres Selbst zu befreien sucht, um in Gwenwed, die Weiße Welt, einzutreten. Die Individualseele, Teil der kosmischen oder unerschaffenen Seele, muss alle Bereiche der Schöpfung zuvor kennenlernen.*“(78)

Reinkarnation bedeutet somit: Der Ursprung unseres Daseins ist nicht der Körper, sondern die geistige Welt. Die Seele ist unsterblich und wählt den Erdenkörper, um die Erfahrung der Materie zu machen. Man sagt ja auch: „*Das Baby kommt auf die Welt.*" Nach dem Tod des Körpers geht die Seele wieder in die feinstoffliche Heimat zurück, die wir *Himmel* nennen oder *Jenseits*. Mein Sohnemann Jan drückt das in Kurzform so aus:

„*Für die Existenz der unsichtbaren Seele beziehungsweise der unsichtbaren geistigen Welt gibt es zigtausende Beweise, nämlich die sogenannten Nahtoderlebnisse, bei denen Menschen zum Beispiel durch einen Unfall oder bei einer Operation kurzfristig den Körper verlassen. Es wird dann beschrieben, wie die Seele aus dem Körper schlüpft, erst über der jeweiligen Szenerie schwebt, um dann zu einem weißen Licht oder durch einen Tunnel zu ‚fliegen'. Dort wird der Seelenkörper dann von den bereits Verstorbenen (Oma, Opa, Onkel und andere) liebevoll in Empfang genommen.*

Oft werden auch Begegnungen mit dem sogenannten ‚Schutzengel' beschrieben, welcher der Seele dann erklärt, dass sie wieder zurück in den Körper könne, da die Lernaufgaben des gewählten Lebens noch nicht vollendet seien – was Jesus meinte mit ‚…wenn ihr nicht vollkommen werdet wie euer Vater'. Und das geht nicht in einem Leben.

Interessant ist vor allem: Es gibt Kinder, die sich in den ersten Lebensjahren oder auch später noch an die schöne Zeit im Jenseits, im Himmel, erinnern können. Und es gibt sogenannte Hellsichtige oder ‚Medien', die mit den Verstorbenen im ‚Himmel', dem Schutzengel oder anderen Wesen in dieser geistigen Welt kommunizieren können."

Ausführlicher geht auf die bereits unzähligen Nahtoderlebnisse mein Geistesfreund und Parapsychologe Rudolf Passian in seinem kurz vor Weihnachten 2011 erschienenen Werk „*Der verhängnisvollste Irrtum unserer Zeit*"(77) ein. Rudolf Passian konnte für dieses Buch auf Unterlagen von über 150 Jahren der Sterbeforschung zurückgreifen und viele Fälle aufführen, bei denen Menschen von ihren Nahtoderlebnissen berichten und davon, wie sich ihr Leben danach veränderte. Doch richtig spannend sind die Fälle, bei denen sich Kinder an ihr vorheriges Leben erinnern und auch beweisen können, dass sie zuvor ein anderer Mensch waren.

Nach Passian gehört zum Gebiet der *Reinkarnationsforschung* die Untersuchung folgender Phänomengruppen:

1. Déjà-vu-Erlebnisse: Man hat das sichere Gefühl, eine Gegend oder Örtlichkeit bereits zu kennen, obwohl man noch nie dort war;
2. Fälle, bei denen Personen (zumeist Kinder) mit großer Bestimmtheit

und nachprüfbaren Angaben behaupten, an bestimmten Orten vorgeburtlich gelebt zu haben;
3. Visionen und Wiederholungsträume, die als Wiedererinnern empfunden werden;
4. Rückversetzungen in anscheinend frühere Erdenleben mittels unterschiedlicher Praktiken (zum Beispiel Rückführungstherapie);
5. ebenso Vorausführungen;
6. exakt vorausgesagte und eingetroffene Wiedergeburten und
7. das Phänomen der Körpermale.(78)

Die Gruppen 1 bis 5 können auch anders als mit der Reinkarnations-Lehre gedeutet werden, während die Gruppen 6 und 7 größere Beachtung verdienen. Rudolf Passian schildert zu Punkt 7 mehrere spannende Fälle in seinem Buch, von denen ich gleich im Anschluss zwei wiedergeben möchte, denn es gibt Kinder, die mit auffälligen Körpermalen zur Welt kommen, beispielsweise in Form von Narben, deren Herkunft Rätsel aufgeben. Sehr wertvolle Forschungen auf diesem Gebiet verdanken wir dem türkischen Mediziner Prof. Dr. Rezat H. Bayer, der 150 gut dokumentierte Fälle von Personen mit solchen „Wiedergeburtszeichen" gesammelt hat. Prof. Bayer ist davon überzeugt, dass es vorwiegend Menschen sind, die eines gewaltsamen Todes starben, die in ihrem nächsten Erdenleben eigenartige ‚Geburtsmale' aufweisen. Auch Rudolf Passian ist der Meinung, dass eine schwere Verletzung, die noch dazu zum Tode führt, zweifellos ein tiefgreifendes Erleben darstellt und es naheliegend ist, dass ein starker Gefühlsimpuls der Seele seine Spuren einprägt, die von diesem auf den neuen physischen Körper übertragen werden. Folgende Fälle führt Rudolf Passian auf:

„1. Der Fall Achmed
1970 erhielt Prof. Bayer Kenntnis von einem damals achtjährigen Buben namens Achmed, der in einem Dorf der südlichen Türkei lebte und neun ‚Geburtszeichen' am Körper aufwies. Es handelte sich hierbei um Narben an der Brust, an den Armen und eine am Hals. Die Eltern behaupteten, der Junge sei mit diesen Wundmalen zur Welt gekommen. Ärzte, die vor Prof. Bayer das Kind untersucht hatten, vermochten keine Erklärung abzugeben. Mit Unterstützung der türkischen parapsychologischen Gesellschaft, deren Präsident er war, begann Prof. Bayer umfangreiche Nachfor-

schungen. Alle Polizeistationen des Landes erhielten ein Rundschreiben mit der Bitte um Auskunft über einen eventuellen Mordfall, bei welchem das Opfer durch neun Schüsse getötet worden war.

Der Erfolg blieb nicht aus. Das Polizeikommissariat von Adana meldete einen 15 Jahre zurückliegenden Mordfall und fügte Zeitungsausschnitte von damals bei. Seinerzeit war auf dem städtischen Marktplatz ein Mann namens Mustapha von einem eifersüchtigen Nebenbuhler mit neun Pistolenschüssen umgebracht worden. Prof. Bayer begab sich nach Adana und erhielt die Erlaubnis zur Exhumierung. Die Untersuchung des Skeletts ergab, dass die Stellen der merkwürdigen Wundmale am Körper Achmeds genau denen des ermordeten Mustaphas entsprachen!

2. Der Fall Necip Budak

In der Familie Unulutaskiran in Adana (Türkei) kam 1952 ein Junge zur Welt, der den Namen Malik tragen sollte. Drei Tage vor der Niederkunft träumte die Mutter, das Baby verlange von ihr, Necip genannt zu werden. Sie vergaß den Traum, wurde aber in der darauf folgenden Nacht durch einen gleichartigen daran erinnert, so dass sie es ihrem Mann erzählte. Da es im Verwandtenkreis bereits einen Necip gab, einigte man sich auf den Namen Necati. Es dauerte etliche Jahre, bis der Kleine endlich reden lernte, und nun bestand er darauf, Necip genannt zu werden. Nach und nach verdichteten sich seine Angaben zu Einzelheiten eines anscheinend vorgeburtlichen Lebens. Er behauptete, Necip Budak geheißen, in Mersin (80 km von Adana entfernt) gelebt und fünf Kinder gehabt zu haben. Neben den Namen von Ehefrau und Kindern gab er auch die Verwandten namentlich an und sprach des Öfteren von einer Szene, wo er von der Hand des Schusters Ahmed Renkli mit vielen Messerstichen umgebracht worden sei.

Die Eltern kümmerten sich nicht um sein Gerede, sie hatten als bitterarme Familie andere Sorgen. Eines Tages aber kam der Großvater mütterlicherseits zu Besuch, der in Karavudar, einem Dorf neun Kilometer von Mersin entfernt, wohnte. Enkel Necati erzählte wieder von seinem angeblich vorigen Leben und erreichte schließlich mit viel Weinen und Betteln, dass der Großvater ihn mitnahm. In Karavudar gab es dann bereits Szenen scheinbaren Wiedererkennens, die den Großvater stutzig machten. Zudem begann er, sich des seinerzeitigen Mordfalls Necip Budak zu entsinnen, und so wanderte er eines Tages mit dem Buben nach Mersin. Mit größter Sicherheit bezeichnete der nunmehrige Necati seine frühere Frau und die Kinder, mit Ausnahme eines Mädchens, von dem sich herausstellte, dass es nach dem Tode von Necip Budak geboren war. Mit am überzeugendsten waren des Buben Worte an ‚seine Witwe': ‚Wenn du nicht glaubst, dass ich dein Mann bin, so erinnere dich jenes Tages, an dem wir einen so heftigen Streit hatten, dass ich dir einen Messerstich ins Bein versetzte.'"(79)

Prof. Bayer bemerkte zu diesem Fall, dass seine Begleiterin dieses Bein untersuchen konnte und sie das Vorhandensein einer Narbe bestätigte.

Rudolf Passian berichtet weiter:
„Die Witwe hatte sich seit geraumer Zeit wieder verheiratet, und der Junge bekundete seine Betrübnis darüber. Der Reinkarnierte lebt jetzt teils bei der einen, teils bei der anderen Familie.
Allein und zusammen mit Prof. Ian Stevenson besuchte Rezat Bayer die beiden Familien während mehrerer Jahre, wobei die Gespräche aufgezeichnet wurden. Auch der Mörder, der dank einer Amnestie nach neun Jahren Gefängnis entlassen worden war, konnte ausfindig gemacht und interviewt werden.
Prof. Bayer schreibt: ‚Die Besonderheit dieses Falles besteht in der Tatsache, dass der Reinkarnierte seit seiner Geburt am Körper eine beträchtliche Zahl seltsamer Zeichen aufweist. Wir hegten Zweifel, als wir den Mörder befragten, der sich exakt der Stellen am Körper des Opfers entsann, die er mit dem Messer getroffen hatte, und wandten uns deshalb an das Gericht in Mersin, um Einsicht in die Prozessakten zu nehmen, aus welchen wir den Leichenbeschau-Schein des Necip Budak kopierten. Dieser Schein, datiert vom 7. Mai 1951 mit der Protokollnummer 219/1429, führt acht Verletzungen an und ist von zwei Ärzten aus Mersin unterzeichnet und beglaubigt.'
Aufgrund dieses Dokuments war zu konstatieren, dass die Geburtsmale am Körper des Jungen voll und ganz mit den in der Urkunde angegebenen Stellen übereinstimmten."(79)

Kommen wir aber wieder zurück zur Reinkarnation in Verbindung zum Christentum: Die Schweizer Autorin Claudia Zumtaugwald berichtet, dass die Reinkarnationslehre in der Antike stark verbreitet war. Herodot fand sie bei den Ägyptern, und Vergil zitiert sie in seiner berühmten Aeneis. Auch im antiken Nordafrika, Vorder- und Mittelasien, von Anatolien (Türkei) und Ägypten bis nach Persien war die *Seelenwanderung* allgemeines Gedankengut.[(80)]

„Der Gedanke der Wiedergeburt ist im Judentum der Zeit Jesu offensichtlicher Volksglaube“, schreibt der jüdische Gelehrte Schalom ben Chorin.[(81)] Und aus dem damaligen Rom weiß man, dass auch dort die ‚Präexistenz der menschlichen Seele' Grundlage des Mithras-Kultes war. Zu diesem mystischen Kult zählte nicht nur die Elite Roms als dessen Eingeweihte, sondern im militärischen Bereich war dieser Kult reichsweit vertreten. Auf die einzelnen Lehraussagen des Fernen Ostens – wobei der Buddhismus am bekanntesten ist – gehe ich hier nicht weiter ein, sondern befasse mich lieber mit unserem Abendland.

Machen wir's kurz: Unser Christentum betreffend können wir heute nur staunen, was sich da in der Frühzeit Grundlegendes getan hat. Die Lehren der im ganzen Mittelmeerraum vertretenen *Essäer* oder *Essener* oder *therapeutai* – und damit auch deren Schüler und späterer Meister Jesus – vertraten damals konsequent dieses Lebensgesetz, und es war somit ebenfalls Glaubensgrundsatz der Frühchristen. Sie hielten die *Präexistenz der Seele* damals noch für ein fundamentales Dogma, das im Konzil von 451 auch weiterhin als solches bekräftigt worden war. Claudia Zumtaugwald:

> *„Am Konzil zu Chalcedon, dem vierten der früheren Konzile, waren ca. 520 Bischöfe oder deren Vertreter anwesend. Zu den wichtigsten Beschlüssen gehörten die Bestätigung des Glaubensbekenntnisses von Nicäa (325) und des Glaubensbekenntnisses von Konstantinopel (381), die Verdammung des Monophysitismus... und die Bekräftigung, dass die christliche Kirche das natürliche Gesetz der Wiederverkörperung anerkennt.“*

Auch moderne Forscher der urchristlichen Lehre bestätigen inzwischen – veranlasst durch immer mehr neue Funde ehemaliger und noch unverfälschter Originaltexte –, dass am Anfang der Christenheit die Reinkarnation eine Säule im gesamten Glaubensgebäude war. **Ohne sie hätte das Christentum jeder Logik entbehrt.**

Wie wäre zum Beispiel das Erdulden der furchtbaren Martyrien zu erklären, ohne das Wissen über das seelische Weiterleben und ohne den gegenseitigen Trost des Sich-wieder-treffens auf der himmlischen Ebene? Wie könnte ein *gütiger Gott* – im Gegensatz zu den anderen *strafenden* Gottesbildern der Juden und Römer – dem einen Menschen goldene Löffel und dem anderen nur das Hungertuch geben – in einem *angeblich* einzigen Erdenleben? Die Essenz steckt somit in den drei eindeutigen Formeln, die uns der Weisheitslehrer Jesus mitgegeben hat:

'Wie du gesät, so wirst du ernten',
'nach dem Maß, wie du misst und zuteilst, wird dir zugeteilt' und
'...dass alles getilgt werden muss bis zum letzten Heller'.

Diese Verhaltensregeln ohne Drohungen – sogar ohne: *„...du sollst!"* – haben die vielen Streichungen und Zeitgeistanpassungen in den Evangelien überdauert und sind heute noch genauso logisch wie damals – und lebenswichtiger als andere akademisch-theologische Wortdeutereien. In allen meinen Büchern finden Sie, verehrte Leserinnen und liebe Leser, verlässliche Hinweise auf das universelle **'Prinzip von Ursache und Wirkung'**. Da es natürlich auch darüber genügend seriöse wie auch wissenschaftliche Literatur zu einem eigenen und persönlichen 'Wendepunkt' gibt, lasse ich es in diesem Beitrag damit gut sein. Doch zögern Sie nicht, sich in stillen Stunden einmal damit zu befassen.

Die Protagonisten

Nun stelle ich Ihnen die mächtigen Kontrahenten des 6. Jahrhunderts vor, denn trotz des Wechsels zum Christentum scheinen sich die römischen Kaiser immer noch gottgleich wie früher zu fühlen und sich zugleich mit der Aura des 'Statthalters Gottes auf Erden' zu umgeben.

Abb. 19: Justinian I.

Denn was nach der Thronbesteigung des Imperators *Justinian I.* geschah, ist historisch belegt und liest sich wie ein Krimi, denn auch eine schöne und mächtige Frau spielte mit, die Kaiserin Theodora. Aus den teils widersprüchlichen Texten zitiere ich:

„Theodora lernte 522 Justinian, den Neffen des Kaisers Justin, kennen. Als der 40-Jährige der 22-jährigen Theodora begegnete, scheint es Liebe auf den ersten Blick gewesen zu sein. ...Theodora beeinflusste Justinian in Bezug auf Gesetze und religiöse Reformen. So wurden zahlreiche Gesetze verabschiedet, die die Rechte der Frauen besonders schützten. Frauen konnten nun selbst Land besitzen und erben. Witwen durften ihre Familien ohne männliche Bevormundung unterstützen. Erzwungene Prostitution war fortan verboten. Theodora ließ Häuser speziell für solche Frauen bauen, die nicht mehr als Prostituierte arbeiten wollten oder die kein Heim besaßen. Auf ihre Veranlassung hin wurde auch die Todesstrafe für Vergewaltigung eingeführt.“(82)

Abb. 20: Kaiserin Theodora zieht in die Kirche ein (um 548)

Andererseits heißt es jedoch auch:

„Arglist und Geiz, Stolz und Andächtelei zeichneten in dieser erhabenen Stellung Theodoras als Kaiserin bald nicht minder aus, als der sittenloseste Lebenswandel sie unter den Frauen den Verworfensten beizählte. Durch ihre Schönheit und ränkevolle Klugheit beherrschte sie Justinian gänzlich. Nach ihrem Willen wurden Feldherren und Minister ernannt, ihr Ausspruch galt beim Auferlegen der Steuern, und selbst bei Religionsstreitigkeiten und Gegenständen der Gesetzgebung wusste die schlaue Paphlagonierin ihren Einfluss geltend zu machen, ja Justinian trieb die Schwachheit so weit, dass er der Nachwelt schriftlich überlieferte, wie er bei ähnlichen Angelegenheiten die ‚sehr ehrwürdige, ihm von Gott gegebene Gemahlin' um Rat gefragt habe.“(83)

Und ihr und ihrem ‚Charme' verdankt die Christenheit einen Eingriff in die Kirchenlehre, der nicht schlimmer hätte sein können. Ich kann hier nur kurz auf das Ergebnis selbst eingehen: Das „5. Heilige und Ökumenische Konzil“ in Konstantinopel, das am 5.5.553 n.Chr. begann, entschied auf Druck des Imperators (als Kaiserliches Edikt), dass von nun an **die Lehre von der Präexistenz der Seele endgültig als Ketzerei zu gelten habe** und jeder, der sie vertrete, mit fünfzehn Bannflüchen verdammt sei. Von den zwischenzeitlich nahezu dreitausend Bischöfen des riesigen Imperiums waren ganze einhundertfünfundsechzig ‚Oberhirten' anwesend, und die Wiederverkörperungslehre soll von diesem Gremium mit einer einzigen Stimme Mehrheit ‚verdammt' worden sein (worauf dieser Bischof später ebenso verdammt wurde).

Der mächtigste Vertreter der damaligen Christenheit war Papst Vigilius (500-555) – zu ‚Stellvertretern Gottes' wurden die Päpste erst später. Obwohl er von der Kaiserin Theodora einstmals favorisiert worden war, weigerte sich Papst Vigilius, am Konzil teilzunehmen, weil das Konzil nach seinem Dafürhalten eine ureigene Sache des Kaisers Justinian war.

Für die Zeit nach diesem gewaltigen Einschnitt in die christliche Kirchenlehre lesen wir in der *ZeitenSchrift* 9/95:

„*Doch Dekrete und Gesetze allein können einen tief verwurzelten Glauben nicht so leicht ausradieren. Deshalb dauerte es einige Jahrhunderte, bis die Kirche endlich alle alten christlichen Schriften konfisziert, zerstört oder so stark verfälscht hatte, dass die Lehre der Wiederverkörperung nach und nach aus dem Bewusstsein der Gläubigen verschwand.*"

Das eigentliche *Prinzip der menschlichen Bewusstseins-Evolution* ist grundlegend für die Wiederverkörperung unseres unsterblichen Geistes. Aus dieser Sicht sieht unser Erdenleben dann ganz anders aus.

Dieses Prinzip zählt heute noch zur Weltanschauung der Theosophen, Anthroposophen und fast aller Neugeist-Bewegungen, der gnostischen Glaubensgemeinschaften wie auch vieler spirituell und mystisch ausgerichteter Gemeinschaften innerhalb der anderen Weltreligionen. Die Liste der berühmten Dichter und Denker, die seit der Aufklärung (wie G. E. Lessing 1729-1781) dieser Logik des Daseins wieder anhingen, ist seitenlang. Die moralbegründende Kraft dieser Weltanschauung kommt immer stärker in den Vordergrund, und der revolutionäre Philosoph Friedrich Nietzsche sah voraus: „*Die Lehre der Wiedergeburt ist die Wende in der Geschichte der Menschheit.*"

Für die dringende Bewusstseinsentfaltung der Erdenmenschen, wie sie unsere Wendezeit benötigt, ist diese ‚zufallsfreie' Lebenssicht zwar nicht notwendig, aber äußerst hilfreich. Vor allem, wenn wir kurz zurückdenken, was wir für den langen erneuten Entwicklungszeitabschnitt seit der Sintflut schon erkannt haben – es sind ja inzwischen rund 11.000 Jahre vergangen. Was wäre aus unserer Menschheit bis heute geworden, wenn nicht ein borniertes Kaiserpaar die Religion des Abendlandes bestimmt und die Menschheit in der großen Gemeinschaft, dem WIR, die edlen Werte der großen Klassiker weitergeführt hätte?

Doch vor ihm haben schon andere mächtige Egomanen diese Uhr angehalten und auf dem menschlichen Evolutionszifferblatt die Zeiger zurückgedreht. Der junge und brutale Hitzkopf Alexander der Große war der Erste, der die gesammelte ‚Weisheit des Altertums' im persischen Osten verbrennen ließ. Bis auf ein Exemplar für die heimatlichen Wissenschaftler gingen unzählige Werke in Flammen auf.

Den noch größeren Wissensschatz in Alexandria zündeten dann römische Herrscher an – zuerst teilweise Caesar und den wertvollen Rest der noch junge römische Vatikan. In der Millionenstadt Alexandria, der griechischen Metropolis und Universitätsstadt in Altägypten, war eine gigantische ‚Weltbibliothek' als Teil des *Museion* genannten Universitätskomplexes gesammelt und errichtet. Hier arbeiteten zu jener Zeit einhundertzwanzig Gelehrte und studierten schätzungsweise jährlich 14.000 Studenten. 700.000 Schriftrollen sollen hier gesammelt gewesen sein, das gesamte Wissen des Altertums. Teile dieses Wissensstandes konnten erst im Spätmittelalter wieder erreicht werden.

Dazu informierte mich aber inzwischen ein verlässlicher Bekannter aus einem Geheimorden, dass der Großbrand in Alexandria im Jahr 391 noch einen anderen Hintergrund hatte. Kaiser Theodosius hatte den Bischof Theophilus damit beauftragt, doch der Vatikan war nicht so dumm, die unzähligen Schriftrollen tatsächlich *komplett* zu verbrennen, sondern die geretteten lagern bis heute gut versteckt in den vatikanischen Archiven unter dem Petersplatz. Das betrifft auch das *urchristliche Wissen*, dessen reichsweite Unterlagen laut kaiserlicher Edikte strafrechtlich vernichtet werden mussten, zuerst durch den römischen Diktator Constantinus maximus und fast zwei Jahrhunderte später aus Konstantinopel durch den Imperator Justinian.

So ging der eigentliche Sinn der Christenlehre, das DU und das WIR, restlos unter, und bis heute feiert das eigensüchtige ICH in Milliarden individuellen Varianten weiter seinen weltweiten Siegeszug. Man bildet sich ein, dass man ja nur einmal lebe, auch wenn solches Leben meistens recht sinnlos dahintümpelt, auch wenn man sich fast täglich mit all den unverständlichen Ungerechtigkeiten nervt, die dabei auch das ICH immer wieder aufheizen. Schicksals-Schläge, Gottesstrafen und ‚Zufälle' aller Art werden zu Schuldzuweisungen eines Lebens, das nicht verstanden werden kann und das keinen höheren Sinn mehr in sich birgt.

Haben so viele Menschen Angst davor, vollständig erwachsen zu werden und für sich selbst Verantwortung zu übernehmen? Immerhin sollen doch 44 Prozent der Deutschen an eine Existenz nach dem Tode glauben. (*Focus* 16/2004) Doch scheinbar wissen sie zu wenig darüber.

Am eigentlichen *Sinn des Lebens* gehen somit weltweit mindestens vier Milliarden Menschen ein Leben lang vorbei, auch wenn sie noch so intelligent sind. Sie wissen es nicht oder sie wollen es nicht wissen. Denn was man ein Lebensprinzip nennen kann, hat mit Verantwortung zu tun, mit Eigenverantwortung.

Sie haben hier im Buch schon viel von dem gehört, was für uns gut und was schädlich sein könnte – Entschuldigung –, ich meinte natürlich, was als „politisch korrekt" oder „inkorrekt" betrachtet werden könnte. Mein Sohn Jan und ich haben auf viele verborgene, da bewährte oder einfach vergessene Prinzipien hingewiesen, die eine besondere Bedeutung im Alltag haben können. Und so betone ich ganz besonders dieses Grundprinzip, dessen historische Verdrängung die Basis allen heutigen Leides dieser Erde wurde. Der Grundsatz lautet: „*Wenn jeder Mensch wüsste, dass er sich durch ‚falsche' Gedanken, Worte und Werke Energien auflädt, die er alle irgendwann wieder* ***selbst*** *richtig-stellen muss, dann würde er grundsätzlich ein anderes Leben führen. Erlöser gibt es nämlich dafür keine.*"

Wir wollen uns aber noch zwei weitere Punkte ansehen, die „politisch unkorrekt" sind, was die Lehre der Reinkarnation angeht – jedoch nicht im Altertum, sondern in der heutigen, modernen Zeit.

- Der erste ist die blutrünstige Geschichte des Alten Testaments. Ein paar Beispiele hierzu: 2. Mose 32,25 ff., wo zum gegenseitigen Morden unter dem eigenen Volk aufgefordert wird (3.000 Opfer). Im 4.

Mose, Kapitel 25 gab es 24.000 Tote: *„...nahm einen Speer in seine Hand und durchbohrte beide, den israelitischen Mann und das (midianitische) Weib, und zwar letzteres durch ihren Unterleib."*

In Josua 6,21 wird, wie so oft, der „Bann" vollstreckt *„an Männern wie an Weibern, an jung und alt, an den Rindern wie am Kleinvieh und an den Eseln: Alles wurde mit der Schärfe des Schwertes niedergemacht."*

50.000 Menschen mussten sterben, weil sie die Bundeslade angeblickt hatten. Jes. 13,16 frohlockt: *„Ihre Kinder werden zerschmettert vor ihren Augen, ihre Häuser geplündert und ihre Weiber geschändet."*

Dazu Psalm 137,9: *„Wohl dem, der deine kleinen Kinder nimmt und zerschmettert sie am Steine."*

An anderen Stellen ist es gar so grausam, dass die Bibel abgeändert wurde. Zum Beispiel hier: Nach 2. Sam. 12,31 führte David das Volk der eroberten Stadt *„heraus und zersägte sie und fuhr eiserne Wagen über sie her und zerschnitt sie mit Messern und zog sie durch, wie man Ziegel formt; also tat er allen Städten der Söhne Ammons"*. (Übersetzung nach Joseph Franz von Allioli, 1830) Martin Luther übersetzt diese grausame Stelle: *„Aber das Volk drinnen führte er heraus und legte sie unter eiserne Sägen und Zacken und eiserne Keile und verbrannte sie in Ziegelöfen."*

Nach dem Zweiten Weltkrieg wurde diese Stelle „politisch korrekt" abgeändert und lautet nun so: *„...und stellte sie als Fronarbeiter an die Sägen, die eisernen Pickel und an die eisernen Äxte und ließ sie an den Ziegelöfen arbeiten."*

Interessant, nicht wahr?

Aber weil die Geschichte des Alten Testaments so blutrünstig ist, gibt es nun eine „politisch korrekte" Bibel, die *„Bibel in gerechter Sprache"*. Über fünf Jahre hinweg haben 42 Frauen und 10 Männer an einer neuen Übersetzung der Bibel gearbeitet, die mit 400.000 Euro aus Spenden finanziert wurde. Diese Variante ist nun „weiblicher" und „jüdischer". Die theologische Referentin der Evangelischen Frauenarbeit in Frankfurt, Claudia Janssen, die zu den Übersetzern und Herausgebern zählt, erklärt gegenüber *Spiegel-Online*: *„Das Thema Gerechtigkeit ist der rote Faden in der Bibel. Diesem Te-*

nor widersprechen juden- und frauenfeindliche Tendenzen, die im Laufe der Jahrhunderte immer stärker hinzugekommen sind.“
Was wohl Jesus dazu sagen würde, wäre er heute unter uns...

- Der zweite politisch völlig unkorrekte Aspekt der Reinkarnationslehre, den ich schon erwähnt habe, ist die eigentliche Grundbasis dieser Religion: das *Kausalitätsgesetz*, besser bekannt als das *Karma-Gesetz*! Es ist das Gesetz von *Ursache und Wirkung.* Man kann es auch durch den Satz ausdrücken: *„Was man sät, das erntet man.“*
  Nach dem Gesetz des Säens und Erntens – das auch Jesus lehrte – wird man, wenn man Destruktives sät, auch Destruktives ernten. Es beruht darauf, dass wir Menschen ein richtiges Verhalten nach den göttlich-geistigen Gesetzen offenbar nur dadurch erlernen können, indem wir genau das, was wir anderen Lebewesen angetan haben, zu einem späteren Zeitpunkt selbst zu spüren bekommen. Es fordert vom Menschen die volle Verantwortung für sein „Schick-Sal“ (*salus* = das Heil). Bezogen auf die Wiedergeburtslehre heißt das, dass man sein selbst Erzeugtes aus diesem Leben in einem anderen wieder vorgesetzt bekommt – positiv wie negativ. War jemand in einem Leben beispielsweise ein Schläger oder Vergewaltiger, so wird er in einem Folgeleben, in einer neuen Inkarnation, sehr wahrscheinlich selbst geschlagen oder vergewaltigt werden, um das Karma wieder auszugleichen – und vor allem, um zu erfahren, wie sich sein damaliges Opfer gefühlt hat. An die Reinkarnation und die Karma-Lehre glauben weltweit mindestens 1,5 Milliarden Menschen (Buddhisten, Hinduisten und viele andere) – also ungefähr ein Viertel der Erdbewohner!
  Dass nun die Lehre der Wiedergeburt – also eigentlich ein religiöses Thema – heute noch politisch relevant werden kann, sieht man am Beispiel eines deutschen Reinkarnationstherapeuten, der die Ereignisse während der Zeit des Nationalsozialismus unter diesem karmischen Gesichtspunkt betrachtet hatte. Das Buch wurde verboten (Volksverhetzung in Tateinheit mit Beleidigung und der Verunglimpfung des Andenkens Verstorbener) und der Autor zu einer Geldstrafe verurteilt.

Mit zwei Erkenntnissen möchte ich meinen Beitrag schließen: Zum einen wurden Macht und egoistisches Auserwähltsein von Wenigen – wie schon durch die ganze Menschheitsentwicklung – zum modernen Globalismus. In allen Kirchensystemen, den Weltwirtschaftskonzernen, allen politischen Organisationen und allen Geheimbünden bestimmen Macht und Gewalt das Verhalten der Menschen – eben „politisch korrekt" zu sein.

Zum anderen sind sicherlich 6 Milliarden Erdengeschwister von Haus aus „unkorrekt", weil sie Freiheit, Wahrheit und Frieden lieben.

Johannes Holey (1935) ist ein kritischer Sachbuchautor im kirchlichen, gesundheitlichen und spirituellen Bereich. Bis zu seinem ‚Unruhestand' war er Geschäftsführer des Familienbetriebs für festliche Kinder- und Damenmode und begleitete dabei jahrzehntelang mehrere ehrenamtliche Aufgaben.

Seine aktuellen Bücher:
- „Bis zum Jahr 2012" (2000)
- „Alles ist Gott" (2002)
- „Der Jesus-Code" (2007)
- „Jetzt reicht's!" (2009)
- „Jetzt reicht's! – Band 2" (2010)

Website: www.johannes-holey.de

„Geheimakte Heß“ – Gedankenverbrechen im 21. Jahrhundert

von Michael Vogt

Als ich 2004 die zunächst für den Nachrichtensender *n-tv* vorgesehene, zweiteilige Dokumentation über den bis heute mysteriösen Englandflug des „Führerstellvertreters“ Rudolf Heß drehte und diese dann insgesamt siebenmal auf *n-tv* ausgestrahlt wurde, hatte ich gleich gegen mehrere BRD-Denkverbote verstoßen:

- Die Kriegsschuld am und im Zweiten Weltkrieg ist klar disloziert: Die Schuld am Ausbruch und an den Stufen der Ausweitung liegt bei den Deutschen. Punkt. Hier andere Aspekte anzubringen und die Kriegstreiberei der Politik Churchills anzusprechen, ist ein solches Tabu.
- Gleichermaßen klar hat das Bild bei den Kriegsverbrechen zu sein: eine deutsche Spezialität, allenfalls bei deren Verbündeten noch zu finden. Punkt. Dass wir es bei Churchill mit einem ganz Großen in der Riege der Kriegsverbrecher des 20. Jahrhunderts zu tun haben, verstößt gegen geltende Lehre.
- Rassismus während der Kriegsjahre ist ein deutsches Phänomen und allenfalls bei den Verbündeten des Deutschen Reiches zu finden. Die Alliierten haben für Freiheit und Demokratie und Menschenrechte gefochten. Punkt. Dass Churchill und sein Chefdenker Vansittart in einer Weise antideutsch waren, die nur als chauvinistisch oder rassistisch bezeichnet werden kann, stört das gewohnte Bild.
- Die Nazis wollten Krieg. Ihre Gegner wollten Frieden. Punkt. Dass der britischen Regierung gleich ein ganzes Bündel von Friedensvorschlägen über mehrere Jahre verteilt vorlag und Churchill gemäß seines „bon mot“, England werde den europäischen Krieg verlieren, aber den Weltkrieg gewinnen – unbedingt letzteren –, also das Einbeziehen der USA und der UdSSR wollte, passt nicht zum wohlgehüteten Image des späteren Nobelpreisträgers, dessen Name viele deutsche Straßenschilder ziert.
- England ging es 1939 um den Beistand für das überfallene Polen und dessen Freiheit – daher die Kriegserklärung an Deutschland. Punkt.

Dass Churchill die Polen, als er die komplette Räumung der durch die Wehrmacht besetzten Gebiete angeboten bekam, verriet und ihm die Polen und deren Freiheit und Unabhängigkeit komplett gleichgültig waren, will man nicht hören.

- Der greise Heß hat in Spandau seinem Leben ein Ende gesetzt und sich erhängt. Punkt. Dass weder die Autopsie dies bestätigt noch der vermeintliche Selbstmord technisch und medizinisch möglich war und vieles für ein britisches Nachhelfen spricht, darf man hierzulande nicht einmal denken, geschweige denn sagen.
- Auch wenn diese Gedankenverbrechen an sich verwerflich genug sind, das Schlimmste war, dass mit den TV-Ausstrahlungen das Ghetto, in das solche mentalen Übeltäter verbannt sind, verlassen wurde und plötzlich eine breite, eine mit einem solchen Thema „unbeleckte" Öffentlichkeit erreicht wurde. Und damit hatte ich das Fass zum Überlaufen gebracht.

Warum ist das alles so entscheidend? Denn ob nun der Heßflug vor 70 Jahren mit einer Friedensofferte Hitlers einherging oder nicht – könnte das heute nicht komplett egal sein? Geschichtsdeutung ist ein Herrschaftsinstrument! Die herrschende Geschichtsschreibung ist nicht nur die Geschichtsschreibung der Herrschenden, sie ist damit zugleich ein Instrument zum Herrschen und Beherrschen. Und umgekehrt: Solange die deutsche Geschichte als Herrschaftsinstrument missbraucht wird, kann auch keine Emanzipation deutscher Politik von den sie beherrschenden Kräften erfolgen. Beteiligung am Aggressionskrieg auf dem Balkan, Kriegseinsatz in Afghanistan (wenn es nach Merkel gegangen wäre auch gegen den Irak und auf Pfiff natürlich gegen den Iran), Euro und EU-Mitgliedschaft, Verschweigen westlicher Kriegsverbrechen, bedingungslose USA-Hörigkeit – all das in deutschem Namen ist nur denkbar, weil deutsche Politik Vasallenpolitik ist, weil Inferiorität Staatsräson der BRD ist und weil all dies aus dem Schuldkult einer herrschenden Geschichts-

Abb. 21:
Die DVD von Michael Vogt
„Geheimakte Heß"

schreibung resultiert, die von 1933 bis 1945 beziehungsweise zumindest von 1939 bis 1945 nur einen einzigen Verbrecher und nur eine einzige Verbrechernation kennt. Insofern impliziert das Deutungsmonopol über 1933/45 zugleich das Lenkungsmonopol über deutsche Politik von heute. Und erst die rückhaltlose Aufarbeitung der kompletten Ereignisse während dem Zweiten Weltkrieg mit Licht und Schatten auf allen Seiten ermöglicht eine Emanzipation deutscher Politik von den (westlichen) Siegermächten von damals.

Um die ganze Aufregung um die *n-tv*-Filme – aus denen dann eine Langfassung auf DVD und ein Hörbuch entstand – zu verstehen, muss man wissen, worum es eigentlich ging und was das Besondere an diesem Film war und ist. In der Dokumentation berichte ich von, im britischen *National Archive* (ehemals *Public Record Office*) vom britischen Junghistoriker Martin Allen gefundenen diversen deutschen Friedensvorschlägen an England, wonach Deutschland bereit war, unter anderem alle besetzten Länder zu räumen, Reparationszahlungen für entstandene Beschädigungen an diese Länder zu zahlen sowie einen polnischen Staat wiederherzustellen. Dadurch wären mit einem Schlag all die Gründe weggefallen, die am 3. September 1939 den britischen Kriegseintritt rechtfertigten. Die zum Durchkämpfen des Krieges entschlossene britische Regierung hätte aber ihrem Volk und der Öffentlichkeit nicht verständlich machen können, dass – während alle Kriegsziele durch Verhandlungen zu erreichen gewesen wären – man trotzdem weiterkämpfen sollte.

Heß wurde – das zeigen die im Film erstmals gezeigten Dokumente – vom britischen Geheimdienst SO1 in eine Falle gelockt: Die komplette Korrespondenz, die Heß über seinen Vertrauten, Prof. Haushofer, mit dem Duke of Hamilton zu führen glaubte, führten sie in Wirklichkeit mit dem SO1. In der Tat gab es eine ganze Reihe von Friedensinitiativen in Richtung England von ganz unterschiedlichen Adressaten in und außerhalb des Deutschen Reiches. So gibt es zum Beispiel ein eigenes Dossier des *Foreign Office*, in dem auf zirka 20 Seiten ein ganzes Bündel von Friedensvorschlägen zusammengefasst wird. Ein Exemplar des Dossiers, das nur einem ganz kleinen Kreis zur Verfügung gestellt wurde, liegt im *Public Record Office* und wird im Film gezeigt.

Der Film erwähnt einen konkreten Mehrpunktefriedensplan eines Dr. Weissauer, den dieser dem britischen Botschafter in Schweden, Mallet, unterbreitete (siehe Abb. 22). Auch dieser Plan sieht neben dem kompletten Rückzug aller deutscher Truppen aus den westlichen Kriegsschauplätzen, dem Angebot, für die entstandenen Kriegsschäden Entschädigungen zu leisten auch den Punkt „Wiederherstellung des polnischen Staates" vor. Dieser Friedensvorschlag stammte direkt von Hitler. Dr. Weissauer war eine Art persönlicher Rechtsanwalt Hitlers. Insofern liegt es durchaus nahe, dass Hitler auch von den Plänen von Heß wusste beziehungsweise diesen persönlich nach England geschickt hat. Inzwischen ist der Bericht eines Augenzeugen aufgetaucht, der von einer Sitzung bei Hitler unmittelbar vor dem Englandflug berichtet, bei der sämtliche Details der Heß-Mission im Fall eines Erfolgs und im Fall eines Misserfolgs von Hitler persönlich festgelegt wurden.

Sämtliche dieser Friedensinitiativen wurden von Churchill und seinem Außenamtsstaatssekretär Vansittart kategorisch abgelehnt. Churchill erklärte, England könne den europäischen Krieg nicht gewinnen, sondern nur einen Weltkrieg. Daher ging es ihm um eine Politik der unbedingten Kriegsausweitung. Im Übrigen sei es ihm *„egal, ob Deutschland von den Nazis oder einem Jesuitenpater regiert werde"*. Und Vansittart, sein Chefdenker und Chefstratege, machte in einer Notiz an den Außenminister Eden deutlich, dass es um die *„Vernichtung Deutschlands, nicht um Nazi-Deutschlands"* ginge und von daher sämtliche Friedensangebote abzulehnen seien.

Man habe – so Vansittart weiter – *„genug von Angeboten von Dahlerus, Goerdeler, Weissauer und Konsorten"* (siehe Abb. 23). Damit scheiterte an der antideutschen Haltung der britischen Regierung auch die Chance, gemeinsam mit Vertretern des deutschen Widerstandes eine politische Veränderung im Deutschen Reich und ein Ende der NS-Herrschaft zu erreichen.

Hier sind nun drei Punkte bemerkenswert: Zum einen kann hier – fachlich zulässig und wissenschaftlich untermauert – die Politik Churchills kritisiert werden. Hier stellt sich die Frage an die Kritiker, wo das Problem ist. Eine Politik der Kriegsausweitung ist etwas, was man durchaus kritisieren darf – auch dann, wenn sie von Deutschlands Kriegsgegnern betrieben wurde.

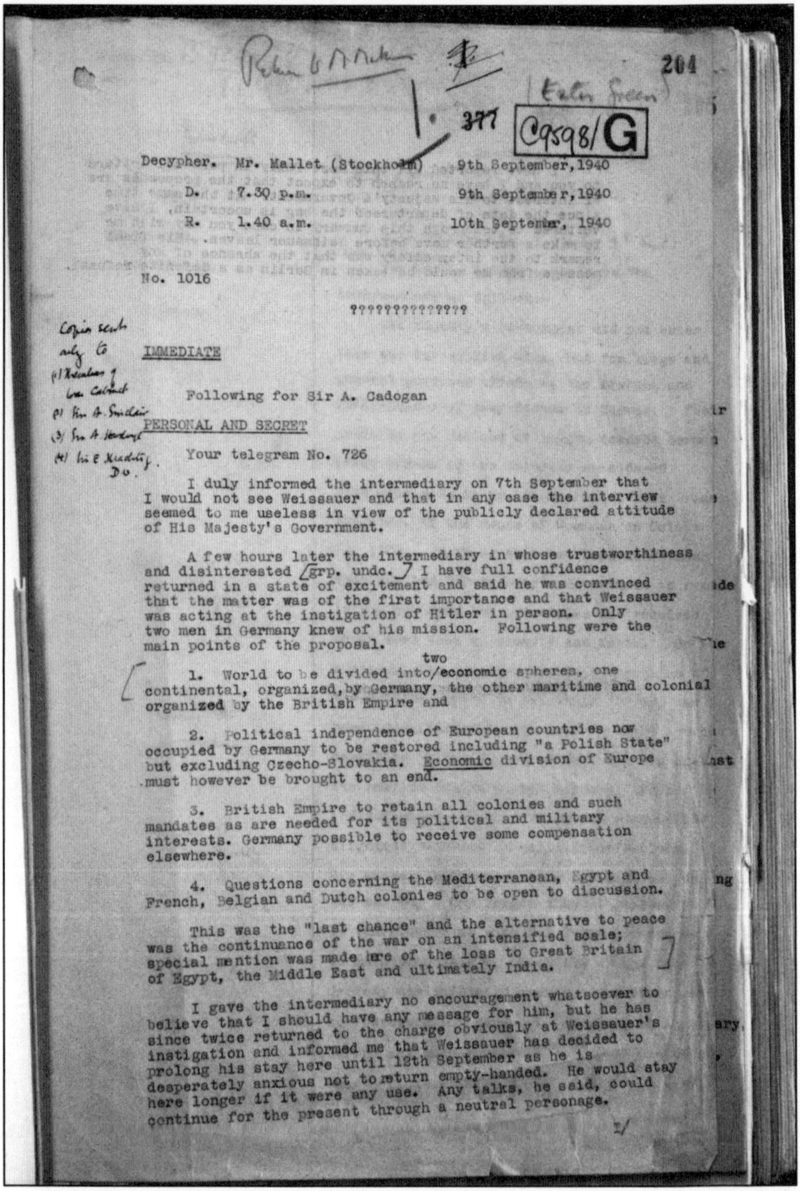

204

C9598/G

Decypher. Mr. Mallet (Stockholm) 9th September, 1940

D. 7.30 p.m. 9th September, 1940

R. 1.40 a.m. 10th September, 1940

No. 1016

??????????????

IMMEDIATE

Following for Sir A. Cadogan

PERSONAL AND SECRET

Your telegram No. 726

I duly informed the intermediary on 7th September that I would not see Weissauer and that in any case the interview seemed to me useless in view of the publicly declared attitude of His Majesty's Government.

A few hours later the intermediary in whose trustworthiness and disinterested [grp. undc.] I have full confidence returned in a state of excitement and said he was convinced that the matter was of the first importance and that Weissauer was acting at the instigation of Hitler in person. Only two men in Germany knew of his mission. Following were the main points of the proposal.

1. World to be divided into two economic spheres, one continental, organized by Germany, the other maritime and colonial organized by the British Empire and

2. Political independence of European countries now occupied by Germany to be restored including "a Polish State" but excluding Czecho-Slovakia. Economic division of Europe must however be brought to an end.

3. British Empire to retain all colonies and such mandates as are needed for its political and military interests. Germany possible to receive some compensation elsewhere.

4. Questions concerning the Mediterranean, Egypt and French, Belgian and Dutch colonies to be open to discussion.

This was the "last chance" and the alternative to peace was the continuance of the war on an intensified scale; special mention was made here of the loss to Great Britain of Egypt, the Middle East and ultimately India.

I gave the intermediary no encouragement whatsoever to believe that I should have any message for him, but he has since twice returned to the charge obviously at Weissauer's instigation and informed me that Weissauer has decided to prolong his stay here until 12th September as he is desperately anxious not to return empty-handed. He would stay here longer if it were any use. Any talks, he said, could continue for the present through a neutral personage.

2/

Abb. 22: Britischer Botschafter Mallet an Außenminister Eden über Weissauers Friedensplan (1940)

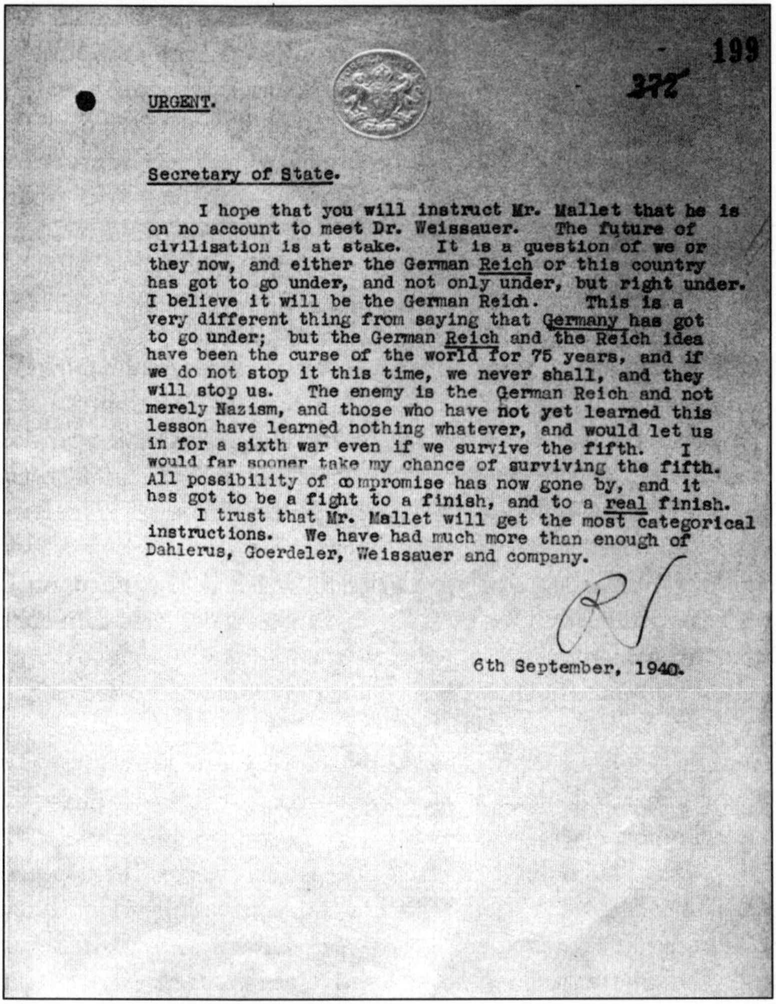

199

URGENT.

Secretary of State.

I hope that you will instruct Mr. Mallet that he is on no account to meet Dr. Weissauer. The future of civilisation is at stake. It is a question of we or they now, and either the German Reich or this country has got to go under, and not only under, but right under. I believe it will be the German Reich. This is a very different thing from saying that Germany has got to go under; but the German Reich and the Reich idea have been the curse of the world for 75 years, and if we do not stop it this time, we never shall, and they will stop us. The enemy is the German Reich and not merely Nazism, and those who have not yet learned this lesson have learned nothing whatever, and would let us in for a sixth war even if we survive the fifth. I would far sooner take my chance of surviving the fifth. All possibility of compromise has now gone by, and it has got to be a fight to a finish, and to a real finish.

I trust that Mr. Mallet will get the most categorical instructions. We have had much more than enough of Dahlerus, Goerdeler, Weissauer and company.

6th September, 1940.

Abb. 23: Vansittart zur Bewertung von Friedensvorschlägen des Deutschen Reiches gegenüber England an Außenminister Antony Eden (1941)

Im Übrigen befinde ich mich mit meiner Kritik in bester Gesellschaft: Churchill wurde von seinem eigenen Kabinettskollegen und Minister Hugh Dalton (Chef der Geheimdienste und Labourmitglied) ob dieser Politik der Kriegsausweitung aufs Heftigste kritisiert. Dalton unterstellte (wie man heute weiß: zu recht), dass sie Millionen von Menschleben kosten würde. Dalton wurde wegen dieser Kritik an Churchill seines Ministeramtes enthoben. Auch diese Kritik wird in einem Dokument im Film gezeigt und belegt (siehe Abb. 24).

Der zweite Punkt bezieht sich auf Churchills und Vansittarts Motive. Sie sind, da es ihnen ganz eindeutig nicht um die Nazis, sondern um die Deutschen an sich geht, chauvinistisch beziehungsweise ihre Position wurde sogar als rassistisch bezeichnet. Nicht die Nazis waren aus der Sicht dieser Herren das Problem, sondern in ihrem blinden Deutschenhass die Deutschen als Ethnie. Auch dies ist – ebenso wie andere rassistische und chauvinistische Positionen – ein zulässiger Gegenstand kritischer Anmerkungen.

Der dritte Punkt macht aber die ganze Tragik der Haltung der britischen Regierung und ihre fatalen Konsequenzen deutlich: *„Dahlerus, Goerdeler, Weissauer und Konsorten"*, heißt es bei Vansittart. Mit diesen Personen und ihren Friedensangeboten möchte er nichts zu tun haben. Nun muss man, wenn man in Sachen Heß keine Expertise aufweisen kann, Weissauer und Dahlerus nicht zwingend kennen. Aber bei dem zweiten Namen müsste es klingeln, zumindest bei Historikern.

Dass Vansittart mit Goerdeler einen der führenden Repräsentanten des deutschen Widerstandes und damit des anderen, des „besseren" Deutschlands unter die Rubrik der „Konsorten" subsumiert, mit denen er, Vansittart, nicht über Frieden verhandeln will, ist historisch mehr als tragisch und kann man nur seinem blinden Deutschenhass zuschreiben. Die historische Alternative hätte 1941 nämlich sein können: Die britische Regierung unterstützt den deutschen Widerstand in dessen Umsturz- und Attentatsplänen gegen die NS-Machthaber und beendet mit einem Reichskanzler Goerdeler an der Spitze den Krieg – kein Barbarossa, kein Russlandfeldzug mit Millionen Toten, keine massenhaften KZ-Verbrechen, kein Bombenterror gegen die deutsche Zivilbevölkerung.

1 2 cms **The National Archives** ins 1 2

Ref.: FO 127/206

Please note that this copy is supplied subject to the National Archives terms and conditions and that your use of it may be subject to copyright restrictions. Further information is given in the 'Terms and Conditions of supply of the National Archives' leaflet displayed at and available from the Record Copying counter.

Ministry of Economic Warfare,
Berkeley Square House,
Berkeley Square,
W1.

28th February, 1941.

Dear Minister,

I have been in deep contamplation ever since the matter we discussed yesterday with the P.M., and feel I must put my concerns to you before we take any further action.

Leeper's assessment on Saturday was pretty close to the mark, and his conclusion that despite being unable, probably, to win in Europe, we could winxa world war has, of course, been bandied about for the last month or two. However, what Winston now proposes is a truly terrible thing, and I am not sure my conscience will allow me to participate.

I have always maintained that in this war body-line bowling of the Hun is justified, and the Mssrs IIIIII Operation, once we took it over, was intended to fulfill that function, but I do not believe we can be morally justified to use it to cause the suggested end result.

I feel we must have another meeting to discuss where we are going to take this matter, and I would appreciate your opinion. Can I suggest a joint car again next Saturday?

Yours Ever,

H.D.

Mr. A. Eden,
Foreign Office, SW1.

Abb. 24: Kritik des britischen Geheimdienstchefs Hugh Dalton an Winston Churchills Kriegspolitik an Antony Eden

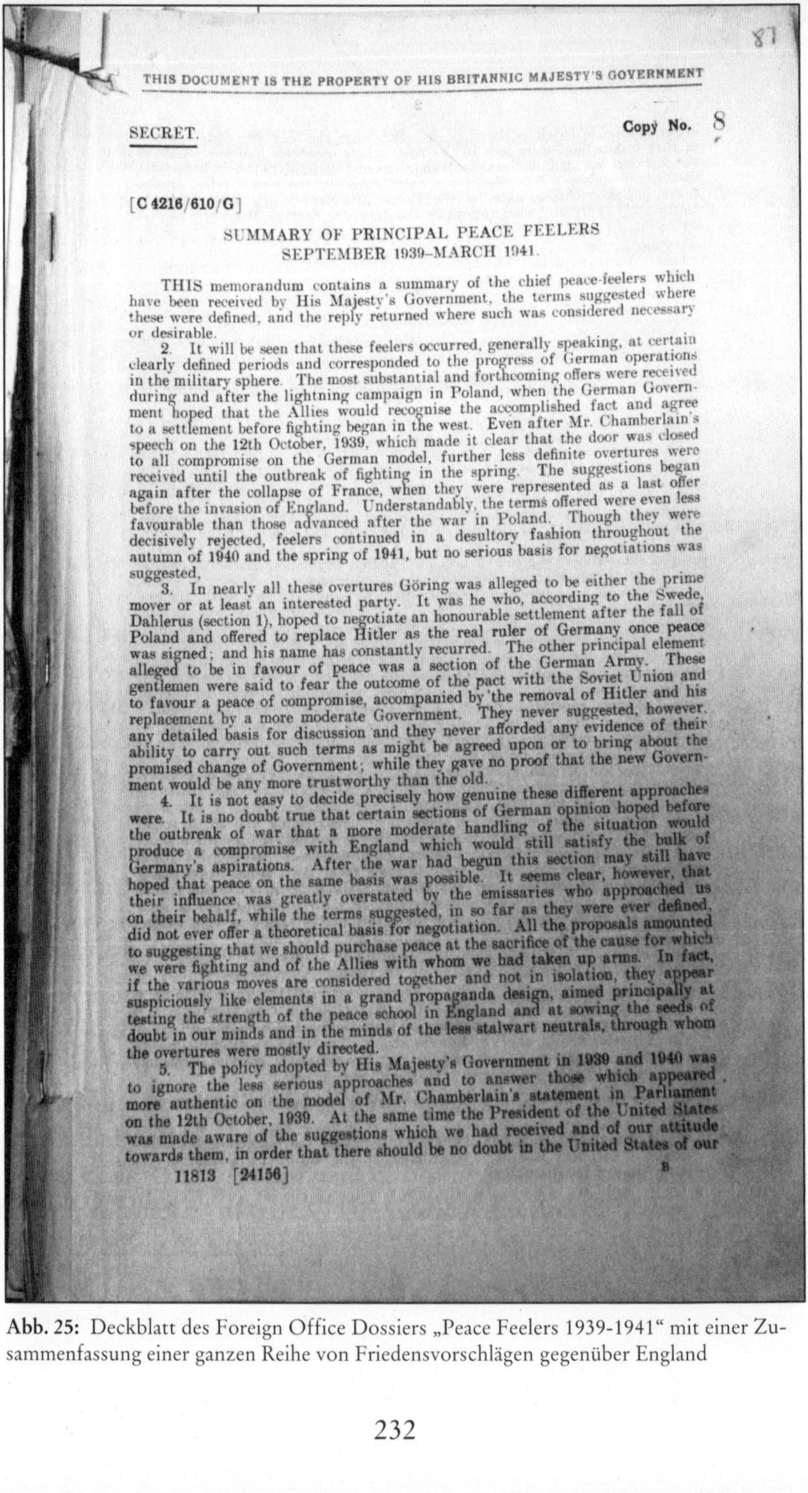

87

THIS DOCUMENT IS THE PROPERTY OF HIS BRITANNIC MAJESTY'S GOVERNMENT

SECRET. Copy No. 8

[C 4216/610/G]

SUMMARY OF PRINCIPAL PEACE FEELERS
SEPTEMBER 1939–MARCH 1941.

THIS memorandum contains a summary of the chief peace-feelers which have been received by His Majesty's Government, the terms suggested where these were defined, and the reply returned where such was considered necessary or desirable.

2. It will be seen that these feelers occurred, generally speaking, at certain clearly defined periods and corresponded to the progress of German operations in the military sphere. The most substantial and forthcoming offers were received during and after the lightning campaign in Poland, when the German Government hoped that the Allies would recognise the accomplished fact and agree to a settlement before fighting began in the west. Even after Mr. Chamberlain's speech on the 12th October, 1939, which made it clear that the door was closed to all compromise on the German model, further less definite overtures were received until the outbreak of fighting in the spring. The suggestions began again after the collapse of France, when they were represented as a last offer before the invasion of England. Understandably, the terms offered were even less favourable than those advanced after the war in Poland. Though they were decisively rejected, feelers continued in a desultory fashion throughout the autumn of 1940 and the spring of 1941, but no serious basis for negotiations was suggested.

3. In nearly all these overtures Göring was alleged to be either the prime mover or at least an interested party. It was he who, according to the Swede, Dahlerus (section 1), hoped to negotiate an honourable settlement after the fall of Poland and offered to replace Hitler as the real ruler of Germany once peace was signed; and his name has constantly recurred. The other principal element alleged to be in favour of peace was a section of the German Army. These gentlemen were said to fear the outcome of the pact with the Soviet Union and to favour a peace of compromise, accompanied by the removal of Hitler and his replacement by a more moderate Government. They never suggested, however, any detailed basis for discussion and they never afforded any evidence of their ability to carry out such terms as might be agreed upon or to bring about the promised change of Government; while they gave no proof that the new Government would be any more trustworthy than the old.

4. It is not easy to decide precisely how genuine these different approaches were. It is no doubt true that certain sections of German opinion hoped before the outbreak of war that a more moderate handling of the situation would produce a compromise with England which would still satisfy the bulk of Germany's aspirations. After the war had begun this section may still have hoped that peace on the same basis was possible. It seems clear, however, that their influence was greatly overstated by the emissaries who approached us on their behalf, while the terms suggested, in so far as they were ever defined, did not ever offer a theoretical basis for negotiation. All the proposals amounted to suggesting that we should purchase peace at the sacrifice of the cause for which we were fighting and of the Allies with whom we had taken up arms. In fact, if the various moves are considered together and not in isolation, they appear suspiciously like elements in a grand propaganda design, aimed principally at testing the strength of the peace school in England and at sowing the seeds of doubt in our minds and in the minds of the less stalwart neutrals, through whom the overtures were mostly directed.

5. The policy adopted by His Majesty's Government in 1939 and 1940 was to ignore the less serious approaches and to answer those which appeared more authentic on the model of Mr. Chamberlain's statement in Parliament on the 12th October, 1939. At the same time the President of the United States was made aware of the suggestions which we had received and of our attitude towards them, in order that there should be no doubt in the United States of our

11813 [24156] B

Abb. 25: Deckblatt des Foreign Office Dossiers „Peace Feelers 1939-1941" mit einer Zusammenfassung einer ganzen Reihe von Friedensvorschlägen gegenüber England

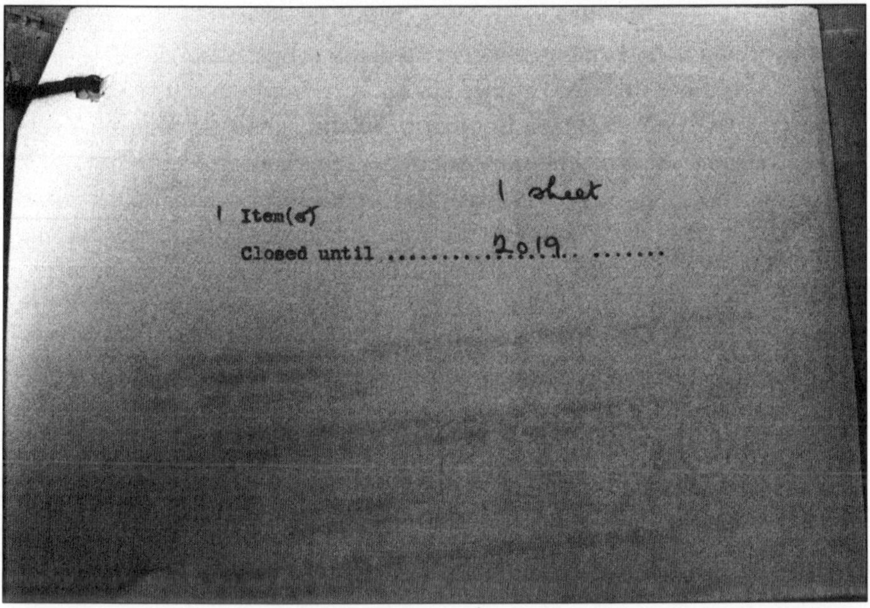

Abb. 26: Dossierdeckblatt bei Heßdokumenten „closed until 2019"

Auch hier gestehe ich, dass ich einer solchen Weichenstellung 1941 angesichts des tatsächlichen Verlaufs der Geschichte sehr viel Positives abgewinnen kann. Dass sie wahrscheinlich auch am Chauvinismus der britischen Führung, an deren Deutschenhass und dem fanatischen Vernichtungswillen Churchills gegenüber Deutschland scheiterte, darf aus politischer wie historischer Sicht angemerkt und kritisiert werden. Dass diese höchst kritikwürdige Politik der Regierung Churchill an der deutschen Verantwortung der weiteren Ereignisse natürlich nicht das Geringste ändert, steht außer Frage und ist – im Gegensatz zu den in den Medien geäußerten Verdächtigungen – von mir nie bestritten worden.

Dass Heß sehr wahrscheinlich mit einem konkreten Friedensvorschlag nach England flog, sollte (und soll bis heute) nicht bekannt werden. Daher durfte im Nürnberger Prozess Prof. Karl Haushofer, der die Pläne Heß' kannte, in seinem Auftrag den Flug plante und die komplette Korrespondenz von Heß mit dem Duke of Hamilton führte, auf keinen Fall zugunsten von Heß aussagen.

Und so erhielten Haushofer und seine Frau vor seiner geplanten Zeugenaussage Besuch von zwei britischen Geheimdienstagenten. Die Herren müssen so überzeugend gewesen sein, dass Haushofer sich selbigen Tages zusammen mit seiner Frau im Wald erhängte. Die beiden Geheimagenten konnten ihrem Auftraggeber, dem späteren britischen Hochkommissar in der BRD, anschließend erleichtert nach England melden, dass *„das Problem diesen Mann und den Nürnberger Prozess betreffend beseitigt"* wurde (siehe Abb. 27). Auch dieses Dokument zeige ich in meinem Film, und es rechtfertigt, wie man es juristisch formulieren würde, einen „berechtigten Anfangsverdacht", dass es bei dem „Selbstmord" vielleicht nicht ganz mit rechten Dingen zuging. In jedem Fall starb Haushofer für das *Nürnberger Militärtribunal* (IMT) zur rechten Zeit und konnte für Heß und über den Englandflug keine Aussage mehr machen.

Auch dass Heß 1987 schließlich angeblich spontan Selbstmord verübte, als Gorbatschow laut Radio Moskau verkünden ließ, Heß noch vor Weihnachten nach Hause zu entlassen, kann nun hinterfragt werden. Keine der seitens der Engländer am Todestag veröffentlichten, gleich mehreren Todesursachen (Selbstmord durch Erschießen, durch Erdrosseln oder schließlich durch Erhängen) stimmt, kann stimmen, und vieles spricht hier für Mord und nur wenig für Selbstmord.

Auch hier sprechen meine im Film zu Wort gekommenen Experten und Augenzeugen eine absolut eindeutige Sprache – der amerikanische Gefängnisdirektor in Spandau (*„Es war Mord. Das muss einmal gesagt werden."*) und Heß' tunesischer Krankenpfleger sowie der deutsche Gerichtsmediziner, der die zweite Obduktion machte. Alle gehen von Mord aus und stellen klar, dass die mehreren Todesursachen, die die Briten am Todestag von Hess der Öffentlichkeit der Reihe nach mitteilten, in jedem Fall mit dem tatsächlichen Geschehen nichts zu tun haben. Auch hier handelt es sich um Fakten beziehungsweise das, was der Jurist auch hier als einen „berechtigten Anfangsverdacht" bezeichnen würde, um ein Ermittlungsverfahren in Sachen Mord zu eröffnen. Es sind Erkenntnisse, die wissenschaftlich zulässig und abgedeckt sind durch die Rede-, Meinungs- und vor allem die Wissenschaftsfreiheit unseres Grundgesetzes.

Die eigentliche Heß-Akte ist noch auf Jahre geschlossen. Ich habe Dossiers mit dem Hinweis „closed until 2019" oder „closed until 2021" gefunden. Konkret bedeutet das, dass die Briten sich 2021, also 80 Jahre (!) nach

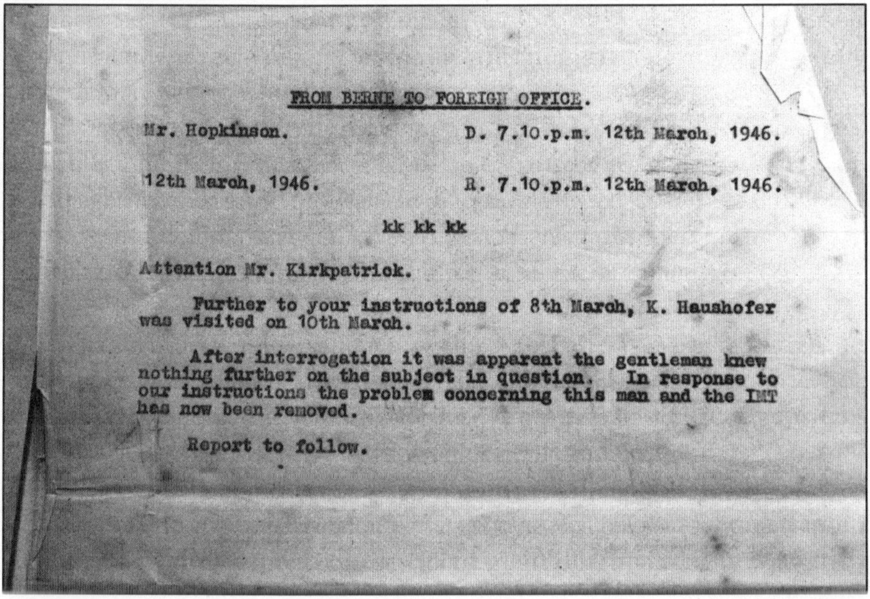

FROM BERNE TO FOREIGN OFFICE.

Mr. Hopkinson. D. 7.10.p.m. 12th March, 1946.

12th March, 1946. R. 7.10.p.m. 12th March, 1946.

kk kk kk

Attention Mr. Kirkpatrick.

Further to your instructions of 8th March, K. Haushofer was visited on 10th March.

After interrogation it was apparent the gentleman knew nothing further on the subject in question. In response to our instructions the problem concerning this man and the IMT has now been removed.

Report to follow.

Abb. 27: Mitteilung über den Tod des Ehepaars Haushofer von Secret-Service-Agenten an Kirkpatrick (1946)

dem Englandflug, immer noch nicht trauen (oder eben dann erst), die Dokumente über dieses Ereignis freizugeben.

Dies sät zumindest ein berechtigtes Misstrauen, ob hier nicht jemand etwas zu verbergen hat. Und ob dann 2019 oder 2021 die Akten wirklich freigegeben werden, wissen die Götter.

Das Besondere an den Dokumentenfunden von Martin Allen war, dass er als Experte der Dokumente des Foreign Office auf nicht gesperrte Nebenakten des britischen Geheimdienstes stieß, durch die sich die für Heß aufgestellte Falle detailliert nachweisen ließ. An der Veröffentlichung dieser Dokumente, die wohl versehentlich nicht gesperrt wurden, hatte in England keiner ein Interesse.

Und als Martin Allen dann auch noch für sein nächstes Buch Dokumente fand, die die Ermordung Heinrich Himmlers belegten, begannen merkwürdige Aktivitäten. Die Schlüsseldokumente verschwanden für eine gewisse Zeit aus dem Archiv und wurden an eine Privatperson ausgehändigt – ein wissenschaftliches Unding und absolutes Fehlverhalten eines staatlichen Archivs.

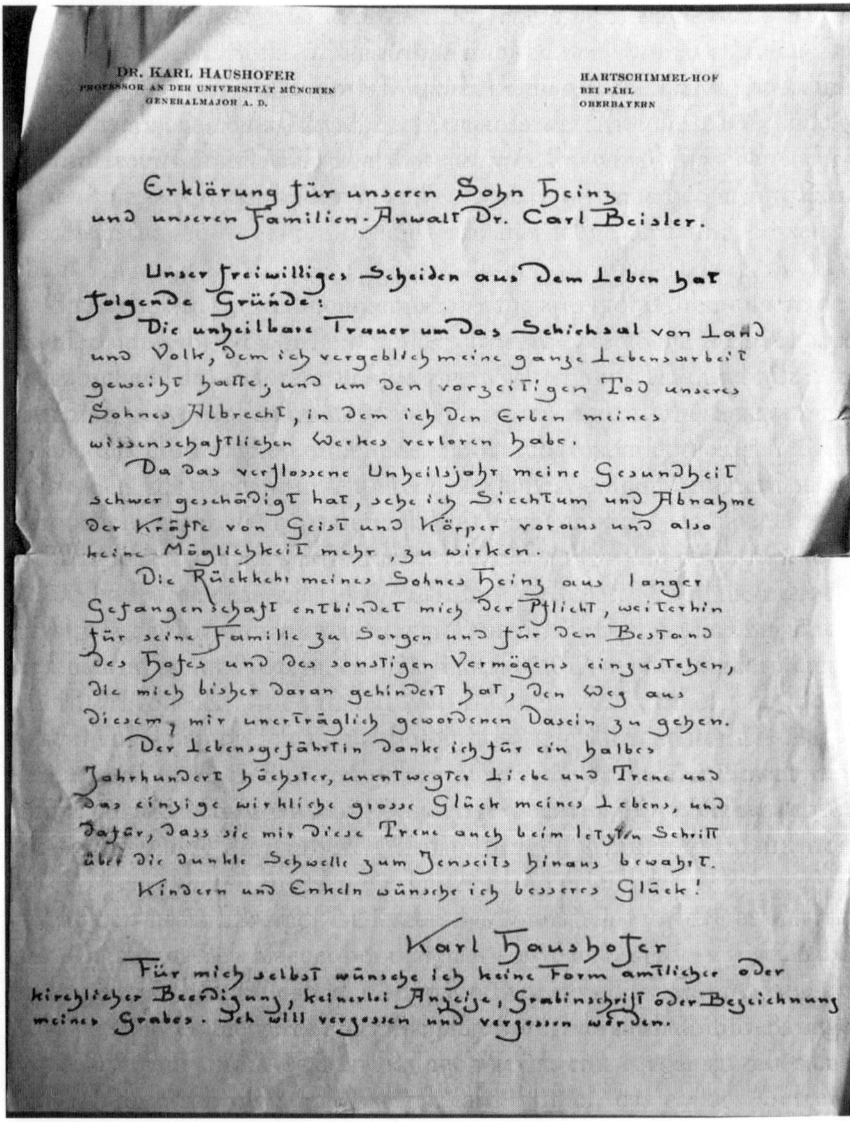

DR. KARL HAUSHOFER
PROFESSOR AN DER UNIVERSITÄT MÜNCHEN
GENERALMAJOR A. D.

HARTSCHIMMEL-HOF
BEI PÄHL
OBERBAYERN

Erklärung für unseren Sohn Heinz
und unseren Familien-Anwalt Dr. Carl Beisler.

Unser freiwilliges Scheiden aus dem Leben hat folgende Gründe:

Die unheilbare Trauer um das Schicksal von Land und Volk, dem ich vergeblich meine ganze Lebensarbeit geweiht hatte, und um den vorzeitigen Tod unseres Sohnes Albrecht, in dem ich den Erben meines wissenschaftlichen Werkes verloren habe.

Da das verflossene Unheilsjahr meine Gesundheit schwer geschädigt hat, sehe ich Siechtum und Abnahme der Kräfte von Geist und Körper voraus und also keine Möglichkeit mehr, zu wirken.

Die Rückkehr meines Sohnes Heinz aus langer Gefangenschaft entbindet mich der Pflicht, weiterhin für seine Familie zu sorgen und für den Bestand des Hofes und des sonstigen Vermögens einzustehen, die mich bisher daran gehindert hat, den Weg aus diesem, mir unerträglich gewordenen Dasein zu gehen.

Der Lebensgefährtin danke ich für ein halbes Jahrhundert höchster, unentwegter Liebe und Treue und das einzige wirkliche grosse Glück meines Lebens, und dafür, dass sie mir diese Treue auch beim letzten Schritt über die dunkle Schwelle zum Jenseits hinaus bewahrt.

Kindern und Enkeln wünsche ich besseres Glück!

Karl Haushofer

Für mich selbst wünsche ich keine Form amtlicher oder kirchlicher Beerdigung, keinerlei Anzeige, Grabinschrift oder Bezeichnung meines Grabes. Ich will vergessen und vergessen werden.

Abb. 28: „Abschiedsbrief" von Prof. Dr. Karl Haushofer (undatiert)

Und wenn es dann noch stimmt, dass dieses „Ausleihen" an eine Privatperson auf Veranlassung eines verdeckten Mitarbeiters des britischen Geheimdienstes und zugleich „Enthüllungsjournalisten" erfolgte, wird das Ganze zum doppelten Skandal. In jedem Fall tauchten jene Himmlerdokumente nach einigen Tagen in Privatbesitz wieder auf – und stellten sich plötzlich als Fälschung heraus. *Honi soit qui mal y pense.* (*Beschämt sei, wer schlecht darüber denkt.*)

Der Kelch des Skandals, Himmler ermordet zu haben, ist durch diesen, natürlich hier völlig unbekannten Wissenschaftsskandal an England noch einmal vorbeigegangen. Es wurde natürlich breit diskutiert, dass Allen mit gefälschten Dokumenten gearbeitet habe – ja anfänglich wurde ihm die Fälschung sogar unterstellt. Und weil man so schön dabei war, kamen auch gleich noch ein paar der Heßdokumente mit in den Fälschungstopf, und ein Hobbyhistoriker wurde als Kronzeuge bemüht, eifrig von Wikipedia zitierend, obwohl er weder die Dokumente wissenschaftlich wirklich beurteilen konnte, noch gar Schriftgutachten oder Papiergutachten zu erstellen in der Lage war.

Eines jener nun als Fälschung geltenden Dokumente ist das oben genannte Telex zweier Secret-Service-Agenten (Abb. 27), die dem späteren britischen Hochkommissar in Deutschland, Kirkpatrick, von ihrem Besuch bei Prof. Haushofer berichteten, und dass *„das Problem beseitigt sei"*. Völlig unabhängig aber von der Frage Fälschung oder Fälschung der Fälschung wurden die Haushofers von zwei britischen Agenten besucht, die ihnen alles abnahmen, was Haushofer an Dokumenten zum Heßflug hatte. Diese Dokumente liegen heute im *Public Record Office*. Die beiden Agenten sind also die letzten Menschen, die das Ehepaar Haushofer lebend sahen. Haushofer schrieb angeblich (in meinem Film erstmals zu sehen) einen Abschiedsbrief ohne Datum und ohne Unterschrift und mit mehreren Füllern. Er und seine Frau hingen nach dem Besuch an einem Baum im Wald. Und eine extrem schlecht gemachte Zeichnung (in meinem Film ebenfalls erstmals zu sehen), die angeblich von der allerdings extrem künstlerisch begabten Frau Haushofer stammt und die dem Sohn den Weg zu den Leichen weisen sollte, wurde im Hartschimmelhof, dem Wohnsitz der Haushofers, gefunden. Einen aktuellen Grund für einen Selbstmord gab es nicht. (Die Ermordung des anderen Sohnes Albrecht lag schon länger zurück und greift als Argument nicht.) Und die berühmte cuibono-Frage ist nur mit „England“ zu beantworten, weil Haushofer nun im Nürnberger Prozess nicht mehr zugunsten Heß aussagen und über den Englandflug berichten konnte. Haushofer starb also absolut „rechtzeitig“. Selbst wenn also das Telex eine Fälschung wäre, ein verzweifelter Selbstmord des Ehepaars ist unwahrscheinlicher als die Liquidierung durch die Geheimdienstagenten. Aber auch bei der Frage der vermeintlichen Fälschungen lohnt es sich, gleich zweifach innezuhalten. Zum einen berühren die angeblichen Fälschungen in keiner Weise den wissenschaftlichen Grundbefund, dass es zahlreiche, umfangreiche und sehr detaillierte und konkrete Friedensangebote an Churchill gab und dieser sie alle abgelehnt hat. Die Grundaussage, dass es wahrscheinlich ist, dass Heß mit einem Plan und mit Wissen Hitlers nach England flog, ist unverändert wahrscheinlicher als das Gegenteil. Die Kriegstreiberei Vansittarts ist jedenfalls belegt (sein Memo an Eden wurde nicht als Fälschung „entlarvt“). Insofern müsste ich, selbst wenn die Dokumente wirklich Fälschungen sein sollten, nichts revidieren, und die Politik der Vertuschung Londons muss unverändert konstatiert werden.

Zum anderen aber darf mit guten Gründen an den „Fälschungen“ gezweifelt werden. Nach dem Durchbrechen der Kette (die betreffenden Dokumente haben das Nationalarchiv verlassen und waren eine Woche bei einer privaten Institution, und welche Dokumente von dort wieder ins Archiv kamen, kann nicht mehr bewiesen werden) gibt es keinen wissenschaftlich (wie juristisch) klaren Beweis mehr, ob die „Fälschungen“ wirklich aus dem Nationalarchiv kamen oder in jener Woche überhaupt erst hergestellt und gegen die echten ausgetauscht wurden. Wir haben hier unsere Hilfe angeboten: Mit hochauflösenden Film- und Photokameras aufgenommene Dokumente lassen wirklich jede Einzelheit erkennen. Von den Aufnahmen könnte man problemlos eine 18/1-Plakatwand erstellen. Und nun könnte man ja die von uns 2004 gemachten Bilder mit den jetzt als „Fälschungen“ entlarvten Dokumenten vergleichen. Und wenn es da auch nur die geringste Abweichung gäbe, wären die 2004 im Archiv für den Film aufgenommenen Dokumente nicht dieselben, die jetzt dort liegen. Das würde den Skandal komplettieren, denn dann hätte man den Beleg, dass die Dokumente ausgetauscht wurden, um sie dann mit großem Tamtam als „Fälschungen“ entlarven zu können. Und um hier ganz auf Nummer sicher zu gehen, bekamen wir für diesen Vergleich unserer Photos mit den jetzt dort liegenden Dokumenten vom Archiv keine Besuchserlaubnis…

Das alles aber zeigt, dass es Fakten zu verbergen gibt, die selbst nach über 70 Jahren nicht an die Öffentlichkeit dürfen.

All das Gesagte erfüllt in den historischen Befunden natürlich den Tatbestand des „Revisionismus", ebenfalls ein erhebliches Gedankenverbrechen. Auch hier lohnt sich ein kurzes (diesmal wissenschaftstheoretisches) Innehalten: (Geschichts-)Wissenschaft von morgen wird immer die von gestern und heute revidieren. Und so wird es durch neue Akten- und Dokumentenfunde seitens echter Wissenschaft neue Sichtweisen und Interpretationen geben können und geben müssen. Wissenschaft ist damit eo ipso „revisionistisch", sonst wäre sie keine Wissenschaft, sondern Dogmenverkündung. Die Erkenntnisse nach volkspädagogisch „erwünschten" und volkspädagogisch „unerwünschten" Fakten zu sortieren und die einen zu publizieren und die anderen zu verschweigen, mag „politisch korrekt" sein, ist aber in jedem Fall das Ende von Wissenschaft. Aber keine Sorge, das tritt nicht ein, denn man kann eine solche Selektion zwar in Deutschland durchsetzen, aber nicht weltweit. Insofern wird – dank des Internets – jedermann auch in Deutschland an den neuen wissenschaftlichen Erkenntnissen in anderen Ländern teilhaben können.

Wie Geschichtsdeutung sogar über die BRD hinaus herrscht, zeigen die Auswirkungen dessen, was sich nach Ende des Krieges im hochgelobten Nürnberger Tribunal abspielte. Angesichts der verübten Verbrechen auf allen Seiten wäre es wichtig, diese auch beim Namen zu nennen. In der Tat hat die Herausnahme der alliierten Verbrechen, zum Beispiel aus dem Nürnberger Prozess, genau dazu geführt, dass sich die Alliierten als von keiner Schuld getrübt betrachten – eine Haltung, die zum Beispiel seitens der USA bis heute gilt und trotz zahlreicher Angriffskriege, zahlreicher, millionenfacher Kriegsverbrechen von 1945 bis heute wegen der Nichtanerkennung des Internationalen Gerichtshofes US-Amerikaner aus jeder internationalen Strafverfolgung ausnimmt.

Die Botschaft bezüglich des Siegerrassismus à la Nürnberg an die Welt ist: Kriegsverbrechen kann man gefahrlos begehen, wenn man nur den Krieg gewinnt. Verurteilt und verfolgt werden nur die Verlierer. Und so wird eben Saddam gehenkt, Milosevic vor Gericht gezerrt, aber Bush und Blair gehen straffrei aus. Insofern wollte und will die *Geheimakte Heß* natürlich die Geschichte nicht umschreiben, sondern nur auf den Umstand hinweisen, dass es vielleicht 1941 die Chance zum Frieden gegeben hat.

Und angesichts der Menschenleben, die nach 1941 noch dem Krieg zum Opfer fielen, darf dieser Punkt durchaus Erwähnung finden – ohne in irgendeiner Form deutsche Schuld und deutsche Verbrechen zu bagatellisieren. Nur die Feststellung, dass an Churchills Händen eben auch millionenfach Blut klebt, sollte zu einer Standarderkenntnis der Geschichtsschreibung werden.

Und schließlich gibt es den Opferrassismus als einen ebenfalls verwerflichen Aspekt des Rassismus: Da in der Tat *„jede Tötung eines Einzelnen"* Mord ist, sollten wir endlich aufhören, zwischen wertvollen und weniger wertvollen, ja wertlosen Opfern zu unterscheiden. Die Verlogenheit von Nürnberg regiert nämlich mit grausamsten Auswirkungen bis in unsere Tage hinein. Wenn nämlich in einem Land Rohstoffe (insbesondere Öl) zu holen sind oder es geostrategisch interessant ist, müssen wirkliche oder vermeintliche Völkerrechtsverletzungen sofort geahndet werden. Da wird eben wie in Afghanistan ein ganzes Land mit Krieg überzogen, weil angeblich in irgendeiner Höhle ein Terrorist vermutet wird. (Niemand wäre auf die Idee gekommen, zum Beispiel London zu bombardieren, hätte sich Bin Laden in der britischen Hauptstadt versteckt.) Doch wenn in Afrika in einem wirtschaftlich oder strategisch uninteressanten Land ein Genozid stattfindet, ist das allenfalls eine Fußnote wert, und das weitere Engagement wird humanitären NGOs (Nichtregierungsorganisationen) überlassen.

Da mir in keinem Fall bei meinen historischen Filmen ein Fehler nachgewiesen werden konnte – wobei selbst das im Wissenschaftsbetrieb völlig normal wäre, da Erkenntnisse von gestern morgen überholt sein können –, muss es möglich sein, Forschungsergebnisse in einem freiheitlichen Rechtsstaat unter dem Schutz der Wissenschafts- und Meinungsfreiheit zu publizieren. Forschungsergebnisse an das politische Postulat einer volkspädagogischen Erwünschtheit zu koppeln oder ihre Veröffentlichung davon abhängig zu machen, wem man auf die Zehen tritt oder wem man politisch nützen könnte, bedeutet einen Rückfall in Zeiten totalitärer Systeme und das Ende von Wissenschaftsfreiheit.

Die Auswirkungen des Diktats der Political Correctness auf den Wissenschaftsbetrieb in unserem Lande sind fatal: Ganze Themenfelder aus unterschiedlichsten Forschungsgebieten liegen brach und dürfen nicht mehr behandelt werden. Dabei geht es bei weitem nicht nur um die Zeitgeschichte, bei der zum Beispiel das Thema Heß, aber auch eine differenzierte Betrachtung der juristischen Besonderheit des Nürnberger Prozesses oder die hierzulande zum Beispiel kaum diskutierte Frage der Bewertung und der Berechtigung des alliierten Bombenterrors oder die jüngst aufgekommene Diskussion um den Russlandfeldzug 1941 und die Rolle Stalins dabei Gegenstände der Forschung sein können müssten. Auch in zahlreichen anderen Forschungsgebieten (Intelligenzforschung, Hirnforschung mit der Determinationsproblematik, Demoskopie, Kriminalitätsforschung, Ausländerfragen usw.) ist zunehmend sichergestellt, dass nur die politisch gewünschten, also „politisch korrekten" Ergebnisse publiziert und bearbeitet werden und solche Themen, bei denen das nun beim besten Willen nicht funktioniert, erst gar nicht angegangen werden. Das Ergebnis ist dann allerdings keine „linke Wissenschaft", sondern *gar keine* Wissenschaft: Die Erde ist nun einmal keine Scheibe, auch wenn dieses Ergebnis auch schon einmal politisch unkorrekt war. Daher: Natürlich behandeln meine Filme „heiße Eisen" – und leider führt das in einem zunehmend intoleranter gewordenen Land zu Repressionen. Doch vor Repressionen zu kuschen, ist nicht mein Ding. Wie sagte weiland ein anderer Querkopf und geistiges Vorbild: *„Hier stehe ich, ich kann nicht anders."*

Einem Wissenschaftler in einem freien Land sollte es und muss es egal sein, wen seine wissenschaftlichen Erkenntnisse stören oder wem sie gefallen. Wissenschaft an sich ist dem Streben nach Erkenntnis und nach Wahrheit verpflichtet. Nach Beifall zu schielen oder vor Beifall Angst zu haben, ist das Ende von Wissenschaft. *„Volkspädagogisch unerwünschte Wahrheiten"* zu scheuen oder gar zu verschweigen, führt zu einer politisierten „Wissenschaft", die zur Hure des jeweiligen politischen Systems wird. Eine solche Haltung ließe – so der immer wieder sofort erhobene Vorwurf – die Verantwortung des Wissenschaftlers außer Acht. Das ist Unsinn: Eine Verantwortung des Wissenschaftlers für Fakten, für die Wahrheit, kann es nicht geben. Das wäre so, als wolle man denjenigen, der die Schwerkraft erstmals beschrieben hat, für sämtliche seitdem erfolgten Unfälle aufgrund von Stürzen zur Verantwortung ziehen. In meinem konkreten Fall: Wenn die Akten eine chauvinistische, deutsch- und damit ausländerfeindliche Einstellung britischer Spitzenpolitiker belegen und damit jede Chance auf ein Ende des Krieges 1941 bestätigen, dann kann ich das nicht ändern. Und dieses Faktum wird nicht aus der Welt geschafft, wenn man es verschweigt.

Ja, politisch habe ich mit meinem Film gegen Zeitgeist, Mainstream und Politische Korrektheit verstoßen – dazu stehe ich. Ich weiß nicht, ob, wie mir oft vorgeworfen wurde, meinem Film eine Partei „Beifall gezollt“ hat. Ich habe es nicht mitbekommen, und es interessiert mich ebenso wenig, wie wenn eine andere Partei ob meines Filmes Schaum vor dem Mund bekommt. Volkspädagogisch unerwünschte Wahrheiten darf man also nicht verbreiten. So viel zur Freiheit der Wissenschaft unter dem Kuratel deutscher, bewährter Blockwartmentalität.

Nur sollen sich die, die heute in Deutschland wissenschaftlich Unbequeme mundtot machen, nicht wundern, dass wissenschaftliche Ergebnisse, zum Beispiel aus der Zeitspanne 1933-1945, die Teile des bisherigen Bildes modifizieren, neue Erkenntnisse bringen, die bisher weiße Westen beflecken, Verbrechen der anderen aufdecken oder kommunizieren. Ein Beispiel wäre die jüngste Katyn-Debatte in Polen durch den Film von Andrzej Wajda über den sowjetischen Massenmord an Tausenden von Polen, oder siehe die jüngst von einem britischen Moralphilosophen „losgetretene“ Debatte in England um ein britisches Kriegsverbrechen größten Ausmaßes, nämlich die Beteiligung am Massenmord in Form des alliierten Bombenterrors gegen die deutsche Zivilbevölkerung.

Es führt dazu, dass solche Themen in ganz besonderer Weise durch ihre Tabuisierung von der offiziellen Wissenschaft mit „falschem Beifall“ versehen werden. Gerade weil die deutsche Wissenschaft politisch korrekte Lücken und weiße Felder hinterlässt, wird sich dann dort jeder ungestört und ungehindert tummeln können, die Lücken mit der eigenen Ideologie füllen und solche wissenschaftlichen Ergebnisse politisch ausschlachten und/oder missbrauchen. Die Tabuaufsteller und Faktenignoranten hierzulande arbeiten also direkt jenen politischen Kreisen in der BRD in die Hände, die sie am meisten verabscheuen, da sie ihnen als Konsequenz von politisch korrekter „Wissenschaft“ auf diesen Feldern die alleinige Deutungsmacht überlassen. Anstatt also unbequeme Wissenschaftler und deren Themen politisch korrekt auszugrenzen, sollten diese Unbequemen lieber zum Wissenschaftsalltag gehören, die Aufgeregtheiten darüber einfach ignoriert werden und stattdessen dem unverändert weisen Grundsatz folgen: *„Freiheit ist immer die Freiheit des Andersdenkenden.“*

Der Sohn eines Illuminaten bricht sein Schweigen – Interview mit Ben Morgenstern

geführt von Stefan Erdmann und Jan van Helsing

Stefan Erdmann berichtet: Im Februar 2009 und im Januar 2010 waren Jan und ich in Südafrika, wo wir verschiedene Spuren verfolgten. Zum einen hatten wir einen Kontakt zu einem angeblichen Mitglied der Prieuré de Sion erhalten und zum anderen zu Credo Mutwa, dem berühmtesten Schamanen in Südafrika. Über deutsche Freunde, die schon lange in Südafrika leben, gelang es uns, wieder einen Kontakt zu Credo Mutwa herzustellen, der mittlerweile über 90 Jahre alt war. Im Vorfeld hatte ich erfahren können, dass seine Frau Viktoria ebenfalls noch lebt. Beide traf ich bereits Anfang der 1990er Jahre in der Nähe von Johannesburg, als ich damals viel in Afrika unterwegs war und alle südafrikanischen Länder bereiste. Mein Ziel war es damals, Stammesoberhäupter und Medizinmänner zu besuchen, um sie nach alten Legenden und Überlieferungen zu befragen, die den Ursprung der Menschheit betrafen. Ich war damals überrascht zu erfahren, dass viele afrikanische Stammesoberhäupter die Ansicht vertraten, dass die Erde in der Frühzeit der Menschheitsgeschichte von „Göttern" besucht wurde, die von fremden Sternen kamen und quasi als „Kulturbringer" fungierten, da sie nicht nur genetisch eingegriffen hatten, sondern die primitiven Menschen in vielerlei Dingen unterwiesen und in verhältnismäßig kurzer Zeit auf ein höheres Entwicklungsniveau hoben.

In diesem Zusammenhang stieß ich damals auch auf den Namen Credo Mutwa, der in Südafrika bereits in dieser Zeit eine lebende Legende war. Aus aller Welt suchten ihn Menschen auf, und sogar Persönlichkeiten wie Nelson Mandela oder Bill Clinton machten Mutwa ihre Aufwartung. Er ist nicht nur ein „Heiliger Mann", ein Sangoma, wie die Zulus ihn nennen, er ist auch ein erfolgreicher Autor mehrerer Bücher. Seine Titel behandeln politische Themen, aber auch die Frage der eben erwähnten „außerirdischen Kulturbringer" in Afrika. Für viele einflussreiche Gruppierungen ist diese Frage als *politisch unkorrekt* einzustufen, und das aus gutem Grund, wie wir heute wissen, weil es nicht nur die großen Religionen und ihre Lehren in Bedrängnis bringen würde, sondern auch nicht in unser Wissenschaftsbild passt. Wir stammen ja schließlich vom Affen ab...

Mutwa war immer ein wahrheitssuchender Mensch, der durch sein hohes Ansehen und seinen großen Bekanntheitsgrad auch stets politisch Einfluss nahm. Das führte sogar so weit, dass er verfolgt wurde, man mehrmals nach seinem Leben trachtete und einmal sogar sein Haus angezündet wurde. Aber er wäre nicht ein „Heiliger Mann", wenn er dem nicht getrotzt hätte. Es hat Mutwa nur noch berühmter gemacht, und er war auch weiterhin ein gern gesehener Gast im südafrikanischen Fernsehen. Dass Mutwa sogar über die nationalen Grenzen Südafrikas hinaus bekannt wurde, lag insbesondere daran, dass er öffentlich über den Einfluss amerikanischer und englischer Herrscherfamilien bzw. Königshäuser berichtete und deren angebliche Verbindung zu Humanoiden von anderen Planeten. Mutwa war auch einer der Ersten, die öffentlich behaupteten, dass es schon lange ein geheimes Abkommen zwischen der US-Regierung und Außerirdischen gibt.

Im Vorfeld unserer Reise hatte Jan zudem einen befreundeten Buren kontaktiert, den er seit vielen Jahren kannte und den wir auf unserer Reise ebenfalls besuchten. Dieser Kontaktmann ist für den südafrikanischen Geheimdienst tätig, und er hatte Jan schon vor einigen Jahren über geheime Testflüge von Fliegenden Untertassen berichtet, die in Pretoria vom Militär durchgeführt werden. Durch diesen glücklichen Umstand haben wir dann Ben Morgenstern kennengelernt, mit dem wir uns einmal abends zum Essen trafen. Erst nach diesem Essen erfuhren wir durch den Geheimdienstmann, wer Morgenstern ist und welchen Einfluss er und seine Familie haben. Um es hier kurz zu halten: Ben Morgenstern ist Inhaber eines großen Wirtschaftsimperiums in Südafrika und, wie wir später von ihm noch erfahren haben, auch im internationalen Bankwesen tätig. Er stammt aus einer der vermögendsten und mächtigsten Familien Afrikas. Sein Urgroßvater industrialisierte zusammen mit seinem Freund Samuel „Sammy" Marks Südafrika und war auch parallel im Bankgewerbe tätig. So ist seine Familie auch heute noch zweigleisig tätig – Industrie und Privatbankenwesen, aber das nicht nur in Südafrika. Wie die Familie Marks ist auch Ben Morgensterns Familie jüdisch, doch im Gegensatz zu Sammy Marks, der aus Litauen stammt, kamen Morgensterns Vorfahren aus Deutschland. Deswegen verbindet ihn das auch mit Deutschland, was wir im Interview gleich sehen werden. Ben Morgenstern hatte uns bei unseren drei Treffen, die wir mit ihm bislang hatten, einige interessante Geschichten über das

Wirken der Illuminati-Familien – also der Familien, die aufgrund ihrer Herkunft, ihres Reichtums und ihrer globalen Vernetzung die Weltgeschicke steuern – erzählen können.

Nun wird gleich Ihre erste Frage gedanklich sein, wieso uns ein Mann seiner Herkunft etwas aus deren Internas berichtet. Dafür gibt es drei Gründe. Der erste ist die Geburt seiner Tochter, die in ihm etwas Emotionales ausgelöst hatte und einen anderen Blick für die Menschen öffnete. Zum anderen pocht in ihm ein patriotisches Herz für Deutschland – auch wenn er dort nie lebte. Und zum Dritten gibt es Rivalitäten zwischen den Familien: Die einen wollen Deutschland und die weiße deutsche Bevölkerung von der Weltkarte verschwinden sehen – oder zumindest in der Bedeutungslosigkeit –, die anderen sehen in Deutschland die Führungsrolle in der *Neuen Weltordnung*, also der globalen Weltidee der Zukunft. Deswegen siedeln auch viele jüdische Familienclans wieder nach Deutschland um. Mit Herrn Morgenstern waren wir eigentlich so verblieben, dass er seine Geschichte und das, was er uns mitteilen möchte, in einem Buch niederschreibt, das Jan dann im Amadeus Verlag herausbringt. Leider hat er sich dann doch im Januar 2012 aus „lebensverlängernden" Gründen umentschieden, erklärte sich jedoch bereit, sich mit uns zu unterhalten und erlaubte uns, das Gespräch mitzuschneiden.

Das Gespräch wurde auf Englisch geführt und von uns übersetzt.

Herr Morgenstern, herzlichen Dank zunächst, dass Sie uns zumindest für dieses Interview zur Verfügung stehen. Das ist alles andere als selbstverständlich, doch scheint es – Ihrer Meinung nach – an der Zeit zu sein, dass einiges ans Tageslicht kommt, da offenbar die Zeit drängt. Bevor Sie uns Details erklären, sagen Sie uns doch bitte, wieso Sie überhaupt mit uns sprechen, denn es ist nicht üblich, dass ein Mann Ihrer Position sich so offen gibt.

Wie ich Ihnen gestern Abend (im Vorgespräch; A.d.V.) erklärt habe, gibt es innerhalb der Familien Rivalitäten, die weltpolitisch von größter Tragweite sein können. Dabei geht es sicherlich auch um die Behandlung Europas und Deutschlands, aber auch um noch gewichtigere Dinge in Bezug auf die Umsetzung der Zentralen Weltregierung. Ein anderer Streitpunkt ist die Manipulation des Wetters und die politische Einflussnahme durch moderne „Wetterwaffen" – und nicht zu vergessen ist

die weltweite Bedrohung durch den stetig wachsenden Islam. Auch hier gibt es sehr unterschiedliche Vorstellungen, wie man diese Problematik in Zukunft lösen will.
Sie müssen nicht denken, dass es etwas so Ungewöhnliches ist, dass ich mich mit Ihnen über die Weltpolitik unterhalte, das tun andere Mitglieder einflussreicher Familien ebenso. Nur dringt das kaum an die Öffentlichkeit. Es bleibt meist im kleineren Rahmen, wie in der *Financial Times* zum Beispiel. Das, was ich Ihnen erzähle, ist ja nichts Neues oder etwas wirklich Geheimes, es ist jedermann zugänglich. Doch bringen das die großen Medien nicht (lacht). Zudem sei gesagt, dass auch in unseren Reihen nicht alles Gold ist, was glänzt. Es kommt schon immer wieder mal vor, dass einer unserer Mitglieder im Zorn etwas in einem Interview herauslässt, um einem anderen Mitglied eins auszuwischen. In gewisser Form tue ich das heute auch, da unsere Familie zwar sehr viel Einfluss hat, aber doch nicht zum Top-Level der Welt gehört. Auch uns wird gesagt, was wir zu tun haben. Und das passt mir oftmals nicht. Vor allem passt mir nicht, wie mit Deutschland umgegangen wird.

Was können Sie uns über Ihre Familie berichten?

Meine Familie ist sehr einflussreich auf dem afrikanischen Kontinent, auch wenn das auf den ersten Blick so nicht zu erkennen sein mag. Das hat zum Teil natürlich mit dem Firmenvermögen zu tun, mehr aber mit den Verbindungen, die meine Vorväter aufgebaut haben. Da waren Kontakte zu elitären Kreisen, überwiegend Bankiers und Rohstoffhändler. Dass nur wenige Familienimperien über den größten Teil des Weltkapitals verfügen und damit über Krieg und Frieden entscheiden, ist schon lange kein Geheimnis mehr. Das kann man eine „Verschwörung" nennen, ist aber tatsächlich eine Folge von Ereignissen, also von wirtschaftlichen Verbindungen und pragmatischem Denken. Kapitalstarke Dynastien sind durchweg geistig gebildet und haben Zugang zu Militär, Technik, Industrie und Medien. Wer kein Geld hat, hat kaum Bildung und wenn doch, dann aber dennoch keinen Kontakt zu den anderen Bereichen. Die Kombination der genannten Zweige ist der Schlüssel!
Ich kann Ihnen ein paar Worte über meinen Urgroßvater und meinen Großvater erzählen, damit Sie sich ein wenig in mein Denken einfinden können. Mein Urgroßvater war deutschstämmig, was einer der Gründe

ist, wieso ich mich mit Ihnen unterhalte. Mein Großvater hatte mir viel über meinen Urgroßvater und seine Arbeit und auch über Deutschland und die Hintergründe der Weltkriege erzählt. Wie schon sein Vater verbrachte auch er einen Teil seines Lebens in Deutschland. Das ergab sich schon allein aus der politischen und beruflichen Situation unserer Familie. Und wie Sie wissen, ist ja auch meine Frau Deutsche.
Lassen Sie mich dazu aber noch sagen, dass es diesen ‚Hass', der oft propagiert wird, wenn es um die Vergangenheit und die schrecklichen geschichtlichen Ereignisse des jüdischen und des deutschen Volkes geht, in unseren Ebenen gar nicht gibt. Die meisten meiner Familienmitglieder, und auch viele aus anderen Familien, haben größten Respekt vor den Deutschen, haben sogar wie ich deutsche Wurzeln. Sie ‚hassen' nicht. Würden sie das tun, wären sie nicht so mächtig und erfolgreich. Sie handeln nur, wie sie es für richtig halten. Das ist keine Frage der Moral. In der Weltpolitik hat Moral noch nie eine Rolle gespielt. Diejenigen, die regieren, entscheiden darüber, was Moral ist und was nicht. Es geht vielmehr um Notwendigkeiten! Den führenden Familien sind Religionen, nationales Denken oder nationales Bewusstsein eher fremd. Sie sind zwar im Privatleben in höchstem Maße von moralischen Prinzipien durchdrungen, aber hinsichtlich ihrer Machtausübung haben sie diesbezüglich überhaupt keine Emotion oder Moral. Wir werden von klein auf so erzogen. Ich halte die Elite-Familien in diesem Punkt für weiter fortgeschritten als den Rest der Welt, weil es eine gewisse Wertneutralität bedeutet.
Etwa ab 1910 wurden die Aufenthalte meines Urgroßvaters in Deutschland dann immer seltener. Der Hauptgrund war der bevorstehende Erste Weltkrieg. Trotz der großen Immunität unserer Familie stieg vermutlich auch die Angst vor Attentaten. Wie jedes männliche Familienmitglied hatte auch mein Großvater zunächst auf einer Privatschule und später dann an einer Universität Politikwissenschaften (*political science*; A.d.V.) studiert. Aufgrund seiner Familienzugehörigkeit wurde ihm bereits in jungen Jahren eine beratende Position in wirtschaftlichen und militärischen Fragen und verschiedenen Kontrollgremien der Elite-Familien zugewiesen. Im Gegensatz zu anderen Mitgliedern unserer Kreise hatte meinem Großvater seine gesamte Berufslaufbahn in jeder Hinsicht zugesagt. Viele von uns müssen sich den Richtlinien bzw. Vorga-

ben der Dynastien nämlich unterordnen. Seine beratende Tätigkeit in politischen Fragen und im wirtschaftlichen Sektor hat er bis Ende der 1960er Jahre durchgeführt. Nebenbei war er auch Berater verschiedener hochstehender Politiker und das sogar bis ins hohe Alter.
Natürlich waren es mein Vater und insbesondere mein Großvater, die mein Leben und Denken, vornehmlich mein politisches Denken, geprägt haben. Meinen Urgroßvater habe ich nicht mehr kennengelernt. Von meinem Großvater habe ich aber viel über ihn und seine politische Tätigkeit erfahren. Dazu möchte ich aber nicht mehr sagen. Vielleicht nur so viel, als dass es wohl nicht ganz unbedeutend ist, dass er im Rahmen seiner politischen Tätigkeit bei der Versailler Friedenskonferenz anwesend war und an der Ausarbeitung des Ha'avara-Abkommens beratend mitwirkte (Das *Ha'avara-Abkommen* wurde 1933 zwischen dem Deutschen Reich und der *Jewish Agency for Palestine* geschlossen. Es wurde dadurch Juden, die nach Palästina emigrierten, eine besondere Möglichkeit eingeräumt, ihr Kapital zu transferieren; A.d.V.)

Wann wurden Sie in die bedeutende Rolle Ihrer Familie eingeweiht – in welchem Alter? Gab es einen besonderen Anlass dazu?

Nein, einen Anlass gab es nicht, warum auch? Schon als Jugendlicher habe ich meinen Großvater auf der einen oder anderen Reise begleiten dürfen. Natürlich genoss ich schon früh das Privileg, große Persönlichkeiten auch auf privaten Feiern der Familie kennenzulernen. Durch diese Verbindungen und Seilschaften wurde dann auch mein beruflicher und privater Lebensweg innerhalb der Familie geebnet. Das können Sie als Tradition bezeichnen oder auch als feste Regel, der die Söhne seit Generationen Folge leisten. Innerhalb unserer Familie hat mein Großvater – natürlich neben meinem Vater – eine besondere Stellung eingenommen, was insbesondere meine intellektuelle und kaufmännische Ausbildung betrifft. Das kaufmännische Denken begann schon sehr früh, weil – wie Sie sich wohl denken können – ein Mensch eigentlich im Kindesalter die wichtigsten Fragen des Lebens stellt. Ich kann mich aber noch sehr gut daran erinnern, dass meine Pflichten ab meinem sechszehnten Lebensjahr größer wurden und mein Großvater mit mir ab diesem Zeitpunkt viele Gespräche führte und ich dann auch von der besonderen Rolle unserer Familie in der Politik erfahren habe.

Es ist nicht so, dass man erst in Elite-Universitäten wie Harvard oder Yale zu diesen Kreisen dazustößt, dort erhält man nur einen gewissen Schliff und lernt die Menschen kennen, die man dann später im Leben – meist geschäftlich – immer wieder trifft. Ich kann zumindest auf meine Jugend rückblickend sagen, dass es in unserer Kindheit auch nicht nur ansatzweise diese ganzen Ablenkungen und negativen Einflüsse gab, denen ein Kind in der ‚normalen' Gesellschaft ausgesetzt ist, selbst wenn es auf eine gute Privatschule geht. Wir werden wie zukünftige ‚Könige' erzogen, wenn Sie verstehen, was ich meine. Natürlich kommt es immer wieder vor, dass der eine oder andere Sprössling mal aus dem Ruder läuft. Aber das kommt eigentlich verhältnismäßig selten vor. Bevor die meisten Söhne der Familien an einer Elite-Universität studieren, sind sie schon über Jahre hinweg durch Privatunterricht auf ihre zukünftigen Tätigkeiten hin ausgebildet und geformt worden. Ich habe das absichtlich so ausgedrückt, weil es sicherlich ein besonderes Privileg ist, in eine überaus reiche Familie hineingeboren zu werden. Es ist für die Kinder unserer Familien nicht eine Frage von Privilegien, von für und wider, auch wenn man als Kind schon früh erkennt, wer man eigentlich ist und dass Geld keine Rolle spielt. Man gewöhnt sich auch als junger Mensch sehr schnell daran, dass rund um das Haus strengste Sicherheitsmaßnahmen existieren und an die Security, wenn man das Anwesen verlässt, weil man es gar nicht anders kennt. Wenn man dann größer geworden ist, denkt man darüber gar nicht mehr nach, weil man es nie anders kennengelernt hat. Als Kind weiß man auch gar nicht, dass die Kinder, mit denen man spielt, stets nur Kinder anderer Elite-Familien sind, weil die Familien privat nur untereinander verkehren. All das ist normal. Ebenso normal ist es, dass man in vielen Ländern der Welt Firmenzweige hat, Landgüter, eigene Flugzeuge, Hubschrauber und anderes Spielzeug. Ich kann Ihnen aber auch versichern, dass ich eine wundervolle Kindheit genossen habe, mit sehr liebevollen Eltern, Geschwistern und vielen Freunden.

Sie haben uns erklärt, dass Deutschland aufgrund Ihrer Herkunft schon immer eine besondere Aufmerksamkeit bei Ihnen geweckt hat. Können Sie uns dazu noch etwas sagen?

Auch wenn ich nie in Deutschland gelebt habe, fühle ich seit meiner Kindheit eine tiefe Verbindung zu Deutschland und dem deutschen Wesen. Das ist sicherlich ein ‚Erbe' meiner Vorfahren, für das ich ihnen noch heute sehr dankbar bin. Und meine Frau tut ihren Teil dazu... Was ich von meinem Großvater in dieser Hinsicht erfahren habe, war für meine persönliche Entwicklung von großer Bedeutung, und erst viel später konnte ich begreifen, was er meinte. Er sagte mir einmal: ‚Was den Deutschen seit dem Ende des Zweiten Weltkriegs widerfahren ist und in welcher unfassbaren Weise sie belogen und betrogen worden sind, ist einzigartig in der gesamten menschlichen Geschichtsschreibung. Und die einzigen, die das nicht wissen, sind die Deutschen selbst.' Ich war zu der Zeit noch sehr jung und habe diese Aussage erst Jahre später wirklich begriffen. Natürlich hatte es auch einen besonderen Grund, warum man mit den Deutschen so verfahren musste. Heute kann man unzweifelhaft feststellen, dass mein Großvater Recht hatte, wenn er sagte, dass die Deutschen selbst die Letzten sind, die wirklich wissen, welches teuflische Spiel mit ihnen in den letzten 130 Jahren getrieben wurde. Unterstrichen wird diese Unwissenheit und Ignoranz durch die Tatsache, dass dieser Betrug am deutschen Volk bis heute auch von vielen Persönlichkeiten national wie international bestätigt wird. Was soll ein Mann wie ich dem noch hinzufügen außer der Tatsache, dass die Deutschen sich offenbar in der Märtyrerrolle wohl zu fühlen scheinen...?

Wer sind die Familien, welche die Welt beherrschen – die Illuminati?

Ach, das ist doch ein so abgedroschener Begriff, dass es sich kaum lohnt, näher darauf einzugehen. Das ist esoterische Spielerei.
Sehen Sie das Ganze, wenn Sie wollen, einfach als einen Oberbegriff für ein weltweites Netzwerk von ein paar Tausend Männern und den dazugehörigen Familien – die reichsten logischerweise. Dieses Familien-Netzwerk kontrolliert alle entscheidenden Organisationen wie die Freimaurerei, die UNO, die WTO, den IWF, die Bilderberger, die Trilaterale Kommission, den Club of Rome u.v.a.. Den Begriff ‚Illuminati' verwenden wir nicht, zumindest kenne ich keinen, der ihn verwendet.

Und wieso ist das nur Wenigen bekannt?

Die Welt ist voller Narren, und das Verrückte dabei ist, dass das insbesondere auf gebildete Menschen in den zivilisierten Ländern zutrifft. Die Logen und Geheimgesellschaften – egal welche Namen sie tragen mögen – sind letztlich nur Handlanger, ausführende Organe, Werkzeuge, welche die Elite-Familien in den vergangenen Generationen wie ein Spinnennetz über die Erde gesponnen haben, aus dem es kein Entkommen mehr gibt.

Sind die Top-Familien die 13 Blutlinien?

Na ja, also so einfach ist es nicht, dass man alles auf das Blut und 13 Familien zurückführen kann. Doch ist es tatsächlich so – das gebe ich zu –, dass es die alten, ehrwürdigen Linien gibt. Doch deren Macht bröckelt. Es sind neue, unvorstellbar reiche Familien hinzugekommen, die eine Konkurrenz darstellen – vor allem aus Asien. Es gibt Familien und eben auch Banken, die wiederum von Regierungen gestützt sind, die das angloamerikanische Bankensystem zerstören wollen. Das ist erst in den letzten zwei Jahrzehnten geschehen.

Aber die alten Blutlinien sind die mächtigsten?

Sagen wir einmal so: Es gibt die alten, ehrwürdigen Familien, das alte Blut, die man als *Königliche Familien* bezeichnen könnte – schon allein aus dem Grund, weil sich die Bankiers- und Industriefamilien in den letzten Jahrhunderten gezielt mit den europäischen Königshäusern vermischt haben. Die Tradition, nur untereinander zu heiraten, wird bis heute gepflegt. Es besteht einerseits ein Blutband in diesem globalen Machtspiel, und das schon sehr, sehr lange. Dennoch sind es in Wirklichkeit nur ein paar Familien, die wirklich die Spitze der Herrscher-Familien ausmachen und das gesamte, weltweit umspannende Netzwerk kontrollieren. Und die sagen auch uns, was wir zu tun haben.

An was oder wen glaubt Ben Morgenstern?

Früher glaubte ich nur an mich selbst. Und damit war ich auch immer gut gefahren. Ein kluger Mensch glaubt nicht an Gott oder den Teufel, hatte man mich gelehrt. Ich war ein reiner Geschäftsmann, ein Pragmatiker, aber auch ein intellektueller Mensch. Inzwischen bin ich allerdings überzeugt davon, dass es eine Seele gibt. Das war aber nicht immer so. Ich war jahrelang skrupellos, doch durch ein Ereignis habe ich erfahren, dass es noch mehr gibt als die Materie. Deswegen stehe ich nicht mehr voll und ganz hinter den Plänen unserer elitären Kreise. Im Grunde genommen ja, aber ich sehe die Menschen da draußen nicht mehr als Vieh, sondern weiß, dass sie eine Seele in sich tragen.

Das macht uns neugierig, Herr Morgenstern. Was war geschehen?

Na ja, das ist jetzt alles andere als seriös-wissenschaftlich, aber es ist so geschehen. Der Auslöser war meine Tochter. Und zwar hatten meine Frau und ich, als wir beim Zeugungsakt waren, ein Licht, eine Lichtkugel, gesehen, die in den Bauch meiner Frau eindrang. Das war in der Nacht, als sie schwanger wurde. Wir haben es beide gesehen. Dann habe ich mit unserem Arzt gesprochen, und der meinte, dass das auch andere Eltern schon beschrieben hätten. Dann habe ich nachgelesen und bin heute der Meinung, dass dies die Seele unserer Tochter war, die zu uns kam. Unsere Tochter ist ein ganz besonderes Wesen, die durch ihre liebreizende und herzliche Art die gesamte Familie beeinflusst hat. Sie lässt mich alles ganz anders sehen und vieles hinterfragen. Aber, wie gesagt, nicht jeder kluge Mensch glaubt an eine Seele. Religionen sind was für Narren und Träumer, dahingehend wurden auch wir erzogen. Wir gehören zwar nach außen hin dem Judentum an, doch praktiziert das bei uns keiner aus wirklicher Überzeugung. Wie viele getaufte Christen gehen tatsächlich auch in die Kirche oder glauben all das, was in der Bibel steht? Und leider gibt es in diesen elitären Familien auch solche, die als Satanisten bezeichnet werden, die Blutopfer durchführen, aus deren Sicht der Organ- oder Waffenhandel, Pädophilie oder die Finanzierung eines Krieges kein Verbrechen ist, da die Menschen keinen Wert haben, nur Fleisch sind.

Und wie stehen Sie zu den Blutlinien? Haben Sie Ehrfurcht davor?

Ich habe aufgrund meiner Herkunft schon sehr früh erfahren, dass die Geschichtsschreibung derart gefälscht ist, dass ich auch bezüglich der Stammlinien der Familien ganz nüchtern denke. Vergessen Sie dabei nicht, dass all diese sogenannten Blutlinien mit der Thora übereinstimmen müssen, aber das tun sie eben nur vordergründig. Die Geschichts-

schreibung, die wir heute haben, ist zurechtgemogelt. Ich weiß, dass einige Familien – von meiner weiß ich das ganz sicher, weil ich sie persönlich gesehen habe – schriftliche Beweise in ihrem Besitz haben, dass es vor der Genesis noch andere, viel ältere Kulturen gab. Die Menschheitsgeschichte begann nicht mit Adam und Eva – vielleicht in Nordafrika, aber nicht weltweit. Vor fast 20 Jahren war ich in Guatemala und besuchte dort zusammen mit Logenbrüdern aus der Regierung das Nationalmuseum, dessen Leiter auch ein Bruder war. Er zeigte uns dann zwei menschliche Mumien, denen die Köpfe fehlten. In einem anderen Raum hatte er die Köpfe aufbewahrt, die man den Mumien abgesägt hatte – es waren Tierköpfe! Das hatte damals mein Weltbild massivst erschüttert. Doch als man in der Nähe von Kimberley, Südafrika, bei Minenarbeiten zwei Skelette von Riesen fand, die zwei Gebissreihen hatten und sechs Finger aufwiesen, war mir klar, dass wir nicht die einzige Menschheit sind, die diesen Planeten bevölkert hat. Zudem sind auch in Südafrika Untertassen abgestürzt, die von unserem Militär ausgewertet und getestet wurden. S.M. hat Ihnen ja davon berichtet.
Es gibt definitiv eine Geschichtsschreibung ‚vor' der biblischen. Das wissen die Familien und das weiß auch Rom, aber das wird zurückgehalten. Deswegen ist das mit den Blutlinien nicht haltbar. Diese schriftlichen Beweise, die sich teilweise in den Händen meiner Familie befinden, stammen aus uralten Bibliotheken, einige davon aus der Bibliothek von Alexandria, die entgegen der Meinung der Geschichtsschreibung gar nicht vollständig abgebrannt ist. Das war schon frühzeitig eine geschickte und bewusste Irreführung. Ich kann nicht einmal sagen, ob andere Familienoberhäupter darüber informiert sind, aber ich gehe davon aus, dass es die meisten wissen. Bevor meine Familie in den Besitz dieser Schriften kam, lagen diese lange Zeit im Vatikan. Ein ganz anderer und viel entscheidender Inhalt dieser alten Schriften belegt, dass die Erde von Wissenschaftlern eines oder mehrerer Planeten besucht wurde. Die Vertreter dieser Zivilisationen haben den Grundstein für den heute auf der Erde lebenden Menschen gelegt, der von den Außerirdischen gezielt auf ein höheres Entwicklungsniveau gehoben wurde. Das ist eines der größten Geheimnisse, welches vor der Welt zurückgehalten wird. Und das wäre dann eine richtige ‚Blutlinie' – wenn es überhaupt eine gibt –, denn hier gab es genetische Vermischungen mit Menschen!

Das ist ein spannendes Thema, doch möchte ich gerne noch bei der Geschichtsschreibung bleiben. Sie sagen ganz offen, dass die Geschichte, wie sie uns an den Schulen gelehrt wird, so nicht korrekt ist. Wie kann man das verstehen?

Damit meinte ich eigentlich mehr die jüngere Geschichtsschreibung der letzten 100 bis 200 Jahre und wie es gelingen konnte, dass so wenige Menschen innerhalb so weniger Jahrzehnte den Großteil des Geldes steuern konnten und damit die Weltgeschicke lenken. Um das genau zu erörtern, muss ich etwas weiter ausholen und auf die Umstände eingehen, die dazu geführt haben, dass Deutschland den Ersten Weltkrieg noch verloren hat.

Ich hatte Ihnen ja bereits erzählt, dass mein Urgroßvater – wenn auch nur passiv – in Versailles anwesend war. Aber er war mit Paul Warburg bekannt, welcher der Gründer der FED im Jahre 1913 war. Dieser war der Kopf einer Gruppe von Bankiers, die dieses Vorhaben – den USA eine Zentralbank zu verpassen – vorantrieben. Diese Bankiersfamilien geben vor, wie die Politik in den USA gemacht wird, da sie über das Geld bestimmen. Sie sind die wirklichen Monarchen der Vereinigten Staaten. Sie waren die eigentlichen Wegbereiter des Ersten und Zweiten Weltkrieges und der Russischen Revolution, weil sie das Geld zur Verfügung stellten. Der Erste Weltkrieg, der im Sommer 1914 ausbrach, wurde von der Allianz Deutschland, Österreich/Ungarn und der Türkei nach zwei Jahren gewonnen. England, Frankreich und Russland waren auf dem Schlachtfeld besiegt – etwas, womit viele nicht gerechnet hatten, schon gar nicht die drei letztgenannten Mächte. Deutschland bot England den Frieden an. Interessanterweise war das auch Anfang des Zweiten Weltkrieges so, als Hitler England den Frieden anbot. Aber Churchill wollte bekanntlich Deutschland für immer vernichtend schlagen. Aber das ist eine andere Geschichte.

Es ist heute kein Staatsgeheimnis, dass England im Sommer 1916 ernsthaft darüber nachdachte, dieses Angebot tatsächlich anzunehmen. Sie hatten auch keine Wahl. Hätten sie weiter gekämpft, wäre es eine viel größere Katastrophe gewesen. Während dieser Phase, so erklärte mein Großvater, intervenierten deutsche Privatbankiers. Sie traten in Verhandlungen mit dem britischen Kriegskabinett und zeigten ihm einen

Weg auf, den Krieg doch noch zu gewinnen, mit den USA als Verbündeten. Die USA hatten mit diesem Krieg an und für sich nichts zu tun, ja, waren bis dahin pro-deutsch eingestellt, und Präsident Wilson hatte bekanntlich erklärt, sich nicht in den Krieg einzumischen. Wie die Sache dann ausging, ist bekannt. Privatbanken sorgten dafür, dass die USA in den Krieg eintrat und England und die Verbündeten noch auf die Siegerstraße kamen. Der Preis, den England dafür zahlen musste, war Palästina. Niemand will das heute wahrhaben, aber genau so war es, und genau so hat es mein Großvater mir erklärt. Das ist heute als Balfour-Deklaration bekannt.

Es waren die gleichen Banken, die zuvor Deutschland gegen das verhasste Zaren-Russland unterstützten, die nun ihr Geld an England gaben, als sie die Chance sahen, Palästina zu bekommen. Und die Medien taten ihren Teil dazu, sie gehörten den gleichen Familien. Zuvor war man vor allem in den USA pro-deutsch eingestellt. Dann plötzlich waren die deutschen in den Zeitungen „Barbaren" und „Hunnen". Der weitere Verlauf des Ersten Weltkriegs war nichts weiter als ein Deal – ein Privatgeschäft zwischen Bankiersfamilien und der britischen Regierung.

Dann kam die sogenannte „Friedenskonferenz" von Versailles. Mein Urgroßvater war einer von etlichen jüdischen Landsleuten, die dort mit anwesend waren. Spätestens hier wussten die Deutschen, warum die USA in den Krieg eintraten und dass es letztlich um Palästina ging. Das hat später auch Hitler gewusst, und das war entscheidend für seine Politik. Der Zweite Weltkrieg ist deswegen als Folge der Versailler Verträge zu sehen. Und ich brauche Ihnen wohl nicht in der Form Nachhilfeunterricht zu erteilen, indem ich Ihnen sage, dass Hitler von den gleichen Banken finanziert wurde, die schon das deutsche Kaiserreich im Ersten Weltkrieg unterstützt haben.

Sie möchten also nicht näher auf die Umstände des Zweiten Weltkrieges eingehen?

Nein, wozu denn? Wichtig ist, dass Sie erkennen, wann und wie alles begann. Um die politische Gegenwart Europas und Deutschlands zu erkennen, müssen Sie auf der Geschichtsleiter schon ein paar Jahrzehnte weiter zurück steigen.

Erklären Sie das bitte etwas näher.

Gerne, dann werden Sie auch verstehen, warum ich auf den Zweiten Weltkrieg gar nicht mehr näher eingehen will... Ich will mich hier kurz fassen: Diverse Bankiersfamilien haben es geschickt verstanden, alle Parteien zu finanzieren – auch Hitler – und sie gegeneinander auszuspielen nach dem Motto: Wenn zwei sich streiten, freut sich der Dritte. Der Dritte, das sind die Banken. Hitler hat den Zweiten Weltkrieg begonnen. Aber die Vorgeschichte darf man eben nicht vergessen. Und woher kam das Geld für den Aufbau der Wirtschaft und des Rüstungsapparates? Hätte es kein Geld für Hitler gegeben, hätte es keinen Zweiten Weltkrieg gegeben. Er, wie auch alle anderen Kontrahenten, wurden benutzt wie Marionetten und gegeneinander ausgespielt. So, und durch die beiden Weltkriege ist es den Familien letztlich gelungen, geopolitisch eine neue europäische Einheit und damit ihr Ziel, ein vereintes, politisch und wirtschaftlich kontrolliertes Europa zu schaffen, um sich damit von den national- und traditionsbewussten Völkergemeinschaften des Alten Europas für immer zu verabschieden. Das Neue Europa ist heute nichts weiter als eine neue Kolonie der Königs-Familien. Es ist quasi die Errichtung eines zentralen Weltstaates.
Durch das Konzept von Schuld und Angst sind die Deutschen zu bloßen *Jasagern* und politischen Dummköpfen umerzogen worden. Alle sprechen davon, was die Deutschen getan haben, aber wer spricht davon, was den Deutschen angetan wurde? Die Deutschen sind auf dem besten Weg, ein trostloses, gottverlassenes Märtyrervolk zu werden – das Volk, das einstmals das Volk der Dichter und Denker war, ganz zu schweigen von seinem besonderen Wesen, seinen großartigen Leistungen und Erfindungen. Es scheint dem Untergang geweiht zu sein. Sicherlich tut Hollywood seinen Teil dazu, um alles Deutsche schlecht zu machen – ganz bewusst. Und es gibt genügend Organisationen, die monetär davon profitieren, dass Deutschland in dieser Schuld verhaftet bleibt. Darauf wies ja Norman Finkelstein in seinem Buch „*Die Holocaust-Industrie*“ hin. Und nicht zu vergessen sind natürlich die Reparationszahlungen an die Alliierten. Dennoch tun deutsche Politiker ihren Teil dazu – auch durch die ungebremste Einwanderung durch Nicht-Weiße. Und die DM hat man ihnen auch genommen – das war der Deal

für den Mauerfall, nämlich dass Deutschland die eigene Währung aufgibt. Die Entwicklung Europas – des großen, Neuen Europas – ist einer der größten Schachzüge der letzten 130 Jahre europäischer Geschichte. Es ist kaum in Worte zu fassen, welche schwerwiegenden soziokulturellen Folgen das für die vielen europäischen Nationen haben wird – kulturelle Größen wie zum Beispiel Frankreich, Italien, Spanien, Österreich und Deutschland verblassen für immer.

Dann könnte man ja sagen, dass der Grundstein für ein vereinigtes Europa schon viel früher gelegt wurde.

Genau so ist es. Ausschlaggebend für diese Kriege waren vor allem die Machtansprüche der damaligen Großmächte Frankreich, England und der USA – und nicht nur Deutschlands, wie es fälschlicherweise in unseren Geschichtsbüchern steht –, Europa wirtschaftlich zu kontrollieren. Dabei gab es nur einen Haken: Deutschland! England und die USA standen zu dieser Zeit längst politisch und wirtschaftlich unter Kontrolle der Bankiers-Familien. Wer Europa kontrollieren will, muss Deutschland politisch und wirtschaftlich beherrschen. Genau das wurde umgesetzt, denn das wiedervereinte Deutschland ist heute politisch nicht unabhängig oder souverän. Sie sind nur Untermieter in ihrem eigenen Land.

Das Ganze nahm seinen unrühmlichen Anfang, nachdem das aufstrebende deutsche Kaiserreich sich anschickte, neben England und Frankreich eine führende Rolle in Europa einzunehmen. Bis 1870 war Deutschland fast ausschließlich Agrarland. Es bestand aus Stadtstaaten, Grafschaften und Fürstentümern und stellte damals überhaupt keine Konkurrenz für Großbritannien dar. Das änderte sich natürlich nach dem deutsch-französischen Krieg 1870/71 und der daraus resultierenden Reichsgründung. Es kam zum Wirtschaftswunder: Deutschland bekam eine Infrastruktur, Eisenbahnlinien und eine Hochseeschifffahrt und stieg in sehr kurzer Zeit zu einer Weltmacht auf. Da mussten die Briten reagieren! Sie erschwerten durch gesetzliche Bestimmungen daraufhin die Einfuhr deutscher Produkte, und alle Waren deutscher Herkunft mussten mit „Made in Germany“ gekennzeichnet werden. Das war ein großer Fehler, wie sich später herausstellte, denn die gekennzeichneten Produkte aus Deutschland waren sehr begehrt – sie wurden ein Bestseller, bis heute. Deutschland eroberte den englischen Markt, sehr zur Verärgerung der Briten. Die Deutschen gründeten Kolonien, sie legten Eisenbahnen durch China und wurden wirtschaftlich auch in Südamerika aktiv, ja sogar im osmanischen Reich, wo sie Eisenbahnen bauten. Auch das störte die Briten gewaltig.

Was damals niemand in Deutschland wissen konnte, war die Tatsache, dass ein Krieg längst beschlossene Sache war. Es gab gar keinen anderen Ausweg. Die Strategen, die dafür verantwortlich waren, haben schon damals geopolitisch in ganz anderen Dimensionen gedacht und geplant. Nur durch Krieg und Revolutionen kann man eine geopolitische Weltkarte innerhalb von wenigen Jahrzehnten erfolgreich ändern, abgesehen davon, dass man damit unsagbar viel Geld verdient. So ist das Gesetz.

Wie sehen Sie die Situation in Deutschland heute?

Das ist doch mehr als offensichtlich. Die Pläne, Deutschland zu kontrollieren, sind zu 100 Prozent umgesetzt worden. Europa wird von wenigen Familien und dem internationalen Bankwesen kontrolliert. Das muss Ihnen doch klar sein, denn alle europäischen Staaten sind doch so pleite, wie man nur sein kann, auch Deutschland und Frankreich als stärkste Wirtschaftsnationen Europas. Nur durch die immer neuen Geldströme aus dem internationalen Bankwesen lebt Europa noch.

Die Deutschen leben lieber einen Kult, anstatt den Mund aufzumachen: den Kult mit der Schuld. Um den deutschen Schuldkomplex heute in allen Zusammenhängen zu verstehen, reicht es nicht aus, einfach zusammenfassend zu sagen, er wurzelt im Dritten Reich. So einfach ist es ganz bestimmt nicht. Kein anderes Volk lebt diesen Kult mit der Schuld so eindrucksvoll wie die Deutschen. Haben Sie sich schon einmal die Frage gestellt, warum das so ist? Wo liegen die Wurzeln dieses auf der Welt so einzigartigen Schuldkomplexes? Und warum nur die Deutschen? Warum sind die Deutschen nur die Alleinschuldigen an den Weltkriegen?

‚*Die Deutschen sind in ihrem Wesen ein aggressives Verbrechervolk*', das ist doch der Vorwurf, der ihnen seit Generationen eingeimpft wird. Beim deutschen Volk hat es den Anschein, dass jede Therapie hoffnungslos ist. Wollen Sie und Ihre Generation allen Ernstes die Verantwortung dafür übernehmen, dass Ihre Kinder und Kindeskinder auf ewig mit einer Erbsünde geboren werden und diese nie ablegen dürfen? Wenn es nach den Protagonisten und internationalen Deutschlandhassern ginge, ist diese Erbsünde beschlossene Sache bis in alle Ewigkeit. Selbst hochrangige deutsche Politiker propagieren seit Jahrzehnten diesen auf der Welt einzigartigen Schuldwahn – zum einen sicherlich aus Angst vor ihrer eigenen Courage, sicherlich aber auch aus Angst davor, den gutdotierten Job zu verlieren. Politiker jüngerer Generation sind anscheinend schon dem kollektiven Umerziehungsprozess zum Opfer gefallen. Sie alle scheinen mit dem Schuld- und Angst-Virus infiziert zu sein. Dabei werden die Menschen gegen so ziemlich alles geimpft und wissen gar nicht, dass sie dadurch gezielt krank gemacht werden. Um so paradoxer erscheint es, dass es noch nicht gelungen ist, gegen die deutsche Volkskrankheit Nummer eins einen passenden Impfstoff zu finden – die Schuld! Das ist aber von einem Teil unserer Familien nicht erwünscht, denn Schuld und Angst sind eben altbewährte Machtmittel.

Und wie sehen Sie die Zukunft Deutschlands?

Das kann ich Ihnen nicht beantworten. Die Gegenwart gibt ohnehin Anlass genug, sich Gedanken über diese einstmals so große Nation zu machen. Fakt ist doch, dass die Umerziehungsmaßnamen, die nach dem Zweiten Weltkrieg angestrebt waren, umgesetzt wurden, und das betrifft nicht nur Deutschland, sondern auch den Rest Europa. Wenn Sie den Kaufmann- und den Morgenthau-Plan kennen, dann wissen Sie ja, dass man das Ziel verfolgte, die ‚von Geburt an kriegerischen Deutschen' alle zu sterilisieren und damit auszurotten. Das Ganze wurde inzwischen auf ganz Europa, auf die weiße Bevölkerung Europas ausgeweitet.
Die verschiedenen Pläne von damals enthielten genaue Konzepte hinsichtlich der Entnationalisierung und der politischen, wirtschaftlichen, militärischen Behandlung Deutschlands nach dem Krieg. Das geschieht nun mit ganz Europa. Schauen Sie doch mal nach London, nach Zürich, Paris oder Marseille. Sind dort noch viele „Einheimische" bzw. „im Land Geborene" zu sehen?

Aber das ist doch eine Folge der Kolonialherrschaft der Franzosen, Engländer und auch der Holländer, dass jetzt diese Menschen in deren Länder kommen.

Das ist richtig, das gilt aber nicht für Deutschland, Österreich oder die Schweiz. Walter Lippmann, ein amerikanischer Journalist, hatte einmal gesagt, dass erst dann, wenn die Kriegspropaganda der Sieger Eingang in die Geschichtsbücher der Besiegten gefunden hat und dann auch noch von den nachfolgenden Generationen geglaubt wird, die Umerziehung als wirklich gelungen angesehen werden kann. So sieht das aus. Und nur so ist es möglich, dass die Pläne zur Umerziehung, Kontrolle, Aufteilung, Völkervermischung, Entnationalisierung und andere Maßnahmen hinsichtlich des Deutschen Volkes weiterhin Anwendung finden. Die Einzigen, die das nie begreifen werden, sind die Deutschen selbst. Die Deutschen werden all das nie begreifen, weil ihre Geschichtsschreibung seit dem Ende des Zweiten Weltkriegs durch die Siegermächte kontrolliert wird.

All das spiegelt auch die altbekannte Diskussion über den Islam und die damit verbundene Gefahr für das christliche Abendland wider, nicht nur in Deutschland, sondern in ganz Europa.

Das Feindbild ist und bleibt weiterhin der Deutsche. Deutschland ist durch die zwei verlorenen Weltkriege bis heute quasi ein Besatzungsland der Siegermächte, mit dem auch nach über 65 Jahren noch kein Friedensvertrag geschlossen worden ist, in dem immer noch alliierte Soldaten stationiert sind und das auch sonst weder in wirtschaftlicher noch in politischer Hinsicht von sich behaupten kann, ein freies und unabhängiges Land zu sein – im Gegenteil! Die verschiedenen Pläne, wie mit Deutschland und dem deutschen Volk nach dem Krieg zu verfahren sei, sind nahezu zu 100 Prozent umgesetzt. Deutschland sollte entmilitarisiert und entnationalisiert werden. Die Vermischung und den Rückgang der Geburtenrate haben wir auch. Und die Medien waren gleich nach dem Krieg schon zur Beeinflussung des Volkes genutzt worden.

Deutschland ist der pulsierende Pulsschlag des *Alten* und auch des *Neuen Europas*. Und um dieses *Alte-Neue Europa* ging es den Familien. Es war ein wesentlicher Schritt auf dem Weg zur Zentralen Weltregierung. Das größte Opfer bürdete man dabei Deutschland auf, denn nur wer Deutschland beherrscht, kann ein Neues Europa führen. Und da sehe ich aber auch die Chance – und nicht nur ich: nämlich dass man Deutschland zum Kopf der EU macht – was es ja bereits faktisch ist –

und es später, nachdem die USA ihre Macht verloren haben, zum Kopf der Weltregierung erhebt. Warum? Weil das deutsche System, die deutsche Art und Korrektheit wegweisend ist – und weil es funktioniert! Aber es ist notwendig, dass diese Demutshaltung, diese Schuld von den Deutschen abfällt.

Würden wir die Sache rein wissenschaftlich betrachten, was würden Sie dann als Abhilfe vorschlagen?

Was soll ich Ihnen darauf antworten? Die Welt wird Deutschland nicht helfen, noch wird sie es freisprechen von der Schuld. Deutschland ist ein Gefangener, der an einer „kollektiven Neurose" leidet. Es liegt an den Deutschen selbst, damit Schluss zu machen.
Deutschland muss sich schon selber helfen, und das beginnt allen voran auf politischer Ebene, auch wenn die deutschen Volksvertreter so tun, als wäre doch alles geklärt.

Aber warum, denken Sie, unternimmt die deutsche Regierung nichts dagegen?

Das ist eine Frage, die ich Ihnen gar nicht beantworten kann. Fragen Sie mal Frau Merkel. Tatsache ist doch, dass die deutschen Regierungen allesamt den Alliierten in den Hintern gekrochen sind. Denken Sie nur an Helmut Kohl, der ohne Wenn und Aber und ohne Gegenleistung einfach die Ostgebiete abgetreten hat. Warum um alles in der Welt? Kohl war und ist immer noch ein guter Freund Henry Kissingers und war stets ein treuer Partner der angloamerikanischen Strategen, das haben die Deutschen bis heute nicht begriffen. Viel schlimmer ist, dass die Regierungen seit Jahrzehnten den gesellschaftlichen und sozialen Abstieg durch massives Hereinlassen von Ausländern weiter vorantreiben und so für den fast aussichtslosen demographischen Kollaps selber sorgen. Sie wehren sich nicht im Geringsten, und das ist doch das Traurige an der ganzen Sache. Jede Regierung tritt doch sein Amt an, um für das Wohl des Volkes Sorge zu tragen und nicht das Gegenteil zu tun. Aber genau das tun die europäischen Regierungen seit vielen Legislaturperioden. Viele der Volksvertreter sind eigentlich Volksverräter.

Welche Folgen sehen Sie auf Deutschland zukommen?

Wenn sich das soziale Gefüge so schnell und so massiv verändert, wie das in Deutschland und übrigens auch in anderen europäischen Nationen der Fall ist, dann kommt es irgendwann zur Bildung von Bürgerwehren. Die Menschen fangen zunächst an zu demonstrieren, und irgendwann kommt es zu Bürgerkriegen. Mord und Todschlag werden die Folge sein. Die Ansätze konnten Sie schon in den vergangenen Jahren in anderen europäischen Ländern beobachten. So wird es auch in Deutschland in naher Zukunft sein. Daraufhin wird man strengere Gesetze und noch mehr Überwachung einführen und damit absolute Kontrolle. Man nutzt die Unruhen dafür, die Gesetze zu verschärfen, das Militärrecht wieder einzuführen – und dann haben wir das Ziel erreicht: Einige wenige bestimmen über alle! Sehr hilfreich ist dabei, den Menschen einen RFID-Chip zu implantieren, denn das vereinfacht alles.

Ja, der bargeldlose Zahlungsverkehr...

Dazu möchte ich kurz etwas bemerken: Seit Jahren wird von verschiedenen Publizisten darüber berichtet, dass es Ziel der Verschwörer ist, in naher Zukunft den bargeldlosen Zahlungsverkehr einzuführen. Sie warten bis heute darauf, ohne registriert zu haben, dass das schon längst umgesetzt ist, denn heute befindet sich nur noch etwa 5 Prozent allen Geldes in Form von Banknoten im Umlauf, der Rest wird nur noch digital per Computer bewegt. Es bleibt abzuwarten, ob die restlichen 5 Prozent auch noch digitalisiert werden und es zu einem kompletten bargeldlosen Zahlungsverkehr kommen wird. Ich bezweifle das. Ich sage Ihnen auch den Grund: Nur in Form von Banknoten können die wichtigen Wirtschaftszweige wie Drogen, Prostitution und Bestechung bedient werden, ohne dass dabei Ross und Reiter registriert werden. Und wie, glauben Sie, werden zum Beispiel sogenannte Black Projects und Geheimoperationen finanziert? Es wird daher wohl immer einen kleinen Teil an Bargeld geben, um solche Geschäfte tätigen zu können. Dennoch ist es das langfristige Ziel, eine globale Währung einzuführen.

Sie hatten eingangs kurz die zunehmende Verbreitung des Islam erwähnt und dass es innerhalb der Familien hier offensichtlich unterschiedliche Auffassungen gibt, wie damit in Zukunft umgegangen wird. Was können Sie dazu sagen?

Wenn Sie die Weltpolitik der letzten 10 bis 15 Jahre betrachten, dann werden Sie erkennen, dass der Islam und die damit verbundene wachsende Bedrohung in der Welt stetig zugenommen hat – auch wenn die internationalen Geheimdienste ihren Teil dazu beitragen, dass der Islam der ‚Bösewicht' der Welt ist. Bösewicht hin oder her, eine Bedrohung stellt der Islam für die Mächtigen der Welt in der Tat dar.
Studieren Sie, was Leute wie Huxley, Wells, Brzeziński oder Huntington dazu veröffentlicht haben, dann werden Sie in etwa verstehen, was in naher Zukunft passieren wird. Das ist die Basis-Literatur, die wir in unseren Kreisen als Jugendliche schon studiert haben. Glauben Sie mir, diese Herren, die allesamt Mitglieder in unseren Organisationen waren oder sind, waren keine Propheten oder Visionäre. Ganz und gar nicht. Sie waren und sind alle Insider und haben nie einen Hehl aus den Plänen der Familien gemacht. Sie haben den Menschen die ganze Wahrheit ganz offenkundig mitgeteilt und das schon vor langer Zeit. Alles, was sie schon vor Jahrzehnten geschrieben haben, ist heute Realität. Da kann man wohl kaum von „Zufall" sprechen, oder?
Nehmen Sie zum Beispiel Samuel Huntington: Sein Werk ist alles andere als eine akademische Schrift, sondern ein ‚geopolitisches Projekt' aus der Denkschule einer bestimmten anglo-amerikanischen ‚imperialen' Fraktion. Dazu zählen neben Zbigniew Brzeziński auch Henry Kissinger oder der englische Geopolitiker und Oxforder Islamexperte Bernhard Lewis. Geopolitisch geht es um die Kontrolle des eurasischen Kernlandes. Wer diese Region beherrscht, der kontrolliert die ganze Welt. Eine eurasische Wirtschaftsallianz zwischen China, Indien und Russland und den islamischen Ländern wie beispielsweise dem Irak und dem Iran würde die größte Gefahr für die USA darstellen. Huntington sagte, dass nach dem Kalten Krieg der Konflikt der Supermächte durch einen Kampf der Kulturen ersetzt werden müsse.
Übersetzt heißt das, dass Differenzen und Konflikte zwischen verschiedenen Kulturgruppen zum zentralen Faktor globaler Politik werden. Das bedeutet, dass auf internationaler Bühne interkulturelle Auseinandersetzungen um Kultur und Religion in den politischen Mittelpunkt rücken werden.
Huntington hatte die globale Problematik schon aus demographischen Aspekten richtig eingeschätzt, denn er erkannte, dass zukünftig univer-

sale Ansprüche den Westen zunehmend in Konflikt mit anderen Kulturkreisen bringen werden – hauptsächlich mit dem Islam und China. Schon damals war statistisch zu erkennen, dass der Islam eine Bevölkerungsexplosion mit unübersehbaren Folgen für die muslimischen Länder, aber auch für die Nachbarn und die „zivilisierte" Welt mit sich bringen wird. Dazu erkannte man schon damals, dass die islamische Religion ein hohes Aggressionspotential hat und die Menschen in den islamischen Ländern durch Verwandten-Ehen zu Inzucht und damit zu einem hohen Anteil auch an kranken und degenerierten Nachkommen führt. Wer um alles in der Welt will solche Menschen aufnehmen? Mit denen hat man nur Ärger. Die Deutschen tun es. Sie nicken brav und der Bürger bezahlt. Das Chaos in Deutschland wird noch viel größer werden, davon können Sie ausgehen!
Ich denke, dass wir in den europäischen Städten so eine Art Kreuzzug erleben werden – einheimische Christen gegen die zugewanderten Muslime. Und das wird dann mit ziemlicher Sicherheit weltweit ausgebaut werden. Dann kann man Krieg führen, Länder niederbomben und eine ganze Menge Menschen loswerden.

Also eine systematisch geplante Reduzierung der Menschheit?

Wenn Sie so wollen, ja! Und das ist eine logische Folge des Systems und der Notwendigkeit, eine Zentrale Weltregierung zu installieren. Schauen Sie sich dazu einmal die Bevölkerungsstatistiken an. Die gehen davon aus, dass die Weltbevölkerung im Jahre 2050 die 10-Milliarden-Grenze erreichen wird. Für die herrschenden Familien ist das eine sehr beunruhigende Zahl, insbesondere im Hinblick auf die Bevölkerungsexplosion des Islam. Da muss gehandelt werden. In den vergangenen Jahrhunderten waren es die Kriege und der Massenmord an der Zivilbevölkerung einzelner Länder, die Hunderte von Millionen Opfer bedeuteten. Heute gibt es andere Möglichkeiten, um eine Reduzierung der Menschheit gezielt herbeizuführen, um gezielt einige Milliarden unqualifizierte Menschen zu beseitigen. Heute werden von Regierungen tödliche Krankheitserreger, Viren, radiologische und biologische Waffen entwickelt und auf die menschliche Bevölkerung losgelassen, um den Eugenik-Prozess weiter voranzutreiben. Die Menschen haben keinen blassen Schimmer, was in diesem Forschungsbereich alles auf der Welt erprobt und angewendet wird. Das betrifft insbesondere auch die fortgeschrittenen Möglichkeiten in den Bereichen Ernährung, Medizin und Pharmakologie. Am besten ist aus Sicht der Familien eine Kombination von beidem: ein Land niederbomben und dann die Krankheitserreger hinterherschicken. Dann ein paar Jahre warten und dann die Rohstoffe herausholen...

Zählt zu diesen modernen Methoden oder „Waffen" auch die Wetterwaffe, die Sie eingangs erwähnt haben?

Ja! Ein Grund, warum die Macht der Familien so weltumspannend ist, ist die Tatsache, dass es modernste Wetterwaffen gibt, mit denen man zum Beispiel gezielt Erdbeben hervorrufen oder gezielt ganze Städte oder Landstriche überfluten kann, wie das ja häufig passiert. Hinter alldem steckt immer System. Es ist das beste politische Druckmittel, die wirksamste und zugleich modernste Kriegsform, um Regierungen zur Vernunft zu bringen, die nicht mitspielen wollen. Warum? Weil sie unsichtbar und nicht nachzuweisen ist. Dann wird in den Medien zwar von Klimawandel und Erderwärmung gesprochen, aber niemals dringen die wirklichen Gründe ans Tageslicht. Und selbst wenn das jemand aus unseren Reihen tun würde, die Masse der Menschen würde so etwas niemals glauben.

Wie sieht es mit der derzeitigen Weltwirtschaftskrise aus?

Weltwirtschaftskrisen werden geplant und über die Medien und das Internet ausgelöst. Innerhalb weniger Stunden werden somit Zig-Milliarden verdient. Das Geld wechselt einfach nur seinen Besitzer, es geht niemals verloren! Die meisten Menschen wissen nicht einmal ansatzweise, was da eigentlich passiert. Grundsätzlich ist davon auszugehen, dass, wenn irgendwo auf dem weltweiten Finanzmarkt unvorstellbar große Geldmengen plötzlich „vernichtet" werden, dass irgendjemand daran wiederum verdient. Es ist die schnellste Form, um ungeheuer große Mengen an Geld noch mehr zu privatisieren.
Das war nicht nur 2008 bei der Lehman-Pleite so, sondern ähnlich verhielt es sich auch bei der weltweiten Rezession 1929. Im Mittelpunkt stand auch damals die FED, die eigentlich dafür steht, das Land gegen

Depressionen und Inflation zu schützen. Sie begann, die Menge der im Umlauf befindlichen Währung erheblich zu verringern. Als Resultat brach der Aktienmarkt zusammen mit dem geplanten Ziel, dass die vielen Milliarden, die in den folgenden Wochen und Monaten verschwanden, einfach nur den Besitzer wechselten und wenige Menschen noch reicher und mächtiger wurden. Gut, heute ist das alles sehr viel komplexer, aber das Prinzip, nachdem hier verfahren wird, ist ähnlich. Kaum jemand weiß heute, dass bereits 1920 nach dem gleichen Prinzip ein künstlicher Wirtschaftscrash durch die private FED ausgelöst wurde. Aber das nur am Rande. Es wird wieder einen Crash geben. Die Frage ist nur, was der Auslöser dafür sein wird. Es gibt Teile der Elite, die den Euro fallen lassen wollen. Es gibt aber eben auch Familien, die den Euro für einen Währungskrieg gegen den US-Dollar nutzen. Es ist momentan schwer zu sagen, wer als Sieger dabei hervorgehen wird. Allerdings haben alle dasselbe Ziel – eine Weltwährung. Und es ist klar, dass die USA den Dollar als Basis dafür haben möchten. Die Asiaten sehen das ganz anders...

Ich persönlich stehe weiterhin zu dem Ziel einer Zentralen Weltregierung, doch ist es die Art, wie man mit den Menschen und auch untereinander umgeht, was mir missfällt. Und ich gehöre zu der Fraktion, die meint, dass die Schaltstelle der Zentralen Weltregierung nicht in Jerusalem oder New York sitzen soll, sondern in Deutschland.

Die nächsten Jahre werden definitiv entscheidend sein für die Zukunft der Menschheit, das ist gewiss. Dass bezüglich dieser Themen allerdings so große Unwissenheit und Ungläubigkeit herrscht, ist durch die gezielte Umerziehung und der weltweiten Medienmacht, die durch die Familien gelenkt wird, nicht überraschend. Narren sind nur diejenigen, die glauben, dass es so etwas wie eine freie Presse auf der Welt gibt oder so etwas wie Meinungsäußerungsfreiheit. Die Zeiten sind lange vorbei. Gegen die heutige Kontrolle waren selbst die Propaganda-Strategen des Dritten Reiches nur zweitklassig.

Vielen Dank für das Interview, Herr Morgenstern.

Dies war ein Auszug aus einem insgesamt sechsstündigen Interview, in dem Ben Morgenstern auch auf andere Themen einging, die jedoch weniger zum Buchthema der „Politischen Unkorrektheit" passen.

Unser persönliches Fazit ist, dass Ben Morgenstern – dessen richtigen Namen er uns bat, nicht preiszugeben – einer wirklich einflussreichen Familie angehört. Ob man diese zur obersten Elite zählen kann, können wir allerdings nicht einschätzen. Viele seiner Aussagen können wir nachvollziehen, andere wiederum nicht. Zudem sind auch einige Widersprüche vorhanden. Dennoch fanden wir es spannend, seine Meinung zu erfahren und vor allem seine Sichtweise über Deutschland zu hören.

Stefan Erdmann und Jan van Helsing mit Credo Mutwa im Februar 2010 in Südafrika.

Stefan Erdmann (1966) ist gelernter Heilerzieher und war bis 2009 Betreiber eines Pflege- und Seniorenheims. Als freier Forscher bereiste er große Teile des Planeten, wobei sein Schwerpunkt in Ägypten liegt. Er ist Autor mehrerer Sachbücher und drehte mit Jan van Helsing zusammen 2007 den Spiel-Dokumentarfilm „*Die Cheops-Lüge*".

Website: www.erdmann-forschung.de
Email: s.erdmann-forschung@t-online.de

„Was, Ihr Sohn ist nicht schwul?"

von Udo Schultheis

„Ihr Sohn hat keine schwulen Freunde? Das muss sich ändern – sofort!" So oder ähnlich sollen nach dem Willen der Grünen in nicht ferner Zukunft Lehrer, Erzieher und Jugendarbeiter reagieren, wenn sie mit den Eltern ihrer Schützlinge sprechen. Geht es nach der Öko-Partei, sollen bereits in den Kindertagesstätten die kleinen Besucher davon überzeugt werden, dass Homosexualität so normal ist, als liebe ein Mann eine Frau. Das ist für mich deswegen verwunderlich, da die Menschen in unserem Kulturkreis entweder Christen, Moslems oder Juden sind und dementsprechend erzogen wurden. Aus der Bibel erfahren die **Christen**: *„Darum lieferte Gott sie entehrenden Leidenschaften aus: Ihre Frauen vertauschten den natürlichen Verkehr mit dem widernatürlichen; ebenso gaben die Männer den natürlichen Verkehr mit der Frau auf und entbrannten in Begierde zueinander; Männer trieben mit Männern Unzucht und erhielten den ihnen gebührenden Lohn für ihre Verirrung."* – Röm 1, 26-27; *„Eine Frau soll nicht die Ausrüstung eines Mannes tragen, und ein Mann soll kein Frauenkleid anziehen; denn jeder, der das tut, ist dem Herrn, deinem Gott, ein Gräuel."* – 5. Mose, Deu 22, 5.

Und auch die **islamische Theologie** lehnt Homosexualität als schwere Sünde kategorisch ab: Siehe Koran Sure 7:80ff und Sure 26:165ff: *„Wollt ihr euch denn mit Menschen männlichen Geschlechts abgeben und (darüber) vernachlässigen, was euer Herr euch in euren Gattinnen (als Ehepartner) geschaffen hat? Nein, ihr seid verbrecherische Leute."*

Noch schlimmer ist es im **Judentum**, da dessen heilige Schriften den Tod verlangen, wenn zwei Männer Sex miteinander haben: *„Wenn jemand bei einem Manne liegt wie bei einer Frau, so haben sie getan, was ein Gräuel ist, und sollen beide des Todes sterben; Blutschuld lastet auf ihnen."* – Lev 20, 13. Das lehrt auch die Mischna (mSanhedrin 7, 4) und der Talmud (bSanhedrin 54a).

Wie soll man den Kindern nun erklären, dass zum einen der Homosexuelle laut Bibel, Koran oder Talmud den Tod finden soll, andererseits aber es doch in Ordnung ist. Vor allem ist mir nicht verständlich, wieso die kleinen Kinder im Kindergarten damit konfrontiert werden müssen, ob wohl sie noch nicht einmal den schulischen Sexualunterricht hinter sich haben?

Laut den „Grünen“ soll es aber so sein. Und wer das nicht will, wird ausgegrenzt, basta! In Berlin wollten die Grünen damit beginnen und wurden Anfang Oktober 2011 lediglich durch die gescheiterten Koalitionsverhandlungen mit der SPD daran gehindert. Doch damit ist das Problem nicht behoben, sondern nur verschoben.

In ihrem Programm reden die Grünen Klartext: *Homophobie* nennen sie die Abneigung einer Mehrheit der Berliner Jugendlichen gegenüber homosexuellen Lebensweisen und wollen damit offenbar eine krankhafte Haltung dieser Mehrheit suggerieren. Und weil nicht sein kann, was nicht sein darf, stellen die fortschrittlichen ehemaligen Friedensfreunde diese Homophobie auch gleich auf eine Stufe mit Rassismus und Antisemitismus. Für viele Betrachter der Entwicklung Anlass, an der politischen Reife zumindest der Berliner Grünen zu zweifeln, denn mit der Gleichsetzung von den oben genannten Begriffen werden nicht nur Rassismus und Antisemitismus verharmlost, sondern gleichzeitig große Teile der deutschen Bevölkerung diskriminiert. War Homosexualität bis in die 1970er Jahre hinein durch Paragraph 175 im StGB unter Strafe gestellt, scheinen sich die Verfechter des besonderen Sexualkundeunterrichts heute mit jenen auf eine Stufe zu stellen, die das Gesetz damals einführten. Sie grenzen aus, sie rücken Andersdenkende in die Nähe von Straftätern und reden einer politischen Inquisition das Wort. Doch die Absurdität der grünen Vergleiche geht noch viel weiter und tiefer. Allen Ernstes begeben sie sich mit ihrem Versuch, die Ablehnung homosexueller Lebensarten auf eine Stufe mit Rassismus und Antisemitismus zu stellen, in einen Rechtsbereich, der es in sich hat. Denn der – juristisch übrigens in keiner Weise definierte – Begriff „Rassismus“ findet sich in den Straftatsbeständen des Paragraphen 130 StGB (Volksverhetzung) wieder. Hier wird dargelegt, dass derjenige strafbar handelt, der *„in einer Weise, die geeignet ist, den öffentlichen Frieden zu stören 1. zum Hass gegen Teile der Bevölkerung aufstachelt oder zu Gewalt- oder Willkürmaßnahmen gegen sie auffordert oder 2. die Menschenwürde anderer dadurch angreift, dass er Teile der Bevölkerung beschimpft, böswillig verächtlich macht oder verleumdet“*. Weiter geht es dann damit, dass eine Straferhöhung fällig ist, wenn in Schriften zu oben Genanntem aufgefordert wird. Nach Lackner/Kühl (StGB, Strafgesetzbuch, Kommentar 25. Auflage 2004, S. 604) sind die in Paragraph 130 genannten Betroffenen *„im Inland lebende Personenmehrheiten nicht ganz geringfügiger Größe und Be-*

deutung, die von der Gesamtheit der Bevölkerung aufgrund äußerer oder innerer Merkmale als unterscheidbare Teile abgegrenzt werden können."

Was im Juristendeutsch schwierig klingt, ist in Wirklichkeit ganz einfach: Die Erfinder des besonderen Sexualkundeunterrichts gehen in ihrer offensichtlichen Verblendung so weit, sich für Personenmehrheiten zu halten, die sich von der übrigen Bevölkerung innerlich oder äußerlich unterscheiden. Doch woran sind homosexuelle Männer und Frauen äußerlich objektiv erkennbar? Genau, an nichts! Und innerlich? Von einem besonderen, gegenüber Heterosexuellen unterschiedlichen biologischen Aufbau schwuler oder lesbischer Menschen ist nichts bekannt. Also kann es sich bei den grünen „Argumenten" – ernsthaft betrachtet – nur um reine und plumpe Propaganda handeln.

Doch kehren wir an dieser Stelle von unserem Ausflug in die Welt der Rechtswissenschaft wieder zurück in den deutschen Alltag. Der wird inzwischen in vielen gesellschaftlichen Bereichen von Homosexuellen nahezu dominiert. Wer keine gleichgeschlechtlichen Beziehungen befürwortet, fördert oder lebt, gilt derzeit als *unmodern* und *unsozial*. Selbst wer eine neutrale Haltung zu dem Thema einnimmt, ist in Deutschland von dem Bannstrahl getroffen und wird von weiten Teilen der Gesellschaft diskriminiert. Eine Diktatur der Toleranz wurde errichtet, gegen die sich schon Henryk M. Broder in einem seiner bedeutendsten Bücher richtete. Homosexuelle in Politik, Wirtschaft und Gesellschaft sind zu einem Machtfaktor geworden, der über alle Parteigrenzen hinweg funktioniert und zu verstehen gibt, dass nur jene Menschen wirklich kritisch denken und handeln können, also praktisch die Erlaubnis dazu haben, die gleichzeitig Homosexualität befürworten.

Um es hier einmal deutlich zu sagen: Es geht nicht um die Bekämpfung der Bewegung der Homosexuellen. Es geht darum, dass eine ganz bestimmte Schicht in der Bundesrepublik der Meinung ist – und diese unter allen Umständen durchsetzen will –, eine moderne Gesellschaft müsse Schwulen und Lesben gegenüber akzeptierend auftreten. Deutlich wird diese Entwicklung bereits seit Jahren in den unterschiedlichen Wahlkämpfen der Parteien. Wer heute in einer deutschen Großstadt Oberbürgermeister werden möchte, hat bestimmte Tabu-Themen nicht zu berühren. Neben einer kritischen Haltung gegenüber Umwelt- und Familienpolitik zählt dazu natürlich auch das Thema Homosexualität. Sollte sich ein Bewerber um ein öffentliches Amt auch nur auf leisesten Sohlen dieser Thematik kritisch nähern, könnte er sein Vorhaben, in die Politik zu gehen, gleich begraben. Soziologisch betrachtet wird Homosexualität als Synonym für Toleranz, Offenheit, Freiheit und Ehrlichkeit herangezogen – und auch so „verkauft". Einen größeren Anteil daran haben Politiker wie Klaus Wowereit (SPD), Ole von Beust (CDU), Guido Westerwelle (FDP) und Volker Beck (Grüne). Und so liegt es nahe, dass sie sich nicht nur in diversen Clubs miteinander treffen, sondern sich auch den einen oder anderen Posten zuschieben. So geschehen in Hamburg, wo der damals regierende Erste Bürgermeister (Ministerpräsident) Ole von Beust gleich einen homosexuellen Freund, einen ehemaligen TV-Moderator, als Ministeriumssprecher in die Mannschaft holte. Von anderen Häusern wird Ähnliches berichtet. Ähnlich verhält es sich in der Unterhaltungsbranche, wo die Homosexuellen Hape Kerkeling (Komödiant), Hella von Sinnen (Komödiantin und mit der Tochter des Alt-Bundespräsidenten Walter Scheel liiert) oder Anne Will (Polit-Talkerin und mit Miriam Meckel, Ex-Regierungssprecherin in Nordrhein-Westfalen, zusammen) den Ton angeben.

Solche Machtstrukturen zu akzeptieren und als völlig in Ordnung zu empfinden, sollen nun Kinder bereits so früh wie möglich erlernen. Der „Berliner Aktionsplan gegen Homophobie" soll künftig Pflichtprogramm bei der Lehrerausbildung werden. Und geht es nach dem Willen des Sprechers des „Lesben- und Schwulenverbandes Berlin-Brandenburg", Alexander Zinn, ist Sexualkunde in Schulen wichtiger als Gebetsräume. Dagegen protestiert der *Deutsche Lehrerverband* (DL) massiv und stuft das Vorhaben nicht nur als massiven Eingriff in das elterliche Erziehungsrecht, sondern auch als grundgesetzwidrig ein.

Wahre Luftsprünge über die Ideen der Grünen dürften die Mitglieder der obskuren „Arbeitsgemeinschaft Humane Sexualität" machen. Diese Gruppe, die mit der Bürgerrechtsbewegung *Humanistische Union* (HU) zusammenarbeitete, hat offenbar ein ganz besonderes Verhältnis zur menschlichen Sexualität, das auch Pädophilen einen gewissen Freiraum einräumt. In einer „Erklärung des Bundesvorstandes der Humanistischen Union zum Sexualstrafrecht" aus dem Jahr 2000 übernahm die HU die Positionen der Arbeitsgemeinschaft und bezeichnete den Umgang mit Pädophilen in Deutschland unter anderem als *„kreuzzugartige Kampagne"*, auch von *„raren Fällen sexueller Gewalt"* war die Rede. Ein Blick in die deutsche Kriminalstatistik hätte genügt, um die selbst ernannten Humanisten über die wahren Verhältnisse in dem von ihnen verharmlosten Bereich aufzuklären. Nach heftigen öffentlichen Protesten distanzierte sich die Union schließlich von den Positionen der „Arbeitsgemeinschaft Humane Sexualität", brauchte dafür aber geschlagene vier Jahre, was auf die enorme Macht der Arbeitsgemeinschaft innerhalb des HU-Vorstandes hindeutet. Noch im Jahr 2010 wurde dem Regensburger Bischof Gerhard Ludwig Müller gerichtlich verboten, seine Kritik an der Humanistischen Union bezüglich Pädophilie zu wiederholen.

Dass enge Verflechtungen zwischen den Grünen und der Humanistischen Union bestehen, zeigt die Liste aktiver und ehemaliger Vorstandsmitglieder, in der sich – oh Wunder – Namen wie Claudia Roth, Volker Beck, Renate Künast (Spitzenkandidatin der Grünen bei der Wahl zum Abgeordnetenhaus 2011 in Berlin und damit qua Position höchste Verfechterin der Idee vom besonderen Sexualkundeunterricht in der Hauptstadt) und der von unter immer noch nicht völlig geklärten Umständen verstorbenen früheren Grünen-Ikone Petra Kelly finden.

Aber auch Sabine Leutheusser-Schnarrenberger (FDP), die derzeitige Bundesjustizministerin, hat bei der HU ein gewichtiges Wörtchen mitzureden. Bundesvorsitzende der Initiative ist übrigens Rosemarie Will, Professorin für Rechtswissenschaft an der Berliner Humboldt-Universität und ehemalige Propagandafunktionärin der FDJ-Grundorganisation der DDR an der Uni. Das frühere SED-Mitglied sitzt inzwischen in der Grundwertekommission der SPD. Doch sollten wir noch einmal auf das besondere Verhältnis der Grünen zur Sexualität zurückkommen, denn dieses ist in den Reihen der Umwelt-Partei nicht neu. Bereits im zarten Alter von fünf Jahren (die Grünen wurden am 13. Januar 1980 in Karlsruhe gegründet) verabschiedete der Landesverband Nordrhein-Westfalen 1985 ein Aufsehen erregendes Strategiepapier, das ins offizielle Wahlprogramm aufgenommen wurde. Initiator der Schrift war die Arbeitsgemeinschaft „Schwule und Päderasten" im Landesverband, und das Papier trug den Titel *„Sexualität und Herrschaft"*. Inhaltlich forderten die Grünen hier die Abschaffung des deutschen Sexualstrafrechts, das auch Kinder vor sexuellen Übergriffen schützt.

Konkret handelt es sich um die Paragraphen 174 bis 176. Gemeint sind Straftaten gegen die sexuelle Selbstbestimmung, die doch besonders von den Grünen angeblich mit Zähnen und Klauen verteidigt wird. Konkret bezeichnen die genannten Paragraphen Folgendes: § 174 stellt den sexuellen Missbrauch von Schutzbefohlenen, § 174 a den sexuellen Missbrauch von Gefangenen, behördlich Verwahrten oder Kranken und Hilfsbedürftigen in Einrichtungen, § 174 b den sexuellen Missbrauch unter Ausnutzung einer Amtsstellung, § 174 c unter Ausnutzung eines Beratungs-, Behandlungs- oder Betreuungsverhältnisses unter diverse Strafen. Schließlich widmet sich § 176 des Strafgesetzbuches dem sexuellen Missbrauch von Kindern und 176 a dem schweren sexuellen Missbrauch von Kindern, bevor es in § 176 b um den sexuellen Missbrauch von Kindern mit Todesfolge geht. In ihrem Papier stellen die NRW-Grünen damals fest, Sex zwischen Erwachsenen und Kindern sei für beide Teile angenehm, produktiv und entwicklungsfördernd.[83a] Damit nicht genug, beteiligten sich prominente grüne Politiker schon vor Jahren mit unmissverständlichen Beiträgen an der Sexualdebatte. Kein Geringerer als Daniel Cohn-Bendit, EU-Abgeordneter der Grünen und Freund Joschka Fischers, veröffentlichte 1975 das Buch *„Der große Basar“*, in dem er in einem Kapitel berichtet, als Mitarbeiter eines Frankfurter Kinderladens erotische Kontakte mit dortigen Kindern gehabt zu haben. Der bereits erwähnte Volker Beck soll angeblich an dem Buch *„Der pädosexuelle Komplex, Handbuch für Betroffene und ihre Gegner“* mitgearbeitet haben.

Unter dem Begriff „Gender Mainstreaming“ geben Europäische Union und besonders die Bundesregierung derzeit Milliardenbeträge aus, um Homosexualität und Pädophilie gesellschaftsfähig zu machen. So veröffentlichte die Bundeszentrale für gesundheitliche Aufklärung jüngst zwei Broschüren, die sich an Eltern wenden. Demnach ist es für die „richtige“ Erziehung des Nachwuchses vom ersten bis zum dritten Lebensjahr förderlich, das Kind beim Saubermachen spielerisch an den Genitalien zu berühren. Schaden kann es nach Darstellung der Bundeszentrale auch nicht, wenn „Erkundigungen der Genitalien Erwachsener“ durch Kinder erfolgen, selbst wenn die Erwachsenen dadurch sexuell erregt werden.

Eines dieser bildungspolitischen Meisterwerke ist das Liederheft *„Nase, Bauch und Po“* für den Kindergarten. Eine Kostprobe gefällig?

„Buhbuh – Das, worüber meine Großkusine gar nicht spricht, ja, das ist der kleine Pullermann. Du weißt schon, was ich meine, Penis wird er auch

genannt, manche sagen auch Buhbuh in einem andren Land dazu. Ja, das ist mein Pullermann, mit dem ich prima pullern kann, da hängen noch zwei Kullern dran, in einem Beutelchen, oh Mann, da sind ganz viele Samen drin, und die sind winzig klein, und wenn ich mal erwachsen bin mit meiner Frau allein, dann haben wir uns lieb im Bett, fangen an so rumzutoll'n, und dann kriegen meine Frau und ich so viel Kinder, wie wir woll'n. Meine Großkusine verzieht gar keine Miene. ‚Hab ich alles schon gewusst', sagt sie oberaffencool und springt in den Swimmingpool, und fass' ich ihn mal an, den kleinen Penismann, dann ist mir manchmal so, als ob er das gut leiden kann." Text: Jörn Brumme(84)

„*Wenn ich meinen Körper spür' – Wenn ich meinen Körper spür, mich anschau' und berühr', entdeck' ich immer mal, was alles an mir eigen ist. Meine Hände, mein Gesicht und mein kleines Muttermal. Ich bin nicht wie Anna, Liese, nicht wie Heidi oder Suse Bella oder Gretchen. Doch alle zusammen sind wir keine Jungs. Wir haben eine Scheide, denn wir sind ja Mädchen. Na na na na na na. Sie ist hier unterm Bauch, zwischen meinen Beinen. Sie ist nicht nur zum Pullern da, und wenn ich sie berühr', ja ja, dann kribbelt sie ganz fein. Und später kommen da Kinder raus, hat Mama mir erzählt...*" Text und Musik: Blanche Elliz(85)

Wenn Sie meinen, das wäre nur eine Ausnahme, täuschen Sie sich. Es geht noch schlimmer! Ein sogenannter „*Ratgeber für Eltern zur kindlichen Sexualerziehung vom 1. bis zum 3. Lebensjahr*" leitete die Eltern dazu an, ihr Kind beim Saubermachen zwischen den Beinchen zu kitzeln, zu streicheln und zu liebkosen und beklagt auf Seite 27: „*Scheide und vor allem Klitoris erfahren kaum Beachtung durch Benennung und zärtliche Berührung (weder seitens des Vaters noch der Mutter) und erschweren es damit für das Mädchen, Stolz auf seine Geschlechtlichkeit zu entwickeln.*" Und ganz besonders begrüßenswert wäre es, wenn auch Väter, Onkel, Großmütter oder Kinderfrauen diese Broschüre lesen und sich angesprochen fühlen würden, heißt es dann auf Seite 13. Das ist meiner Ansicht nach ein politisch korrekter Aufruf zum Kindesmissbrauch, also eine Verbrämung von Pädophilie – und die Medien schweigen.

Inzwischen haben sich namhafte kirchliche und gesellschaftliche Vertreter gegen diese Form der Sexualerziehung gewandt.

Christenverfolgung: Kein Relikt aus dem Römischen Reich!

von Udo Schultheis

Wir kennen sie aus der Zeit der Römer. Petrus, der Legende nach der erste Papst, fiel ihr zum Opfer. Während der Kreuzzüge war sie in Jerusalem an der Tagesordnung, und selbst in Europa trieb sie ihr Unwesen – die Christenverfolgung. Doch was wir schon lange in die Zeit des „dunklen Mittelalters" und weit davor datiert haben, ist inzwischen wieder blanke Realität. Christenverfolgungen – insbesondere in islamischen Ländern – stehen auf einer Stufe mit Staatsterrorismus. Und die westliche Welt schweigt fast unisono. Alles andere wäre politisch unkorrekt!

Hierzulande müssen sich Geistliche mit der Todesstrafe für ihren Glauben glücklicherweise nur theoretisch beschäftigen. Doch viele ihrer Glaubensbrüder in anderen Ländern sind täglich an Leib und Leben bedroht. So der evangelische Pastor Yousef (Josef) Nadarkhani. Der 35-jährige Iraner ist geistiges Oberhaupt einer kleinen christlichen Gemeinde im Iran – und wurde jetzt vom höchsten Gericht des Landes zum Tode verurteilt. Nadarkhani ist nicht etwa ein Hassprediger wie viele muslimische Geistliche, er verabscheut und beleidigt auch keine anderen Religionen, predigt weder Schwert noch Vertreibung. Sein „Vergehen": Der Mann verkündet die Frohe Botschaft, lädt zu Toleranz und größerem Miteinander ein, spricht von Gnade und Gewaltlosigkeit, von Hingabe und Freiheit. Trotz größter Bedrohung und Bedrängnis schwört der Christ seinem Glauben nicht ab – für die Offiziellen im islamistischen Iran ein rotes Tuch. Deswegen soll er auch den Tod durch den Strang erleiden, eine Strafe für Schwerverbrecher. Betroffen ist ein Vater zweier Kinder. Selbst vor der Frau des Pastors machen die Häscher nicht halt. Sie verbrachte bereits Monate in dunklen Gefängniszellen, womit der Staat ihren Mann zur Abkehr vom Christentum zwingen wollte – vergeblich. Auch der Anwalt des Pastors blieb nicht verschont und wurde mit neun Jahren Haft bedroht. Weder die „Internationale Gesellschaft für Menschenrechte" noch der Papst in Rom haben bislang wirksam eingegriffen, sich nicht einmal deutlich zu Wort gemeldet. Sollte dem „Stellvertreter Gottes auf Erden" etwa völlig gleichgültig sein, was seinen Glaubensbrüdern geschieht? Fast scheint es so.

Doch nicht nur der Christ im Iran ist mit dem Tode bedroht, auch in einer Reihe anderer Staaten müssen Christen um ihr Leben fürchten, werden immer wieder unterdrückt und erniedrigt. Weltweit werden mehr als 100 Millionen Christen wegen ihrer religiösen Überzeugungen verfolgt! Das erfährt man aus dem Weltverfolgungsindex des evangelischen Hilfswerks *Open Doors*. Vor allem in muslimischen und sozialistischen Ländern sind Christen Repressionen ausgesetzt.

Ganz offiziell von keiner der großen Menschenrechtsorganisationen angeprangert, gilt die Todesstrafe für Christen heute in folgenden Ländern: Sudan, Jemen, Somalia, Pakistan, Saudi-Arabien und Afghanistan, wobei besonders Somalia und der Sudan von Staaten des christlichen Abendlandes nach Kräften unterstützt werden, um ein – wenn auch nur rudimentäres – Überleben der dort existierenden Menschen zu sichern. Damit erweist sich der Islam nach Meinung zahlreicher Beobachter einmal mehr als eine Religion, die eben nicht dem Frieden und der Toleranz verbunden ist, sondern tief in sich diktatorische und kriegerische Züge trägt. Waren die Mohammedaner zur Zeit der Kreuzzüge im 14. Jahrhundert einmal Erschaffer und Träger blühender Kulturen und bedeutender Wissenschaften, sind sie heute weitestgehend davon entfernt und lassen Zweifel an der Zugehörigkeit zur zivilisierten Welt aufkommen. Wer zum Beispiel bei Google-Video den Suchbegriff „Christenverfolgung" eingibt, stößt auf zahlreiche Filmbeiträge zum Thema, die von Mord, Totschlag, Vertreibung und Vergewaltigung berichten. Markus Rode, Vorsitzender der Organisation *Open Doors* (offene Türen), die sich um verfolgte Christen kümmert, spricht davon, dass *„überall dort, wo muslimische Autorität herrscht"*, Christen nahezu automatisch verfolgt würden. Schließlich sei die Verfolgung und Ermordung durch die Scharia gedeckt. In ihr sei festgehalten, dass missionierende Christen (und das sind sie in den Augen des Islam bereits durch ihre Religionszugehörigkeit) eine Gefahr darstellen und bekämpft werden müssten – und zwar mit der Todesstrafe.

Halt macht der Christenmord allerdings nicht an den Grenzen islamisch geprägter Kulturen. Auch ganz andere Religionen, die in Westeuropa und den USA gerne als fortschrittlich, friedlich und erstrebenswert dargestellt werden, mischen bei der blutigen Verfolgung heftig mit. Gemeint sind fernöstliche Gesellschaften, zu denen auch Japan gehört, ein scheinbar hochmoderner und rationaler Staat mit einer Vorbildgesellschaft. Bereits vor 500 Jahren wurden hier noch Christen gekreuzigt, insgesamt 40.000 von ihnen umgebracht. Heute werden sie in Japan noch immer diskriminiert. Die Sowjetunion unter ihrem Diktator Josef Stalin (1878-1953) ließ allein in der Zeit von 1917 bis 1940 120.000 Priester, Nonnen und Mönche verhaften, 96.000 von ihnen wurden erschossen. Alexander Jakowlew, Vorsitzender der Moskauer Regierungskommission zur Rehabilitierung der Opfer politischer Unterdrückung, gab bekannt, dass zwischen 1917 und 1985 rund 200.000 Geistliche umgebracht und etwa 300.000 in Zwangsarbeitslager verbracht wurden. Er sagte: *„Die Tatsachen beeindruckten mich auf schreckliche Art und Weise. Popen und Mönche wurden an Kirchentüren gekreuzigt, erschossen, stranguliert und im Winter so lange mit Wasser übergossen, bis sie zu Eissäulen erstarrt waren.“*

In einem Kommentar hierzu heißt es: *„Lenin, der rote Zar, hat mehr Blut zu verantworten, als überhaupt vorstellbar ist. Vor seinem Tod hat er Tisch und Stühle für seine Untaten um Vergebung angefleht.“* Stalin sagte 1928 auf einem atheistischen Kongress: *„Gebt mir einige Jahre Zeit, und ich zeige euch den letzten Christen!“*[(86)]

An der Spitze stehen allerdings weiterhin jene Staaten, die entweder durch und durch islamisch sind oder zumindest hohe Affinitäten zu dieser Religion aufweisen. Als da wären:

- Ägypten: Hier werden vor allem christliche Kopten auf offener Straße durch die islamische Bevölkerung angegriffen. Schutz durch den Staat gibt es schlicht nicht.
- Irak: Seit Jahrzehnten wird in diesem Land gezielter Terror gegen Christen ausgeübt. Die *Gesellschaft für bedrohte Völker* spricht in diesem Zusammenhang von der größten Christenvertreibung der Gegenwart. Einst lebten im Irak 1,3 Millionen Christen, bereits die Hälfte von ihnen ist seit dem Jahr 2003 unter oft lebensbedrohlichen Umständen aus dem Land geflohen.
- Malediven: Die uns eigentlich nur als Urlaubsparadies bekannte Inselgruppe gilt inzwischen als Hölle für Christen, die hier zwar nicht offen verfolgt, aber im Alltag immer wieder diskriminiert werden, sei es bei Behörden, der Suche nach Arbeit oder der medizinischen Versorgung.

- Türkei: Der angeblich so westeuropäisch geprägte Staat am Bosporus, Mitglied der NATO und EU-Wunschkandidat, machte sich nicht nur mit dem Massenmord am armenischen Volk (mehrheitlich Christen) einen unrühmlichen Namen. Noch im Jahr 2006 wurde der aus Italien stammende katholische Priester Andrea Santaro von einem 17-jährigen Türken erschossen, der sich damit für die umstrittenen Mohammed-Karikaturen rächen wollte. Der Täter klingelte nach der Sonntagsmesse bei dem Priester, jagte ihm drei Kugeln in die Brust und flüchtete. Trotz einer Großfahndung wurde er zunächst nicht gestellt. Der Priester, so Berichte westlicher Medien, wurde bereits vor dem Mord mehrfach bedroht. Im März des selben Jahres wurden Übergriffe auf christliche Gemeinden in der Türkei gemeldet, im Januar 2007 ein christlicher Journalist ermordet, und im Februar des folgenden Jahres wurden christliche Dörfer sogar durch das türkische Militär angegriffen.
  Oder hatten Sie schon einmal von dem Christenpogrom in Istanbul im Jahre 1955 gehört? Es ist den Türken verboten, darüber zu sprechen, was dort im September 1955 geschah. 100.000 Menschen waren, mit Waffen ausgerüstet, aus Anatolien nach Istanbul transportiert worden, zogen dann durch die Hauptstraßen der Stadt, wo die christliche Minderheit seit Jahrhunderten lebte, und zerstörten mit Dynamit und Äxten 4.000 griechische Geschäfte, setzten 72 orthodoxe Kirchen und 30 Schulen in Brand. Dabei vernichteten sie das gesamte Eigentum der Christen. Bei der Zerstörung blieb es aber nicht, denn christliche Geistliche wurden zu Tode gequält, Frauen vergewaltigt und christliche und jüdische Gräber geschändet. Insgesamt 45 Kirchengemeinden wurden in der Stadt zerstört, in der damals 600.000 Menschen lebten, von denen über die Hälfte Christen, Armenier und Juden waren. Zurückgeblieben sind nur 50.000 Armenier und 2.000 Christen.(87)
- Indien: ein Staat, aus dem uns Christenverfolgung eigentlich gar nicht bekannt ist. Dennoch gab es dort seit 1998 über 1.000 Angriffe auf Christen. Die angeblich so friedlichen Hindus haben 50.000 Christen vertrieben und im Jahr 2008 60 Gläubige getötet, darunter auch kleine Kinder.

- Nordkorea: In dem abgeschotteten Staat wurden 50.000 bis 70.000 Christen in Arbeitslager eingesperrt. Zudem werden zahlreiche Christen verhaftet. Die Ausübung religiöser Bräuche ist bestenfalls im Untergrund möglich.
- Afghanistan: Auch zehn Jahre nach dem Ende der Talibanherrschaft gibt es in dem Land keine öffentlichen Kirchen mehr. Besonders Konvertiten sind mit dem Tode bedroht. Ende Oktober drohten Islamisten den Christen einen Vernichtungskampf an.
- Saudi-Arabien: Der muslimische Wahabismus ist die einzige zugelassene Religion. Der Besitz von Bibeln und anderen christlichen Symbolen ist gesetzlich verboten. Der Abfall vom Islam wird mit der Todesstrafe geahndet. Zudem sind viele christliche Konvertiten in den vergangenen Jahren aus dem Land geflohen.(88)

Nicht viel anders zeigen sich die Verhältnisse in Eritrea, Peru, Kolumbien, Mexiko, Vietnam und China. Rund 90.000 Menschen sterben jährlich weltweit, weil sie Christen sind. Dabei macht diese Hatz nicht einmal vor Deutschland selber halt. Hier sind jene stark gefährdet, die vom Islam zum christlichen Glauben konvertiert sind. Eine in Deutschland lebende Syrerin trat vor wenigen Jahren zum Christentum über – und sah sich plötzlich enormen Schwierigkeiten gegenüber. Die eigene Familie aus Syrien setzte die junge Frau derart unter Druck, dass sie um ihr Leben fürchtete. Unmissverständliche Botschaften wie *„dein Grab ist schon geschaufelt"* erreichten sie von der Großfamilie, zahlreiche Anrufe setzten der Frau zu. Denn wer den Islam verlässt – ganz gleich, wo auf der Welt –, der gilt als *Murtadd*, als Abtrünniger, der mit dem Tode bestraft wird. Nach der Scharia hat dann jeder(!) Moslem das Recht, diesen Menschen zu töten, ohne dafür bestraft zu werden. Nach Angaben der Islam-Expertin Prof. Dr. Christine Schirrmacher treten in Deutschland jährlich etwa 60 Muslime zum christlichen Glauben über. Viele von ihnen werden dann vor den Türen von Kirchen durch Unbekannte angesprochen, die wilde Flüche und Drohungen ausstoßen. Nicht selten treffen bei den Konvertiten auch Briefumschläge ein, in denen Gewehrkugeln liegen...

Die Mainstream-Fabrik und ihre Experten! Die Methodik der dogmatischen Welt…

von Andreas Popp

Immer wieder beschäftigt mich die Frage, mit welchen Mitteln man das offizielle, verzerrte Bild der sogenannten „Wahrheit" oder „Realität" in die Köpfe der Menschen einzementiert. Selbst viele gebildete Menschen fallen offenbar auf die Methoden dieser Mainstream-Produktion herein – für mich ein Beweis dafür, dass Bildung und Intelligenz sehr oft getrennte Wege gehen. In Anbetracht der sich immer schneller drehenden geldsystematischen Tretmühle nehmen viele Menschen die Nachrichten kritiklos auf, um vermeintlich auf dem Laufenden zu bleiben.

Nachrichten – allein dieser Begriff sagt schon aus, dass etwas *nach*-gerichtet wird, damit die Menschen sich *danach* richten.

Warum man diese Manipulationen veranstaltet ist klar: Die Machtinhaber spielen dieses Spiel der Zerstörung aus reiner Profitgier bis zum Erbrechen. Das geht nun schon seit mehr als 2.000 Jahren so, aber es besteht die Chance, dass diese finstere Zeit sich dem Ende nähert und schon in wenigen Jahrzehnten eine neue positive Ära beginnt.

Die Frage in diesem Artikel soll lauten: Wie produziert man eigentlich das jeweils „gültige Allgemeinwissen"? Jahrhundertelang „wussten" die Menschen, dass die Erde eine Scheibe ist, und Blitz und Donner den Zorn der Götter symbolisierten. Die katholische Kirche lehrte das Volk, dass Maria, die Mutter Jesu, ohne Intimverkehr schwanger wurde, und vermutlich glauben das heute immer noch einige. Dem Volk kann man offenbar alles einreden, aber wie stellt man es am besten an? Man braucht erst einmal „Experten", um das Tor zum Kopf des Bürgers zu öffnen. Ich kenne eine Menge Wissenschaftler und Journalisten, die völlig ohne jede Zusatzbezeichnung oder Titel auskommen, wenn sie öffentlich erscheinen.

In meinen TV-Interviews erkläre ich auch grundsätzlich, dass mein Name als Einblendung reichen muss, denn die Zuschauer am Bildschirm sollten auch ohne „Expertenzusatz" erkennen, ob ich etwas vom Thema verstehe oder nicht. Die Begrifflichkeiten wie „anerkannte Fachleute",

„Sachverständige“ oder „Kenner“ sagen erst einmal nichts aus, zumal sich hinter diesen Figuren oft nur „Handlanger“ der Lobbyisten befinden. Es klingt halt glaubhafter, wenn in einer Polit-Talkshow der „Wirtschafts-Experte“ dringend vor überzogenen Lohnforderungen warnt, anstatt deutlich zu kommunizieren, dass die Unternehmensverbände (von dem der Experte regelmäßig seine „Auslagen“ erstattet bekommt) durch den Druck der Hedge-Fonds gezwungen werden, Gehaltskostensenkungen im Interesse der Rendite-Geier durchzuboxen.

Gigantische Propagandamaschinen, die in Form von Stiftungen oder gemeinnützigen Verbänden auftreten, haben die heutige Medienlandschaft aus meiner Sicht völlig unterwandert. Man sucht Personen mit Professorentitel (egal was sie können), um sie für bestimmte Interessengruppen einzusetzen. Der sogenannte Renten-Experte Prof. Dr. Bert Rürup, der selbst heute noch von unverbesserlichen „Gutmenschen“ als kompetenter Kenner der Materie angesehen wird, ist ein sehr durchschaubares Beispiel. Von der privaten Lebensversicherungswirtschaft offenbar finanziert, tingelte er jahrelang durch die vermeintlich hochwertigen Talkshows, um für die kapitalgedeckten Versicherungen die Werbetrommel zu rühren... sorry, ich meine natürlich „eine kompetente Stellung zu beziehen“. Heute arbeitet er mit dem ehemaligen „Strukturverkäufer“ Carsten Maschmeyer zusammen, dem Gründer der Finanzvertriebsgesellschaft *AWD Holding AG*.

Jeder wirklich kompetente Sachverständige weiß sehr wohl, dass weder die gesetzlichen, noch die privaten Rentenmodelle funktionieren können, da das Geldsystem in beiden Bereichen dasselbe ist, aber es geht halt um die Gewinne der Anbieter. Als ich vor Jahren einmal mit einer Handwerkskammer in Kontakt trat, um den offiziellen Vertretern der meist kleineren Betriebe zu erläutern, dass man die Rahmenverträge mit der Iduna-Versicherung erheblich preiswerter haben könne, fragte man sofort ungeniert, was die Kammer denn davon hätte. Die Antwort: *„Zufriedenere Mitglieder in Ihrem Zwangsverein“* – aber das reichte den Herrschaften nicht aus. Sie wollten „Provisionen“ sehen, sonst nichts.

Gern bedienen sich auch die Versicherungsgesellschaften, ähnlich wie die Pharmaindustrie „unabhängiger Experten“, die dann ganz deutliche Empfehlungen aussprechen... Da lobe ich mir die offensichtlichen „Söldner-Schmieden", die keinen Hehl daraus machen, von der Industrie beziehungsweise den Banken finanziert zu werden. Wer aus diesen „Schools of Finance and Management" herauskommt, der weiß dann, wie man trotz dramatischer Wirtschaftslage und gesättigter Märkte noch weiter Marktanteile erobern kann, egal welche Kollateralschäden man dabei verursacht. Selbst in den „normalen" Schulen gibt es sogenannten Wirtschaftsunterricht, wo dann ein Vertreter zum Beispiel einer Sparkasse mit den Schülern „Börsenspiele" veranstaltet, in denen jeder Jugendliche „mit ein bisschen Glück" reich werden kann (natürlich nur fiktiv...). Durch dieses pervertierte Schulsystem und den anschließenden Studiengängen zum Bachelor oder MBA (Master of Business Administration) ist es kein Wunder, wenn beispielsweise das Geldsystem oft nicht verstanden wird und planlose junge „Wissenschaftler" ihre Dogmen abspulen, wenn man mit ihnen spricht.

Das eigentliche Propaganda-System aber läuft wesentlich unerkannter ab. Da sitzen dann gleichgeschaltete, von bestimmten Verbänden abhängige Politiker der SPD, CDU, FDP und Grünen in den Talkshows und diskutieren vermeintlich „kontrovers" ein bestimmtes Thema. Aber in Wirklichkeit umschifft man nur die eigentlichen Ursachen der Probleme, die behoben werden wollen. Man fordert zum Beispiel harte Einschnitte, von denen die Volksvertreter selbst natürlich niemals betroffen sind. Diese „V-Leute" oder IMs des Geldmonopols nehmen auch gern einmal Lobby-Gelder in die Hand, um in beliebten Fernsehserien bestimmte politische Dialoge einzubauen, die vermeintlich kritisch-politischen Charakter haben, aber klare Interessen verfolgen.

Wirkliche Denker mit echten Alternativmodellen für die Gesamtordnung, wie zum Beispiel Götz Werner, Enno Schmidt, aber auch ich selbst (in aller Bescheidenheit), bekommen keinen ausreichenden Sendeplatz zur Verfügung gestellt, denn es soll ja gar nichts verändert werden. Selbst in dieser Zeit, wo jeder halbwegs denkende Mensch erkennen kann, dass wir ein Systemproblem haben, fährt man das neoliberale Standardprogramm weiter. Die alternativen Internetmedien, die auch einmal Tabus brechen, werden diffamiert nach dem Motto: *„Spiel nicht mit den Schmuddel-Kindern."*

Möchte sich jemand tiefer damit beschäftigen, so empfehle ich neben meinem Buch „Das Matrix-Syndrom" auch das Buch „Die verblödete Republik", welches Thomas Wieczorek sehr eindrucksvoll verfasste. Wenn das Thema der Totalverblödung der Menschheit nicht so ernst wäre, könnte man beim Lesen dieses Buches nur lachen, denn Wieczorek ist in der Lage, in brillantester Form den täglichen Wahnsinn und dessen Drahtzieher zu beschreiben. Würden mehr Menschen dieses Werk lesen, wären diese „sogenannte Republik" und deren egozentrische Machthaber schnell am Ende, denn die vielen Lügen würden dann auffliegen, ob sie nun Demokratie, kapitalgedeckte Rentenversicherung oder Rechtsstaat und so weiter heißen.

Wir erhöhen im Rahmen des Festhaltens an den Dogmen täglich die Fallhöhe für den Augenblick, wenn diese politische und wirtschaftliche Ordnung bricht (deshalb ist eine mentale und materielle Vorbereitung so wichtig), denn sie wird brechen – besser heute als morgen.

In dieser Zeit zählt nur der gesunde Menschenverstand und auf keinen Fall die „Expertengutachten", die man gern heranzieht, um das falsche Weltbild zu beweisen. Deshalb arbeite ich so wenig mit Quellennachweisen bei Innovationsmodellen, denn die sind nur etwas für ewig Gestrige, die sich von alten Verkrustungen nicht lösen können. Ist doch logisch, oder?

Migranten und die Vorzensur der deutschen Presse

von Udo Schultheis

Wenn Sie morgens Ihre Zeitung aufschlagen, die Frühnachrichten im TV sehen oder Radio hören, mögen Sie zwar von Überfällen, Angriffen oder anderen Straftaten erfahren, doch immer häufiger fehlen in den Berichten entscheidende Informationen – unter anderem die über die Nationalität der Täter, denn das ist „politisch unkorrekt", führt angeblich zu Rassismus und stachelt auf. Dabei sind diese Informationen schlicht die Wahrheit. Und die sollte von den Medien schließlich verbreitet werden.

Vorauseilender Gehorsam in auffallend vielen Redaktionsstuben dieser Republik hat in den vergangenen Jahren die Courage von Redakteuren verdrängt. Hatten die in den 1980er Jahren ausgebildeten Journalisten noch den Grundsatz „jede Information ist eine Nachricht" – wozu auch die Nationalität eines Täters zählt – erlernt, besteht die Tätigkeit der jüngeren unter ihnen heute nur noch im Herunterbeten vorgegebener Texte und Verhaltensweisen – eine Bankrotterklärung des deutschen Journalismus, der nach der Hitler-Diktatur in der neuen Bundesrepublik DAS demokratische Instrument zur Kontrolle der Herrschenden war. Aktuell handelt es sich besonders bei den Mainstream-Medien nur noch um eine Art Briefträger, die vorgefertigte Nachrichten überbringen, ohne den wahren Inhalt zu kennen.

Besonders deutlich wird die falsche Rücksichtnahme der Medien bei der „Berichterstattung" über Ereignisse im Zusammenhang mit Migranten. Möglich macht's eine Ziffer (Ersatz für Paragraphen in Vereinbarungen ohne rechtliche Bindung) in den „Publizistischen Grundsätzen" des Deutschen Presserates, einem Kontrollorgan der deutschen Presse. Bei dem sogenannten Pressecodex handelt es sich um einen Katalog streng gefasster Verhaltensvorschriften für Journalisten und Verleger, um eine Vorzensur in der Fassung vom 3. Dezember 2008, also mitnichten aus grauer Vorzeit. Und damit hier keine Missverständnisse aufkommen, soll sich jeder ein Bild davon machen können, was in der besagten Richtlinie des Pressecodex steht. Bitte schön:

„Richtlinie 12.1 – Berichterstattung über Straftaten
In der Berichterstattung über Straftaten wird die Zugehörigkeit der Verdächtigen oder Täter zu religiösen, ethnischen oder anderen Minderheiten nur dann erwähnt, wenn für das Verständnis des berichteten Vorgangs ein begründbarer Sachbezug besteht.
Besonders ist zu beachten, dass die Erwähnung Vorurteile gegenüber Minderheiten schüren könnte."

Da sind selbst die Pressestellen vieler deutscher Polizeipräsidien offener und deuten zumindest an, um wen es sich bei bestimmten Straftätern handelt. Es gibt wohl kaum „deutsche" Großfamilien, die bewaffnet aufeinander losgehen und sich bei Erscheinen der Polizei gegen die Beamten zusammenrotten – da müssen schon Ross und Reiter genannt werden, wenn auch sehr vorsichtig –, so im Oktober 2011 in Essen geschehen. Hier die Pressemitteilung der Polizei dazu:

„Gestern Abend (Dienstag, 18. Oktober) riefen Anwohner der Franziskanerstraße die Polizei zu Hilfe. An der Kreuzung zur Steeler Straße sollten sich danach mehrere Personen lautstark streiten. Als kurz darauf die entsandte Streife gegen 22.35 Uhr eintraf, versuchte ein grauer Mercedes E-Klasse zu flüchten. Der quergestellte Streifenwagen vereitelte jedoch das Vorhaben des Fahrers. Als sich die Beamten dem mit mehreren Personen besetzten Wagen näherten, entdeckte ein Beamter eine Schusswaffe im Fahrzeug. Mit gezogenen Waffen wurden die vier Insassen angesprochen. Diese stiegen entgegen der Polizeiweisungen aus, bedrohten die Beamten und schlugen unvermittelt zu. Zu den Fahrzeuginsassen gesellten sich drei weitere ***unbekannte ausländische Passanten****, die ebenfalls die Beamten angriffen. Statt der Schusswaffen setzten die Beamten Reizgas ein, welches jedoch kaum Wirkung zeigte. Auch die Besatzung eines zweiten Streifenwagens, die zu Hilfe kam, wurde sofort attackiert. Nur mit starken Unterstützungskräften konnte die handfeste Schlägerei beendet werden. Polizeibeamte wurden durch Tritte und Faustschläge verletzt. Auch die Angreifer wurden bei der Verteidigung durch die Polizisten verletzt. Ein Polizist musste zur Versorgung seiner Verletzungen ins Krankenhaus gefahren werden. Die anschließende Suche nach der Schusswaffe verlief erfolglos. Wer sie während der Widerstandshandlungen an sich genommen hat, konnte bisher noch nicht geklärt werden. Die Beamten fanden jedoch mehrere ver-*

botene Schlagstöcke griffbereit. Warum die Angehörigen der Großfamilien in Streit gerieten, ist bislang unklar.“[89]

Der Vollständigkeit halber – und damit sind wir „politisch unkorrekt“ – sei hier angemerkt, dass es sich bei den Tätern um Libanesen handelte, deren Familien vor Jahren in der Bundesrepublik politisches Asyl erhalten hatten, weil sie vor dem Bürgerkrieg in ihrer Heimat flüchteten. Heute führen sie offenbar selber Bürgerkrieg. Im Land derer, durch die sie gerettet wurden!

Doch nicht nur im Ruhrgebiet genießen Gesetzesbrecher publizistischen Schutz, weil sie keine Deutschen sind, auch in Berlin, wo eine Gruppe arabischer oder türkischer Jugendlicher nachts in einer U-Bahn-Station ein deutsches Pärchen angriff. Weder wurde den Opfern durch umstehende Passanten geholfen, noch tauchte die Meldung über den Vorfall in den Massenmedien auf. Das wäre wohl „politisch unkorrekt“ gewesen. Noch ein paar Beispiele für unterdrückte Nachrichten solcher Art gefällig? Nichts leichter als das, die Reihe scheint schier endlos zu sein:

- Am 19. Oktober 2011 nahmen Beamte der Bundespolizei im Kölner Hauptbahnhof einen 30-Jährigen fest, gegen den fünf (!) Haftbefehle offen waren. Der Mann wurde u. a. wegen Verstoßes gegen das Aufenthaltsgesetz und bewaffnetem Diebstahl gesucht. Er stammte aus Serbien.[90]
- Im August 2011 lieferten sich in Hamburg drei Iraner auf offener Straße einen Streit, der mit dem Tod zweier Beteiligter endete. Rücksichtslos machte der Täter (31) von der Schusswaffe Gebrauch. Der Grund für den Doppelmord: „*Ehrverletzung*“.[91]
- Im März desselben Jahres peitschten auf der Annastraße in Duisburg-Rheinhausen am helllichten Morgen mehrere Schüsse – genau zwischen einer türkischen Teestube und einer Moschee. Als die Polizei eintraf, hatten sich rund 300 Personen am Tatort versammelt, die sich den Beamten gegenüber feindselig verhielten. Einen Tag später nahm ein Spezialeinsatzkommando zwei Verdächtige fest.[92]

Das Viertel rund um die Annastraße hat sich im Laufe der Jahre zu einer Art China-Town entwickelt, aber auf türkisch. Der überwiegende Teil der dort lebenden Mitbürger hat einen türkischen Migrationshintergrund.

Und obwohl Anwohner immer wieder über Drogenhandel, Prostitution und Glücksspiel berichten, erfährt der Bürger seitens der Polizei nichts über die Hintergründe. Dafür wird in Polizei- und Presseberichten immer häufiger dazu übergegangen, Deutsche als Tatverdächtige mit ihrer Nationalität zu nennen. Ganz offenbar wird damit der Versuch unternommen, die Straftaten von Migranten zu verharmlosen, indem suggeriert wird, auch Deutsche seien Täter. Das bestreitet niemand, der ernsthaft denkt, allerdings werden die Straftaten von Migranten dadurch nicht weniger gefährlich und schädlich. Hier einige Beispiele für die offensichtliche Kampagne:

- Pressemeldung der Polizei Köln vom 21. Oktober 2011 zu einem versuchten Raub mit Messer. Dort heißt es: *„Die zweite Person, vermutlich ein Deutscher...“* Mitteilung der Polizei Hennef, ebenfalls vom 21. Oktober 2011, über einen Trickdieb: *„Der Täter, vom Erscheinungsbild her augenscheinlich Deutscher...“* Die Polizei Hamburg meldete am 14. Oktober 2011 im Zusammenhang mit mehreren Festnahmen: *„Nach jetzigem Ermittlungsstand ist ein 49-jähriger Deutscher verdächtig.“* Diese Meldungen werden von den meisten Massenmedien wie selbstverständlich übernommen. Richtlinie 12.1 des Pressecodex‘ scheint hier ihre Gültigkeit verloren zu haben. Ebenso Richtlinie 6: *„Journalisten und Verleger üben keine Tätigkeit aus, die die Glaubwürdigkeit der Presse in Frage stellen könnte.“*
- Dem entgegen steht die Berichterstattung über einen Vorfall, der sich Ende September 2011 in dem kleinen Schwarzwald-Ort Pfalzgrafenweiler im Landkreis Freudenstadt ereignete. Auf der B 28, einer langgezogenen Bundesstraße, raste an diesem Abend gegen 20 Uhr ein junger Fahranfänger in seinem Opel aus Freudenstadt kommend dahin. An einer Einmündung stieß der mit drei Personen besetzte Wagen mit einem Traktor zusammen. Der Fahrer des Autos (18) starb noch an der Unfallstelle, seine Mitfahrer und der Treckerlenker wurden schwer verletzt. Bis dahin handelte es sich „nur“ um einen schrecklichen Verkehrsunfall. Doch was folgte, war eine durch türkische Mitbürger angezettelte Behinderung von Rettungskräften in höchstem Maße. Schreiend und johlend stürzte sich eine Masse von Freunden und Angehörigen des Toten auf Sanitäter und Feuerwehrleute. Polizisten wurden massiv angegangen, so dass sie über Funk nach Verstärkung rufen mussten. Ich kann das so genau

beschreiben, da ich damals am Ort des Geschehens war, ich wohne nämlich dort in der Nähe. Dass es sich bei dem toten Raser (er soll laut Polizei mit weit überhöhter Geschwindigkeit unterwegs gewesen sein) und seinen randalierenden Angehörigen um Türken handelte, wird in der Tagespresse bis heute nicht genannt. Stattdessen wird lediglich berichtet, *„Notfallseelsorger hatten sich bis tief in die Nacht um die geschockten Verwandten des Opfers gekümmert"*.[93]
Es ist auf jeden Fall gut zu wissen, dass in Deutschland ein Unfallopfer, unabhängig von seiner Konfession, die bestmögliche Betreuung erfährt. Das ist nicht überall so... Interessant finde ich, dass das Bürgerkriegsverhalten der Freunde und Angehörigen des Toten nicht als das bezeichnet wurde, was es war, sondern *„es spielten sich dramatische Szenen ab"* – so einfach und politisch korrekt ist das. Über die physischen und psychischen Verletzungen des Traktorfahrers wurde nicht weiter berichtet. Der 30-Jährige ist übrigens Deutscher.

- Ähnliche selbst auferlegte Zurückhaltung übten die Medien zunächst im Fall der getöteten türkischen Kurdin Hatun Aynur Sürücü, die am 7. Februar 2005 in Berlin Opfer eines „Ehrenmordes" wurde, begangen durch ihren Bruder Ayhan, der die junge Frau an einer Bushaltestelle mit mehreren Kopfschüssen hinrichtete. Der Grund: Seine Schwester hatte sich gegen die angeblich nicht frauenfeindlichen Regeln der islamischen Gemeinschaft aufgelehnt, war aus einer Zwangsehe ausgebrochen, hatte einen deutschen Freund und eine Lehre als Elektroinstallateurin begonnen. Allein deswegen wurde sie ermordet.[94] Ganz davon abgesehen, dass das deutsche Waffengesetz in diesen Kreisen keine Gültigkeit zu haben scheint, kann es auch mit der Vorstellung von Moral und Ethik nicht weit her sein, denn der inzwischen inhaftierte Mörder, der in einem modernen deutschen Gefängnis sitzt – nicht in einem türkischen Kerker –, empfindet keine Reue. Darüber hinaus sagte er in einer TV-Dokumentation der WDR-Reihe „Die Story" auf die Frage des Redakteurs, ob er Deutscher sei: *„Nein, ich bin Türke kurdischer Abstammung"*. Dass er in Deutschland lebt, spiele für ihn keine Rolle.[95] Um politisch korrekt zu bleiben, werden in der Dokumentation dann auch gleich im Anschluss an die Aussage des Mörders alte

Klischees bemüht, welche die Entwicklung des Mannes vom armen Kurdenkind zum islamistischen Killer erklären sollen. Selbstverständlich war der Kulturschock für den in Berlin Geborenen zu groß. Natürlich wurde er von deutschen Kindern nicht anerkannt und musste auf einem Innenhof in Kreuzberg aufwachsen (Originalton Dokumentation!), geradezu im Ghetto. Wie war das noch mit der Glaubwürdigkeit der Presse?

Doch das Ausmaß der „politischen Korrektheit" ist noch viel schlimmer. Ich denke, die nachfolgenden Beispiele sprechen für sich selbst:

- Im Jahre 2007 wurden schottische und englische Lehrkräfte angewiesen, muslimischen Mitschülern nicht mehr in die Augen zu sehen, weil diese sich sonst diskriminiert fühlen. Und in Oxford wurde seit 2006 das Wort „Weihnachten" (Christmas) aus dem offiziellen Sprachgebrauch der Stadt gestrichen und durch das Wort „Lichterfest" ersetzt. Aus Rücksicht auf die religiösen Gefühle Zugewanderter gibt es in manchen deutschen Großstädten keine Weihnachtsdekorationen mehr. Weihnachtliche Gehaltszulagen hingegen erregen kein religiöses Ärgernis... Im Südtiroler Bozen müssen Kindergärtnerinnen darauf achten, dass keine Weihnachtslieder mit christlichem Bezug, wie „Stille Nacht", mehr gesungen werden.
- Aber es geht noch skurriler: In vielen amerikanischen Städten heißt es heutzutage nicht mehr „Merry Christmas" (Frohe Weihnachten), sondern „Happy Holidays", um es ja allen Amerikanern und deren religiösen Ansichten recht zu machen. Das war dem Ultra-orthodoxen Rabbiner Elazar Bogomilsky aus Seattle wohl noch nicht genug, denn er forderte kurz vor Weihnachten 2006, dass am Flughafen in Seattle zusätzlich zu den Christbäumen auch eine Menora als Dekoration im Flughafen angebracht werden sollte. Der jüdische Rabbi hatte dem Seattle-Tacoma-Flughafen mit einer Klage gedroht, sollten sie nicht der Gerechtigkeit halber anlässlich des jüdischen Lichterfestes auch einen solchen siebenarmigen Leuchter im Flughafengebäude aufbauen. Weil die Verantwortlichen des Flughafens das aber nicht tun und eine Klage umgehen wollten, entfernten sie kurzerhand alle 14 Christbäume, was dazu führte, dass es einen großen Aufschrei in der Bevölkerung gab – aufgrund der überzogenen poli-

tischen Korrektheit – und der Rabbiner mit Hass-Emails und -Telefonaten bombardiert wurde. Am Ende zog er seine angedrohte Klage zurück, und die Bäume kamen wieder an ihren alten Platz zurück. Für 2007 hatte der Flughafensprecher verlauten lassen, wolle man mit dem Rabbiner *zusammen* die Dekoration des Flughafens für die Weihnachtstage gestalten.(96)

- Während man uns Deutsche mit bestimmten Meldungen unbehelligt lässt, zeigt man in Luxemburg das Video eines brutalen Angriffs von vier Afrikanern auf einen Weißen in einem Zug vom 14.12.2011. Was die Täter nicht wussten: Das Abteil war videoüberwacht und filmte mit, wie das Quartett den Weißen zuerst provozierte und dann brutalst in dem ansonsten leeren Zugabteil zusammentrat – und später auch noch beklaute. Der Mann wurde schwerverletzt von den Rettungsdiensten am Bahnhof Berchem geborgen.(97)
- In Deutschland, Österreich und der Schweiz versuchen uns muslimische Vertreter und „Gutmenschen" immer wieder weiszumachen, dass vom Islam keine wirkliche Gefahr ausgehe und die Behauptung, der Islam wolle Europa übernehmen, ein paranoides Hirngespinst sei. Wie aber bitte erklären diese nun die Ansprache des ägyptischen Imams Ali Abu Al-Hasan, der ganz offen von der *„muslimischen Übernahme Europas"* spricht. In seiner Freitagspredigt in Alexandria vom 6.1.2012 erklärte er: *„Mit der muslimischen Einwanderung nach Europa und dem Unwillen der Europäer zu heiraten und Kinder zu kriegen, haben dort hundert Menschen achtzig Nachkommen. Und zehn Jahre später werden diese achtzig sechzig Nachkommen haben. Und diese sechzig werden vierzig Nachkommen haben. Und diese vierzig werden ein Jahrzehnt später zehn sein. Und zwanzig Jahre später wird kein einziger von ihnen übrig sein. Europa hat dies begriffen. Nach einer Weile wird Europa ein einziger muslimischer Staat werden, der nichts kennen wird, außer: ‚Es gibt keinen Gott außer Allah, und Mohammed ist sein Prophet.'"*
  Ausgestrahlt wurde das bei „Al-Hekma TV", und man kann es im Moment noch auf *youtube* sehen.(98)
- Oder betrachten wir uns einmal das Massaker in Lüttich, Belgien, durch einen marokkanischen Muslim am 13.12.2011, bei dem es 6 Tote gab und mehr als 120 Verletzte. Wenn man sich die Mühe

macht und etwas im Internet auf den Seiten der großen Zeitungen und Magazine umherstreunt (*BILD*, *Focus*, *Welt*...), so ist man überrascht, dass Worte wie „Marokko“ oder „Muslim“ kaum oder gar nicht zu finden sind. Auf den Islam, dem der korangläubige Massenmörder angehörte, wird nicht eingegangen, noch darauf, dass er bereits mehrfach vorbestraft, ein Rauschgift- und Waffenhändler war und längst abgeschoben werden sollte. Er war ein „irrer Einzeltäter“ – basta!

Interessant ist es, wie hingegen der Fall des norwegischen Massenmörders Anders Breivik in den Medien behandelt wurde. Zum einen titelten die großen deutschen Zeitungen: „*Die Todesspur des blonden Teufels*“, „*Blond, blauäugig, kalt wie Eis*“ oder „*Smart, blond, Rassist*“. Jetzt überlegen Sie mal, ob bei dem marokkanischen Massenmörder in Lüttich, Nordine A., irgendeine Zeitung bei uns getitelt hätte: „*Krauskopf, Hakennase, Islamist*“, „*Marokkaner, dunkle Haut, Mörder*“ oder „*Die Todesspur des hakennasigen Teufels*“. Das heißt, bei weißen Westeuropäern darf man rassische Merkmale hervorheben – vor allem negativ (auch „Blondinenwitze“ sind korrekt, „Neger-“ oder „Judenwitze“ hingegen nicht) –, bei Menschen aus afrikanischen Ländern oder solchen, die dem Islam angehören, aber nicht. Das verstehe wer will...

Das Interessante aber bei diesen beiden Fällen ist, dass bei Anders Breivik sein gesamtes Privatleben, seine Emails, seine Facebook-Seiten, die Bücher seines Regals, seine Freimaurer-Zugehörigkeit, also seine politische und religiöse Einstellung in der Öffentlichkeit breitgetreten wurde, bei dem verurteilten Schwerverbrecher Nordine A., der bei dem Massaker auch ein 17 Monate altes Baby ermordete, hingegen nicht. Nicht eine Zeitung hatte es gewagt, auf seinen Glauben einzugehen, auf seine Religion, also seine Gesinnung!

- Wieso dürfen eigentlich Muslime uns Deutsche ungestraft „Kartoffeln“, „Schweinefleischfresser“ oder „Kaffer“ (*Gavur* oder auch *Kafir*) nennen, was in seiner Bedeutung dem englischen „Nigger“ gleichkommt? Das Wort „Kaffer“ oder „Kafir“ wird unter Muslimen in abfälliger Weise für Ungläubige oder früher für nichtmuslimische Leibeigene (Sklaven) verwendet. Ist es politisch unkorrekt, das zu fragen? Was geschehen würde, wenn wir im Gegenzug einen Muslim als „Kanacken“ oder „Beschnittenen“ bezeichnen, ist ja hinlänglich bekannt...

- Oder haben Sie von folgendem Ereignis in den Hauptnachrichten erfahren? Mitte November 2011 hatte in Dänemark ein Somalier ein zehn Jahre junges dänisches Mädchen bestialisch vergewaltigt. Der Somalier hatte zwei Kinder auf einem Spielplatz angesprochen und gedroht, sie mit dem Messer zu ermorden, wenn sie ihm nicht in einen Wald folgen würden. Das eine Mädchen konnte fliehen, doch das zehn Jahre alte wurde anal, oral und vaginal vergewaltigt. In dem Ort herrscht nun Lynchstimmung gegen dunkelhäutige Männer. Seither schützen die Dänen mit Knüppeln, Baseballschlägern und Messern ihre Kinderspielplätze. Das krasse an der Sache ist, dass der Somalier zuvor an einer Bildungsreise über somalische Kultur und Gebräuche teilgenommen hatte, die vom dänischen Staat finanziert worden war. Die dänischen Zeitungen berichteten, dass der Täter danach wie verändert war und die dänische Kultur und die Dänen selbst als minderwertig empfand.[(99)]
- Oder hierüber: In Holland werden seit 2009 von der Polizei Studien über besonders kriminelle Bevölkerungsgruppen veröffentlicht. Die schockierende Erkenntnis der neuesten Studie 2011: 40 Prozent aller Marokkaner im Alter zwischen 12 und 24 Jahren sind kriminell geworden![(100)]
- Auch folgende Nachricht werden Sie aufgrund der politischen Unkorrektheit vergeblich in den deutschen Hauptmedien gesucht haben: Udo Ulfkotte berichtet in einem Artikel vom 11.11.2011 für *Kopp-Online* unter dem Titel „Niederlande: Fördergelder für kulturferne Migranten sind rausgeworfenes Geld“: „*Von 2009 bis 2012 haben 34 niederländische Städte von der Regierung in Den Haag bei einem großen Pilotprojekt öffentliche Zuschüsse bekommen, mit denen sie Problemgruppen aus islamischen Staaten wie Marokko oder Afro-Kariben (etwa Jugendliche von den Antillen) beruhigen sollten. Es ging um Sozialarbeit und Jugendprojekte. Es war das größte Jugendprojekt für Problemgruppen, das es jemals in den Niederlanden gegeben hat. Nun liegt das Ergebnis vor: Je mehr Geld man in die Angehörigen dieser nicht-europäischen Problemgruppen investiert, desto mehr von ih-*

nen brechen die Schule ab oder melden sich arbeitslos... Es sind offizielle Angaben der niederländischen Regierung.
Junge Marokkaner, die Niederländer überfallen und als leichte Beute betrachten, sind in den vergangenen Monaten landesweit zu einem Problem geworden. Nicht nur in Den Haag gibt es viele marokkanische Jugendbanden, die anstelle von Arbeit oder Schulbesuch Raubzüge planen. Afro-Kariben bedrohen niederländische Bürgermeister mit dem Tod. Homosexuelle werden von den Migranten auf der Straße angegriffen und müssen aus Migranten-Vierteln wegziehen. Und mitunter liefern sich Marokkaner und Afro-Kariben untereinander blutige Kämpfe. Jetzt wissen die Niederländer, dass die Probleme mit Geld nicht zu lösen sind. Offenbar bricht auseinander, was ohnehin nicht zusammen gehört.«(101)

Die Glaubwürdigkeit der Presse leidet auch erheblich, wenn in der Ausgabe der *Zeit* vom 20. Oktober 2011 über mehrere Seiten hinweg ein Loblied auf den 50. Jahrestag jenes Vertrages zwischen der Bundesrepublik und der Türkei gesungen wird, der den Einzug von Gastarbeitern nach Deutschland regelte. Ganz unterschwellig wird den Lesern vermittelt, dass es auch Deutsche in der Türkei gebe, die Probleme mit der Sprache hätten und Schwierigkeiten mit der Kultur. Als Beispiel wird der ehemalige Daimler-Chef Edzard Reuter genannt, der in den 1930er Jahren mit seinen Eltern in die Türkei flüchtete und die Sprache mit Händen und Füßen erlernte, keinen Kursus absolvierte, und dessen Mutter auf Türkisch nur Radebrechen konnte. Soll uns das etwa weismachen, deswegen müssten die Türken im heutigen Deutschland unter ungleich besseren Bedingungen als Reuter damals in der Türkei sich nicht integrieren, keine Sprachkurse besuchen? Soll uns das sagen, wir seien ja auch nicht besser, wenn Deutsche in den 1930er Jahren am Bosporus die dortige Sprache nicht professionell erlernten? Trägt das zur Glaubwürdigkeit der Presse bei, oder lässt sie sich in diesem Fall einmal mehr vor einen politischen Karren spannen?

Offensichtlich ist hier Letzteres eingetreten, wie auch bei den Fällen, über welche die Medien weiterhin gar nicht oder nur partiell berichten. Hier weitere Beispiele:

- Berlin: Während des Libanon-Krieges zu Beginn des Jahrzehnts kam eine deutsche Familie nach einjährigem Aufenthalt in Israel in die Heimat zurück. Die Tochter, damals elf Jahre alt, besuchte wieder die alte Schule, traf dort ihre alten Freunde. Doch sie waren keine Freunde mehr. Die muslimischen Schüler beschimpften das Kind als *„dreckige Jüdin"*, drohten auf dem Pausenhof: *„Wir knallen dich ab!"* Auch auf dem Schulweg wurde die Elfjährige bespuckt, beschimpft und angegriffen. Die Lehrerin, so die Mutter, war der Meinung, die Schülerin würde fantasieren. Zwei Jahre lang machte die Kleine das Martyrium mit. Die Folge war eine ausgeprägte Lernschwäche.[(102)]
- Bremen: Im Sommer des Jahres 2011 benutzte eine junge Frau mit ihrem türkischen Freund (22) einen Behindertenparkplatz in der Innenstadt – unberechtigter Weise. Als ein 59-Jähriger, der seine behinderte Mutter zum Arzt bringen wollte, den Platz in Anspruch nehmen wollte, sprang der Migrant aus seinem Wagen und schlug den Mann bewusstlos. Wenig später wurde der Täter festgenommen. Er hatte bereits über 200 Einbrüche begangen.[(103)]
- Hamburg: Nicht nur muslimische und arabische Migranten sehen Deutschland und die Deutschen offenbar als Beute, auch Schwarzafrikaner legen diese Haltung an den Tag. So auch zwei Männer, die in Hamburg einen Restaurantbesitzer überfielen, um ihm die Einnahmen von 4.800 Euro zu rauben. Sie traten so lange vor den Kopf des Mannes, bis sie die Geldtasche hatten und flüchten konnten. Der Wirt schwebte zeitweise in Lebensgefahr.[(104)]
- Berlin: Äußerst menschenverachtend handelte ein türkischer Autofahrer, der in der Hauptstadt einen Radler (37) niedermähte und schwer verletzte. Doch statt sich um den Schwerverletzten zu kümmern, stieg der 21-Jährige lediglich aus, um das Fahrrad beiseite zu räumen. Dann raste er weiter.[(105)]
- Recklinghausen: Ahmet K. (17) und Mahmut C. (15) belästigten im Bus eine 18-Jährige sexuell, pöbelten sie an. Auf der Straße schließlich traten sie das Mädchen zusammen und flüchteten. Die Schülerin musste anschließend am Auge operiert werden.[(106)]

Dieses sind nur einige Fälle, über die öffentlich selten berichtet wird. In Krefeld am Niederrhein haben deutsche Jugendliche aus Not einen Schritt getan, der völlig ungewöhnlich ist: Sie baten für die Wochenend-Nächte um mehr Polizei, um nicht ständig von bewaffneten Horden muslimischer Jugendlicher angegriffen zu werden. Die Polizei reagierte und versprach, vermehrt Polizisten auf Fahrrädern vorbeizuschicken, die sich dann gegenüber den BMW-fahrenden Angreifern lächerlich machen...

- Am 19. Oktober 2011 ereignete sich in dem Essener Stadtteil Dellwig an der Grenze zu Oberhausen eine Polizei-Razzia auf den dort seit Jahren von Schwarzafrikanern betriebenen Schrottplätzen. Rund 80 Schwarze wurden wegen ausländerrechtlicher Verstöße und Umweltvergehen festgenommen, mehrere ergriffen die Flucht. Als sie gestellt wurden, leisteten die Afrikaner derart massiven Widerstand, dass zwei Polizisten verletzt wurden. Dieses Mal konnte die Aktion von der Presse nicht vor der Bevölkerung geheim gehalten werden, war doch der Aufruhr zu stark. Zudem war ein für alle sichtbarer Polizeihubschrauber an der Aktion beteiligt.(107)

Besonders im Ruhrgebiet und in Berlin kommt es immer häufiger vor, dass in den unteren Fußballligen Schiedsrichter, gegnerische Spieler und Vereinsvertreter angegriffen und zusammengeschlagen werden. Mal ist eine Entscheidung des Unparteiischen Auslöser, mal sind es Äußerungen oder Fouls der Spieler untereinander. In den allermeisten Fällen sind an diesen Übergriffen „Sportsfreunde" mit Migrationshintergrund beteiligt. Hier einige Beispiele aus den Pressemitteilungen verschiedener Polizeidienststellen:

- Hagen, 28.11.2011: Die Besatzungen von insgesamt fünf Streifenwagen mussten zum Spiel des CVJM Türkiyemspor gegen den SSV ausrücken, um eine Massenschlägerei, bei der auch der Schiedsrichter angegriffen wurde, zu beenden. Der Grund: Der Schiedsrichter hatte zwei Spieler vom Platz gestellt, woraufhin sich die türkischen Spieler zusammen mit einem Teil der Zuschauer auf den Mann und die gegnerische Mannschaft stürzten.(108)
- Bochum, 6.11.2011: Bei einem Kreisligaspiel wird der Unparteiische (31) von einem Spieler mit Migrationshintergrund (28) beleidigt, niedergeschlagen und bespuckt (in dieser Reihenfolge).(109)
- Hagen, 24.10.2011: Bei der Begegnung CR Italiano gegen AL Seddig kommt es nach einem Platzverweis zu Tumulten unter den Zuschau-

ern, die den Platz stürmen und den Schiedsrichter niederschlagen. Erst massive Polizeikräfte können weitere Straftaten verhindern.[110]

- Dortmund, 16.10.2011: Nach einem Kreisligaspiel gehen marokkanische Spieler auf den Schiedsrichter los, nennen ihn „Hitler“ und einer schlägt den Unparteiischen in der Kabine blutig.[111]
- Herford, 25.4.2011: Das Spiel Rot-Weiß Kirchlengern II gegen Sancakspor Spenge endet mit einer von den türkischen Spielern begonnenen Prügelei auf dem Platz. Ein Vertreter (35) des Gastvereins wird von mehreren Männern zusammengeschlagen und auf dem Boden liegend getreten. Der Schiedsrichter erleidet ebenfalls Verletzungen.[112]
- Hamm, 11.4.2011: Kurz vor dem Abpfiff der Begegnung des SVE Heessen gegen den Birlik Sportclub Herringen greifen Spieler aus der Gastmannschaft den Schiedsrichter an, weil er in ihren Augen eine falsche Entscheidung getroffen hatte.[113]

Es ist Faktum, dass der Prozentsatz von Kriminellen unter in Deutschland lebenden Migranten höher ist als unter Einheimischen. Vor allem bei Schwerstdelikten wie Mord, Menschenhandel, Drogenkriminalität und Prostitution nehmen diese Tatverdächtigen Spitzenpositionen ein. In einer Analyse kommen die Autoren Michael Paulwitz und Götz Kubitschek zu dem Ergebnis, die von muslimischen Tätern ausgehende Gewalt gründe sich nicht auf eine angeblich fehlende oder schlechte Sozialisation in Deutschland, sondern auf ethnische und religiöse Abgrenzung gegenüber dem Christentum. Demnach gelten für diese Täter nur die durch ihre Parallelgesellschaft geschaffenen Regeln.

- Und die sehen beispielsweise so aus, wie uns ein Fall vom 5. Dezember 2011 zeigt. An diesem Tag hatten sich ein Iraker (35) und seine 13-jährige Tochter im niedersächsischen Stolzenau mit Mitarbeitern des Jugendamtes im Rathaus getroffen. Es soll um die Schlichtung eines Familienstreits (wofür bei Betroffenen mit Migrationshintergrund jetzt offensichtlich die ja bekanntlich nicht gerade vor Personal überlaufenden deutschen Ämter zuständig sind) gegangen sein. Doch was scherte das Gerede den Iraker? Er handelte nach seinem Gesetz, verließ zusammen mit dem Kind das Haus, zog eine Pistole – und erschoss es auf offener Straße. Anschließend flüchtete der bewaffnete Mörder. Die Deutsche Presse Agentur (DPA) und andere deutsche Nachrichtenmedien berichteten in ihren Meldungen zu der Bluttat nicht über die ethnische Herkunft des Täters. Dort hieß es lediglich, es handele sich um eine „Familientragödie".[114]

- Nach dem gleichen Strickmuster gestaltete sich die „Berichterstattung" zu einer Auseinandersetzung mit Messer und Schusswaffe einen Tag vor Heiligabend des Jahres 2011 in Heilbronn. Dort ging ein 33-jähriger Mann auf einen 32-Jährigen los, schoss und stach zu. Der Grund laut Polizei: Der Angreifer war nicht damit einverstanden, dass sein Opfer wenige Tage zuvor die Nichte des 33-Jährigen geheiratet hatte. Erst aus diversen Internetforen erfuhr der interessierte Leser die ganze Wahrheit. Die beiden Männer, die sich da auf offener Straße einen Kampf geliefert hatten, waren türkischer Abstammung. In der offiziellen Meldung der Deutschen Presseagentur (DPA) ist davon kein einziges Wort zu lesen. Hier hieß es lediglich (veröffentlicht in der *Rheinzeitung-Online*):
  „Angreifer nach Familienstreit in Heilbronn auf der Flucht
  Heilbronn (dpa) – Die Polizei fahndet nach einem Familiendrama in Heilbronn nach einem 33-Jährigen. Er soll den Mann seiner Nichte mit einem Messer und durch Schüsse schwer verletzt haben. Die Ermittler vermuten, dass er mit der vor wenigen Tagen geschlossenen Ehe nicht einverstanden war. Es hatte deshalb Streit gegeben. Der Onkel flüchtete schließlich in seinem Opel Zafira. Der Wagen wurde zuletzt am Abend im Landkreis Ludwigsburg in Baden-Württemberg gesehen."[115]
- In der südtiroler Stadt Meran gingen in der Vorweihnachtszeit 2011 junge Muslime in der Fußgängerzone mit Steinen auf die ehrenamtlichen Darsteller des Nikolaus- und Krampusumzugs los. Der FPÖ-Nationalrat und Südtirolsprecher Werner Neubauer erklärte zudem: *„Die Gewaltbereitschaft und das grobe Unverständnis von vielen Ausländern gegenüber unserem Brauchtum sind erschreckend."* Auch in Salzburg komme es vermehrt zu Übergriffen von türkischen Jugendlichen auf Perchtenläufe. *„Es ist erforderlich, dass sich jene, die sich im neuen Lebensumfeld bessere Lebensbedingungen für sich und ihre Familie erhoffen, auch den gesellschaftlichen und kulturellen Gegebenheiten anzupassen haben"*, erklärte Werner Neubauer.[116]

Nun soll es mit Fallbeispielen genug sein. Man fragt sich einfach, wieso bei uns niemand Klartext redet? Und wieso schwieg die Presse, als der deutsch-türkische Reiseunternehmer und SPD-Politiker Vural Öger bei einem Essen mit türkischen Freunden der türkischen Zeitung „Hürriyet" angeblich als Witz erklärte: *„Das, was Sultan Süleyman mit der Belagerung Wiens 1683 begonnen hat, werden wir mit unseren kräftigen Männern und gesunden Frauen verwirklichen."*(117)

Ob Witz oder nicht: 2011 hatte der bayrische Verfassungsschutz jedenfalls die Aussage von Ex-Ministerpräsident Necmettin Erbakan festgehalten, der im April 2001 gesagt haben soll: *„Die Europäer glauben, dass die Muslime nur zum Geldverdienen nach Europa gekommen sind. Aber Allah hat einen anderen Plan."*(118)

Hm... Was ist zu tun? Ein türkischer Freund Jan van Helsings, dem er dieses Kapitel zum Probelesen gegeben hatte, meinte: *„Das hätte man noch viel schärfer formulieren müssen."* Er sagte, er verstehe gar nicht, wieso sich die Deutschen so auf der Nase herumtanzen lassen. Er – ein erfolgreicher Unternehmer in Deutschland und mehrsprachig aufgewachsen – und viele andere Türken in Deutschland würden durch diese gewaltbereite Minderheit in ein schlechtes Licht gerückt.

Hoffen wir, dass viele erwachsene türkische oder muslimische Mitbürger in positiver Weise auf ihre Kinder einwirken, damit wir in Zukunft wieder friedlicher miteinander leben können...

Follow the money!

von Michael Morris

„Da mit dem 31. Dezember das Bargeld abgeschafft wird, bleiben den Bürgern nur noch wenige Wochen Zeit, um sich bei ihrem Hausarzt einen RFID-Chip unter die Haut implantieren zu lassen. Danach wird für eine Übergangszeit von 3 Monaten noch das Bezahlen mittels Mobiltelefon und Karte möglich sein, ehe auch diese veralteten Zahlungsarten abgestellt werden. Der Mobilfunkempfang wird in ganz Europa und in den USA für eine Woche komplett eingestellt, und die alten Kartenlesegeräte werden eingezogen. Wer dann noch keinen Chip in seinem Arm oder auf seiner Stirn hat, wird de facto liquidiert. Da vor den hausärztlichen Praxen in den kommenden Wochen mit langen Schlangen und stundenlangen Wartezeiten zu rechnen ist, raten wir allen Bürgern, sich so rasch als möglich chippen zu lassen…!"

So, oder so ähnlich könnte eine Zeitungsschlagzeile in Deutschland und Österreich in naher Zukunft aussehen. Tatsächlich ist das Bargeld in Europa bereits jetzt schrittweise verboten worden, was den Weg für eine bargeldlose Weltwährung ebnen und der Hochfinanz die absolute Weltherrschaft sichern soll. Erleichtert wird dem Kartell führender Bankiersfamilien ihr Vorhaben durch die freundliche Unterstützung aus Politik und Massenmedien. Sie alle verschweigen die Wahrheit über den katastrophalen Zustand unserer Weltwirtschaft und darüber, dass wir am Beginn extrem turbulenter Zeiten und großer Umwälzungen stehen.

„Noch nie in der modernen Welt waren die Staatsschulden so vieler Nationen auf so groteskem Treibsand gebaut. Das geht weit über Griechenland, Irland und Portugal hinaus – Symbole kleiner, unbedeutender Nationen, für die eine kleine Anzahl anderer Nationen größere Opfer bringen wird. Mit der Ausbreitung der Staatsschuldenkrise wurde aber zudem deutlich, dass auch Italien, Spanien, Frankreich sowie viele andere Nationen unter dem Druck der verbrieften Staatsschulden zu leiden haben… Große Extremereignisse erwarten uns."[(119)] (Jim Willie, Statistiker in der Marktforschung und Handelsprognose)

Die Euro-Zone, die USA und die gesamte westliche Welt sind wirtschaftlich, monetär und letztlich auch gesellschaftlich verrottet. Das Ende des Neoliberalismus erinnert an den Untergang Roms. Die sozialen Folgen des nahenden Zusammenbruchs der Weltwirtschaft sind nur schwer abzuschätzen. Die gegenwärtige Weltwirtschaftskrise, die 2007 mit der Bankenkrise und dem Platzen der Immobilienblase in England, Irland, Spanien und den USA ihren Lauf nahm, hat das Potential, die Krise der 1930er Jahre noch weit zu übertreffen. In diesem Punkt sind sich viele seriöse Ökonomen einig. Was das bedeutet, kann sich jeder selbst ausmalen. Aber der Mensch weigert sich beharrlich, aus der Geschichte zu lernen.

Die führenden Politiker und Journalisten wissen, dass wir am Abgrund stehen, sie wissen, dass der Euro und die EU nicht mehr zu retten sind, aber sie tun nach wie vor so, als wäre das Problem mit ein wenig Sparen und ein bisschen Einprügeln auf die Griechen lösbar. Politik und Presse lassen die Bevölkerung absichtlich ins offene Messer laufen! Warum? Weil sie alle – wissend oder unwissend – den Herren dienen, die all das absichtlich genau so inszeniert haben. Jenem Kartell aus Bankiersfamilien gehören nicht nur alle großen westlichen Banken, sondern über Investment-Firmen letztlich auch die meisten europäischen und nordamerikanischen Großkonzerne, die Medien, die Erdölindustrie und vieles mehr. Die Armut steigt selbst in Mitteleuropa rasant an, während gleichzeitig die Lebenserwartung der Bevölkerung seit Jahren stark rückläufig ist. Während wir – die berühmten 99 Prozent der *Occupy-Bewegung* – Gefahr laufen, alles zu verlieren, wird eine Hand voll Familien immer reicher und mächtiger.

Immer wieder betont die deutsche Kanzlerin Angela Merkel, dass Europa *„keine Währungs-, sondern eine Schuldenkrise"* hätte. Das ist natürlich kompletter Unsinn, denn unsere heutigen Währungen sind alle auf Schulden aufgebaut. Das, was man heute fälschlicherweise „Geld" nennt, entsteht durch Schuld. Deshalb wird unser monetäres System auch *Schuldgeldsystem* genannt. Folglich ist jede Schuldenkrise auch automatisch eine Währungskrise und umgekehrt. Geld und Schuld sind nicht voneinander zu trennen. Frau Merkel müsste das wissen, dennoch behauptet sie immer wieder das Gegenteil. Sie sagt ihrem eigenen Volk nicht die Wahrheit! Jakob Augstein belegt dies am 16.2.2010 in der *Süddeutschen Zeitung* unter dem Titel *„Das ist nicht Ihr Kanzleramt"*:

„...am 8. Oktober 2008 hatte es ein sonderbares Treffen gegeben, das in diesem Zusammenhang Erwähnung finden soll. Die Bundeskanzlerin hatte an jenem Tag die bedeutenden Chefredakteure der bedeutenden Medien eingeladen. Es war die Zeit, in die der Ausbruch der großen Finanzkrise fiel. Man findet keinen ausführlichen Bericht über dieses Treffen, der veröffentlicht worden wäre, und überhaupt nur wenige Erwähnungen in den Archiven, nur hin und wieder einen Nebensatz, eine knappe Bemerkung. An einer Stelle liest man in dürren Worten, worum es an diesem Abend im Kanzleramt ging: Merkel bat die Journalisten, zurückhaltend über die Krise zu berichten und keine Panik zu schüren.
Sie haben sich daran gehalten, die Chefredakteure. Noch im Februar 2009, vier Monate später, wunderte sich die ‚taz' über die Medien: ‚Sie halten die Bürger bei Laune, auf dass diese stillhalten...'“(120)

Und noch halten sie still, die Bürger! Die Deutschen halten still und kuschen, sie sehen zu, wie Gesetze von Politikern gebrochen werden, wie alles immer teurer wird, wie ihr Vermögen schwindet, wie ihr Volkseigentum an Banken verschenkt wird. Sie halten still, diese Schafe im Schafspelz, willenlos und widerspruchslos lassen sie sich blökend, und immer der Herde folgend, zur Schlachtbank führen. Aber wie lange noch? Wir Europäer werden von anderen unterdrückten Völkern immer um unsere Presse- und Meinungsfreiheit beneidet, die Wahrheit aber ist, dass es diese vermeintliche Freiheit weder in Europa noch in den USA wirklich gibt! Es gab sie nie, und die wenigen Nischen, in denen man sich als Journalist kleine Freiheiten gönnen konnte, verschwinden zusehends.

Die meisten Menschen, die in Diktaturen leben, wissen wenigstens, dass es so ist. Viele Europäer hingegen glauben immer noch, dass sie frei wären. Sie wissen nicht, dass in Deutschland in den vergangenen Jahren ein sogenanntes „Anti-Terror-Gesetz“ nach dem anderen erlassen wurde, dass es Behörden erlaubt ist, nach Lust und Laune Daten über ihre Bürger zu sammeln und jeden nach Belieben zu überwachen, Bankkonten zu überprüfen, ja sogar Bankschließfächer jederzeit einfach öffnen zu können. Jeder unserer Schritte, jedes unserer Gespräche wird dank moderner Technik überwacht. In den USA unterschrieb Präsident Obama in der Silvesternacht 2011/2012 – *gegen* seinen Willen, wie er selbst betonte – den *National Defense Authorization Act* (NDAA), der es fortan US-Behörden erlaubt, jedermann auf amerikanischem Boden festzunehmen und zu inhaftieren – auch ohne Prozess und ohne Angabe von Gründen!

Das Zitat von John Swinton über die Pressefreiheit und die Leute, die den Zeitungsherausgebern vorgeben, was diese zu schreiben haben, kennen Sie ja bereits (S. 43). Das sind die mächtigsten Menschen auf diesem Planeten! Dass das Kartell der reichsten Bankiersfamilien faktisch eine geheime Weltregierung ist, und Politiker nichts anderes als Marionetten sind, ist mittlerweile vielen Menschen klar geworden. Ich habe mich für die Recherchen zu meinem Buch *„Was Sie nicht wissen sollen!"* jahrelang eingehend mit dieser Thematik beschäftigt und ausreichend Beweise vorgelegt. In diesem Beitrag hier will ich versuchen, Sie auf die Gefahr der völligen Abschaffung des Bargeldes hinzuweisen, weil dies gleichzeitig die Abschaffung aller Menschenrechte und die offizielle Wiedereinführung der Sklaverei bedeuten würde.

Am 26. September 2011 gab der Börsenhändler Alessio Rastani der BBC ein Interview, das weltweit für Aufregung sorgte. Warum? Weil Rastani als einer der ersten seiner Zunft öffentlich aussprach, dass der Euro längst Geschichte ist, wir vor dem Zusammenbruch der Weltwirtschaft stehen und unsere Politiker bei all dem in Wahrheit überhaupt nichts mehr mitzureden haben. Das war mir nicht neu, den Moderatoren der BBC und zahlreichen Zusehern aber offenbar schon. Denn Rastanis Satz *„Die Welt wird nicht von Politikern regiert, sondern von Goldman Sachs"*, schlug wochenlang weltweit hohe Wellen. Rastani wurde daraufhin aus einer bestimmten Richtung diffamiert, aber seine Botschaft hat dennoch nachgehallt.

Die Hochfinanz hat genügend bezahlte Handlanger, die pausenlos im Internet nach Kritikern suchen, um sie dann als *Irre*, *Sexmonster*, *Verschwörungstheoretiker* oder *Nazis* zu brandmarken. Es gibt sehr viele von diesen virtuellen Schlägertrupps, aber es gibt auch eine wachsende Zahl junger Menschen, die sich von solchen Aktionen nicht mehr täuschen lassen. Immer mehr Menschen begreifen, woher der Wind weht!

Selbständiges Denken wird in unseren Breiten im Schul- und Hochschulbetrieb nicht gerade gefordert. Gerade deswegen sollten wir uns angewöhnen, bei allen Berichterstattungen die Frage zu stellen: *„Wem nützt es?"* Oder, wie die Amerikaner es ausdrücken würden: *„Follow the money!"* – also: *„Wer profitiert davon?"*

Alessio Rastani hat mit seiner simplen Aussage in der BBC eine Menge Menschen auf diesem Planten wachgerüttelt. Tatsächlich gibt es immer mehr Menschen, die die Wahrheit sagen – und das auch öffentlich. Das führt dazu, dass die heimlichen Herrscher über unsere Welt, die Besitzer von Goldman Sachs, JP Morgan Chase, der Deutschen Bank, der Bank of America, der Citigroup, der HSBC, der UBS, der Rothschild- und Warburg-Banken, des IWF, der Weltbank, der BIZ und den meisten Zentralbanken immer mehr Arbeit damit haben, ihr Schattenregime am Leben zu halten. Mittlerweile pinkeln ihnen so viele Menschen ans Bein, dass ihnen die gelbe, übel riechende Flüssigkeit schon bis zur Unterlippe steht. Wie Vampire hassen sie das Licht der Öffentlichkeit und schicken andere vor. Wie Vampire müssen sie auch bekämpft werden! Der Knoblauch wird da vermutlich nicht ausreichen, es muss schon (natürlich bildlich gesprochen) der Pflock durchs Herz sein! Ein neues Kartell der führenden asiatischen Mächte hat sich in den letzten Jahren gebildet und den Vampiren den Kampf angesagt.

„Im April 2010 fand eine Konferenz in den Vereinigten Arabischen Emiraten statt, zu der sich einige hundert Milliardäre, Scheichs und andere königliche Personen einfanden. Sie entschieden sich, den chinesischen Protektoratsplan für den Persischen Golf anzunehmen und die russische Aufsicht in der Region zu akzeptieren. Ohne den asiatischen Gegenpart zur amerikanischen Aggression ist nicht im Entferntesten an Stabilität zu denken. Dieses Ereignis diente als klares Signal, dass die Abendschatten des US-Dollars bald Realität werden.“[119]

Es dämmert in Transsilvanien. Immer mehr Untertanen wehren sich gegen die Blutsauger. Genau deshalb müssen die grauen Eminenzen auch schnell handeln und den letzten, finalen Schritt machen, der ihnen die Weltherrschaft oder zumindest uneingeschränkte Macht über alle westlichen Länder und Afrika sichern würde. Europa und Nordamerika gehören ihnen bereits. In Nordafrika und im arabischen Raum sichern sie sich ein Land nach dem anderen. Heimlich schielen sie auch nach Asien und Südamerika, aber an dem Bissen könnten sie sich vielleicht verschlucken!

„Gebt mir die Kontrolle über die Währung einer Nation, dann ist es für mich gleichgültig, wer die Gesetze macht.“

Mayer Amschel Rothschild (1744-1812)

Der Plan der westlichen Hochfinanz ist die Abschaffung der einzelnen Staaten, der einzelnen Regierungen und der einzelnen Währungen. Sie planen eine Zentralregierung mit einer einzigen Armee und einer einzigen bargeldlosen Währung. Mit der Etablierung der privaten US-Notenbank FED, mit der UNO, der Weltbank, dem IWF und der BIZ sowie durch die Vereinigung Europas und mit dem Euro haben sie bereits wichtige Hürden auf dem Weg zur Weltherrschaft genommen. Was nun noch fehlt, ist die Abschaffung des Bargeldes, also die Einführung einer bargeldlosen Weltwährung. Ob die dann *Bancor* oder *Amero* heißt, ist dabei bedeutungslos. Die Abschaffung des Bargeldes wäre die Entmachtung aller Regierungen und der letzte Schritt zur totalen Versklavung der Menschheit!

Selbst wenn dem Bankiers-Kartell dieser Schritt nicht gleich gelingen sollte, so werden sie zumindest versuchen, eine westliche Einheitswährung, also eine Währung für Nordamerika und Europa, zu schaffen. Wenn möglich würden sie Afrika gleich in einem Aufwasch mitnehmen wollen. Zwei, die dem Kartell dabei im Wege standen, waren Libyens Staatschef Gaddafi und Irans Staatschef Ahmadinidschad. Der eine wollte eine eigene afrikanische Einheitswährung, den *Gold-Dinar* einführen, der andere verspottete das Kartell bei jeder sich bietenden Gelegenheit. Beide hatten dem Petro-Dollar den Kampf angesagt.

> *„Das ist eines von den Dingen, die man ganz im Geheimen planen und vorbereiten muss, denn sobald man erklärt, man werde vom Dollar zu etwas anderem wechseln, wird man zum Ziel von Angriffen"*, erklärte der Gründer der Organisation *Ministry of Peace*, Dr. James Thring. *„In den Jahren 1986 und 2000 organisierte Gaddafi zwei Konferenzen. Alle waren interessiert, die meisten afrikanischen Staaten waren begeistert."*[(121)]

Gaddafi wurde 2011 eliminiert, Ahmadinidschad steht für 2012 auf der Speisekarte. Denn der US-Dollar und der Euro sind am Ende. Um zu verhindern, dass die Erdöl exportierenden Länder ihr Öl künftig in etwas anderem als US-Dollar handeln, muss eine große Lösung her. Doch würden die Europäer schon wieder eine neue Währung akzeptieren? Warum nicht? Im Moment schluckt die Masse einfach alles! Oder?

Was es bräuchte, um eine neue, gemeinsame, bargeldlose Währung zu etablieren, wäre Chaos, ein großer Krieg oder viele kleine Bürgerkriege oder eine große Hungersnot. David Rockefeller, der als einer der ganz Großen im Kartell gilt, soll 1994 dazu gesagt haben:

„Wir sind am Rande einer globalen Umgestaltung. Alles, was wir brauchen, ist die richtige große Krise, und die Nation wird die Neue Weltordnung akzeptieren.“[(122)]

Wenn das alte System ein für alle Mal zusammengebrochen ist, kann man den winselnden Schafen problemlos verkaufen, dass *„das Bargeld an sich“* an allem schuld war, und sie würden vielleicht sogar noch um seine Abschaffung betteln. Was also würde eine Abschaffung des Bargeldes bedeuten? Wem würde sie nützen? *Follow the money!*

„Der Vorgang, mit dem Banken Geld erzeugen, ist so simpel, dass der Geist ihn kaum fassen kann.“

John Kenneth Galbraith, Ökonom

Das, was wir heute als „Geld“ bezeichnen, ist tatsächlich keines. Geld ist nämlich ein allgemein akzeptiertes Tauschmittel, das einen eigenen Wert haben muss, der klar erkennbar und unveränderlich ist. Geld muss also seinen Wert immer behalten, es muss per Definition als *Wertmaßstab* und *Wertaufbewahrungsmittel* dienen. Diese beiden Funktionen werden von unserem heutigen „Geld“ eindeutig nicht erfüllt, da sich sein Wert täglich ändert und es dank hoher Inflation stetig an Wert verliert.

Das Wort *Geld* leitet sich vom indogermanischen Wort *Ghel* (*Gold*) ab und wurde später, im Althochdeutschen, zu *Gelt*, was von *Vergeltung*, *Vergütung* herrührt. Es ist der Name für ein Tauschmittel, das uns das Leben erleichtern sollte. *Geld* kommt also von *Gold*! Gold war und ist neben Silber das einzig echte Geld! *„Gold ist Geld, und nichts anderes!“*, erklärte schon der Bankier J. P. Morgan. Das erfolgreichste Geld war immer die handliche Münze aus Gold oder Silber. Mit dem Aufschwung des Handels sowie dem steigenden Wert einzelner Transaktionen wurden zunehmend größere Mengen an Münzen benötigt. Da jedoch der Transport schwerer Geldsäcke sowohl mühsam als auch gefährlich war, entstand das Bedürfnis nach einem kleineren, handlicheren Zahlungsmittel. Also gewährten Herrscher bestimmten Personen (den späteren Bankiers) das Recht, in ihrem Namen Zettel auszuhändigen, die als Gutschein oder Substitut für eine bestimmte Anzahl an *Kurantmünzen* (Münzen mit Materialwert, also aus

Gold oder Silber) standen und jederzeit auf Wunsch wieder gegen diese Münzen eingelöst werden konnten.

Das war die Geburtsstunde der *Banknote*, heute vielfach fälschlicherweise als *Papiergeld* oder *Geldschein* bezeichnet. Tatsächlich ist eine Banknote jedoch kein Geld, weil sie keinen eigenen Wert hat. Sie ist lediglich ein *Gutschein*, ein *Versprechen* auf Geld (Gold), und bis zum Ersten Weltkrieg konnte man solche Banknoten auch immer bei der Bank wieder gegen Gold eintauschen. 1971 wurde dieser Goldstandard jedoch unter Präsident Nixon abgeschafft, und fortan galten die Schuldscheine selbst als Geld.

Lassen Sie uns aber der Einfachheit halber, da es sich so eingebürgert hat, im weiteren Verlauf des Textes dennoch Banknoten und Münzen einfach als „Bargeld" bezeichnen.

> *„Mit Ausnahme der Zeiten des Goldstandards haben praktisch alle Regierungen in der Geschichte ihr Exklusivrecht zur Ausgabe von Geld dazu benutzt, die Menschen zu betrügen und zu plündern."*
>
> Friedrich August von Hayek

So könnte man die Ausgabe von „Geldscheinen" auch einfach *Scheingeld-System* nennen. Die Banknote ist also eine Schuld der Bank gegenüber dem Besitzer der Banknote. Wenn Europa also eine Schuldenkrise hat, liebe Frau Merkel, dann hat es automatisch auch eine Währungskrise! Da unsere Spitzenpolitiker aber in einer Scheinwelt leben, wundert es nicht, dass sie auch dem Scheingeld dienen.

Im Laufe der letzten einhundert Jahre fiel nicht nur die Golddeckung der Scheine, sondern auch die Kurantmünzen aus Gold und Silber wurden schleichend durch wertlose Münzen aus minderwertigem Metall ersetzt, sogenannte *Umlaufmünzen*. Was blieb war, dass wir wertlose bunte Zettel und metallene Kreise als Geld bezeichnen und dafür Leistung erbringen. Wir lassen uns seit etwa einhundert Jahren mit nichts anderem als leeren Versprechungen, mit Versprechungen auf Geld (Gold) entlohnen, auf Geld, das so nicht mehr existiert.

Das Geldwesen war von jeher ein sehr einträgliches, aber schmutziges Geschäft, was hauptsächlich daran liegt, dass die meisten Menschen Geld nicht verstehen und die Geldverleiher so immer ein leichtes Spiel hatten. Was etwa haben Sie in der Schule über Geld gelernt, außer dass man möglichst viel davon haben sollte? Vermutlich nichts! Und das kommt nicht von ungefähr. Die Geldverleiher waren jahrhundertelang als „Wucherer“ verschrien und verhasst. Erst in den letzten Jahrzehnten gelang dem Bankwesen dank kluger Marketing-Strategien der Imagewandel hin zu einem vermeintlich seriösen Geschäft. Aus Wucherern wurden Bankiers, die in teueren Zwirn gehüllt heute den Eindruck erwecken, als gingen sie einer anständigen Tätigkeit nach – von wegen!

Das Geldwesen ist ein Betrugsmodell, das Prof. Franz Hörmann von der Wirtschaftsuniversität Wien in seinem Buch „*Das Ende des Geldes*“ als Pyramidenspiel beschreibt. Solche Spiele sind eigentlich gesetzlich verboten – außer für Banken natürlich.

Was genau ist aber nun das Verwerfliche an der Tätigkeit von Banken? Nun, die meisten Menschen glauben tatsächlich immer noch, dass „Geld“ vom Staat, also von den Zentralbanken gemacht wird. Das stimmt aber leider nicht. Nur ein kleiner Teil, nämlich das „Bargeld“, wird von den Notenbanken emittiert, der weitaus größere Teil des Geldes wird von Privatbanken geschaffen. *Follow the money!*

Geld entsteht in unserem System im Grunde dadurch, dass Privatbanken Kredite vergeben. Es entsteht also durch Schulden, daher der Ausdruck „Schuldgeld“. Wenn Banken Geld als Kredit vergeben, dann haben sie es nicht, es existiert physisch nicht, es wird von der Bank einfach virtuell aus dem Nichts („*out of thin air*“) erschaffen, also frei erfunden. Deshalb wird es auch oft *Fiat-Geld* (Fiat = es werde!) genannt. Dieser Vorgang nennt sich dann „Geldschöpfung“, und er erinnert nicht zufällig an Gott, dem sonst der Rest der Schöpfung zugeschrieben wird. Nein, die „Geldschöpfung“ ist etwas, das Banker tatsächlich Gott-gleich macht, denn es verleiht ihnen absolute Macht über die Menschen und die Wirtschaft. Von dem Geld, das Banken als Kredit „zur Verfügung stellen“, müssen sie nur einen kleinen Teil (wenige Prozente) mit Bargeld absichern. Das heißt, für jeden Euro, den ein Kunde bei der Bank einzahlt, darf diese wieder mehrere Euro an neuen Krediten vergeben. Dieses Schuldgeldsystem birgt zwei gravierende Probleme in sich:

1. Erstens erfinden die Banken Geld aus dem Nichts, das heißt, sie schaffen es ohne Gegenwert und ohne Gegenleistung, während der Kreditnehmer seinerseits sehr wohl Leistung für die Rückzahlung

des Kredites erbringen und Sicherheiten stellen muss – also etwa die eigene Immobilie oder die eines (wahnsinnigen) Bürgen. Ein etwas ungleiches Geschäft also. Darüber hinaus erhöht jeder einzelne Kredit die Geldmenge in einem Währungsraum, was dazu führt, dass das Geld allgemein weniger wert wird. Es gibt also mehr und mehr Geld, das immer weniger Kaufkraft hat, weil ja nicht gleichzeitig mehr Produkte erzeugt werden. Also werden die Produkte teurer, das Geld verliert weiter an Wert. Das Ganze nennt sich dann „Inflation". Am Ende mündet diese immer in der „Hyperinflation," also in der völligen Wertlosigkeit des Geldes und im Zusammenbruch des gesamten Systems.

2. Zum Zweiten ist es so, dass die Bankiers dafür, dass sie Geld aus dem Nichts erschaffen dürfen, auch noch Zinsen verlangen – ein Vorgang, der sowohl im Islam als auch im Christentum verboten ist. Im Christentum wird es aber trotzdem gemacht. Da Banken diese (eigentlich seit jeher verbotenen) Zinsen aber nicht im gleichen Atemzug dazu geschöpft haben, existiert diese Summe gar nicht. Anders ausgedrückt: Wenn zehn Menschen (die kein Geld haben) sich je 1.000 Euro langfristig bei Banken leihen, dann wird die gewünschte Kreditsumme aus dem Nichts erschaffen – die Zinsen, die ebenfalls zurückgezahlt werden sollen, aber nicht. Es werden insgesamt 10.000 neue Euro erschaffen, es müssen aber mit den Zinsen insgesamt 20.000 Euro zurückbezahlt werden. Es ist also gar nicht möglich, dass alle zehn Kreditnehmer ihre Kredite begleichen, denn es gibt das Geld dafür nicht. Es wurden ja nur 10.000 neue Euro geschaffen! Die Folge ist also ein Verdrängungsmechanismus („Freie Marktwirtschaft!"), ein Kampf ums Geld, der dazu führt, dass einige Kreditnehmer andere übervorteilen und ihnen ihr Geld abluchsen. Am Ende werden rein rechnerisch fünf Personen ihre Kredite bedienen können, fünf weitere werden pleitegehen müssen.

Das ist vereinfacht das Geldsystem, in dem wir seit dem Mittelalter leben. Da man auf die Zinsen für einen Kredit nochmals Zinsen zahlt, also Zinses-Zinsen, für die Rückzahlung aber nie genügend Geld vorhanden sein kann, müssen immer neue Schulden gemacht werden. Da im System immer einige Marktteilnehmer pleitegehen müssen, müssen die anderen, die überleben, die Unterlegenen mitfinanzieren – entweder über Sozialleistungen oder über Transferzahlungen wie in der EU. Oder man lässt sie einfach krepieren, wie in der Dritten Welt praktiziert.

Das Ganze funktioniert nur, weil die Kreditnehmer ihr Geld nicht in bar wollen, sondern als virtuelles Geld auf dem Papier akzeptieren – und weil Banken das Recht haben, viel mehr Geld zu verleihen als sie besitzen.

Es dauert immer nur eine gewisse Zeit innerhalb eines Wirtschaftskreislaufes, bis sich die Schulden – und somit die Geldmenge – nicht nur erhöhen, sondern explodieren. Schulden und Zinses-Zinsen steigen exponentiell. Irgendwann kracht es also, die Kreditlasten erwürgen die Realwirtschaft, und das System bricht zusammen. Dieser Punkt ist für die Banken mathematisch berechenbar und wird absichtlich herbeigeführt. Auf einer Veranstaltung der Privatbank Metzler im Januar 2009 sagte Angela Merkel dazu: *„Es gibt das Gerücht, dass Staaten nicht pleitegehen können. Dieses Gerücht stimmt nicht.“*(123)

Im Herbst 2011 fand in Wien im Geheimen ein Treffen führender europäischer Spitzenbanker und Topmanager statt. Dabei legten die Lenker der Wirtschaft einander ihre Einschätzungen für die nahe bis mittlere Zukunft unserer Welt dar: Mit großer Wahrscheinlichkeit, so sagten die meisten von ihnen, werden wir im Frühjahr 2012 in eine Hyperinflation schlittern. Es gibt nur zwei mögliche Szenarien, die eine solche Hyperinflation ***verzögern*** könnten: eine rasche, saftige Deflation oder ein großer Krieg! Ob es Krieg gibt oder nicht, entscheiden letztlich auch die Banken, denn nur sie können einem Staat die dafür nötigen Kredite gewähren. Wenn wir in die Hyperinflation schlittern, werden es die anderen übrigens ***vor*** uns wissen. Bis wir es selbst merken, ist längst alles zu spät.

> *„Wenn der Umkipp-Punkt erst mal erreicht ist, dann dauert es für gewöhnlich noch ein halbes Jahr, bis die Währung am Ende ist... Aber jetzt kommt das Interessante: Hyperinflation wird zuerst vom Ausland wahrgenommen, noch bevor man sie im Inland wahrnimmt, was daran liegt, dass man im Ausland wählen kann, ob man die Währung dieses Landes halten möchte. Wenn einem also die Entwicklungen in diesem Land nicht gefallen, dann wird die Währung verkauft und in etwas anderes investiert.“* Interview mit dem amerikanischen Gold- und Währungsexperten James Turk, 8.2.2012(124)

Erst ersetzten die Bankiers echtes Geld (Gold) durch Scheingeld (Banknoten), was schon ziemlich schlau war, mit dem Siegeszug des Computers aber gelang ihnen der ganz große Wurf: das virtuelle Geld, auch *Giralgeld* genannt. Seitdem wechseln kaum noch Scheine und Münzen den Besitzer, sondern es werden nur noch Zahlen fiktiv hin- und hergeschoben. Nur noch etwa 5 % dessen, was wir heute als *Geld* bezeichnen, ist physisch als Bargeld vorhanden, Tendenz sinkend. Das heißt, die anderen 95 % sind Giralgeld, also Geld, das nur auf dem Papier, oder besser ausgedrückt, dem Computerbildschirm, also im virtuellen Raum existiert. Dieses Giralgeld ist nicht real, und da seine Menge ständig steigt, haben Staaten wie Banken große Angst davor, dass es zu einem „Bankrun" kommen könnte, also zu viele Menschen gleichzeitig Bargeld abheben wollen, das in Wahrheit nicht existiert.

Würden Menschen rein rechnerisch an ein und demselben Tag in einem bestimmten Wirtschaftsraum gleichzeitig mehr als 5 % des „Geldes", das alle zusammen auf ihren Konten haben, abheben wollen, dann würde das ganze System zusammenbrechen, denn so viel Bargeld (Papiergeld) gibt es nicht. In Wirklichkeit braucht es keine 5 %, denn schon 1 % etwa aller Euro-Guthaben an Bankschaltern oder Geldautomaten gleichzeitig in bar abgerufen, würde alles zum Einsturz bringen. Alle Euro-Staaten und alle Banken wären auf der Stelle pleite, weil sie ihre Schulden, die auf unseren Bankkonten ausgewiesen sind, in bar nicht begleichen könnten – es gibt schlichtweg nicht genügend Bargeld dafür. Nochmals anders formuliert: Es gibt nur weniger als 5 % des Geldes auf unseren Kontoauszügen tatsächlich in bar! Sollte es also zu einem Bankrun kommen – was bei dem vorprogrammierten Chaos sehr wahrscheinlich ist –, dann können höchstens die ersten 5 % am Automaten auch ihr Geld bekommen. Der Rest schaut durch die Finger!

Doch anstatt einfach mehr Bargeld zu schaffen, um der Gefahr eines Bankruns vorzubeugen, geht man in die entgegengesetzte Richtung! Warum? Mit dem völligen Verschwinden des Bargeldes würden wir unsere letzten Freiheiten verlieren und uns quasi die Ketten der Versklavung selbst anlegen. Ohne Bargeld lägen 100 % der Geldschöpfung bei den Privatbanken – und damit alle Macht auf Erden! Dann könnten wir uns „freie Wahlen" endgültig sparen, denn Regierungen wären praktisch machtlos. Je mehr Bargeld wir nutzen, desto mehr Macht haben wir über die Banken. Je mehr Geschäfte wir bargeldlos tätigen, desto mehr stärken wir die Banken. Es ist wichtig, dieses Prinzip zu verstehen!

Aber dank massiver Werbung für den bargeldlosen Zahlungsverkehr, dank Bonus- und Rabattkarten sowie EC- und Kreditkarten, die einem förmlich aufgezwungen werden, wird es den Menschen immer leichter gemacht, auf Teufel komm raus zu konsumieren, egal ob sie Geld haben oder nicht. Wer keines hat, kauft einfach auf Kredit. Wir sollen Schulden machen! *„Nimm gleich, zahl später!"* Und zahlen werden wir dafür, das können Sie mir glauben! *„Verschulde dich! Konsumiere! Gehorche, du Schaf, gehorche!"*

Mittlerweile haben die Banken auch noch den letzten Rest an Leistung, die sie bisher widerwillig erbrachten, eingestellt und den Kunden mittels neuer Konzepte dazu überredet, alle Arbeit entweder daheim am PC oder im Automatenraum der Bankfiliale selbst zu machen. Wir sollen uns daran gewöhnen, dass es bald überhaupt keine Schalter und keine Ansprechpartner bei Banken mehr gibt. Wir werden zu willenlosen Sklaven eines Systems erzogen. Zahlen Sie jetzt eigentlich weniger für Ihr Konto als früher, weil Sie nun die ganze Arbeit selbst machen? Nein? Haben Sie sich darüber schon mal bei Ihrer netten Bank beschwert?

Alle 3 bis 4 Generationen ist die Schuldenlast, die durch eifrige Kreditvergabe entsteht, weltweit so groß, dass das ganze System zusammenbricht und es zu einer Währungsreform kommt, also die alte durch eine neue Währung ersetzt wird. Das wird vielleicht schon 2012, spätestens in einem der darauffolgenden Jahre in Europa so weit sein. Dann werden alle Guthaben abgewertet und alle Schulden aufgewertet – das war bislang immer so.

> *„Bei der Währungsreform 1948 in Westdeutschland wurde die Reichsmark zu neuer D-Mark im Verhältnis 100:6,5 umgerechnet. Alle Arten von privaten Schulden wurden aber im Verhältnis von 10:1 umgestellt. Anders gesagt: Hatten Sie vorher 1.000 Reichsmark auf dem Konto, dann waren die nun 65 DM wert. Hatten Sie 1.000 Reichsmark Schulden, dann waren die nun 100 DM wert."*
>
> Michael Morris in *„Was Sie nicht wissen sollen!"*

Bis zum Kollaps werden aber noch alle geschröpft und in Europa hunderte, ja tausende Milliarden von Euros in die Taschen der Bankiers verschoben. Dafür müssen die Griechen als Opferlämmer herhalten – aber Griechenland und Schafe, das passt ja gut zusammen!

Wir sollen auf Bargeld verzichten, und immer öfter zahlen Menschen tatsächlich freiwillig selbst kleinste Beträge im Supermarkt, im Nahverkehr oder an der Tankstelle elektronisch. Selbst Cent-Beträge können jetzt virtuell beglichen werden. Die elektronische Geldbörse macht's möglich. Die Skandinavier sind schon seit Jahren Weltmeister im Zahlen mit Karte und Chip. Angst vor einem Verlust privater Freiheit haben sie nicht, denn die Werbung leistete bei ihnen ganze Arbeit. In Schweden läuft seit 2009 die Kampagne: *„Bargeldlos jetzt!"*

In Deutschland haben bereits die Deutsche Bahn und zahlreiche Sparkassen die Kundenkarten erneuert und mit dem sogenannten NFC-Chip versehen, einem RFID-Chip, der seine Daten auch über gewisse Distanzen, bis hin zu mehreren Metern übertragen kann. Somit kann jeder kleine Computerfreak im Vorbeigehen mit einem kleinen, billigen Lesegerät alle unsere Daten abrufen. Im August 2012 beginnt die bundesweite NFC-Einführung bei den Sparkassen. Bis Ende 2012 sollen 16 Millionen der insgesamt 45 Millionen Sparkassen-Cards ausgetauscht sein, die übrigen folgen 2013.[(125)]

Mit diesen NFC-EC-Karten können kleine Beträge bis 20 Euro bezahlt werden, ohne dass man seine Karte noch in einen Schlitz stecken muss. Es geht dann alles ganz schnell und einfach – kundenfreundlich also!? Möglich ist es auch, den Chip auf der Sparkassenkarte ins NFC-fähige Smartphone wandern zu lassen, um dann nur noch durch Auflegen des Handys zu bezahlen. Wenn nun auch die kleinen Geldbeträge elektronisch verschoben werden können, dann ist Bargeld tatsächlich bald überflüssig – genauso wie unsere Freiheit.

In Griechenland dürfen seit dem 1.1.2011 keine Bar-Transaktionen mehr über 1.500 Euro getätigt werden. In Italien dürfen seit dem 4. Dezember 2011 Beträge über 1.000 Euro nicht mehr bar bezahlt werden. In Belgien dürfen seit Anfang 2012 Waren, die mehr als 5.000 Euro kosten, nicht mehr bar bezahlt werden. In Deutschland und Österreich liegen Gesetzesentwürfe vor, die Barzahlungen ebenfalls auf 1.000 Euro beschränken sollen. Ja, fragt sich denn da keines der Schafe, warum? Die Richtung ist klar und deutlich: Wenn nicht bald eine große Zahl der Menschen aufwacht und sich gegen das Diktat der Banken erhebt, dann gehen wir finsteren Zeiten entgegen. Wer Orwells Buch „1984" gelesen hat, der weiß, was ich meine.

Hier sei noch ein anderes Detail erwähnt: Die Zahlen auf Ihrem Kontoauszug sind kein „gesetzliches Zahlungsmittel", also kein „Geld", sondern nur ein „Versprechen auf Geld". Wenn Ihre Bank pleitegehen sollte – und in den vergangenen vier Jahren sind in Europa und in den USA hunderte Banken pleitegegangen und weitere werden folgen –, dann sind Ihre Kontoauszüge wertlos. Sie können sich damit nichts kaufen und werden dieses Geld nie sehen. Seit 2010 sind Bankguthaben in Deutschland und Österreich nur noch bis 100.000 Euro pro Sparer und Bank „abgesichert". Das bedeutet, dass der staatliche Einlagensicherungsfond nur noch bis zu diesem Betrag garantiert, dass Sie im Fall der Pleite einer Bank Ihr Geld wiedersehen. Das Lustige daran ist: In Wahrheit aber kann die Bank dieses Versprechen nicht einlösen, weil es das Bargeld dafür gar nicht gibt!

Haben Sie Ihre Ersparnisse in einem solchen Fall jedoch in physischer Form irgendwo hinterlegt, egal ob als Bargeld in der Matratze oder als Goldmünze im Garten vergraben, dann haben Sie immer noch etwas, das Sie gegen Waren eintauschen können. Mit Ihrem Kontoauszug können Sie höchstens den Kamin befeuern. Bankguthaben sind per Gesetz kein Zahlungsmittel! Wenn Ihre Bank pleite ist, dann sind Sie es auch! Allein in den USA gingen zwischen 2008 und 2010 mehr als 300 kleinere und mittlere Banken pleite und wurden von Großbanken geschluckt! Wer im gegenwärtigen System noch einer Bank sein Geld anvertraut, dem ist vermutlich nicht zu helfen. In England rechnen die Banken bereits seit Ende 2011 mit dem Ende des Euro, und sie bereiten sich und ihre Mitarbeiter auf die möglichen Konsequenzen vor:

„Die von den Insidern liebevoll ‚War Games' genannten Simulationen finden oft in Echtzeit über das Wochenende statt. Alle Beteiligten kommen dann ins Büro und agieren nach den hypothetischen Vorgaben... Etwa: Am Freitag nach Börsenschluss geht die schockierende Nachricht um die Welt: Griechenland sei aus dem Euro ausgetreten! Bis zum Montag müssen die Banken Antworten auf komplexe Fragen haben: Welches sind die Folgen für andere Banken, welches für die Regierungen und die Staatsanleihen der Staaten der Eurozone? Wie reagieren die Kunden? Was können wir den

Investoren sagen? Frieren sämtliche Märkte sofort ein, oder gibt es noch Spielräume?
Diese ‚Spiele' finden wirklich statt: Ein hochrangiger Banker einer britischen Bank bestätigte der Financial Times: ‚Wir proben eine Reihe schwerer Zwischenfälle – entweder dass ein Land oder mehrere Länder die Euro-Zone verlassen, oder aber kompletter Kollaps des Euro.'"(126)

Die Abschaffung des Bargeldes würde bedeuten, dass wir selbst im Grunde nur noch auf einem Chip existieren. Wir wären auf einen Chip reduziert. Wenn er deaktiviert würde – die Gründe dafür überlasse ich hier Ihrer Fantasie! –, existierten wir nicht mehr. Solange es Bargeld gibt, ist es sehr aufwendig, Menschen ohne legalen Grund auszuschalten – auch wenn es praktiziert wird, aber der große Aufwand erlaubt es immer nur, die Spitze des kritischen Eisberges zu entfernen. Ohne Bargeld könnte „man" alle Kritiker gleichzeitig zum Verstummen bringen. Man könnte einfach ihren Chip stilllegen, ihr Konto löschen, ihre Existenz ausradieren – all das mit einem einzigen Mausklick. Wer abgeschaltet wird, kann nichts mehr zu essen oder zu trinken kaufen, nicht mehr reisen, nicht mehr zum Arzt gehen – er existiert einfach nicht mehr.

Wissenschaftler des IKT-Forschungszentrums *National ICT Australia* haben bereits vor Jahren einen Chip entwickelt, der die Schmerz-Informationen im Körper blockieren kann. Wenn ein Chip Schmerz verhindern kann, dann kann er ihn auch auslösen. Na, könnte das Ihre Fantasie ein wenig beflügeln? Denken Sie an russische Journalisten oder an chinesische Regimekritiker. Wäre so ein Chip nicht praktisch für die Regierenden? Ja – und er existiert!

Man muss nur noch einen Weg finden, die Menschen dazu zu zwingen, ihn sich implantieren zu lassen. Dann ist die fiktive Zeitungsmeldung vom Anfang dieses Beitrags sofort Realität.

„Unter dem Vorwand, Patienten an die verordnete Einnahme ihrer Medikamente erinnern zu wollen, werden in Großbritannien bis Ende 2012 Medikamente mit einem neuen Mikrochip namens Helius oder Raisin Personal Monitor ausgestattet... Werde ein Medikament, auf dem der Helius-Chip angebracht ist, geschluckt, aktiviere dieser ein Hochfrequenzsignal im Körper des Patienten, das von einem Gerät im oder am Körper erfasst

werde, erklärt ein Vertreter von Proteus Biomedical. Der Betreffende trägt dann einen kleinen Monitor, ähnlich einem Heftpflaster, der das von dem Medikament ausgesendete Signal auffängt und Zeit sowie Art des Medikaments speichert..."(127)

Und sagen Sie jetzt bitte nicht, dass es solche Zustände wie in Russland oder China bei uns nicht geben kann. Bitte sagen Sie so etwas nicht! Ich sage nur: DDR oder Tausendjähriges Reich. Oder betrachten wir das Ganze kurz von der anderen Seite: Was haben Horst Köhler, Christian Wulff und Dominique Strauss-Kahn gemeinsam? Nun, sie alle waren Günstlinge des Establishments, und sie alle wurden – rein zufällig – kurz nach ihren kritischen Aussagen zum maroden Finanzsystem kaltgestellt. Zufall?

Wenn wir alles nur noch mittels eines Chips tun könnten, dann wäre es mit dem kleinen Rest an Meinungsfreiheit also auch vorbei. Heute springt die staatliche Überwachung im Internet bei bestimmten Schlüsselwörtern an, dann würde der Chip bei denselben oder ähnlichen Worten vielleicht kurze (oder längere) Schmerzimpulse aussenden. Nochmals: Es ist bereits möglich! Und was möglich ist, wird meist auch angewandt.

Wer dem „Großen Bruder" im Orwell'schen Sinne dann widerspricht, wird einfach ausradiert. Von Internetkriminalität oder terroristischen Akten im Cyberspace einmal abgesehen, wäre die bargeldlose Weltwährung in Händen des Bankenkartells das Ende unserer menschlichen Zivilisation – oder dessen, was wir dafür halten.

Das Ende des Euros und des US-Dollars ist zum Greifen nahe, das ist allen Experten klar. Deshalb arbeiten viele schlaue Menschen fieberhaft an einem neuen System, an neuen Währungen, um zu verhindern, dass wir nach dem großen Crash im alten Schuldgeldsystem weitermachen und wieder von neuem in die Schuldenspirale einsteigen; und um zu verhindern, dass das Kartell gewinnt. Gold wird dabei eine gewichtige Rolle spielen. Manche Ökonomen und Staaten, wie China etwa, fordern die Wiedereinführung eines Goldstandards. Das würde fortan die Geldmengen auf dem Globus beschränken und uns wieder zu einer reellen leistungsorientierten Wirtschaft zurückführen. Dies würde aber gleichzeitig auch gewaltige Einschnitte in weiten Teilen der Welt – vor allem im Westen – bedeuten, könnte aber vielleicht besonders die heute meist armen, goldreichen und

Gold exportierenden Staaten bevorzugen. So oder so werden wir uns im Westen darauf einstellen müssen, in den kommenden Jahren den Gürtel deutlich enger zu schnallen. Die Zeiten des Prassens sind vorbei. Jetzt kommt eine Zeit neuer Bescheidenheit auf uns zu, ob wir wollen oder nicht.

> *„Überall auf der Welt gibt es jetzt Länder, die mehr Gold akkumulieren, für den Fall, der Dollar bräche zusammen. Und auch jede Privatperson sollte diesem Beispiel folgen. Auf der ganzen Welt werden Selbstschutzmaßnahmen ergriffen. Zum Beispiel werden bilaterale Handelsverträge ausgehandelt, bei denen der US-Dollar nicht benutzt wird. China hat eine ganze Anzahl von bilateralen Handelsverträgen gemacht, bei denen der Dollar komplett umgangen wird. Indien und – höre und staune – der Iran haben vor Kurzem verlauten lassen, sie werden Gold für ihre bilateralen Transaktionen einsetzen.“*[128]
>
> Interview mit James Turk, 8.2.2012

Ob wir zu einem echten Goldstandard zurückfinden, vielleicht sogar wieder mit Gold- und Silbermünzen bezahlen werden, ist schwer zu sagen. In der Schweiz gibt es jedenfalls Bestrebungen, einen *Goldfranken* aufzulegen, einen Nachfolger des 1949 abgeschafften *Vreneli*, also wieder eine echte, physische Goldmünze als offizielles Zahlungsmittel einzuführen. Im US-Bundesstaat Utah wurde Gold bereits per Gesetz zum offiziellen Zahlungsmittel erklärt. Edelmetall soll den Bürgern Schutz vor einem möglichen Crash des weltweiten Währungssystems bieten. Die Volksrepublik China plant ebenfalls, seine Dollars in Gold zu konvertieren und hat in den vergangenen Jahren seine Goldreserven bereits auf weit über 1.000 Tonnen erhöht, um gegen den Fall des US-Dollars und des Euros gewappnet zu sein. Auch viele umsichtige Privatpersonen haben seit 2007 weltweit Gold und Silber in beachtlichen Mengen gekauft, was eine kluge Entscheidung ist. Ich habe das Thema in meinem Buch und in mehreren Artikeln ausführlich behandelt und kann jedem nur raten, sich schleunigst damit zu beschäftigen, so Sie es noch nicht getan haben.

Da physisches Gold auf Erden aber nur beschränkt vorhanden ist, sind auch staatliche wie private digitale Goldwährungen auf dem Vormarsch. Auch Regionalwährungen wie der *Chiemgauer* oder der *Benthel-Euro* erfreuen sich wieder steigender Beliebtheit, werden aber an unserem globalen monetären Problem nur wenig ändern können. Ebenso virtuelle private Währungen wie etwa *Bitcoin* werden dazu kaum beitragen können. Vielleicht könnte aber eine Kombination aus all diesen Ideen uns weiterbringen. Ich weiß es nicht. Ich weiß nur, dass das alte System ausgedient hat und dass das Bankiers-Kartell versuchen wird, all diese Bestrebungen für ein neues System im Keim zu ersticken. Dieser exklusive Club alter, verbohrter, selbstverliebter und sich selbst überschätzender Herren wird alles tun, um sein eigenes Ziel einer weltweiten bargeldlosen Währung unter eigener Führung durchzusetzen.

Was es braucht, um sie daran zu hindern, ist entweder Zeit oder ein Wunder. Wunder geschehen immer wieder, man kann sich nur leider nicht auf sie verlassen. Um also auf Zeit zu spielen und zu hoffen, dass langsam immer mehr Schafe ihren Pelz ablegen und sich im aufrechten Gang üben, müssen wir dringend verhindern, dass das Bargeld gänzlich abgeschafft wird. Es ist derzeit – auch wenn es nicht perfekt ist – unser größter Garant für individuelle Freiheit. Also zahlen Sie, wo sie können, mit Bargeld und sichern Sie Ihre Ersparnisse vor einem Bankencrash!

Das Konstrukt des Euro ist auf dem Mist der geheimen Weltregierung der Bankiers gewachsen. Die Eurozone wurde auf Lügen und leeren Versprechungen aufgebaut, das Konstrukt konnte nicht funktionieren, und es muss und wird scheitern. Aber dieses Scheitern war gewollt und geplant. Griechenland trifft an der Euro-Misere keine Schuld. Die Griechen hatten in dem System nie eine Chance, sie wären auch ohne die tatkräftige Hilfe der Banken nie Mitglied im Euro-Verein geworden – was für die Griechen übrigens ein Segen gewesen wäre.

> *„Was haben Mario Draghi, Mario Monti und Lucas Papadémos gemeinsam? Der neue Präsident der Europäischen Zentralbank, der designierte italienische Ministerpräsident und der neue griechische Ministerpräsident gehören in unterschiedlicher Stufung der europäischen ‚Sachs Regierung' an... Mario Draghi, Vizepräsident von Goldman Sachs Europa von 2002 bis 2005. Als zum Sozius aufgestiegener Mitgesellschafter war er für ‚Unternehmen und souveräne Staaten' zuständig. In dieser Funktion war eine von Draghis Aufgaben, Finanz-Swap-Produkte an Staaten zu verkaufen. Diese Finanzprodukte ermöglichen Staaten die Versteckung von Teilen ih-*

rer Schulden. Auf diesem Weg wurde die griechische Haushaltslegung geschönt... Mario Monti, Goldman-Sachs-Berater für internationale Angelegenheiten seit 2005... Lucas Papadémos, Präsident der griechischen Zentralbank von 1994 bis 2002. In dieser Eigenschaft war er an von Goldman Sachs initiierten Kontenfälschungen beteiligt. Der Verantwortliche für die Verwaltung der griechischen Staatsschuld ist übrigens der Goldman Sachs Ex-Trader Petros Christodoulos."[129]

Die amerikanische Privatbank *Goldman Sachs* stellt also in Europa Anfang 2012 zwei Regierungschefs und den Chef der EZB (Europäische Zentralbank). Weitere werden folgen. Die meisten anderen Zentralbanken in der westlichen Welt sind bereits seit jeher in den privaten Händen des Banken-Kartells. Wie der Börsianer Alessio Rastani zu Beginn des Artikels schon erklärte: „*Die Welt wird nicht von Politikern regiert, sondern von Goldman Sachs!*"

Wozu halten wir dann eigentlich noch Parlamentswahlen ab, könnte man sich da fragen? Die Banken tun derzeit wirklich alles, um sowohl das Bargeld als auch die Demokratie abzuschaffen, und sie handeln schnell und effektiv.

Der Euro ist Geschichte, ebenso die EU. Es wird vermutlich bald Spannungen zwischen einzelnen Ländern, einzelnen Ethnien geben, und diese Spannungen könnten geschürt und von ganz oben so gewollt sein. Das permanente, völlig sinnlose Einprügeln auf Griechenland oder der neu entflammte Hass gegen Sinti und Roma sind dafür ein deutlicher Vorgeschmack. Seit Jahren sorgen die USA und Europa in weiten Teilen der Welt für immer mehr Instabilität – auch wenn sie es als das Gegenteil verkaufen wollen. Oder wie David Knox Barker es am 20.8.2011 etwas blumiger ausdrückte:

„*Politiker, die seit Jahrzehnten einen staatlich finanzierten Himmel auf Erden versprechen, haben die Welt in den Albtraum einer globalen finanziellen Kernschmelze und in eine weitere Depression geführt. Überall auf der Welt kämpfen Politiker um ihr politisches Leben, viele sogar um ihre politische Seele, während das globale System auf sein langzyklisches Aussterben zusteuert. Die Einbruch-Phase dieses langwelligen ökonomischen Winters hat begonnen.*"[130]

Die Zeichen deuten alle auf Chaos und Krieg, und es ist nicht schwer zu erraten, wer hinter all dem steckt. Es sind nur Banken, die Kriege finanzieren können, es sind aber auch nur Banken, die danach den Wiederaufbau finanzieren können – zumindest solange wir am Schuldgeldsystem festhalten. Das Banken-Kartell könnte versuchen, den Menschen neben einer neuen bargeldlosen Währung auch einen neuen Heiland zu verkaufen, der vermeintlichen Frieden bringen würde. Ob der von *Goldman Sachs*, der *Bank of America* oder von *JP Morgan* kommen wird, weiß ich nicht, aber es macht auch keinen Unterschied.

> *„Die Welt strebt jetzt auf ein Ereignis zu, das in seinem Umfang um ein Vielfaches größer ist als das globale Finanzdesaster von 2008/09, welches vielleicht eine 8,0 auf der Zyklenskala bekäme. Im Vergleich dazu wird das Finanzerdbeben der Jahre 2012-2013 wohl eher eine 13 auf dieser Skala bekommen...“*[(131)]

Die kommenden Jahre werden Schicksalsjahre für die Menschheit sein. Werden wir unsere Fesseln sprengen und uns aus der Sklaverei der Bankerelite befreien, oder werden wir uns unserem Schicksal als Sklaven in Demut ergeben? Werden wir als Gesamtheit wachsen und eine neue Stufe der Entwicklung erreichen, eine neue Gesellschaft entwickeln, in der nicht Gier und Egoismus, sondern Respekt voreinander im Vordergrund stehen? Oder werden wir nach dem großen Crash erneut den Schritt zurück ins mittelalterliche Schuldgeldsystem, vielleicht sogar in eine bargeldlose Währung machen?

All das hängt von jedem Einzelnen von uns ab – und von uns allen zusammen! Die Hyperinflation und das Ende des Euro sind uns sicher. Der Umgang damit aber steht uns offen. Die Macht der Privatbanken wäre ganz leicht zu brechen, wenn jeder Einzelne aufhören würde, sein Geld zu diesen scheinheiligen Institutionen zu tragen oder Kredite von ihnen zu nehmen. Nur Bares ist Wahres! Dieser alte Spruch ist aktueller denn je.

Informieren Sie sich! Diskutieren und streiten Sie – aber mit Respekt vor den anderen! Jeder kann nur das sehen, was seine Bildung und der Grad seiner Bewusstheit ihm zum gegebenen Zeitpunkt ermöglichen. Vergessen Sie nicht, sich bei allem immer die Frage zu stellen: *„Wem nützt es?“* Seien Sie dabei offen, und betrachten Sie alles von verschiedenen Seiten. Versuchen Sie einmal, Blickwinkel einzunehmen, die Ihnen bislang fremd waren.

Es ist Zeit, zu handeln und aufzustehen. Dafür gibt es viele Möglichkeiten. Egal welche Sie wählen, tun Sie es aus Überzeugung, mit Begeisterung und Freude. Es gibt kein besseres Lebenselixier als Begeisterung und Freude! Wir können diese Welt zum Positiven verändern. Eine große Zahl von Machern in der westlichen Welt ist für einen kompletten Umbruch bereit. Einzelinitiativen schießen wie Pilze aus dem Boden, und die heimlichen Herrscher dieser Welt – die Besitzer der großen Privatbanken – werden von diesen Initiativen förmlich überrollt. Sie verstehen die Welt nicht mehr, und das ist gut so!

Der Wandel im Bewusstsein der Menschheit ist nicht mehr aufzuhalten. Es wird bereits hinter den Kulissen an einem neuen System gearbeitet, und es wird gerechter, friedlicher, ausgewogener und harmonischer sein, als das alte. Dennoch kann es niemandem schaden, sich Gedanken darüber zu machen, wie die Übergangszeit aussehen könnte, denn im Grunde stecken wir bereits mitten drin. Der Wandel findet statt, und jeder Einzelne muss für sich selbst entscheiden, ob er versucht, gegen den Strom der Veränderung zu schwimmen oder ob er sich mitreißen und begeistern lässt. Treten wir also gemeinsam ein, in und für ein neues, friedliches und gerechtes System!

Haben Sie keine Angst! Wir schaffen das!

Und nicht vergessen: „*Follow the money! And pay cash!*"

Michael Morris
Der Entrepreneur, Bestseller-Autor und Abenteurer Michael Morris wurde 1966 in Österreich geboren und lebt heute, nach Aufenthalten in verschiedenen europäischen Ländern, vorwiegend in den USA. Er verfasste zahlreiche Texte und Artikel in Englisch und Deutsch, unterrichtete und war jahrelang Teilhaber an mehreren Firmen.
Sein Bestseller zum Thema Wirtschaft und Neue Weltordnung „*WAS SIE NICHT WISSEN SOLLEN!*" ist seit April 2011 erhältlich.

Kontakt über den Verlag:
amadeus@amadeus-verlag.com

Das „Terror-Trio“: Von Versagern, fragwürdigen Spuren und einem Wunder im Brandschutt

von Udo Schultheis

Mitte November 2011 brachte ein aus zwei Männern und einer Frau bestehendes Trio Deutschlands Ermittlungsbehörden an den Rand des Wahnsinns, denn die drei aus Thüringen sorgten ungewollt dafür, dass Verfassungsschutz, Bundeskriminalamt, Bundesnachrichtendienst und Landeskriminalämter schonungslos als das offenbart wurden, was sie zweifelsfrei sind: Totalversager oder gefährliche Taschenspieler, für die gesetzliche Regelungen außerhalb ihres Handelns stattfinden. Die Verhältnisse um die Thüringer Zschäpe, Bönhardt und Mundlos machen einfach nur sprachlos – bis zum heutigen Tage.

Alles begann im Jahr 2000 mit einer Mordserie, die es bis dahin in Deutschland noch nicht gegeben hatte. Über sechs Jahre hinweg wurden insgesamt acht türkische Kleinselbständige und ein Grieche durch Kopfschüsse regelrecht hingerichtet. Ermittlungsbehörden, Journalisten und Kriminalisten sahen sich offiziell mit einem schier unlösbaren Fall konfrontiert. Dann, im April des Jahres 2007, wurde eine junge Polizistin in ihrem Streifenwagen auf der Heilbronner Theresienwiese erschossen, ihr Kollege lebensgefährlich verletzt. Schon damals hätten alle, die hätten sehen wollen auch sehen können, denn zwischen der Mordserie und dem Tod der Polizistin gab es deutliche Parallelen – so zum Beispiel die osteuropäische Tatwaffe und die Tatsache, dass die Opfer in allen Fällen durch Kopfschüsse starben. Hinzu kam die völlige Spurlosigkeit bei jedem einzelnen Ereignis. Monatelang geisterte nach dem Mord an der Beamtin eine ominöse DNA-Spur durch Deutschland, die von einem angeblichen weiblichen Phantom stammte und an den unterschiedlichsten Tatorten, bei Einbrüchen, Schlägereien und auch Morden auftauchte. Schließlich stellte sich heraus, dass die Spur von kontaminierten Wattestäbchen stammte, mit denen die Kripo an den jeweiligen Ereignisorten gearbeitet hatte. Ein dicke Panne oder mehr? Inzwischen gehen Beobachter verstärkt davon aus, die Geschichte mit der falschen Phantom-Spur sei von verschiedenen Behörden bewusst gelegt worden, um die Öffentlichkeit von den wahren – wahrscheinlich schon kurz nach Heilbronn bekannten – Tätern abzulenken.

Diese sollen gar nicht mal ausschließlich in den vermuteten rechtsradikalen Kreisen zu finden gewesen sein, sondern einen Hintergrund gehabt haben, vor dessen Aufdeckung sich hohe und höchste Kreise in der Bundesrepublik geradezu fürchten. Und weil es politisch unkorrekt ist, diese Hintergründe und Kreise zu nennen, wollen wir an dieser Stelle gleich einmal damit beginnen:

In den 1950er und 1960er Jahren des vergangenen Jahrhunderts strömten zigtausend türkische Gastarbeiter nach Deutschland. Sie arbeiteten vorwiegend im Bergbau, an den Fließbändern deutscher Großkonzerne und auf dem Bau. Mitgebracht hatten sie nicht nur ihre Sitten und Bräuche, auch Kriminelle aus ihrem Heimatland erkannten die sich in Deutschland bietenden Chancen und wanderten im Strom der Neuankömmlinge mit gen Westen. Große Gruppen von Auswanderern haben immer und überall auch (ungewollt) undurchsichtige Gestalten und Strukturen im Gepäck. Nachweisbar ist das bei den Massen an Italienern, die in die USA gingen, den dortigen Chinesen und auch den Deutschen (allein in New York lebten vor rund hundert Jahren etwa 600.000 Deutsche). In der Bundesrepublik gründeten sich nach einigen Jahren unter den hiesigen Türken unterschiedliche politische und weltanschauliche Gruppen, die von Deutschland aus die Geschehnisse am Bosporus beeinflussen wollten – sei es in wirtschaftlicher Hinsicht, sei es in politischer Hinsicht. Das wiederum rief den türkischen Geheimdienst MIT auf den Plan, der Zweigstellen in Deutschland gründete, um an der Quelle umstürzlerischer Gedanken zu sein. Dabei wurden immer wieder Allianzen mit Drogenhändlern und anderen Verbrechern eingegangen, bis hin zur türkischen Mafia. Nach Berichten der türkischen Zeitung ZAMAN verschmolzen im Laufe der Jahrzehnte Teile des MIT, der türkischen Mafia und der politisch äußerst rechts stehenden und unvergleichlich brutal vorgehenden *Grauen Wölfe* zu einer schlagkräftigen Einheit, die von Schutzgelderpressungen über Drogenhandel bis hin zu politisch motivierter Gewalt in Deutschland unter den türkischen Landsleuten ein grausames Spektrum abdeckte. Eine der Schlüsselfiguren in diesem vom *Spiegel* in seiner Ausgabe 8/2011 als „düstere Parallelwelt" bezeichneten Sektor spielte ein gewisser Abdullah Catli. Der Türke war einer der führenden Köpfe der Grauen Wölfe und mit der Politik nicht nur in der Türkei eng verflochten. Am 3. November 1996 wurde Catli zusammen mit dem damaligen Polizeichef von Istanbul, seiner Frau Gonca Us und einem

Abgeordneten des türkischen Parlaments Opfer eines mysteriösen Autounfalls. Lediglich der Abgeordnete überlebte und wurde aus einem Wrack geborgen, in dem auch Waffen lagen. Ob sich der Unfall deswegen ereignete, weil Catli enge Beziehungen zu dem Papst-Attentäter Ali Agca unterhielt, ist bis heute unklar. Immerhin soll der tief im kriminellen Sumpf steckende Wölfe-Funktionär 1979 Agca geholfen haben, den Chefredakteur der Zeitung *Milliyet* zu töten. Anschließend sorgte Catli nach Kräften dafür, dass Agca nach kurzer Zeit aus der Haft entlassen wurde, denn mit ihm hatte man von Seiten des in der Türkei bekannten „Derin Devlet" (tiefer Staat) noch Großes vor. Agca war als Papst-Attentäter auserkoren. Und an dieser Stelle kamen bundesdeutsche Geheimdienste mit ins Spiel, die sich im Zuge der Ermittlungen um die „Neonazis aus Thüringen" der Gefahr der Entdeckung ihrer zurückliegenden dunklen Geschäfte ausgesetzt sahen und noch immer sehen. Nach Angaben der französischen Zeitung *Le Monde diplomatique* machte Catli, der die Waffe für den Anschlag auf Karol Woytila besorgt haben soll, im Jahr 1985 vor einem römischen Gericht eine denkwürdige Aussage zum Attentat auf Johannes Paul II. Demnach soll der dubiose Türke vom deutschen Bundesnachrichtendienst (BND) für einen kleinen, aber überaus effektiven Gefallen eine hohe Geldsumme versprochen bekommen haben. Gesagt getan: Catli nahm an und tat, was nach seinen Angaben von ihm verlangt wurde. Er beschuldigte auf Geheiß der Deutschen den bulgarischen und sowjetischen Geheimdienst, an dem Attentat wesentlich mitgewirkt zu haben. Dafür gab es satte drei Millionen D-Mark (zirka 1,5 Millionen Euro) in die Kassen der in Deutschland agierenden Gruppe der Grauen Wölfe, die mithalfen, Anhänger der verbotenen PKK in der Bundesrepublik in Schach zu halten. Doch warum soll der deutsche Auslandsgeheimdienst Derartiges verlangt haben? Experten bescheinigen dem türkischen Geheimdienst MIT, zu dem Catli erwiesenermaßen gehörte, und dem BND eine enge Zusammenarbeit.

War der Coup von Rom dann etwa ein deutscher Freundschaftsdienst für die Partner aus Ankara? Immerhin kooperierten/kooperieren die beiden Dienste ja auch auf dem Gebiet von GLADIO, einer NATO-Geheimarmee, die in Deutschland „stay behind" (hinter den Linien stehend) genannt wird. Diese Truppe rekrutierte ihre Mitglieder vornehmlich aus rechtsradikalen Kreisen oder was dafür gehalten wird. So könnte auch das „Terror-Trio“ von Thüringen in den Fokus der Organisation geraten sein. Immerhin machte der Drogendealer und Agent Catli bereits Anfang der 1980er Jahre von Paris aus Geschäfte in Deutschland. Seine bevorzugten Städte waren im Heroinhandel Berlin, das Ruhrgebiet und der Frankfurter Raum. Damit schaffte er sich unter den Grauen Wölfen, türkischen Geheimdienstleuten und Mafia-Mitgliedern ein wahres Netzwerk innerhalb der Bundesrepublik. Laut Drucksache 13/7348 des Deutschen Bundestages vom 24. März 1997 gab es im Januar desselben Jahres in Frankfurt/M ein Gerichtsurteil in Sachen Drogenhandel gegen die Familien Senoglu und Baybasin, die nach Aussagen des Richters unerklärliche Unterstützung durch hohe türkische Politiker erhielten und deswegen über Jahre hinweg in Deutschland tätig sein konnten. Eine der „Sponsoren“ der Familien war laut der Bundestagsdrucksache die damalige türkische Außenministerin Tansu Ciller – ein nicht wegzudiskutierender Beweis dafür, dass in der Bundesrepublik bereits vor Jahrzehnten ein geheimes, türkisches Netzwerk bestand, dessen Mitglieder bis in die höchsten Kreise reichten. Als hilfreich erwies sich dabei auch die geostrategische Lage der Türkei. Dem NATO-Mitglied mit direkter Anbindung und Einfluss im Orient wurde auf internationaler und hoher politischer Ebene so mancher Fehltritt verziehen, um ja keine Mißstimmung aufkommen zu lassen, die sich unter Umständen negativ auf die Beziehungen zu den USA und der NATO ausgewirkt hätten.

Nun mag sich der geneigte Leser fragen, was das alles mit dem *Nationalsozialistischen Untergrund* (NSU) zu tun haben soll und warum die Personen Mundlos, Bönhardt und Zschäpe so gar nicht ins übliche Bild passen, das wir in Deutschland von Rechtsradikalen haben. Das mag daran liegen, dass das „Terror-Trio“ einen völlig anderen Hintergrund haben kann als offiziell dargestellt. Immerhin deuten einige Indizien darauf hin, dass es sich hier um ein Konstrukt von Geheimdiensten handeln könnte. Stichwort GLADIO: Hierbei handelt es sich um eine geheime Truppe der NATO, der CIA und des britischen MI6, von deren Existenz nicht einmal die westeuropäischen Regierungen wussten. GLADIO ist eine paramilitärische Organisation, die von etwa 1950 bis 1990 – eventuell auch darüber hinaus – Bestand hatte. Ihre Aufgabe: Im Fall einer Invasion der Sowjetunion in Westeuropa, der Türkei oder Griechenland sollte GLADIO Terrortakte und Sabotage gegen den Gegner verüben. Die Geheimarmee wird allerdings auch mit politischen Umstürzen, politischen Morden und der Beeinflussung alltäglicher Politik in bestimmten Staaten in Verbindung gebracht. Da ihre Finanzierung immer „schwarz" war (durch Heroinhandel aus der Türkei z. B.), ihre Waffenbeschaffung und Ausbildung stets verdeckt lief und die Struktur der Truppe nur ausgewählten Personen bekannt war, konnte GLADIO mehrere Jahrzehnte lang bestehen. Bevorzugt wurden Angehörige rechtsradikaler Gruppen wie der „Wehrsportgruppe Hoffmann" oder andere in Deutschland für die NATO-Gruppe rekrutiert. Bereits im Jahr 1952 erfüllte der *Bund deutscher Jugend* (BDJ) diese Aufgabe in der Bundesrepublik. Bekannt wurde dieser Umstand durch die Aussagen des ehemaligen SS-Hauptsturmführers Hans Otto, der aus der Organisation aussteigen wollte. Die daraufhin eingeleiteten Ermittlungen und Hausdurchsuchungen förderten unter anderem eine Attentatsliste ans Licht, ähnlich wie sie jetzt angeblich bei Mundlos und Komplizen gefunden worden sein soll. Bereits Verhaftete wurden damals wie durch Zauberhand wieder freigelassen, Verdächtige nicht weiter verfolgt. Bei manchen setzt in modernen Zeiten dann ein plötzlicher Suizid ein. Protegiert wurde der BDJ, der auch über Waffendepots und Sprengstoff verfügte, durch die USA. Die Rolle des BDJ oder anderer deutscher Organisationen übernahm in der Türkei der „tiefe Staat", Drogen- und Waffenhändler – kurz: das Organisierte Verbrechen mit seinen Ablegern in Deutschland und seinen dortigen GLADIO-Vertretern.

Waren Mundlos, Bönhardt und Zschäpe vom Verfassungsschutz geführte GLADIO-Aktivisten, die aus dem Ruder gelaufen waren und auf eigene Rechnung handelten? Gab es hinter den mörderischen Kulissen Streit zwischen den türkischen und deutschen Leuten dieser Organisation, oder war alles ganz anders, und das Trio war einfach nur ein praktischer Sündenbock, der verschwinden musste und dem man gleichzeitig die rätselhaftesten Kriminalfälle der zurückliegenden 15 Jahre anhängen konnte? Schon bei näherem Betrachten der Todesumstände von Bönhardt und Mundlos sprechen zahlreiche Unstimmigkeiten für diese Variante der „Entsorgung" bestimmter Probleme.

Uwe Mundlos befand sich nach einem Bericht der *Rheinischen Post* Mitte der 1990er Jahre bei der Bundeswehr. Zu diesem Zeitpunkt verschwanden etwa 40 Kilo TNT aus einem Depot der Armee in Sachsen, dort, wo Mundlos stationiert war. Später wurden Teile des Sprengstoffes in einer Rohrbombe gefunden, die in einer Garage des Trios gelegen haben soll. Das Trio verfügte außerdem über Waffen, falsche Pässe, konspirative Wohnungen und kannte sich perfekt in der spurlosen Begehung von Verbrechen aus. Das sind Eigenschaften, die ein Mensch nur durch intensive geheimdienstliche und militärische Schulung erlangen kann – wie bei GLADIO beispielsweise.

Der Tod im Wohnmobil wirft ebenfalls drängende Fragen auf, die der Staat bisher unbeantwortet gelassen hat. Deswegen begehen wir hier die „Politische Unkorrektheit", darauf hinzuweisen. Inzwischen haben sich vier unterschiedliche Versionen der Ereignisse vom 4. November 2011 in Eisenach herauskristallisiert.

- Version 1: Mundlos und Bönhardt haben sich nach ihrem Banküberfall in dem Wohnmobil in Eisenach verschanzt und stehen in einer Straße eines ruhigen Wohnviertels (warum eigentlich?). Aus welchen Gründen auch immer legen sie Feuer im Caravan und erschießen sich anschließend selbst. Anwohner bemerken das Feuer und rufen die Polizei.
- Version 2: Die beiden Männer legen im Wohnmobil Feuer und erschießen sich gegenseitig, als sie draußen eine Streife bemerken. Warum sollten sie sich gegenseitig erschießen – und vor allem: Was soll das Feuer? Spuren legen oder verwischen hätte keinen Sinn mehr gemacht, wer kann schon gegen Tote ermitteln?
- Version 3: Es nähert sich die Streife, das Wohnmobil brennt, aber keiner der Anwohner hört die vom BKA behaupteten Schüsse, mit denen sich die beiden Täter umgebracht haben sollen.
- Version 4: Die schon bekannte Streife erscheint auf der Bildfläche, das Wohnmobil brennt, laut BKA schlagen Projektile in eine Hauswand ein, doch bei der anschließenden Untersuchung sind sämtliche Hauswände der unmittelbaren Umgebung völlig unversehrt – eines der vielen Wunder in diesem Fall.

Und da es Wunder bekanntlich immer wieder gibt (heute oder morgen, das wusste Katja Ebstein schon), erschien sogleich die nächste wundersame

Wandlung im Fall des Trios: In dem ausgebrannten Wohnmobil lagen angeblich nicht nur zwei tote Männer, sondern allerlei Dinge, nach denen der Staat bereits lange und intensiv gesucht hatte – darunter die Handfesseln und Dienstwaffen der 2007 in Heilbronn überfallenen Polizisten Michele Kiesewetter und Michael Arnold, zudem die Tatwaffe (dabei soll es angeblich zwei gegeben haben) aus der „Döner-Mord"-Serie, alles schön säuberlich aufgereiht.

Während Beate Zschäpe unterdessen ihr Haus in Zwickau angezündet haben und geflüchtet sein soll, wurden die Ermittler – noch so ein Wunder! – auch Tage danach in diesem Brandschutt fündig. Dabei zeigte sich, dass es eine Sorte von DVDs geben muss, die selbst härtesten Bedingungen wie Feuer und Löschwasser trotzt und nahezu unversehrt, auf jeden Fall aber abspielbar, aus einem solchen Brandherd hervorgehen kann – zumindest in Zwickau. Denn im abgebrannten Haus lagen zwei 2006 erstellte, aber nie verschickte Bekennervideos. Darauf die bekannte Comic-Figur „Paulchen Panther" als Protagonist. Die professionell erstellte Scheibe beinhaltet bei genauer Betrachtung allerdings rein gar nichts aus der Hand von Bönhardt, Mundlos und Zschäpe selber. Die Bilder von den Tatorten der „Döner-Mordserie" sind Polizeifotos, die durch den Film führende Vertonung wurde von keinem der Drei vorgenommen, an einer Stelle taucht sogar das Logo der früheren linksterroristischen Rote Armee Fraktion (RAF) auf, die Filmsequenzen stammen aus TV-Sendungen, und die selbst gefertigten Texte auf Trickfilmtafeln lassen auf keinen Urheber schließen. Zusammengenommen mit dem Wunder, dass die DVDs Feuer und Löschwasser überstanden, mutet die nicht geklärte Herkunft des Filmes mysteriös an. Ebenso ominös ist die Tatsache, dass ein kleiner Computerstick aus Kunststoff derart unbeschadet Feuer und Wasser überstand, dass ihm eine angebliche Todesliste entnommen werden konnte, auf der mehrere tausend Namen gestanden haben sollen. Solche Umstände lassen schnell die Vermutung aufkeimen, mit dem Tod von Bönhardt und Mundlos sowie der Inhaftierung Zschäpes könnten die wahren Verursacher der „Döner-Morde", des Angriffs auf Michele Kiesewetter und ihren Kollegen, der Bombenexplosion von Köln und weiterer Straftaten geschützt worden sein.

Selbst innerhalb der offiziellen Reihen der Politik zeigte sich im Winter 2011 deutliche Kritik an der Darstellung der Behörden zum Thema „Nazi-Trio“. Der SPD-Politiker Thomas Oppermann zum Beispiel nannte den Suizid Bönhardts und Mundlos‘ *„lediglich eine Arbeitshypothese der Ermittlungsbehörden“*, also eine bislang durch nichts erwiesene Annahme. Zudem wollen Zeugen vor dem Eintreffen der Polizei in Eisenach eine dritte Person aus dem Wohnmobil haben kommen sehen. Auch die Fernzündung eines Brandsatzes in dem Caravan durch ein Handy wurde in Betracht gezogen, aber schnell wieder verworfen. Tatsächlich gibt es inzwischen zahlreiche Beispiele dafür, dass Bomben und Brandsätze durch einen Anruf oder eine SMS aufs Handy gezündet werden können – so geschehen auf dem Moskauer Flughafen 2004, so beinahe geschehen bei französischen Paketbomben vor wenigen Jahren oder bei im Juli 2007 in London gefundenen Autobomben, die nach Angaben der britischen Tageszeitung *Daily Star* von Australien aus per SMS hätten gezündet werden sollen.

Bei all dem stellt sich auch heute noch eine entscheidende Frage, um die sich die deutschen Ermittler und Politiker drücken, wo sie nur können: Was soll der Grund dafür gewesen sein, dass Bönhardt und Mundlos Selbstmord begingen?

Wenn sie tatsächlich die Täter der Mordserie, der Schüsse auf die Polizistin Kiesewetter und Urheber weiterer schwerster Straftaten waren und in keiner Weise in Verdacht gerieten, warum sollten sie sich dann beim Anblick einer Streifenwagenbesatzung umbringen? Mit den zwei vergleichsweise harmlosen Polizeibeamten wären die angeblich eiskalten Profikiller ohne Probleme fertig geworden.

Waren sie wirklich die, für die sie ausgegeben wurden?

Kritik am Impfen – politisch und medizinisch unkorrekt!

von Dr. Johann Georg Schnitzer

Grippe und Erkältung sind Krankheiten, an denen Viren beteiligt sind. Sie suchen manche Menschen häufig, andere nur selten oder nie heim, wenn es sie – die Viren – denn überhaupt gibt, was immer noch umstritten ist... Die Einen erkranken schwer, leiden wochenlang und erholen sich nur langsam. Andere bringen die akute Erkrankung in einer einzigen Nacht mit Fieber und kräftigem Schwitzen hinter sich. Die Symptome von Grippe-Wellen sind so verschieden, wie die Wandlungsfähigkeit der Grippe(-Viren) groß ist. Mal ist es eine „Bauchgrippe" mit elendem Schwächegefühl und Durchfällen, ein anderes Mal tut der ganze Körper weh „bis in die Haarspitzen". Grippe und Erkältungen können sich als Schnupfen, Halsschmerzen, geschwollene Rachenmandeln oder als Husten zeigen und wachsen sich manchmal bis zur Lungenentzündung aus.

Grippe-Impfungen und Medikamente sind problematisch wegen der raschen Veränderung der Viren(?) und wegen teils bedenklicher „Nebenwirkungen". Es macht wenig Sinn, ein „Grippevirus" mit dem Impfstoff vom letzten Jahr bekämpfen zu wollen. Selbst aktuelle Impfstoffe brauchen Entwicklungszeit. Bis sie da sind, hat sich das „Virus" schon wieder verändert. Außerdem besteht begründeter Verdacht, dass Grippe-Impfungen schädlich und verschlimmernd wirken können. Auch Behandlungen mit fiebersenkenden und entzündungshemmenden Mitteln, Antibiotika oder Antihistaminika nutzen wenig und können Nebenwirkungen und unerwartete Folgeschäden mit sich bringen. Was also tun, um sich zu schützen, und was, wenn die Erkrankung bereits in vollem Gange ist? Wie können Folgeschäden vermieden werden? Alle diese Fragen werden im Folgenden nun besprochen.

Infektion, Ansteckung? Gibt es überhaupt Viren?

Wer sich „Grippeviren" eingefangen hat, braucht deshalb keineswegs an Grippe zu erkranken. Wenn sein Abwehrsystem fit ist, werden die Eindringlinge vernichtet, bevor sie sich vermehren können. Erst dann, wenn das Abwehrsystem zu schwach ist und der Organismus außerdem den geeigneten Nährboden für die Vermehrung der „Viren“ anbietet, können sich diese massenhaft vermehren und zur Erkrankung führen.

(Anmerkung: Manche Wissenschaftler bestreiten, dass es überhaupt Viren gibt. Diese sollten jedoch nicht nur den wissenschaftlichen Nachweis führen für ihre Behauptung, dass es Viren nicht gibt, denn die **Wirkungen** der *„nicht existierenden Viren“* sind unbestreitbar, das kann jeder bezeugen, der einmal eine „Virusgrippe“ durchgemacht hat. Jene Bestreiter der Virenexistenz sollten also außer dem Nachweis für deren Nichtexistenz einen weiteren Nachweis führen: Was es denn dann ist, das – höchst ansteckend – die immer wieder auftretenden Grippeepidemien auslöst. Bis die Existenz oder Nichtexistenz der Viren geklärt ist, schlage ich vor, wir verwenden den Begriff „Viren“ mangels Besserem für dieses übertragbare „Etwas“ weiterhin. Für die von mir beschriebenen Maßnahmen zur Verhütung oder Behandlung von Grippe und Erkältung ist es ohnehin bedeutungslos, denn diese wirken allemal.)

Sind es vielleicht Gen-Sequenzen aus verzehrtem Geflügel oder Schweinefleisch, welche in die Zellen des Menschen eindringen und diese verändern und zu ihrer eigenen Vermehrung nutzen? Oder sind es etwa nur artspezifische Hyaluronsäuren aus verzehrten Tieren (Hyaluronsäuren: Bausubstanz des Bindegewebes), welche die Abwehrreaktionen des Immunsystems provozieren? Für Letzteres spricht die Tatsache, dass es während eines Grippeverlaufs, der nicht von retoxischen iatrogenen (arztseitigen) Eingriffen gestört wird, im Bindegewebe zu einer reichlichen Bildung von Hyaluronidase kommt, welche das schwefelreichere, weiche, „schwammige“ Gewebe verflüssigt und zur Ausscheidung über fast alle Körperöffnungen bringt. Danach – wenn die Grippe vorüber ist – hat das Bindegewebe dann eine festere und straffere Beschaffenheit.

Dass Hyaluronsäuren von Tieren tatsächlich in das menschliche Bindegewebe eingebaut werden, erhellt auch aus der Beobachtung, dass es bei Menschen (besonders bei Sportlern, die ihre Gewebe stärker beanspruchen), welche Schweinefleisch verzehren, erheblich leichter zu Bänder- und Sehnenrissen kommt. Denn das Bindegewebe des Schweins ist dem menschlichen sehr ähnlich, nur weicher (schwefelreicher). Aber auch der „Normalbürger“ erleidet wegen eines zu schlabberigen Bindegewebes zum

Beispiel leichter einen Leistenbruch. Der Einbau ist – abhängig von der Körperregion des Schweins, das verzehrt wird – so spezifisch, dass man bei Menschen, die gerne Schweinekopf verzehren, den Einbau eher in der Kopf-, Hals- und Nackenregion beobachten kann, während Liebhaber von Schweinebauchspeck vom Verzehrten eher etwas in ihrer Bauchregion einbauen. In Wirklichkeit aber ist es gar nicht so wichtig, was es ist, das die übertragbare Erkrankung auslöst. *„Le germe n'est rien, le terrain est tout!"* (*„Der Keim ist nichts, der Nährboden ist alles."*), ist eine bis heute gültige, in ihrer Bedeutung noch immer nicht voll erkannte Feststellung des französischen Forschers, Arztes und Physiologen Claude Bernard (1813-1878). Das heißt: **Eine Infektion kann nur in einem Körper angehen, der den geeigneten Nährboden dafür bietet** (wozu auch eine unzureichende Funktionsfähigkeit des Systems der Großen Abwehr und des Immunsystems insgesamt gehört). Das gilt ganz besonders für banale Infektionen, wie sie Grippe und Erkältungen in der Regel darstellen.

Grippeepidemie im Winter 1917-1918, Millionen Tote – nur in Dänemark nicht!

Besonders eindrucksvoll zeigte sich die Bedeutung des Terrains (Nährbodens) für die Widerstandskraft bei der großen Grippe-Epidemie 1917-1918. Durch die Blockade der Briten wurden sowohl in Deutschland als auch in Dänemark die Lebensmittel knapp. Die beiden Länder versuchten unterschiedliche Strategien, um die Ernährung der Bevölkerung zu sichern. In Dänemark riet der Arzt Dr. Mikkel Hindhede, die bisher als Schweinefutter verwendeten Getreide und Kartoffeln für die menschliche Ernährung zu verwenden. Der Schweinebestand wurde auf ein Fünftel reduziert. Daraufhin sank die Sterblichkeit der Bevölkerung um 17 % (!). Die dänische Bevölkerung bestand damals aus etwa 3 Millionen Menschen. In diesem Jahr einer weltweiten Grippeepidemie, die zu erhöhter Sterblichkeit führte und insgesamt 30 Millionen Menschen das Leben kostete, starben in Dänemark 6.300 Menschen *weniger* als im Jahr 1913, in welchem bis dahin die Sterblichkeit in Dänemark am geringsten gewesen war.

Aus dieser massiven positiven Erfahrung wurden typischerweise weder von der „Wissenschaft" noch von der „Gesundheitspolitik" irgendwelche Konsequenzen gezogen – bis heute nicht. Stattdessen wurde von der Arzneimittelindustrie die „Grippeimpfung“ entwickelt, ein für die Bevölkerung eher hoffnungsloses Unterfangen angesichts der Wandlungsfähigkeit der Viren, das außerdem mit teils bedenklichen „Nebenwirkungen“ behaftet ist.

In Deutschland setzte man während der Blockade 1917-1918 auf Schweinefleisch und ersetzte die als Schweinefutter verwendeten, für die menschliche Ernährung fehlenden Kartoffeln durch Rüben. Deren Zuckergehalt führt beim Kochen durch die Maillard-Reaktion mit essentiellen Eiweißbausteinen wie zum Beispiel Lysin zur Minderung des Ernährungswertes, so dass durch Mangel an wichtigen Eiweißbausteinen eine Schwächung des Organismus eintreten kann, was bei Kartoffeln, die keinen Zucker enthalten, nicht der Fall ist. Auf diesen Zusammenhang weist Frédéric Stahl in seinem Buch „*Die Erde hat Eiweiß für alle*“ hin. Heute weiß man auch, dass das Grippevirus im Schwein (und in Geflügel) übersommert und das Schwein als „viraler Schmelztiegel“ fungiert, weil es auf den Zellen seines Atmungstraktes Rezeptoren sowohl für Vogelgrippe-Viren als auch für Viren besitzt, die beim Menschen Influenza (Grippe) verursachen. Bei einer gleichzeitigen Infektion mit beiden Viren-Typen ist es nur eine Frage der Zeit, bis sie ihr genetisches Material austauschen und zu „Killer-Viren“ mutieren. Die deutsche Bevölkerung verzehrte somit den „Nährboden Schwein“ zusammen mit dem besonders gefährlichen Grippevirus. Gleichzeitig waren die Abwehrkräfte durch Mangelernährung und zusätzlich durch die Impfmaßnahmen geschwächt. Millionen erkrankten, und etwa 300.000 Deutsche (darunter vor allem Geimpfte!) verstarben an dieser Grippe-Epidemie, die weltweit etwa 30 Millionen Todesfälle verursachte.

Es kann wieder passieren!

Im November 1999 warnten die Experten vor einer neuen, aggressiven Grippe. Durch den heutigen Luftverkehr befürchtete man eine rasche weltweite Ausbreitung. Grippeviren, die bisher nur Geflügel befielen, hatten sich durch Mutation so verändert, dass sie auch Menschen infizierten. Jeder dritte Infizierte verstarb daran. Im Oktober 2005 entwickelte sich eine neue Vogelgrippe-Epidemie, deren von Südost-Asien ausgehende Ausbreitung – wie behauptet wird durch Zugvögel – auch durch das Töten von Millionen von Hühnern, Enten und anderem Geflügel und durch „Ausgangssperre“ für alles Federvieh nicht aufzuhalten war. Nach nur 3 Wochen stellte man erste Fälle auch in der Türkei fest, wobei es sich um das angeblich auch für den Menschen gefährliche Virus H5N1 handelte. Die Gesundheitsbehörden waren alarmiert und empfahlen umfangreiche Schutzmaßnahmen. Allerdings ist schwer zu durchschauen, wie groß die reale Gefahr war, und wie viel davon einer PR-Kampagne zur Verkaufsförderung von Medikamenten und von – für Medizin und Pharma besonders lukrative – Impfaktionen zuzurechnen war. Es ist jedenfalls unwahrscheinlich, dass mit dem angeblich so gefährlichen Virus infizierte Zugvögel noch tausende Kilometer fliegen können, um das Virus weltweit zu verbreiten.

Schweine brauchen nicht zu fliegen, um das „Schweinegrippenvirus“ zu verbreiten, denn ein Teil der Menschheit verzehrt sie und nimmt damit gleich den richtigen Nährboden zu dessen massenhafter Vermehrung in sich auf. Es wird interessant sein zu beobachten, ob im Falle einer „Schweinegrippenpandemie“ jener Teil der Menschheit und jene Menschen, die aus religiös-hygienischen Gründen kein Schwein verzehren, deutlich weniger an der „Schweinegrippe“ erkranken.

Das „Terrain“ (der Nährboden) ist auch bei anderen Infektionen ein wesentlicher Faktor!

Diese Erkenntnis gilt darüber hinaus auch für viele andere Infektionen. So trank der Forscher, Arzt und Hygieniker Max von Pettenkofer (1818-1901) in einem heroischen Selbstversuch eine Bouillon lebender **Cholera**-Bakterien aus, ohne an Cholera zu erkranken (Nachahmung nicht zu empfehlen, das Experiment kann auch tödlich enden!). Ärzte und Schwestern, die **Lepra**-Kranke pflegen, erkranken fast nie selbst an Lepra. Indessen heilen Lepra-Geschwüre zügig ab, teilweise innerhalb von nur 10 Wochen, wenn die Ernährung der Patienten geändert wird, wie ich selbst in einer von 1985 bis 1987 in Sri Lanka durchgeführten Lepra-Studie nachweisen konnte. (Die Studie finden Sie auf meiner Website www.dr-schnitzer.de)

Diese Erkenntnisse wurden von den Lepra-Hilfsorganisationen – trotz entsprechender Vorschläge von meiner Seite – nicht aufgegriffen; eine dieser Organisationen lehnte sogar in aggressiver Weise ab. Stattdessen werden nach wie vor Lepra-Pillen an die bedauernswerten Patienten verteilt, eine pro Tag und Patient (Jahresumsatz zum Beispiel in Äthiopien damit zirka 1,5 Millionen EUR) – auch wenn teils schon seit 10 Jahren keine Lepra-Bazillen mehr im Körper nachgewiesen werden können. Dabei entwickeln sich auch bei den bazillenfreien Lepra-Patienten immer neue Geschwüre, und die Verstümmelungen gehen weiter. Eine einfache Ernährungsänderung könnte dies stoppen, wie die Studie gezeigt hat. (mehr dazu unter[132])

Kinderlähmung (Poliomyelitis)

Der amerikanische Arzt Dr. Benjamin Sandler vermutete aufgrund bestimmter Beobachtungen, dass der durch Zuckergenuss nach einem ersten Blutzuckeranstieg verursachte starke Abfall des Blutzuckerspiegels die Bereitschaft zum Angehen der Polio-Infektion erzeugt. Schon 1944 hatte er den Gesundheitsbehörden vorgeschlagen, öffentlich eine zuckerfreie Schutzdiät während der Epidemie zu empfehlen. Es geschah jedoch nichts Derartiges. 1948 bot sich während einer großen Kinderlähmungsepidemie in den USA eine Gelegenheit zur Erprobung. Er lebte damals in Asheville, North-Carolina. Dieses Mal sprach er mit den Redakteuren von Zeitungen, die anschließend seine Ernährungsvorschläge für eine zuckerfreie Schutzdiät veröffentlichten. **Der Konsum von Eiscreme und süßen „Softdrinks" ging scharf zurück. Die Schutzwirkung in der Bevölkerung trat binnen 24 Stunden ein.** Es kam zu einem für eine solche Epidemie ganz untypischen starken Rückgang von Neuerkrankungen, was zuvor nie beobachtet worden war (zirka 3.000 Fälle weniger als bei typischem Verlauf zu erwarten, bei einer Bevölkerung von 55.000). Dr. Sandlers Empfehlungen wurden trotz dieses überzeugenden Nachweises ihrer hohen Wirksamkeit von den Gesundheitsbehörden nicht übernommen. Stattdessen wurde weltweit die „Schluckimpfung" propagiert – ein typischer „gesundheitspolitischer" Vorgang, der die Bevölkerung weiterhin uninformiert ließ, dadurch die drohenden Umsatzeinbußen auf der Zuckerseite vermied und außerdem den Herstellern des Impfserums weltweit große Umsätze bescherte.

Vogelgrippe

Ganz ähnlich lief es 2005 mit der Vogelgrippe: Man hatte gegen diese zwar noch keinen Impfstoff parat, empfahl aber indessen schon mal die Impfung mit Grippe-Impfstoff, *„solange der Vorrat reicht"*. Parallel zu der Vogel-Grippe-PR-(Angstmache?)-Kampagne über die Medien lief die Produktion des anti-viralen Mittels *Tamiflu* auf Hochtouren. Die Hersteller versprachen sich ein Riesengeschäft – mit guten Aussichten, deckten sich doch ganze Länder für viele Millionen mit einem Vorrat dieses Mittels ein. Dabei unterließ man es, da weniger förderlich für die Absatzerwartungen, auf natürliche, nichtmedikamentöse Schutzmaßnahmen und auf Gegenanzeigen und mögliche Nebenwirkungen dieses Medikaments hinzuweisen. Bei dem Präparat *Tamiflu® 75 mg Hartkapseln* erfahren Sie Folgendes über dessen Nebenwirkungen:

„***Gegenanzeigen:*** *Vorsicht bei chronischen Atembeschwerden und Asthma. Vorsicht bei Herz-Kreislauf-Erkrankungen. Vorsicht bei Kindern unter zwölf Jahren. Vorsicht bei Nierenfunktionsstörung. Vorsicht bei Patienten mit Abwehrschwäche. Vorsicht bei Patienten mit schlechtem Allgemeinzustand.*

Schwangerschaft und Stillzeit: *Während der Schwangerschaft und der Stillzeit sollte das Medikament möglichst nicht angewendet werden, es sei denn, Ihr Arzt hält dies für unbedingt erforderlich.*

Nebenwirkungen: *Aufgelistet sind die wichtigsten, bekannten Nebenwirkungen. Sie können auftreten, müssen aber nicht, da jeder Mensch unterschiedlich auf Medikamente anspricht. Manchmal reagieren Menschen allergisch auf Medikamente. Sollten Sie Anzeichen einer allergischen Reaktion verspüren, informieren Sie sofort Ihren Arzt oder Apotheker. Aufgelistet sind: Übelkeit, Erbrechen (gelegentlich); Bauchschmerzen (gelegentlich).*“[133]

Eigenartig: Sind das nicht genau die Symptome einer „Bauchgrippe“, vor welcher das Medikament angeblich schützen soll?

Den vorläufig „größten Vogel“ aber schießt die Schweinegrippe-PR-Impf- und Angstmache-Kampagne 2009 ab – ein Multi-Milliarden-Geschäft. Über alle PR-, Medizin-, Pharma- und Politik-Kanäle war es so dick aufgetragen, dass selbst der Dümmste begreifen müsste, dass hier die Menschen zum Impfen (wie die Schafe zum Scheren ihrer Wolle) zusammengetrieben werden sollten, weil das Impfen für das herrschende Krankheitsunwesen ebenso lukrativ ist, wie es die danach zahlreich zu erwartenden Nebenwirkungen und Spätfolgen sind. Der Umfang der für die Schweinegrippe-PR aufgewendeten Sendezeiten in Rundfunk und Fernsehen, der PR-Artikel in Druckmedien und der Kampagnen über das Internet übersteigt bei Weitem den bei den letzten amerikanischen Präsidentschaftswahlen getriebenen Aufwand. Einen solchen treibt nur, wer sich sehr viele Einnahmen und Macht davon verspricht. Und siehe da:

*„**Korruption führender Virologen aufgedeckt.** Poznan – Ein Holländer befindet sich im Fadenkreuz von Ermittlern um einen immer wahrscheinlicher erscheinenden Korruptions- und Betrugsskandal von nie dagewesenem Ausmaß. Der Mann heißt A. O. und ist Professor für Virologie am Klinikum der Erasmus-Universität in Rotterdam. Er führt eine Gruppe von namhaften Virologen an, welche zuletzt Sars, Vogel-, Robben- und Schweinegrippe in Europa salonfähig gemacht haben. Die niederländische Regierung hatte wegen zahlreicher Ungereimheiten in Zusammenhang mit den neuen Grippen einen Untersuchungsausschuss bestellt, der jetzt u.a. herausgefunden hatte, dass sich auf A. O.'s Konten ‚größere' Geldeingänge befinden, welche ausgerechnet durch Hersteller von Impfmitteln gegen die Influenza A/H1N1 und A/H5N1 an ihn persönlich überwiesen worden waren. Schweine- und Vogelgrippe könnten also, wie schon bereits laut gemunkelt wird, reine Erfindungen eines kriminellen Netzwerkes von Pharma-Produzenten und skrupellosen Wissenschaftlern sein, denn die A. O.-Truppe sitzt auch in den wichtigsten Gremien der WHO...“*(134)

Dass trotzdem viele Menschen immer noch nicht erkennen, welche Interessen dahinterstecken, weil sie sich nicht einmal die Frage „*Cui bono?*“ („*Wem nützt es?*“) stellen, liegt möglicherweise an einer sich jetzt immer schneller ausbreitenden Zivilisationskrankheit: der Hirninsuffizienz, mit deren Endstadium Demenz (Schwachsinn, Alzheimer'sche Gehirndegeneration)...

Wie man sich am besten schützt

Es gibt ein paar einfache Maßnahmen, mit welchen man sich vor Grippe und Erkältungen schützen kann – auch vor schweren Pandemien, wie das Beispiel Dänemark gezeigt hat. Sie bewirken die Stärkung der Abwehrfähigkeit und sorgen dafür, dass eingedrungene „Viren“ keinen für ihre Vermehrung geeigneten Nährboden vorfinden. Das Wichtigste ist eine natürliche Ernährung, die auf der einen Seite alles enthält, was der Organismus zur Gesunderhaltung braucht, und auf der anderen Seite denaturierte und „artfremde“ Nahrung vermeidet, welche die Abwehr schwächen und einen geeigneten Nährboden für die Vermehrung von Keimen im Organismus erzeugen könnte. Hinzu kommen geeignete „Trainingsmaßnahmen“ für das Abwehr- und Temperaturregulierungssystem und die Vermeidung von „Hitzestau“ im Organismus.

Natürliche, naturbelassene, artgerechte Ernährung
Wichtigste Maßnahme des Selbstschutzes vor Grippe und Erkältungen (und vor vielen anderen Krankheiten) ist eine natürliche, dem genetischen Stoffwechselprogramm des Menschen entsprechende Ernährung. Diese sichert ein intaktes Abwehrsystem gegen Infektionen und lässt im Organismus keinen Nährboden entstehen, auf welchem sich eingedrungene Viren und Bakterien vermehren können. **Der Mensch ist, wie durch die von Dr. Richard Lehne begründete vergleichende Gebissanatomie nachgewiesen werden konnte, ein Frugivore** (Fruchtesser im Sinne von Samen, Wurzelknollen, zarten Blattschösslingen und Früchten). Eine entsprechend aus Getreiden, Hülsenfrüchten, Wurzelgemüsen (als Salate, nicht gekocht!), Blattsalaten, Nüssen und Obst zusammengesetzte Nahrung sichert nachhaltig seine Leistungsfähigkeit, Gesundheit und Reproduktionsfähigkeit (die Fähigkeit, gesunde, wohlgestaltete Kinder zu bekommen). Eine wichtige Voraussetzung ist dabei, dass diese „Lebens“-mittel überwiegend in naturbelassenem, lebendigem Zustand verzehrt werden. Hitzebehandlungen, Extraktion, Pasteurisierung, Sterilisation, Ultrahocherhitzung, Rösten, Grillen, Kochen und Oxidation (zum Beispiel durch Lagern von Vollkornmehlen und -schroten statt frischer Verwendung) zerstören die gesunderhaltenden Werte dieser Lebensmittel. Eine praktische Anleitung zu einer solchen gesunden Kost findet sich in meinem Buch *„Schnitzer-Intensivkost, Schnitzer-Normalkost“*.

Im Wesentlichen sind folgende Nahrungsmittel und Zubereitungen zu meiden:

- **Isolierte Kohlenhydrate:** Stärken, Auszugsmehle, Industriezucker und alle damit hergestellten und zubereiteten Nahrungsmittel, Gerichte und Getränke;
- **sonstige Teilnahrungsmittel** wie raffinierte und extrahierte Teilprodukte aus ursprünglichen Lebensmitteln;

- **tierische Nahrungsprodukte** (diese entsprechen nicht der genetischen Programmierung des Menschen und können deshalb vielfältige nachteilige Wirkungen haben): Fleisch, Wurstwaren, Geflügel, Fisch, Meeresfrüchte wie zum Beispiel Muscheln usw., Eier, Milch und Milchprodukte, zum Beispiel Käse oder Quark;

- **Oxidation** – zum Beispiel durch Lagerung von Vollkornmehl und -schrot statt frischer Weiterverarbeitung direkt nach dem Mahlen;

- **Hitzedenaturierung** durch Kochen, Dünsten, Grillen, Sterilisieren, Pasteurisieren, Ultrahoch-Erhitzen, Mikrowellen. Ausnahmen, die der Gesundheit nicht schaden: Das Dämpfen von Kartoffeln und das Backen von Vollkornbrot und -gebäck;

- **genveränderte Nahrungsmittel**; die verändernden Eingriffe sind in der Regel aus anderen als gesundheitlichen Gründen erfolgt; deren gesundheitliche Auswirkungen, vor allem auch die langfristigen über mehr als eine Generation hinweg, sind überhaupt nicht untersucht worden.

Wer jetzt sagt „*da kann man ja überhaupt nichts mehr essen*“, hat sich damit gleichzeitig selbst Ernährungsgewohnheiten bescheinigt, die ihm eine erhebliche Anfälligkeit für Infektionen aller Art bescheren und darüber hinaus ein erhebliches Risiko, an einer der chronischen Zivilisationskrankheiten zu erkranken. Dass eine gesunde Ernährung sehr wohl vielfältig, wohlschmeckend und appetitanregend sein kann, zeigt mein zuvor erwähntes Buch „*Schnitzer-Intensivkost, Schnitzer-Normalkost*“.

Weitere nützliche Tips für eine gute Resistenz sind:

1. Training der Temperaturregelung (nach der morgendlichen Dusche kurz kalt nachduschen);
2. Vermeidung von Hitzestau im Körper (Wer sich zu dick bekleidet in zu warmen Räumen aufhält oder sich beim Schlafen zu dick zudeckt, hat die besten Chancen, sich zu „erkälten“.);

3. „Erkältungsfalle“ Klima-Anlage (Besonders gefährlich ist es, wenn man im überhitzten Auto die Klima-Anlage auf möglichst kalt stellt, ebenso in Gebäuden.);
4. Nach körperlicher Anstrengung und Schwitzen: *sofort* duschen und umziehen!
5. „Durchzug“ vermeiden („Durchzug“ entsteht, wenn in einem Raum auf verschiedenen Seiten Fenster oder Türen geöffnet sind und Wind von draußen die Luft in einer Richtung durch den Raum bläst. Eigenartigerweise hat derselbe Wind im Freien diese nachteilige Wirkung weit weniger.);
6. ausreichend schlafen (Wer weniger als 7 Stunden pro Nacht schläft, beeinträchtigt die Abwehrkraft seines Immunsystems.);
7. reichliche Zufuhr von Trinkwasser.

Welche Maßnahmen unterlassen werden sollten

Zur Vermeidung möglicherweise schwerwiegender Folgeschäden sollte man einige Maßnahmen unterlassen, die üblicherweise angewendet und empfohlen werden, weil man sich zu wenig oder gar nicht mit den Folgerisiken und möglichen Dauerschäden befasst hat. Um sicherzugehen, sollte man sich, wenn man alleine nicht zurecht kommt, an einen konsequent biomedizinisch arbeitenden Arzt oder Therapeuten wenden und dabei auch diesen Aspekt durchsprechen.

- **Allopathische (übliche) Kopfschmerzmittel**
  Diese enthalten teils auch entzündungshemmende Substanzen und unterdrücken oder behindern so die körpereigene Abwehr. Dadurch könnte es zu einer beträchtlichen Verlängerung des Krankheitsverlaufs und möglicherweise außerdem zu Spätschäden kommen. Es gibt homöopathische Kombinationsmittel gegen Kopfschmerzen, welche zu einer biologischen Ausleitung der den Schmerz verursachenden Substanzen führen und daher nicht mit diesen Risiken behaftet sind.

- **Allopathische fiebersenkende und entzündungshemmende Mittel**
Diese bedeuten einen gefährlichen Eingriff in die auf vollen Touren laufende Abwehr des Organismus. Die Folgen können ein längerer, schleppender Krankheitsverlauf, eine lange Rekonvaleszenz (Erholungszeit), eine grundlegende Schädigung des Abwehrsystems (Abwehrschwäche, Immunschwäche) und schwere, teils unheilbare chronische Erkrankungen sein, z.B. Diabetes Typ I, Leukämie, Krebs, möglicherweise auch das Angehen einer HIV-Infektion (= AIDS, = Auto Immune Deficiency Syndrom). Es ist nicht auszuschließen, sondern vielmehr wahrscheinlich, dass das Angehen einer HIV-Infektion über solche Vorschädigung der körpereigenen Abwehr durch Medikamente, aber auch durch Drogen oder Alkohol und eine denaturierte Ernährung begünstigt oder überhaupt erst möglich gemacht wird, also zuerst die Abwehrschwäche auf diese Weise erzeugt wird, und danach das Virus sich ansiedeln kann (entsprechend vergleichbarer Erfahrungen von Claude Bernard und Benjamin Sandler). Da die Abwehr schlagartig lahmgelegt wird, können jetzt Viren in das Innere der Zellen eindringen und sich zu ihrer Vermehrung mit dem Genmaterial der Zellen verbinden. Passiert dies zum Beispiel mit den insulinproduzierenden B-Zellen der Bauchspeicheldrüse, und heftet sich das Virus an die „Kopiervorlage" für das Insulinmolekül an, so kann es dazu kommen, dass von da an jedem produzierten Insulinmolekül noch ein Virus anhängt. Das Abwehrsystem erkennt, dass die B-Zellen etwas Schädliches produzieren, greift diese an und vernichtet sie. So wird die Fähigkeit zur Produktion von Insulin immer geringer; ein Diabetes Typ I entsteht.
Das wird dann von der Wissenschaft als „Autoimmunkrankheit" oder „Auto-Aggressions-Krankheit" bezeichnet, jedoch ohne dass nachgeforscht wird, wie es dazu kommen konnte. Multiple Sklerose und Diabetes Typ I werden zu den Autoimmunkrankheiten gerechnet, ohne dass da-

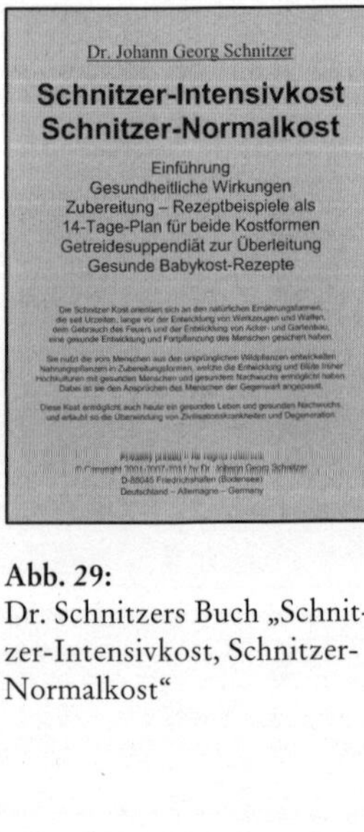

Abb. 29:
Dr. Schnitzers Buch „Schnitzer-Intensivkost, Schnitzer-Normalkost"

nach gefragt wird, wie diese entstehen. Beide können durch eine natürliche, lebendige Nahrung und entsprechende zusätzliche biomedizinische Maßnahmen gestoppt, bei frühzeitigem Eingreifen sogar geheilt werden.

- **Nasensprays, Antihistaminika**
  Diese sollen ein Abschwellen der angeschwollenen Nasenschleimhäute bewirken. Es hat sich indessen gezeigt, dass solche Nasensprays auch dazu führen können, dass die Nasenschleimhäute auf Dauer angeschwollen bleiben, auch nach Abklingen der Erkältung. Außerdem: Die Nase dient dem Abfluss von Lymph-Überdruck aus der Gehirnregion.
  Mir wurden zwei Fälle berichtet, bei welchen es nach Anwendung von abschwellendem Nasenspray zu kurzfristiger Bewusstlosigkeit kam; der eine war gerade beim Reiten und fiel deshalb vom Pferd!
  Es gibt indessen auch homöopathische Nasensprays, bei welchen diese Gefahr nicht besteht und die auf biologische Weise zur besseren Durchgängigkeit einer verstopften Nase und rascherer Abheilung beitragen.

- **Antibiotika**
  Diese helfen ohnehin kaum, da es sich meist um Viruserkrankungen handelt, die von Antibiotika nicht beeinflusst werden. Andere Krankheitskeime können gegen Antibiotika resistent werden, sodass diese nicht mehr wirken, sollten sie wirklich einmal gebraucht werden.

- **Grippeimpfung**
  Impfungen sind insgesamt eine gefährliche Sache und häufig die Ursache für spätere chronische Erkrankungen. (Mehr Information dazu findet man bei www.impfkritik.de)
  Die Erfolge von Grippeimpfungen sind fragwürdig, da sich die Grippeviren schneller ändern, als Impfstoffe gegen sie entwickelt werden können. Es gibt begründete Auffassungen, dass es die Impfaktionen sind, die eine Grippewelle erst richtig schlimm werden lassen.

Beispiele nachteiliger Folgen allopathischer Grippetherapien

Beobachtete, nachfolgend geschilderte Einzelfälle mögen ein Hinweis sein, dass die Impfung gleichzeitig nicht ohne Risiko ist (Besonders gefährlich ist sie, wenn in eine bereits erfolgte Infektion hineingeimpft wird.).

- **Völlige Taubheit eines jungen Mädchens nach Grippeimpfung**
  Hier erfolgte die Impfung möglicherweise in eine schon beginnende Grippe hinein, was besonders gefährlich und schädlich ist. Das Mädchen, 19 Jahre alt, verlor sein Gehör völlig und ist seither taub.

- **Tod eines Wissenschaftlers nach Grippeimpfung**
  Mit ihm war ich persönlich befreundet und arbeitete wissenschaftlich mit ihm zusammen. Er war auf dem Gebiet der Immunbiologie eine Koryphäe und hatte seine eigene Arbeitsgruppe an einem renommierten deutschen Forschungsinstitut. Eines Tages erzählte er mir: das Einzige, wovor er sich auf sein höheres Alter hin fürchte, sei das Nachlassen der Immunkräfte gegenüber banalen Infektionen. Deshalb lasse er sich jetzt gegen Grippe impfen. Kurz darauf erhielt ich von seiner Witwe die Todesanzeige.

- **Tödliche Leukämie einer jungen Frau nach Grippetherapie**
  Diese hatte eine Grippe, welche mit den üblichen fiebersenkenden Mitteln und Sulfonamiden behandelt wurde. Bald danach erkrankte sie an einer sich rasant entwickelnden Leukämie, an welcher sie innerhalb eines Jahres verstarb, ihren Ehemann und eine 12-jährige Tochter allein zurücklassend.

- **Formaldehyd im Impfstoff – und was sonst noch?**
  „Lieber Herr Dr. Schnitzer, ich habe mich nicht ‚gerettet' und mich mit 66 Jahren das erste Mal gegen Grippe impfen lassen. Nach 5-6 Stunden bekam ich Schweißausbrüche, zittrige Knie, starkes Herzklopfen und ein scheußliches Schwächegefühl. Ich fuhr mit letzten Kräften zum Hausarzt, der mir am Vormittag die Impfung gegeben hatte, und der fragte in aller Seelenruhe: ‚Sind Sie vielleicht allergisch auf Formaldehyd?' Wie, was??? Formaldehyd? Ich glaubte, nicht recht zu hören.

Aber das war noch nicht alles. Er überlegte weiter: „...oder vielleicht auf Hühnereiweiß? Ich bin Lacto-Vegetarierin und nun das !!! Es war schon fast witzig. Stellen Sie sich vor, ich war Krankenschwester und wusste nicht, worauf das Serum gezüchtet wird. Bin ICH nur so bescheuert, oder gibt es davon noch mehrere? Sicher, sonst ginge es der Pharmaindustrie nicht so gut. Liebe Grüße von Luitgard P. – mittlerweile wieder gut drauf.“

Formaldehyd ist giftig. In der Anatomie wird es zum Konservieren von Leichen benutzt, an denen die Medizinstudenten durch Sezieren die Anatomie des Menschen erlernen. Formaldehyd entsteht auch im Körper durch den Süßstoff Aspartam, der beispielsweise in Kaugummis und in sogenannten „Light“-Getränken anstelle von Zucker verwendet wird. Formaldehyd kann zum Beispiel die Augennerven schädigen und zur Erblindung führen.

Inzwischen hat es sich – vor allem im Internet – herumgesprochen, dass in den Schweinegrippe-Impfstoffen noch ganz andere gefährliche Gifte wie zum Beispiel Quecksilber enthalten sind, angeblich, um *„die Immunantwort zu verstärken“*. Man recherchiere Näheres hierzu im Internet.

- **Ausbruch von Diabetes Typ I bei einem 43-jährigen Mann nach allopathischer Behandlung einer Grippeerkrankung**

Der in London lebende Mann war im Januar 1986 an einer heftigen Grippe erkrankt. Der Arzt verschrieb ein Inhalationsmittel, das wenig half. Ein weiterer konsultierter Arzt verschrieb Antibiotika zur Einnahme. Bald fühlte sich der Patient schwach und unwohl, und begab sich in eines der Londoner Hospitäler. Dort stellte man fest, dass ein sofort insulinpflichtiger Diabetes Typ I entstanden war und erklärte ihm, damit müsse er sich für den Rest seines Lebens abfinden. Er brauchte täglich 30 Einheiten Insulin; der Bedarf änderte sich die nächsten 100 Tage nicht. Dann traf ich mit ihm zusammen und gab ihm bestimmte Diätempfehlungen.

Daraufhin ging der Insulinbedarf ständig zurück; 70 Tage nach Änderung der Ernährung war der Diabetes ausgeheilt und blieb dies auch, wie ich von ihm etwa 10 Jahre später erfuhr. Diese von mir 1978 entdeckte Heilungsmöglichkeit für Diabetes wurde bis heute, obwohl in einem Buch veröffentlicht (76.000 Exemplare Gesamtauflage von 1980 bis 2008) und auf der Medizinischen Woche Baden-Baden bereits am 1. November 1981 mit mehreren geheilten Patienten einer zahlreichen ärztlichen Zuhörerschaft vorgestellt, weder von frei praktizierenden Ärzten noch von Krankenhäusern und Hospitälern übernommen. Die einzige Ausnahme war Dr. Helmut Weiss, der diese Therapie an 119 Diabetikern mit großem Erfolg anwandte. Eine Tabelle mit seinen Ergebnissen befindet sich in meinem Buch *„Diabetes heilen"*.

- **Ausbruch eines Diabetes Typ I bei einem Säugling (eineiiger Zwilling) nach Fieberzäpfchen**
  Dieser Fall ist besonders aufschlussreich, weil gerne behauptet wird, Diabetes Typ I sei genetisch bedingt. Wenn dieses stimmen würde, hätte entweder keiner oder hätten beide eineiigen Zwillinge Diabetes bekommen müssen. Es war aber nur einer. Als mir der Fall vom behandelnden Arzt (Dr. Helmut Weiss) berichtet wurde, empfahl ich eine Nachforschung, ob in der Vorgeschichte irgend eine Entzündung oder fieberhafte Erkrankung mit entzündungshemmenden oder fiebersenkenden Mitteln behandelt worden war. Tatsächlich stellte sich heraus, dass der jetzt an Diabetes erkrankte Zwilling zuvor etwas Fieber gezeigt und mit „Treupel-Zäpfchen" behandelt worden war, der andere Zwilling nicht. (Anmerkung: Eine Vorgeschichte dieser Art, zum Beispiel in einem anderen Fall die entzündungshemmende Behandlung einer Parulis – einer geschwollenen Backe von einem wurzeltoten Zahn –, lässt sich in fast jedem Fall eines Diabetes Typ I = „Jugenddiabetes" finden.) Eine eingehende Beschreibung der Zusammenhänge und der Therapie findet sich ebenfalls in meinem Buch *„Diabetes heilen"*.
  Die „moderne Medizin" ist an solchen Erkenntnissen über Ursachen, Auslöser und Heilungsmöglichkeiten von Diabetes offensichtlich nicht interessiert. Im Gegenteil: Diabetes ist eine der am schnellsten zunehmenden Zivilisationskrankheiten und hat sich zu einer rasch wachsenden Einnahmequelle für Medizin, Pharmaindustrie, Zulieferanten und Spekulanten (Tenor: *„Mit Diabetes Geld ver-*

dienen") entwickelt. Mehr hierzu in der Abhandlung „*Diabetes-Matrix*".

- **Eine mögliche Ursache von Krebserkrankungen?**
  Es fällt auf, dass Hollywoods Schauspieler besonders häufig an Krebs versterben. Es ist nur eine Vermutung, aber teure Aufnahmetermine werden wahrscheinlich nicht verschoben, damit ein an Grippe erkrankter Schauspieler seine Grippe in Ruhe auskurieren kann. Es ist viel wahrscheinlicher, dass aus allen Rohren der „modernen Medizin" auf die Grippe gefeuert wird, damit der Schauspieler trotz Erkrankung den Aufnahmetermin wahrnehmen kann. Die gesundheitliche Rechnung präsentiert ihm sein Körper dann später. [(135)]

Gute Vorbilder

Konrad Adenauer und die Familie der englischen Queen

Wenn der erste deutsche Bundeskanzler Konrad Adenauer, „der Alte", an Grippe erkrankte, sagte er sämtliche Termine, auch Staatsbesuche, konsequent ab. Seine Ärztin, Frau Dr. Carstens (Gattin des späteren Bundespräsidenten Carstens), behandelte ihn mit homöopathischen Mitteln, bis die Grippe auskuriert war. Danach war er wieder top-fit, und auf diese Weise erreichte er ein sehr hohes Alter in Gesundheit, voller geistiger Leistungsfähigkeit und Kreativität. Konrad Adenauer ist ein gutes Vorbild für alle jene, die sich so wichtig nehmen, dass sie glauben, trotz Grippe Termine wahrnehmen zu müssen, und die deshalb in ihrem Organismus einen nicht wiedergutzumachenden Schaden mit fiebersenkenden, entzündungshemmenden Mitteln oder Antibiotika anrichten.

Später versuchte Frau Dr. Carstens durch die Gründung einer Stiftung, der Homöopathie zu mehr allgemeiner Anwendung in der Medizin zu verhelfen und sie vor den Unterdrückungs- und Vernichtungsversuchen durch die allopathisch behandelnde „moderne Medizin" zu schützen – mit nur mäßigem Erfolg, denn die Gegenkräfte verfügen über große Macht und viel Einfluss.

Auch die Familie der englischen Queen wendet, wie mir berichtet wurde, ausschließlich solche bioverträglichen Therapien an. Prinz Charles betreibt auf seinen Gütern außerdem biologischen Anbau. Die gute Gesundheit der Familie beweist, dass dies der richtige Weg ist.

Der Zahnarzt **Dr. Johann Georg Schnitzer** (1930) erforschte, um Gebissverfall zu verhüten, die Grundlagen natürlicher Gesundheit. Da frisch gemahlene Getreide die wichtigste Basis gesunder Ernährung sind, konstruierte er ab 1964 die ersten Haushaltsgetreidemühlen mit Mahlsteinen – die Schnitzermühlen. 1977 fand er eine Therapie zur Heilung von Diabetes, und 1985-86 wies er beispielsweise in einer Lepra-Studie in Sri Lanka die Heilwirkung „zivilisierter Urnahrung" nach. Er schrieb mehr als 20 Bücher und erhielt etliche Patente für technische Innovationen.
Sein erklärtes Ziel: Eine Synthese von Zivilisation und Gesundheit im Gleichgewicht mit einer intakten Natur.

Website: www.dr-schnitzer.de
Kontakt: Dr.Schnitzer@t-online.de

Durchs wilde Kurdistan

von Bruno Mertens

In den letzten Jahren war in deutschen Großstädten eine massive Zunahme von Gewaltdelikten zu verzeichnen. Statistiken, die anderes zu belegen versuchen, sind geschönt. Vor allem Zuwanderer-Viertel, die man ohne Übertreibung als Ghettos bezeichnen kann, werden immer mehr zum rechtsfreien Raum, aus dem sich die Polizei eigentlich bereits zurückgezogen hat. Aufgrund der negativen Vorbildwirkung etlicher krimineller Erwachsener steigt auch die Kinder- und Jugendkriminalität rapide an. Die Politik schaut weg und ignoriert die Fakten komplett, weil es in der Öffentlichkeit kein „Ausländer-Problem" geben darf. In den Medien wird meist nur noch mit Bestürzung und Überraschung über die herausragendsten Gewalt-Exzesse, wie in U-Bahn-Stationen, berichtet und auch nur, weil diese Ereignisse nicht mehr verschwiegen werden können – ein Verhalten, das wenig zu einer positiven Veränderung beiträgt, aber Schritt für Schritt eine völlig untragbare Situation zur Normalität werden lässt. Während die meisten Menschen, inklusive der Politiker, noch nicht begriffen haben, dass in einigen Teilen Deutschlands das Faustrecht herrscht und der Rechtsstaat immer weiter schwindet, müssen zehntausende Menschen damit leben und aufwachsen, dass sie tagtäglich eingeschüchtert, angespuckt, verprügelt und beraubt werden könnten – und das auf offener Straße und vor den Augen des „Gesetzes". Doch wer und was könnte hinter diesem Versagen der Justiz und der Politik stecken?

„Sie handeln mit Heroin und Kokain, kassieren in Bordellen oder sind im Schleusergeschäft aktiv. Die Brutalität, mit der sie dabei vorgehen, hat sie zur Macht im Milieu werden lassen, Polizisten fürchten sich vor ihnen. Der Staat schaut dem Treiben der Sippen meist tatenlos zu, die Politik ignoriert das Phänomen. Über Jahre hinweg ist auf diese Weise in Deutschland eine kriminelle Parallelgesellschaft entstanden, die nicht hätte entstehen müssen, wenn frühzeitig und entschieden gehandelt worden wäre: Eine Kommission des Bundeskriminalamts (BKA) etwa hatte schon 2004 vor den nicht mehr zu kontrollierenden Ethno-Gruppierungen und damit auch vor den so genannten Mhallamiye-Kurden gewarnt." (*Spiegel-Online*, 26.10.2010,

„Arabische Großfamilien – Staat kuscht vor kriminellen Clans“, von Jörg Diehl)

Es sind nur wenige einzelne Personen, die versuchen, der Verrohung in unserer Gesellschaft, der organisierten Kriminalität und einem völlig kranken Justizsystem, das auf beiden Augen blind ist gegenüber straffälligen Migranten, die Stirn zu bieten. Den meisten bekommt dieses Engagement nicht besonders gut. Ein herausragendes Beispiel stellte hier die Berliner Jugendrichterin Kirsten Heisig dar. Sie verstarb am 28. Juni 2010 im Alter von nur 48 Jahren in Berlin. Angeblich soll sie sich in einem Waldstück im Tegeler Forst an einem Baum erhängt haben. Fünf Tage lang soll sie mitten im Hochsommer nur etwa 60 Meter von den nächsten Wohnhäusern entfernt an dem Baum gehangen haben, ehe sie gefunden wurde. Kirsten Heisig war zu diesem Zeitpunkt gerade dabei, ein Buch über die Missstände im deutschen Justizwesen fertigzustellen. Ihr sogenannter „Selbstmord“ ist eine schlecht inszenierte Farce, wurde aber dennoch beinahe von der gesamten Presse als solcher akzeptiert.

„Von Oberstaatsanwalt Andreas Behm hätten wir an der Gedenkveranstaltung gern Näheres über Kirsten Heisigs Selbstmord im Tegeler Forst erfahren, dessen Umstände so fragwürdig sind, dass sich der Verdacht eines vertuschten Mordes nicht aus der Öffentlichkeit entfernen lässt.“ (*NZZ*, 15. September 2010, *„Erbe einer Richterin“*)

Doch dazu später mehr. Lassen Sie mich zuerst eine Geschichte erzählen, die belegt, wie diese Thematik jeden Einzelnen von uns betreffen kann. Solange sich Schwerverbrecher nur in sogenannten „Brennpunkten“ und in „asozialen Vierteln“ aufhalten, stellen sie für die anderen Bürger vermeintlich keine Gefahr dar. Solange kann man die Situation natürlich leicht intellektuell betrachten, philosophieren und die Zustände schönreden. Aber das wurde bereits viel zu lange getan. Die Kriminalität hat sich längst aus den Problemvierteln herausbewegt und schwappt nun über in nahezu alle Teile der Republik. Wenn nicht rasch und entschlossen gehandelt wird, dann wird wohl so manche deutsche Großstadt in Kürze in Chaos und Anarchie versinken.

„So abstrakt hört sich das harmlos an, aus der Opferperspektive sieht es jedoch anders aus, wenn man verprügelt wird, weil man einen Araber an-

geblich zu lange angeschaut hat. Oder wenn eine alte Dame zu später Abendstunde um etwas Ruhe bittet und dann von drei Arabern ins Gesicht geschlagen wird. Oder wenn der Polizeibeamte, der eine Anzeige aufnehmen muss, weil die Jugendlichen einen Zeitungsständer angezündet haben, zu hören bekommt: ‚Ich scheiß auf Deutschland. Du bist Dreck unter meinen Schuhen. Du bist tot.'" (Kirsten Heisig, „*Angst ist ein schlechter Ratgeber*", *Der Spiegel* 29/2010, Seite 126)

Hier nun der Erlebnisbericht eines Freundes, der jedoch nicht persönlich mit Namen auftreten will – und das aus gutem Grund, wie Sie gleich erfahren werden: Im Sommer 2002 zog Jens B. von Hamburg nach Berlin. Im Kiez um den Klausener Platz in Charlottenburg fand er eine schöne, helle, großzügig geschnittene Altbauwohnung, die für hanseatische Verhältnisse auch noch sehr günstig war. Das Viertel war ethnisch und sozial bunt durchmischt. Da gab es Kindergärten, Schulen, Kirchen, Supermärkte, Restaurants, Cafes, Dönerläden, einen Eissalon und eine stadtbekannte Vollkornbäckerei, in der Jens B. fortan regelmäßig sein Brot kaufte, Kaffee trank und mit seinen neuen Nachbarn ins Gespräch kam. Der Kiez um den Klausener Platz war lebendig und lebenswert, dennoch relativ ruhig und beschaulich – im Grunde eine Oase in der hektischen Großstadt Berlin.

Drei Jahre lang ging er regelmäßig an einem kleinen verrauchten Ladenlokal mit der Aufschrift *Türk Gücü Berlin* vorbei. Der Laden diente einigen türkischen Männern als Vereinslokal. Die meist älteren Herren saßen darin an einfachen Holztischen, spielten Brettspiele oder Karten, rauchten und sahen Fußball in einem riesigen Fernseher, der über ihren Köpfen hing. „Nur für Mitglieder" stand auf den verklebten Fensterscheiben. Sie wollten unter sich bleiben. Warum nicht?

Im Frühjahr 2005 änderte sich mit einem Mal das Bild vor dem kleinen Vereinslokal und damit auch rasch in den Straßen drum herum. Statt der türkischen Opas standen nun drei junge, muskelbepackte, kahl rasierte Araber in teuren Sportklamotten, mit dicken goldenen Ketten behangen, vor dem *Türk Gücü* und ließen keinen Zweifel daran, dass sie nun die Platzhirsche im Revier waren. Ihre Blicke waren hart und kalt. Sie wirkten zu allem entschlossen. Aus Hamburg kommend, war Jens B. Kriminalität nicht fremd, deshalb wusste er auch sofort, dass mit diesen Männern nicht zu spaßen war.

„Seit Jahren beherrschen einige arabische Großfamilien den Drogen- und Waffenhandel, die Zuhälterei und die Schutzgelderpressung in Berlin. Ein Streit zwischen zwei Sippen wurde dem 37 Jahre alten Beamten des Spezialeinsatzkommandos zum Verhängnis, als er ein Mitglied eines Clans verhaften wollte und durch einen Schuss tödlich getroffen wurde. Aus politischen Gründen wurde die Problematik der kriminellen Großfamilien lange Zeit verdrängt und nicht öffentlich diskutiert. Der Berliner Kriminaloberrat Markus Henninger brachte das Thema unlängst mit einem Beitrag für die Fachzeitschrift ‚Kriminalistik' in die Öffentlichkeit und bezeichnete die von arabischen Großfamilien begangenen Straftaten als ‚importierte Kriminalität'." (*Berliner Morgenpost*, 30. Mai 2008, Dirk Banse und Rüdiger Finke)

Durch die Präsenz der drei jungen Araber – die für Jens B. ganz offensichtlich mit Drogen handelten – war es in dem bürgerlichen Kiez schlagartig mit der Ruhe und der Gemütlichkeit vorbei. Immer öfter wurde in Lokale, in Geschäfte und in Wohnungen eingebrochen. Fahrräder wurden immer häufiger geklaut, und mit einem Mal tat jeder, was er wollte und niemand nahm mehr Rücksicht auf andere. Im Studentenheim wurden jedes Wochenende bei weit offenen Fenstern laute, wilde und ausschweifende Partys gefeiert. Zerbrochene Flaschen und Dreck überzogen die Straßen, der Umgangston wurde immer rauer; viele Leute warfen alles, was sie nicht mehr brauchten, einfach aus dem Fenster. Polizeistreifen fuhren gelegentlich durch die Straßen, ohne jedoch jemals anzuhalten oder auszusteigen. In nicht einmal sechs Monaten hatte sich alles in dem Stadtteil geändert.

Die drei jungen Männer vor dem *Türk Gücü* hatten im Handumdrehen einem ganzen Kiez ihre Energie übergestülpt und kontrollierten ihre Umgebung nach Belieben. Sie fuhren mehrere Luxuskarossen, die sie prinzipiell in zweiter Reihe parkten, meist so, dass sie den Verkehr in der ganzen Straße lahmlegten, aber niemand wagte es, sich ihnen in den Weg zu stellen. Anders als die normalen Bürger bekamen sie weder Strafzettel, noch wurden sie abgeschlappt. Sie konnten tun und lassen, was sie wollten.

Wenige Monate und einige Messerstechereien auf offener Straße später war es soweit, dass kaum eine Frau sich nachts mehr allein durch den Kiez um den Klausener Platz traute. Selbst Jens B. – der groß, sportlich und wenig ängstlich war – wechselte die Straßenseite, wenn die drei an ihrem Stammplatz standen, denn er wusste, womit sie ihre Luxuskarossen finanzierten. Er hatte mehrfach zufällig mit angesehen, wie sie am helllichten Tag ganze Pakete mit Drogen verkauften. Wir sprechen hier nicht von kleinen Mengen, von etwas Haschisch oder Gras, nein, wir sprechen von Paketen in der Größe einer Schuhschachtel. Die drei Araber machten sich nicht einmal die Mühe, ihre Drogen heimlich zu „verticken". Sie taten es für jedermann sichtbar am helllichten Tag und ohne einen Funken von Angst. Die drei dealten zwischen Kindergärten, einem gut besuchten italienischen Restaurant und einer Apotheke am helllichten Tag Drogen im ganz großen Stil, und niemand unternahm etwas dagegen. Alle Anwohner taten so, als würden sie es nicht sehen. Alle Menschen hatten Angst. Jens B. hatte mittlerweile ein Fahrrad durch Diebstahl verloren, ein weiteres war von den Scherben auf der Straße ständig platt. Sein Auto wurde zerkratzt und ein Außenspiegel abgebrochen. Außerdem waren bereits zwei Personen nachts auf offener Straße erschossen worden, was die Stimmung der Anwohner nicht gerade beflügelte. Jens B. erwischte zwei halbwüchsige Migrantenkinder dabei, wie sie sich an seinem verschlossenen Fahrrad zu schaffen machten. Er stellte sie, wollte wissen, wie sie hießen und wo sie wohnten, erhielt aber als Antwort: *„Was willst du Arschloch von mir? Wenn du ein Problem hast, dann hol ich meinen großen Bruder, der macht dich tot!"* Jens B. ließ die beiden laufen und ging stattdessen zur Polizei.

Auf der nahen Wache stellte er den verwunderten Beamten vom Dienst eine Frage, die ihnen zuvor, wie sie selbst sagten, noch niemand gestellt hatte: *„Wie kann es sein, dass nur zwei Straßen von hier entfernt am helllichten Tag drei junge Typen kiloweise Drogen verkaufen und Sie nichts dagegen unternehmen?"*

Im folgenden Gespräch erklärte ein freundlicher Streifenpolizist ihm: *„Sehen Sie, als ich vor einigen Wochen in das Lokal hineingegangen bin, um einen der drei zu bitten, seinen S-Klasse-Mercedes aus der zweiten Reihe wegzufahren, weil er zwei andere Fahrzeuge behinderte, hielt mir einer eine Pistole an den Kopf und meinte: ‚Verpiss dich Bulle, du hast hier nichts zu melden!' Ich habe eine Frau und zwei Kinder, ich gehe da nicht mehr rein. Aber wenn Sie wollen, dann gebe ich ihnen die Nummer von unserem Chef. Wenn Sie wollen, können Sie das mit ihm besprechen!"*

„Knapp 80 Prozent meiner Täter haben einen Migrationshintergrund, 70 Prozent sind orientalische Migranten. Jeder Einzelne dieser ausländischen Täter hat in diesem Land nicht das Geringste verloren. Jeder, der sich in dieser Weise aufführt, verdient es, dieses Landes verwiesen zu werden. Hier sind die gesetzlichen und praktischen Möglichkeiten einfach erbärmlich gering. Unser Gesetz strotzt von Ausweisungsschutz über Ausweisungsschutz...“ (Oberstaatsanwalt Roman Reusch, *Der Spiegel*, *„Das Problem explodiert“*, 7.5.2007)

Im Gespräch mit dem Vorgesetzten des Beamten erfuhr Jens B. einige Tage später, dass die Polizei voll im Bilde war über die Machenschaften der drei Gangster, aber angeblich nichts unternehmen konnte. Zwei bisherige Razzien waren erfolglos verlaufen, und die Berliner Gefängnisse waren überfüllt. Wenn man einem Straftäter nicht mindestens schwere Körperverletzung nachweisen konnte, dann würde die Staatsanwaltschaft nicht einmal tätig werden, weil sich *„der Papierkram für kleine Delikte wie Drogen nicht lohnt“*.

„Es gibt zudem in Deutschland zugewanderte Menschen, die nie vorhatten, sich einzufügen, sondern schon immer in einer parallelen, in einigen Fällen rein kriminell ausgerichteten Struktur gelebt haben und aus meiner Sicht weitgehend beabsichtigen, damit fortzufahren. Bereits im Jahr 2003 fertigte ein Mitarbeiter des LKA eine bemerkenswerte Studie über diese Einwanderergruppe an. Die Untersuchung heißt: ‚Importierte Kriminalität und deren Etablierung.' Der Verfasser zeigt auf, dass es sich bei den sogenannten staatenlosen Palästinensern meist nicht um Libanesen handelt, sondern um ‚libanesische Kurden' aus den Grenzgebieten der Türkei und Syriens. Diese hatten sich mit ihren Großfamilien in mehreren Fluchtwellen in den dreißiger und sechziger Jahren in den Libanon begeben. Der Libanon hat diese Menschen ganz überwiegend nicht eingebürgert. Im Prinzip lebten sie bereits dort illegal. Die Familien erhielten zum Teil ‚Laissez Passer'-Papiere. Damit konnten sie ausreisen, was auch erwünscht war. Jedoch verloren die Dokumente ein Jahr nach Verlassen des Landes ihre Gültigkeit. Das verhinderte eine Rückkehr. Als Staatsangehörigkeit wurde in den Dokumenten oft ‚ungeklärt', ‚staatenlos' oder ‚libanesisch' eingetragen. Hieraus erklären sich die entsprechenden Angaben zur Herkunft bis zum heutigen Tage. Die ungeklärte Staatsangehörigkeit hat einen entscheiden-

den Vorteil: Selbst wenn in Deutschland der Asyl-Antrag abgelehnt wird – und das war überwiegend der Fall –, konnten auch Schwerkriminelle nicht abgeschoben werden, denn dazu muss klar sein, in welches Land die Abschiebung zu erfolgen hat." (Kirsten Heisig, *Der Spiegel* 29/2010)

Genau jenen Bericht des Berliner Kriminaloberrat Markus Henninger „Importierte Kriminalität und deren Etablierung", der im Internet frei verfügbar ist, empfahl der vorgesetzte Beamte Jens B. zur Lektüre, damit er die Situation besser einschätzen und die Lage der Polizei besser verstehen konnte. Außerdem erfuhr er, dass es sich bei den drei jungen Männern um Brüder handelte und dass sie keine Türken, sondern Kurden waren.

Die Kurden – vorwiegend sunnitische Muslime – sind ein Volk im Nahen Osten, dessen Hauptsiedlungsgebiet als „Kurdistan" bezeichnet wird und sich vorwiegend über die Türkei, Irak, Iran und Syrien erstreckt. Seit den 1930er Jahren leben auch viele Kurden im Libanon. Sie waren immer in Stämmen und Clans organisiert und hatten nie ein eigenes Land, obwohl es ihnen mehrfach in Aussicht gestellt wurde. Die Tatsache, dass sie immer nach einem eigenen Land strebten, führte dazu, dass sich einige der Clans nie assimilierten, sondern wo auch immer sie lebten, einen eigenen Staat im Staate gründeten, also die Gesetze und Bräuche der jeweiligen Länder ablehnten und stattdessen immer „ihr eigenes Ding" machten.

„Auch in der Bundesrepublik Deutschland und unabhängig von der jeweils erworbenen Staatsangehörigkeit ist es nach wie vor üblich, dass ein Vater für seine Tochter im heiratsfähigen Alter zuerst in der unmittelbaren Verwandtschaft unter den Cousins einen Ehemann sucht. Erst wenn sich dort kein Ehepartner findet, sieht man sich in der weiteren Verwandtschaft oder befreundeten Clans um. Die Verflechtungen zwischen den einzelnen Sippen sind so im Lauf der Zeit undurchschaubar geworden." (Kriminaloberrat Henninger, *„Importierte Kriminalität und deren Etablierung"*, LKA Berlin, S. 13)

Während einige kurdische Clans sich in der Türkei und in Syrien integriert haben, so gelten vor allem die so genannten „Mhallamiye-Kurden", oft auch als „Libanesische Kurden" bezeichnet, als besonders gefährlich. Das Stammland der „Mhallamiye" befindet sich in der südostanatolischen Provinz Mardin in der heutigen Türkei, zwischen den Städten Mardin, Savur und Midyat. Sie werden nach ihrer Herkunftsprovinz auch als „Mardinlis" oder „Rajdiyes" bezeichnet.

> *„Der Begriff „Mhallamiye" (Singular: Mhallam) dürfte sich ursprünglich aus einer Stammesbezeichnung abgeleitet haben. Diese Enklave besteht aus ca. 40-50 Dörfern und Ansiedlungen arabischen Ursprungs, die heute jedoch türkische Namen tragen. Nach Schätzungen leben dort noch ca. 60.000 bis 100.000 Menschen. Sie unterscheiden sich von der umliegenden kurdischen Bevölkerung, die Kurmançi spricht, im Wesentlichen durch ihren arabisch-sprachigen Dialekt."* (Henninger, LKA Berlin, Seite 13)

Einige der Kurden-Clans bauten internationale Verbrecherringe auf, indem Familienmitglieder, also Söhne und Cousins, über die gesamte Welt verstreut wurden, vorwiegend nach Südamerika und nach Europa. Die nun in Deutschland und anderen westeuropäischen Staaten ansässigen Kurden haben ihre alten Familienstrukturen und Traditionen vollständig erhalten. Die Familien leben in den Ballungsgebieten dicht beieinander, bleiben völlig unter sich und pflegen zur Restfamilie im Libanon beziehungsweise der Türkei und Syrien und den lateinamerikanischen Staaten sehr enge Bande.

> *„Der Aufbau der Großfamilien folgt hierarchischen Prinzipien, die Machtverhältnisse sind personengebunden. An der Spitze steht der Vater als Familienoberhaupt, dem i.d.R. bedingungslos gefolgt wird. Er wird von Freunden und Verwandten als ‚Vater des ältesten Sohnes' z.B. Abu Hassan (Vater von Hassan) angeredet (die Mutter entsprechend als ‚Om Hassan'). Ihm folgen die männlichen Familienmitglieder, bei denen grundsätzlich davon ausgegangen werden kann, dass ältere in der Hierarchie über den jüngeren stehen. Jedes einzelne Familienmitglied trägt eine besondere Verantwortung für die übrigen Sippenangehörigen. Die Familien sind mit 10 oder sogar mehr Kindern für europäische Maßstäbe sehr groß."* (Henninger, LKA Berlin, Seite 13)

Über die Geschäfte der sogenannten „Kurden-Mafia" führt Henninger in seinem 54-seitigen Bericht aus dem Jahr 2003 unter anderem wie folgt aus: *„Die Deliktsbereiche, in denen sich die arabische, insbesondere ‚libanesisch-kurdische' Kriminellenszene bewegt, lassen sich nicht eingrenzen. Betroffen sind alle Deliktsbereiche quer durch das Strafgesetzbuch und die Strafnebengesetze."*

Vor allem aber im Drogenhandel sind die kurdischen Clans in den vergangenen 20 Jahren international zu einer festen Größe geworden. Durch ihre Familiengeflechte können sie den Weg der Drogen vom Anbau, über den Transport, bis hin zum Verkauf selbst kontrollieren, ohne etwas vom Profit abgeben zu müssen. Da sie als reine „Familienunternehmen" fungieren, ist es den Behörden auch nicht möglich, verdeckte Ermittler in die Organisationen einzuschleusen. Die Gewinne aus dem Drogenhandel werden zu neuen Geschäften nach Südamerika transferiert, in legale oder halblegale Unternehmen investiert, meist jedoch als Bargeld ins Ausland geschafft und im Libanon oder in der Türkei in Immobilien angelegt. Nach Schätzungen des libanesischen Außenministeriums gibt es mindestens 8 Millionen Diaspora-Libanesen. Allein in Brasilien – von wo aus der Drogenhandel in die ganze Welt koordiniert wird – sollen zwischen 3 bis 6 Millionen Libanesen leben. Brasilien ist auch der Zufluchtsort für alle Libanesen, nach denen in der Welt gefahndet wird, denn laut Henninger ist gegen Zahlung geringer Entgelte in kleineren Gemeinden ohne weiteres möglich, sich die Geburt in Brasilien bestätigen zu lassen und so zum brasilianischen Staatsbürger zu mutieren.

> *„Im Jahr 2000 kam es in Berlin beispielsweise zur Sicherstellung von 10 kg Kokain nach der Einfuhr aus Paris. Organisiert wurde der Schmuggel durch Angehörige einer ‚libanesisch-kurdischen' Großfamilie. Die Beschuldigten arbeiteten zugleich bei einem Sicherheitsunternehmen, das kurz zuvor noch den palästinensischen Ministerpräsidenten Jassir Arafat bei einem Berlin-Besuch geschützt hatte. Im Rahmen von Durchsuchungsmaßnahmen wurden bei dem sozialhilfeempfangenden Organisator allein 415.000 DM Bargeld im Bankschließfach sowie eine hochwertige DB-Karosse beschlagnahmt."* (Henninger, LKA Berlin, Seite 35)

In Deutschland werden Menschen, die aus einem Bürgerkriegsland kommen, nicht wieder zurückgeschickt. Daher ist es für jeden arabisch sprechenden Menschen, der es nach Deutschland schafft, ziemlich einfach, auch für immer hier zu bleiben. Etwa am Flughafen angekommen spült man die Einreisepapiere im Klo hinunter und behauptet fortan, auf Arabisch, dass man aus dem Libanon stamme. Der hinzugezogene Dolmetscher kann nur bestätigen, dass der Asyl-Suchende tatsächlich Arabisch spricht und aus dem Libanon stammen könnte. Da der Libanon jedoch keine Auskünfte über Flüchtlinge erteilt, bleibt den deutschen Behörden auf Grund einer seltsam ausländerfreundlichen Rechtslage nichts anderes übrig, als dem vermeintlichen Libanesen den Aufenthalt in Deutschland zu gewähren. Auf diese oder ähnliche Weise hatten sich allein bis 1990 mehr als 15.000 „Libanesen" in Deutschland angesiedelt. Es ist nach polizeilichen Erkenntnissen davon auszugehen, dass die meisten von ihnen jedoch Kurden sind, die aus welchem Land auch immer stammen könnten. Viele Kurden sind darüber hinaus aber auch als Türken in die BRD eingereist und danach untergetaucht.

> *„So wurden z.B. durch die Grenzschutzbehörden insbesondere am Flughafen Frankfurt a.M., aber auch noch zu Vorwendezeiten durch die DDR-Behörden auf dem Flughafen Berlin-Schönefeld im besagten Zeitraum tausende türkische Personaldokumente, derer sich ihre Inhaber entledigt hatten, sichergestellt, die überwiegend noch heute ihrer Zuordnung harren... So erbrachte eine für den Einreisezeitraum 1980 bis 1999 durchgeführte Recherche im Ausländerzentralregister über 117.000 türkische Staatsangehörige, deren späterer Verbleib in der Bundesrepublik nicht mehr nachvollziehbar war."* (Henninger, LKA Berlin, Seite 9)

Die Verteilung der libanesischen Kurden innerhalb Deutschlands ist keineswegs gleichmäßig, sondern bildet deutliche Schwerpunkte in den Bundesländern Nordrhein-Westfalen (Ruhrgebiet), Niedersachsen und Berlin. Die neuen Bundesländer spielen bezüglich dieser Bevölkerungsgruppen überhaupt keine Rolle. Die städtischen Schwerpunkte liegen nach absoluten Zahlen mit großem Vorsprung in Berlin, dann Essen, Bremen, Hamburg und Hannover, wobei im Verhältnis zur Gesamtbevölkerung gesehen, Essen und Bremen führend sind. Kurz zusammengefasst lässt sich also feststellen, dass die Kurden-Mafia sich besonders gerne in roten oder rot-grünen Hochburgen niederlässt. Vielleicht weil deren Politik besonders „sozial" und „verständnisvoll" ist und somit dem organisierten Verbrechen nichts entgegensetzen kann – oder will?

> *„Die Brüder Hassan REMMOU und Hussein RAMMOU betreten am 24. Oktober 1992 bewaffnet mit einer Pumpgun und einer Pistole eine gegenüber ihrem Lokal liegende jugoslawische Lokalität, richten einen Mazedonier mit fünf Schüssen hin und verletzen einen weiteren durch Schüsse*

schwer, der nur deshalb dem sicheren Tod entgeht, weil das Magazin bereits geleert ist. Im Rahmen der dann geführten Ermittlungen kommt es zur Sicherstellung einer größeren Menge Heroin und u.a. gesiegelten libanesischen Blanko-Geburtsurkunden.“ (Henninger, LKA Berlin, Seite 27)

Zwei Berliner Gesetze, die sogenannten „Altfallregelungen“ von 1987 und 1989, sorgten zusätzlich noch dafür, dass die meisten der Personen, die sich so den Aufenthalt in der Bundesrepublik erschlichen hatten, für immer bleiben durften und häufig auch eingebürgert wurden, was es unmöglich macht, sie jemals wieder loszuwerden – unabhängig davon, wie lauter oder unlauter sie sich verhalten. So hatten zu dem Zeitpunkt bereits etwa 40 % der zwei größten „libanesisch-kurdischen“ Großfamilien in Berlin deutsche Pässe. Die deutschen Behörden sind entweder nicht Willens oder nicht in der Lage, den Machenschaften der illegalen Einwanderer Einhalt zu gebieten.

„Durch die Berliner Altfallregelung von 1987 kamen die Betroffenen in den Genuss einer Steigerung der Sozialsätze um 22 % und damit gleichen Sozialhilfesätzen wie deutsche Staatsangehörige. Damit lagen sie bereits über dem Verdienst eines Professors an der Amerikanischen Universität Beirut. Trotz einer Arbeitslosenquote von über 75 % bei der Untersuchungsgruppe, bestand damit aus Sicht der Betroffenen keine Notwendigkeit, trotz vorliegender Genehmigungen, eine Arbeit aufzunehmen, die bei der vorhandenen Qualifikation ohnehin den Sozialhilfesatz nicht erreicht hätte. Ganz im Gegenteil führten die finanziellen Vorteile, nämlich Erziehungs- und Familiengeld aus der Altfallregelung von 1987 dazu, dass die langjährigen Bemühungen der Sozialarbeiterinnen zunichtegemacht wurden und die Frauen wieder auf Verhütungsmittel verzichteten, da weitere Kinder als zusätzliche Einnahmequelle gewertet wurden. Dies führte zu dem erstaunlichen Ergebnis, dass die Familien in Deutschland im Gegensatz zum Libanon anwuchsen.“ (Henninger, LKA Berlin, Seite 13)

Zurück zu Jens B. und dem Kiez um den Klausener Platz, an dem es 2005 und 2006 mittlerweile zu mehreren Massenschlägereien auf offener Straße gekommen war. Bei Streitigkeiten diverser vorwiegend jugendlicher Gruppen kamen neben Messern auch Baseballschläger zum Einsatz. Zahlreiche Geschäfte schlossen, nachdem die Besitzer bestohlen, bedroht und erpresst worden waren. Im einst bunten, fröhlichen und lebendigen Kiez hatten Menschen nun nackte Angst um ihr Leben. Niemand hielt sich freiwillig länger auf der Straße auf als nötig.

„36-jähriger Libanese wird in Charlottenburg erschossen – Er gehört zum Umfeld eines kriminellen Clans:
Es war ein kaltblütiger Mord: Ein unbekannter Killer hat gestern Morgen den 36-jährigen Bassam Alian vor dessen Haustür an der Richard-Wagner-Straße in Charlottenburg erschossen. Dabei war der Täter besonders hinterhältig vorgegangen. Zuvor hatte er das Auto des Libanesen beschädigt, dieser hatte niedergekniet, um den Schaden zu beheben. Dann wurde er mit drei Schüssen in Kopf und Oberkörper hingerichtet. Das Opfer gehört zum näheren Kreis einer arabischen Großfamilie. Die 8. Mordkommission ermittelt." (*Welt-Online*, 21.10.2004)

Es war nicht so, dass die kurdischen Brüder selbst die Leute auf der Straße angingen und Passanten bedrohten, denn sie waren mit großen Geschäften beschäftigt. Es war mehr so, dass die Sozialhilfe beziehenden, braun gebrannten, teuer gekleideten Muskelprotze, die nur die teuersten Autos fuhren, zum Vorbild für viele Kinder und Jugendliche wurden, die von zuhause keine Werte und keine Erziehung in unserem Sinne erfuhren und ohnehin keinerlei Zukunftsperspektive hatten. Statt künftig, wie ihre Väter, für wenig Geld hart zu schuften, sahen sie es eher als erstrebenswert an, ihren drei kurdischen Vorbildern nachzueifern. Acht- oder Zehnjährige wollten die große Karriere als Verbrecher einschlagen. Zahlreiche Kids verwechselten die Angst ihrer Mitbewohner gegenüber den Verbrechern mit Respekt. Sie klauten, beschädigten anderer Menschen Eigentum und verprügelten andere Kinder, um sie ihres Taschengeldes zu berauben. Eine kleine Gruppe von orientierungslosen Migranten, die sich weder in Deutschland eingliedern, noch in ihre Herkunftsländer zurückgehen will, kann so eine ganze Gesellschaft terrorisieren und in Angst und Schrecken versetzen.

Die Berliner Jugendrichterin Kirsten Heisig wollte dem ein Ende bereiten und trat mit ihrem sehr erfolgreichen „Neuköllner Modell" dafür ein, Kinder und Jugendliche schon bei ihren ersten Vergehen die volle Härte des Gesetzes spüren zu lassen, um sie frühzeitig auch durch Untersuchungshaft abzuschrecken. Wer illegal hier war und sich nicht integrieren wollte, sollte so schnell wie möglich abgeschoben werden. Damit stieß sie bei einer roten Stadtregierung auf erbitterten Widerstand. Rote, Linke und Grüne waren stets als vermeintliche Gutmenschen vehement dagegen, junge Straftäter, die in Deutschland geboren waren, in die Mutterländer ihrer illegal hier lebenden Eltern abzuschieben. Auf die Begründung, sie könnten doch nicht einmal die dortige Sprache, antwortete der ebenfalls sehr mutige und engagierte Oberstaatsanwalt Roman Reusch in einem *Spiegel*-Interview am 7.5.2007: „*Die sprechen kein Türkisch, aber größtenteils auch kein Deutsch. Sie haben ein Vokabular von 500 Wörtern, weitgehend grammatikfrei. Aber in diesem Land regiert das liberale Bildungsbürgertum, das in anderen Gegenden wohnt und nichts davon mitbekommt. Diese Leute lehnen sich zurück, schwingen große Reden und erbringen keinerlei Integrationsleistungen, das überlässt man der Unterklasse.*“

Eines Tages saß Jens B. in dem italienischen Restaurant, das sich schräg gegenüber des *Türk Gücü* befand. Jens B. hatte sich mit dem Wirt, einem jungen, wilden Sizilianer, ein wenig angefreundet, und ihm war aufgefallen, dass die Kurden ihn und seinen Laden mieden, ja sogar einen großen Bogen darum machten. „*Als ich hier vor einem Jahr angefangen habe*“, erklärte Mario S. ungerührt, „*sind sie eines Tages hereingekommen und wollten Schutzgeld erpressen. Sie waren es gewohnt, dass alle vor ihnen zittern, aber ich hab das große Küchenmesser genommen und es einem der Brüder an die Gurgel gehalten. Dann hab ich ihn rausgeschoben auf die Straße und zu seinem Vater hochgebrüllt: ‚Wenn ich noch einmal eines Deiner Kinder auf meiner Seite der Straße sehe, dann schneid' ich allen Dreien die Köpfe ab und werf' sie Dir vor die Tür!' Seitdem habe ich nichts mehr von ihnen gehört! Ich lasse sie in Ruhe, und sie lassen mich in Ruhe.*“

Es stellte sich heraus, dass der Sizilianer noch mehrere Brüder hatte, die auch alle in Berlin lebten, was offenbar für den kurdischen Clan abschreckend genug war. Außerdem hatte Mario S., bevor er das Restaurant eröffnete, eine Diskothek betrieben und hatte gute Kontakte zur Polizei. „*Zur richtigen Polizei*“, wie er sagte. Damit war das *Mobile Einsatzkommando* gemeint, eine Spezialeinheit, die für verdeckte Ermittlungen, Überwachung von Schwerstkriminellen und auf den Zugriff spezialisiert ist. Jens B. erfuhr von dem Sizilianer, dass der mit den Kurden „*noch eine Rechnung offen*“ hatte. Er hatte seine Diskothek nämlich geschlossen, nachdem eine andere kurdische Familie versucht hatte, sie zu „übernehmen“.

Zum besseren Verständnis: Seit den 1990er Jahren war es in ganz Deutschland, vor allem aber in Berlin, zur Ermordung zahlreicher Türsteher von Diskotheken gekommen. Kurdische Clans hatten versucht, die Türsteherposten vor den Clubs zu übernehmen. Wer sich weigerte, wurde erschossen. Türsteher kontrollieren nicht nur, *wer* in einen Club reinkommt, sondern auch, *was* reinkommt. Natürlich sind große Clubs der beste Ort, um ungestört Drogen zu verkaufen, denn während der Kunde draußen auf der Straße viele Hürden überwinden muss, um an seine Pille oder seinen Stoff zu kommen, was viele Jugendliche abschreckt, so kann man in den Diskotheken direkt auf den Kunden zugehen, was natürlich das Geschäft für beide Seiten erheblich einfacher und risikoloser macht. Die Türsteher sind dabei der Dreh- und Angelpunkt, weil sie kontrollieren können, wer das Geschäft im Lokal machen darf.

Wenn es gelegentlich zu Razzien in Clubs kommt – was selten genug der Fall ist –, dann ist es die Aufgabe des Türstehers, die Beamten lange genug aufzuhalten und die Verkäufer im Laden rechtzeitig zu warnen, damit sie entweder alles Beweismaterial im Klo entsorgen oder damit durch geheime Ausgänge verschwinden können. In einem Artikel vom 2. Juni 2008 berichtet Dirk Banse in der *Berliner Morgenpost* von einem *„Erfolg für die Berliner Polizei im Kampf gegen das organisierte Verbrechen"*:

> *„Die Ermittlungen der Anfang vergangenen Jahres gegründeten Sondergruppe ‚Türsteher' haben zu 119 Festnahmen von Schwerstkriminellen geführt – Waffenhändler, Drogendealer und Erpresser. Gerichte schickten die Verbrecher für insgesamt 146 Jahre hinter Gitter. Die Höchststrafe beläuft sich auf sieben Jahre Haft. ‚Die Türsteher-Szene ist ein Schlüssel zur organisierten Kriminalität. In vielen Diskotheken und Lokalen werden beispielsweise Drogen, in einigen auch Waffen verkauft. Es gibt zudem Verbindungen zum Zuhältermilieu', sagt Kriminaloberrat Markus Henninger. Der 35-Jährige leitet die Inspektion ‚Organisierte Kriminalität' beim Landeskriminalamt, die für die Ermittlungen in der Türsteher-Szene zuständig ist. Zu der 40-köpfigen Sondergruppe gehören auch Aufklärer des Mobilen Einsatzkommandos. Fur die Festnahmen der Schwerverbrecher sind die Männer des Spezial-Einsatzkommandos zuständig."*[(136)]

Es ist faszinierend, dass das Thema „Kurdenmafia" mit all seiner Problematik weder in der öffentlichen Diskussion noch in den Medien ernsthaft auftaucht, denn es handelt sich dabei weder um eine kleine Personengruppe, noch um ein marginales Problem, denn die Kurdenmafia leistet einen gewaltigen Beitrag dazu, die Bundesrepublik zu destabilisieren, und es scheint auf den ersten Blick unerklärlich, warum der Staat, sprich zuständige Ministerien und Staatsanwaltschaften, nicht ihre gesamte Macht ausspielen, um dies zu verhindern. Denn obwohl die libanesischen Kurden und jene, die als „Staatenlose" geführt werden, jedoch eindeutig kurdische Wurzeln haben, zusammen genommen die größte außer-europäische Migrantengruppe – noch vor den USA – stellen, sind natürlich nicht alle von ihnen kriminell. Deswegen haben einige von ihnen sich zusammengetan, um ihr Image zu verbessern, wie *Der Tagesspiegel* am 26.2.2011 unter dem Titel *„Die Clanchefs bitten zum Tee"* berichtete. So sagt der Organisator Ahmed Mery aus Reinickendorf:

„Auch im Libanon habe das libanesisch-kurdische Volk keinen guten Ruf gehabt, sie seien Bürger zweiter Klasse gewesen. Sie seien diskriminiert worden, Bildungswege hätten ihnen dort nicht offen gestanden, sie hätten sich aber auch nicht darum bemüht. ‚Unser Volk muss endlich begreifen, welche Bildungschancen Deutschland bietet.', sagt Mery. Der einzige Weg, der sich in Zukunft auszahlen werde, führe über die Bildung und nicht über Kriminalität."

Ein erheblicher Teil dieser „neuen Deutschen" ist durchaus assimiliert und anständig, aber die nicht stattfindende öffentliche Diskussion zu dem Thema führt dazu, dass alle Kurden in einen Topf geworfen und kriminalisiert werden. Das schadet den anständigen Kurden und hilft den unehrlichen Kurden, die dadurch ungestört weiter agieren können und dabei immer dreister und brutaler werden.

„Diese Gruppierungen, insbesondere die ‚Mhallamiye-Kurden', beherrschen die ‚Veranstaltung' von Bedrohungsszenarien wie nur wenige andere ethnische Gruppen. Das Gewaltpotential, mit dem Auseinandersetzungen ausgetragen werden, ist enorm. So kam es in Berlin in der Vergangenheit zu zahlreichen Schießereien in Lokalitäten oder auf öffentlichem Straßenland, bei denen sich verfeindete Gruppierungen u.a. sogar gegenseitig mit MP-Salven ‚eindeckten'." (Henninger)

Gemeinsam mit Mario S. traf Jens B. einen Beamten des *Mobilen Einsatzkommandos*, der über die Situation bestens Bescheid wusste, aber nun auf Drängen der beiden Männer seinen Einsatz in Bezug auf die Charlottenburger Kurden-Mafia verstärkte. Zudem hatten bereits einige weitere Anwohner sich bei der Polizei beschwert, was die Exekutive weiter unter Druck setzte. Von dem verdeckten Ermittler hatte Jens B. auch noch einige Tipps mit auf den Weg bekommen: *„Schauen Sie den Männern nie in die Augen! Gehen Sie ihnen aus dem Weg, wo Sie können! Spielen Sie nicht den Helden!"* Und der letzte Tipp hatte es in sich: *„Gehen Sie mit solchen Dingen nie zur Polizei! Was glauben Sie, warum die Razzien in dem Vereinslokal nie erfolgreich waren?"*

In dem italienischen Lokal wurden danach dann für mehrere Wochen rund um die Uhr verdeckte Ermittler postiert, die das Geschehen auf der anderen Straßenseite filmten und Telefonate abhörten, was letztlich zu einem Erfolg gegen die drei kurdischen Brüder führte. Zwar konnten sie nur nach dem Betäubungsmittelgesetz überführt und verurteilt werden, sie mussten aber dennoch für mehrere Monate hinter Gitter. Außerdem wurde die Familie nach Neukölln umgesiedelt, was eine Befreiung für den Kiez um den Klausener Platz bedeutete. Langsam kehrte wieder Leben in die Straßen ein, auch wenn es lange dauerte, bis sich die Situation wieder normalisierte, weil zwar die Kurdenmafia ausgeschaltet wurde, aber die Jugendkriminalität, die in ihrem Schatten erblüht war, blieb.

So beschreibt Kriminaloberrat Henninger:

„Konstatiert werden muss, dass der rein repressiv-polizeiliche Bekämpfungsansatz diesem bereits fest strukturierten und etablierten Kriminalitätsgefüge nur ansatzweise gerecht werden kann und lediglich dazu geeignet ist, Auswüchse punktuell einzudämmen. Folgt jedoch auf entsprechende repressiv-polizeiliche Ermittlungsergebnisse keine adäquate Sanktionierung und Strafvollstreckung, besteht selbst bezüglich dieser punktuellen Erfolge die Gefahr, dass spezial- und generalpräventive Effekte ausbleiben und der Delinquent stattdessen im Gefühl, für die Ermittlungsbehörden unangreifbar zu sein, weil er selbst bei Überführung nicht mit einer beeindruckenden Bestrafung zu rechnen hat, sein ‚Werk' ungestört fortsetzt. Diese Gesinnung wird dann nicht selten auf der Straße gegenüber der Polizei in Form von aggressivem Auftreten, Beleidigungen, Bedrohungen oder gar Körperverletzungen geäußert." (Henninger, Seite 42)

Dem beherzten Einsatz von Jens B. und von Mario S. und dem Mut einzelner Beamter einer polizeilichen Sondereinheit ist es zu verdanken, dass man diese spezielle kriminelle Familie in die Schranken weisen konnte, was beweist, dass dies prinzipiell möglich ist. Gerade deswegen ist es umso verwirrender, wenn Kriminaloberrat Markus Henninger in seinem Bericht davon spricht, dass es von Seiten der Politik offenbar keinen Willen zur Lösung des Problems gibt und couragierte Beamte keinerlei Unterstützung erfahren. Auch macht es im Gesamten keinen Sinn, statt einer dauerhaften Lösung eine kriminelle Familie von Charlottenburg nach Neukölln umzusiedeln, da gerade in dem Bezirk ohnehin dank eines überdimensionalen Migranten-Anteils die größten Probleme bestehen. Wurde besagte Familie deshalb nach Neukölln umgesiedelt, weil die Charlottenburger sich offenbar zu wehren wussten, wohingegen in Neukölln ohnehin schon Hopfen und Malz verloren sind und dort nur noch die leben, die es sich nicht leisten können wegzuziehen? Ging die Berliner Innensenatorin damit einfach nur den Weg des geringsten Widerstandes statt das Problem bei der Wurzel zu packen?

„Wie in allen Lebenslagen gilt es, sauber zu differenzieren, insbesondere bei einer Thematik wie der vorliegenden. Nicht wenigen Menschen aus dem arabischen Sprachraum, selbstverständlich auch Libanesen, Palästinensern und ‚libanesischen Kurden' ist eine gute Integration in die deutsche Gesellschaft gelungen... Differenzierung bedeutet deshalb auch, erkannte Problematiken klar zu benennen, weil nur dies die Grundlage für Lösungswege bilden kann. Erfolgt eine Differenzierung der Problematik, auch wenn sie unangenehm erscheint, von Seiten der Experten nicht, kann sie vom Laien auch nicht erwartet werden. Dies birgt dann die Gefahr in sich, dass eine Verallgemeinerung mit negativer Etikettierung erfolgt, die letztlich allen schadet, insbesondere jedoch den Ausländern, die sich legal hier aufhalten und ihren Integrationswillen unter Beweis gestellt haben." (Henninger)

Es ist interessant und beleuchtenswert, dass genau diese Differenzierung in Deutschland nicht stattfinden kann, weil es keine öffentliche Diskussion über diese Problematik gibt. Eine solche wird nämlich ganz bewusst von oberster Stelle, offenbar von (fast) allen politischen Parteien streng untersagt – allen voran die *Grünen*, die *SPD* und *Die Linke*. Sie tun anscheinend alles, um Kritik an kriminellen Ausländern nicht aufkommen zu lassen, was offenbar auf ein falsches soziales Denken einer Alt-68er-Generation zurückzuführen ist. Basierend auf einem „schlechten Gewissen" und einer „Erbschuld" durch die Ereignisse der NS-Zeit, herrscht bis heute in Deutschland gerade im Bildungsbürgertum eine offenkundige Angst vor, Ausländer, Menschen anderer Kulturen zu kritisieren oder ihnen – Gott behüte! – gar unsere eigene Kultur und unsere Werte und Bräuche aufzwingen zu wollen. Diese Haltung des „Totschweigens von Problemen" führt aber gerade zu einer massiven Verstärkung der Problematik, denn mit dieser feigen Haltung ist letztlich niemandem geholfen. Dieses mangelnde Rückgrat der deutschen Politik und der deutschen Gesellschaft hat nicht nur dazu geführt, dass Deutschland ein Paradies für Kriminelle und Schmarotzer wurde, sie hat auch dem Ansehen der Bundesrepublik international geschadet.

Christian Pfeiffer, der ehemalige Leiter des Kriminologischen Forschungsinstitutes Niedersachsen und ehemalige niedersächsische Justizminister, schrieb dazu:

„Die Maßstäbe der political correctness dürfen nicht dazu verleiten, dass man schmerzhafte Botschaften nur hinter vorgehaltener Hand weitererzählt oder gar völlig unterdrückt. Mit dem Verschweigen dieser Probleme ist niemandem gedient. Eine ehrliche Auseinandersetzung eröffnet dagegen die Perspektive, dass ein schon in Gang befindlicher Prozess des kulturellen Wandels beschleunigt wird." (*„Junge Türken als Täter und Opfer von Gewalt"*, Christian Pfeiffer / Peter Wetzels, Seite 8)

Die Fülle und Schwere der Straftaten der Kurdenmafia aufzuführen, würde den Rahmen dieses Beitrags sprengen, kann aber in besagtem Henninger-Bericht (den man problemlos im Internet findet) ausführlich nachgelesen werden. Bezüglich dieser Straftaten fällt immer wieder auf, dass die Gerichte unvorstellbar milde mit den Beschuldigten verfahren, selbst wenn es sich um Delikte wie Mord oder schwere Körperverletzung handelt. Meist werden Strafen zur Bewährung ausgesetzt. Es ist auch immer wieder zu beobachten, dass Beschuldigte, die angeblich mittellos sind und Sozialhilfe kassieren, von mehreren Staranwälten gleichzeitig vertreten werden und immer wieder freikommen. Henninger erklärt auch, dass das Bundes-Innenministerium auffallend wenig Interesse an der Thematik der libanesischen Kurden zeigt und die diversen Polizeibehörden der einzelnen Länder, die für Ausländerproblematiken zuständig sind, seit den späten 1990ern mehr inoffiziell und aus Eigeninitiative heraus zusammenarbeiten, denn von oben koordiniert.

„*In Eigeninitiative führen diese Ermittlungseinheiten seitdem in regelmäßigen Dienstbesprechungen einen Erfahrungsaustausch durch und vervollständigen sich überschneidende Ermittlungen bezüglich der national und international bestehenden Familiengeflechte. Das BMI hat in dieser Sache bisher keinen Handlungsbedarf für eine bundesweite Koordination erkannt.*" (Henninger, LKA Berlin, Seite 43 und 44)

Henninger wundert sich auch offen über die Tatsache, dass es von Seiten der Politik keinerlei Interesse gibt, die Gesetzeslage in Bezug auf Kriminelle, die sich einen Aufenthalt in Deutschland erschlichen haben, zu ändern – bei den meisten von ihnen handelt es sich um Türken, die sich fälschlicherweise als Libanesen ausgeben. Von dieser Personengruppe werden nachweislich allein in Berlin jedes Jahr mehr als 12 Millionen Euro an Sozialleistungen erschlichen. Das ist doch kein Pappenstiel, oder?

„*Als Beispiel für die vielfältigen Schwierigkeiten, die sich bei den Ermittlungen ergeben beziehungsweise für die Behinderung der Ermittlungsarbeit aus ideologischen Gründen sei die Verweigerungshaltung der Datenschutzbeauftragten eines Berliner Sozialamtes genannt, die die Herausgabe von Sozialdaten für die Ermittlungen wegen Sozialleistungserlangungs-Betruges an die spezielle Ermittlungseinheit des LKA/ABH entgegen der geltenden Rechtslage grundsätzlich ablehnt und nur auf richterliche Herausgabebeschlüsse reagiert.*" (Henninger, Seite 48)

Was hat all das mit dem Fall Kirsten Heisig zu tun? Nun, Heisig hat sich offen und sehr vehement für einen starken Rechtsstaat engagiert und sich damit nicht nur den Unmut ihrer „Kunden" zugezogen, sondern auch den der Berliner Regierung, weil man das Thema Jugendgewalt und Jugendkriminalität einfach lieber unter den Teppich gekehrt hätte, was aber dank Kirsten Heisigs Engagement und Popularität nicht möglich war:

„*‚Wenn wir die Jungs nicht rechtzeitig abholen, landen sie wie ihre Väter im Gefängnis', sagte sie oft. Und wurde fuchsteufelswild, wenn ihr ein 15-Jähriger entgegnete: ‚Knast macht Männer, sagt Mama.'*"[137]

So beginnt ein Artikel von Gerhard Wisnewski *„Kirsten Heisig: Selbstmord oder Mord? (Teil 2)"* mit den Worten: *„Gegen einen Selbstmord der Berliner Familienrichterin Heisig sind weitere starke Indizien aufgetaucht: Kurz zuvor besuchte sie noch fröhlich Talkshows, ja, sogar am Tag ihres Verschwindens sagte sie noch einen Auftritt in Stern TV zu... In wenigen Tagen wollte sie Berichten zufolge mit ihren Töchtern in Urlaub fahren. Selbst die Zeitschrift EMMA befand: ‚Ein sehr befremdlicher Selbstmord'."*

„Kirsten Heisig war politisch im Sinn von: So darf das nicht weitergehen. Wer sie kennenlernte, hätte nicht sagen können, ob sie die Grünen, die SPD oder die CDU gewählt hat. Sie schätzte die bürgerliche Ordnung – und sah, dass diese in manchen Teilen der Stadt so gut wie nicht mehr galt. Und dass es Leute gab, die daran litten, verprügelte friedliebende Jugendliche genauso wie beraubte Rentnerinnen. Dagegen ging sie an." (*Der Tagesspiegel*, 4.7.2010, von Werner van Bebber, Sandra Dassler)

Der „Selbstmord" Heisigs ist nach wie vor mehr als fragwürdig, um nicht zu sagen: Er ist lächerlich! Liest man den Bericht der Staatsanwaltschaft dazu, könnte man den Eindruck bekommen, die Polizei tat alles, wirklich alles, um die Spuren am Tatort zu verwischen und es wie einen Selbstmord aussehen zu lassen. Wer Kirsten Heisig kannte, war sich sicher, dass sie sich nicht umgebracht hätte, schon gar nicht zum besagten Zeitpunkt, denn sie stand kurz vor der Veröffentlichung ihres Buches *„Das Ende der Geduld – konsequent gegen jugendliche Gewalttäter"*. Dieses Buch sollte die Nation wachrütteln. Heisig war äußerst beliebt und wäre zum Erscheinen ihres Buches von einer Talkshow zur nächsten gereicht worden.

„Sie fiebert der Veröffentlichung entgegen; Berichten zufolge hat sie sich ‚diebisch' darauf gefreut. Konsequent wirft die Richterin denn auch die PR-Maschine an. Um 13.48 Uhr akzeptiert sie per SMS die Einladung zu einer Talkshow: ‚Alles klar und schöne Ferien', simst sie an Stern TV, ‚liebe Grüße KH'. Zwei Tage vor ihrem Verschwinden hat sie einen Termin mit dem B.Z.-Reporter Ole Krüger ausgemacht: ‚Tschüss, Herr Krüger, wir sehen uns dann in zehn Tagen.' Das wäre dann der 6. Juli 2010. ‚Dann reden wir auch über mein Buch', habe sie am Telefon gesagt. Das Buch, ‚auf das sie sich so sehr gefreut hat', so Krüger am 5. Juli 2010. Zwei Wochen zuvor zeichnete das ZDF mit Kirsten Heisig eine Folge der Talk-

show Peter Hahne auf. Sie sei ‚entschieden, eloquent, konsequent, aber auch humorvoll aufgetreten', wird Hahne später zitiert: ‚Sie erschien mir mutig, tatkräftig, zupackend und kein bisschen resignativ', meinte Hahne gegenüber Quotenmeter.de. (*„Bananenstaat Deutschland: Vor einem Jahr wurde Kirsten Heisig ermordet"*, Gerhard Wisnewski)

Besagte Talkshow wurde nie ausgestrahlt. Kirsten Heisig soll sich laut des Berichtes der Staatsanwaltschaft – den diese erst nach Klage des Journalisten Gerhard Wisnewski herausrückte – in einem belebten Berliner Waldstück nur 60 m vom nächsten Haus entfernt selbst an einem Ast erhängt haben. Dann soll die Leiche fünf Tage bei hochsommerlichen Temperaturen dort gehangen haben, ohne entdeckt zu werden. Polizeieinheiten und Spürhunde suchten nach ihr, jedoch ohne Erfolg. Eine Leiche würde bei weit über 30 Grad bereits nach zwei bis drei Tagen derartig stinken, dass es kilometerweit zu riechen wäre – was dazu geführt hätte, dass sie früher gefunden worden wäre. Außerdem würde eine Leiche nach fünf Tagen massiven Verbiss durch Vögel und Nagetiere aufweisen, was nicht der Fall war. Dies sind nur einige von ganz vielen Absurditäten in diesem Fall. Wisnewski erhielt nach Veröffentlichung seiner Artikel über den Tod Kirsten Heisigs einen anonymen Brief eines angeblichen Polizisten aus Berlin. Die Detailkenntnis des Schreibers lässt darauf schließen, dass er tatsächlich Polizist oder Ex-Polizist ist. Darin schreibt der anonyme Verfasser:

„Vorausgesetzt, die Zitate aus dem Bericht der MK (Mordkommission; A.d.V.) *sind echt, dann nehme ich zur Kenntnis, dass am Fundort von Frau Heisig eine voreingenommene Polizei, die nur einen Suizid vorfinden wollte, spurenvernichtend unprofessionell gearbeitet hat (auf Anordnung? Von wem?). Die Fakten aus dem Bericht der StA* (Staatsanwaltschaft; A.d.V.), *... begründen den dringenden Tatverdacht, dass Frau Heisig am Abend des 28. Juni ermordet und ihr Leichnam kurz vor der Auffindung an den Fundort verbracht wurde."*

Wenn Kirsten Heisig tatsächlich ermordet wurde, der offizielle Bericht aber eindeutig Suizid feststellt, dann bedeutet das, dass mehrere Personen in Justiz und Exekutive den Schwindel gedeckt haben müssen. Es wäre durchaus vorstellbar, dass so etwas möglich ist, wenn von ganz oben massiver Druck auf die Betroffenen ausgeübt wird. Ebenso vorstellbar wäre es dann, dass ein Polizist – ob an dem Fall beteiligt oder nicht – das dringende

Bedürfnis hat, hier einiges ins rechte Licht zu rücken, weil all die Vorgänge um den Fall Heisig für das Ansehen seines Berufsstandes sehr negativ sind.

Im Bericht der Staatsanwaltschaft heißt es u.a.: *„Bekleidet war die Leiche..."* Dazu der anonyme Polizist: *„Ein TO-Befundbericht* (Tatort; A.d.V.) *wird nicht im Imperfekt, sondern in der Gegenwartsform geschrieben..."*

In dem Brief schildert er zuerst kurz, wie ein normaler Bericht über einen Leichenfund aussehen würde, und streicht heraus, was im offiziellen Bericht alles falsch ist. Außerdem schreibt er wörtlich: *„Ich frage mich, ob hier Beweismittel gesichert oder vernichtet wurden...?"*, und weiter zu den wirren und dilettantischen Ausführungen im StA-Bericht (Staatsanwaltschaft; A.d.V.): *„Hier wird alles unprofessionell durcheinandergemischt."* Und weiters: *„Ich sehe nur Fakten, die gegen einen Suizid sprechen!"*

Ich zitiere aus *Welt-Online* vom 3.7.2010: *„Bis zuletzt war gehofft worden, die couragierte und sportliche Frau unverletzt zu finden. Von einer Entführung war die Polizei von Anfang an nicht ausgegangen."*

Wenn die Polizei in Berlin nicht weiß, was passiert ist, dann kann sie auch nicht etwas ausschließen. Es sei denn, sie weiß mehr, als sie sagt...

Der Neuköllner Bezirksbürgermeister Heinz Buschkowsky kannte und mochte Kirsten Heisig. Er arbeitete eng mit ihr zusammen und war über ihren angeblichen Selbstmord fassungslos, auch wenn die Richterin immer wieder gegen Widerstände zu kämpfen hatte und von vielen ihrer Kollegen, die durch sie ihren lauen Lenz gefährdet sahen, gemobbt wurde. Dass sie sich wegen solcher Widerstände umgebracht haben könnte, schließt Buschkowsky kategorisch aus: *„An so etwas ist sie nur gewachsen. Sie war eine Fighterin, die das sportlich sah."* Noch kurz vor ihrem Ableben hatte ihm die Richterin vorab einige Seiten aus ihrem Buch vorgelesen. *„So jemand bringt sich doch nicht um,"* sagte Buschkowsky, der sie als sportbegeistert, als großen Fußballfan beschrieb. *„Schon gar nicht während der Fußball-Weltmeisterschaft."*

Heisigs Buch erschien am 23. Juli 2010 – fünf Wochen vor Thilo Sarrazins Buch *„Deutschland schafft sich ab!"* (30. August 2010) – und wurde zu einem Bestseller, der jedoch nie an den Erfolg von Sarrazins Buch würde anschließen können – vorwiegend deshalb, weil sie keine Gelegenheit mehr hatte, die nötige PR zu betreiben und all die bereits zugesagten Auftritte in Talkshows nicht mehr wahrnehmen konnte.

Könnte die Tatsache, dass diese beiden Bücher sich inhaltlich überschneiden und beide dasselbe fordern, eine Spur im Fall Heisig sein? Auf der Internetseite „Kanzlerdämmerung“ findet sich dazu folgender Text von Michael Köhne:

„Heute hat mir ein Berliner Informant... vertraulich mitgeteilt, dass Kirsten Heisig auf Befehl von Thilo Sarrazin und/oder seiner Auftraggeber ermordet worden sei. Der Grund dafür sei, dass das Buch von Heisig sonst dem Buch von Sarrazin die Schau gestohlen hätte. Außerdem hätte die Gefahr bestanden, dass Kirsten Heisig zur echten Volksheldin hätte aufsteigen können. Damit sei der Plan der Freimaurerlogen gefährdet gewesen, den Logenbruder Sarrazin zum unechten, aber kontrollierten Volkshelden aufzubauen. Es hätte also die Gefahr bestanden, dass sich um Kirsten Heisig eine freie, echte Protestbewegung in der BRD hätte kristallisieren können, die völlig außer Kontrolle der Logen hätte geraten können.“

Nun klingt das erst einmal ziemlich abstrus, ja schon wie Rufmord! Dass die Person Sarrazin darin verwickelt ist, bezweifle ich. Dennoch ist es kein Geheimnis, dass Freimaurerlogen und andere geheime Bünde (wie etwa die *Bilderberger*), ebenso wie Organisationen mit dubiosen politischen Motiven (*Round Table*, *Club of Rome*, *CFR*), die Politik und damit unsere Gesellschaft maßgeblich beeinflussen. Sie bestimmen, was in der Politik passiert und was Politiker aussprechen dürfen oder müssen. Könnten diese an einem Ableben von Frau Heisig interessiert gewesen sein?

In diesem Zusammenhang ist ein weiterer Fall bemerkenswert: Der Berliner Oberstaatsanwalts Roman Reusch wurde kaltgestellt, nachdem er Kirsten Heisig den Rücken gestärkt hat und bei jugendlichen Straftätern härter durchgreifen wollte. Durch schnelle Aburteilung jugendlicher Straftäter wollten beide die Strafe mit der Tat in einen für die Jugendlichen erkennbaren Zusammenhang bringen. Dazu führt Wisnewski aus:

„Ihre Bemühungen gehen als das ‚Neuköllner Modell' in die Justizgeschichte ein. Die Frage ist nur, ob wirkliche Verbesserungen auch erwünscht sind – oder ob in Wirklichkeit nicht vielmehr das Abrutschen der deutschen Städte in die Kriminalität auf dem Programm steht. Diese Frage stellte sich möglicherweise auch der Berliner Oberstaatsanwalt Roman Reusch, der einen härteren Umgang mit ausländischen ‚Intensivtätern' forderte. Laut einem Bericht des Tagesspiegels vom 18. Januar 2008 wurde er deshalb ab-

gesägt. Justizsenatorin Gisela von der Aue (SPD) hätte im Mai 2007 ‚disziplinarische Ermittlungen' gegen Reusch eingeleitet, nachdem dieser in einem Interview ‚U-Haft als Erziehungsmittel' gefordert hatte. Es half Reusch nichts, dass das Interview zuvor genehmigt worden war – eine Rüge und das Disziplinarverfahren hatte er weg'. Und nicht nur das: Genau das, was nun bei Heisig en masse anstand, nämlich Auftritte in Talkshows, hatte man dem Oberstaatsanwalt verboten. (Gerhard Wisnewski, *„Kirsten Heisig: Selbstmord oder Mord?" (Teil 2)*, Kopp am 9.7.2010)

Kirsten Heisigs Richter-Stelle wurde nicht mehr nachbesetzt. Zudem wurden sogar noch weitere drei Stellen in den Berliner Jugendgerichten gestrichen – angeblich weil die Jugendkriminalität deutlich zurückginge, was jedoch kompletter Blödsinn ist. Die Zahlen hierzu werden im Sinne der Regierenden einfach nur anders zugeordnet und ausgelegt.

„Reusch hatte sich den Unmut der Justizsenatorin von der Aue und, in milderer Form, auch ihrer Vorgängerin Karin Schubert zugezogen. So sprach er in einem – genehmigten – Interview mit dem SPIEGEL darüber, dass Untersuchungshaft für die besonders gewaltbereiten unter den Intensivtätern eine sinnvolle Erfahrung sein könne. Daraufhin wurde es dem Oberstaatsanwalt schwerer gemacht, sich öffentlich zu äußern. Mit einem Vortrag über ‚Migration und Kriminalität' provozierte Reusch vor allem linke und sozialdemokratische Politiker. Er kritisierte darin ein Rechtssystem und eine politische Kultur, die die Abschiebung auch schwerkrimineller Jugendlicher und Berufsverbrecher unmöglich machten. In der Erklärung des Generalstaatsanwalt hieß es, Reuschs Versetzung entspreche seinem ‚seit einiger Zeit geäußerten Wunsch'. Die öffentliche Diskussion lasse einen Wechsel an der Spitze der Intensivtäterabteilung angeraten erscheinen. (wvb.)"[(138)]

Reusch hielt Vorträge, gab Interviews und trat in regionalen Talkshows auf. Seine unmissverständliche Botschaft aber missfiel seinen Vorgesetzten in der Politik. Im *Spiegel*-Streitgespräch (Ausgabe 19/2007) am 7.5.2007 mit dem Titel *„Das Problem explodiert"* sagte er unter anderem:

„Fragen Sie mal eine Verkäuferin bei Schlecker, die schon dreimal von einer Horde jugendlicher Migranten überfallen worden ist, mit der Waffe eins übergezogen bekommen hat und jetzt jeden Morgen Beruhigungsmittel

nimmt, um weiterarbeiten zu können – weil sie es sich nicht leisten kann, nicht zu arbeiten... Es gab in den zurückliegenden Jahren eine ganz klare Tendenz, dieses Problem der Migration unter den Teppich zu kehren. Man hatte wohl die keineswegs unbegründete Befürchtung, ***dass ein offener Umgang mit diesen Zahlen zu Fremdenfeindlichkeit führen kann.***"(139)

Im Fall Reusch entstehe der Eindruck, „*mit Mitteln des Beamtenrechts jemandem die politische Meinung zu untersagen*", zitierte der *Tagesspiegel* die *Vereinigung Berliner Staatsanwälte* (VBS): „*Solange jemand nicht gegen die Verfassung verstößt, sollte man mit ihm einen politischen Diskurs führen. Auch wenn man nicht einer Meinung ist. Und Reusch ist ein ausgewiesener Fachmann auf seinem Gebiet.*"

> „*Reusch habe jedoch von der Berliner SPD-Justizsenatorin von der Aue ‚mehrfach einen Maulkorb erhalten, während er ein linkes Tabu gebrochen hat und auf die Probleme mit Jugendgewalt hingewiesen hat', zitierte der ‚Tagesspiegel' den CDU-Mann Frank Henkel: ‚Was mit ihm passiert, ist abenteuerlich, hat Züge von Mobbing und den Charakter einer Strafversetzung.' Offenbar versteht die Berliner Justiz da keinen Spaß. Öffentliche Auftritte ihrer couragierten Staatsanwälte schätzt sie gar nicht.*
> *Nur: Wer kennt schon außerhalb Berlins Oberstaatsanwalt Reusch? Ein Maulkorb für den Medienstar Heisig wäre dagegen ein bundesweiter Skandal gewesen und hätte ein Schlaglicht auf die stalinistischen Methoden der SPD geworfen, wobei sich auch ‚Die Linke' und ‚Die Grünen' hinter die Justizsenatorin stellten.*" (Gerhard Wisnewski, „*Kirsten Heisig: Selbstmord oder Mord?" (Teil 2)*, Kopp am 9.7.2010)

Also kurz zusammengefasst: Die Gewalt durch Ausländer nimmt stetig zu und hat bereits in manchen Teilen Deutschlands untragbare Zustände erreicht und einen rechtsfreien Raum geschaffen, in dem Gangs wie die Kurdenmafia uneingeschränkt regieren. Eine Richterin und ein Staatsanwalt, die das beklagen und von den Medien mit offenen Armen aufgenommen werden, werden zum Schweigen gebracht – die eine stirbt überraschend, der andere wird strafversetzt. Das Buch von Kirsten Heisig erreicht nicht die Aufmerksamkeit wie das 5 Wochen später erscheinende Buch von Thilo Sarrazin, der eindeutig Unterstützung durch die Politik erfährt, auch wenn er pro forma aus der SPD ausgeschlossen wurde.

Und dann gibt es noch einen anderen äußerst mysteriösen Fall: Der „Selbstmord" des Boris Floricic hat auf den ersten Blick gar nichts mit all dem zu tun, auf den zweiten aber schon. Denn Boris F. alias „Tron" war in den 1990ern ein Star in der Computer-Hacker-Szene und Mitglied im *Chaos-Computer-Club* (CCC). *„Weiter Rätsel um Tod des Computer-Genies – Knackte er einen Code zu viel?"*, titelte die *Bild-Zeitung* am 26.10.1998. Tron hatte eine Telefonkarte entwickelt, die sich von selbst wieder kostenlos auflädt. Darüber hinaus hatte er eine Telefonverbindung entwickelt, die völlig abhörsicher war und die er der Allgemeinheit zur Verfügung stellen wollte.

> *„Wie auch in der anwaltlichen Beschwerde gegen die Einstellung des Verfahrens ausgeführt, war Tron schließlich nicht irgendein Hacker, sondern ‚eine Person mit herausragenden technischen Fähigkeiten in einem sehr speziellen Gebiet, nämlich kryptographischen Systemen'. Legendär war beispielsweise Trons Hack der Verschlüsselung des damals von Bertelsmann und Kirch gemeinsam betriebenen Pay-TV-Senders Premiere und der zum Empfang nötigen d-box von Nokia, den er 1997 auf dem Chaos Communication Congress in Hamburg vorstellte (Hacker, bleib bei Deinem Keyboard!). Aufmerksamkeit lenkte Boris F. auch mit seiner auf dem Höhepunkt der Kryptodebatte erstellten Diplomarbeit auf sich, die ein Konzept zur Verschlüsselung und Abhörsicherung von Telefongesprächen über ISDN vorstellte."*[(140)]

Was all das mit unserer bisherigen Geschichte zu tun hat? Nun, Tron wurde am 22.10.1998 laut Polizei in einem **Berliner Waldstück** an einem **Baum aufgeknüpft** gefunden, nachdem er **fünf Tage lang verschwunden** war. Bis heute glauben weder seine Familie noch seine Freunde und Kollegen daran, dass der damals 26-Jährige sich umgebracht hat. In einem Artikel stellt Gerhard Wisnewski die Frage, ob die Todesursache von Boris F. *„nicht erwünschter Einfluss auf die Massen"* gewesen sein könnte?

> *„22. Oktober 1998: ‚Kunstvoll mit einem Draht und einem Gürtel an einen Baum am Südende einer Grünanlage in Berlin-Britz geknüpft' (Telepolis, 13.1.2002) wird der seit fünf Tagen vermisste Computerhacker Boris F., genannt ‚Tron', aufgefunden. Der junge Mann steckte voller Pläne. F. hatte im Rahmen seiner Diplomarbeit in Technischer Informatik nicht nur ein abhörsicheres Telefon namens ‚Cryptophon' entwickelt, sondern wollte*

die Technik auch zu einem Massenprodukt für jedermann machen – sowohl für Telefonie als auch für Datenverbindungen im Internet. Dadurch winkten ihm jedoch nicht nur Ruhm, Erfolg und Reichtum, sondern den Behörden auch das Ende jeglicher Abhörmaßnahmen. Nach seinem Tod wurde denn auch nichts aus dem vertraulichen Telefonieren und Surfen für Otto Normalverbraucher. Was man eigentlich bei jedem ‚Media Markt' und ‚Saturn' bekommen sollte, nämlich erschwingliche ‚Cryptophone', sucht man da vergebens – und zwar weil vertrauliches Telefonieren für jedermann nicht erwünscht ist. ‚Obwohl F's Unterlagen veröffentlicht wurden, fand seither keine Weiterentwicklung durch andere statt.' Mit Boris F. starb also auch endgültig das Fernmeldegeheimnis. Aber Zusammenhänge mit dem Ableben von Boris F. gibt es natürlich nicht, weil Boris F. schließlich Selbstmord begangen hat, und zwar aus gänzlich freien Stücken – genau wie angeblich Kirsten Heisig, die ebenfalls einen ungesunden Einfluss auf die Massen zu bekommen drohte.«(141)

Dass jeder Staat und jeder Geheimdienst etwas gegen Trons Erfindungen haben könnte, leuchtet ein. Vielleicht ist es also falsch, seinen Fall mit den davor geschilderten in Zusammenhang zu bringen, vielleicht aber auch nicht? Vielleicht besteht von ganz oben ein Interesse daran, stets für genügend Ärger in der Bevölkerung zu sorgen, dass die kaum zum Durchatmen und Nachdenken kommt, denn eine denkende Bevölkerung könnte den Profiteuren des Status quo rasch gefährlich werden, wie die jüngsten Aufstände in den nordafrikanischen Staaten beweisen. Daher ist es wichtig, sie in Angst zu versetzen. Weiters ist es wichtig, Zwietracht und Hass unter einzelnen Teilen der Bevölkerung zu stiften, denn das schwächt das Volk als Ganzes und damit auch seine Widerstandskraft.

Sollte das alte System zusammenbrechen, was aufgrund des Verfallsdatums unseres Wirtschaftssystems bald der Fall sein könnte, dann müsste jede Regierung danach trachten, dass eine mögliche Galionsfigur für einen Aufstand unbemerkt aus ihren eigenen Reihen kommt – damit schließt sich wieder der Kreis zu den Aufständen in Nordafrika. Hinter allen Regierungs-Umstürzen der letzten hundert Jahre, unabhängig ob in Asien, Lateinamerika oder Afrika, standen immer dieselben Mächte, die mittels der US-Armee und der US-Geheimdienste Regierungen stürzten und danach ihre eigene Marionette auf den Thron hievten – die blieb dort so lange, wie sie dem System der internationalen Bankenelite nützlich war. In vielen Fällen – wie auch gegenwärtig in Nordafrika – glaubte die Bevölkerung, dass der politische Wandel ihr eigener Verdienst war, übersah dabei jedoch oft im Taumel der Begeisterung, dass es für solche Umstürze immer geheimdienstlicher und medialer Unterstützung bedarf. Krieg – egal ob gegen ein fremdes Land oder gegen die eigene Bevölkerung – wird immer ganz bewusst und wohl kalkuliert von ganz oben gesteuert.

„1966 gab der US-Verteidigungsminister und spätere Weltbankchef Robert McNamara beim geheimen Hudson Institute im Staate New York eine Studie in Auftrag, die der Gründer und Leiter des Institutes, Herman Kahn, verfasste. Beide, Kahn und McNamara, waren Mitglieder im CFR. Die geheime Studie wurde vor allem durch die Veröffentlichung in G. Edward Griffins Buch ‚Die Kreatur von Jekyll Island' als ‚Bericht von Iron Mountain' bekannt. Inhalt der Studie war es offiziell, Wege zur ‚Stabilisierung der Gesellschaft' auszuloten. In Wahrheit ging es um die Frage, wie eine Regierung ihre Macht unter allen Umständen erhalten, wie sie ihre Bürger kontrollieren und von einer möglichen Rebellion abhalten konnte. Das Ergebnis der Studie zeigte, dass Krieg bislang das einzig probate Mittel zur Unterwerfung der Bevölkerung war. Im Krieg finden sich die Massen mit allen Arten von Entbehrungen, Steuern und Kontrollen ohne Beanstandung ab. Für den Sieg ist kein Opfer zu groß. Widerstand wird als Verrat angesehen. Im Kriegszustand kann man alles mit seiner Bevölkerung machen. Sie wird nicht aufbegehren, denn es gibt einen gemeinsamen Feind. Krieg, so die Studie, ist zur Führung großer Populationen unerlässlich. Wortwörtlich heißt es in dem Papier: ‚Die Möglichkeit eines Krieges bietet eine äußere Gefahr, ohne die keine Regierung lange an der Macht bleiben kann. Die geschichtlichen Aufzeichnungen belegen eindeutig, dass ein Regime, welches es versäumt, eine Kriegsgefahr glaubhaft zu erhalten, auf seine Ablösung zusteuert, entweder durch die Mächte privater Interessen, durch die Reaktionen auf soziale Ungerechtigkeit oder durch andere zersetzende Elemente. Die Vorbereitung der Gesellschaft auf die Möglichkeit eines Krieges ist ihr wichtigster politischer Stabilisator.'
Dann aber spricht der Bericht davon, dass diese alten Rezepte in naher Zukunft vielleicht nicht mehr vonnöten sein müssten, da es absehbar sei, dass in naher Zukunft die Chance auf eine Weltregierung bestünde, durch die alle Staaten entwaffnet und durch eine Weltarmee ‚diszipliniert' werden könnten – ein Zustand, den man dann ‚Frieden' nennen würde.“[141a]

Ist es möglich, dass die Gewalt in unseren Großstädten von ganz oben so gewollt ist und deshalb von der Politik nichts dagegen unternommen wird? Kann es sein, dass Politiker, Teile der Justiz und Teile der Exekutive über solche Vorgänge Bescheid wissen, aber dazu schweigen? Wenn ja, warum – vielleicht aus Angst?

Eines haben aber sowohl die Erfolgsfälle in Bezug auf die Kurdenmafia als auch die im Internet und in den Alternativ-Medien nicht enden wollende Berichterstattung über die mysteriösen Selbstmorde bestätigt. Mit Hartnäckigkeit, Ausdauer und Mut kann man den finsteren Machenschaften einer völlig kranken, sich selbst überschätzenden Elite etwas entgegensetzen. Man kann die Kreise derer stören, die das Volk nur als willenlose Masse sehen, die sie nach Belieben manipulieren können. Man kann sie schwächen, und man kann – wenn nur endlich genug Menschen aufwachen und ihren Gutmenschen-Schutzmantel ablegen – diesem System des Terrors und der Unterdrückung der breiten Masse ein Ende setzen. Wenn ich nicht daran glauben würde, dass es möglich ist, würde ich nicht so viel Zeit damit verbringen, Ihnen, lieber Leser, diese Informationen angedeihen zu lassen. Ich würde auch meinen Kopf in den Sand stecken und so tun, als ob nichts wäre, in der Hoffnung, dass mir das eine Beförderung oder eine Urkunde des „Großen Bruders" einbringen würde. Die würde ich mir dann zuhause in meinem netten Einbauwohnzimmer gerahmt aufhängen und zu mir und meinen Lieben sagen: *„Toll haben wir das gemacht! Wir sind anständige und geachtete Bürger des Systems!"* Aber wie alle Systeme wird auch dieses sich eines Tages überholt haben, und ich schlafe besser, wenn ich den Versuch unternommen habe, es aktiv zu verändern.

Wir müssen dem System, das hinter all den Vorgängen steckt, in die Augen sehen, und wir müssen uns ihm in den Weg stellen. Weshalb sind wir hier? Um zu kuschen und zu funktionieren? Dann hätten wir auch als Roboter inkarnieren können. Wir sind aber als aufrechte Menschen inkarniert. Als solche sollen wir angeblich die Krone der Schöpfung sein. Es wird Zeit, dass wir es beweisen.

Bruno Mertens möchte aufgrund des Artikel-Inhalts – und möglichen Problemen, die dadurch entstehen könnten – nicht mit richtigem Namen genannt werden. Er lebt immer noch in Berlin.

Kontakt über den Verlag:
amadeus@amadeus-verlag.com

Stuttgart 21: Wenn Märtyrer gegen Wasserwerfer kämpfen

von Udo Schultheis

Es war ein in Baden-Württemberg lang herbeigesehnter Tag, der 28. November 2011. Die einen hofften auf eine Niederlage, andere auf einen Sieg, denn es ging um nichts Geringeres als politisches Prestige, ökonomische Gewinne und um die Demokratie. „Stuttgart 21“ hieß das Reizwort, das die Bevölkerung in zwei Lager spaltete. Eine Volksbefragung sollte an diesem Sonntag darüber entscheiden, ob das Land aus dem Bau eines neuen Stuttgarter Hauptbahnhofes aussteigen sollte oder nicht. Zuvor war es zwischen Polizei und Demonstranten bereits zu heftigen, blutigen Auseinandersetzungen gekommen.

Um es vorwegzunehmen: Mehr als 58 Prozent der Baden-Württemberger hatten sich *gegen* einen Ausstieg aus dem Projekt entschieden und damit die Pläne der neuen grün-roten Landesregierung unter Ministerpräsident Winfried Kretschmann (Grüne) zunichtegemacht. Während die Landesregierung zumindest nach außen hin das Votum der Mehrheit akzeptierte, fühlten und fühlen sich zahlreiche Protestler an die gefällte Entscheidung schlicht nicht gebunden und üben sich in den seit Ende der 1960er Jahre hinlänglich bekannten undemokratischen Gepflogenheiten. So, als müsse die Volksabstimmung – die übrigens von den Grünen zusammen mit den Demonstranten gefordert worden war – nicht beachtet werden, gebärden sich seit dem 28. November 2011 mehrere hundert Berufsprotestler jede Woche in der Stuttgarter Innenstadt, als ginge es um ihr Leben, das bei einer Fortführung des Bauprojektes in akuter Gefahr schwebe. Dabei machen die zumeist „grünen“ Anhänger der Stuttgart-21-Gegnerschaft selbst vor ihrer von ihnen selbst erschaffenen Ikone Winfried Kretschmann nicht halt. Auf dem Neujahrsempfang der Landesregierung im Januar 2012 hatten sich vor dem Gästehaus in Baden-Württemberg einige hundert Demonstranten versammelt, um gegen den Weiterbau des neuen Bahnhofs anzugehen. Als Kretschmann sich zu ihnen gesellte, um ihnen die – eigentlich logische – Konsequenz einer demokratischen Entscheidung zu erläutern, wurde der Vorzeigegrüne mit Schuhen beworfen, was ein weiteres Schlaglicht auf die Beschaffenheit der Demonstranten in Sachen Demokratie und Gewaltlosigkeit wirft.

Den „Brauch", politischen oder moralischen Gegnern den ausgezogenen Schuh zu zeigen oder sie gar damit zu bewerfen, haben die ach so fortschrittlichen Protestler dem von ihnen in den meisten Fällen verpönten Fernsehen entnommen, um genau zu sein, den Nachrichten. Dort wurden nämlich reichlich Bilder protestierender, mit Schuhen drohender und werfender Araber aus Libyen, Syrien, Ägypten und anderen Ländern veröffentlicht – und dieses Verhalten zumindest als nicht undemokratisch dargestellt. Erstmals wurde dieser „Ausdruck politischen Willens" übrigens im Westen bekannt, als ein arabischer Journalist seinen Schuh auf Ex-US-Präsident George W. Bush schleuderte, diesen aber verfehlte.

Um nun das kopierte Verhalten (an dem schon die linksterroristische Vereinigung RAF scheiterte, weil sie glaubte, Verhältnisse und Denkweisen der Dritten Welt in die Bundesrepublik übertragen zu können) der Stuttgarter Demonstranten zu analysieren, muss hier einmal zur Psychologie gegriffen werden. Tief in ihrem Innersten protestieren die in der Mehrheit grauhaarig gewordenen Umweltschützer nämlich nicht gegen Bauprojekte, Politiker oder Autoritäten, sondern gegen ihre Elterngeneration, die – so die Protestler in ihrem Unterbewusstsein – den Zweiten Weltkrieg mitverschuldet hatte und somit zur Durchsetzung von wie auch immer gearteten Entscheidungen nicht mehr berechtigt ist. Die Eltern hatten sich in ihrer Hingabe zu Autoritäten, Befehlen und „faulen" Vorhaben schon einmal verschätzt und werden seit Ende der 1960er Jahre dafür abgestraft, indem gegen sie und ihre Vorhaben verbissen, diktatorisch und nicht selten pathologisch angegangen wird. Faltige Frauen mit hellgrauem Kurzhaarschnitt, Rucksack und Halstuch werden im Sog der Massenhysterie zu kreischenden Furien, schwer in die Jahre gekommene Öko-Männer verfallen dem Wahn, Wasserwerfer aufhalten und Bäume mit dem eigenen Körper schützen zu können und stellen sich den Polizeifahrzeugen in den Weg. Dabei werden plötzlich alle Mittel recht: Gewalt, Beleidigungen, psychotisches Verhalten. Denn die Demonstranten haben sich selber einen Freibrief ausgestellt, der ihnen einfach alles erlaubt, denn sie sind ja moralisch berechtigt, diese zum Schutze der Welt auserwählten Wesen; von solcher „Auswahl“ war Jahrzehnte zuvor bereits ein Herr mit kleinem Schnauzer felsenfest überzeugt.

Und sollte einer der Demonstranten bei seinen Feldzügen zu Schaden kommen, ruft die hysterisierte Masse: *„Seht her, der Staat will uns töten!* Bestes Beispiel aus den Reihen der Stuttgart-21-Gegner ist zu diesem Thema ein Mann namens Dietrich Wagner (67). Der hatte sich am 30. September 2010 zur ersten Großdemonstration gegen Stuttgart 21 zusammen mit mehreren tausend Menschen in den Schlossgarten begeben, wo Bäume für das Bauprojekt gefällt werden sollten. Da Wagner und einige hundert weitere Demonstranten (darunter Schüler mit ihren Lehrern während der Unterrichtszeit) aber beschlossen hatten, die Baumaktion zu verhindern (dazu sind sie aus ihrer Sicht nicht nur berechtigt, sondern verpflichtet !), stellte sich der pensionierte Ingenieur gegen Bauarbeiter und Polizei-Hundertschaften gleichermaßen. Hell empört musste er mit ansehen, wie Polizisten gegen randalierende Jugendliche vorgingen und soll sich Polizeiangaben zufolge wie ein mit übernatürlichen Kräften ausgestattetes himmlisches Wesen vor den Strahl des von der Polizei eingesetzten Wasserwerfers gestellt haben, damit die Jugendlichen ihr „Grundrecht“ auf Randale ungehindert ausüben konnten – gleich dem Motto: Innere Stärke übersteht den größten Angriff. Offensichtlich hatte sich der Park-Baum-Schüler-Schützer im fortgeschrittenen Alter aber erheblich überschätzt, als der scharfe Wasserstrahl mit voller Wucht sein Gesicht traf und die Augen schwer verletzte. Schließlich konnten die Ärzte in einem Stuttgarter Krankenhaus das Licht eines Auges überhaupt nicht mehr, das des anderen nur noch notdürftig retten. Seitdem wird der so gezeichnete und schwer behinderte Dietrich Wagner von einer Stuttgart-21-Demo zur nächsten geschleppt und wie ein christlicher Märtyrer von unerbittlichen Freunden über die Kundgebungsplätze gezerrt. Und auch im illegal betriebenen Zeltlager der „Parkschützer“ raunt man sich über den fast Blinden die schauderhaftesten Geschichten zu: wie er sich mutig und ohne zu zögern in die Schusslinie des Wasserwerfers geworfen habe, wie ihm medizinische Hilfe verweigert worden sei und wie er schließlich schwerstverletzt, aber aufrecht, das Schlachtfeld verlassen habe.

Noch schlimmere Übergriffe durch die Polizei wollen einige Parkbewohner nicht nur erlebt, sondern auf Fotos festgehalten haben – unter anderem einen mit gezückter Waffe vorgehenden Beamten. Zitternd vor Abscheu gegenüber solcher Nazi-Methoden berichteten mehrere Parkschützer im Sommer 2011 einem TV-Redakteur davon. *„Diese Bilder müssen an die Öffentlichkeit!"*, schäumten die Protestler und versprachen hoch und heilig, genau diese Aufnahmen zur Verfügung zu stellen. Indes geschah rein gar nichts! Keine Fotos waren zu sehen, kein Beamter mit gezogener Pistole – nichts. In dieser Gemengelage aus fürchterlichen Gerüchten, Halbwahrheiten und einem pervertierten Mutter-Theresa-Habitus scheint kein rationales Argument die Köpfe der Stuttgart-21-Gegner mehr zu erreichen – wenn es das überhaupt je gegeben hat.

Vertreter bestimmter Medien wie der *Tageszeitung* (TAZ) fachen das hysterische Feuer im Schlossgarten von Stuttgart noch an – so *TAZ*-Autor Christian Semler in einem Kommentar am 28. November 2011, einen Tag nach der Volksabstimmung pro Stuttgart 21. Dort schreibt er: *„...aber die Konfrontation bleibt, Bahn-Chef Grube wird sein Projekt durchziehen, und seine Gegner werden von ihren gut begründeten Positionen nicht abziehen."* Allein die Wortwahl macht deutlich, auf welcher Seite Semler steht. Während seiner Ansicht nach Bahn-Chef Grube *„das Projekt durchzieht"*, also hart und ohne Rücksicht auf Verluste verwirklichen will und wird, verfügen die Demonstranten über *„gut begründete Positionen"*, von denen man *„nicht abziehen"* werde. Die Protestler als gut und demokratisch überlegende, sozusagen höhere Wesen, erkennen nicht etwa ihr demokratiefeindliches Verhalten und geben auf, indem sie akzeptieren, sondern räumen allenfalls sanft und überlegt das Feld – was Semler allerdings nicht zu tun nahelegt. Dazu führt er in seinem Zeitungs-Kommentar tatsächlich „ethische" Gründe an.

Betrachtet man den Werdegang des Journalisten etwas näher, kommt einem seine Haltung allerdings geradezu folgerichtig vor. Der bereits 1938 geborene Salon-Sozialist zeigt die typische Laufbahn eines linksradikalen 68ers. Bereits 1957 wurde er Mitglied der SPD und des *Sozialistischen Deutschen Studentenbundes* (SDS), der maßgeblich zur Radikalisierung der Studenten Ende der 1960er Jahre beitrug. Gehörte dieser Hochschulbund zu diesem Zeitpunkt noch zur SPD, wurde er kurz darauf aus der Partei geworfen. Semler hatte den Sozialdemokraten bereits zuvor den Rücken gekehrt – um nun Mitbegründer einer maoistischen Kommunistischen Partei Deutschlands und später deren Vorsitzender zu werden. Schließlich galt

Semler als eine der führenden Persönlichkeiten der Studentenbewegung, sagt zumindest Wikipedia.de.

So zeigt die Mehrheit der im Februar 2012 noch immer protestierenden Bahnhofs-Gegner auch Grundzüge von Diktatoren. Dazu zählen vor allem Größenwahn (die betreffenden Personen halten sich für wichtige politische und/oder religiöse Wesen, Propheten oder Ähnliches), Selbstüberschätzung (Form des Überbewertens eigener Fähigkeiten und Kompetenzen) und schließlich gegenüber jedem und allem, was diesen Einschätzungen nicht folgt, offene Gewalt. So sind die Proteste gegen das Bauvorhaben eines neuen Hauptbahnhofes in Stuttgart nach dem Volksentscheid nicht etwa die im Sommer 2011 bereits als neue deutsche Protestkultur gepriesenen demokratischen Bewegungen im Land, sondern genau das Gegenteil davon...

Abtreibungen als gesellschaftlicher Kollateralschaden

von Udo Schultheis

Gut geschulte und auf dem Gesundheitssektor tätige Hypnotiseure vermögen ihre Klienten mittels bestimmter Trancen auf ihrem Lebensweg rückwärts zu führen – vom Erwachsenendasein über die Jugend zur Kindheit, und sogar bis in den Mutterleib, wo der Mensch seine ersten Regungen, Gefühle und Vitalfunktionen als Lebewesen, als Embryo hat. Ab der 21. Woche, so haben Mediziner und Biologen schon vor langer Zeit entdeckt, schlägt das Herz eines Menschen im Mutterleib.

Aber auch ohne Hypnosetherapeut sind wir in der Lage, uns in den Leib unserer Mutter zurückzuversetzen. Wir müssen uns nur darauf konzentrieren, unser Leben vom aktuellen Zeitpunkt aus vor unserem geistigen Auge rückwärts laufen lassen. Irgendwann sind wir dann im Mutterleib angelangt und können wieder nachempfinden, wie es damals war: ruhig und äußerst behütet, gedämpfte Geräusche drangen durch Mutters Bauchdecke und die Fruchtblase an unsere Ohren. Wir empfanden in diesem Entwicklungsstadium bereits Freude, Angst, Zweifel und Glück. Und wir wussten: Irgendwann würden wir das Licht der Welt erblicken.

Stellen Sie sich einmal vor, Sie würden sich genau in diesem Stadium Ihres noch sehr, sehr jungen Lebens befinden, würden nichts vermissen, sich an sich selbst erfreuen. Und plötzlich würde dieser glückselige Zustand brutal unterbrochen. Chemikalien würden im Mutterleib auf Ihren Körper eindreschen, Metallstangen würden zu Ihnen in Mutters Bauch durchdringen, eine Absaugglocke würde Sie aus der Gebärmutter ziehen, Sie in Stücke reißen, töten! Sie könnten nichts, rein gar nichts dagegen unternehmen – nur stumm schreien. Ein fremder Weißkittel hätte aus Ihnen einen Abort gemacht, einen wertlosen Klumpen Fleisch. Nicht einmal die Heilige Taufe hätten Sie empfangen dürfen, die dem Glauben der Christen nach einen Menschen in ihre Gemeinschaft aufnimmt. Sie werden weggeworfen in eine Art Eimer, an dem Ihr eigenes Blut, das wenige, das in Ihrem kleinen Körper pulsiert, herunterläuft. Nicht einmal beerdigt werden Sie. Das war's.

Mit Recht vermuten Sie, dass es sich hier um einen Albtraum handelt, um das, was im christlichen Glauben „Hölle" genannt wird. Aber das

Schlimmste daran ist: Es ist kein Albtraum, sondern die Beschreibung einer Abtreibung, wie sie in Deutschland täglich vorkommt – sei es, weil das Ungeborene behindert zur Welt kommen würde; sei es, weil es krank geboren werden würde; sei es, weil die Befruchtung durch eine Vergewaltigung zustande kam oder weil das Kind einfach unerwünscht wäre aufgrund der Tatsache, dass es störendes Produkt eines unüberlegten Vergnügens war. Weit über einhunderttausend Abtreibungen finden jährlich in Deutschland statt – in 2010 offiziell 110.400 Kinder. Es ist ein hingenommener Massenmord, der bereits seit Jahren vom Establishment als gegeben angesehen wird.

Eine Gesellschaft, die sich mehrheitlich gegen Abtreibungen stellt, gilt in westlichen Kreisen als „unmodern", „spießig" und „unaufgeklärt". Der Grund: Sie will sich nicht ultramodernen Lebensweisen öffnen, die letztendlich völlige Verantwortungslosigkeit für das eigene Tun zum Ziel hat. Ihren Ursprung haben solche Verhaltensweisen in der 68er-Bewegung, in der zeitgleich auch das entstand, was „Emanzipationsbewegung" und „sexuelle Revolution" genannt wurde und wird. Ganz davon abgesehen, dass sich die Anhängerinnen dieser Bewegung in Habitus und Aussehen den Männern anglichen – was ein Paradoxum bedeutet –, wetterten sie lautstark gegen den Paragraphen 218 StGB, der die Abtreibung unter Strafe stellte (inzwischen eben durch diese Bewegung verwässert) und hatten dafür kein anderes „Argument" parat als den Slogan: *„Mein Körper gehört mir!"*.

Inzwischen haben sich in Deutschland Gegenbewegungen etabliert. Eine davon ist die in München ansässige „Gehsteigberatung", die der bekannte Regisseur und Filmautor Fritz Poppenberg porträtiert hat. Die Mitglieder dieser Bewegung postieren sich regelmäßig vor der Tür einer Münchener Abtreibungsklinik und sprechen die dort Eintretenden an mit der Bitte, sich das mit der Abtreibung noch einmal zu überlegen. Die Bewegung, in der auch ein Mediziner mitarbeitet, der früher selber Abtreibungen vornahm, verzeichnet immer wieder große Erfolge, weil sie Frauen und Paare, die kurz vor dem Schritt zur Tötung am eigenen Kind stehen, noch auf der Straße davon überzeugen, von ihrem Plan abzulassen. Die Leute von der „Gehsteigberatung" stehen bei Wind und Wetter vor der Klinik eines Arztes, die in der bayerischen Landeshauptstadt nur durch ein kleines, kaum erkennbares Schild gekennzeichnet ist. Die „Gehsteigberatung" war von der Stadt München noch vor kurzer Zeit als gemeinnützig anerkannt worden. Doch kurz darauf – aus welchen Gründen auch immer – änderte sich die Haltung der Münchner Verwaltung. Plötzlich hieß es, die Beratung sei nach Paragraph 118 (Hundert weniger als der Abtreibungsparagraph) Ordnungswidrigkeitsgesetz (OwiG) einzustellen. Begründung: *„Danach handelt ordnungswidrig, wer eine grob ungehörige Handlung vornimmt, die geeignet ist, die Allgemeinheit zu belästigen und zu gefährden und die öffentliche Ordnung zu beeinträchtigen."*

Demnach bedeutet eine Beratung über die Folgen von Abtreibungen aus Sicht der Stadt München eine „ungehörige Handlung", die Abtreibung an sich natürlich nicht. Und wo durch die Tätigkeit der Organisation „Gehsteigberatung" die Allgemeinheit gefährdet sein soll, kann nur in den Hirnen derer begründet sein, die sich solche Verbote einfallen lassen. Die Mitarbeiter der Organisation machen nämlich nichts, was auch nur irgendwie mit dem Gesetz in Konflikt steht. Sie sprechen Paare und Frauen, die sich auf dem Weg in die Abtreibungsklinik befinden, einfach nur an und machen darauf aufmerksam, was der Schritt in dieses Haus bedeutet. Gleichzeitig informieren sie über Hilfsangebote – und haben damit bereits beachtliche Erfolge erzielt. Nicht selten werden Abtreibungsgegner als „unmodern", „moralisierend", „nervend" und „nicht fortschrittlich" bezeichnet und damit diffamiert. Dass sie sich für den Erhalt menschlichen Lebens einsetzen – manchmal vehement –, scheint dabei in keinerlei Überlegung eine Rolle zu spielen.

Tatsächlich ist es doch so, dass nur die wenigsten Menschen wissen, wie eine Abtreibung überhaupt abläuft. Deswegen schauen wir uns das einmal näher an – auch wenn Sie danach möglicherweise Albträume bekommen...

Die gängigsten „normalen" Abtreibungsmethoden sind:

1. **Die Absaug-Methode**: Sie ist die mit 80 % in Deutschland am häufigsten durchgeführte Abtreibungsart, bei der das ungeborene Kind zwischen 6 und 8 Wochen alt ist. Es ist zu diesem Zeitpunkt bereits sehr weit entwickelt, da Arme, Hände, Beine und das Gesicht und alle Organe schon vorhanden sind.
   „Durch den erweiterten Muttermund führt der Arzt einen flexiblen Plastikschlauch in die Gebärmutter ein. Durch einen starken Sog wird das Kind mitsamt Plazenta (Mutterkuchen) in Stücke gerissen. Zuerst werden die Arme und Beine vom Körper getrennt, dann der Rumpf vom Kopf. Da der Kopf zu groß ist, um durch den Plastikschlauch zu

passen, knackt ihn der Arzt mit Spezialinstrumenten wie eine Nuss und saugt die Bruchstücke einzeln ab. Oft kann man in diesem blutroten Brei noch winzige Ärmchen und Beinchen erkennen."[142]

2. **Die Ausschabung**: Ausgeschabt wird zwischen der 7. und der 12. Woche, wobei hier der Arzt ein scharfes, gebogenes Messer durch die Scheide in die Gebärmutter einführt und den Körper des Kindes in Stücke zerschneidet.
   „*Nachdem alle Kindsteile entfernt sind, wird die Gebärmutter mit einer Curette (einem stumpfen Schabeisen) ausgeschabt. Aufgabe des Operationspersonals ist es nun, die Leichenteile wie Arme, Beine, Kopf und Rumpfteile wie ein Puzzle zusammenzusetzen, um sicherzugehen, dass die Gebärmutter leer ist. Ansonsten könnte die Mutter Blutungen oder Infektionen bekommen. Diese Methode kommt in der BRD bei zirka 11 % aller Abtreibungen zum Einsatz.*"

Dann gibt es die Spätabtreibungen, die meist dann Anwendung finden, wenn der Verdacht auf eine Behinderung des werdenden Kindes besteht. Die Grenze von 3 Monaten gilt bei potentiell behinderten Föten nicht. Ein Mensch wäre schon ab der 22. Woche außerhalb der Gebärmutter lebensfähig. Auch hier gibt es zwei Verfahren:

1. **Abtreibung mit Prostagladinen**: Durch die Gabe von Mifepriston/Prostagladinen verläuft die Abtreibung ähnlich wie eine eingeleitete Geburt.
   „*Das Prostagladin wird gespritzt und/oder als Gel auf den Muttermund aufgetragen. Das Prostagladinverfahren birgt für den abtreibenden Arzt bei fortgeschrittener Schwangerschaft die ‚Gefahr' der Geburt eines überlebensfähigen Kindes in sich. Um auf Nummer sicher zu gehen, wird die Bauchdecke der Mutter mit einer langen Nadel unter Ultraschallsicht durchstochen, bis man in die Fruchthöhle gelangt. Das Herz des Kindes wird aufgesucht und das Kalium-Chlorid hineingespritzt. Kalium in hoher Dosierung ist für das Reizleitungssystem des Herzmuskels ein tödliches Gift, da es jede koordinierte Kontraktion unmöglich macht und damit den Kreislauf zum Erliegen bringt. Das so getötete Kind kann, ohne dass die ‚Komplikation' des Überlebens gefürchtet werden muss, entbunden werden. In Deutschland werden jedes Jahr etwas mehr als 3.000 Spätabbrüche durchgeführt, das sind etwa 2,5 % aller Abbrüche.*"

2. **Zerschneiden des Embryo (partial-birth-abortion)**: Im Fall von späten Abtreibungen wird eine normale Entbindung angestrebt, um der Mutter die Belastung eines Kaiserschnittes zu ersparen. Nachdem eine Geburt eingeleitet wurde, dreht der Arzt das Kind so, dass es mit den Füßen zuerst auf die Welt kommt. Dann zieht er es an einem Fuß heraus und hält es fest, wenn der Kopf zu sehen ist. Mit einer Schere schneidet er jetzt das Genick des Kindes auf und saugt das Gehirn ab.(143)

Dass diese Berichte traurig machen, ist das eine, doch wirklich schlimm ist, was Dr. Bernhard Nathanson in seinem Ultraschallfilm „*Der stumme Schrei*" nachgewiesen hat, nämlich dass die kleinen Föten durchaus in der Lage sind, Schmerzen und Panik zu empfinden, wenn ihr Leben bedroht wird. Und gerade mit diesem Hintergrundwissen schockiert es, was Jan van Helsing dazu schreibt:

„Als der jetzige US-Präsident Barack Obama noch Senator von Illinois war, stimmte er am 27.3.2001 gegen den Gesetzentwurf zum Schutz lebendgeborener Kinder, die eine Abtreibung überlebten. Er argumentierte, ‚dieser Gesetzesentwurf würde das Recht auf Abtreibung einschränken'. In seiner Rede vor einem Aktionsbündnis ‚pro Abtreibung' kündigte Obama am 17.7.2007 an, seine erste Amtshandlung als Präsident der USA werde sein, im Bundesgesetz ‚freedom of choice, Act. 5' das von seinem Vorgänger George W. Bush eingeführte Verbot der Spätabtreibung wieder aufzuheben. Es geht um die (gerade behandelte) *‚partial-birth-abortion'-Methode, die ab dem 5. Schwangerschaftsmonat durchgeführt wird und bei der eine Schere tief in den Schädel gestoßen und das Gehirn des Kindes abgesaugt wird. Dieses Abtreibungsverfahren wurde bis zu seinem Verbot am 5.11.2003 bis zu 5.000 Mal durchgeführt. Noch grausamer ist aber das Töten des Ungeborenen durch die sogenannte Salzeinspritzung. Der Todeskampf des Kindes dauert mehr als eine Stunde. Sollte eines der Kinder die Vergiftung überleben, wird es auf einen kalten Metalltisch in einem dunklen Raum gelegt, bis es gestorben ist.*

Und Barack Obama befürwortet dieses grausame Töten von Ungeborenen. Davon hat man aber in unseren Medien nichts erfahren, als sich Obama im Präsidentschaftswahlkampf befand. Hätten so viele Amerikaner diesen Mann gewählt, wenn sie das gewusst hätten? Und hätten so viele Deutsche Obama in Berlin zugejubelt, als er dort seine Rede hielt?“

Damit Sie mich nicht falsch verstehen: Es gibt durchaus Gründe, wieso eine Frau die Entscheidungsfreiheit haben sollte, eine Abtreibung durchzuführen. Wenn sie während eines Krieges von feindlichen Soldaten geschändet worden ist oder das Kind im Mutterleib eine massive Behinderung aufweist, so soll die Frau darüber entscheiden dürfen, ob sie das Kind behalten möchte oder nicht. Leider ist es aber so, dass der größere Teil der abgetriebenen Kinder NICHT aus solchen Beweggründen im Abfalleimer landet, sondern oftmals aus Bequemlichkeit. Das prangere ich an. Ich denke, wenn sich die oftmals jungen Mädchen einmal tiefer mit dieser Thematik auseinandersetzen würden, dass dann eventuell eine andere Entscheidung treffen würden.

Hinweis: Ich hatte zu diesem Kapitel vier Fotos von abgetriebenen Kindern platziert – aus dem 7., 8., 11. und 22. Monat –, die zeigen, dass nicht nur die kleinen Föten schon entwickelte Ärmchen und Beinchen aufweisen, sondern es sich vor allem bei den spät-abgetriebenen Kindern ab der 22. Woche um voll entwickelte kleine Babys handelt, die bereits lebensfähig wären. Die Bilder sind wirklich schockierend, vor allem, wenn man sie in Farbe sieht. Nach langen Diskussionen mit Jan van Helsing, der auch noch mit einer Rechtsanwaltskanzlei Rücksprache gehalten hatte, haben wir uns dazu entschieden, die Bilder aufgrund ihrer – möglicherweise für Kinder und Jugendliche schockierenden Wirkung – hier herauszunehmen und stattdessen auf Internet-Seiten zu verweisen, wo Sie diese und weitere Fotos abgetriebener Kinder sehen können:

Zum Beispiel:

- www.priestsforlife.org/resources/photosbyage/index.htm
- http://lebensgeschichten.org/abtreibung/bilder_foetus.php

Oder Sie geben bei *Google* den Begriff „Abtreibung“ ein und klicken dann auf „Bilder“.

Unerwünschte Kinder

von Johannes Holey

Liebe Leserinnen und Leser, Udo Schultheis hat gerade die Abtreibung mit einem sehr sachlichen Blick betrachtet. Ich möchte hier noch etwas tiefer gehen und auch spirituelle Aspekte beleuchten. Wie Sie ja meinem Kapitel über die Reinkarnation entnehmen konnten, bin nicht nur ich, sondern sind auch knapp 2 Milliarden weitere Menschen – Buddhisten, Hinduisten und die Anhänger vieler Naturreligionen – auf diesem Planeten der Überzeugung, dass in einem Menschen nicht nur eine Seele innewohnt, sondern diese auch nach einem Tode wiederkehren kann. Aber auch das Christentum und der Islam – und nun sind wir bei 4,5 Milliarden Menschen – glauben an die Existenz einer Seele. Und die muss ja irgendwann in den Körper eindringen. Das heißt, dass die Seele während oder kurz nach dem Zeugungsakt in den Fötus inkarniert, also in diesen hineinschlüpft – eine Ansicht, welche die Atheisten in unserer Gesellschaft natürlich bestreiten. Und damit ist es eben nicht nur ein Stück Fleisch, das der Arzt aus dem Körper holt, sondern ein beseeltes Wesen!

Der Sterbeforscher Rudolf Passian erklärt in seinem Buch *„Der verhängnisvollste Irrtum unserer Zeit – Nach dem Tod ist es nicht aus und vorbei!“*[77], dass die Thematik der Abtreibung ein reichlich schwieriges Gebiet ist, zumal Beteiligte oder Beratende in der Regel keine Ahnung haben vom Leben *vor* dem Leben und dem Leben *danach*. Zwar weiß man, was nach der Befruchtung biologisch geschieht, aber damit hat es sich auch schon. Allein schon die relativ häufig erlebten Lichterscheinungen beim Zeugungsakt deuten darauf hin, dass hier weit mehr geschieht als nur beginnende biologische Wachstumsvorgänge. Auch in Bezug auf das Wissen um den Zeitpunkt, an welchem die Seele des Kindes den Körper im Mutterleib in Besitz nimmt, scheint in der Gebärmedizin wenig Gewissheit zu herrschen.

Rudolf Passian lässt in seinem Buch eine Betroffene zu Wort kommen, Frau Gianna Jessen, die bei einer Abtreibung sterben sollte, jedoch überlebte.

„Giannas Mutter war 17 Jahre alt und seit siebeneinhalb Monaten schwanger, als sie in ein Abtreibungszentrum kam, welches ihr empfahl, eine Abtreibung durch Salzvergiftung vorzunehmen. Dies ist eine abscheuliche Methode, um eine fortgeschrittene Schwangerschaft abzubrechen und ein Kind zu töten. Der Abtreiber injiziert eine Kochsalzlösung in die Gebärmutter. Dadurch verbrennt das Kind äußerlich, aber auch innerlich, da es das Fruchtwasser schluckt. Obendrein erstickt das Kind langsam, da der Mutterkuchen sich allmählich aber sicher von der Gebärmutterwand löst. Konkret bedeutet dies, dass das Kind in einem manchmal stundenlangen Todeskampf wild um sich schlägt, währenddessen es erstickt und verbrennt – ein Todeskampf, den die Schwangere nur allzu gut fühlt. Innerhalb von 24 bis 48 Stunden wird das Kind dann tot zur Welt gebracht.

Gianna erzählt: ‚Achtzehn Stunden lang lag ich in der Salzlösung und habe diese auch geschluckt. Doch wie durch ein Wunder habe ich dies überlebt. Ich kam am 6. April 1977 um 6 Uhr morgens lebend zur Welt. Ich hatte Glück, dass es so früh war. Mein Kommen wurde nicht vor 9 Uhr erwartet, das heißt, nicht bevor der Abtreiber ins Zentrum kommen sollte. Ich bin sicher, dass ich heute nicht hier wäre, wenn der Abtreiber bei meiner Geburt anwesend gewesen wäre...
Einen Augenblick lang herrschte im Raum völlige Hysterie, denn der Schrei, mit dem ich auf die Welt kam, muss durch Mark und Bein gegangen sein: Auch das war mein Glück. Eine Krankenschwester war so geschockt, dass sie die Vorschriften vergaß. Sie telefonierte mit der Ambulanz. Die entführte mich aus dem Zentrum des Todes, und so kam ich völlig unerwartet in ein Hospital. Durch Gottes Gnade habe ich überlebt.'

Gianna wog bei ihrer Geburt nur knapp ein Kilo. Ganz unversehrt blieb sie leider nicht, durch den Sauerstoffmangel entstand eine Hirnlähmung. Nach dreimonatigem Spitalaufenthalt kam sie zu einer Pflegemutter. Man sagte ihr, dass die Kleine wahrscheinlich nie sitzen, kriechen oder laufen könne. Doch Gianna lernte es, und mit dreieinhalb Jahren konnte sie mit Hilfe von Bügeln und einem Laufgestell laufen. Nach unermüdlichem Üben und nach vier Operationen konnte Gianna fortan selbständig laufen, wiewohl ein wenig humpelnd. Hin und wieder stürzt sie noch, nimmt es aber mit Humor: ‚Nach einem ganzen Leben zu fallen, habe ich auch gelernt, es graziös zu tun.'

Zum Zeitpunkt dieses Interviews war Gianna 29 Jahre alt. Sie verfügt über eine unbändige Willenskraft. Nach vielem Training schaffte sie am 30.4.2005 einen Marathonlauf!
Gianna ist überzeugte Christin. Sie erkannte ihre Berufung. Seit ihrem 13. Lebensjahr reist sie in der Welt herum, um sich einzusetzen für das Recht auf Leben. Sie tat dies sowohl vor dem US-Kongress als auch vor dem britischen Parlament. Sie sagt es einfach so, wie es ist. Ihr Dasein legt das Gewissen eines jeden bloß und schreit laut: ‚Warum? Warum Abtreibung und mit welchem Recht?'"[144]

In Gesprächen mit Rudolf Passian und anderen Reinkarnationsforschern kamen immer wieder die Folgen für die Frau zur Sprache, die das Kind abtreiben ließ. In sehr vielen Fällen – so haben vorwiegend Psychiater und Psychologen festgestellt – leiden die Frauen nach der Abtreibung an Depressionen oder Ängsten und in vielen Fällen unter einer Schuld. Man nimmt an, dass dies daher rührt, dass die Seele des Kindes, dessen Körper durch die Abtreibung zerstört wurde, weiter bei der Mutter ist und sich nicht lösen kann. Es gibt Therapeuten, die dabei helfen, einen Kontakt zu der Kindseele aufzubauen, um diese um Vergebung zu bitten und dass sie sich lösen möge. Oftmals kommen diese Seelen – glaubt man diesen Berichten – dann bei einer erneuten Schwangerschaft der Frau zur Welt.

Schauen wir uns aber noch den meiner Meinung nach brutaleren, wirtschaftlichen Aspekt der Abtreibungen an. Als echtes „Enthüllungsbuch" kann man das Werk von Alexandra Maria Linder bezeichnen. Unter dem Titel „*Geschäft Abtreibung*" deckt die Journalistin und Fernsehmoderatorin Alexandra Maria Linder auf, wer an Abtreibungen verdient und wie abgetriebene Kinder kommerziell genutzt werden.[145]

So weiß die Autorin zu berichten, wie mit Hilfe von Zellen, die aus abgetriebenen Föten gewonnen werden, Anti-Aging-Cremes hergestellt werden. Abgetriebene Föten werden als Ersatzteillager für Zelltherapien, Gewebe- und Organtransplantationen benutzt. Viele Kosmetik- und Arzneimittelfirmen brüsten sich mittlerweile damit, dass für ihre Tests keine unschuldigen Tiere mehr sterben müssen, verschweigen aber, dass dafür nun abgetriebene Kindsleichen zum Einsatz kommen. Schließlich zeigt die Autorin auf, wie der Bevölkerungsfonds der UNO bei seinen Maßnahmen zur

Bevölkerungskontrolle in den Ländern der „Dritten Welt" ganz gezielt auch auf Abtreibungen setzt.

„Bei einem Preis von rund 430 Euro pro Abtreibung konnten Ärzte in Deutschland somit allein im vergangenen Jahr eine Summe von beinahe fünfzig Millionen Euro erwirtschaften. Die Kosten hierfür wurden zum Großteil von den Krankenkassen übernommen und somit durch Steuergelder subventioniert...

Bei steigendem Bedarf an Gewebe und Organen durch die Transplantationsmedizin wächst allerdings auch der Bedarf an abgetriebenen Kindern, was den ohnehin schon geringen Schutz von ungeborenem Leben langfristig noch weiter aufweichen könnte.

Und der Bedarf an Organen und Gewebe ist riesig. Zur Behandlung von Parkinson beispielsweise werden die Gehirnzellen von mindestens sechs abgetriebenen Föten benötigt."[(146)]

Dies sind kurze Hinweise auf den kommerziellen Hintergrund professioneller Abzocke, die in ihrer Größenordnung wieder einmal von den Massenmedien diskret verschwiegen wird. Wussten Sie, dass mit weltweit rund 40 Millionen(!) jährlicher Abtreibungen die WHO erklärt, „Abgetriebenwerden" sei die häufigste nicht-natürliche Todesursache?

Unsere Massenmedien befassen sich lieber mit Schlagzeilen wie *„Die Vergreisung schreitet fort"* oder *„Arbeitskräftebedarf zur Rentenfinanzierung"* und seichtet wortreich durch die Blätter – Ursachenforschungsergebnisse bleiben tabu. Ich bin sicher, dass wir den eigentlichen Ursachen hoher Abtreibungsraten näher kommen, wenn wir uns jetzt folgende fünf Punkte kurz ansehen:

- Fehlender Glaube der Jungen an eine deutsche Zukunft,
- der Ungeist des Materialismus ohne Liebe,
- das rückkehrende Selbstbewusstsein der Frauen,
- unser bequemer Wohlstand ganz allgemein und
- systematische, geplante Familienzerstörung.

„Deutschland schafft sich ab" sagt alles. Ein einst ‚Korrekter' hält es nicht mehr aus und wird zum Super-Unkorrekten, denn Thilo Sarrazin weiß, was er sagt. Mich beeindruckt weniger sein hoher Posten als vielmehr sein Können, denn als Finanzsenator in Berlin hatte er dessen zerrüttete Finan-

zen innerhalb von sieben Jahren saniert. Doch einen wichtigen Punkt hat auch er in seinem Bestseller unerwähnt gelassen, den das katholische Monatsblatt *Zeit-Zeichen* folgendermaßen ausdrückt:

> *„Kaum fassbar, dass Herr Sarrazin mit seinen endlosen Statistiken das schlimmste Manko vergessen hat, nämlich die horrenden Zahlen von Abtreibungen…*
> *Wenn es wahr wird, dass Deutschland sich abschafft, dann liegt es nicht nur an der bislang missglückten Integration eines so großen Teils seiner Zuwanderer. Es liegt zum größten Teil daran, dass die Deutschen sich selber mehr und mehr auslöschen.“*

Was halten Sie davon, wenn wir einmal versuchen, dieses zwiespältige Erleben in den großen Evolutionsprozess der Menschheit einzuordnen? Wir leben in einer kosmischen Wendezeit (2011 bis 2013), und unser Sonnensystem hat damit seine vom Galaxis-Zentrum am weitesten entfernte Umlaufbahn erreicht. Ich verbinde das dabei endende Kali Yuga mit der Vorherrschaft der männlichen Verstandeswelt und betone, dass der Rücklauf unseres Sonnensystems auch eine Kehrtwende für unsere Weiblichkeit bedeutet – auch eine weltweite Befreiung unserer Frauen. Das ging und geht schrittweise, und gesetzlich wurde es meiner Meinung nach eingeleitet mit dem weltweiten Ende des Sklaventums – 1885 in den USA und 1888 in Brasilien. In Deutschland wurden Frauen zum ersten Mal 1900 zum Studium an Universitäten (Freiburg) zugelassen; erst 1923 gab es die erste Professorin; nach 1945 starteten die sogenannten Trümmer-Frauen den Wiederaufbau des von uns Männern zerstörten Landes, und ab 1975 erlaubte das Gesetz den Frauen, *„selbst über ihren Bauch zu bestimmen“*. Offiziell war damit bei uns endlich das jahrtausendelange Leid des weiblichen „K3“ zu Ende – **K**üche-**K**irche-**K**inder. Wen wundert es da, dass das Pendel des Ausgleichs erst einmal ins extreme Gegenteil saust?

Der persönliche Umgang mit diesem gewaltigen Evolutionsschritt ist allerdings sehr, sehr schwer, solange der Ungeist des Materialismus im Außen die individuellen Gefühlsbereiche *in* uns dominiert. Da bislang den meisten unbekannt ist, dass mit jedem Kind eine unsterbliche Seele in seiner Familie inkarniert, die justament zu ihnen möchte, steckt auch relativ wenig Verantwortung in einem so wichtigen Zeugungsprozess. So fehlt eigentlich eine ganz entscheidende Bewusstseinsqualität, die durch das Flüchten aus der veralteten Kirchengläubigkeit noch vergrößert wird.

Auch unser Wohlstand trägt ganz erheblich dazu bei, dass bei so vielen jungen Familien Kinder unerwünscht sind. Kinder brauchen Zeit und Geld und dadurch kann man sich manches Liebgewonnenes nicht mehr leisten. Das betrifft sogar recht verschiedene Einkommensbereiche.

„Wenn in Deutschland rund 40 Prozent der Frauen mit einem Hochschulabschluss keine Kinder haben oder haben wollen, so nicht deswegen, weil sie sich keine Kinder ‚leisten' können, sondern deshalb, weil Kinder in der Reihenfolge von Wichtigkeiten nach hinten gerutscht sind. Beruflicher Erfolg und hohe Einkommen, unbeschwerte Urlaube und garantierte freie Zeit, komfortable Wohnungen und teure Autos sind vielfach vordringlicher.“(147)

Die soziale Unterstützung des Staates lässt zu Wünschen übrig, so sehr, dass neuerdings sogar junge Unionspolitiker fordern, dass Kinderlose mit einem Prozent ihres Einkommens zur Kasse gebeten werden. Der Sprecher der Jungen Gruppe in der CDU/CSU-Bundestagsfraktion, Marco Wanderwitz, betonte: *„Unsere Sozialversicherungssysteme funktionieren nicht, wenn es zu wenig Kinder gibt.“* Deswegen wolle man ein Sondervermögen bilden, das nicht Teil des Bundeshaushalts sei. *„Unser Ziel ist, dass wir noch in dieser Legislaturperiode an der Front etwas erreichen“*, sagte er der *Mitteldeutschen Zeitung*. Die Abgabe solle im Grundgesetz verankert werden, *„damit die Rücklage nicht in der Tagespolitik verfrühstückt werden kann“*.(148)

Ich erlaube mir außerdem, auf das hinzuweisen, was ich ausführlich in meinem Buch *„Jetzt reicht's! 2 – Rote Karte für Krankheits- und Ernährungsschwindler“* belegt habe, nämlich dass der sogenannte Genderismus eine von Feministinnen und Homosexuellen entwickelte Weltanschauung ist, die bei der Betrachtung des Menschen das *soziologische Geschlecht* (engl. *gender*) statt des *biologischen Geschlechtes* (Sex) in den Mittelpunkt stellt. Dieses inzwischen europäische Diktum hat erhebliche Konsequenzen für das Menschenbild und die Geschlechterrollen.(149)

Der *familiäre Umbruch* in diesem Rahmen betrifft natürlich auch die Kinder, das viel zu frühe Abschieben in Horte und damit mutternäheentwöhnt zu werden – das ehemalige DDR-System. Der wichtigste Beruf in einem Volk, die Mutterrolle, wird so wieder und wieder an die Wand gefahren. Deshalb fordert die Jugend-Psychotherapeutin und Publizistin Christa Meves:

> „*Es gelte der absolute Vorrang, dass junge Frauen Kinder bekommen mögen und sie so lange als ‚anwesende' Hauptbezugspersonen betreuen, bis diese Kinder ihnen von selbst davonlaufen.*"

Auch ich möchte an dieser Stelle bemerken, dass ich keineswegs der Ansicht bin, dass generell nicht abgetrieben werden soll. Es gibt brutalste Schicksale, die zu einer Schwangerschaft führen, und dann soll es der Frau beziehungsweise dem Mädchen selbstverständlich erlaubt sein zu entscheiden, was mit der Leibesfrucht geschehen soll. Und sollte durch eine Ultraschall-Untersuchung erkennbar werden, dass das werdende Kind nach der Geburt schwerste Schäden oder Behinderungen aufweisen wird, so soll auch hier die Mutter die Entscheidungsgewalt haben. Meine Kritik richtet sich hier einerseits an die Mädchen und Frauen, die oft zu leichtfertig mit dieser Thematik umgehen, und andererseits an die inzwischen entstehende „Abtreibungsindustrie".

Um so erstaunter war ich, als ich während der Recherche zu diesem Kapitel auf das Schicksal des Regisseurs und Sängers Ryan Scott Bomberger stieß. Er bekennt sich öffentlich, in einer Vergewaltigung gezeugt und dann zur Adoption ausgesetzt worden zu sein. Aus Dankbarkeit, nicht abgetrieben worden zu sein, gründete Ryan Bomberger mit seiner Frau die „Pro-Life"-Organisation *Radiance Foundation*. Bomberger wirft den Abtreibungs-Befürwortern unter den Politikern Heuchelei vor, wenn sie angeblich auf der Seite der Frauen stehen, und er setzt seine Hoffnung auf die heutige Jugend, die sich seiner Ansicht nach deutlich mehr für das Leben einsetzt als Generationen zuvor. (www.theradiancefoundation.org)

Wählerauftrag mit über 90 % an das „ZK der KED" – Wahlmanipulationen nur in rückständigen Gesellschaften?

von Andreas Popp

Vorweg möchte ich die demokratiegläubigen deutschen Bürger beruhigen. Große Manipulationen bei den Wahlen finden in unseren Gefilden eher weniger statt. Warum auch? Moderne Gesellschaften, in denen das Volk den Souverän darstellen soll, haben längst eine effektivere Methode zur Machterhaltung entwickelt: die Manipulation der Wähler! Die Idee für diesen Artikel entstand, als ich in den Nachrichten einen Bericht über die russischen Wahlen hörte. Die Radiomoderatorin ging auf einen TV-Auftritt des Präsidenten Putin ein. Ein deutlich tendenziöser Unterton war aus der Ansage herauszuhören, und ich dachte: Würde sie in dieser Art und Weise die täglichen Propagandaauftritte eines Herrn Obama oder einer Frau Merkel kommentieren, wäre sie sofort ihren Job los. Aber so ist das halt mit der Pressefreiheit.

Was haben wir damals geschmunzelt, wenn im DDR-Fernsehen die Wahlergebnisse bekanntgegeben wurden. Grundsätzlich weit über 90 Prozent der Stimmen verbuchte das *Zentralkomitee der Sozialistischen Einheitspartei Deutschlands* (ZK der SED). Die Älteren erinnern sich noch. Diese plumpe Propaganda war natürlich sehr durchsichtig, aber die meisten Bürger der mitteldeutschen Republik wussten diese Zeremonien auch richtig zu interpretieren. Heute leben wir angeblich in einer „echten" Demokratie, in der die Wähler alle vier Jahre eine neue Regierung bestimmen und die alte abwählen können. Da stellt sich mir die Frage, warum über so viele Jahre (teilweise Jahrzehnte) trotz Ab- oder Neuwahlen immer dieselben (nicht die gleichen) Figuren im Plenarsaal sitzen. Haben wir heute nicht wieder eine Einheitspartei? Regiert werden wir zurzeit von der CDU/CSU/SPD/-FDP/GRÜNE/DIELINKE-Partei. Das ist ein langer Buchstabensalat für das *Zentralkomitee der Kapitalistischen Einheitspartei Deutschlands* (ZK der KED). Die Parteifunktionäre der KED wechseln nach den Wahlen einfach nur ihren Sitzplatz. Mal sitzen sie als Regierungsdarsteller auf der erhöhten Front, dann mal wieder als Oppositionsstatisten auf den einfachen Sesseln der gegenüberliegenden Seite. Aber so richtig raus fliegt irgendwie keiner. Fällt das eigentlich niemandem auf?

Der bayrische Ministerpräsident Horst Seehofer hat sich einen großen Namen gemacht mit seiner Aussage: *„Diejenigen, die entscheiden, werden nicht gewählt, und diejenigen, die gewählt werden, haben nichts zu entscheiden."* Dieses Zitat über den Bankrott der Demokratie dient natürlich als hervorragender Quellennachweis für unsere „Darsteller"-Bezeichnung. Es ist mir wichtig, dieses zu erklären, damit man mir keine Beleidigungen unterstellen kann.

Nun gut. Die *Kapitalistische Einheitspartei Deutschlands* setzt sich aus verschiedenen Farben zusammen, was die meisten Bürger oft fehlinterpretieren, indem sie glauben, es handele sich um verschiedene Parteien, statt dieses Schauspiel zu hinterfragen. Das aus meiner Sicht Verrückte ist, dass die Darsteller der einzelnen KED-Abteilungen (die man zur Verschleierung wieder „Partei" nennt) selbst oft nicht erkennen, dass sie alle in einem Verbund arbeiten, der zurzeit Kapitalismus genannt wird. Das ist übrigens die Gegenseite der Sozialismus-Medaille.

Nun könnten mir einige „Gutmenschen" unterstellen: *„Wie kann der Popp solch unseriöse Behauptungen aufstellen?"* Als Gutmenschen bezeichne ich übrigens die Bürger, deren Abstraktionsvermögen auf dem Niveau der Tagesschau verendet ist. Dazu gehören leider auch (und das meine ich nicht böse) oft tief bewegte Menschen, die gern Kerzen auf einen Bürgersteig stellen, wenn jemand umgebracht wurde, ohne je zu hinterfragen, warum überhaupt so viele Menschen durchdrehen. Einen CDU-Politiker mit einem „Sozi" oder „Grünen" in einen Topf zu werfen? Absurd! Ich sage dagegen: Vorsicht! Gibt es im Parlament wirklich eine Opposition oder gar eine Volksvertretung? Ich glaube kaum. Das gesamte ZK spricht sich zum Beispiel für mehr Wachstum aus, ohne jemals zu hinterfragen, warum denn und wie lange eigentlich noch? Auch steht das ZK geschlossen zum Euro, obwohl große Teile der Bevölkerung und Wirtschaftswissenschaft da ganz und gar anderer Meinung sind, und diese Gemeinschaftswährung sich längst als Waffe gegen die europäischen Völker entpuppt hat. Die Lüge von den sogenannten Exportgewinnen für Deutschland durch den Euro wird kollektiv von der KED gedeckt. Keiner der ZK-Funktionäre lässt die Themen „verzinstes Geldsystem" oder „Danistakratie" (Herrschaft des Wuchers) zu, welche längst als echte Ursache der Umverteilungskrise von fleißig nach reich (auch „Finanzkrise" genannt) ermittelt wurden.

Natürlich möchte ich auch rückgraterprobte Personen vom Typ eines Frank Schäffler erwähnen, der mit seiner Problemanalyse den tatsächlichen Zusammenhängen schon recht nahe kommt. Die Entscheidungsgewalt solcher Ausnahmekräfte ist allerdings wohl zu vernachlässigen.

„Aber die streiten sich doch in den Talkshows oder im Bundestag wie die Kesselflicker", könnte man entgegnen. Das ist ja das Symptom einer „modernen Demokratie". Man suggeriert dem „Wahlvieh"..., Entschuldigung, ich meine dem „Souverän", dass alle Meinungen und Richtungen im Bundestag vertreten sind. Wenn die „Regierungsdarsteller" zum Beispiel den Rettungsschirm für die systemrelevanten Banken erhöhen wollen, schreit keine intelligente Opposition: *„Stopp! Lasst uns endlich die Banken liquidieren und zwar so, dass die Bürger ihre Altersversorgungsansprüche oder Sparvermögen nicht verlieren"*, denn das wäre absolut möglich.

Aber wie reagieren die Oppositionsstatisten in der Realität? Sie mokieren sich darüber, dass der Rettungsschirm viel zu spät kam und gar nicht weit genug geht, um die Sparer zu „schützen". Danach einigt man sich medienwirksam auf einen „Kompromiss" mit einem höheren Rettungsvolumen, um dem „Volkswillen" gerecht zu werden. Ist es wirklich so schwer zu durchschauen, dass es nur Theater ist, was man uns dann als souveräne Politik verkauft? Die politisch intellektuellen Ergüsse, die von den Funktionären des ZK der KED abgesondert werden, unterscheiden sich doch nur im Grunddogma von der ZK der SED.

Diese Einheitsparteien haben mittlerweile die ganze Welt erobert, aber ich spreche natürlich nur für meine Heimat, die mir am Herzen liegt. Entschuldigen Sie bitte, falls ich radikal wirken sollte, da ich das Wort „Heimat" fehlerfrei aussprechen kann. In diesem Zusammenhang fällt mir eine kleine Begebenheit ein. Vor vielen Jahren hing an dem Bürogebäude meiner ehemaligen Unternehmenszentrale eine Deutschlandfahne (Schwarz, Rot, Gold von oben nach unten, also die gewünschte Ausführung), aber ich wurde permanent darauf angesprochen, dass ich mich mit dieser „Nationalitäten-Bekennung" ins „rechte" Licht rücken könnte. Nun lebe ich ja ebenfalls in Kanada, wie viele wissen. Als ich dort damals mein Haus bezog, war nicht meine erste „Amtshandlung", die kanadische Flagge zu hissen, woraufhin ich prompt eine höfliche Nachfrage meines Nachbarn erlebte, der mich wirklich fragte, ob ich nicht zu seinem Vaterland stehen würde. Nach der Installation des roten kanadischen Maple-Leaf-Banners war dann aber wieder alles ok. In solchen Momenten werden mir immer wieder die unterschiedlichen Verhaltensmuster bewusst, die aus den niedergeschriebenen Geschichtsdarstellungen der jeweiligen Länder herrühren.

Zurück zum bundesdeutschen Zentralkomitee...

Die „Libyen-Befreiung" wurde von den grünen, den gelben, den roten und den schwarzen KED-Funktionären begrüßt, da nun auch dort endlich eine Einheitspartei installiert wird, die die Interessen des globalen Finanzsystems gegenüber dem libyschen Volk vertritt – natürlich wieder mit dem bewährten Politikdarsteller-System nach „demokratischem" Vorbild. Es gibt allerdings auch komplett andere Darstellungen der Invasion gegen Libyen von Par-Excellence-Insidern. Diese Menschen werden allerdings medial geächtet, zu viel Angst hat man vor einem Auffliegen der ZK-Propaganda.

Über Afghanistan gibt es ebenfalls verschwiegene andere Hintergründe als das bewährte „Brunnen- und Schulbau-Dogma", das gebetsmühlenartig vom ZK vorgetragen wird. Die Vermutung liegt nahe, dass alle kapitalistischen Einheitsparteien der Welt einem gesamten Zentralkomitee untergeordnet sind, und wer nicht mitmacht, wird kurzerhand zum Terrorregime erklärt und „befreit".

Mir ist kein Mensch bekannt, der Krieg will, aber kaum einer steht auf und wehrt sich gegen das ZK der KED, das schon wieder im Weltverbund neue „Befreiungen" plant. Man hat ja leider keine Zeit, da man die Zinsen für die reichen Arbeitslosen zu erwirtschaften hat, und abends will man auf keinen Fall eine Casting-Show verpassen. Natürlich muss man auch die Tagesschau sehen, sonst erfährt man ja keine „wichtigen" Zusammenhänge, zum Beispiel zur Griechenland-Pleite.

Apropos Griechenland: Im Jahre 1974 berichtete *Der Spiegel* über gigantische Öl- und Gasvorkommen in Griechenland. Das Thema wird zurzeit offenbar verboten, da dieses kulturell so wunderbare Land vermutlich noch nicht komplett an das internationale Bankensystem verpfändet wurde. Es kursieren recht schlüssige Darstellungen im Internet, wonach einige nordeuropäische Staaten Griechenland eine befreiende Kreditsumme anboten. Als Sicherheit wollte man für nur 5 Jahre mit 20 Prozent an den Erträgen der griechischen Rohstoffe partizipieren. Gleichzeitig sollten damit Unmengen neuer Arbeitsplätze für die Griechen garantiert worden sein, und die hellenische Schifffahrt sollte eine Renaissance erleben. Es heißt, dass das „Welt-ZK" den Rettern eine Absage erteilt hat, da man den Rohstoffkuchen auf dem Papier offenbar schon lange aufgeteilt hatte. Diese Information kursiert recht ausführlich im Internet, und es fällt auf, dass diese brisanten Aussagen nicht einmal dementiert werden.[150]

Ich fasse zusammen:
Wir sollten uns mit der Empörung ein wenig zurückhalten, wenn unsere privaten, aber auch die öffentlich rechtlichen Propagandaanstalten zum Beispiel die russischen Wahlmanipulationen anprangern. Die sind halt noch nicht so weit. Ich bin mir aber ziemlich sicher, dass das Welt-ZK diese primitiven Mechanismen anpassen wird, bis die ganze Welt endlich ins gelobte Jahr 1984 (nach George Orwell) überführt ist.

Oder gibt es tatsächlich eine Chance, dass die Menschen erwachen und anfangen, die Freiheit wieder zu erlernen, um dann mit einem gesunden Menschenverstand zu agieren? Dann könnte das Zentralkomitee der *Sozialistischen* beziehungsweise *Kapitalistischen Einheitspartei* tatsächlich auffliegen. Es liegt wohl ausschließlich an uns, ob sich etwas ändern wird. Aber dazu muss wohl im ersten Schritt die Komfortzone des Fernsehsessels verlassen werden. Vielleicht gibt es bei uns auch einmal Wahlen, wo nicht über 90 Prozent der Menschen das ZK der Einheitspartei Deutschlands (also CDU, CSU, SPD, Grüne, FDP, LINKE) wählen, sondern es Alternativen gibt, also so etwas wie eine Opposition. In diesem Fall würden wir bestimmt realisieren, die aktuelle parlamentarische Scheindemokratie ganz zu überdenken, um sie dann vielleicht sogar ad acta legen zu können.

Wir können uns nach meiner Auffassung eine Menge Qualen sparen, die mit mathematischer Präzision auf uns zukommen werden. Aber dazu müssen wir aufstehen...

Die Klimalüge

von Johannes Holey

CO_2 ist eine harmlose Formel, die uns seit Jahren verfolgt. Und CO_2 ist eine Lüge – millionenfach wird sie uns um die Ohren gehauen, damit wir uns schuldig fühlen. Schuldig wofür? Weil wir Auto fahren? Weil wir Tag und Nacht ausatmen? Ich erkläre hiermit, dass CO_2 erstens völlig unschuldig ist und dass sich zweitens unser Klima überhaupt nicht verändert hat! Nur das Wetter hat sich verändert und wird es auch weiter tun – bei uns und weltweit. Doch das ist ein Riesenunterschied, dessen Verschweigen mich ärgert, doch nicht die Verantwortlichen. Alle Wissenschaftler, alle Politiker und alle Journalisten stehen weltweit in ‚Hab-Achtung-Stellung' und fahren getreu im lukrativen Klimalügen-Karussell mit – man verdient ja dabei gut, man ist in aller Munde und alle machen mit. Alle? Sehen wir uns das einmal genauer an.

Klima ist ein altgriechisches Wort und stammt ab von *klínein* ‚sich neigen'. ‚Geneigt sein' kann unser Wetter und unsere Stimmung. Wir sprechen ja auch von *Betriebsklima* und *Urlaubsklima* und Ähnlichem. Und womit hat man diesen unterbewusst stimmungsvollen Begriff neuerdings gekoppelt? Mit dem Wort *Katastrophe*, der *Klimakatastrophe*, also mit Angst-Energien. Bewusst und unterbewusst will man *verängstigen*, den Einzelnen, die Verantwortlichen, die Regierenden, die Völker. ‚Klimakatastrophe' wird zum ‚Unwort des Jahrzehnts', wie dies der ehemalige ZDF-Meteorologe Dr. Wolfgang Thüne unserer Bundeskanzlerin schriftlich mitgeteilt hat.

Schuldzuweisung und Bußgelder haben schon immer zusammengepasst, und *Ängste* sind stets die Basis dafür. Auch dabei werden heute nur allergrößte Maßstäbe angesetzt und Schreckensbilder noch durch saftige Schlagzeilen und ‚perfektes' Bildmaterial verstärkt. Lockere Halbwahrheiten, aus dem Kontext gerissene Massenmedienprophetie und gar jüdisch-christlich-fundamentalistisch angetriebene Apokalypse sollen *Leichtgläubigen* Ängste einjagen. Aus dem Land der unbegrenzten Möglichkeiten ist bisher jedes Geschäft beim deutschen Durchschnittsbürger erfolgreich weitervermarktet worden. So wissen alle Macher längst: Noch nie war die

Angst so vielfältig und verbreitet wie heute, da sie medienwirksam unterschwellig geschürt wird.

Daher gilt auch mehr denn je die Regel, die Johann Gottlieb Fichte (1762-1814) ausgedrückt hat. Er war ein großer Literat, Professor der Philosophie, Mitbegründer des „Deutschen Idealismus“ und Autor des Werkes *„Grundlagen der gesamten Wissenschaftslehre“*. Er war ein ganz gegenteiliger Ideologe zu dem berühmteren schottischen Professorenkollegen Adam Smith. So versicherte er uns: *„Jedes Schreckbild verschwindet, wenn man es fest ins Auge fasst.“* Das will ich auch mit dem bedrohlich aufgeblähten Treibhauseffekt erreichen, indem ich jetzt verschiedene wissenschaftliche Meinungen in Ihr Blickfeld bringe.

Wie sieht nun das künstliche Schreckensbild der sogenannten Klimakatastrophe aus? Da ist

- die **Treibhaus-Lüge**: Wir leben heute noch in der ausklingenden Eiszeit! Alle Wissenschaftler wissen es, und in jedem Lexikon steht es;
- die **CO_2-Lüge**: Man weiß, dass CO_2 weniger als 1 Prozent der Erdhülle ausmacht, und alle Wissenschaftler lügen dazu;
- die **Wirtschaftslüge**, weil die auftragssüchtigen Atomenergieproduzenten die ‚Klimakatastrophe' erfunden haben, damit die Ölförderung aus Preissteigerungsgründen freiwillig gedrosselt wird und der Ablass-Handel (Verkauf) weltweiter Emissionsrechte das größte Geschäft aller Zeiten bringen soll.

Fragen wir zuerst einmal: *„Cui bono“* – wem nützt es und wer alles profitiert von den Klimalügen? Da gibt es nämlich den internationalen Handel mit Emissionsrechten. Wer CO_2 in die Luft bläst, braucht dafür ein Zertifikat – doch der Handelsboom, der von den Hintergrundkassierern mit den internationalen Verschmutzungsrechten geplant war, ist zwischenzeitlich wirkungslos geworden. Auch Kanada ist jetzt ausgestiegen, denn alle Beteiligten wissen doch, dass hier mit getürktem Zahlenmaterial gearbeitet, sicherlich vielfach erpresst und vor allem viel Schau gemacht wird. Alle bisherigen Weltklimakonferenzen waren erfolglos, denn eigentlich will gar keiner im globalen Lügenkarussell mitfahren. Ab dem 28. November 2011 war wieder 14-tägige Showtime, doch auch die 17. UN-Klimakonferenz im südafrikanischen Durban mit sage und schreibe 15.000 (!) Teilnehmern ging wieder aus wie das Hornberger Schießen – jetzt wird für das Jahr 2015 geplant. Ich würde abschließend sagen: vergessen wir's!

Nun wird vielleicht der eine oder andere unter Ihnen gegen meine ‚unseriöse' Darstellung innerlich protestieren, denn es könnte ja sein, dass auch er längst in die sehr gut gemachte CO_2-Falle getappt ist und dieses Märchen ernst nimmt. Ich werde mich jetzt bemühen, mit weniger bekannten Argumenten mehr Klarheit darüber zu schaffen.

„Ich freue mich auf die Klimakatastrophe!"

Dieser Ruf stammt von dem Geologen Dr. Achim Schneider (*SZ-Magazin*), und in *Zeit-Online* fand ich dazu die klare Aussage: *„Seit Bestehen der Erde war es nur selten so kalt wie heute: 95 Prozent der Erdgeschichte waren Zeiten wärmeren Klimas."* Befassen wir uns daher einmal unwissenschaftlich und verständlich mit dem Thema Eiszeit.

„Eiszeit heute?" Das klingt zwar unwahrscheinlich, aber Teile der Wissenschaftsmeinung gehen genau davon aus. Seit etwa einer Million Jahren ist das Klima der Erde starken, kurzfristigen Schwankungen zwischen Glazialen und Interglazialen unterworfen. Im Internet-Lexikon *Wikipedia* heißt es unter anderem dazu:

> *„Die aktuelle ‚Nacheiszeit', in der geologischen Zeitskala als Holozän bezeichnet, ist eine Warmzeit innerhalb eines globalen Eiszeitalters, die seit etwa 11.000 Jahren andauert. Auch in den Wärmephasen eines globalen Eiszeitalters bleibt das Klima im erdgeschichtlichen Vergleich relativ kalt, die Eisbedeckung in der Nähe der Pole und höheren Gebirgen bleibt meistens erhalten. Gletschervorstöße bis in die Mittelbreiten werden aber zurückgebildet, und es kommt dort zu wesentlich gemäßigterem Klima, insbesondere mit milderen Wintern. […] Mit der Vereisung der Polkappen begann im Gelasium, der letzten Stufe des Pliozäns, das Eiszeitalter Quartär, das bis heute andauert."*

Es heißt also klar, dass wir heute in einer ‚Warmzeit' innerhalb eines globalen Eiszeitalters leben, das schon seit rund 11.000 Jahren vorherrscht. Versuchen wir dabei einen kurzen Rückblick auf die letzten 2.500 Jahre bezüglich der durchschnittlichen Temperaturwerte, die man dabei kennt und vergleichen kann. Man liest:

600 bis 200 v.Chr.	Kaltperiode
200 v.Chr. bis 600 n.Chr.	römische Warmperiode
600 bis 900 n.Chr.	Kaltperiode des frühen Mittelalters
900 bis 1300 n.Chr.	Warmperiode des späten Mittelalters
1300 bis 1850 n.Chr.	Kaltperiode, ‚kleine Eiszeit' und
1845 bis heute	Warmperiode.

Diese Aufzählung lässt Zyklen von durchschnittlich mindestens 400 Jahren erkennen, und demnach bleiben wir noch mindestens 200 weitere Jahre in unserem **Klima-Optimum** – was der ganzen Welt von den internationalen Milliardengeschäftemachern versucht wird als ‚Klimakatastrophe' zu verkaufen. Schneider schildert das so:

„In der Geschichte waren Zeiten des Reichtums der Völker stets ein bis zwei Grad wärmer als das Klima unseres Jahrhunderts. Wissenschaftler nennen so eine Zeit Klima-Optimum, das heißt, besser geht es nicht... so zum Beispiel von 200 vor bis 400 nach Christus die Blüte der Römerzeit und von 950 bis 1300 das mittelalterliche Optimum. Und wenn uns die Beobachtungen der Meteorologen nicht täuschen, entwickelt sich seit 1845 eine neue Wärmeperiode.

Hoffnungsfrohe Klimaforscher nennen sie das ‚moderne Optimum'. ***Dabei hat die Welt bis heute noch nicht einmal die Durchschnittstemperaturen der letzten tausend Jahre erreicht.*** *Die Katastrophenprediger vergessen nämlich gerne, dass das vorige Jahrhundert besonders kalt war. Es war das Ende der ‚Kleinen Eiszeit'. Die Endmoränen von 1850 finden sich weit unten im Tal. Im Ötztal oder im Morteratsch sind diese Zeugen des letzten großen Gletschervorstoßes der ‚Kleinen Eiszeit' mit einer Hinweistafel markiert.*"[151]

Zu diesem kalten Zeitabschnitt heißt es bei Wikipedia:

„Ab Mitte des 14. Jahrhunderts setzte eine ‚Klimawende' ein, die insbesondere zwischen 1550 und 1850 ihren Höhepunkt fand. Dieses neuzeitliche Klima-Pessimum wird als ‚Kleine Eiszeit' bezeichnet. In nasskalten Sommern reifte das Getreide nicht mehr aus, häufig traten nach Missernten Hungersnöte auf. Verheerende Seuchen (wie die Pest) und Kriege (wie der Dreißigjährige Krieg) belasteten die Bevölkerung zusätzlich. Die einsetzende Landflucht sowie die spätere Abwanderung großer Bevölkerungsteile

in die ‚Neue Welt' wurde so zum Teil auch durch die Klimaverschlechterung verursacht. Dennoch ist anzumerken, dass sie spätestens seit der Neuzeit keinen so drastischen Einfluss mehr auf die Lebensweise hat wie in Antike und Vorzeit. ...Etwa ab 1850, spätestens 1900 begann ein erneutes Klima-Optimum."

Wie kann man sich die fast unzähligen „wissenschaftlichen" Berichte erklären, die bei solchen altbekannten Tatbeständen plötzlich gegenteilige Katastrophen-Visionen konstruieren? Schneider nennt diese „wissenschaftlichen" Hypothesen „Prophezeiungen aus dem Computerkaffeesatz". Kann es sein, dass Wissenschaftler auch nur Menschen sind?

Ich hatte das in einer kleinen Runde mit einigen Wissenschaftlern diskutiert, und dabei kamen wir zu dem Ergebnis, dass man wohl von drei grundsätzlichen wissenschaftlichen Verhaltensgruppen ausgehen kann: Die kleinste Gruppe sind die *„freien"* Forscher; größer ist die Gruppe derer, die *„geldwert"*, da auftragsbezogen arbeiten und entsprechende Ergebnisse vorlegen müssen, und die größte Gruppe ist jene, die *„trendig"* eigenen Wohlstand und leichten Ruhm massenmedienfreundlich mit wissenschaftlichem Arbeiten verbindet. Ich glaube, dass diese Darstellung noch eine recht ehrenvolle Differenzierung dieses aktuellen Geschehens ist.

Unter „www.freigeistforum.com" fand ich dazu die Glosse eines Wissenschaftlers, der anonym mit Malcolm-X unterzeichnet. In diesem kleinen Ausschnitt seiner Abhandlung dürfen Sie sich mitfreuen:

*„Über physikalische Formeln hat man der Erde eine ‚Mitteltemperatur' verpasst, die **15** Grad Celsius haben soll. Dies stellte die Enquete-Kommission des Deutschen Bundestages ‚Vorsorge zum Schutz der Erdatmosphäre' in ihrem ersten Bericht 1988 fest. Die nachfolgende Enquete-Kommission ‚Schutz der Erdatmosphäre' erhöhte 1992 die ‚Globaltemperatur' auf **15,5** Grad.*

Ja, was gilt denn nun? Wer jetzt verzweifelt mit dem Kopf gegen die Wand rennt oder sich einer anderen masochistischen Betätigung verpflichtet fühlt, sollte sich nicht unterkriegen lassen. Denn trotz allem gilt: DU allein in deiner Gutgläubigkeit hast die Volksvertreter gewählt, die DICH mit solchen Märchen abzocken!

Keine Panik oder unüberlegte Handlungen, mein lieber Michel, die Hilfe naht in Form einer Veröffentlichung der Universität East Anglia (UK) aus dem Jahr 1995, die zeigte, dass es ‚das bisher wärmste Jahr seit 1850' gewesen sei – mit einer Globaltemperatur von **14,84** *Grad!"*

Fassen wir es zusammen:
„Eiszeitalter traten im Laufe der Erdgeschichte mehrfach auf. ***Die Erde ist, betrachtet man ihre gesamte Geschichte, ein normalerweise weitgehend eis- und frostfreier Planet,*** *auf dem es jedoch periodisch Kältephasen von etwa 15 bis 20 Millionen Jahren Dauer gibt. Während dieser Phasen kam es zur Eisbedeckung an Polen und in Gebirgen sowie zu Gletschervorstößen bis in mittlere Breiten."* (Wikipedia)
„Wahrscheinlich ist der klimatische Normalzustand der Erde die Nichteiszeit, die völlige Eisfreiheit der Polargebiete. Das zeigt jedenfalls ein Blick auf die Erdgeschichte, aus der nur drei Vereisungen bekannt sind. Seit Bestehen der Erde war es nur selten so kalt wie heute: 95 Prozent der Erdgeschichte waren Zeiten wärmeren Klimas."(152)

Nun gibt es ja noch eine andere wissenschaftliche Aussage: *„Umstritten ist, wann auf das derzeitige Interglazial die nächste Eiszeit folgen wird – und ob sie überhaupt kommt."* Dabei erinnere ich mich noch gut an die Schlagzeilen in den 1970ern: *„Droht eine neue Eiszeit?"*

Als damals die britisch-französische Concorde und die russische Tupolew TU-144 ohne US-Konkurrenz überschallschnell mit Passagieren und mit ihrem technischen Vorsprung durch die Stratosphäre düsten, kam am 27.4.1973 das Überflugverbot aus den USA (Bundesluftfahrtbehörde FAA). Zivil ging plötzlich nicht mehr, was militärisch gang und gäbe war. Eine verschmutzte Stratosphäre könne dem Planeten eine neue Eiszeit bescheren, hieß es. Heute soll die ‚verschmutzte' Atmosphäre einen Treibhauseffekt erzeugen – **das genaue Gegenteil!** Trotzdem las ich, dass die NASA, die japanische JAXA und die russischen Sukhoi- und Tupolew-Werke an neuen Überschall-Business-Jets basteln. (152b)

Abb. 30:
Die gefrorene Themse in London im Jahr 1677 (unbekannter Künstler)

Doch was das „Schreckbild“ (von Fichte) und Katastrophenszenarien betrifft, scheinen die „Vordenker“ der USA unerschöpflich zu taktieren – ungeniert, wenn dabei auch mal offensichtliche Widersprüche „wissenschaftlich“ kundgetan werden. So findet man im Wirtschaftsmagazin *Fortune* (immerhin das älteste der USA) unter dem Titel *„Wetteralbtraum des Pentagons“* ein inzwischen ebenfalls abgelegtes Katastrophenbild. Nachdem der US-Senat die Sache der CO_2-Emissionsschichten im Zusammenhang mit dem Kyoto-Protokoll als *„unwissenschaftlich“* abgelehnt hatte, zieht das Pentagon die Klimakatastrophe erneut aus der Tasche, aber aus der anderen. Es kümmert sich weniger um das CO_2, sondern vor allem um die Katastrophenszenarien, mit denen man uns in den letzten Jahren Schrecken eingejagt hat. Dazu schreibt Dr. Helmut Böttiger:

„Weil eine ‚Klimaerwärmung' im Grunde wenig schreckt und die Amerikaner im letzten Winter ganz andere Erfahrungen gemacht haben, greift man eine Idee auf, die sich der Potsdamer Professor Stephan Rahmdorf aus Hypothesen Anderer zurechtgerechnet und die ihm immerhin eine 1 Million US-Dollar schwere Anerkennung eingebracht hatte. Danach führt die angebliche Klimaerwärmung durch CO_2 nicht zu einem angenehm wärmeren Klima, sondern über die Abschwächung des Golfstroms zu einer neuen Eiszeit, die vor allem Europa heimsuchen wird. Die neue Klimakatastrophe bedeutet daher: ‚Abkühlung, Trockenheit und mehr Stürme', das wiederum senkt die ‚Carrying Capacity der Erde', d.h. die Erde kann deutlich weniger Menschen ‚mit Nahrung Trinkwasser und Energie versorgen', und das führt zu ‚Grenzproblemen, globalen Konflikten und Wirtschaftsmalaise' und – damit zu mehr Terroristen.“

Böttiger fragt weiter:

„Jetzt, da der Wahnsinn von Kyoto über uns kommen soll, ist zu überlegen, welchen Grund die Mär vom Klima wirklich hat. Wenn man sieht, wie die Leute auf künftige Verknappungen vorbereitet werden, ist zu überlegen, was wirklich hinter der inszenierten Rationierung stecken könnte.“

Dem kann ich nur zustimmen, denn wir haben ja gelesen, dass die Klimaoptima immer so an die 400 Jahre anhalten, und wir stecken heute gerade in der Mitte eines solchen Zeitabschnittes. Was also steckt dahinter? Lesen wir dazu Folgendes:

Ohne CO_2 gibt es kein Leben

Kohlenstoffdioxid (im normalen Sprachgebrauch auch *Kohlendioxid* oder fälschlich *Kohlensäure* genannt) ist eine chemische Verbindung aus Kohlenstoff (C) und Sauerstoff (O). Es ist ein farb- und geruchloses Gas und mit einer Konzentration von lächerlichen 0,04 Prozent ein natürlicher Bestandteil unserer Luft. Zu behaupten, das vom Menschen erzeugte CO_2, das nur 0,001 Prozent der Atmosphäre ausmacht, wäre der ‚super Klimakiller', ist völliger Nonsens und eine unverschämte Lüge. CO_2 ist kein Gift, wie es uns die Schlagzeilenpresse einreden will, es ist ein völlig natürliches Gas, welches die Pflanzen und die Algen benötigen, um zu leben.

So fand ich dazu Folgendes:

„CO_2 ist von 280ppm auf gigantische 340ppm gestiegen! So könnten Sie es zum Beispiel irgendwo lesen. In Wahrheit heißt dies, dass diese Werte auf den Gesamtgasgehalt der Erdatmosphäre gesehen überhaupt keine Änderung ausmachen. Der Anstieg von CO_2 ist und bleibt verschwindend gering. Vor 50 Jahren betrug der Gehalt an CO_2 in der Erdatmosphäre 0,038 Prozent und heute auch.

Jeder sollte sich mal bildlich vorstellen, wieviel 0,038 Prozent von einem Ganzen sind. Ich nenne ein Beispiel. Man nehme einen Liter Wasser und mische darin 0,00038 Liter Cola (steht für CO_2). Schmecken Sie was? Wenn ja, dann sollten Sie Ihr Wasser untersuchen lassen.

Was die Verantwortlichen leider nicht begreifen ist, dass die von uns propagierte CO_2-Theorie immer noch eine Theorie ist, welche sich nur auf Indizien stützt und niemals und zu keiner Zeit bewiesen wurde.“

Da die Verantwortlichen gleich viel Hirn besitzen wie wir, können wir davon ausgehen, dass sie wohl gezwungen werden oder sich (für Geld) zwingen lassen. Zu dem Ganzen kann man sich auch sehr pragmatisch ausdrücken – so wie ich es im Internet fand:

„Die Behauptung der Klimahysteriker, das CO_2 vom Menschen erwärme das Klima, ist genauso absurd wie die Behauptung: Wenn wir ins Meer pinkeln, dann erwärmt sich der Ozean.“ (Blogger Freeman)

Alles Leben auf diesem Planeten hängt von der Sonne, vom CO_2 und von der Fotosynthese der Pflanzen ab, was dann kombiniert den Sauerstoff erzeugt. Ohne CO_2 hätten wir nichts zu essen und keinen Sauerstoff zum Atmen – wir wären alle schon längst tot. Ohne CO_2 gibt es überhaupt kein Wachstum, und Fachleute wissen, dass bei erhöhter Konzentration die Pflanzen eindeutig besser wachsen.

Vor einigen Millionen Jahren gab es nachweislich eine CO_2-Konzentration, die fünfmal höher war als heute. Mehr Kohlendioxid-Gase in der Erdatmosphäre schützen auch vor Sonneneinwirkungen, wie der Ausbruch des Vulkans Pinatubo 1991 bewiesen hat. Bei seinem Ausbruch – dem bisher größten „natürlichen Experiment" zur Messung der Aerosol-Aktivitäten – registrierten die Wissenschaftler 4,5 Watt Energieverlust pro Quadratmeter *„und eine deutliche Abkühlungsperiode"*. Nach der bisher durch die Mainstream-Wissenschaftler vertretenen Theorie hätte aber eine *Erwärmung* eintreten müssen.

Gibt es für diese Widersprüche eine glaubhafte Erklärung? Im *FOCUS 27/2008* fand ich einen Leserbrief aus Sylt auf den vorausgegangenen Artikel über Professor Mojib Latif, einen der bekanntesten Meteorologen und Klimaforscher unserer Republik (Universität Kiel):

„…und ich dachte, alle Prognosen und Szenarien basieren auf Messungen. Aber nein, Computermodelle ziehen uns das Geld aus der Tasche. Was die Messungen betrifft, sagt Latif: ‚Insofern stehen wir noch ganz am Anfang.' Das ist keine Wissenschaft, das ist Spökenkiekerei. Und wir zahlen für derlei Klimaschwachsinn, den unsere Regierung auch noch glaubt."

„Sehr geehrte Frau Dr. Merkel! Sie wissen als promovierte Physikerin, dass es keine Klimaerwärmung gibt!" Mit diesen Worten klärt der Meteorologe Dr. Wolfgang Thüne, bekannt als ehemaliger Wetterfrosch im ZDF, in einem ausführlichen Interview bei *secret.TV* vom 27.10.2008 in einfachen und verständlichen Worten auf. In einer Zeit, in der die Vokabel „Klimakatastrophe" diffuse Weltuntergangsängste verbreitet, findet der Fachmann klare und unbestechlich sachliche Worte. Auch Thüne hält die ganze CO_2-Theorie für eine Kampagne zugunsten der Atomenergie.

Zusammensetzung der Luft		
Stickstoff	N_2	78,084 %
Sauerstoff	O_2	20,942 %
Argon	Ar	0,934 %
Kohlenstoffdioxid	CO_2	0,038 %

Abb. 31: Ganz ausführlich finden Sie weitere Details bei Rolf Finkbeiner, von dessen Internetseite auch diese Tabelle stammt. (www.wahrheiten.org)

Auch ein australischer Klimaforscher wurde rechtzeitig ehrlich: *„Keine Beweise für menschengemachte globale Erwärmung durch CO_2.“*(18.7.2008, CEC) David Evans, der von 1999 bis 2005 als Berater beim australischen Amt für Klimaerwärmung arbeitete, lehnte die Theorie der angeblichen globalen Erwärmung, die er einmal unterstützt hatte, völlig ab. In einem Beitrag für Rupert Murdochs nationale Zeitung *The Australian* schrieb Evans, er sei der „rocket scientist“ gewesen, der das CO_2-Berechnungsmodell *FullCAM* (carbon accounting model) entwickelt habe, das Australiens Befolgung des Kyoto-Protokolls in der Flächennutzung und im Forstsektor misst.

> *„Wir Wissenschaftler hatten politische Unterstützung, die Regierung hörte auf uns und verfügte über große Budgets. Wir kamen uns ziemlich wichtig und nützlich vor, zumindest ich. Es war toll: Wir arbeiteten, um den Planeten zu retten.“*

Evans berichtet in dem Artikel, er habe anfänglich das Beweismaterial *„für ziemlich gut“* gehalten, aber habe schon damals eingeräumt, dass es nicht eindeutig war. Jetzt sagt er ganz direkt:

> *„Es gibt keine Beweise für die Idee, dass der CO_2-Ausstoß in signifikanter Weise zu globaler Erwärmung führen kann, absolut keine. Die Labour-Regierung (in Australien) zerstört absichtlich unsere Wirtschaft, um den Kohlendioxidausstoß zu reduzieren. Man wird sie als kriminell fahrlässig oder ideologisch dumm betrachten, weil sie nicht verstanden haben, wie es wirklich ist.“*(153)

Die Lebenskraft der Sonne

Für alle, die nun immer noch an die von unserer Industrialisierung erzeugte Weltklimaerwärmung glauben, bringe ich hier einige wissenschaftliche Belege, die auf solche Lügen hinweisen, denn die Sonne ist der Hauptmotor irdischer Wetterverhältnisse, die wir in ihrer Gesamtheit „Klima“ nennen – sie liefert nämlich die Energien dafür.

1. Die Sonne erwärmt die Meere und verdampft das Meerwasser, aus dem sich die Wolken bilden. In der Sonnenstrahlung erwärmt sich die Luft, mit der sich die Winde bilden. Das „Klima“ wird fast ausschließlich durch die Sonne beeinflusst und gesteuert. Wenn sie we-

niger Energie abstrahlt, wird es kühler, wenn mehr davon zu unserem Planeten kommt, wird es wärmer. Dies ist auch der fadenscheinige Grund, weltweite Lebensräume mit den giftigen Chemtrails zu besprühen (worauf ich noch zu sprechen komme).

2. durchläuft auch die Erde Zyklen und hat nicht immer den gleichen Abstand zu unserem Zentralgestirn. Mal ist sie näher, mal weiter weg von der Sonne, was ja auch die Energiemenge beeinflusst, die auf die Erde zurast. Diese kosmischen Zyklen der Sonne und der Erde sind wechselseitig, sind seit Jahrtausenden bekannt und heute längst wissenschaftlich bestätigt.
3. zeigt sich die Sonnenaktivität in einem breiten Spektrum elektromagnetischer Strahlung. Teile davon mögen seit 1900 zugenommen und nun wieder abgenommen haben. Entscheidend sind jedoch nur die elektrischen Teilchen des Sonnenwindes, die den Magnetismus in der Heliosphäre, vor allem aber den Magnetismus der Erde verändern, und
4. sind die Zyklen der Sonnenflecken noch weitaus komplexer, da sie nicht immer gleich stark ausfallen. Darüber hinaus existieren auch größere Zyklen, die sich über Jahrhunderte und Jahrtausende erstrecken.

Der mehrfache Autor, Ingenieur und Zukunftsforscher Maurice Cotterell belegt, dass die Sonne ihr Magnetfeld so alle 3.750 Jahre umkehrt, wobei eine Umkehrung rund 374 Jahre dauert. Für diese Zyklen sind anscheinend vor allem die ungleichen Rotationsgeschwindigkeiten des Sonnenmagnetfeldes verantwortlich. Zur Zeit sei das gesamte Sonnenmagnetfeld umgekippt.(154)

Der deutschsprachige Online-Dienst für Astronomie, Astrophysik und Raumfahrt *astronews* berichtete schon am 1. November 2004:

„So aktiv wie zur Zeit war die Sonne in den letzten 8.000 Jahren nicht. Dies ist das Ergebnis der Untersuchung einer internationalen Forschergruppe, die die Aktivität unseres Zentralgestirns bis

Abb. 32:
Sonnenwind gegen Erdmagnetfeld

zum Ende der letzten Eiszeit rekonstruierte. Die Aktivität der Sonne im Verlauf der letzten 11.400 Jahre, also zurück bis zum Ende der letzten Eiszeit, hat jetzt erstmals eine internationale Forschergruppe um Sami K. Solanki vom Max-Planck-Institut für Sonnensystemforschung durch Isotopenanalyse von Jahrtausende alten Bäumen und Polareis rekonstruiert. Wie die Wissenschaftler aus Deutschland, Finnland und der Schweiz in der aktuellen Ausgabe der Zeitschrift ‚Nature' berichten, muss man über 8.000 Jahre in der Erdgeschichte zurückgehen, bis man einen Zeitraum findet, in dem die Sonne im Mittel ebenso aktiv war wie in den vergangenen 60 Jahren. Aus dem Studium früherer Perioden mit hoher Sonnenaktivität sagen die Forscher voraus, dass die gegenwärtig hohe Aktivität der Sonne wahrscheinlich nur noch wenige Jahrzehnte andauern wird."[155]

Eine von der US-amerikanischen Raumfahrtbehörde NASA finanzierte Studie der National Academy of Sciences (NAS) hat die sozialen und ökonomischen Auswirkungen einer Super-Sonneneruption und des darauf folgenden geomagnetischen Sonnensturmes eruiert, wie Astro-Meteorologen sie für 2012 erwarten, wenn der aktuelle Sonnenfleckenzyklus voraussichtlich seinen Höhepunkt erreichen wird. Das Ergebnis lässt aufhorchen: Kaum ein Aspekt unseres alltäglichen Lebens bleibt unberührt. Die Hauptgefahr, die von den solaren Ereignissen ausgeht, besteht für die irdischen Energieversorgungsnetzwerke, von denen wiederum ein Großteil der Infrastrukturen unseres täglichen Lebens abhängt. So könnten elektrische Streuströme das Kupfer in Trafowicklungen von Stromverteilerstationen zum Schmelzen bringen, zumal die Überlandleitungen wie weitläufige Antennen wirken und die Ströme über weite Gebiete verteilen können.[156]

Das bestätigt auch Hubert Wöhl vom *Kiepenheuer-Institut* in Freiburg: „*Wir messen derzeit die höchsten Aktivitätswerte der Sonne, seit es Aufzeichnungen darüber gibt.*"[157]

Wie kann man die unterschiedlichen Sonnenaktivitäten der Vergangenheit heute noch feststellen? Ab dem Jahr 1610 sind sie erfasst worden, für die Zeit davor muss die Sonnenaktivität aus anderen Daten abgeleitet werden.

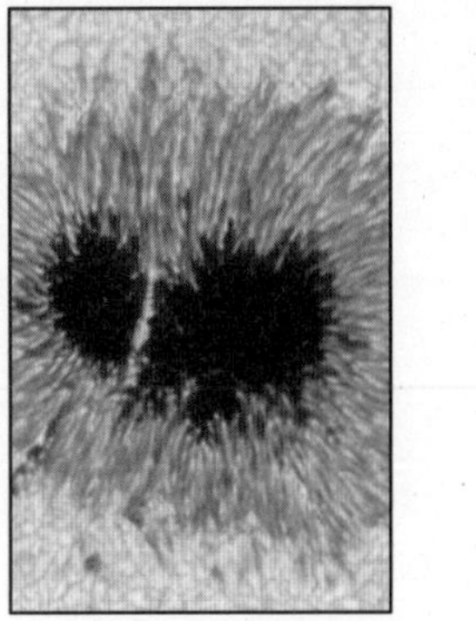

Abb. 33:
Großer Sonnenfleck, der Anfang September 2004 auf der Sonne zu sehen war. Das Bildfeld umfasst ca. 45.000 mal 30.000 Kilometer auf der Sonne – die gesamte Erde würde also mehrfach in das Bild passen. Sonnenflecken erscheinen dunkel, weil das in ihnen durch die Sonnenoberfläche tretende starke Magnetfeld den Energietransport durch Gasströmungen unterdrückt. Im inneren, dunkleren Bereich des Sonnenflecks (der Umbra) steht das Magnetfeld senkrecht, während es in der etwas helleren Peripherie (der Penumbra) weitgehend waagerecht ist. Die Aufnahme wurde von Vasily Zakharov mit dem 1-Meter-Sonnenteleskop auf der Insel La Palma gewonnen, das vom Institut für Sonnenphysik der Königlichen Schwedischen Akademie der Wissenschaften betrieben wird.

Verschwiegener Klimawandel der Planeten

Es gibt Überraschungen, die vermuten lassen, dass nicht die Wissenschaft an sich, sondern nur deren politische Nutznießung die Lügen produziert. Denn wenn die Sonne als Zentralgestirn die kosmische Verursacherin ist – mehr durch die elektromagnetischen Energien als durch Licht und Wärme –, dürfte das ja nicht nur unseren Planeten als einzigen betreffen. Und genau dafür gibt es schon lange klare Bestätigungen.

„The London Times“ brachte schon in ihrer *Times-Online*-Ausgabe vom 29.4.2007 folgende Nachricht mit der Überschrift: *„Climate change hits Mars“*:

> *„Der Mars erfährt einen plötzlichen Klimawandel, und es geschieht so schnell, dass der rote Planet seine südlichen Eiskappen verlieren könnte, schreibt Jonathan Leake. ... Wissenschaftler der NASA sagen, dass der Mars sich seit 1970 um 0,5 Grad erwärmt hat. Dies ist die ähnliche Erwärmung, wie sie im gleichen Zeitraum auf der Erde stattfand. Da es kein bekanntes Leben auf dem Mars gibt, kann der schnelle Wechsel nur ein natürliches Phänomen sein.“*[158]

Der Direktor des St. Petersburger „Pulkovo Astronomisches Observatorium“ in Russland, Habibullo Abdussamatov, äußerte sich ähnlich:

> *„Die Daten vom Mars sind der Beweis, dass die gegenwärtige Erderwärmung durch Veränderungen in der Sonne ausgelöst wird... Der langfristige Anstieg der Sonnenstrahlung erwärmt sowohl die Erde als auch den Mars... Die vom Menschen erzeugte Treibhauserwärmung hat in den letz-*

ten Jahren nur gering zur Erwärmung auf der Erde beigetragen und kann sich nicht mit der Steigerung durch Sonnenstrahlung messen:"

Ähnliches weiß man seit Jahren von anderen Planeten – ohne eine Industrialisierung. Am 4. Mai 2006 meldete *USA Today*: *„Neue Stürme auf Jupiter deuten auf einen Temperaturanstieg hin."* Diese Schlagzeile basiert bereits auf einer im April 2004 in *Nature* veröffentlichten Studie, die den beginnenden Klimawandel beschreibt. Nach Berechnungen von Philipp Marcus (Berkeley, USA) betrug die Erwärmung in den letzten vier Jahren 10°C.(159)

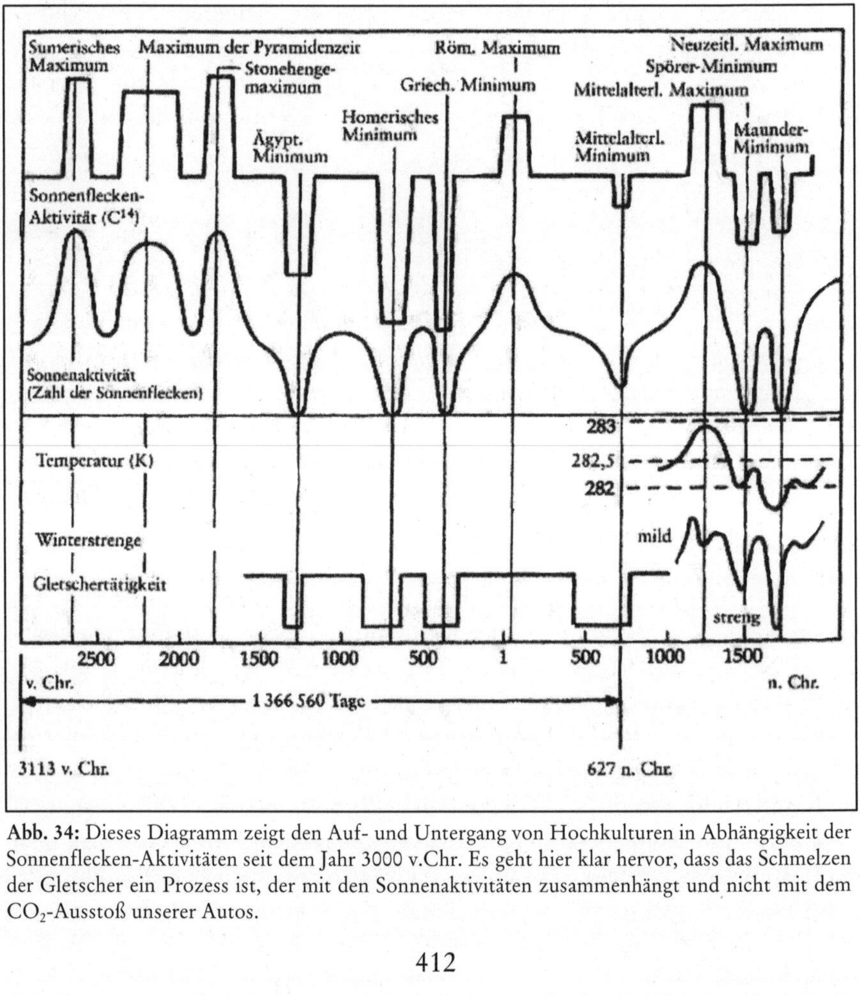

Abb. 34: Dieses Diagramm zeigt den Auf- und Untergang von Hochkulturen in Abhängigkeit der Sonnenflecken-Aktivitäten seit dem Jahr 3000 v.Chr. Es geht hier klar hervor, dass das Schmelzen der Gletscher ein Prozess ist, der mit den Sonnenaktivitäten zusammenhängt und nicht mit dem CO_2-Ausstoß unserer Autos.

Über den Planeten **Pluto** meldete ABC News am 26. Juli 2006: *„Pluto scheint sich zu erwärmen"*. Die Wissenschaftler der Universität Tasmania fanden heraus, *„dass der kleinste Planet im Sonnensystem sich nicht abkühlt"*, obwohl man das Gegenteil erwartet hatte (weil sich Pluto auf seiner stark elliptischen Bahn seit 2002 wieder von der Sonne entfernt hat).

Das Magazin *Nexus* bringt in seiner Ausgabe 18 weitere Berichte über Veränderungen aller unserer Planeten (außer Merkur), doch besonders auch der „fernen" wie Uranus und Neptun. Viele NASA-Lügen werden dabei aufgedeckt.[160]

Doch nicht nur die Planeten erleben schon seit längerem einen Klimawandel, sondern es betrifft auch Monde der Planeten.

Auf „www.scienceagogo.com" gibt es einen Bericht über eine globale Klimaerwärmung auf Triton, dem größten der Neptunmonde. In diesem Artikel vom 28. Juni 1998 ist Folgendes zu lesen: *„Globale Erwärmung auf Triton festgestellt."*

„Die Erde ist im Leiden der Erderwärmung nicht allein. Gemäß Beobachtungen, die durch das Weltraumteleskop Hubble der NASA und mehrere, auf dem Grund basierender Instrumente gemacht wurden, hat die Temperatur auf dem größten Mond des Neptuns seit dem Vorbeiflug der Voyager-Raumsonde 1989 drastisch zugenommen. Tatsächlich so stark, dass sich die aus gefrorenem Stickstoff bestehende Oberfläche von Triton in Gas verwandelt und die dünne Dichte der Atmosphäre tagsüber zunimmt. ‚Seit mindestens 1989 erlebt Triton eine Periode der Erderwärmung', bestätigt Astronom James Elliot, Professor der ‚Erde, Atmosphärischen und Planetarischen Wissenschaften' am Institut für Technologie in Massachusetts."[161]

Auch schon anderweitig verwies ich auf die Wissenschafts-Information, die über eine Veröffentlichung der Russischen Akademie der Wissenschaften in Novosibirsk aus dem Jahre 1997 berichtet. Dr. Alexey Dmitriev, Professor der Geologie und Mineralogie, trat mit seinem sensationellen „Planetophysical State Of The Earth And Life" an die Öffentlichkeit, was gekürzt (und in Englisch) im Internet zu finden ist.[162] Er belegt, dass sich die **Magnetfelder** und die Helligkeit aller Planeten unseres Sonnensystems verändern und auch, dass sich die Atmosphäre des Mars verdichtet und dass sich das Magnetfeld des Jupiters mehr als verdoppelt hat. Das Magnetfeld des Uranus verändert sich, das des Neptuns erhöht sich. Diese werden auch heller, und ihre atmosphärischen Qualitäten ändern sich. Insgesamt werden dabei Veränderungen in drei Kategorien festgestellt: die Energiefelder, die Helligkeit und die Atmosphären.

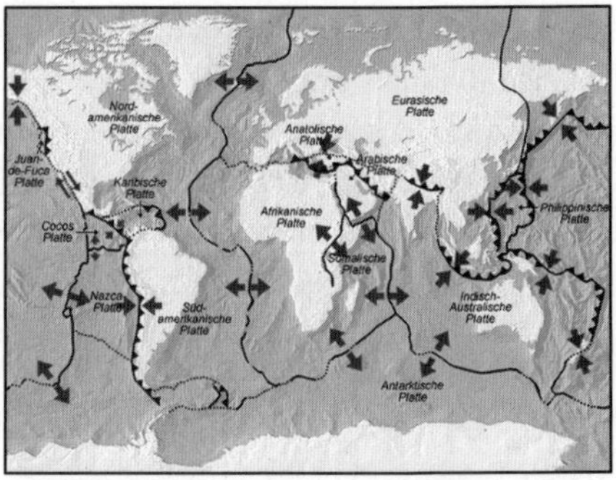

Abb. 35: Gefährdete Kontinentalplatten-Fugen

Außerdem nahm seit 1901 das Magnetfeld der Sonne um 230 Prozent zu und in noch weit höherem Maße die Plasma-Tätigkeit. Und die Wissenschaftler aus Novosibirsk stellen fest, *„dass das ganze Sonnensystem sich in eine Energiezone bewegt, die anders ist – die höher ist"*.

Dmitriev erklärt außerdem: *„Diese Energiezunahme wird die Grundstruktur und den Aufbau der gesamten Materie in unserem Sonnensystem verändern. Die Planeten werden etwas weiter von der Sonne weggedrückt, und die Atome und Moleküle, aus denen diese bestehen, dehnen sich tatsächlich in ihrer physikalischen Größe aus."*

Man kann hier deutlich erkennen, **wie ein Prozess, welcher in der Sonne stattfindet und sich auf das gesamte Planetensystem auswirkt**, verschwiegen, verdreht und mit Hilfe der Massenmedien dazu genutzt wird, uns zu verängstigen und uns einzureden, dass die Erde einzig und allein wegen der Umweltverschmutzung zu einem lebensfeindlichen und -gefährlichen Ort mutiert?

Nun versuche ich einmal, das Ganze noch etwas anders zu betrachten. Ist das ‚Gespür' so vieler Zuständiger berechtigt, dass möglicherweise doch eine Klimakatastrophe unserem Planeten wieder einmal grundlegende Veränderungen beschert? Allerdings ist diese nicht von uns Menschen *selbst hervorgerufen* – was besonders clevere Hardliner gerne zu ihrem Vorteil ausnützen –, sondern aus dem Kosmos auf uns *zukommend*, was dann allerdings auch die Hardliner-Kontrollsysteme aufbrechen dürfte.

Tatsächlich ist festzustellen, dass ein Maximum an Explosionen unsere Sonne erschüttert. Immer öfter lösen diese Eruptionen gewaltige Teilchen-

Tornados aus. Immer größer wird die Gewalt, mit der die Partikel das Magnetfeld der Erde durchdringen, ist es doch normalerweise ein sicherer Schutzschild gegen kosmische Strahlung. Immer dramatischer wirkt sich das auch auf Menschen, Tiere, Pflanzen und sensible Techniken aus. Natürlich betrifft das auch das Klima und das planetare Wettergeschehen mit Naturkatastrophen. (siehe Abb. 34)

Der Leiter des US-Atmosphären-Forschungsprogramms, Richard Behnke, meinte hierzu: *„In nächster Zeit dürften schlimme Dinge passieren."* Und John Kappenmann von der Universität Minnesota erklärte: *„In Zukunft werden Sonnensturmschäden Ausmaße annehmen, die für uns heute noch unvorstellbar sind."*

Mit der Überschrift *„Ein gigantischer Bruch im Erdmagnetfeld"* meldete die NASA am 16.12.2008: Die fünf NASA-Raumstationen THEMIS haben im Erdmagnetfeld einen Bruch entdeckt, der 10-fach größer ist als alles, was vorher angedacht war zu existieren. Sonnenwinde können durch die Öffnung fließen, um die Magnetosphäre „aufzuladen" für kraftvolle geomagnetische Stürme. Jedoch ist der Bruch selbst nicht die größte Überraschung. Die Forscher sind erst recht erstaunt über den merkwürdigen und unerwarteten Weg, wie er sich formte und lang andauernde Vorstellungen in der Raumphysik umstieß.

„Die kommenden Jahre könnten besonders lebhaft werden... ‚Dies könnte stärkere geomagnetische Stürme auslösen, als wir in vielen Jahren gesehen haben', sagte der THEMIS Projektwissenschaftler des Goddard Raumflugzentrums David Sibeck. ‚Diese Entdeckung ändert unser Verständnis über die Interaktion der solaren Wind-Magnetosphären."(163)

Abb. 36:
Ausschnitt der Titelseite der BILD-Zeitung vom 29.10.2004

Es sind also elektromagnetische Partikel, welche die Sonne ‚ausstrahlt'. Was ist aber mit dem Licht und der Wärme? Schon gibt es neue Theorien, die erwägen, dass es im finsteren Weltraum mit seinen rund 270 Grad

Minus gar keine Wärme geben kann. Genies wie Nikola Tesla und Viktor Schauberger erwogen das, heute kommen Kalte-Fusions-Theoretiker dazu. Denn wenn alle Sonnen so kalt sind wie ihr kosmisches Umfeld, und Licht und Wärme erst bei der Berührung mit dem Sauerstoff der planetaren Atmosphären entsteht, dann wäre das absolut logisch und würde ein phantastisches und gründliches Umdenken bedeuten. **Die Sonne sendet eine Energiestrahlung aus, die erst in Verbindung mit dem Luftsauerstoff der Erde Wärme und Licht und einen blauen Himmel erzeugt.**

Im Wissenschaftsmagazin *raum&zeit* weist der Forscher und Autorenkollege Matthias Härtel auf den Astronomen Heinrich Wilhelm Olbers hin, der 1826 erforschte, warum der Himmel nachts nicht auch hell beleuchtet ist. Das „Olbers'sche Paradoxon" folgert:

„*Wenn sich in einer einzigen Galaxie bereits Milliarden Sonnen befinden und es abermals Milliarden Galaxien gibt und alle diese Sonnen Licht ausstrahlen, so müsste unser Universum tatsächlich strahlend hell erleuchtet sein.*"

Dem, was hier offensichtlich paradox ist, geht Härtel seit Jahren auf den Grund und überrascht mit praktischen Erkenntnissen und einer brillanten Logik – **unsere Sonne ist eiskalt!** Wer es ausführlich wissen will, gebe im Internet „www.geheimnis-eiskalte-sonne.de" ein.

Wetterkrieg spielen

Trotz all der solaren Energiewellen stellt sich auch die Frage: Können Katastrophen wie die Hurrikans oder Erdbeben oder Tsunamis inzwischen auch technisch verursacht werden, wie das zum Beispiel bei dem US-Ionosphären-Heizer HAARP vermutet wird? (HAARP ist ein riesiges und spezielles Antennenfeld in Alaska und steht unter strengster militärischer Geheimhaltung. Näheres siehe[(164)].)

Ich behaupte: „*Ja!*" Kriege finden immer weniger auf großen Schlachtfeldern statt – weder in Europa noch weltweit –, sondern mehr und mehr in der Atmosphäre unseres Planeten sowie im erdnahen Raum – und das schon seit Jahren, wie zum Beispiel der US-General Gordon Sullivan, ehemaliger Generalstabschef der Armee, konstatierte:

Abb. 37 oben rechts:
Sprühanlage am Heck eines Flugzeugs

Abb. 38 unten rechts:
Die HAARP-Anlage in Alaska

Abb. 39 oben links: Chemtrail-Einsatz in Wisconsin, USA, Frühling 2003
Abb. 40 unten links: Chemtrail-Flugzeug von innen

„Mit unserem technologischen Sprung in das 21. Jahrhundert werden wir den Feind Tag und Nacht sehen können, egal bei welchem Wetter – und werden ihn erbarmungslos verfolgen. Die Möglichkeit einer globalen, präzisen, sofortigen, stabilen und systematischen Manipulation des Wetters wäre für die Oberkommandierenden im Kriegsfall ein machtvoller Multiplikator der Streitmacht für die Erlangung ihrer militärischen Ziele. Da es in jeder denkbaren Zukunft ein Wetter geben wird, wäre die Fähigkeit zur Wettermanipulation universell anwendbar und könnte bei jedem denkbaren Konflikt genutzt werden. Die Fähigkeit, das Wetter selbst in kleinerem Ausmaß zu beeinflussen, könnte es von einer Behinderung zu einer Stärkung der Streitmacht machen.“(165)

Weniger bekannt sind auch HAARP-ähnliche Anlagen der Russen. Die Schweizer *ZeitenSchrift* berichtet:

„Immer wieder tauchen in diesem Zusammenhang über 200 km lange Bauwerke auf der russischen Bennett-Insel auf. Weitere – allerdings leistungsschwächere – Anlagen gibt es u. a. seit langem in Arecibo auf Puerto Rico, in Nischni Nowgorod in Russland und in Duschanbe in Tadschikistan. Der Ausbau der HAARP-Anlage in Alaska geht auf Hochtouren weiter.“[(166)]

W. Jackobowsky schreibt im *Magazin2000plus* (Nr. 258) über die überwiegend unterirdischen Laboratorien mit skrupellosen Wissenschaftlern – mit dem Ziel, gebündelte Energie, tödliche Strahlen (Laser, Atom, Skalar) nicht nur atmosphärisch, sondern auch unterirdisch an bestimmte Ziele zu schicken:

„Diese Anlagen sind vielfach als Militärstützpunkte oder biologisch-wissenschaftliche Institute getarnt, an denen Forschungsarbeiten ‚zum Wohle und Segen der Menschheit' durchgeführt werden. Sie sind vor der Öffentlichkeit fast unsichtbar getarnt: über 1.000 Meter tief unter der Erde (vergleichbar mit der Tiefe von alten Kohlegruben, Gold- und Diamantenminen). An der Oberfläche verraten vielleicht lediglich Antennen, dass da irgendetwas ist. Bekannt sind die HAARP-Anlagen in Alaska, Australien und am Südpol. In Europa ist es das CERN-Labor, auch ‚Labor Gottes' genannt, in der Nähe von Genf, in dem an die 8.000 Wissenschaftler an fragwürdigen Experimenten arbeiten.“

Über den **Umweltkrieg** der beiden Supermächte Ost und West findet man schon sehr interessante Informationen, doch keinerlei Angaben über die mächtigen Industriekonzerne, die dahinterstehen. Vordergründig geht es inzwischen auch um „Quantenpotentialwaffen“, um die gefürchtete elektromagnetische Impulswaffe (EMP) und die skalar-elektromagnetischen Waffen, die nahezu in allen Phasen eines Krieges anwendbar sind, sowohl taktisch als auch strategisch und zugleich offensiv. Sie sind im Besitz mehrerer internationaler Militärs und Geheimbünde.

Einen ersten Überblick vermittelt die *ZeitenSchrift* Heft 57/2008. Zugleich las ich im *Magazin2000plus* (19/2008), dass russische Militäranalytiker damals dem Kreml berichteten, dass der Leiter der Zentralen Militärkommission Chinas, General Guo Boxiong, den US-Verteidigungsminister Robert Gates unmissverständlich gewarnt hat: *„Hört sofort damit auf, China zum Ziel eurer Experimente zu machen, oder wir werden euch beerdigen."*

Ich habe noch eine elegante Variante des ‚Wetterkriegs' entdeckt, denn **die Macht des Kapitals** dringt nur selten an die Öffentlichkeit. Kann es daher sein, dass der millionenschwere Profit auch mit der Wettermanipulation systematisch weltweit aufgebaut wird? Der Stuttgarter Bürgerrechtler und Autorenkollege Jens Loewe verweist in seinem Buch *„Das Wasser-Syndikat"* auf einen Wasserprivatisierungsvertrag in Indonesien.

> *„Seit November 2004 ist das sogenannte Gesetz Nr. 7 in Kraft gesetzt, das unter dem Druck der Weltbank entworfen wurde und eine landesweite Wasserprivatisierung ermöglichen soll.* ***In diesem Gesetz finden sich auch Ausführungen über die Einflussnahme auf das Wetter.*** *So steht im Artikel 38, dass* ***ausländische Investoren*** *eine Veränderung des Wetters beantragen und gegebenenfalls durchführen können. Was zunächst wie ein Witz klingt, kann beispielsweise für die Landwirtschaft von großem Interesse sein, weil die Wolken da zum Abregnen gebracht werden können, wo sie (die Investoren) es wollen."*

Sind diese Varianten von internationalen „Wetterkriegen" zukünftige, noch verdeckte **Wirtschaftskriege** mit lukrativen Renditen für die Hochfinanz – tatkräftig unterstützt durch die CO_2-Regelung? Dem geht der Physiker und Fachjournalist Detlef Scholz in *raum&zeit* (154/2008) nach und schreibt zum „Billionenmarkt":

> *„Mit CO_2-Begrenzungsvorgaben kann man auch aufstrebende Volkswirtschaften wie die Chinas, Indiens oder Brasiliens auf kleiner Flamme halten; dass darüber hinaus – durch die Knebelung der Energiewirtschaft – die Armenhäuser der Welt in Afrika und Lateinamerika noch weiter ins Hintertreffen geraten, mag von den Verantwortlichen als unvermeidbarer Kollateral-Schaden achselzuckend hingenommen werden. Aber die CO_2-Regulierung birgt darüber hinaus noch ganz andere ökonomische Potentiale. Sie ist ein gigantisches Umverteilungsprogramm des national erwirtschafteten Wohlstands."*

Gibt es neben den durch die Sonne und kosmisch verursachten Auslösern weitere Verdächtige, die an der klimatischen Erwärmung beteiligt sein können? **Erwähnt** werden nämlich auch die angeblichen Treibhausgase Methan und die Stickoxide. Methan ist nach Kohlenstoffdioxid das bedeutendste von Menschen freigesetzte „Treibhausgas“, wobei es 20 bis 30 mal „wirkungsvoller“ ist, allerdings in kleineren Mengen in der Atmosphäre vorkommt. **Nicht erwähnt** werden die viel zu starken Abholzungen der Regenwälder. Man provoziert somit künstlich die Verwüstung von ganzen Landstrichen und behauptet dann einfach, dass eine Temperaturerhöhung des Klimas schuld an der zunehmenden Ausbreitung von Trockenzonen sei. Und ebenfalls **nicht erwähnt** wird die extreme Zunahme von Mikrowellenemissionen (global) durch stetig ansteigende Sendeleistungen beziehungsweise die zunehmenden Sendeanlagen der Kommunikationssysteme.

„Hier sind die wissenschaftlichen Fakten: Mikrowellen regen Moleküle wie Wasser oder CO_2 *an, und innerhalb weniger Jahrzehnte könnte dies auch Auswirkungen auf die Erwärmung der Atmosphäre haben. Wir konnten berechnen, dass seit den 1950ern die Sendeleistung (Anlagen) zunahm und sie sich seit den 1980ern extrem erhöhte. In Laborversuchen und theoretischen Berechnungen konnten wir aufgrund der atmosphärischen Zusammensetzung und der schon moderat eingeschätzten Sendeleistungen eine theoretische Temperaturerhöhung von fast 0,64 °C (0,6367 °C) berechnen. Ich hoffe, da klingelt es bei einigen. Aber eben nicht bei den Verantwortlichen. Die Ergebnisse dürfen wir natürlich nicht veröffentlichen, weil es ja keine genauen Angaben zu den globalen Sendeleistungen gibt. Wie erwähnt rechneten wir mit moderat geschätzten Angaben, also Leistungen, die sehr wahrscheinlich noch unter den tatsächlichen liegen. Die Wahrheit ist, dass es nicht wegen fehlender Angaben, sondern wegen fehlendem Interesse nicht veröffentlicht werden darf... so meine Meinung dazu.“*[(167)]

Über unser globales Mikrowellen-Gefängnis berichte ich ausführlich in meinen Büchern *„Jetzt reicht's! – Band 1 und 2“*.

Nicht erwähnt werden außerdem die kriminellen Vergiftungen unserer Atmosphäre durch die jahrelangen Chemtrails. Damit Sie gleich vorab eine Vorstellung bekommen, gehen Sie einfach zu Google, klicken auf BILDER und geben das Suchwort *Chemtrails* ein (und stellen Sie neben sich eine Flasche Magenbitter, weil Ihnen schlecht werden könnte).

Neugierig geworden? Die Bezeichnung „Chemtrails" ist eine Abwandlung vom englischen *Comtrails*, den Kondensstreifen der Flugzeuge. Im Unterschied zu diesen bleiben die Chemtrails jedoch oft stundenlang am Himmel, zeigen meist flächendeckende Muster und enthalten verschiedenste *Chem*ikalien.[(168)] (Siehe Abb. 37, 39 und 40)

Kosmische Bewusstseinserweiterungen

Nun komme ich zu dem für mich wichtigsten Aspekt all der verwirrenden Informationen. Hat die geschilderte **kosmische Mitwirkung** an unseren klimatischen Veränderungen einen möglichen Sinn? Doch bei dem weltweiten und vordergründigen Medienrummel haben ‚höhere' Einsichten wenig Chancen, in die Öffentlichkeit zu gelangen.

Grundsätzlich gibt es Beispiele, wie aus einem Chaos nachfolgend höhere Ordnungen entstehen. Die Kypernetik demonstriert die Wege in höhere Ordnungssysteme, die vollautomatisch und selbstorganisierend zu Paradigmenwechseln führen. Unser immer chaotischerer Status des „Old Age" erlebt nun einen gewaltigen Umbruch – einen Paradigmenwechsel –, der den kalifornischen Wissenschaftler Willis Harman zu folgenden Erkenntnissen kommen ließ:

„Der ‚globale Bewusstseinswandel', der mit einer Wissenschaft zusammenhängt, die Seele und Geist des Menschen angemessen behandelt, bedeutet, dass das 21. Jahrhundert von unserem so verschieden sein wird wie die moderne Welt von der des Mittelalters. Es gibt keinen Bereich der Gesellschaft und keine Institution, die nicht betroffen sein wird. Wir haben, vorsichtig ausgedrückt, eine interessante Zeit vor uns."

Wer kennt nicht den modernen Mystiker und Bestsellerautor Eckhardt Tolle, einen der mutigen Weisheitslehrer der Neuzeit? Sein erstes Buch *„Jetzt!"* war als Nummer Eins auf der Bestsellerliste der *New York Times* zu finden und wurde in über 30 Sprachen übersetzt. In seinem neuen Buch *„Eine neue Erde"* drückt er sich ganz unmissverständlich aus:

„Der höchste Zweck dieser Transformation ist unvorstellbar für den Geist des Menschen und übersteigt sein Denkvermögen bei weitem. Und doch ist

diese Transformation auf dieser Erde und zu diesem Zeitpunkt die uns zugewiesene Aufgabe. Es geht um die Versöhnung des inneren mit dem äußeren Ziel, um die Versöhnung der Welt mit Gott.“

Von der Möglichkeit eines solchen „höheren, hochgeordneten Zustands“ bin ich fest überzeugt. Solare und galaktische Zyklen zeigen eine Schnittstelle, die in religiösen Bereichen als angekündigte „paradiesische“ Zustände erwartet werden. Der 12.12.2012 wird in der Literatur auch als „Tag der Synchronisation“ bezeichnet, wenn unser Sonnensystem den Kreuzungspunkt der Erd-Ekliptik und des galaktischen Äquators verbindet. Kurz: Unser Sonnensystem überquert in diesem Moment den Äquator unserer Milchstraße und damit den Zentralpunkt des galaktischen Magnetfeldes. Der Autorenkollege Tibor Zelikovics schreibt dazu in seinem Buch *„Zeitenwende 2012 – der Kalender und die Prophezeiungen der Maya“*:

„Wie selten diese Konjunktion ist, wird durch die Tatsache veranschaulicht, dass die Sonne für ihren Umlauf um das Zentrum der Galaxis 220 bis 240 Millionen Jahre benötigt.“[(169)]

Die galaktische Zentralsonne, unsere eigene Sonne und die Erde werden zur Wintersonnenwende 2012 in einer direkten Linie hintereinander stehen. Diese astronomische Konstellation hat historische, astrologische, geophysikalische und humanneurologische Auswirkungen. Danach kommen irdisch-biologische und geistig-kosmische Systeme zusammen und endlich wieder in Harmonie und ins Gleichgewicht – wobei der maskulinen Matrix unseres Zeitalters ihre niedere und chaotische Energie immer mehr entweicht.

Cui bono – wem nützt es?

Wer verdient auf welche Weise an einer angeblichen „Klimakatastrophe“? Das ist die große Frage! Um den CO_2-Ablasshandel wirksam zu organisieren, mussten Instrumente geschaffen werden, wie der „Chicago Climate Exchange“. Immer mehr namhafte Unternehmen sind darin vertreten, von *Rolls Royce* über *Bayer*, *Ford* bis hin zu namhaften Universitäten. Viele der als Umweltverschmutzer bekannten Unternehmen haben sich bereits auf den Kohlenstoffdioxid-Handel eingelassen, auch in den Vereinigten Staaten, wo die Kredite (Differenz zwischen zugestandener und erreichter niedrigerer Quote) an das „Chicago Climate Exchange" verkauft werden.

Diese geplante komplette Versteigerung der Emissionszertifikate für die Energiebranche hätte die deutschen Stromkunden nach Ansicht des *Bundesverbandes der Energie- und Wasserwirtschaft* (BDEW) jährlich insgesamt mehr als zwölf Milliarden Euro gekostet. (www.live-pr.com) Doch schließlich ist dieses Spiel nicht aufgegangen, denn die inzwischen eingesetzte Rezession hat die optimierende Hochrechnung ordentlich minimiert.

Der **zweite Gewinner** der dahergeredeten Klimakatastrophe sind die Ölkonzerne. *ExxonMobil*, im Besitz des Rockefeller-Familiennetzwerkes, ist derzeit das wertvollste Unternehmen der Welt (467 Mrd. US-Dollar, Stand Juli 2008). Der Konzern erzielte 2007 mit 40,6 Mrd. US-Dollar auch den höchsten offiziell deklarierten Gewinn weltweit (neuere Zahlen waren nicht zu finden). Ich behaupte aus meiner Industriellenerfahrung, dass es sich hier um *netto*-Werte handelt, also ohne irgendwelche Steuerzahlungen. Alfred F. Knight schreibt dazu im *Magazin2000plus* (267/2009), dass diese Profite steuerbefreit über eine Vielzahl von Stiftungen und Organisationen geschleust werden. Knight belegt ausführlich, dass Rockefeller & Co. dafür sorgen, dass die reichlich vorhandenen Ölvorräte zurückgehalten werden und die Förderungen gedrosselt bleiben, um den Weltpreis weiter hoch zu halten. Die Ausrede lautet: *„Wir können die Ölförderung nicht steigern, weil das Verbrennen des fossilen Brennstoffs für die globale Erwärmung verantwortlich ist."* Und: *„Wer die Lüge von der globalen Erwärmung nicht akzeptiert, wird bekämpft und ausgeschaltet."* Venezuela als Ölförderer kann hingegen sein Benzin für 17 Cent die Gallone (3,8 Liter) an den Tankstellen verkaufen.

Über die Lobby-Macht des Rockefeller-Giganten *ExxonMobil* findet man bei Wikipedia folgenden Text:

„Wie die Union of Concerned Scientists (UCS) im Januar berichtete, soll ExxonMobil in den letzten Jahren fast 16 Millionen Dollar investiert haben, um Skeptiker des Klimawandels zu unterstützen, wissenschaftliche Erkenntnisse zu verschleiern und Politiker und Medien zu manipulieren. Laut Greenpeace investierte ExxonMobil seit 1998 über 22 Millionen Dol-

lar zu diesem Zweck in entsprechende Lobbyarbeit. In den Jahren 1998 bis 2005 gingen davon 1,6 Millionen Dollar an das American Enterprise Institute. Dieses biete Wissenschaftlern 10.000 Dollar zuzüglich Spesen für Berichte, die den Klimabericht der UNO in Frage stellen. Das berichtete die britische Zeitung ‚The Guardian'.
ExxonMobil und die Generaldirektion Binnenmarkt gewannen den ‚Worst EU Lobby Award' 2006. Der Ölkonzern wurde damit für sein beharrliches Bemühen ausgezeichnet, eine faire öffentliche und politische Debatte zum Klimaschutz im Sinne eigener Geschäftsinteressen zu verhindern."

Insider wissen: Das Rockefeller-Imperium beherrscht die Welt. Doch wie weit geht der Herrschaftsbereich tatsächlich? Dampf unter'm Hintern bekommen die westlichen Agitatoren womöglich durch das russische Potential, dem heute schon größten Öl- und Gasförderer des Planeten. Russische Wissenschaftler und Bohrtechniker sind der Überzeugung, dass Erdöl ein „nachwachsender" Rohstoff ist, und sprechen daher vom sogenannten *abiotischen Öl*. Jüngste Forschungen belegen das offenbar und zeigen, dass sich die natürlichen Erdöllagerstätten periodisch regenerieren und neu mit Öl füllen. (Dr. Hans-Joachim Zillmer) Auf die überhöhten Erdölpreise und -gewinne geht auch die unsinnige wie unökologische Biodieselkampagne ein, die ansonsten unrentabel wäre.

Der **dritte weltweite Gewinner** der clever geschürten Klima-Ängste ist die Atomkraftwerkindustrie. Der US-Politiker und Friedensnobelpreisträger (zusammen mit dem UN-Klimarat IPCC) Al Gore scheint mindestens ein doppeltes Spiel zu spielen. *Welt-Online* zitiert:

„*Aber schließlich steuern wir, so Gore, einem ‚ökologischen Holocaust' entgegen, und ‚der Beweis für eine ökologische Kristallnacht ist so klar wie das Geräusch von zerbrechendem Glas in Berlin'. Da wird ja wohl jedes Mittel recht sein.*"(170)

Abb. 41: Die Strompreisentwicklung

Na, so was! Mit diesen deutschen Vorkenntnissen war er dann am 23.10.2007 zum Klimakongress von EnBW, dem drittgrößten Energieunternehmen Deutschlands, in Berlin eingeladen. Zu EnBW heißt es bei Wikipedia:

„Der von EnBW und somit auch von ihrer Tochter Yello vertriebene Strom enthält den größten Anteil an Kernkraft aller großen deutschen Energieversorger. Dem gegenüber steht ein geringer Ausstoß an CO_2 und ein überdurchschnittlicher Anteil an erneuerbaren Energien, der vor allem aus großen Wasserkraftwerken kommt. Der Strommix des EnBW-Konzerns erzeugt somit eine überdurchschnittliche Menge radioaktiver Abfälle, trägt aber – für einen Nicht-Ökostrom-Tarif – relativ wenig zum Treibhauseffekt bei.“

Allein zwischen 2002 und 2007 haben die vier deutschen Energiekonzerne (Übertragungsnetzbetreiber) E.ON, RWE, EnBW und Vattenfall einen Profit von 80 Milliarden Euro eingefahren. Grund dafür seien die laufend steigenden Endverbraucherpreise. Mein persönlicher Stromlieferant hingegen versichert, dass mit „stromistgrün“ umweltschonender Strom aus 100 % Wasserkraft geliefert wird. Es geht also, und jeder kann daran teilnehmen. (www.stromistgrün.de)

Ein anderes Thema ist die gigantische Katastrophe in Fukushima am 14.3.2011 und danach – Bilder, die sicherlich Ihnen allen noch weitgehend geläufig sind. Weniger bekannt dürften dabei folgende drei Informationen sein:

1. haben auch wir in Deutschland nicht annähernd alle Informationen bekommen, doch wenigstens so viele, dass damals, sechs Wochen nach dem Beben, die Wähler der Landtagswahl in Baden-Württemberg die bisherige atomkraftfreundliche Regierung abgewählt haben. Von Bekannten aus Frankreich erfuhr ich später, dass Frankreich, das Land mit den meisten europäischen AKWs, nur spärlich mit dem Horror aus Japan versorgt worden ist – also wieder politisch sehr korrekt!
2. Bei all diesen Diskussionen der Politiker und der Konzerne kam nur so nebenbei heraus, dass unsere AKWs lediglich bis höchstens 250

Millionen Euro Schadenshöhe versichert sind – eine wahrhaftige und verheimlichte Katastrophe, und

3. wurden durch das japanische Dilemma die Brasilianer wach und haben den Siemens-AKW-Bau *Ancra III* gestoppt, bis die Bundesregierung für den Ausbau eine Hermes-Bürgschaft über 1,5 Milliarden Euro genehmigt hat. Von diesem Moment an klingelte es in allen Chefetagen der Konzerne, dass es sicherlich Zeit wäre, den zukünftigen Wettlauf um die alternativen Energieerzeugungen schnellstens zu starten.

Am 18.3.2011 habe ich einen Newsletter an meine Leser verschickt, aus dem ich den folgenden Abschnitt wiederhole:

„Im Internet wird gefragt: Ist es so, dass deutsche KKW-Betreiber gegen einen GAU oder andere extreme Unfälle nicht versichert sind? Bedeutet das, die Gewinne gehen der Privatwirtschaft zu, und die Verluste werden von der Bevölkerung getragen? Würde die Kilowatt-Stunde Atomstrom nicht viel mehr kosten, wenn sich die Betreiber gegen entstehende Leistungsansprüche in Milliardenhöhe versichern müssten? Wäre dann die Kernkraft, versichert gegen ihre Risiken, nicht die teuerste Art der Stromerzeugung? Warum verschweigt die Bundesregierung den Haftungsausschluss der Betreiber in diesem Zusammenhang?

Außerdem: Wenn Sie als Hausbesitzer in Ihrer Gebäudeversicherung genau nachlesen, können vielleicht auch Sie entdecken, dass Schäden, ‚die durch Kriegsereignisse jeder Art, Sturmflut oder KERNenergie entstehen', nicht mitversichert sind. Wissen das unsere Politiker – unabhängig vom Thema Atommüll? Und das Volk?

Das aktuelle Ausstiegsgerede der Regierung wird heftig attackiert – logisch bei dem profitablen und mächtigen Hintergrund. ***So müssen die aktuellen Pressemitteilungen in ihrem ideologischen Gehorsam wieder heftig gegen die deutschen Entscheider wettern*** *– doch ein Presseauszug trifft dabei den ‚Kern'. Der ‚Tages-Anzeiger' (Zürich):*

‚Die Atomenergie ist in Deutschland unwiederbringlich auf dem absteigenden Ast. Wenn Deutschlands mächtige Industrie jetzt beginnt, ernsthaft nach Technologien für eine atomfreie Zukunft zu suchen, entsteht ein Sog, der den ganzen Kontinent mitzieht. Alle anderen Europäer sind gut beraten, diesen Zug nicht zu verpassen.'"

Bis heute sollen weltweit 437 Atomkraftwerke aktiv sein, 342 davon sind zwanzig Jahre oder länger in Betrieb. Doch jede Verlängerung bringt täglich rund 1 Million Euro Mehreinnahmen.(171)

Elmar Klevers erinnert in diesem Zusammenhang:
„Bei der Anreicherung von einer Tonne kernkraftfähigem Uran 235 fallen fast acht Tonnen Uran 238 Atommüll an. Hierfür besteht nirgendwo auf der Welt ein Endlager. ...Der Atommüll Uran 236 hat eine Halbwertszeit von 4,5 Milliarden Jahren. Was machen unsere nachkommenden Generationen mit diesen strahlenden Massen von 1,2 Millionen Tonnen Atommüll – und täglich werden es mehr?“(172)

Haben wieder die Steuerzahler und Verbraucher die Zeche eines der größten Wissenschaftsschwindel aller Zeiten zu bezahlen? Und die wird teurer als sich das jetzt irgendjemand überhaupt vorstellen kann – falls es wirtschaftlich so weitergeht, wie das vor Jahren angenommen worden ist.

Und jetzt gibt es noch eine Überraschung. Wir leben ja in einer Zeitenwende oder Wende-Zeit, das Blatt wendet sich – auch in der Boulevardpresse. Stellen Sie sich vor, was die BILD-Zeitung am 6.2.2012 (kurz bevor das Buch in Druck ging) schlagzeilte und die Welt erschütterte, zumindest die Klimaforschung – mit der Überschrift der neuen BILD-Serie: *„Die CO_2-Lüge. Renommiertes Forscher-Team behauptet: Die Klima-Katastrophe ist Panik-Mache der Politik.“* Ist für dieses Milliardenspiel jetzt Seitenwechsel? Wer ist nun politisch korrekt und wer unkorrekt? Die Presse oder Der-die-dasjenige, das peu à peu eine ‚Wende' vorbereitet? Es wäre ja immerhin zeitgemäß.

Unter ‚infokrieg.tv' fand ich folgenden Beitrag von Peter Boehringer:
„Halleluja – die CO_2-Lüge ist nun endlich auch ‚offiziell' festgestellt und damit die CO_2-Klimareligion am Ende. Mehr als zwei Jahre brauchte die BILD, um die Wahrheit zu bemerken. Abermilliarden an verrückten Anti-CO_2-Maßnahmen, 100 Mrd. an CO_2-Vermeidungszahlungen der Steuerzahler, Millionen an volksverdummenden Artikeln im Mainstream

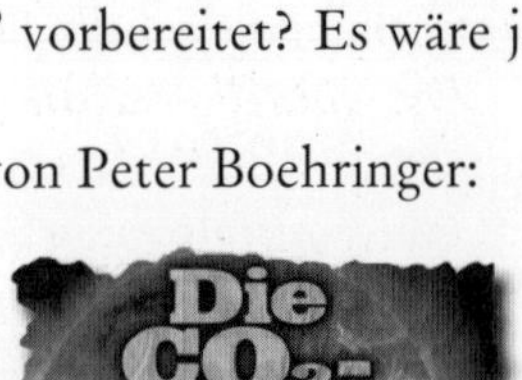

Abb. 42:
Artikel in der BILD-Zeitung

und Hunderte überflüssiger globaler Expertenmeetings mussten wir seitdem erleiden, um eine ‚Problemursache' abzustellen, die es so nie gegeben hat... Aber wenn der Mainstream und seine 10.000en von ‚Experten' die noch unabhängigen Wissenschaftler und logische Überlegungen niederbrüllen, verliert die Ratio. Und noch immer verlieren dann auch die alternativen Wahrheits-Medien. Aber nicht mehr lange, denn solche fatalen CO_2-*Märchen desavouieren den Mainstream noch schneller als die Verharmlosung der planwirtschaftlichen Euro-Verlängerungsmaßnahmen als ‚Rettungs'maßnahmen... Der Mainstream wird bald vor der Wahl stehen: ‚**Publish** [the truth] – **or perish**'.*"[(173)]

Ein Paradies würde wärmer sein

Im Mittelalter war es zum Beispiel etwa zwei Grad wärmer. In Europa führten die guten Ernten zu Reichtum, und zur Zeit Karls des Großen stieg die Bevölkerungszahl um ein Vielfaches an. An den Hängen des Harzes wuchsen Reben, so wie ich es noch persönlich an verschiedenen Südhängen im höher gelegenen Württemberg erlebt habe, es heute aber für den Weinanbau undenkbar ist. Im Schwäbischen gibt es noch die Gebiets- und Straßenbezeichnung *Wengert* (Weingarten) samt oft noch intaktem Steingemäuer in unzähligen Fällen. Zuletzt stiegen die Meere jährlich höchstens um drei Millimeter an. So gut wie alle „wissenschaftlichen" **Überflutungs-Hypothesen** liegen also auch damit wieder falsch – gleichgültig, ob in wärmere oder in kältere Richtungen gemutmaßt wurde. Zwischen 1993 und 1997 ergaben genaue Landvermessungen durch Satelliten einen durchschnittlichen Anstieg der Meeresoberfläche von zwei Millimetern jährlich. Es zeigte sich, dass der Meeresspiegel in unterschiedlichen Regionen völlig unterschiedlich ansteigt und meistens sogar gegenläufig.

Wenn es also tatsächlich unaufhaltsam weitergeht mit unserer *Neo-Warmzeit* in unserer aktuellen Kaltzeit *Neogen*, dann kämen wir ja endlich wieder zu der üblichen irdischen Lebensqualität. Denn wie schon erwähnt, stellen Warmzeiten erdgeschichtlich den **Normalzustand** dar und machen etwa 80 bis 90 Prozent der Erdgeschichte aus. Zeiten mit vereisten Polkappen, die sogenannten Eiszeitalter, stellen dabei die große Ausnahme dar. Und von dem erkannten rund 400-Jahre-Zyklus der Warmzeiten haben wir seit 1850 noch nicht einmal die Hälfte erlebt.

„In Kanada und Sibirien wartet fruchtbares Land auf den Sonnenschein", schwärmt der Geologe Achim Schneider. *„Heute wollen sechs Milliarden Menschen ernährt werden... Noch eine Generation und zehn Milliarden Münder werden Essen verlangen. Da fände ich es dann schon günstig, wenn nicht nur in der Sahara wieder Gras wüchse, sondern wenn sich vor allem die Getreideanbaugebiete des Nordens vergrößern. Pro Grad Temperaturzunahme wandert die Anbaugrenze hundert Kilometer Richtung Nordpol."*

Wir leben heute schon in einem Paradies, wenn wir von der landschaftlichen Schönheit unseres Planeten ausgehen, und es wird noch besser!

Politisch korrekt oder *unkorrekt* ist in uns angelegt...

von Johannes Holey

...denn unser geniales Steuersystem, unser Gehirn, ist in zwei getrennte Gehirnhemisphären gespalten, eine linke und eine rechte. Beide sind perfekt miteinander vernetzt, und Milliarden Nervenverbindungen sorgen hier für die laufende Kommunikation, doch das Grundprogramm der beiden Hemisphären bleibt grundverschieden. Das weiß man natürlich schon sehr lange, und es ist somit auch ganz selbstverständlich geworden, ohne mehr darüber nachzudenken oder gar mehr wissen zu wollen. Für das Gespaltensein in zwei gegensätzliche Körpersteuersysteme finden wir bekannte Bezeichnungen – ich erwähne jeweils die linke Gehirnhälfte vor der rechten: Im Osten heißt es *Yang und Yin*, im Lateinischen *ratio und emotio*, bei C. G. Jung *Animus und Anima*, allgemein *Verstand und Intuition*, *männlich und weiblich*, *Intellekt und Gefühl* oder *Kopf und Herz*. Da ich bei meinen Vorträgen oft ins Praktische tauchen muss, trenne ich auch gerne in *ICH und WIR* und lande dann auch oft im philosophischen *Haben und Sein*.

Kann dieses Doppel-System tatsächlich so extrem ausfallen? Sehr sogar, denn mit unserer linken Gehirnhälfte sind unser rechtes Auge und Ohr, unsere rechte Hand und die ganze rechte Körperhälfte verbunden. Mit unserer rechten Gehirnhälfte sind unser linkes Auge und Ohr, unsere linke Hand, die ganze linke Körperhälfte und das Herz verbunden. Man nennt diese kreuzweise Verbindung *kontralateral*.

Manche Forscher und Autoren trennen diese Qualitäten der beiden Gehirnhälften noch viel konsequenter und härter, als ich sie in Abb. 44 polarisiere. Können Sie erkennen, wenn Sie die Gegenüberstellung der konträren ‚Veranlagungen' unserer beiden Gehirnhälften aufmerksam lesen, welchen gewaltigen Einfluss sie auf unser Alltagsleben haben, wie sie unseren Charakter prägen, unsere Aktionen und Reaktionen mitbestimmen und dabei auch politisch korrekt oder unkorrekt reagieren?

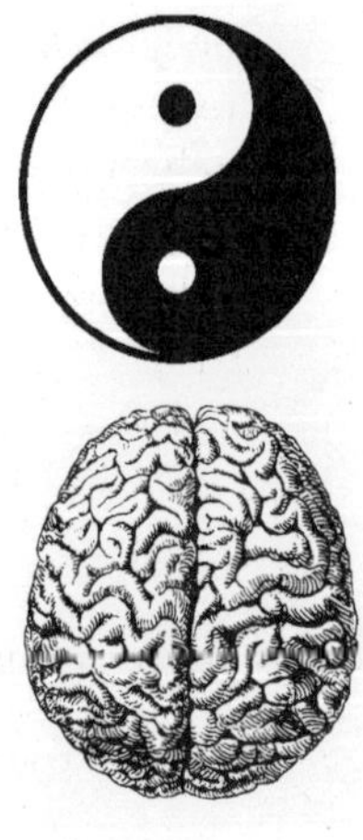

Abb. 43: Die gleichen Kräfte?

linke Hemisphäre	rechte Hemisphäre
rationaler	emotionaler
logischer	intuitiver
zweifelnder	schöpferischer
extrovertierter (Außenwelt)	introvertierter (Innenwelt)
analytischer	künstlerisch/musischer
verstandesbewusster	wissensstärker
weibliche Aspekte schwächer	weibliche Aspekte stärker
männliche Aspekte stärker	männliche Aspekte schwächer
ICH-geprägter	DU/WIR-geprägter
kleinlicher	großzügiger
einzelgängerischer	gemeinschaftsfähiger
bauch-verbundener	herz-verbundener
perfektionistischer	toleranter
ordnungsliebender	unordnungsverträglicher
materialistisch-erfolgsorientierter	mehr im Sein als im Haben
zeiteingebundener (Pünktlichkeit)	weniger zeiteingebunden
liebt mehr die Seriosität	liebt mehr das ‚innere Kind'
denkt detaillierter	fühlt ganzheitlicher
mit mehr Verantwortungsgefühl	mit mehr Gewissen
mehr Isolation	mehr Integration
mehr Selbstbewusstsein	mehr Einheitsbewusstsein
mehr Singularität	mehr Einheits-Sehnsucht
mehr ergebnisorientiert	mehr erlebnisorientiert
ICH – mehr Egoismus	ICH – mehr Individualität
Yang	**Yin**
Animus – männlich	**Anima – weiblich**
Explizites System	**Implizites System**

Abb. 44: Beides herrscht in jedem von uns, denn beide Hemisphären sind individuell verschieden stark, doch unermüdlich aktiv. Bitte betrachten Sie Zeile für Zeile einmal für sich selbst und für Ihr Umfeld, und ziehen Sie Schlüsse daraus.

Rund 10 Milliarden Nervenzellen finden wir im menschlichen Gehirn, wobei unser gesamtes Nervensystem insgesamt nur aus 15 Milliarden Nervenzellen bestehen soll. Könnte man die Nervenfasern dieser Zellen hintereinanderlegen, käme man auf eine Länge von rund 500.000 Kilometern. Damit ist unser Gehirn das mächtigste Steuerorgan unseres sichtbaren Köpers und ‚steuert' nicht nur alle vegetativen Körperprozesse in uns, sondern mit seinen Gedankenenergien gestalten wir bewusst und schöpferisch unseren Alltag.

Unzählige Nervenfasern verbinden auch die beiden getrennten Gehirnhälften für ihren lebenslangen Dienst. Doch das ist nicht die einzige Gemeinsamkeit zweier gegensätzlicher Ebenen. Wir können es generell ausdehnen in Yin und Yang, also in weibliche und männliche Qualitäten, und finden damit schon mal den größten Konflikt, der uns inzwischen seit Jahrtausenden beschäftigt: das Ungleichgewicht zwischen Frau und Mann. Im Prozess der Unterdrückung von *allem*, was die weiblichen Qualitäten auszeichnet, haben wir uns in ein festgeschriebenes Patriarchat verwickelt – das auch heute immer noch eigene innere Konfrontationen tunlichst zu vermeiden versucht.

Das finden wir leider seit Jahrhunderten in der Welt vor: Im Christentum gilt die Frau weniger als der Mann, christliche Klöster sind strikt getrennt in Mönche und Nonnen; im Islam ist der Mann der Frau überlegen, er darf sie schlagen oder zwangsverheiraten. Auch im Judentum ist es ähnlich: Bei politischen oder kaufmännischen Angelegenheiten oder in der Talmudschule sind die Frauen nicht oder nur selten ebenbürtig.

Vor allem aber in den geheimen Zirkeln – ob Freimaurer, Tempelritter oder Debattierclubs – handelt es sich um reine Herrenansammlungen, da die Anwesenheit von Frauen das strukturierte, nüchtern-rationale Denken und Handeln der Männer durcheinanderbringen würde. Die gesamte Thematik der Kriege – ob vor Jesus, im Mittelalter samt der Inquisition, im Ersten und Zweiten Weltkrieg oder bei den aktuellen Kriegen – sind zu 100 Prozent Folgen männlichen Wirkens. Deswegen gab es bis vor kurzem auch keine Soldatinnen!

Haben Sie jemals davon gehört, dass im Krieg Männer von Frauen geschändet und ganze Städte niedergemacht wurden? Nein? Ich auch nicht. Frauen waren es meist, die Kriege oder Revolutionen zu verhindern versuchten, wie es beispielsweise im Russland-Tschetschenien-Krieg der Fall war, als sich russische Frauen mutig vor die Panzer stellten. Oder schon während des Krieges zwischen Athen und Sparta ließ Lysistrata die attischen Frauen schwören, so lange ihren Männern den ehelichen Sex zu verweigern, bis sie Frieden mit den Spartanern geschlossen haben. Das taten auch viele Frauen vor wenigen Jahren in Liberia, um den über ein Jahrzehnt anhaltenden Bürgerkrieg zu beenden.

Das westliche Finanz- und Wirtschaftssystem, der Kapitalismus, ist das Resultat eines extrem einseitig rationalen Denkens. Arbeiter – vor allem Arbeiterinnen und Kinder – in fernen Ländern gnadenlos auszubeuten, dazu ist nur ein Mann fähig. (Erinnern Sie sich hier an die Geschichte des Wirtschaftskillers John Perkins.) Und die Bevölkerung zu knechten, all das entspricht dem einseitigen Intellekt, ohne Gefühl, ohne Anima! Glauben Sie, eine Frau wäre dazu in der Lage – wie es im Alten Testament beschrieben ist und in den Kriegen immer wieder stattfindet – kleine Kinder zu erschlagen, auch Babys, oder verhungern zu lassen? Im Gegenteil! Frauen sind es – egal welcher Nation oder Abstammung –, die sogar die Kinder ihrer Feinde noch aufgenommen und großgepflegt haben...

Weil diese Kräfte, die in uns angelegt sind, so grundverschieden sind, verstehen wir Männer viele der Handlungen unserer Frauen nicht, da sie oftmals nicht logisch nachvollziehbar sind. Etliche Buchtitel sind zu dieser Thematik veröffentlicht worden, Witze werden darüber gerissen („*Frauen und Autos...*“) und sind auch in unseren Sprachgebrauch übergegangen (das Wort „dämlich“ kommt beispielsweise vom unrationalen Verhalten einer „Dame“). Wir Männer wollen uns eben überlegen fühlen.

Ob es unser auf Erfolg, Karriere und Profit ausgerichtetes Schulsystem ist oder unser Wirtschaftssystem (denn nur die wenigsten üben einen Beruf aus, der ihnen auch wirklich Freude bereitet und sie glücklich macht) – es ist alles rational, nüchtern und männlich ausgerichtet. „*Erst die Arbeit, und dann das Vergnügen.*“ Dieser Ausspruch erklärt all das punktgenau. Arbeit muss hart sein, und erst dann darf man feiern. Dass man das auch verbinden könnte, darauf kommen wohl die wenigsten.

Wir erkennen jedenfalls, dass das kalte, rein profitorientierte Verdrängungsdenken die Folge der Unterdrückung der weiblichen Lebensaspekte ist – ganz klar! Und das wird nicht nur in der Außenwelt so gelebt, sondern auch in uns. Vor allem die Frauen werden immer männlicher im Verhalten und auch im Aussehen, was sich am deutlichsten durch Kurzhaarschnitte und das Tragen von Hosen zeigt.

Wie ist diese Entwicklung zu erklären? Was der Osten dem Westen schon immer vorwirft, ist unser Ausstieg aus dem natürlichen und ganzheitlichen Gemeinschaftssinn hinein in *künstliche* koloniale oder diktatorische oder elitäre Gemeinschaftsformen. Und hinter dieser allmählichen Umentwicklung steht dann einzig und allein das ICH, wieder des Einzelnen wie auch das ganzer Gemeinschaften – ob in Fußballvereinen, Weltwirtschaftskonzernen, Religionsgemeinschaften oder Geheimbünden.

Energetische Polaritäten bestimmen unser Leben! *Wo* sind sie nicht überall und seit uralten Zeiten festgeschrieben? *Wohin* überall verfolgen sie uns mit ihren Gegensätzlichkeiten, und in *wie vielen* Fällen begegnen uns die irdischen Polaritäten immer auffälliger? Und dabei wird uns auch noch klar, dass sie seit jeher in *unserer* individuellsten und intimsten Denk- und Steuerzentrale, unserem Wunderwerk Gehirn, ursächlich angelegt sind – dass sie dort richtiggehend zuhause sind.

Yin (chin. *dunkel*) stellt mit dem weiblichen Aspekt auch die Polarisierung *minus* (–) dar und Yang (chin. *hell*) die Polarisierung *plus* (+). Doch wir werden in der chinesischen Mythologie niemals eines dieser Zeichen einzeln finden. Beide sind eine Einheit und sind deshalb wie im menschlichen Gehirn eben eine **duale Einheit**. Könnte diese uralte Symbolik möglicherweise ein Hinweis darauf sein, die Ganzheitlichkeit *über* die Dualität zu stellen? Könnte es unsere Lernaufgabe sein, unseren Umgang mit unserem zweigeteilten Gehirn immer öfter *ganzheitlich* zu arrangieren? Oder erwischt es uns weiterhin und immer wieder im *entweder-oder*, im *aktiv-passiv*, im *pro und contra*, im politisch *korrekt-unkorrekt*?

Blicken wir zuerst einmal auf die rechte Gehirnhemisphäre mit ein paar wissenschaftlichen Erklärungen. Der ungarische Evolutionsforscher und Wissenschaftsphilosoph Professor Dr. Ervin László, Autor von über 40 Sachbüchern, überträgt diese gegensätzlichen Qualitäten unserer Gehirnhälften auf unsere Kultur und fordert für eine veränderte **rechtshirnige Zukunft** einen Paradigmenwechsel – einen grundsätzlichen Wechsel der ‚herrschenden Meinung' (der Meinung der „Herren"): *„Wir müssen den*

Sprung schaffen zu einer ganzheitlichen organistischen Empfindung, die dann auch eine wissenschaftliche Grundlage haben kann." László arbeitete auch an dem Film und Buch „*Bleep*" mit.

Die Autorin, Theologin und Pädagogin Dr. Christa Mulack erklärt dazu:

„*Das religiöse Empfinden entspricht den Eigenschaften der rechten Hirnhälfte, die mit ihrem synthetisch-ganzheitlichen metaphorischen Denken als typisch weiblich angesehen wird, da in der Tat Frauen in ihr mehr zu Hause sind als Männer, die meist nur unbewussten Zugang zu ihr haben. Weiblicher Vielfalt entsprechend ist diese rechte Hemisphäre bei der Frau weniger spezialisiert als beim Mann, so dass sie bei Ausfällen der linken Hälfte deren Funktion übernehmen kann. Das ist beim Mann nicht möglich, da bei ihm die Funktionen der rechten stärker festgelegt sind, genauso festgelegt wie sein dogmatisches Glaubensgebäude.*"

Der Gehirnforscher und Arzt Dr. Andrew Newberg beschäftigt sich mit der Neurowissenschaft in Verbindung mit spirituellen Erfahrungen, ist Co-Autor des Bestsellers „*Der bewusste Gott*" und bestätigt im Begleitbuch zum Film „*Bleep*":

„*Das Gehirn ist zu Millionen von unterschiedlichen Dingen fähig, und die Menschen sollten wirklich erfahren, wie unglaublich sie sind und wie unglaublich ihr Verstand tatsächlich ist. Wir haben nicht nur dieses sagenhafte Ding in unserem Kopf, das so vieles für uns tun und uns beim Lernen helfen kann, sondern es kann sich auch verändern und anpassen und uns weiter voranbringen, als wir bisher gekommen sind. Es kann uns dabei helfen, uns selbst zu transzendieren.*"

Der bekannte holländische Arzt und spirituelle Lehrer Dr. Roy Martina beschäftigt sich seit 1978 mit alternativen Heilweisen wie Homöopathie, Akupunktur, Kräuterheilkunde, Qigong und vielem mehr. Außerdem trainiert er seit 35 Jahren Kampfsport und hat internationale Titel in Karate und Judo gewonnen. Roy Martina hält weltweit Seminare im Bereich der Präventivmedizin und Selbsterkenntnis und erklärte mit Überzeugung:

„*Würde man die linke Gehirnhälfte entfernen, wären alle Menschen sofort spirituell. Auch die Männer.*"

Und ich ergänze: ...dann spräche man auch nicht mehr von ‚*politischer Korrektheit*', denn das ist ja weltweit und trotzdem individuell ausschließlich mit dieser wegoperierten linken Gehirnhemisphäre verbunden.

Unser Ego ist der Motor.

Ego, die lateinische Bezeichnung für unser ICH, wird oft in negativer Bedeutung verwendet: um einen Menschen als Egoisten zu charakterisieren, als einen Menschen, der sein persönliches Interesse bewusst oder unbewusst stets in den Vordergrund seines Handelns stellt und ohne Rücksichtnahme auf Mitmenschen nur auf seinen Vorteil bedacht ist.

Als Schwerpunkt für diesen Beitrag unterscheide ich beim Ego jedoch drei Richtungen:

- Die natürliche und lebensnotwendige *Eigensinnigkeit*, die uns sicherlich schon oft das Leben gerettet hat und eine wertvolle, individuelle Kraft in uns ist.
- Die *Eigensucht*, die von alters her und vor allem männlich geprägt Personen, Familien und ganze Zeitalter beherrscht und für ihre gierige Machterhaltung engbegrenzte politische Korrektheit benötigt und
- die *Eigenwilligkeit*, die im Gegensatz dazu keine Ein- und Unterordnung verträgt und typisch für unsere individuelle „Unkorrektheiten" steht.

Zum ersten Punkt brauche ich wohl nichts zu erklären, wenn wir es einfach als unser nötiges Selbstbewusstsein betrachten. Im Gesundheitsbereich sollte es manchmal als *fehlende Selbstliebe* sogar therapiert werden.

Die dritte ICH-Form, die mächtig in uns brodelnde Sehnsucht nach Wahrheit, nach Klarheit und Freiheit, ist ein unerschöpflicher Motor, um aus Personen Persönlichkeiten zu machen. Ganz spontan fallen mir dabei der deshalb ermordete Mahatma Gandhi ein oder der Jurist und Friedensnobelpreisträger Nelson Mandela (nach 27 Jahren Haft).

Der wesentliche Punkt – bezogen auf unser Buchthema – ist auf jeden Fall der zweite, die *Eigen-* und *Ichsucht*. Wenn wir jene Leute und Machtsysteme beklagen, deren Ego- und Elitewahn unsere heutige Welt manipuliert, dann dürfen wir dabei jedoch nicht vergessen, dass jeder von uns damit ebenfalls irgendwie behaftet ist. Sicherlich ist es ein für uns und unsere Umgebung sehr erträgliches Maß an Ego – bei uns Gutmenschen! –, doch niemand ist wirklich frei davon, und jeder könnte in seinem Inneren eine Resonanz empfinden zu dem, was er im Außen überzeugt bekämpfen möchte. Damit meine ich nicht die Extreme des Machterhalts wie kriegerische Überfälle, Mord, Erpressung, Klimakriege und solche Aktionen, bei denen Menschenleben nichts wert sind. Da empfinden wir alle die gleiche abgrundtiefe Ablehnung. Doch da gibt es noch eine globale Unterstufe, die manchmal als „geistiges Gefängnis" oder „Käfig" bezeichnet wird. Und ich provoziere gleich wieder: Ist es für die meisten der Mainstreamer ihr eigener Käfig? Selbstbeschränkte Freiheit, konsumsüchtiges Finanzsystem und erfolgsorientierte Arbeitswut?

Für die wohlhabenden Völker ist es wenigstens ein „vergoldeter Käfig" oder wie ich es in einer Neujahrsbotschaft las: *eine Komfortzone*. Der österreichische Buchautor, Mathematiker, Medium und Künstler Mag. Werner Johannes Neuner beschrieb dazu etwas sehr Kluges:

„Wir halten uns in einer Komfortzone auf. Diese Komfortzone ist eng abgesteckt und begrenzt, wie ein unsichtbarer Käfig, der mit einer elektrisch geladenen Barriere gesichert ist. Solange wir uns innerhalb dieser Zone befinden, geht es uns (scheinbar) ganz gut. Wir haben, was wir brauchen, solange wir tun, was von uns erwartet wird.

Das Problem tritt nur dann auf, wenn sich in uns selbst unser Lebens- oder Seelenplan meldet. Denn der will zumeist etwas anders, etwas Erfüllendes, etwas Erregendes, etwas Beglückendes. Und das liegt meist außerhalb dieser Komfortzone.

Dieser Käfig wird definiert von unseren Moralvorstellungen, unserer Ethik, unseren religiösen und esoterischen Glaubenssätzen und von unseren begrenzenden Vorstellungen von Liebe und Sexualität. Sobald ein Mensch es wagt, diese Glaubenssätze zu hinterfragen oder sie gar missachtet, werden die Wächter aktiv. Und diese Wächter sind wir selbst, jene, die im Umfeld jenes Menschen leben, der es wagt, an die Grenze seines Käfigs zu gehen oder diese gar überschreitet...

Durch diese Wächter, in uns und um uns herum, funktioniert jenes hierarchische System, über das einige wenige Menschen die gesamte Welt regie-

ren. Es macht wenig Sinn, gegen ‚Chemtrails' ins Feld zu ziehen oder sich den Zusammenbruch des Euros herbeizusehnen, wenn man hier nachhaltig etwas verändern will. Eine Veränderung ist nur dann möglich, wenn wir uns selbst als Wächter erkennen und begreifen, wo und wie wir als Wächter agieren, sowie wo dieser Wächter in uns selbst wohnt."[174]

Kommen wir zurück zu unseren beiden Gehirnhemisphären. Unser linkshirniger Verstand ist energetisch vernetzt mit unserem Solarplexus und seinen Bauchgefühlen, und dort hat jeder von uns allerhand Ängste angesammelt. Solange wir also verstandesmäßig die vergoldeten Käfigstäbe aufbiegen wollen, wird das ganz unbewusst von unserem bekannten oder unbekannten Ängstepotential behindert. Somit hat unsere ICH-Energie viele Beschwernisse und hängt zudem noch allzu sehr in den einstmals abgespeicherten Bildern und Erkenntnissen, die wir schon vor Jahrzehnten „Old Age" nannten. Wechseln wir dagegen immer öfter in die Impulse unserer rechten Gehirnhemisphäre, eröffnen sich teilweise völlig veränderte Erkenntnismöglichkeiten und Reaktionen.

Doch hier spielen noch weitere, nämlich geistige Energiefelder mit. Zum Beispiel besteht der menschliche Körper aus rund 65 Billionen Zellen, ein perfektes, geordnetes und von geistigen Energien gesteuertes Körpersystem, das bei optimalen Voraussetzungen zirka einhundert Jahre lang funktioniert – phantastisch, oder? Phantastisch ist auch die Erkenntnis, dass ein Baby die ersten 9 Monate weitgehend selbständig und ohne jegliche Einmischung gedeiht und funktioniert!

Oder dass alle Erdenbewohner jetzt durch die erhöhte Schumannfrequenz in einem neuen Energiefeld einen neuen, meist unbewussten Umgang mit ihren geteilten Gehirnhemisphären erleben – automatisch, ohne ihr Zutun. Je mehr wir also der rechten Gehirnhälfte die Lebensführung überlassen, desto mehr wird vieles erleichtert. Und wenn wir es sogar schaffen, immer öfter die beiden Hemisphären zu ‚synchronisieren', dann können wir damit optimale Voraussetzungen kreieren.

Was heißt synchronisieren? Es bedeutet Gleichtakt, aufeinander abgestimmt sein, sich im gleichen Rhythmus befinden, und das nennt sich medizinisch α-Zustand (Alphazustand).

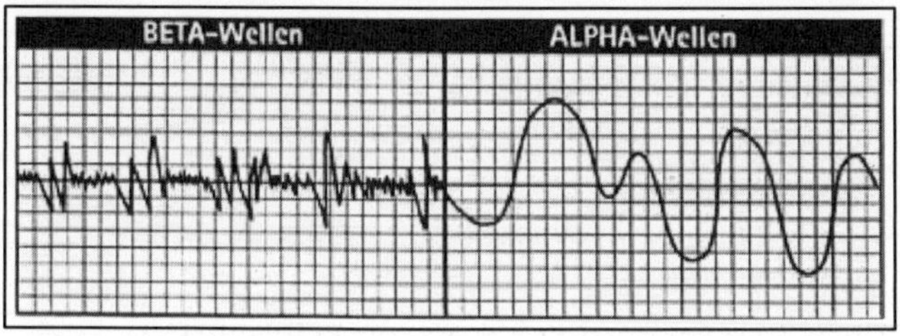

Abb. 45: Mit EEG gemessene Gehirnwellen

Dazu muss sicherlich noch viel veröffentlicht werden, obwohl es schon mehrere therapeutische und Lernhilfen gibt. Ich selbst habe das ‚Superlearning' im Alphazustand meines Gehirnkästchens erfolgreich praktiziert. Rechtshirnig steckt auch viel natürliche Überlegenheit durch äonenlange Zellerinnerungen und genetische Ur-Erfahrungen in uns. Erstaunlich ist dabei der leistungsmäßige Unterschied der beiden Seiten. Ich fand als Angabe, dass unsere linke Gehirnhälfte mit etwa 40 Bits pro Sekunde arbeitet, wogegen die rechte mit 11 Millionen bit/s powert, und was doch damit sehr bezeichnend ist.

Außerdem lassen wir jetzt unsere linke Gehirnhälfte einmal staunen, was die rechte Zwillingsschwester alles so nebenher kann. Lesen Sie als Experiment einfach mal los:

Afugrnud enier Sduite an enier Elingshcen Unvirestiät ist es eagl, in wlehcer Rienhnelfoge die Bcuhtsbaen in eniem Wrot sethen, das enizg Wcihitge dbaei ist, dsas der estre und lzete Bcuhtsbae am rcihgiten Paltz snid. Der Rset knan ttolaer Bölsdinn sien, und du knasnt es torztedm onhe Porbelme lseen. Das ghet dseahlb, wiel wir nchit Bcuhtsbae für Bcuhtsbae enizlen lseen, snodren Wröetr als Gnaezs.[175]

Auch die schwierigere Version funktioniert so:

D1353 M1TT31LUNG Z31GT D1R, ZU W3LCH3N GRO554RT1G3N L315TUNG3N UN53R G3H1RN F43H1G 15T! 4M 4NF4NG W4R 35 51CH3R NOCH 5CHW3R, D45 ZU L353N, 483R M1TTL3W31L3 K4NN5T DU D45 W4HR5CH31NL1ICH 5CHON G4NZ GUT L353N, OHN3 D455 35 D1CH W1RKL1CH 4N5TR3NGT. D45 L315T3T D31N G3H1RN M1T 531N3R 3NORM3N L3RNF43HIGKEIT. 8331NDRUCK3ND, OD3R? DU D4RF5T D45 G3RN3 KOP13R3N, W3NN DU 4UCH 4ND3R3 D4M1T 83G315T3RN W1LL5T.[176]

Was kommt da Phantastisches auf uns alle zu, wenn Neurowissenschaftler bestätigen, dass sich im Gehirn und der DNS epigenetische Fortschritte belegen lassen? *„Auch Erwachsene können ihr Gehirn noch zu erstaunlichen Leistungen bringen, das zeigen neue Studien."* (*Focus-Online* vom 12.2.2012)

Also – wie lange ‚genießen' auch wir noch unsere eingeschränkte Komfortzone, verehren dabei die schwarzen Altäre – die Fernseher –, die in jedem Zimmer hypnotisieren und deren Inhalt uns umerziehen soll, damit wir unseren Konsum-Lebensstandard erhalten können?

Ich bin überzeugt, dass alle Leserinnen und Leser dieses Buches ihre vergoldeten Käfigstäbe schon längst aufgebogen haben. Da draußen feiern schon Millionen ihre Freiheit, allerdings sieht man es vielen überhaupt nicht an, was vermutlich auch sehr sinnvoll ist. Denn sicher gilt heute noch jene wichtige Erfahrung, die schon vor über 2.000 Jahren der chinesische Philosoph und Lehrmeister Konfuzius ausgedrückt hat:
„Ein Mann, der die Wahrheit spricht, braucht ein schnelles Pferd."

Schlusswort

„Um die Weltregierung umsetzen zu können, ist es nötig, Individualität, Loyalität gegenüber Familientraditionen, nationalen Patriotismus und religiöse Dogmen aus den Köpfen der Menschen zu bekommen."

Wenn wir diese Worte von Dr. George Brock Chisholm lesen, dem Mitbegründer und ersten Generaldirektor der Weltgesundheitsorganisation (WHO), dann wird verständlicher, was in unserer Welt geschieht und wieso die Ordnung, wie wir und unsere Eltern und Großeltern sie kennengelernt haben, aus den Fugen gerät – nicht, weil es sich natürlich so entwickelt hat, sondern weil es bewusst so herbeigeführt wurde! Es steckt ein Plan dahinter, ein böser Plan meiner Ansicht nach. Familien, Traditionen und Werte sollen zerstört werden, also all das, was uns in unserer Kindheit als „wichtig fürs Leben" vermittelt wurde. Deswegen werden Worte wie *Heimat*, *Volk*, *Familie*, *Tradition*, *Nationalstolz*, *Glauben*, *Mann* und *Frau* und ähnliche zu „Unworten", sie sind plötzlich „politisch unkorrekt" und nicht mehr erwünscht, da sie dem großen Ziel im Wege stehen – der Weltregierung mit ihrem angestrebten Völker-Einheitsbrei. Das bestätigte auch ein anderer „Insider", Strobe Talbott, der ehemalige Vize-Außenminister Präsident Clintons, am 20. Juli 1992: *„Im nächsten Jahrhundert werden Nationen, so wie wir sie kennen, veraltet sein; alle Staaten werden eine einzige globale Autorität anerkennen. Nationale Souveränität war keine besonders gute Idee."*(177)

Deren Ziel ist eine Weltregierung mit einer einzigen, globalen Währung, und alle politischen Ereignisse der letzten 100 Jahre muss man in Bezug auf dieses Ziel betrachten, denn erst dann versteht man den Kurs der Weltpolitik. Und diese Weltregierung ist gekennzeichnet durch Kontrolle. Die totale Kontrolle erhält man, wenn es kein Bargeld mehr gibt, sondern nur noch virtuelles Geld – gesteuert über gigantische Computeranlagen – und wenn jeder Mensch einen kleinen Chip eingesetzt bekommt, der alles in einem ist: Krankenversicherungskarte, Kreditkarte, Personalausweis und Führerschein. Durch diesen Chip wird man jederzeit überall auffindbar und ist gleichzeitig ein gläserner Mensch, denn jeglicher Zahlungsverkehr ist registriert. Derjenige, der auf den Chip Zugriff hat, kann auf Knopfdruck das Geldguthaben eines unbequemen Bürgers löschen, die Krankenversicherung sperren oder was auch immer. Da sich aber kaum jemand freiwillig einen solchen Chip implantieren lassen wird, haben sich die Leute, die die Welt gerne komplett besitzen möchten, einen Plan ausgedacht, wie sie moderne, aufgeklärte Menschen dazu bringen, sich diesen Chip freiwillig einpflanzen zu lassen. Der Schlüssel heißt „internationaler Terrorismus". Das bedeutet, man schürt bewusst eine Angst vor einem Terrorismus – den es in dieser Form momentan gar nicht gibt –, um die Überwachung zu verstärken und Bürgerrechte einzuschränken. Das war ähnlich wie bei der dritten RAF-Generation, der man verschiedene Morde in die Schuhe geschoben hat und die nicht widersprechen konnte, da es sie in der damals dargestellten Form laut Gerhard Wisnewski gar nicht gab...

Sie meinen, das wäre weit hergeholt? Mitnichten! Henry Kissinger – einer der Top-Insider – hielt auf der Bilderberger-Konferenz in Evians, Frankreich, 1991 eine Rede, der folgender Auszug entstammt:

„Heutzutage wäre Amerika empört, wenn UN-Truppen Los Angeles besetzen würden, um die Ordnung wiederherzustellen. In naher Zukunft wird es dankbar sein! Insbesondere dann, wenn man den Leuten erzählt, dass von außerhalb eine Bedrohung existiert – egal, ob die Bedrohung real ist oder lediglich propagiert –, die unser aller Existenz bedroht. Dann wird es so sein, dass die Leute der ganzen Welt flehen werden, sie vor diesem Bösen zu retten. Das einzige, was jeder Mensch fürchtet, ist das Unbekannte. Wenn das präsentierte Szenarium eintritt, werden die Menschen ihre persönlichen Rechte freiwillig aufgeben, wenn ihnen im Gegenzug das persönliche Wohlergehen durch die Weltregierung garantiert wird."

Man kreiert ein Problem, das es gar nicht gibt, und nutzt die Macht der Medien, um dieses fiktive Problem zu dramatisieren – ähnlich wie bei der Klimahysterie oder der Schweinegrippe. Durch eine Unvorsichtigkeit oder vielleicht sogar durch Hochmut kam dies durch Nicholas Rockefeller heraus, der dem inzwischen verstorbenen Filmemacher Aaron Russo gegenüber auch erwähnte, dass der „Krieg gegen den Terror" ein Riesenschwindel sei, künstlich geschaffen, um Angst und Panik zu erzeugen. Und dieser Nicholas Rockefeller hatte Aaron Russo gegenüber auch erwähnt, dass es zweierlei Mikro-Chips geben würde – einen für die „blöde Masse" und einen für die „Elite", der dann ähnlich einem Diplomatenpass funktionieren soll.

Das Ganze funktioniert nach dem Prinzip „ordo ab chao" („Ordnung aus dem Chaos") – die drei Worte, die wir im Siegel des Schottischen Ritus der Freimaurerei finden! Wenn man eine neue Ordnung – eine *Neue Weltordnung* – einführen möchte, so muss zunächst die alte Ordnung zerstört werden – die alten Werte, Familienbande und Glaubensrichtungen. Im Austausch dafür erhalten wir dann eine Überwachungsstruktur, die aber nicht von den einzelnen Staaten wie beispielsweise Deutschland oder Österreich kontrolliert wird – also dass Deutsche von der deutschen und dass Österreicher von der österreichischen Regierung überwacht werden –, sondern von der EU, der UNO oder den USA – oder eben auch von privaten Anbietern undefinierbarer Herkunft. Diese sind es, die die Daten dann verwalten und kontrollieren. Das machen sie ja jetzt auch schon. Fremde haben somit Zugang zu den privatesten Informationen von uns. Wir haben dann den Feind im eigenen Land, der weiß, was der deutsche Bürger denkt, isst, was er konsumiert, mit wem er was kommuniziert und so weiter – siehe *Blackberry*, *Facebook*, *skype* oder *Twitter*. Die überwiegend jugendlichen Nutzer sind sich gar nicht darüber bewusst, dass ihre Daten nie gelöscht werden. Und was die Mikrochips angeht: Die werden selbstverständlich nicht nur den Kriminellen eingepflanzt – das ist nur der Vorwand zu Beginn –, sondern irgendwann allen Menschen, da uns nur deren Vorteile vorgestellt werden. Ein sehr enger Freund von mir, ein österreichischer Unternehmensberater, hatte sich im Jahre 2008 in London mit einer Dame getroffen, einem ehemaligen britischen Regierungsmitglied. Irgendwie beiläufig kamen sie beim anschließenden Essen auf das Thema Überwachung zu sprechen, die ja in England überall präsent ist. Und die Dame erklärte dann ganz ungeniert, dass sie selbst und ihre Familie, *„die der gehobenen Gesellschaftsschicht angehört"*, bereits die Chips implantiert hätten und bald alle Engländer – ob sie das wollten oder nicht – Mikrochips unter die Haut implantiert bekämen. Die Frau war zur Überraschung meines Freundes ganz begeistert von dieser Tatsache.

Das, meine lieben Leserinnen und Leser, ist die Richtung, in die der Weltzug fährt, da wollen uns die wahren Machthaber dieses Planeten hinführen. Nun gibt es die verschiedensten Vermutungen, WARUM die Personen, wie die eben genannten, die aus dem Hintergrund heraus die Weltgeschicke langsam aber sicher verändern, sich in dieser Weise äußern und

Politik machen: Die einen meinen, sie seien mit dem Teufel im Bunde; die nächsten, sie sind einfach nur machthungrig und egoistisch; wiederum andere sind überzeugt, dass sie erpresst werden und eigentlich ganz anders handeln würden, wenn sie könnten. Und es gibt selbstverständlich auch welche, die das gut finden – die Neue Weltordnung –, da sie der Ansicht sind, dass ein Frieden in der Welt nur dann nachhaltig bestehen kann, wenn die Unterschiede zwischen den Menschen und eben auch den Kulturen und Religionen beseitigt werden. Mein Interview mit dem Hochgradfreimaurer in *„Geheimgesellschaften 3"* hat genau das gezeigt, nämlich, dass diese Leute größtenteils wirklich überzeugt davon sind, dass die *Neue Weltordnung* der Welt einen lang anhaltenden Frieden bringen wird. Dass in deren Konzept auch eine Dezimierung der Menschheit um mehr als die Hälfte eingeplant ist, wissen allerdings die wenigsten...

Die Frage ist nun: Was ist IHRE Meinung dazu? Finden Sie das gut? Möchten Sie nicht gerne gefragt werden, ob sie Ihre Religion, Tradition und Ihr Weltbild aufgeben wollen? Klar möchten Sie gefragt werden – ich ja auch. Es ist aber auch klar, dass die Machthaber uns – den Bürgern – das mit dem Weltplan nicht sagen und auf die persönlichen Umstände keine Rücksicht nehmen können, denn es sind wohl fast alle Menschen dagegen – ob Christen, Muslime oder Buddhisten –, und die illuminierten Weltherrscher werden ihr Ziel dann nie erreichen.

Es geht nun um Sie: Wollen Sie das? Gefällt Ihnen dieser Plan? Oder nicht? Dann treffen Sie ein paar „unkorrekte" Entscheidungen in Ihrem Leben. Dieses Hintergrundwissen, mit dem Sie durch uns Autoren konfrontiert werden, können Sie für sich behalten oder aber es in ihr Leben integrieren und mit anderen Menschen teilen. Das ist es, was jeder von uns tun kann.

Was wir aber auf jeden Fall können ist Folgendes – und das ist es auch, was ich und meine Familie tun:

- Leben Sie bewusst und kaufen Sie die Nahrungsmittel von Erzeugern in Ihrer Region, damit Sie wissen, wie die Produkte/Lebensmittel hergestellt wurden und dass so wenig Chemie wie möglich verwendet wurde. Dadurch unterstützt man nebenbei auch die Menschen und Kleinbetriebe in seiner Umgebung, die auch in Krisenzeiten als Quelle dienen können.

- Generell geht es darum, so autark wie möglich leben zu können: Ein eigenes Gewächshaus oder einen Schrebergarten zu bewirtschaften, ist wichtig, damit man zumindest einen Teil der Nahrung selbst anbauen kann. Eine Kleintierzucht ist auch sinnvoll, damit für Fleischesser auch hier eine Alternative besteht, sollte es einmal knapp mit der Nahrung werden (Fischzucht, Schafe oder Hühner). Die Eier der Hühner sind aber auch für Vegetarier eine autonome Nahrungsquelle...
- Ganz wichtig ist es auch, einen eigenen Brunnen zu haben oder zumindest zu wissen, wo in der nächsten Umgebung jemand einen Brunnen oder eine Wasserquelle hat.
- Für mich ist es persönlich sehr wichtig, energie-autark zu werden. Das beginnt bei einer Photovoltaik-Anlage auf dem Dach oder einem Windrad im Garten und geht bis zur Beschäftigung mit der „Freien Energie" und deren Umsetzung (Wassermotoren, Magnetmotoren usw.).
- Nicht unwesentlich ist es aber auch – vor allem, wenn man Kinder hat –, Ärzte, Heilpraktiker oder Heiler zu kennen, die ebenfalls einen wachen Verstand haben und die man in Krankheitsfällen konsultieren und denen man auch vertrauen kann (Impfpflicht).
- Ganz konkret wird es aber mit diesem Hintergrundwissen bei der nächsten anstehenden Wahl. Dann sollten Sie sich an die Berichte hier im Buch erinnern und dann erst Ihre Wahl treffen! Sie dürfen durchaus auch Ihre Kommunalpolitiker auf solche Informationen hinweisen und nachfragen, ob sie diese Ziele auch verfolgen.

Generell ist die Frage von wesentlicher Bedeutung, ob Sie mit der Kenntnis um all diese Lügen, den Betrug und die Manipulationen einfach so weiterleben können? Fällt es Ihnen leicht, all das, was Sie hier gelesen haben und was Sie tagtäglich mitbekommen und in der Welt sehen, zurückzuhalten, um nicht anzuecken? Ob wir Menschen – Leute wie Sie und ich – etwas Großes bewirken können, weiß ich nicht. Aber eines weiß ich: Wir können uns jeden Tag aufs Neue für die Wahrheit einsetzen – die kleinen Lügen und Unwahrheiten ansprechen, die wir täglich mitbekommen, die Verdrehungen und politischen Korrektheiten, die aber gar nicht korrekt sind, sondern die Tatsachen verschleiern... Es gibt unabhängige Filmemacher wie Erwin Wagenhofer oder Fritz Poppenberg und andere, die solche Lumpereien enthüllen. Aber vor allem am Beispiel des Filmes *„Loose Change"*, den drei Jugendliche auf ihrem Laptop erstellt haben und der dann über 100 Millionen Mal (!) angesehen wurde, zeigt sich, was möglich ist und dass jeder von uns in irgend einer Weise aufklärerisch tätig werden kann. Denken Sie einfach mal darüber nach...

Wir Autoren dieses Buches sind der Ansicht, dass es wichtig ist, sich permanent neu zu informieren, damit man agieren kann, falls sich etwas Dramatisches auf der Erde tut – vor allem aber auch, wenn sich etwas Subtiles abspielt, das eben in den Nachrichten des Mainstreams NICHT auftaucht. Neue Feindbilder zu erzeugen, ist jedenfalls nicht unser Ziel, sondern friedvolle Wege aus diesem Schlamassel heraus zu finden. Schön wäre es aus unserer Sicht natürlich, wenn die Journalisten, die tagtäglich mit der Faust in der Tasche ihre Berichte „politisch korrekt" schreiben müssen, um ihren Lebensunterhalt bestreiten zu können, sich zusammentun und mal auf die Straße gehen; dass sie aufbegehren gegen die Zensur der Nachrichten. Wenn so etwas geschehen würde, dann würde vielen Menschen wohl auch klar werden, dass wir manipuliert werden.

Und darin sehe ich persönlich auch die Chance, dass etlichen der gewaltbereiten Jugendlichen – egal ob mit oder ohne Migrationshintergrund – ein Licht aufgeht und dass sie nicht mehr gegen ihre Mitmenschen vorgehen und endlich erkennen, dass der Gegner nicht der einfache Mensch auf der Straße ist – zum Beispiel der Angehörige eines anderen Glaubens –, sondern ganz woanders sitzt. Wenn vor allem die jungen Menschen erkennen würden, dass hinter der lauten Welt von Autos, Fußball, Disco, Alkohol, Porno- und Gewaltfilmen noch eine andere, eine leisere Welt existiert, die sie tagtäglich fast unmerklich beeinflusst, dann könnte etwas Positives passieren.

Glücklicherweise gibt es auch Journalisten, die sich von ihren Vorgesetzten nicht mehr alles gefallen lassen, zum Beispiel der investigative Journalist Harald Schumann (1958), der im November 2010 in Berlin mit dem ersten Platz beim Journalistenpreis „Der lange Atem" ausgezeichnet wurde. Während seiner Dankesrede erklärte Harald Schumann, der inzwischen als Redakteur beim *Tagesspiegel* tätig ist, zum Thema „Pressefreiheit":

„...Es gibt einen wichtigen Punkt der Pressefreiheit, der in Deutschland fast nie zur Sprache kommt, und zwar die ‚innere Pressefreiheit' in den Redaktionen. Die ist nämlich keineswegs überall gegeben. Ich hab das ja nun am eigenen Leib über viele Jahre beim SPIEGEL mitgemacht, aber ich weiß es auch aus anderen Redaktionen... Es ist nicht so, dass, wenn der Redakteur oder der Reporter, der eine Sache recherchiert hat und etwas für richtig oder für falsch erkannt hat, dass das dann automatisch auch genau so im Blatt erscheint, sondern... es kommt immer noch sehr häufig vor, dass Kollegen, die hervorragende Arbeit gemacht haben, die hervorragend schreiben und recherchieren, nicht das schreiben dürfen und können, was eigentlich der Wahrheit entspricht, sondern es wird zurechtgebogen, kleingemacht, zurechtgekürzt, wenn es den jeweiligen Gesinnungen, Absichten und Interessen ihrer Vorgesetzten nicht entspricht."[178]

In einem Interview mit dem „Medienmagazin" vom *Inforadio RBB* führte er dann am 7.11.2010 weiter zu diesem Thema aus:

Harald Schumann: *„Es gibt häufig politische und wirtschaftliche Interessen von Chefredakteuren und Verlegern, und die werden von oben nach unten durchgestellt und viele Kollegen werden gezwungen, sich dem zu beugen."*

Reporter: *„Können Sie da Beispiele nennen? Sie haben kurz angedeutet, dass Sie beim SPIEGEL Ihre Themen gar nicht mit der nötigen... Würdigung empfunden haben."*

„Nein, es ging nicht um Würdigung, ich durfte seit 1999 zu allen Themen der politischen Ökonomie de facto nicht schreiben."

„Mit welcher Begründung?"

„Ja, zu kritisch, zu links, nicht angepasst genug... Das wurde nicht begründet, sondern ich bekam einfach, wenn ich die Themen vorschlug, die Aufträge nicht, und dann konnte ich gar nicht erst anfangen."

„Haben Sie eine Theorie, warum der SPIEGEL auf Ihren Sachverstand verzichtet hat, denn... nach der Bankenkrise gab es doch einen riesengroßen Reporterbericht, wo mehrere Edelfedern versucht haben, den Crash zu rekonstruieren."

„Nee, die Geschichte war anders, ich hab' ja beim SPIEGEL gekündigt. Insofern hatte der SPIEGEL, oder die Chefredaktion des SPIEGEL, nicht die Wahl, auf mich zu verzichten oder nicht, ich wollte ja dort nicht mehr arbeiten. Das war'n anderer Konflikt, da ging es nicht um dieses Thema, sondern da ging's um die Energiepolitik, und der damalige Chefredakteur hatte privat ein Interesse, gegen Windkraft zu sein, weil es seine Pferdezucht... im Landkreis Stade bedrohte, und deswegen sollte von da an der ganze Spiegel gegen Windkraft sein... Eine Geschichte, die von mir und einem Kollegen recherchiert war, wurde dann... letztlich mit dieser Begründung nicht gedruckt, und stattdessen erschien eine Anti-Windkraft-Titel-Geschichte, die so haarsträubend, falsch und manipuliert und mit gefälschten Fotos und gefälschten Zitaten war, dass ich gedacht hab', das ist nicht mehr meine Zeitung, und deswegen hab' ich damals gekündigt."

„Aber Sie sagen schon, dass es ein Phänomen ist, das nicht nur ein Einzelfall ist, diese innere Pressefreiheit, sondern dass das ein Problem ist."

„Das ist in der – das muss man wirklich offen sagen –, das ist in der deutschen Presse gang und gäbe, dass Chefredakteure oder Ressortleiter ihren Untergebenen sagen, wie sie zu denken haben, dass Vorgaben gemacht werden, was sie recherchieren dürfen und was nicht, und dass viele junge Kollegen daran gehindert werden, überhaupt kritische Journalisten zu werden, weil ihre Vorgesetzten das gar nicht wollen."

„Sie nehmen ausdrücklich die öffentlich-rechtlichen Anstalten nicht aus, warum?"

„Weil ich genügend Kollegen aus öffentlich-rechtlichen Anstalten kenne, die mir genau solche Geschichten berichtet haben und mir das hundertfach bestätigt haben, also, insofern. Die sind da nicht auszunehmen..."(179)

Im Herbst 2011 wurde ich in einem Interview mit *Kopp-Online*(180) gefragt, wie ich die Entwicklung der Menschheit in den nächsten Jahren einschätze. Folgendes habe ich geantwortet:

Was uns hier bei der Aufklärungsarbeit hilfreich unterstützt, sind kosmische Zyklen. Wir haben nun das Jahr 2012 erreicht, von dessen Bedeutung einst nur die Maya wussten, inzwischen aber die ganze Welt spricht – dank Hollywood. Aber was bedeutet das für uns? Nun, es geht um das Ende des Maya-Kalenders und beschreibt das Auslaufen eines kosmischen Zyklusses – es ist nicht das „Ende der Welt", sondern der Beginn eines neuen, anderen Zyklusses. Es wird vieles geschehen, aber die Welt wird sich weiterdrehen. Unser Sonnensystem nähert sich dem Galaxiszentrum wieder an, was eine Beschleunigung beziehungsweise Erhöhung der Frequenzen hervorruft (die Schumann-Frequenz hat sich messbar erhöht). Das bedeutet, dass sich alles verändern wird – politische Systeme, die Religionen, vor allem aber das Denken, Fühlen und Handeln der Menschen. Alte, steife Systeme werden brechen – ob das im Finanzsektor oder in der Gesellschaft ist. Immer mehr Menschen werden krank, sterben plötzlich weg. Ehen zerbrechen, Traditionen vergehen, die Selbstmordrate steigt. Vor allem, was die Veränderung der Traditionen und Kulturen angeht, so spielt dieser kosmische Trend den illuminierten Weltherrschern zu, da sie diese Tendenz für sich nutzen und in ihre Richtung lenken wollen. Aber auch der Planet selbst wird aufgewühlt. Erdbeben, Vulkanausbrüche und Klimaveränderungen sind die Folge. Diese Naturereignisse treten aufgrund kosmischer Veränderungen ein und sind nicht die Folge unserer Auspuffgase!

Doch alles hat eben zwei Seiten. Die sich zunehmend erhöhenden Schwingungen bringen der Menschheit auch eine Bewusstseinserweiterung, die harmonisierend wirkt, neue Erfindungen erlaubt, ein neues Geldsystem ermöglicht. Erkenntnisse der Quantenphysik werden fast alle Wissenschaften revolutionieren, und die Macher der Alten Welt werden heimgeschickt. Und das ist es, was den geheimen Weltenlenkern Angst macht! Allerdings geschieht das alles nicht über Nacht, sondern ist mit einem Sonnenaufgang vergleichbar. Es geht langsam, aber stetig vonstatten. Die einen sprechen von Jahren, die anderen von Jahrzehnten.

Für die Menschheit bricht eine neue Ära an, es wird eine spannende Zeit, auf die wir uns freuen können. Nur das alte System muss sich fürchten, das materialistische, das geistlose. Denn das Zinses-Zins-System, auf dem die westliche Wirtschaftswelt aufgebaut ist, und der Kapitalismus werden ebenso kaputt gehen! Höchstwahrscheinlich werden wir aber die nächsten Jahre noch weitere Kriege erleben, weil sich das alte Machtsystem selbst erhalten will. Aufgrund der nicht endenden „Finanzkrise" wird es – auch in Deutschland – zu inneren Unruhen kommen, zu bürgerkriegsähnlichen Zuständen, aber auch zu neuen Kriegen. Diese sind überwiegend künstlich hervorgerufen durch westliche Geheimdienste.

All das ist ein konstruiertes Problem, das seit Jahrzehnten geplant ist. Wir bräuchten keine Finanzkrise, denn die ist hausgemacht und eine logische Konsequenz des Zinses-Zins-Systems, das wir in der westlichen Welt haben, welches die Staaten und somit die Bürger in die Schulden treibt.

Was mir bei all der Recherche über die letzten zwei Jahrzehnte immer wieder Hoffnung gemacht hat, ist die Tatsache, dass zwischen den noch etablierten Schlafmützen kleine Sterne funkeln. Es kommt eine neue Generation an Seelen auf diesen Planeten, für die es gilt, groß zu werden, erwachsen, damit sie sich entfalten kann. Für uns Eltern gilt es, diese lichten Seelen irgendwie durch das marode und sehr einseitig kapitalistisch ausgerichtete Schul- und Gesellschaftssystem zu schleusen, bis sie ihre Aufgaben angreifen können. Wenn ich solche Kinder nicht selber kennen würde, so würde ich ob der momentanen Situation auf der Erde in eine dunkle Zukunft blicken. Und aus der Geschichte wissen wir, dass es nur einer Handvoll aufrechter Menschen benötigt, um ein Staats- oder Finanzsystem zu verändern. So hatte John F. Kennedy beispielsweise als einzelner Mensch die Möglichkeit, die ganze Welt zu verändern, wäre sein von ihm verabschiedetes Gesetz zur Einführung eines eigenen, „richtigen" US-Dollars – nämlich unabhängig von der FED – auch umgesetzt worden. Ein Attentat hat das damals verhindert. Aber es wird irgendwann wieder einen John F. Kennedy geben, da bin ich mir sicher!

Ich persönlich meine, dass es aber ebenso wichtig ist, sich nicht nur mit den politischen Aspekten des Lebens zu beschäftigen, sondern auch die spirituellen mit zu berücksichtigen; vor allem die Prophezeiungen der alten Seher zum Beispiel, die nicht nur den Ersten und den Zweiten, sondern auch den Dritten Weltkrieg vorhergesagt haben – und auch, was DANACH geschehen soll! Denn dann erfährt man davon, dass all dies Teil eines großen Planes ist – eines am Ende positiven Entwicklungsplanes für all die unsterblichen Seelen, die hier auf der Erde in Menschenkörpern experimentieren – und dass nach der Zeit der Unruhen eine lange Zeit des Friedens auf Erden ansteht. Wenn man das vor Augen hat, so sieht man diese jetzige Zeit des gesellschaftlichen, moralischen und auch kulturellen Zerfalls mit anderen Augen.

In der Schwingungserhöhung sehe ich noch einen weiteren Vorteil: Diese „Neue Weltordnung“ samt ihrer Mikrochips und totalen Überwachung funktioniert nur aufgrund der Satelliten und der Computeranlagen, die wir heute haben. Lassen Sie nur mal einen Magnetsturm über die Erde hereinbrechen oder durch Sonnenstürme ausgelöste Elektrizitätsausfälle, dann ist es mit der Überwachung dahin. Und genau das wird mit der Schwingungserhöhung vermehrt auftreten!

Dazu passt noch etwas anderes. Sind Sie auch manchmal noch so „unkorrekt“, dass Sie beten? Dann hätte ich nämlich noch eine Empfehlung parat: Wir könnten für die mächtigen Entscheider unserer Welt beten – die Redakteure und Journalisten, die Regisseure, die Generäle, die Banker, die Politiker, die Bosse samt aller „bösen Buben“ im Hintergrund –, dass sie ihre Ängste verlieren. Denn *ihre* offenen sowie ihre heimlichen Ängste bestimmen eigentlich über uns. Wenn wir nämlich genauer hinschauen, erkennt man, dass es deren *Ängste* sind, die über uns und den Planeten herrschen. Und wir können uns selbst fragen: Wer von *uns* ist angstfrei? Vielleicht erkennen wir daran, dass wir alle vernetzt sind und damit auch eine exzellente Einflussnahme auf die Ereignisse auf der Erde haben.

Mein Fazit ist daher: Wir leben in einer spannenden Zeit. Nein, wir leben nicht nur in einer spannenden Zeit – es ist eine einmalige Zeit! Denn es ist die Zeit des Erwachens aus einer geistigen Bewusstlosigkeit und wird dadurch zu einer Wendezeit oder einer Zeiten-Wende. Und wir tragen dabei eine hohe Verantwortung. Erleben wir es bewusst. Wir werden in der Zukunft unseren Enkeln einmal erzählen, dass wir nicht nur mit dabei waren, sondern dass wir aktiv mitgewirkt haben. Freuen wir uns darüber. Auf dass der Wind unser Wissen, unsere Gedanken und unsere Gefühle in die Herzen der Menschheit trage.

In diesem Sinne hoffe ich, dass die hier offengelegten Informationen zu einer konstruktiven Veränderung führen und zu einem bewussteren Umgang mit Informationen.

Mit herzlichem Gruß,

Ihr

Jan van Helsing

Quellen- und Fußnotenverzeichnis

(1) Wikipedia

(2) www.welt.de/print-welt/article226953/Politisch_korrekt_Enid_Blyton_wird_korrigiert.html

(3) „Wie lange hält ein Maulkorb?“ von Sigmar Westerhagen, Komma-Magazin – http://komma-magazin.de/cms/gesellschaft/redeverbote

(4) http://de.ibtimes.com/articles/25133/20120101/obama-unterschreibt-den-ndaa.htm

(5) http://europenews.dk/en/node/28076

(6) Spiegel-Online, 22.11.2010, „Saudische Islamschulen – Judenhass und Handabhacken im Lehrplan“ – www.spiegel.de/schulspiegel/ausland/0,1518,730495,00.html

(7) www.spiegel.de/schulspiegel/ausland/0,1518,730495,00.html

(8) http://diepresse.com/home/politik/aussenpolitik/720073/Tuerkei_Luftangriff-reisst-35-Menschen-in-den-Tod

(9) www.ln-online.de/lokales/luebeck/3223109

(10) www.pi-news.net/2011/08/lubecker-nachrichten-verheimlichen-taterprofil/

(11) www.sueddeutsche.de/muenchen/stachus-schlaegerei-im-schnellrestaurant-1.1254688

(12) Wuppertal (mb). © kompakt-nachrichten.de, 2011-12-28

(13) Dokumentarfilm „Let's make money“ von Erwin Wagenhofer, 2008, www.letsmakemoney.at

(14) Der Tyrann und die Arbeitslosigkeit by indexexpurgatorius, http://indexexpurgatorius.wordpress.com/2011/11/04/der-tyrann-und-die-arbeitslosigkeit/

(15) http://kopp-online.com/hintergruende/geostrategie/dennis-south/schlagender-beweis-gaddafi-sollte-un-menschenrechtspreis-erhalten.html

(16) http://mikephilbin.blogspot.com/2011/11/rothschild-owned-central-banks-in-all.html

(17) www.pi-news.net/2011/11/ulfkotte-deutschland-verblodet-durch-einwanderer/

(18) www.deutsche-mittelstands-nachrichten.de/2011/10/29311/

(19) PHI Nr. 1-2/2012

(20) www.johannes-holey.de/cms/aktuelles/176-das-geschaeft-mit-der-organspende

(21) www.initiative-kao.de

(22) Mehr zur Frage, wie Sie sich schützen können unter: *Gesellschaft für Gesundheitsberatung e.V.* (GGB) – www.ggb-lahnstein.de; ohne Internet: Tel.: 02621-91 70 17

(23) www.pbs.org/newshour/bb/europe/july-dec99/kosovo_8-4.html

(24) www.deutschland.net/content/wolfgang-sch%C3%A4uble-deutschland-kein-souver%C3%A4ner-staat-fiskalunion-24-monaten

(25) www.pi-news.net/2011/11/alles-hitler-oder-wie/

(26) Andreas Popp, September 2011 – www.wissensmanufaktur.net

(27) www.atlantik-bruecke.org

(28) www.pi-news.net/2011/11/oslo-linke-demonstrieren-%E2%80%93-gegen-sich-selbst/

(29) Alexis de Tocqueville, „Über die Demokratie in Amerika“, Reclam Verlag 1986

(30) Dylan Avery, „Loose Change 9/11 – Ein amerikanischer Staatsstreich“, DVD Kopp Verlag 2011 und www.loosechange911.com/

(31) DVD – Oliver Janich, „Meinungsterror und Medienmanipulation“, Kopp Verlag 2011

(32) www.faz.net/aktuell/rhein-main/hessen/umstrittene-broschuere-krieg-war-anlass-nicht-ursache-der-vertreibung-11228574.html

(33) www.secret.tv/artikel5028505/Nuoviso_C_R_HoerstelVortrag_Afghanistan
(34) http://dip21.bundestag.de/dip21/btp/13/13230.pdf
(35) www.bild.de/politik/2011/euro-krise/eu-sondergipfel-jedes-land-ist-fuer-seine-schulden-selbst-verantwortlich-16718732.bild.html
(36) www.bild.de/politik/wirtschaft/wirtschaftspolitik/niemand-nimmmt-den-deutschen-etwas-weg-14776754.bild.html
(37) www.welt.de/politik/deutschland/article13601529/Tausende-Mails-und-Briefe-gegen-Euro-Hilfen.html
(38) www.focus.de/finanzen/news/staatsverschuldung/tid-22479/debatte-der-verheimlichte-super-gau_aid_625051.html
(39) www.welt.de/politik/deutschland/article13637948/Kritik-an-Pofalla-nach-Poebelei-gegen-Euro-Abweichler.html
(40) DVD – Wilhelm Hankel, „Was kommt nach dem Euro?“, Kopp Verlag 2009
(41) http://eur-lex.europa.eu/LexUriServ/LexUriServ.do?uri=OJ:C:2007:303:0017:0035:DE:PDF
(42) DVD – Webster Tarpley, „Im Auftrag der CIA?“, Kopp Verlag 2011
(43) DVD – Bertram Verhaag, „Gekaufte Wahrheit – Gentechnik im Magnetfeld des Geldes“, Denkmal-Film 2010
(44) DVD – Brent W. Leung, „House of Numbers – Die AIDS-Verschwörung“, Kopp-Verlag 2009 und www.houseofnumbers.com
(45) Maybritt Illner, 13.5.2010, ZDF
(46) TV-Sendung „Aufgemerkt! Pelzig unterhält sich“ vom 20.05.2010
(47) Kanzlerin Angela Merkel zu Gast bei Günther Jauch am 25.9.2011, ARD
(48) Franz Bardon, „Frabato. Ein okkulter Roman“, Bauer, Freiburg im Breisgau 1958; Rüggeberg, Wuppertal 1997
(49) www.codexalimentarius.net/web/index_en.jsp
(50) www.bmelv.de/DE/Ernaehrung/SichereLebensmittel/Codex-Alimentarius/codex-alimentarius_node.html
(51) www4ger.dr-rath-foundation.org/GESCHAEFT_MIT_DER_KRANKHEIT/ gesundheitsbewegung_gegen_codex01.html
(52) http://blacksnacks13.spaces.live.com/blog/cns!BD779161601D08D0!6102.entry
(53) http://educate-yourself.org/lte/actionabledisinformation23dec08.shtml
(54) http://de.wikipedia.org/wiki/Lebensmittelbestrahlung
(55) https://6bjq9q.bay.livefilestore.com/
(56) www.mmnews.de/index.php/etc/6789-eu-naturmedizinverbot-sieg-der-pharma-lobby
(57) Dr. med. Walter Mauch, „Die Bombe unter der Achselhöhle“, Bettendorf, München 1996, S.69
(58) www.zentrum-der-gesundheit.de/ia-aspartam-suessstoff.html
(59) www.water-for-africa.org/de/flourvergiftung.html und http://www.nirakara.de/Fluor.htm
(60) www.zentrum-der-gesundheit.de/glutamat-ia.html
(61) www.wissensmanufaktur.net/media/pdf/Der_Codex_Alimentarius_als_Waffe.pdf
(62) Friedrich von Spee, „Cautio Criminalis oder rechtliches Bedenken wegen der Hexenprozesse“, dtv, München 2000 und Christian Feldmann: „Friedrich Spee – Hexenanwalt und Prophet“, Herder, Freiburg im Breisgau u. a. 1993

(63) www.drsuhrborg.de/Lektuere/lauterbach15_plakat_A4.pdf
(64) http://f3.webmart.de/f.cfm?id=2614366&r=threadview&t=3436684&pg=1 und http://de.wikipedia.org/wiki/Klinikgruppe
(65) www.fr-online.de/rhoen-klinikum/rhoen-ag-klinikkonzern-kauft-arztpraxen-auf,2641638,4431488.html
(66) www.drsuhrborg.de/Lektuere/BUKO-Bertelsmann-Gesundheitswesen.pdf
(67) www.manager-magazin.de/koepfe/artikel/0,2828,523798,00.html
www.manager-magazin.de/unternehmen/artikel/0,2828,554601,00.html
www.ungesundleben.org/privatisierung/index.php/Bertelsmann_Stiftung
www.bertelsmannkritik.de/gesundheit.htm
www.keine-lobbyisten-in-ministerien.de/index.php/Bertelsmann_Stiftung
www.bertelsmann-stiftung.de/cps/rde/xchg/SID-0A000F14-BC9AC91D/bst/hs.xsl/18754_32456.htm
(68) www.wiwi.uni-muenster.de/ckm/consult/profil/mitarbeiter/index.html
www.wiwi.uni-muenster.de/ckm/benchmark/concept/index.html
(69) www.ippnw.de/soziale-verantwortung.html
(70) www.stoppt-die-e-card.de/index.php?/archives/8-Vorratsdatenspeichrung-in-der-Medizin.html
www.fr-online.de/politik/risiko-gesundheitskarte-die-neue-versichertenkarte-birgt-gefahren,1472596,10913012.html
(71) www.prinovis.com/company_associates.php
(72) http://stoppt-die-e-card.de/
www.freie-aerzteschaft.de/content/articles/1021/1077/index.html?catid=1077
(73) www.scribd.com/doc/37334987/The-Secretary-General-s-Retreat-Sept-2010-background-papers
www.foxnews.com/projects/pdf/austria_retreat_papers.pdf
(74) www.guardian.co.uk/environment/2009/dec/08/copenhagen-climate-summit-disarray-danish-text
www.guardian.co.uk/environment/2009/dec/08/copenhagen-climate-change
(75) www.bmu.de/pressearchiv/13_legislaturperiode/pm/print/1020.php?
(76) Bernard Vaillant, „Westliche Einweihungslehren", Hugendubel München 1986
(77) Rudolf Passian, „Der verhängnisvollste Irrtum unserer Zeit – Nach dem Tod ist es nicht aus und vorbei", Amadeus Verlag 2011
(78) wie (77) S. 118
(79) wie (77) S. 120ff
(80) www.puramaryam.de/reinkarnationsbann.html
(81) „Bruder Jesus – Der Nazarener aus jüdischer Sicht" von Schalom ben Chorin, dtv, München 1977
(82) www.moneymuseum.com/moneymuseum/library/texts/text.jsp?lang=de&id=37600
(83) http://de.academic.ru/dic.nsf/damen/6467/Theodora
(83a) http://de.wikipedia.org/wiki/Debatte_um_Abschaffung_des_Sexualstrafrechts_in_Deutschland
(84) „Nase, Bauch und Po", Bundeszentrale für gesundheitliche Aufklärung, Köln, www.bzga.de, Auflage 4.20.3.05, 2003, S. 26/27
(85) wie (84) S. 28/29

(86) wie (77), S. 186
(87) wie (3)
(88) http://www.opendoors-de.org/
(89) www.presseportal.de/polizeipresse/pm/11562/2132591/pol-e-polizisten-im-einsatz-attackiert
(90) www.presseportal.de/polizeipresse/pm/70116/2132494/bpold-sta-fuenffach-gesuchter-straftaeter-im-koelner-hauptbahnhof-festgenommen
(91) www.welt.de/vermischtes/weltgeschehen/article13539825/Ein-einfacher-Streit-dreier-Iraner-der-eskalierte.html
(92) www.derwesten.de/staedte/duisburg/schiesserei-in-duisburg-rheinhausen-id4446034.html
(93) www.neckar-chronik.de/Home/nachrichten/nachrichten-kreis-freudenstadt_artikel,-18-Jaehriger-stirbt-nach-Kollision-mit-Traktor-_arid,147711.html
www.schwarzwaelder-bote.de/inhalt.pfalzgrafenweiler-18-jaehriger-stirbt-nach-unfall-dramatische-szenen-am-ungluecksort.74361489-a426-48a3-9d98-fd0a314edf50.html
(94) Hatun Sürücü bei www.wikipedia.de
(95) WDR – Die Story: „Verlorene Ehre – Der Mord an Hatun Sürücü", Minute 30:29ff
(96) www.spiegel.de/panorama/0,1518,151013,00.html
(97) www.pi-news.net/2012/01/luxemburg-antiweiser-rassismus/
(98) www.pi-news.net/2012/01/agyptischer-imam-europa-bald-islamischer-staat/
(99) http://info.kopp-verlag.de/hintergruende/europa/udo-ulfkotte/kriminelle-migranten-was-sarrazin-verschwiegen-hat.html
(100) http://info.kopp-verlag.de/hintergruende/europa/udo-ulfkotte/kriminelle-migranten-was-sarrazin-verschwiegen-hat.html
(101) http://info.kopp-verlag.de/hintergruende/europa/udo-ulfkotte/niederlande-foerdergelder-fuer-kulturferne-migranten-sind-rausgeworfenes-geld.html
(102) www.pi-news.net/2011/10/nach-israelreise-als-dreckige-judin-beschimpft/
(103) http://kompakt-nachrichten.de/2011/07/turke-schlug-59-jahrigen-bewusstlos-und-fluchtete/
(104) www.hamburg.de/clp/polizeimeldungen/clp1/polizeipresse/pm/6337/2077444/pol-hh-1-ueberfall-auf-den-geschaeftsfuehrer-eines-restaurants-opfer-lebensgefaehrlich-verletzt
(105) www.bz-berlin.de/tatorte/radler-ueberfahren-unfallauto-gefunden-article1239728.html
(106) www.bild.de/regional/ruhrgebiet/schlaegerei/sina-von-zwei-jugendlichen-zusammengetreten-19490700.bild.html
(107) www.derwesten.de/staedte/essen/80-afrikaner-bei-razzia-auf-schrottplatz-ueberprueft-id5181937.html
(108) www.presseportal.de/polizeipresse/pm/30835/2155912/pol-ha-randale-auf-dem-fussballplatz
(109) www.derwesten.de/staedte/bochum/fussballer-schlaegt-schiedsrichter-in-bochum-stiepel-nieder-id6053129.html
(110) www.presseportal.de/polizeipresse/pm/30835/2135129/pol-ha-auseinandersetzung-auf-dem-fussballplatz
(111) www.deutscheopfer.de/2249/dortmund-marokkanische-fussballer-und-fans-bedrohen-und-schlagen-schiedsrichter.html

(112) www.nw-news.de/lokale_news/enger_spenge/enger_spenge/4420192_Schlaegerei_auf_dem_Fussballplatz.html

(113) www.wa.de/sport/regionalsport/hamm/pruegelei-spiel-kreisliga-1199238.html

(114) www.welt.de/vermischtes/weltgeschehen/article13755817/SEK-stuermt-Haus-Todesschuetze-bleibt-verschwunden.html und www.flensburg-online.de/blog/2011-12/unfasbar-vater-erschiest-eigene-tochter-13-in-stolzenau.html

(115) www.rhein-zeitung.de/nachrichten/deutschland-und-welt_artikel,-Angreifer-nach-Familienstreit-in-Heilbronn-auf-der-Flucht-_arid,356628.html und www.7aktuell.de/news/meldung/familiendrama-in-heilbronn-schuesse-auf-offener-strasse/

(116) http://alles-schallundrauch.blogspot.com/2011/11/der-iran-liefert-als-einziger-noch-ol.html

(117) www.abendblatt.de/hamburg/article254449/Nur-ein-Witz-Wirbel-um-Oeger-Aeusserungen.html

(118) Bayrischer Verfassungsschutzbericht 2001, S. 147

(119) „Extremereignisse, Isolation, Neuer Normalzustand – Teil 1", 6.2.2012 von Jim Willie CB, www.goldseiten.de/modules/news/print.php?storyid=126981

(120) www.sueddeutsche.de/medien/2.220/serie-wozu-noch-journalismus-das-ist-nicht-ihr-kanzleramt-1.63398

(121) http://info.kopp-verlag.de/hintergruende/geostrategie/redaktion/der-gold-dinar-und-die-rettung-der-weltwirtschaft-vor-gaddafi.html

(122) David Rockefeller bei der Dankesrede für die Medaillenüberreichung beim „28. Annual United Nations Ambassador Dinner" am 14. September 1994. Quelle: Business Council for the United Nations Briefing; Vol. 8, Issue 2, Winter 1995, p. 1.

(123) Der Spiegel Nr. 5/2009 vom 26.1.2009, Titelstory: „Irgendwann ist Zahltag", Seite 50

(124) www.goldseiten.de/modules/news/print.php?storyid=127397

(125) www.golem.de/1201/88799.html

(126) www.deutsche-mittelstands-nachrichten.de/2011/11/32635/

(127) http://info.kopp-verlag.de/hintergruende/enthuellungen/jb-bardot/das-aus-fuer-die-privatsphaere-england-will-medikamente-mit-mikrochips-versehen.html

(128) www.goldseiten.de/modules/news/print.php?storyid=127397

(129) www.nachdenkseiten.de/wp-print.php?p=11326

(130) www.goldseiten.de/artikel/17105--.html?storyid=17105&seite=4

(131) www.goldseiten.de/artikel/17105--.html?storyid=17105

(132) Die verwendete Ernährung entspricht der „Intensivkost", wie sie in dem Buch „Schnitzer-Intensivkost, Schnitzer-Normalkost" beschrieben ist – zusammengesetzt aus den entsprechenden im Lande verfügbaren Lebensmitteln. Näheres ist in dem Lepra-Studienbericht beschrieben: www.dr-schnitzer.de/lepra-heilen.html

(133) www.netdoktor.de/Medikamente/Tamiflu-r-75-mg-Hartkapse-100011488.html

(134) http://polskaweb.eu/influenza-a-ein-gigantischer-korruptions-skandal-46356245723567.html

(135) Eine wissenschaftliche Erklärung dieser Zusammenhänge findet sich in der Homotoxinlehre (begründet von Dr. med. Hans Heinrich Reckeweg). Literatur darüber führt der Aurelia-Verlag (Baden-Baden). Die Grundprinzipien der Homotoxinlehre sind lai-

enverständlich erklärt in dem Buch „Der alternative Weg zur Gesundheit“ (dort in dem Kapitel „Krankheiten: Sinnvolle Gegenreaktionen“), welches im übrigen ein umfassender Ratgeber in nahezu allen Fragen der Erhaltung und Wiedergewinnung der Gesundheit ist. Dieses wichtige Buch und das darin vermittelte hilfreiche Wissen sollten in keiner Familie fehlen – siehe *„Der alternative Weg zur Gesundheit – Inhaltsverzeichnis“*. Das Buch erhalten Sie im Buchhandel oder bei Dr. Schnitzer direkt unter: www.dr-schnitzer.de/awg001.htm

(136) www.morgenpost.de/printarchiv/berlin/article523955/Waffen_Drogen_500_Tuerstehe r_im_Visier_der_Polizei.html

(137) www.tagesspiegel.de/berlin/nachruf-auf-kirsten-heisig-von-unnachgiebiger-freundlichkeit-/1875632.html

(138) Tagesspiegel 23.01.2008, www.tagesspiegel.de/berlin/jugendgewalt-staatsanwalt-roman-reusch-abgesetzt/1147162.html

(139) www.spiegel.de/spiegel/0,1518,481413,00.html,

(140) Stefan Krempl, 13.1.2002, www.heise.de/tp/artikel/11/11559/1.html

(141) Skandal-Selbstmorde in Berlin: „Wer soll dich killen?“ (Teil 5), Gerhard Wisnewski, Kopp-Online, 29.7.2010

(141a) *„Was Sie nicht wissen sollen!“*, Michael Morris, Amadeus Verlag, Seite 233

(142) www.pro-leben.de/abtr/abtreibung_methode.php

(143) www.pro-leben.de/abtr/abtreibung_methode.php

(144) wie (77) S. 254ff

(145) „Geschäft Abtreibung“, Alexandra Maria Linder, St. Ulrich Verlag 2009

(146) www.swg-hamburg.de/Archiv/Beitrage_aus_der_Rubrik_-_Buch/Das_Geschaft_mit_der_Abtreibung.pdf

(147) Wilhelm-Adelmann-Verlag, 57392 Schmallenberg (www.adelmann-verlag.de)

(148) www.focus.de/politik/deutschland/plan-fuer-verfassungsaenderung-junge-unionspolitiker-fordern-abgabe-fuer-kinderlose_aid_713802.html

(149) http://wikimannia.org/index.php?title=Genderismus

(150) www.wissensmanufaktur.net/media/pdf/Griechenland-armer-Staat.pdf

(151) www.alles-schallundrauch.blogspot.com/2007/12/der-zyklus-der-sonne-steuert-das-klima.html

(152) Zeit-Online: www.zeit.de/1961/43/Leben-wir-am-Ende-der-Eiszeit

(152b) http://dieluftfahrt.blogspot.com/2006/05/berschallflugzeuge-wieder-im-trend.html

(153) www.dasgelbeforum.net/forum_entry.php?id=37133

(154) http://sciencev1.orf.at/science/news/5927

(155) www.astronews.com/news/artikel/2004/11/0411-001.shtml

(156) http://grenzwissenschaft-aktuell.blogspot.com/2009/01/sonnensturm-2012-nasa-studie-ber.html

(157) www.deutschlandnetz.de/modules/news/article.php?storyid=41

(158) www.timesonline.co.uk/tol/news/uk/article1720024.ece

(159) www.space.com/scienceastronomy/060504_red_jr.html

(160) Magazin *Nexus* im Mosquito Verlag, Akams 11 in 87509 Immenstadt, www.nexus-magazin.de

(161) www.scienceagogo.com/news/19980526052143data_trunc_sys.shtml

(162) www.ufophysics.com/russisun.htm

(163) www.nasa.gov/mission_pages/themis/main/index.html
(164) www.science-explorer.de/reports/haarpprojekt.htm
(165) www.chemtrails-info.de/chemtrails/wetterkriegsfuehrung.htm
(166) www.zeitenschrift.com/news/short-haarp.ihtml
(167) http://alles-schallundrauch.blogspot.com/2008/09/die-beichte-eines-klimawissenschaftlers.html
(168) Bezüglich der versprühten Chemikalien – offiziell, um die Atmosphäre abzukühlen und inoffiziell die Luft zu vergiften – empfehle ich:
www.politaia.org/wp-content/uploads/2011/06/chemhaarpspecial_I2.pdf
einzugeben sowie www.chemtrails-info.de
(169) „Zeitenwende 2012 – der Kalender und die Prophezeiungen der Mayas", Tibor Zelikovics, Nietsch-Verlag, 2008
(170) www.welt.de/politik/article1262062/Al_Gore_ein_Roboter_mit_hohem_Stromverbrauch.html
(171) www.ippnm.de
(172) Magazin2000plus 5/262
(173) http://infokrieg.tv/wordpress/2012/02/06/sogar-die-bild-zeitung-schwort-der-co2-klimareligion-ab/
(174) www.neunercode.com
(175) www.magischerorden.de/html/hirn.html
(176) http://arbeitsblaetter.stangl-taller.at/GEHIRN/GehirnLernen.shtml
(177) Time Magazine, 20. Juli 1992
(178) http://vimeo.com/16498500
(179) www.inforadio.de/programm/schema/sendungen/medienmagazin/201011/150417.html
www.youtube.com/watch?v=pAGEhV3HXWo
www.inforadio.de
(180) http://info.kopp-verlag.de/neue-weltbilder/neue-wissenschaften/redaktion/entwurfsfassung-interview-mit-jan-van-helsing-zu-2-12-und-maya.html
(181) **Weiterführend zum Thema 9/11 gibt es folgende Filme:**
- www.loosechange911.com
- 11. September 2001 – September Clues – Keine Flugzeuge
- Dimitri Khalezov – WTC Nuclear Demolition [1/26]
- Das 9/11 Mega-Ritual 01/42
- Eric Hufschmid: „Painful Deceptions: An Analysis of the September 11th Attack"

Bücher zum Thema:
- Andreas von Bülow: „Die CIA und der 11. September", Piper, München 2004
- Gerhard Wisnewski: „Mythos 9/11. Der Wahrheit auf der Spur", Knaur 2004
- Mansur U. Khan: „Die geheime Geschichte der amerikanischen Kriege – Verschwörung und Krieg in der US-Außenpolitik", 2003

(182) http://harte-zeit.de/2011/03/12/alte-seilschaften-%E2%80%93-die-achse-merkel-de-maiziere/
www.welt.de/print-wams/article129161/Angela_Merkels_zweierlei_Welten.html
www.pardon.pl/artykul/1966/gazeta_polska_angele_merkel_promowali_agenci_stasi/4

Bildquellen

(1) www.ftd.de/finanzen/maerkte/rohstoffe/:sollen-gold-und-waehrungsreserven-zur-euro-rettung-eingesetzt-werden/60126198.html
(2) Hjalmar Schacht, „76 Jahre meines Lebens“, Verlag Kindler und Schiermeyer, S. 331
(3) www.n-tv.de/politik/Merkel-folgt-der-Mitte-nach-links-article4657821.html
(8) bis (12) Archiv Jan van Helsing, SMT-Archiv, Wien und Ralf Ettl
(13) www.davidicke.com
(14) und (15) Film „Das 9/11 Mega-Ritual“
(16) www.dimitri-khalezov-video.com/images/Dimitri_Khalezov_interview_3.jpg
(17) http://davesweb.cnchost.com/pentagon&plane.jpeg
(18) www.thepeoplesvoice.org/TPV3/media/blogs/blog/22/9-11nose-out.jpg
(19) Archiv Johannes Holey
(20) Kaiserin Theodora zieht in die Kirche ein (um 548), Mosaik, Ravenna, San Vitale, Italien, MdK 45/1997-2
(21) bis (28) Archiv Michael Vogt
(29) www.dr-schnitzer.de
(30) www.scienceblogs.de/astrodicticum-simplex/2011/06/17/The_Frozen_Thames_1677.php
(31) www.wahrheiten.org/blog/klimaluege
(32) www.astronews.com/news/bilder/2004/0411-001.jpg
(33) Sonnenfleck – Max-Plank-Institut
(34) „The Mayan Prophecies”, Adria G. Gilbert & Mauride Cotterell, Element Books, 1994
(35) www.novusartis.de
(36) www.bildblog.de/297/die-welt-ist-in-ordnung/
(37) www.chemtrails-info.de/ct/flugzeuge/00/100%20heckspruehduesen%20tankflugzeug-2.jpg
(38) www.science-explorer.de/haarpantennen.jpg
(39) www.arttheory.net/chemtrails2.jpg
(40) http://4.bp.blogspot.com/_PZnvgQoWvQw/SVpZvE5XtgI/AAAAAAAAB-Q/g648DSNcVZU/s400/chemtrail-inners3.jpg
(41) www.wer-ist-billiger.de
(42) www.klima-luegendetektor.de/2012/02/09/bild-vahrenholt-die-luge-von-der-co2-luge/print/
(43) und (44) Archiv Johannes Holey
(45) www.pls-lernstudio.com/super.htm

DER VERHÄNGNISVOLLSTE IRRTUM UNSERER ZEIT

Rudolf Passian

Erfahrungen an der Schwelle zum Jenseits

Wussten Sie, dass der Tod des Körpers kein Ende der Persönlichkeit bedeutet, sondern nur eine Wende in unseren Lebensbedingungen? War Ihnen bekannt, dass zum Sterbevorgang ein riesiges Forschungs- und Erfahrungsmaterial von rund 150 Jahren vorliegt? Und dass wir offenbar eine Art Computer-Festplatte in uns tragen, die all unser Denken und Tun genauestens abspeichert?

Der mehrfach ausgezeichnete Forscher Rudolf Passian beschreibt in diesem Buch, was Menschen bei ihren faszinierenden „Grenzübertritten" ins Jenseits erlebt haben, was dies in ihrem Leben zur Folge hatte, und erklärt auch, wieso die momentanen Weltreligionen sowie die Wissenschaften und Mediziner kein großes Interesse daran haben, dass die Menschen von dieser „anderen Welt" erfahren.

ISBN 978-3-938656-36-5 • 21,00 Euro

WAS SIE NICHT WISSEN SOLLEN!

Michael Morris

Einigen wenigen Familien gehört die gesamte westliche Welt – und nun wollen sie den Rest!

Eine kleine Gruppe von Privatbankiers regiert im Geheimen unsere Welt. Das Ziel dieser Geldelite ist kein Geringeres als die Weltherrschaft, genannt die *Neue Weltordnung*!

Michael Morris erklärt über die Zukunft der Finanz- und Wirtschaftswelt: *„Die Ländergrenzen werden bleiben, aber die Währungsgrenzen fallen! Ich habe in diesem Buch den Fokus auf die Wirtschaft, auf Geld und das Bankwesen gelegt, denn die Mechanismen des Geldes sind der Schlüssel zur Macht dieser Bankiers-Clans. Seit fast zweihundert Jahren sind wir immer wieder auf dieselben Tricks hereinfallen. Das geht nur deswegen, weil die meisten Menschen nicht verstehen, wie unser globales Finanzsystem funktioniert... Jeder Börsencrash war geplant und so ist es auch der nächste – und der kommt sehr bald."*

Der Autor zeigt zudem:

1. aktuelle Firmenbeteiligungen der Rothschild- und Rockefeller-Familien,
2. dass der IWF schon lange ein Konzept für eine Weltwährung vorliegen hat, und
3. dass es Alternativen gibt – für die Regierungen wie auch für den Einzelnen.

ISBN 978-3-938656-13-6 • 21,00 Euro

HÄNDE WEG VON DIESEM BUCH!

Jan van Helsing

Sie werden sich sicherlich fragen, wieso Sie dieses Buch nicht in die Hand nehmen sollen. Handelt es sich hierbei nur um eine clevere Werbestrategie? Nein, der Rat: **„Hände weg von diesem Buch!"** ist ernst gemeint. Denn nach diesem Buch wird es nicht leicht für Sie sein, so weiterzuleben wie bisher. Heute könnten Sie möglicherweise noch denken: *„Das hatte mir ja keiner gesagt, woher hätte ich denn das auch wissen sollen?"* Heute können Sie vielleicht auch noch meinen, dass Sie als Einzelperson sowieso nichts zu melden haben und nichts verändern können. Nach diesem Buch ist es mit dieser Sichtweise jedoch vorbei! Sollten Sie ein Mensch sein, den Geheimnisse nicht interessieren, der nie den Wunsch nach innerem und äußerem Reichtum verspürt hat, der sich um Erfolg und Gesundheit keine Gedanken macht, dann ist es besser, wenn Sie den gut gemeinten Rat befolgen und Ihre Finger von diesem Buch lassen.

ISBN 978-3-9807106-8-8 • 21,00 Euro

HITLER ÜBERLEBTE IN ARGENTINIEN

Jan van Helsing & Abel Basti

Augenzeugen kontra Geschichtsbücher

„So ein Unsinn", werden Sie über den Titel denken. *„Hitler ist im Berliner Bunker gestorben. Man hat die verkohlten Leichen von ihm und Eva Braun gefunden, und das dort aufgefundene Gebiss wurde als das von Hitler identifiziert."*

Nun ja, diese Darstellung des Ablebens von Adolf Hitler ist zwar offiziell anerkannt und wurde kürzlich auch recht aufwendig verfilmt, ist aber selbst unter Historikern umstritten – nicht zuletzt deshalb, weil das angebliche Schädelfragment Hitlers im Jahre 2010 untersucht wurde und sich nach einem DNS-Test als das einer Frau herausstellte. Und wieso berichten die größten Tageszeitungen Paraguays im Jahre 2010, dass Hitler lange in Südamerika gelebt hat und auch dort gestorben ist? Nun stellen Sie sich bestimmt die Frage: *„Ja und, was soll's? Jetzt ist er aber bestimmt tot! Was soll ich mich damit noch beschäftigen?"* Richtig, genau das sollte man meinen. Allerdings werden in diesem Buch Personen präsentiert – die namentlich genannt werden –, die nicht nur behaupten, Adolf Hitler persönlich in Südamerika angetroffen zu haben und das über einen längeren Zeitraum hinweg – bis ins Jahr 1964 –, sondern auch, dass er die letzten zwanzig Jahre seines Lebens nicht untätig war – ganz im Gegenteil!

ISBN 978-3-938656-20-4 • 26,00 Euro

GEHEIMGESELLSCHAFTEN 3

Jan van Helsing

Halten Sie es für möglich, dass ein paar mächtige Organisationen die Geschicke der Menschheit steuern? Jan van Helsing ist es nun gelungen, einen aktiven Hochgradfreimaurer zu einem Interview zu bewegen, in dem dieser detailliert über das verborgene Wirken der weltgrößten Geheimverbindung spricht – aus erster Hand! Dieser Insider informiert uns darüber: Was die Neue Weltordnung darstellt, wie sie aufgebaut wurde und seit wann sie etabliert ist – weshalb die Menschen einen Mikrochip implantiert bekommen – dass die Menschheit massiv dezimiert wird – welche Rolle Luzifer in der Freimaurerei spielt – dass der Mensch niemals vom Affen abstammen kann – welche Rolle die Blutlinie Jesu spielt – dass es eine Art Meuterei in der Freimaurerei gibt und was im Jahr 2012 aus Sicht der Freimaurer auf die Menschheit zukommt.

ISBN 978-3-938656-80-8 • 26,00 Euro

DIE JAHRTAUSENDLÜGE

Jan van Helsing & Stefan Erdmann

Seit Jahrtausenden sind die Menschen von den ägyptischen Pyramiden fasziniert, dem letzten der sieben Weltwunder der Antike. Sie strahlen etwas Mystisches, etwas Magisches und Geheimnisvolles aus, und viele haben sich – so wie Stefan und Jan – in der Großen Pyramide aufgehalten, dort gar die eine oder andere Nacht verbracht und können von eigenartigen Erlebnissen, Visionen oder ganz besonderen Eindrücken berichten. Wie passt das zur gängigen Theorie, dass die Große Pyramide von Gizeh ein Grabmal gewesen sein soll? Oder war sie eine Einweihungsstätte, wie manch Esoteriker es annimmt? Was ist denn an solchen Behauptungen dran, was davon ist bewiesen? Oder war die Große Pyramide etwas ganz anderes?

Durch ein geheimes Zusammentreffen mit einem hochrangigen ägyptischen Diplomaten erfuhren Stefan und Jan von neuen, geheimen Grabungen und einer Entdeckung, welche den Sinn und Zweck der Erbauung der Großen Pyramide in ein ganz neues und gänzlich unerwartetes Licht rückt. In diesem Buch präsentieren die beiden ihre Erkenntnisse und vor allem auch Beweise einer abenteuerlichen Recherche – die moderne Wissenschaft macht's möglich...

ISBN 978-3-938656-30-3 • 19,70 Euro

JETZT REICHT'S! 2

Johannes Holey

Rote Karte für Krankheits- und Ernährungsschwindler

Der überraschende Beschluss der Regierungsvertreter Nahrungsergänzungs- und Naturheilmittel zu verbieten, jedoch weiterhin z.B. WLAN, das unsere Gehirne regelrecht ‚grillt', in allen Ecken und Winkeln zu erlauben, weckt Protest. Stellen Sie sich auch manchmal die Frage, wie man in einem solchen Chaos überhaupt gesund bleiben kann? Johannes Holey deckt in seinem 2. Band „Jetzt reicht's!" erneut eine Menge dreister Schwindel für Sie auf. Wussten Sie beispielsweise, dass man mit System die Familien zerstören will oder dass aus Profitsucht gezielt Krankheiten erfunden werden?
In einer Zeit, in der immer mehr Masken fallen und Lügen Beine kriegen, floriert aber auch gleichzeitig ein noch nie dagewesenes Potential an neuen Unterstützungsmöglichkeiten!

ISBN 978-3-938656-09-9 • 19,70 Euro

JETZT REICHT'S!

Johannes Holey

Wie lange lassen wir uns das noch gefallen?
Lügen in Wirtschaft, Medizin, Ernährung und Religion

Sind Sie der Meinung, dass Sie durch Fernsehen und Presse die Wahrheit erfahren? Dann können Sie sich das Lesen dieses Buches ersparen. Der Autor lässt Sie einen Blick hinter all jene Lügen riskieren, die Ihre Gesundheit, Ihr Leben und das Ihrer Kinder bis aufs Äußerste belasten. Seine Recherche in der alternativen Fachpresse und in weit über hundert Wissenschaftsberichten liefert dazu die jeweiligen top-aktuellen Wahrheiten. Dort, wo mächtige Organisationen das Weltgeschehen steuern und die Mainstream-Medien dazu schweigen müssen, suchte und fand er reichlich Aufklärung, auch wenn man darüber teilweise sehr erschrickt.
Johannes Holey demaskiert Lüge um Lüge – von erfundenen Krankheiten, über bewusste Mangelerzeugungen (Vitamin B12, Eisen u.a.), systematische Vergiftungen (Fluor, Übersäuerung u.a.), die lukrativen Ernährungslügen, den Fleisch-, Zucker- und Getränkeschwindel. Die möglichen Krankmacher Mikrowelle, Kunstlicht und Mobilfunk sind mit dabei wie auch das Klimakatastrophen-Märchen und die geplante Währungsreform.

ISBN 978-3-938656-44-0 • 21,00 Euro

DAS EINE MILLION EURO BUCH

Jan van Helsing & Dr. Dinero

Erkennen Sie die Zeichen?

Glauben Sie an Zufälle? Denken Sie, es ist reiner Zufall, dass ein paar hundert Familien mehr besitzen als der Rest der gesamten Menschheit? Was wissen diese über Geld, was der Rest der Menschheit nicht weiß? Glauben Sie, dass Glück, Reichtum, Geld und Besitz ganz zufällig bei bestimmten Personen landet?
Es ist kein Zufall, sondern es gibt ein besonderes Wissen über den Umgang mit Geld und Erfolg, das man der Masse vorenthält. Jeder kennt den Begriff ‚Erfolgsrezept'. Gibt es denn so etwas wirklich, ein Rezept für Erfolg? Ja, das gibt es tatsächlich! Es gibt für alles einen 'richtigen Zeitpunkt' und einen 'richtigen Ort', den man erkennen muss. Dies gibt es auch im Bereich des Geldes.

ISBN 978-3-938656-99-0 • 21,00 Euro

WER HAT ANGST VOR'M SCHWARZEN MANN?

Jan van Helsing

Immer wieder hört man Berichte – meist von Hospiz-Mitarbeitern, aber auch von Ärzten, Krankenschwestern und Pfarrern –, dass einem Sterbenden kurz vor seinem Ableben ein „schwarzer Mann" erschienen ist; eine Gestalt, die in unserem Kulturkreis als „Freund Hein", „Boandlkramer" oder „Sensenmann" bezeichnet wird.
Was denken Sie, wenn Sie solch eine Geschichte hören? Handelt es sich hierbei nur um eine Halluzination, Rauscherfahrung oder eine schlichte Ausschüttung von Bildern aus dem Unterbewusstsein?
Ähnlich nüchtern wäre Jan van Helsing auch mit solchen Berichten umgegangen, hätte er nicht selbst eine Begegnung mit diesem „schwarzen Mann" gehabt – zwei Wochen vor einem schweren Autounfall. Fasziniert von der Erscheinung dieses Wesens, beeindruckt von dessen Präsenz und vor allem neugierig geworden, versuchte Jan van Helsing über zwei Jahre hinweg mit diesem Wesen in direkte Verbindung zu treten, was schließlich im Dezember 2004 gelang. In einem spannenden und einzigartigen Interview wurden unter anderem folgende Fragen erörtert:

Wer ist dieses Wesen?	Holt es die Seelen ab?	Welche Rolle spielt der Schutzengel?
Gibt es einen Teufel?	Gibt es eine Hölle?	Wo bringt es die Seelen hin?
Wer beherrscht die Welt?	Wer ist der Antichrist?	Hat es jemals Gott gesehen?

ISBN 978-3-9807106-5-7 • 19,70 Euro

UNTERNEHMEN ALDEBARAN

Jan van Helsing

Das allgäuer Ehepaar Karin und Reiner Feistle behauptet, schon seit seiner Kindheit von Außerirdischen besucht worden zu sein. Beide waren bis vor ein paar Jahren fest der Überzeugung, dass ihr „Fall" einer von vielen sei, wie sie nun langsam immer mehr an die Öffentlichkeit dringen, bei denen nachts Menschen von kleinen grauen Wesen mit großen Köpfen „entführt" werden und sich irgendwelchen „Untersuchungen" ausgesetzt finden.

Doch das änderte sich schlagartig, als Reiner Feistle zum erstenmal den Kommandanten des Raumschiffes, auf das ihn die kleinen „Grauen" gebracht hatten, zu Gesicht bekam – er war zwei Meter zwanzig groß, hatte blaue Augen, lange dunkle Haare und sprach deutsch.

ISBN 978-3-9805733-2-0 • 23,30 Euro

DIE KINDER DES NEUEN JAHRTAUSENDS

Jan van Helsing

Mediale Kinder verändern die Welt!

Der dreizehnjährige Lorenz sieht seinen verstorbenen Großvater, spricht mit ihm und gibt dessen Hinweise aus dem Jenseits an andere weiter. Kevin kommt ins Bett der Eltern gekrochen und erzählt, dass *„der große Engel wieder am Bett stand".* Peter ist neun und kann nicht nur die Aura um Lebewesen sehen, sondern auch die Gedanken anderer Menschen lesen. Vladimir liest aus verschlossenen Büchern und sein Bruder Sergej verbiegt Löffel durch Gedankenkraft.

Ausnahmen, meinen Sie, ein Kind unter tausend, das solche Begabungen hat? Nein, keinesfalls! Wie der Autor in diesem, durch viele Fallbeispiele belebten Buch aufzeigt, schlummern in allen Kindern solche und viele andere Talente, die jedoch überwiegend durch falsche Religions- und Erziehungssysteme, aber auch durch Unachtsamkeit oder fehlende Kenntnis der Eltern übersehen oder gar verdrängt werden. Und das spannendste an dieser Tatsache ist, dass nicht nur die Anzahl der medial geborenen Kinder enorm steigt, sondern sich auch ihre Fähigkeiten verstärken. Was hat es damit auf sich?

Lauschen wir den spannenden und faszinierenden Berichten medialer Kinder aus aller Welt.

ISBN 978-3-9807106-4-0 • 23,30 Euro

NATIONALE SICHERHEIT – Die Verschwörung

Dan Davis

Theorien über eine Verschwörung gab es genug! In diesem Buch finden Sie die Fakten dazu: Adressen, Bilder, Beweise, Interviews!
Viele Menschen sind für diese Aufdeckungen verfolgt und gerichtlich belangt worden, unzählige wurden umgebracht. Und die Uhr tickt!
Der Autor wurde aufgrund unglaublicher Fakten von hochrangigen Politikern der Bundesregierung zu ‚Vier-Augen-Gesprächen' eingeladen, interviewte Opfer der Projekte MK-Ultra und Monarch, sprach mit verschiedenen Insidern und hatte bereits in seiner frühesten Kindheit Bekanntschaft mit Hochtechnologie, die dem Normalbürger gänzlich unbekannt ist.

Das Buch enthält 548 Fotos von geheimen Entwicklungen in Luft- und Raumfahrt!

ISBN 978-3-938656-25-9 • 25,50 Euro

BUCH 3 – Der Dritte Weltkrieg

Jan van Helsing

Ist das Schicksal der Menschheit vorherbestimmt...?

Im Jahre 1871 erstellten die Führer einer Geheimloge einen Plan, wie sie über drei Weltkriege die Welt – sprich die Zentralbanken, das Öl, die Energie- sowie die Wasserversorgung und die Medien – in ihre Gewalt bringen können. Auf dem Weg zur *Neuen Weltordnung* – einer Weltregierung kontrolliert von diesen Schattenmännern – sollte der Erste Weltkrieg inszeniert werden, um das zaristische Rußland in ihre Hände zu bringen. Der Zweite Weltkrieg sollte über die Manipulation der zwischen den deutschen Nationalisten und den politischen Zionisten herrschenden Meinungsverschiedenheiten fabriziert werden, und der Dritte Weltkrieg sollte sich, diesem Plan zufolge, aus den Meinungsverschiedenheiten ergeben, die man zwischen den Zionisten und den Arabern hervorrufen würde. Es wurde die weltweite Ausdehnung des Konfliktes geplant.
Interessiert es Sie, ob es tatsächlich dazu kommt, und wenn ja, wie dieser Krieg ausgehen wird? Die in diesem Buch aufgeführten Prophezeiungen von über einhundert verschiedenen Sehern haben alle genau diesen Dritten Weltkrieg vorausgesehen und die weitere Entwicklung der irdischen Menschheit im Detail beschrieben.

ISBN 978-3-9805733-5-1 • 25,50 Euro

BANKEN, BROT UND BOMBEN – Band 1

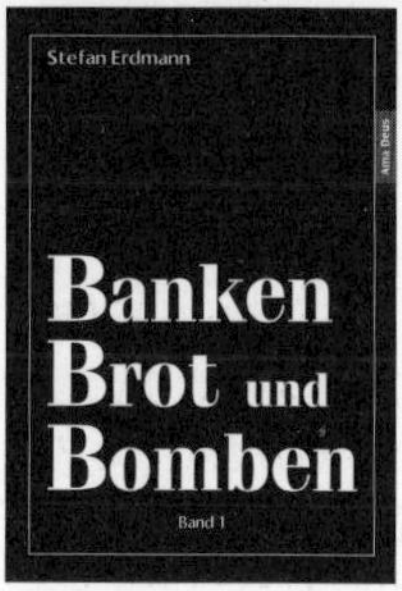

Stefan Erdmann

Band 1

Die historischen Hintergründe...

„Es ist egal, ob George W. Bush oder Al Gore Präsident wird – Alan Greenspan ist der Chef der Notenbank...“, las man vor der letzten US-Präsidentschaftswahl in der Süddeutschen Zeitung.

Sicherlich sind die meisten Personen, die heute die Welt steuern, aus dem Wirtschafts- und Finanzbereich. Doch der wahre Grund, warum sie so mächtig sind und die Geschicke der Welt über unsichtbare Fäden lenken, liegt mitunter in ihrer Mitgliedschaft in Geheimlogen.
Wer das ist und was diese Kreise vorhaben, präsentiert hier Stefan Erdmann in seinem Zweiteiler ***Banken, Brot und Bomben***.

ISBN 978-3-9807106-1-9 • 19,70 Euro

GEHEIMAKTE BUNDESLADE

Stefan Erdmann

Was wissen Sie über die Bundeslade? War Ihnen bekannt, dass es sich hierbei um den bedeutendsten Kultgegenstand der Juden und Christen handelt? Doch was verbirgt sich in ihr, was genau ist sie? Waren die zehn Gebote darin aufbewahrt? War es eine technische Apparatur oder gar ein Gerät zur Kommunikation mit den Göttern?
Offiziell ist sie nie gefunden worden. Einige Quellen behaupten, sie sei spurlos verschwunden.
Stefan Erdmann enthüllt in diesem Buch erstmals Details über einen geheimnisvollen Fund der Tempelritter im Jahre 1118, den diese aus Jerusalem nach Frankreich brachten und der die Grundlage für ihren unermesslichen Reichtum wurde. Auf seiner Spurensuche traf er sich unter anderem auch mit Vertretern verschiedener Logengemeinschaften und fand erstmals Verbindungen zwischen den Templern, den Freimaurern, den Zisterziensern und der Thule-Gesellschaft. Diese Verknüpfungen waren die Grundlage für geheime militärische wie auch wissenschaftliche Operationen, und es wurde offenbar, dass das Grundlagenwissen für den Bau deutscher Flugscheiben während des Zweiten Weltkriegs wie auch für das US-amerikanische Philadelphia Experiment im Jahre 1943, zum Teil aus Geheimarchiven der Zisterzienser stammte.

ISBN 978-3-9807106-2-6 • 21,00 Euro

Ein Film von und mit Jan van Helsing

Seit Napoleon geistert die Behauptung durch die Welt, die Pyramiden von Gizeh seien Grabmäler gewesen. Fakt ist jedoch, dass niemals die Mumie eines Pharaos in einer Pyramide entdeckt wurde. Doch wozu dienten die Pyramiden - vor allem die sogenannte "Cheops-Pyramide" - dann tatsächlich?
Stefan Erdmann und Jan van Helsing sind seit Jahrzehnten auf dem Globus unterwegs und entdeckten bei ihren Forschungen sensationelle Tatsachen, die alle bekannten Theorien über die Funktion der Großen Pyramide über den Haufen werfen. Waren die Erbauer der Großen Pyramide technisch weit fortgeschrittener als bisher angenommen?
In der "Cheops-Lüge" ist die spannende Entdeckungsreise von Stefan Erdmann und Jan van Helsing in einer Kombination aus Dokumentation und Spielfilm von Regisseur Christoph Lehmann unterhaltsam verarbeitet.

DVD-Laufzeit: 78 min ISBN 978-3-940289-00-1 21,00 Euro

Hör-CDs mit Jan van Helsing

Interview mit Jan van Helsing

Jan van Helsing stellt sich in einem fast dreistündigen Interview - geführt durch Stefan Erdmann - den wichtigsten Fragen seiner Leser. Auf 3 CDs hören Sie seine Ausführungen zu Themen wie: sein Erlebnis mit dem schwarzen Mann, sein Buchverbot, Reichsdeutsche, seine geplante Expedition zu den Samadhi-Höhlen, die Macht des Wünschens, sein Dokumentarfilm über die Pyramiden in Kairo, die aktuelle Weltlage und den Konflikt mit dem Iran, die Illuminati und das Prinzip Luzifers, sein erstes Nahtoderlebnis und vieles andere mehr...

3 Audio-CDs Laufzeit: 170 Minuten ISBN 3-938656-01-8 17,00 Euro

Die unerwünschte Wahrheit - Interview mit Jo Conrad

Jan van Helsing befragt Jo Conrad zu den Angriffen gegen ihn, Hintergründen des Krieges gegen den Terror, scheinbar unheilbaren Krankheiten und Glaubensvorstellungen. Jo Conrad will mit seiner Arbeit klarmachen, wie sehr wir heute einseitige Informationen vorgesetzt bekommen, die uns davon abhalten sollen, uns von vorgegebenen Gedankenmustern zu befreien und zu einem neuen Verständnis des Lebens zu finden.

2 Audio-CDs Laufzeit: zirka 100 Minuten ISBN 3-938656-04-2 14,00 Euro

Geheimpolitik und verbotenes Wissen - Interview mit Stefan Erdmann

Sind wir ein Produkt der Evolution? Oder hat der liebe Gott gar die Erde und den Menschen in sieben Tagen erschaffen? Oder gab es womöglich noch einen weiteren Einfluss? Die Atlanter, Lemuria, Mu? Waren sie einst die Schöpfer der Pyramidenkultur rund um unseren Planeten? Auf diese und andere Fragen gibt Stefan Erdmann in diesem Interview Antworten und zeigt die Bedeutung dieser unterdrückten Wahrheiten bis in die heutige Weltpolitik auf.

3 Audio-CDs Laufzeit: zirka 190 Minuten ISBN 3-938656-02-6 17,00 Euro

Alle hier aufgeführten Bücher und DVDs erhalten Sie bei:
ALDEBARAN-Versand
50670 Köln • Weißenburgstr. 10 a
Telefon 02 21 - 737 000 Telefax 02 21 - 737 001